# 作者简介

U0812856

夏南新，男，江西省南昌市人，中山大学岭南学院经济系书记，教授，博士生导师，博士后导师，校特殊一线岗位人才，广州新华学院经济与贸易学院经济统计学首席教授。2000年6月，厦门大学统计学专业博士研究生毕业，获博士学位。师承统计学泰斗“中国的斯通”（Stone，“国民经济统计之父”，1984年诺贝尔经济学奖获得者）、“国民经济核算之父”“中国GDP之父”钱伯海。

2014年，夏南新当选中国统计学会常务理事；2016年、2020年，连续当选广东省统计学会副会长；2018年，担任为广东省统计局专业（咨询）委员会局外委员；2019年，当选中国数量经济学会常务理事；2020年，当选中国数量经济学会数字经济研究会副会长；2021年，被广东省统计局授予“百名统计学家”证书。

夏南新继承导师衣钵，开展地下经济估测（核算）研究，主持的国家社科基金一般项目“地下经济对国家经济安全影响的实证研究”，以题为《关于防范和遏制地下经济对国家经济安全影响的对策建议》的研究报告，被中央宣传部全国哲学社会科学工作办公室编入国家社会科学基金项目《成果要报》，上报给中央政治局委员，中央书记处书记，国务院总理、副总理，国务委员等领导以及中央办公厅、国务院办公厅等有关机构参阅。中央宣传部全国哲学社会科学工作办公室向中共广东省委宣传部、中共中山大学党委发来《关于中山大学夏南新同志研究成果受到有关领导和部门重视的通报》，表示《关于防范和遏制地下经济对国家经济安全影响的对策建议》文中提出的观点和建议已受到国家有关部门负责同志的重视。作为哲学社会科学研究工作者，夏南新带领课题组坚持正确导向，自觉关注现实问题，深入开展调查研究，努力推出高质量的理论研究成果，体现了较高的责任感和使命感，为国家社科基金更好地服务党和国家工作大局做出了贡献。

夏南新主持2015年国家社会科学基金重点项目“现代地下经济实证研究”。在理论经济、应用经济两个一级学科中，广东省唯一重点项目获得者。

2002—2003年，作为美国春田大学访问学者，被授予杰出访问学者证书（Distinguished Visiting Scholar Certificate in recognition of Scholarly Initiative）。

独著的《统计学》（2014年2月由高等教育出版社出版）荣获第四届中国大学出版社图书奖优秀教材二等奖。是唯一获奖的统计学图书。独立发表《国际金融市场波动非线性因果性和溢出效应》论文，2016年被刊载在一类A重要期刊上。

座右铭（语录）：我讲的知识同学们都能够听懂，甚至能够超过我，不过有一点你们终身超不过我——在学术上坚决不搭便车！

格言：学术上不搭便车，求真求知，矢志不渝，磨砺抵御诱惑的意志，锤炼以真性情做真学问的独立人格。（此格言已置于中山大学岭南学院计算机实验室悬挂的镜框里）

中国大学出版社图书奖优秀教材

# 统计学（第二版）

TONGJIXUE

夏南新　著

高等教育出版社·北京

## 内容提要


本书是中国大学出版社图书奖优秀教材。全书共12章，主要内容包括：统计学褒贬、诠释与史论，统计学的范畴、方法论、量化尺度与试验设计，统计资料的搜集、整理与描述，综合指标，集中与离散趋势测定指标，时间序列分析指标，动态趋势与波动的测定，指数，抽样技术，相关分析，回归分析，国内生产总值核算及其修正。

本书可作为高等学校经济与管理类专业统计学课程教材，也可作为相关从业人员的参考用书。



### 图书在版编目(CIP)数据

统计学 / 夏南新著. —2版. —北京：高等教育出版社，2021.10

ISBN 978-7-04-056815-8

Ⅰ. ①统… Ⅱ. ①夏… Ⅲ. ①统计学-高等学校-教材 Ⅳ. ①C8

中国版本图书馆CIP数据核字(2021)第171021号

策划编辑 刘自挥　责任编辑 郭昕宇　封面设计 张文豪　责任印制 高忠富

| | | | |
|---|---|---|---|
| 出版发行 | 高等教育出版社 | 网　　址 | http://www.hep.edu.cn |
| 社　　址 | 北京市西城区德外大街4号 | | http://www.hep.com.cn |
| 邮政编码 | 100120 | | http://www.hep.com.cn/shanghai |
| 印　　刷 | 上海盛通时代印刷有限公司 | 网上订购 | http://www.hepmall.com.cn |
| 开　　本 | 787mm×1092mm 1/16 | | http://www.hepmall.com |
| 印　　张 | 23.75 | | http://www.hepmall.cn |
| 字　　数 | 577千字 | 版　　次 | 2014年2月第1版 |
| | | | 2021年10月第2版 |
| 购书热线 | 010-58581118 | 印　　次 | 2021年10月第1次印刷 |
| 咨询电话 | 400-810-0598 | 定　　价 | 53.00元 |

本书如有缺页、倒页、脱页等质量问题，请到所购图书销售部门联系调换





物 料 号　56815-00

人脸识别将人脸看作一个描述眼睛、鼻子、嘴的特征及其位置的几何关系的二维像素矩阵，从统计的角度，通过分析大量人脸样本，构造人脸模式空间，然后再根据相似度(similarity)识别不同人脸。

假如围棋361种(纵19个点×横19个点)落子(理论上所有的可能组合是$3^{361}$种落子)都被机器统计学习了，那么机器人就能击败任何棋手。2016年3月15日下午，Google DeepMind团队开发的人工智能AlphaGo，以4比1战胜了韩国的世界顶级围棋棋手李世石。

人工智能越用越聪明，越多数据越精确。中国人口基数大，是唯一拥有联合国产业分类中所有工业门类的国家，提供给人工智能统计和计算的问题就相应地会更多，参与和表达需求就是对人工智能发展的最大的贡献，这就是任正非说的人工智能就是统计学的真正意义。

2011年10月10日，纽约大学教授托马斯·萨金特(Thomas J. Sargent)与普林斯顿大学教授克里斯托弗·西姆斯(Christopher A. Sims)获得了诺贝尔经济学奖。

2018年8月11日，在由厚益控股和《财经》杂志联合主办的主题为“共享全球智慧引领未来科技”的世界科技创新论坛上，托马斯·萨金特表示：人工智能其实就是统计学，只不过用了一个很华丽的辞藻，其实就是统计学；很多公式都非常老，不过，所有的人工智能利用的都是统计学来解决问题。

为了依据翔实可靠的统计数据进行科学决策，经修订的《中华人民共和国统计法》确保了我国统计数据的真实性、准确性、完整性和及时性。该法第一章总则中的第二条规定，统计的基本任务是对经济社会发展情况进行统计调查、统计分析，提供统计资料和统计咨询意见，实行统计监督；第六章法律责任中的第四十五条指出，违反该法规定，利用虚假统计资料骗取荣誉称号、物质利益或者职务晋升的，除对其编造虚假统计资料或者要求他人编造虚假统计资料的行为依法追究法律责任外，由作出有关决定的单位或者其上级单位、监察机关取消其荣誉称号，追缴获得的物质利益，撤销晋升的职务。

无论是生产数据(不是编造数据)，还是使用数据(不能篡改数据)，都必须遵守统计法。论著中的模型拟合以及显著性检验也是数据生产方式，一旦作者蓄意篡改结果，将会误导读者，在一定程度上也有悖于统计法。“真实”应当成为做学问的底线。

面对爆发式增长的天量数据，肩负处理大数据使命的统计学，借助描述统计方法和推断统计技术，有效挖掘事物的信息价值，从量化分析上认识事物的质，进而探索数据的内在规律性。

2011年5月，国务院学位办《关于按〈学位授予和人才培养学科目录〉进行学位授权点对应调整的通知》(学位办〔2011〕25号)，各学位授予单位需将按原目录批准的部分学位授权点，对应调整到新目录相应的一级学科。在此次调整中，统计学上升为一级学科，

# 前　　言

2019年1月17日下午，华为创始人兼首席执行官任正非比约定时间提前3分钟一个人到达深圳华为总部采访地点，这是他首次接受电视媒体的专访，他告诉央视《面对面》记者，人工智能就是统计学，大数据时代要提高对统计学的重视程度。

20世纪40年代到50年代，一些学者探索神经病学、信息理论与控制论之间的联系，使用电子网络构造出了初步智能。1950年，第一台神经网络计算机诞生，被认为是人工智能的端倪，同年，“计算机之父”艾伦·麦席森·图灵提出了著名的图灵测试(Turing test)。1956年，计算机专家约翰·麦卡锡第一次提出了“人工智能”一词。

人工智能(artificial intelligence, AI)涉及的学科，除了统计学，还有数学(博弈论、数值分析、逻辑代数)、运筹学(优化)、计算机科学(分布式计算、并行计算、CPU、NPU)、神经科学、生物学(生物识别)，甚至心理学和哲学等学科。

人工智能技术核心包括：① 计算机视觉与图像，即通过算法对图像进行识别，相关技术包括图像分类、目标跟踪、语义分割。② 机器学习(machine learning 或 statistical learning)，即计算机学习数据，利用预测、聚类和降维技术，以提升自身性能的算法。③ 自然语言处理(NLP)，即计算机识别理解人类文本语言。④ 语音识别，即将人类的语音输入转换为机器可以理解的或自然的语言过程。

机器学习就是通过数据分析获得规律，即设计使计算机可以自动“学习”的算法，并利用规律对未知数据进行预测。它用到概率论、统计学、逼近论、凸分析、计算复杂性理论等学科的知识。由于学习算法中涉及了大量的统计学理论，与推断统计学联系尤为密切，比如，贝叶斯学习(Bayesian learning 或 Bayesian inference)、马尔科夫决策过程(Markov decision process, MDP)，因此，机器学习又称为统计学习。

从标注数据中学习预测模型，进行监督学习(supervised learning)，它由学习系统与预测系统完成。从无标注数据中学习预测模型，进行无监督学习(unsupervised learning)，可以对模型实现聚类、降维或概率估计。基于马尔科夫决策过程的智能系统在与环境的连续互动中学习最优行为策略的机器强化学习(reinforcement learning)，其本质是学习最优的序贯决策(sequential decision)。计算机基于数据构建概率统计模型，并运用模型对数据进行预测与分析。尽量多地获取数据，然后，进入统计学处理，通过对大量数据的排列组合超级计算，利用深度学习数据背后的规则、方法和逻辑，推敲出判断和反应，像语言、视觉、自动驾驶都是如此。

下设数理统计、经济统计等方向。在贯彻落实《国家中长期教育改革和发展规划纲要(2010—2020年)》的过程中,中国大统计正迎来重大利好和繁荣发展的契机。

2014年2月,《统计学》付梓,并于2015年9月荣获第四届中国大学出版社图书奖优秀教材二等奖,这是该届唯一有关统计学的获奖图书。

尽管《统计学》受到同仁们的厚爱,但是,与时俱进的驱使,以及一场突如其来的新型冠状病毒疫情肆虐,无奈地宅在家里的我,便萌发了撰写《统计学》(第二版)的意愿。

若错过了《统计学》,则第二版不期而遇了。宝剑锋从磨砺出,梅花香自苦寒来。

感谢一如既往地选用我独著的《统计学》教材的亲爱的统计同仁!

此书布局力求凸显人性化的体例风格。“不求所有,只盼拥有”(Not for Ownership, only for Holding)。凡涉及的知识点,力求透彻。这俨然有悖于“尽量避免烦琐的数学推导”的思维定式(thinking set)。考虑到篇幅,没用以事例切入每章开篇的手法。为了追根溯源,适当穿插了统计名人小传,包括我的恩师钱伯海“GDP之父”的介绍。

选择剑走偏锋的探究路径,书中出现的瑕疵,恳请亲爱的同仁赐教!

夏南新

中国广州·中山大学

2021年9月19日

# 目录

# 第一章
# 统计学褒贬、诠释与史论

## 第一节 统计学的褒与贬

### 一、统计学的褒扬

印裔美籍著名统计学家C.R.拉奥(Calyampudi Radhakrishna Rao，1920— )指出：在终极的分析中，一切知识都是历史；在抽象的意义下，一切科学都是数学；在理性的基础上，所有的判断都是统计学。

统计活动是认识现象总体数量方面的活动，它经历了四五千年漫长的艰苦探索和发展过程。早在原始公社时期，就有结绳记事和计量的方法，《周易正义》中写到原始社会："事大，大结其绳；事小，小结其绳；结之多少，随物众寡。"①这可谓统计萌芽。据晋皇甫谧(215—282)《帝王世纪丛书》记载，早在4 000多年前的夏禹王朝，为了治国治水的需要，曾进行过初步的国情统计，查明当时全国人口为13 553 923人，土地为24 308 024顷②。并依照山川土质、人口物产及贡赋多寡，将全国分为九州。公元前3050年，埃及建造金字塔和兴修大型灌溉系统时，为了征集所需的财物和劳力，对全国人口、财产进行过调查。公元前600年古希腊就进行过人口普查。公元前400年古罗马就建立了出生、死亡登记制度。尤其是我国西周朝代建立的统计报告制度——日报称日成，月报称月要，年报称岁会，被西方经济学家推崇为统计学最早的萌芽。远古时期的统计活动搜集的数字资料，主要是为了满足当时奴隶主和封建王朝课税、徭役等统治需要。然而，统计发展成一门完整的学科的历史只是始于17世纪中叶的欧洲，至今不过300多年。尤其是二十世纪初将公理化概率论引入统计学中，使统计学有了惊人的发展。由于人类社会现在正处在信息化时代，电脑在瞬息之间可以准确地处理大量的信息，通过处理后的大量信息，经过筛选分析，对于社会现象，可以从中发掘规律性，为制定方针政策提供依据；而对于自然现象，可以发现控制它们的手段，为揭示科技奥秘提供依据。这就是所谓的大量统计信息当中存在着反映社会现象和自然现象的"规律"或"法则"。

赞誉一个人的学识用"才高八斗，学富五车"，这也是足以证明此人大脑里摄入的知识信息量大，在某种程度上可以说，此人已经掌握了社会想象或自然现象某领域中的"规律"或"法则"。正如西方学者H.G.威尔斯对统计的类比："统计思维，如同读写能力一样，总

---

① 参阅《周易正义》，郑玄注。

② 古代的1顷约等于33 333.35平方米。

有一天会成为讲求效率的公民所必需的本领。”①

我国著名的统计学家陈希孺院士②(1934—2005,中国统计学界迄今为止的两位院士之一)指出:“我们现处在一个所谓‘信息爆炸’时代,信息的一种最常见的形式就是数据。现代人在工作和生活中,不时地要从这大量的、杂然纷呈的数据中发掘出事物的规律,做出正确的判断,以决定适合的行动方针。而统计学,正是这样一种通过分析数据而达致尽可能正确的结论的技术。掌握了它,就可以使你在工作和生活中少犯错误,赢得主动。也就是说,使你变得更聪明。”③

主张以技术角度研判历史的睿智史学家黄仁宇,在其《万历十五年》④书中指出:仅靠儒家的思想管理一个国家是不够的,还得有点别的;中国必须从一个靠尊卑有序来管理的国家,过渡到一个靠数目字来管理的国家。传统中国之所以未能成功转型,无关道德和个人因素,而是在技术上不能实现“数目字管理”。不过,在现实中的判断或决策,都应当尽量避开数字的误导。

## 二、关于统计学的争论

由于有些人对统计学知识懂得不多,对统计方法更是一知半解,因此,长期以来对统计方法论产生了种种误解。比如,《怎能利用统计撒谎》一书中写道:“一份装帧精致的统计资料,胜过希特勒的‘弥天大谎’,它使人误入歧途,却不负任何责任。”这是没有用诚实的态度来深刻理解统计语言的作者和虚心领会统计语言含义的读者,造成以上表述语义的荒诞不经,最终导致人们对统计的种种错觉。

反对统计方法论的人说:“统计分析经常意味着对有分歧的数字进行篡改,用意义含糊不清的办法去解决不明确的问题。”⑤还有误用这样的比喻来批评人运用统计:“它使用统计就如同一个醉汉使用街灯一样,是用来支撑他,而不是用来照明。”⑥

19 世纪 70 年代美国著名作家马克·吐温(Mark Twain, 1835—1910),常引用英国保守党领袖、曾两度出任英国首相(1868、1874—1880)本杰明·迪斯雷利(Benjamin Disraeli, 1804—1881)的名言:“世界上有三种谎话:谎言、糟透的谎言、统计数据(There are three kinds of lies: lies, damned lies, and statistics)”。显然,这是一种情绪逐渐加重的语句,蕴涵的意思为:比谎言更糟糕的是糟透的谎言,而比糟透的谎言更糟糕的是

① 达瑞尔·哈夫等著,《怎样利用统计撒谎》,中国统计出版社,1989 年,第 4 页。

② 人物介绍

陈希孺,1934 年 1 月生于湖南望城县,1956 年武汉大学数学系毕业,同年入中国科学院数学所任研究实习员,1961 年调往中国科技大学数学系任教,1986 年调入中国科学院研究生院。1978 年任副教授,1980 年晋升教授,1981 年获准为首批博士生导师。新中国首批 18 位博士学位获得者中 3 位是他指导的,在人民大会堂举行的学位授予仪式上,这些博士受到总理接见。1997 年被选为中国科学院数理学部院士。曾任中国统计学会副会长、中国概率统计学会理事长、中国现场统计学会理事长。2002 年当选为 IMS 的 Fellow。他是中国线性回归大样本理论的开拓者。在参数和非参数统计领域做出了具有国际影响的工作。他解决了在一般同变损失下位置-刻度参数的序贯 Minimax 同变估计形式和存在问题;在序贯、固定和两阶段抽样机制下,作为分布泛函的一般参数存在精确区间估计的条件,推翻了国外学者有关猜测;其 U 统计量逼近正态分布的非一致收敛速度的研究成果被美国“Encyclopedia of Statistical Sciences”引用,苏联学者在“Theory of U-Statistics”著作中专门详尽地论述了他的这一工作;在广义线性模型和自变量带误差线性回归模型研究中取得若干重要成果。曾与美国 P.R. Krishnaiah 教授和 C.R. Rao 教授开展过合作研究。

③ 汤旦林、柯惠新编著,《使人聪明的技术》,人民交通出版社,1996 年,第 3~4 页。

④ [美] 黄仁宇,《万历十五年》,中华书局,2007 年。

⑤⑥ [英] H.T.海斯莱特著,《简明统计学》,黑龙江人民出版社,1981 年,第 2~3 页。

统计数据。其本意是嘲讽官僚为了政绩而操纵统计数据,导致统计数据虚假、失真,从而无形地剥夺了公众的知情权。其实,统计数据本身并无罪,随着统计法的实施和完善,统计数据造假现象正在根除,不过,由于一些官员或学者动辄引用统计数据支撑自己的观点或立场,在各种场合几乎见不到没有数目字的决策或主张。人们普遍认为,只有得到数字支持的判断,才是可靠的;只有数字化的决策,才是科学的。社会各阶层对数据的痴迷和滥用,从而出现了像本杰明·迪斯雷利和马克·吐温一样的对统计数据愤世嫉俗地诅咒。本杰明·迪斯雷利也是一位小说家,作为本杰明·迪斯雷利、马克·吐温的读者,对上面这句话就应当像对待他们创作小说中的情节一样,都可以认为是虚构的,不能当真!

统计以定量方式反映现实,人们必须恰当地使用均值、百分率等指标数据描述社会经济现象。统计数据就如同望远镜,它既可以把小东西放大,又可以把大东西缩小。德国学者瓦尔特·克莱默在《统计数据的真相》书中表述道:"增长率的增长率是统计学家的'毒药柜',他们既可以把一个平淡无奇的数据吹嘘夸张成为让人为之激动不已的指标,又能够把正面的、良好的数据全部淹没在一大堆看起来丝毫没有任何价值的指标中,通常来说,统计学家并不使用真正的、真实的基础数据。"③

美国著名统计学家达莱尔·哈夫在《统计陷阱》④论著中写到,从大类上分,操纵统计数据方法有:样本选择偏差、平均数误导、遗漏部分数据(对比、显著性等)、平面图形(偷换维度)等方法。

## 三、统计学的正名

由于统计学与不确定性有关,因此,常被人滥用来作为"谋生"的手段,为此统计学就无故地背上了"臭名昭著"的恶名。

尽管统计学不像以上说的那样,但是在一定程度上至少反映了这样两种情况:一是统计数据被滥用;二是统计知识普及程度不够。也许有些人提出他们明知是不能证明的假设,或者,也许有些人事先已经做出了结论,却再去挑选样本或篡改数据反过来证明他们的结论,这些都是故意滥用统计方法的做法。

人们似乎都有一种数字情结或崇拜症,特别迷信数字。毫无疑问,人类已经昂首阔步地跨进了数字化时代,我们每天都生活在数字(包括数字通讯)的汪洋大海中。

"爱"与"恨"就如同"形"与"影",它们总是相互伴随、形影不离。凡是有人喜爱的,就会有人憎恨,统计数据的处境和遭遇也不例外。

相关性与因果性混淆使用,导致诉诸权威的逻辑性谬误;依据小样本衍生出规律性结论,犯了以偏概全的错误。毋庸置疑,只有学会了统计,才能"驾驭"数据,就能够知道怎样说理!

---

③ [德]瓦尔特·克莱默著,隋学礼译,《统计数据的真相》,机械工业出版社,2008年12月1日,第四章,第36~45页。

人物介绍:瓦尔特·克莱默,1948年生,德国多特蒙德大学经济和社会统计学教授。

④ [美]达莱尔·哈夫著,廖颖林译,《统计陷阱》,上海财经大学出版社,2002年6月。

人物介绍:达莱尔·哈夫,1913年出生于美国艾奥瓦州,获艾奥瓦州立大学(the State University of Iowa)学士和硕士学位。在《时尚先生》《纽约时报》《星期六邮报》《哈泼斯》等美国顶尖纸媒上发表文章。1963年被授予国家学院钟奖(National School Bell)。

## 第二节　统计学的诠释

英语统计一词 Statistics 的词源出自中世纪拉丁语 Statisticum collegium 和意大利语的 Statista。Statisticum collegium 意即国会；Statista 译为通晓政治和熟知各国国情者。以这个词根 Stat - 构成的意大利语 Stato，则表示国家以及有关各国的国家结构和国情知识的总称。

1749 年，德国哥廷根大学的高特弗里德 · 阿亨瓦尔(Göttfried Achenwall, 1719—1792)在他的《近代欧洲各国国势学论》中率先使用"统计学"这个名词，他把"国势学"("Staatenkunde")更名为 Statistik，即统计学。此后，德国与英国分别诞生出国势学派、政治算术学派，两个学派在广泛的数据及资料中探索其意义，并由辛克莱(John Sinclair, 1754-1835)将 Statistics 一词引进英语世界。在我国古代，统计与合计、总计意思相近。得益于许宝禄、魏宗舒、戴世光、徐钟济等老一辈华人统计学家的努力，我国于 1956 年在北京大学开设了第一门现代统计课——概率论与数理统计。

统计一词的英文 Statistics 大致有下面三种含义：

(1) 它表示事实、数字、图形和表格。在这个意义上，这个词为复数。

(2) 它表示从样本资料推算出来的数量群。在这个意义上，这个词也为复数。

(3) 它表示拥有它自己的术语、方法论和知识体系的学科。在这个意义上，这个词为单数。

而在我国国内普遍把统计一词释为这样三种涵义，即统计工作、统计资料和统计学。统计工作是指搜集、整理、分析和提供数字资料的实践活动；统计资料是指统计实践活动过程所取得的各项数字资料；统计学是关于大量数据资料的收集、整理、描述和分析，以认识客观现象总体数量特征和数量关系的科学。它们三者关系：统计工作与统计资料是统计活动过程与成果的关系，而统计工作与统计学是统计实践与理论的关系。

统计学(statistics)根据它的研究对象和应用范围，可以分为描述统计(descriptive statistics)和推断统计(inference statistics)。描述统计是以卡尔 · 皮尔逊(K. Pearson, 1857—1936)为代表，它是对搜集到的大量数据资料进行加工、整理、列表、图示，以及计算综合指标，用以探索数据内在的数量规律，如集中和离散程度。推断统计是以费歇尔(R. A. Fisher, 1880—1962)为创始人，它是将数据模型化，从样本推断总体，以达到认识总体数量特征，对不确定的事物做出判断。推断统计有估计和检验两种形式。统计估计是以从总体中抽取有限样本为依据，从而对总体的某一数值做出估计；统计推断是事先作出某种假设，根据总体分布特征，以实验所得的数据或以样本数据计算结果，来检验事先的假设是否可以接受。应用统计就是描述统计和推断统计的方法的具体应用。

由此可知，统计学具有研究现象数量方面的特点。

因而，统计学研究对象是指人们所要认识的独立存在于人的主观意识之外的事物客体，即现象总体的数量方面——现象总体的数量特征和数量关系。

统计学研究对象客体具有数量性、总体性和变异性的特点。

一是数量性。一切客观事物都有质与量的两个方面。统计对现象的定量认识是建立在定性认识的基础上的，统计研究是密切联系现象的质来研究现象的量的，仅这一点与数学研究抽象的数量关系是迥然不同的。

二是总体性。因为个别现象通常有其特殊性和偶然性，所以统计研究应从个别入手，通过对个别单位的具体事实的调查登记，以达到认识现象总体特征的目的；而又因为总体现象具有相对普遍性和稳定性，所以总体现象表现出的特征带有一般的规律性，因而，统计的数量研究应当是对现象总体中各单位普遍存在的事实进行大量观察和综合分析，以得出反映现象总体的数量特征，而不能仅从对个别或少量不具有代表性的单位的观察和分析，匆忙得出一般性结论。

三是变异性。在统计上，把总体各单位由随机因素引起的标志表现的差异称为变异。统计研究同类现象总体的数量特征，它的前提条件是总体各单位至少有一种特征表现存在着差异，并且该差异不是由某种固定的原因事先给定的。若总体各单位不存在任何差异，如同用同一细胞“克隆”的动物无差异一样，那么也就用不着统计；若总体各单位之间的差异是按照已知条件事先可以推论的，那么也无需用统计方法。

## 第三节　统计学的史论①

未渗入系统统计理论的统计实践活动经历了漫长的艰苦探索过程，时至封建社会末期，统计活动发展到了一定程度，积累了一定的经验、材料和方法，客观上要求统计实践上升到理论。真正意义上的统计学理论的研究开始于古希腊亚里士多德时代，自这时起，统计学历经了三大发展时期。

### 一、古典统计学时期

在公元前 3 世纪至公元 17 世纪期间，出现了具有浓厚的哲学色彩的用文字记述政情的统计。最早始于古希腊的亚里士多德(Aristotle，公元前 384—公元前 322)，他用文字对希腊城邦政情进行比较叙述，撰写了许多有关城邦政情的论文。这些研究被后人称为“城邦纪要形态的统计”。② 到 17 世纪和 18 世纪，在欧洲特别是在德国，城邦纪要形态的统计受到空前的重视，并被广泛地应用，逐渐形成了一个学派——记述学派或称国势学派，这是统计学史上第一个学派。

#### (一) 记述学派

这是一个有统计学之名，而无统计学之实的学派。这一学派的代表人物是德国的海尔曼·康令(H. Conring，1606—1681)和高特弗雷德·阿亨瓦尔(G. Achenwall，1719—1772)。康令将国家土地、生产及其他的数字资料作为“国情纪要”课程的教材。阿亨瓦尔所编《近代欧洲各国国势学论》，对欧洲各国的物产、人口、土地、兵力等状况作了详细的叙述和比较。国势学原意是记述国家的显著事项的学说，它是研究各国基本制度的学问，当然，它也是当时用来歌颂普鲁士君主政体的。尽管阿亨瓦尔于 1749 年把国势学定名为统计学，但是，它实际上只是徒有其名。准确地说，它是一种历史科学。因而，这也就是后来出现“统计是静态的历史，历史是动态的统计”之说的原因之一。

然而，到此间后期，继承记述学派衣钵的人逐渐分化，出现了主张专用文字记述的文

① 夏南新，《统计学史论》，《统计与预测》，1999 年第 2 期。

② 胡孝绳，《统计学》，小木屋社，1976 年，第 2 页。

字记述学派和主张用统计表、图形记述的图表学派。即便后期有了学派内部分化和论争，他们仍然没有摆脱“城邦纪要”的窠臼，最终依然表现为纯粹哲学形态的统计分析。理所当然，国势学是属于实质性的社会科学。

不过，真正以总体数量比较的方法研究分析社会经济问题却是起源于英国伦敦，其主要理论和方法是出自《政治算术》一书中。

### （二）政治算术学派

这是一个无统计学之名，而有统计学之实的学派。这一学派的代表人物是英国的威廉·配第（W. Petty，1623—1687）和约翰·格朗特（J. Graunt，1620—1674）。威廉·配第的代表作是《政治算术》和《爱尔兰的政治解剖》。《政治算术》[①]成书于1671—1676年，遗憾的是却是在配第去世之后的1690年才在伦敦出版发行。应当指出的是，配第的著作带有鲜明的政治倾向，它是为当时新兴资产阶级服务的。

英国是最早完成资产阶级革命的国家。随着资本主义经济的兴起，英国、法国和荷兰不断向国外扩张，然而，英国统治者在这场争霸过程中总是感到严重不安。为此，配第在他的这两本著作中，以数字资料为基础，用计算和对比的方法，分析英、法、荷三国的政治、经济、军事等方面的实力，论证出英国可以超过法国和荷兰而称雄世界，以实证分析的结果批驳了英国的悲观论调。配第的政治算术原本应从属于他的政治经济学的一种研究方法，他给政治算术下的定义是“对于人口、土地、资本、产业的真实情况的认识方法”[②]。他主张用数字、重量和尺度来表达自己想说的问题。只进行诉诸人们感觉的议论，而不采用比较级或最高级的词语进行形而上学的思辨式议论。他不仅利用数字说话，而且还开始利用朴素的图表形式概括和显现数字资料。

不过，发表第一篇关于政治算术文章的人却不是配第，而是配第的好友格朗特。格朗特是一名商人。17世纪中叶，欧洲各国发生了周期性的瘟疫，人口大量死亡，于是，格朗特在1662年发表了一篇《对死亡表的自然与政治观察》的论文。该论文以人口问题为研究中心，利用大量数据对社会人口变动进行统计分析，从而发现人口的出生与死亡率经久不变，据此创立了“大量恒静定律”（Law of Inertia of Large Numbers）。**“大量恒静定律”是指某一事物的某一性质或状态在反复观察或反复试验中保持不变。**它成为当时统计学的基本原理。格朗特根据这一定律按照不同年龄的死亡率与人口寿命编制出了最早的生命表。

18世纪的德国牧师苏斯米尔希（J.P. Süssmilch，1707—1767）被视为系统地论述政治算术的人。他写了一本《神定秩序》一书。他是以“神定秩序”来说明社会现象的。其实，他论证的并非神的秩序，而是通过大量观察，证明了大数法则的存在。直到1850年，德国经济学家克尼斯（Kniex，1821—1896）在《独立科学之统计学》中，主张将政治算术更名为统计学，至此统计学才成为有政治算术真正统计内容的有名有实的统计学。

综观上述可知，政治算术学派是以数量分析为特征，研究客观现象数量关系。就其内容和方法来看，政治算术应当是统计学的正统起源。不过，从其本质上来讲，他仍然未能在根本上从政治经济学中分化出来。这一派所探讨的规律还都是一些用数字表示的实质性的社会经济规律，因此，政治算术还是属于实质性的社会科学。

---

① 威廉·配第，《政治算术》，陈冬野译，商务印书馆，1960年。

② 杨坚白、莫曰达等，《统计学原理》，上海人民出版社，1987年，第8页。

## 二、近代统计学时期

近代统计学起源于19世纪概率论（又称或然率的数学理论）的思想方法被引进统计学。

早在16世纪初就开始了或然率的研究，当时在意大利的目的是试图解决机遇游戏及其赌博输赢的得点问题。17—18世纪许多数学家探讨了这个问题，如瑞士的伯努利家族。雅各布·伯努利（Jacob Bernoulli，1645—1705）系统论证了概率的客观存在。他在1733年出版的《概率原理》一书中率先提出大数法则——伯努利定理。1786年法国数学家和统计学家拉普拉斯（P.S. Laplace，1749—1827）撰写了一篇关于巴黎人口的出生、婚姻、死亡的文章，文中提出根据法国特定地方的出生率来推算全部人口的问题。当时，法国的资产阶级革命推翻了统治法国200多年的波旁王朝，处死国王，并宣布共和。拉普拉斯的建议受到新政权的赞同。该文章基于1799—1802年30个县市人口资料来推算全国人口数，并测出了误差区间。就统计方法论而言，这的确是一个巨大创举，从此正式实现了统计学与概率论的联系。拉普拉斯认为应以研究自然科学的方法来研究社会现象。比利时的阿道夫·凯特勒（L.A.J. Quetelet，1796—1874）由此深受启发，他为了学习概率论曾专门就学于拉普拉斯。凯特勒开辟了运用概率论认识随机现象数量规律性的理论和方法的新领域。1867年，德国数学家威特斯坦（T. Wittstein）发表了《数理统计学及其在经济学和保险学中的应用》的论文，并将凯特勒创建的新领域命名为数理统计学。随着数理统计学的产生和进一步发展，关于统计学究竟是研究客观现象规律性的实质性科学还是方法性科学的问题有不同回答，后来逐渐形成了两大学派——近代数理统计学派和近代社会统计学派。

### （一）近代数理统计学派

这一学派的代表人物是凯特勒。他博学多才，既是数学家、统计学家、物理学家、天文学家和人类学家，又是社会活动家。他担任比利时统计委员会主席时，在英国支持下发起召开国际统计会议。他著有《论人类》（1835年）、《概率论书简》（1846年）和《社会物理学》（1869年）等60余种书。他在统计理论上的重要贡献是率先把概率引入统计学。他认为正态分布适用于各学科，而正态规律只有借助概率论才能够确切地解释。他对社会领域的规律性的探索是他一大主要成就。他在《社会物理学》著作中利用大数定律论证了社会生活中的随机偶然现象贯穿着必然的规律性。他认为任何现象都可能出现偏差，只有通过大量观察和计算平均数等方法，才能够排除现象的偶然性，从而反映出现象有规律的必然性。为此，他运用概率论原理提出了“平均人”的概念。所谓“平均人”就是运用统计方法计算的人类自身各性质标志的综合平均值。通过计算“平均人”就可以用来探索社会规律。若社会所有的认同平均人的差异愈小，社会矛盾就愈易缓和。凯特勒为了解决统计计量上的准确性，创造性地运用概率论手段研究人口、人体测量、婚礼、自杀和犯罪等诸多问题。鉴于他所作的贡献，他被当时资产阶级学者奉为“近代统计学之父”，他所处的19世纪上半叶被称为统计时代。凯特勒把统计方法发展为既可应用于社会现象研究，又可应用于自然现象研究的通用方法，从此，统计学就不再是单纯的社会科学了。他在《论社会制度》一书中将力学规律与社会现象相类比，提出社会现象与自然现象一样也有客观规律可循的正确观点。然而，应当指出的是，凯特勒及其一批追随他的近代统计学者所探讨出的规律性，不过是被研究对象通过统计方法在数量变化上表现出来的统计规律性。在这个意义上讲，近代统计学实际上已经不再是实质性的社会科学，而是可以通用于揭示社会现象和自然现象的统计规律的方法论科学。

数理统计学在凯特勒创立的通用的统计学的母体中孕育成长。至 19 世纪末期开始，由于英美数理统计学派葛尔登(F. Galton，1822—1921)等学者把数理统计学应用于生物学等领域，加之当时进化论的确立，细胞学的发展，以及能量守恒定律的肯定，致使数理统计从统计学中分立出来自成体系。因此，凯特勒当之无愧地被公认为统计学史上第三个学派——数理统计学派的奠基人。

### (二) 近代社会统计学派

正值英美数理统计学派异军突起之际，以德国为中心的社会统计学派便悄然地登场。社会统计学派的主要代表人物是恩格尔(C.L.E. Engel，1821—1896)和梅尔(G.V. Mayr，1841—1925)。尽管该学派不同意国势学派的所谓统计学，他们认为统计学不是方法论的科学，而是采用大量观察法研究社会集团的实质性的科学。为此，欧洲、美国和日本的统计学界都受其影响，但是，从学术渊源上看，他们实际上融会了比较记述和政治算术的观点，又继承和发扬了凯特勒同时兼顾研究社会现象的传统，并且把政府统计与社会调查结合起来，进而形成社会统计学。

随着社会科学学科发展及其定量化发展的趋势，把更多统计和数学方法运用于统计实务已经是必需的。从恩格尔起，就逐渐开始融合规律论和方法论方面的分歧。尔后，他们的追随者逐步从实质论向方法论转化。比如，第一次世界大战后，社会统计学的代表人物日本的蜷川虎山，主张吸收以概率论为基础的数理统计方法，当时在日本称其为“蜷川理论”。尽管出现了向方法论过度的倾向，但是，他们仍然强调以事物的质为前提，认为社会现象的核心即质的规律性是不可能一概转化为以量来表示的。

## 三、现代统计学时期

从 20 世纪 20 年代开始，统计学在其内容有了一定丰富的基础上进行了相当大的改进和深入的发展，其中，以数理统计学发展迅猛。数理统计学派的观点逐步占据了优势地位，从而使得数理统计学在欧美西方国家的应用日益广泛，以致现在在欧美等地区，一提到统计学，便毫无疑问地就是指只计量不计质的数理统计学。当然，此间社会统计学依然存在，不过已转为以苏联为中心了，并且在一些社会主义国家中得到传播和发展。

### (一) 现代数理统计学派

这一学派的主要代表人物是英国数学家戈塞特(W.S. Gosset，1876—1937)、英国统计学家费歇尔(R.A. Fisher，1890—1962)和波兰统计学家奈曼(J. Neyman，1894—1981)、爱古·皮尔逊(E. Pearson)(K.皮尔逊之子)。这一学派着重研究如何从样本提供的信息推论总体，在数理统计学随机抽样基础上建立推断统计学。戈塞特创立了以小样本代替大样本的方法——T 分布理论，为样本资料的统计分析开创了新纪元。他的理论方法被费歇尔充实和发展，他与奈曼、皮尔逊共同领导了关于“统计实验结果显著性的测定理论和估计理论”的研究活动。尔后，美国统计学家瓦尔德(A. Wald，1902—1950)将统计估计和假设理论进行了归纳，建立了决策理论。1957 年，美国统计学家科克伦(W.G. Cochran，1909—1980)等学者提出实验设计的理论和方法，从而进一步拓广了数理统计学的应用新天地。自 20 世纪 60 年代以后，逐步创立抽样技术、非参数估计、多变量分析和时间序列分析等数理统计学的新分支；建立起计量经济学、生物统计学、天文统计学等以数理统计为基础的边缘学科。

### （二）现代社会统计学

这一学派的代表人物主要是莫斯科大学教授丘普洛夫(1842—1908)。他的《统计学教程》就是传播梅尔的统计思想的。他主张统计学是一门社会科学，并认为统计学的特点是利用大量观察法探讨社会现象，以发现其规律。不过，从学术渊源上看，苏联社会经济统计学是深受德国的社会统计学派的影响的，它是恩格尔、梅尔等德国学者的理论的发展。

社会经济统计的根本性质和作用是认识社会。从20世纪30年代起，苏联曾一度批判统计消亡论、数理统计学派以及通用论与方法论。在1954年召开的有760人参加的苏联统计科学会议上，以会议决议的形式给统计学定义为："统计学是一门独立的社会科学，它在与质的方面的密切联系中研究大量社会现象的数量方面，研究社会发展规律在具体时间和地点条件下的数量表现。"决议还强调马克思主义哲学和政治经济学是统计学的理论基础。决议认为数理统计学是数学分支，但是统计学可以利用数理统计学的方法。至20世纪70年代，有学者开始反对这一决议，持反对意见者声称社会经济统计学是方法论学科，且数理统计学是统计学大家族中的一员。

至于我国统计界，早期统计学观点的形成和发展，受到过1903年从日本翻译过来的社会统计学派学者横山亚男的《统计学》著作中的统计思想的影响。新中国成立以后，我国统计主要是学习苏联的，而且一学就是30年，当然还接受了苏联1954年统计学科学会议决议中的观点。在这30年，我国统计机构和管理模式都是在苏联成套经验基础上建立起来的，指导我国统计活动的理论也是全盘照搬苏联的以马列主义政治经济学为理论基础，以社会经济现象的数量方面为对象的社会经济统计学。

随着苏联解体，实质性统计学而今又面临西化(方法论的数理统计学)的挑战。为此，我国统计是随波逐流，还是我独自以不变而应万变呢？应辩证地回答此问题。我国是一个拥有14亿人口的大国，照情理上讲怎么能随着别人一哄而起呢？即便是科学，尤其是应用型科学，也还是讲究实用。既然社会经济统计学在中国大有用武之地，那就应当让它枝繁叶茂。绝不能刻意迷信"洋货"(指西方国家唯一指的统计学——数理统计学)。全国有些高校不得已将统计系更名换牌，这是当时我国社会主义初级阶段的权宜之计，也是社会主义市场经济不发达的表现。纵观统计学历史，可以了解到统计学有着广阔的发展和应用空间，决不能对其短视。

然而，值得欣慰的是，十一届三中全会之后，随着我国对外开放推进，逐渐形成了百家争鸣的学术气氛，多数统计界学者认同了数理统计学是统计学分支的提法。1983年，在第三次全国统计科学大会上，部分学者通过大量历史资料佐证了数理统计学和社会经济统计学都源自凯特勒的"社会物理学"。割裂式的、带有歧视性区别对待数理统计学和社会经济统计学的畸形现象，直接导致了统计理论研究滞后于统计实践。两种统计学并非老死不相往来，要有"互相欣赏对方"的姿态，融合汇流成一门统一统计学是大势所趋。进入20世纪90年代，我国统计学界秉着实事求是的精神，社会经济统计学的理论研究呈现出喜人的局面。随着我国有中国特色的社会主义市场经济逐步建立，我国的经济体制和经济结构发生了深刻变化，中国统计与以西方主导的国际统计基本上接轨。在此背景下，为顺应历史潮流，学界提出了重构统计学学科体系，建立"大统计学"构想。从耗散结构理论出发，构建一个有序性、层次性、浑然一体的大统计学学科体系。2011年5月，国务院学位办《关于按〈学位授予和人才培养学科目录〉进行学位授权点对应调整的通知》，各学位授予单位需将按原目录批准的部分学位授权点，对应调整到新目录相应的一级学科。在此次调整中，统计学上升为一级学科，下设数理统计、经济统计等方向。

目前，中国有一支人数为全球之冠的社会统计学研究队伍，通过众多有才华的统计工作者的努力，下一个社会经济统计学的中心一定会转移到中国。

## 研讨问题一

1.1　根据已有的统计常识，列举几个表明统计使人更聪明的例子和滥用统计的例子。

1.2　统计一词的英文 statistics 含义是什么？统计一词在中文中的含义是什么？

1.3　统计学的研究对象是什么？

1.4　试阐述统计学研究对象客体具有的特点。

1.5　试简述描述统计和推断统计。

1.6　从统计学发展史的纵向角度，论述统计学是怎样从实质性科学过渡到方法论科学，从描述统计演变为推断统计？

1.7　统计学可以划分哪几个时期？各个历史时期统计学有哪些代表人物？他们对统计学作出了什么贡献？

1.8　什么是社会经济统计学？它的理论基础是什么？

**第二章**

# 统计学的范畴、方法论、量化尺度与试验设计

## 第一节　统计学的基本范畴

范畴是人们对客观事物不同侧面进行归纳分析而得出的基本概念。掌握范畴便于认识现象的本质。统计学的基本范畴主要有统计总体、总体单位、标志、指标等。

### 一、统计总体与总体单位

统计总体，简称总体或母体，它是至少有一个相同主要性质的众多个体或多个具有不同共性的群体组成的集合体。总体单位是构成总体的个体。统计认识是从总体单位开始，然而，又不能停留在个别现象上，必须由个体过渡到总体，通过大量个体的综合得到总体，以显现现象的数量特征。构成总体的所有单位至少要有一个主要属性相同，这是组成总体的前提条件。比如，全国人口普查，构成总体的主要属性是具有中国国籍且常住在中国境内。因此，总体大多为同质性总体，同质性是构成统计总体的基础。

按照总体单位的形态划分，可将总体分为实体总体和行为总体。实体总体是以某种客观存在的实体单位构成的总体，如：以人、企业、商品等个体单位组成的总体；行为总体是以某种事件行为为单位构成的总体，如：以投机行为、犯罪行为、道德行为等个体单位组成的总体。

总体和总体单位是相对而言的，随着研究目的的不同，总体和总体单位可以相互转化。比如：全国工业普查，工业部门所有工业企业是总体，而每一个工业企业是总体单位。若专门抽选某一个企业典型调查它的设备利用情况，则此时企业充当的是总体，每一台设备则为总体单位。

### 二、标志、变量和指标

#### （一）标志

标志是反映总体单位的属性或特征。换而言之，总体单位是标志的载体，即标志的承担者。标志是统计认识的起点。

按标志是否可以用数量表现划分，分为品质标志和数量标志。品质标志是指不能用数量表现而只能用文字、符号或代码说明的标志，如：人的性别、文化程度、工种等；数量标志是指能用数量表现的标志，如：人的年龄、工人工资、工业产值等。凡是反映品质标志单位组成的总体称为属性总体；凡是反映数量标志组成的总体成为变量总体。

按标志是否变异划分，分为不变标志和可变标志。不变标志是指在同一总体各单位的表现都相同的标志，如：每位女生都有“女性”这个不变标志；可变标志是指在同一总体各单位的表现不尽相同的标志，如：每位男生的“年龄”不尽相同，表现出差异。

标志表现是标志的实际体现，它分为品质标志表现和数量标志表现。品质标志表现只能用文字描述，换句话说，品质标志表现出来的是文字，如：“性别”是品质标志，其表现有男性和女性。数量标志表现需要用数值反映，如：“年龄”是数量标志，其表现有 10 岁、12 岁，80 岁等。换句话说，数量标志表现出来的是标志值。

### （二）变量

将可变的数量标志抽象化就称其为变量，其取值称为变量值或标志值。变量分为确定性变量和随机变量。确定性变量是指受必然性因素的作用，各变量值呈现出上升或下降唯一方向性变动的变量，比如：物品价格变量 $x$ 受到销售量因素影响而呈现有规则变动；随机变量是指受偶然性因素的作用，变量值呈现出随机游走或混沌状态变动的变量，比如：股票价格变量 $x$ 受到股民投机欲望因素影响而呈现无规则涨跌。

根据变量的取值是否连续划分，分为连续型变量和离散型变量。连续型变量是指在一个取值区间内可取到无穷多个值，如：身高、体重、元件使用寿命等。连续型变量值要用测量或计算的方法取得。离散型变量是指在一个取值区间内变量仅可取到有限可列个值，如：人数、车辆数等。离散型变量值只能用计数的方法取得。

### （三）指标

指标是反映总体数量特征及其范畴的。换而言之，总体是指标的载体，即为指标的承担者。指标是统计认识的工具。

按指标所反映的数量性质不同划分，分为数量指标和质量指标。数量指标是指反映总体绝对规模和水平，体现事物广度的外延指标，如：2020 年我国 GDP 为 1 015 986.2 亿元；2020 年年末中国大陆总人口 141 178 万人，净增 170 万人，国家外汇储备 32 165.22 亿美元。质量指标是指反映总体相对程度，体现事物深度的内涵指标，如：2020 年我国 GDP 增长率为 2.3%，居民消费价格指数（CPI）上涨 2.5%，粮食产量增幅 0.9%。数量指标是用绝对数表示的，质量指标是用相对数或平均数表示的。质量指标是数量指标的派生指标。

由此可知，一个完整的统计指标是由指标概念与指标数值两个要素构成。指标概念反映了现象的质的规定性；指标数值反映了现象的量的规定性。

综上所述，标志和指标既有区别又有联系。

两者区别在于标志是反映总体单位的属性和特征，它未必都可量；指标是反映总体的数量特征，它一定是可量。

两者联系在于同一总体各单位标志值的综合就得到指标，即所谓的综合指标。由此可见，没有数量标志就没有统计指标。然而，总体与总体单位之间又会发生转换，随着研究目的的改变，假如原来作为总体的后来充当总体单位，则相应的指标也就变成了标志；反之亦然。

## 第二节　统计方法论

统计方法论是关于以大量的数量研究为基础的统计方法的理论。统计运行系统中各子系统有其专门的认识方法，而贯穿全系统的统计认识的基本方法主要有大量观察法、综合分析法和归纳推断法。

## 一、大量观察法

大量观察法是指对总体中全部或足够多数单位进行观察分析的方法。现象总体受多种因素交互影响，其中，既有主要的、必然的因素，又有次要的、偶然的因素。若只选取少量单位进行观察，很可能出现刚好是次要的、偶然的因素对这部分单位起支配决定性作用，用这部分单位反映总体特征就会出现虚假现象。若对一个动态现象进行大量观察，则主要的、必然的因素支配着现象呈现稳定的单一方向的发展大势，而次要的、偶然的因素对动态现象发展大势时而产生正作用时而产生反作用的干扰，使得大势中隐含着多个起伏的中、小势。如果对整个发展期现象的数量特征值逐期进行综合平均，那么所有次要的、偶然的因素对现象的作用可以在求和中相互抵消，从而使得现象显示出较平滑的有规则的走势。若对一个静态现象进行大量观察，则同样地个别或少量单位很可能受次要的、偶然的因素影响大而出现异常，这种异常包括正、反两方面的效应。若将大量单位综合，则这部分单位因受偶然性因素作用而产生的差异可以相互抵消，从而显现出集合体的必然的规律性。

由此可以得知，大量观察法的数理依据是概率论中的大数法则。大数法则是指大量相互独立的随机因素构成的总体，如果各个个别因素对总体影响很小，那么，这些个别因素的影响可以相互抵消，而使总体特征，如：频率、平均值，呈现出稳定性。

伯努利大数定律的极限式：$\lim\limits_{n\to\infty}P\left(\left|\frac{n}{N}-p\right|<\varepsilon\right)=1$，此式表明经过 $N$ 次大量独立重复伯努利试验观察，最终频率 $\frac{n}{N}$ 会趋近于一个稳定的概率 $p$。

正是因为统计是经过大量的个体的概括，从而过渡到稳定的一般的数量特征，所以在一定意义上讲，大数规律就是统计规律。

## 二、综合分析法

综合分析法是指通过大量观察所获得的众多的个体资料，经过整理综合成指标，以反映总体数量特征。在某种程度上讲，一个统计指标便可体现一个统计总体。统计指标都是综合性的，它可以概括性地描述总体的综合特征和变动趋势。若对综合指标进行分解和对比，则可以研究总体的差异和数量关系。

合与分是一对矛盾。综合指标和统计分组是相互依存的，倘若没有科学的分组，统计指标就不能揭示总体内部结构，加权计算统计指标的简捷方法就用不上。由此可见，当研究现象的数量关系时，首先必须进行科学分组，合理设置指标。

## 三、归纳推断法

逻辑上的归纳法是从个别到一般，从事实到概括的推理方法。在一定的置信水平下，根据样本数据推断总体数量特征的归纳推理方法称为统计推断法。统计推断是逻辑归纳法在统计推理中的应用，也称为归纳推断法，它是现代统计学的基本方法。

## 第三节 统计数据的量化尺度

量化，又称量标，通常是指概念的操作化或概念的运算化。统计数据的量化既包括指标的量化又包括标志的量化。因为社会现象千姿百态，所以有些现象可以直接用计量和测量的方法量化，而有些现象却只能间接用计量和测量的方法量化。量化尺度要根据数据所衡量的客观事物的不同特征来确定，因而就需要采用不同的标准尺度来表达现象，以使所研究的对象都能处于量化状态，这就是量化尺度。根据对客观事物量化的程度不同，可以将量化尺度从低到高、由粗略到精确地划分为四个层次。

### 一、定类尺度(nominal level of measurement)

定类尺度是指分组(或类)排列是依据客观事物的品质标志进行的，且各组(或类)是并列的平行关系。对定类尺度分析的主要统计量是各组次数占总体的比重或频率。如：中国人口按种族划分为56个民族，按民族名称首个字的笔画排列，并列出各民族相应人数和占全国人口比重。

### 二、定序尺度(ordinal level of measurement)

定序尺度是指事物按照一定大小、优劣、强弱、高低等特征分组，并依序排列，各组不再处于同一水平上。对定序尺度分析的主要统计量有频率、众数、中位数、四分位数等。如：医院由最好到一般分级为：特级、三级甲等、三级乙等、三级丙等、二级甲等、二级乙等、二级丙等，等等；考试成绩可以分为优、良、中、及格、不及格。这两个例子都是名次靠前的为更优，且组间能比较出优劣或高低。

### 三、定距尺度(interval level of measurement)

定距尺度是指事物以它的客观存在的计量单位作为分组标志，按照大小、优劣、强弱、高低等标志依次以一定的间距等距排列。对定距尺度分析的主要统计量有频率、众数、中位数、均值、标准差。如：按一段时间的摄氏温度高低排列来测量气温的变化。温度每提高1℃其温度差间距是相同的。由于定距尺度中每一组组距是相等的，因此各组同一种标志值能比较大小，并且还可以进行加减运算，以显示出彼此差异程度。不过，它不能进行乘除运算，如：可以说33℃比11℃高22℃，却不能说前者比后者热3倍。定距尺度没有绝对零点，定距尺度中的0表示0水平，而不是不存在或没有。如：0℃表示冰点温度，并不表示没有温度。

### 四、定比尺度(ratio level of measurement)

定比尺度是在定距尺度的基础上还存在可以作为比较的共同起点或基数。对定比尺度分析的主要统计量包括前面三种量化尺度所使用的全部统计量。定比尺度的数学性质是既可以作加减运算又可以作乘除运算。如：甲乡粮食亩①产500千克，乙乡粮食亩产

① 亩是非许用单位，1公顷=15亩。

250千克，则可以说甲乡比乙乡粮食亩产高一倍。定比尺度中的原点或基点应是有实际意义的零点，不存在负值，定比尺度中的0表示没有或不存在。比如：一头0千克重的猪，表示这头猪不存在。

总之，搜集数据需要按照上述测量尺度来度量，测量尺度决定了数据中蕴涵的信息量。

## 第四节 试验设计

统计设计是对整个统计项目的通盘安排，而试验设计是指通过安排有效的试验，力求在有限的试验中获得尽可能多的统计信息。试验设计应该严格遵守随机原则。

### 一、完全随机化设计

完全随机化试验是按照完全随机的方式把各种“处理”指派给各个试验单元。试验单元是指接受处理的实体。完全随机化试验要求总体为同质总体。

通常以等距方式事先确定各组起止号码，从随机数字表（见附表一）中任意确定一数字为起点，沿某一方向搜寻随机数字，对照原定号码进行随机安排。

[范例 2.1] 有18块稻田随机分成三组，每组播不同的种子，即18个试验单元完全随机地接受三种处理。设：

甲组：01～06；乙组：07～12；丙组：13～18。

从随机数字表中第9行第21列的99开始，向下查询介于01～18之间的随机数字，数字不允许重复出现，则有：

序号：08 10 07 15 11 02 18 16 03 06 13 14 01 04 05 17 12 09

组别：乙 乙 乙 丙 乙 甲 丙 丙 甲 甲 丙 丙 甲 甲 甲 丙 乙 乙

### 二、配偶组设计

为了降低试验误差，提高试验效率，可以预先将试验对象按某一标志配对。配偶组设计分自身配对和同源配对。自身配对是指试验对象自身在试验前后的对比；同源配对是指将同性别、同年龄、同体重的试验对象配成对子。

### 三、随机化区组设计

随机化区组设计，又称配伍组设计，它是指组成配伍组后将各组试验对象随机分配到各个对比组中去。它是一种限制性随机化试验设计。试验时，先按一定规则把试验单元划分为若干同质组，又称“区组”，再将各种处理随机地分配给各个区组。

[范例 2.2] 为了统计分析小学生的收看电视少儿节目情况，对25名小学生做试验设计，将其分为5个区组进行5种处理（“处理(treatment)”是试验设计的术语，表示可控制因素的各个水平）的比较。其步骤为：首先将多项标志相类似的学生配成5个配伍组，然后利用随机数字表将每组的学生重新分配到5个处理组中去，构成5个随机区组，如表2-1所示。

表 2-1　随机区组

| 学生编号 | 随机数字 | 除　数 | 余　数 | 分配组列 |
|---|---|---|---|---|
| 1 | 09 | 5 | 4 | 四 |
| 2 | 47 | 4 | 3 | 三 |
| 3 | 27 | 3 | 3 | 五 |
| 4 | 96 | 2 | 2 | 二 |
| 5 | 54 | | | 一 |
| 6 | 49 | 5 | 4 | 四 |
| 7 | 17 | 4 | 1 | 一 |
| 8 | 46 | 3 | 1 | 二 |
| 9 | 09 | 2 | 1 | 三 |
| 10 | 62 | | | 五 |
| 11 | 90 | 5 | 5 | 五 |
| 12 | 52 | 4 | 4 | 四 |
| 13 | 84 | 3 | 3 | 三 |
| 14 | 77 | 2 | 1 | 一 |
| 15 | 27 | | | 二 |
| 16 | 08 | 5 | 3 | 三 |
| 17 | 02 | 4 | 2 | 二 |
| 18 | 73 | 3 | 1 | 一 |
| 19 | 43 | 2 | 1 | 四 |
| 20 | 28 | | | 五 |
| 21 | 18 | 5 | 3 | 三 |
| 22 | 18 | 4 | 2 | 二 |
| 23 | 07 | 3 | 1 | 一 |
| 24 | 92 | 2 | 2 | 五 |
| 25 | 45 | | | 四 |

任意选定随机数字表第 10 行第 6 列 09 作为起点数字，开始向右连续取出 25 个随机数字，根据余数重新分配组。第一个配伍组中，第 1 个余数为 4，则第 1 号学生分配到第四组；第 2 个余数为 3，则在剩下的第一、二、三、五组号中再选出此时列第三位的，即第三组；第 3 个余数为 3，则在剩下的第一、二、五组号中再选此时列第三位的，即第五组；第 4 个余数为 2，则在剩下的第一、二组号中再选此时列第二位的，即第二组；最后剩下的第一组号归第 5 号学生。其余四个配伍组的学生分配方式同理进行。

## 四、拉丁方设计

拉丁方设计是指行数、列数和处理数三者恒等的平行方阵的设计。当初平行方阵上进行试验时是用拉丁字母 A、B、C、D 等表示各种处理，拉丁方设计由此而得名。每一行是一个区组，每一列也是一个区组。在同一行区组和同一列区组内必须且只能包括各个处理中的一个小区，不能出现相同的处理。标准拉丁方是第一行和第一列的字母按自然顺序排列的拉丁方。

［范例 2.3］ 4×4 标准拉丁方和用数字表示的 4×4 标准拉丁方如下：

A B C D　　1 2 3 4
B A D C　　2 1 4 3
C D A B　　3 4 1 2
D C B A　　4 3 2 1

为了得出试验时用的拉丁方，首先运用随机数字表分别调换标准拉丁方行和列的位置。

若任意选定随机数字表第 10 行第 17 列的 52 作为起点数字，开始向右查寻不大于 04 的数字，则有 02，03，04，01，即 2341，相应字母 BCDA，作为新拉丁方第一行。对标准拉丁方作列变换，第二列调至第一列，第三列调至第二列，第四列调至第三列，第一列调至第四列。

B C D A　　2 3 4 1
A D C B　　1 4 3 2
D A B C　　4 1 2 3
C B A D　　3 2 1 4

若从随机数字表第 14 行第 6 列交叉处开始向下查寻不大于 04 的数字，则有 01，03，04，02，即 1342，相应字母 ACDB，作为新拉丁方第一列。对经过列变换后的拉丁方作行变换，第二行调至第一行，第四行调至第二行，第一行调至第四行。

A D C B　　1 4 3 2
C B A D　　3 2 1 4
D A B C　　4 1 2 3
B C D A　　2 3 4 1

这就是试验所要用的拉丁方，每个字母都表示一种处理，每种处理随机地指派给每一个试验小区。

［范例 2.4］ 现在采用以上经过变换获得的拉丁方设计对四种工艺生产的聚酯材料的抗拉强度是否存在显著性差异进行试验。假如聚酯材料的抗拉强度受到设备和工人技能两种因素的影响，以行区组表示 4 名技工的技能，以列区组表示 4 台不同的设备，以 A、B、C、D 分别表示四种工艺(即处理)，如表 2-2、2-3 所示。

表 2-2 中，第一行为组 1，第二行为组 2，第三行为组 3，第四行为组 4。四组接受 A、B、C、D 四种工艺处理，把四种不同工艺按照 3241 顺序排列，即 A=3，B=2，C=4，D=1，或者表示为：

拉丁字母　A　B　C　D
工艺序号　3　2　4　1

在拉丁方中，A 表示第 3 种工艺，B 表示第 2 种工艺，C 表示第 4 种工艺，D 表示第 1 种工艺，从而得到 4×4 拉丁方设计，其试验模式如表 2-2 所示。

表 2-2　聚酯材料抗拉强度拉丁方设计试验模式

| 处理(工艺) | 列区组(设备) | | | | 行　和 |
| --- | --- | --- | --- | --- | --- |
| 行区组(技工) | A(3) | D(1) | C(4) | B(2) | |
| | C(4) | B(2) | A(3) | D(1) | |
| | D(1) | A(3) | B(2) | C(4) | |
| | B(2) | C(4) | D(1) | A(3) | |
| 列　和 | | | | | 总和 |

注：圆括号内的数字为所采用的处理工艺序号。

表 2-3 中，在第 1 名技工操作第一台设备下，采用第 3 种处理工艺，即 A 工艺处理，得到聚酯材料抗拉强度为 21 个单位。

表 2-3　聚酯材料抗拉强度拉丁方设计实验结果

| 处理(工艺) | 列区组(设备) | | | | 行　和 |
| --- | --- | --- | --- | --- | --- |
| 行区组(技工) | A(21) | D(17) | C(18) | B(20) | 76 |
| | C(15) | B(14) | A(22) | D(19) | 70 |
| | D(18) | A(16) | B(20) | C(15) | 69 |
| | B(24) | C(16) | D(17) | A(16) | 73 |
| 列　和 | 78 | 63 | 77 | 70 | 总和　288 |

注：圆括号内的数字为每次试验的结果。

## 研讨问题二

2.1　什么是总体和总体单位？它们有何关系？

2.2　为什么统计认识要从个体过渡到总体？

2.3　简述标志与指标的区别与联系。

2.4　数量标志表现与变量值是否是本意一致？

2.5　简述变量及其划分形式。

2.6　为什么在一定意义上讲，大数法则就是统计规律？

2.7　怎样理解综合分析法中的“分”与“合”？

2.8　试指出下列的变项属于哪个测量层次：

① 性别；② 籍贯；③ 高校教师职称；④ 民族；⑤ 温度；⑥ 宗教信仰；⑦ 托福成绩；⑧ 人体体重；⑨ 产品品级；⑩ 每月上课天数。

2.9　试同时以定类、定序和定距三个量化层次测量下列变项，并写出测量语句。

① 收入；② 入学成绩；③ 教育。

2.10 为了调查分析外资连锁快餐公司麦当劳、肯德基、美心、美添食在广州的销售情况，试从这四家快餐公司中各随机抽选出五间快餐店作随机化区组试验设计。

2.11 在花卉苗圃进行肥料试验，分 A、B、C、D、E 五种肥料处理，小区面积为一个苗床，采用 5×5 拉丁方设计，田间排列及试验结果如表 2-4 所示。

表 2-4 田间排列及试验结果

| 平均茎粗 | 列区组 | | | | |
|---|---|---|---|---|---|
| 行区组 | B(2.4) | D(1.7) | E(1.8) | A(2.3) | C(2.8) |
| | C(2.8) | A(2.1) | B(1.7) | E(1.7) | D(2.1) |
| | D(1.6) | C(2.8) | A(2.3) | B(1.4) | E(2.4) |
| | E(1.8) | B(1.5) | C(3.0) | D(1.8) | A(2.6) |
| | A(2.2) | E(2.2) | D(2.7) | C(2.7) | B(1.3) |
| 合计 | | | | | |

试写出从 5×5 拉丁方的“选择拉丁方”

A B C D E
B A E C D
C D A E B
D E B A C
E C D B A

经过变换得到种苗所用的拉丁方的步骤。

2.12 在下面变量中，哪些属于连续型变量？哪些属于离散型变量？

① 屠宰牲畜数量；② 零件尺寸偏差；③ 飞机耗汽油量；④ 报废的汽车数；⑤ 存款余额；⑥ 洪水涨落尺度；⑦ 选民投票数；⑧ 车轮转速；⑨ 森林覆盖面积；⑩ 价格。

# 第三章

# 统计资料的搜集、整理与描述

## 第一节　统计资料的搜集

### 一、调查对象、单位、项目以及报告单位

#### （一）调查对象

调查对象是指根据调查目的确定的现象总体。它明确了向谁调查的问题。而调查总体是由若干调查单位构成。

#### （二）调查单位

调查单位是指调查对象中所要调查的具体单位。如：人口普查中调查单位是指每一个人。

#### （三）调查项目

调查项目是指调查时向被调查者所要搜寻的问题，它是反映调查单位特征的标志。设置调查项目必须注意以下几点：

（1）对重大或敏感性强的问题应采用多项选择，不宜采用是非提问。如：调查已婚女性与公婆的关系，若仅设置：A. 好；B. 不好。这就不全面，还可能存在关系一般的介于上面两项答案之间的情况。

（2）所问的问题应便于调查者回答。如：若设置荒山造林面积项目的提问，未经专门测量一般是难于回答的。

（3）备选项目必须互不相容。如：调查领导对防汛情况的了解设置提问：A. 了解；B. 比较了解；C. 基本了解；D. 不了解。显然，比较了解和基本了解两项答案存在交叉。

（4）调查项目应当防止渗入调查者的思想导向。如：对影碟机市场需求调查，就不宜设置像这样的提问：你喜欢 A. VCD；B. DVD。这是一个带有导向性的提问，显然选答案 B 的居多数，会出现回答结果高度相同的情形。然而，事实上喜好者未必就是购买者。如果改为你将要添置哪一种影碟机，这样提问就不会干扰被调查者的独立思考填答，则所搜索到的市场需求信息资料就能较好地反映被调查者的真实的消费倾向。

（5）问题的形式不宜太难和过于复杂。太难或过于复杂的提问不便于广大公众填写，回答很容易出现错误，使所收集的资料失真。

（6）问题不宜太长。设置填答的问题太长会使被调查者感到厌倦，难以积极配合，很可能出现回答不完整的情况。

#### （四）报告单位

报告单位，又称填报单位，是指负责向调查者回答问题、填报统计表和提供统计资料

的基层单位。如：人口普查是以户为单位进行登记，家庭户和集体户是填报单位。

报告单位与调查单位有时会存在不一致的现象。对两者识别的关键是要明白报告单位只有“人”或“法人”才能够填写和报告，“物”无法进行填报行为，显然不能作为报告单位。比如，全国工业普查：① 对企业生产设备普查，每台工业生产设备是调查单位，而每家工业企业则是报告单位；② 对企业经济效益普查，每家工业企业既是调查单位又是报告单位。

## 二、搜集资料的方法

### （一）直接观察法

直接观察法是指调查人员亲自到现场对调查对象进行观察和计量，以取得统计资料的调查方法。如：商厦盘存、家计调查等就是采用直接观察方法。该调查方法的优点：取得的资料比较准确；缺点：花费大量的人力、物力、财力和时间，且对历史资料以及不可能直接观察和计量的资料，无法采用这种方法。

### （二）采访法

采访法是指由调查人员向被调查者访问，由被询问者答复的调查方法。这种方法可以采用这样几种具体形式进行：个别口头询问、开调查会、被调查者填表。如：人口普查就是采用采访法。该调查方法的优点：与前一种调查方法相比这种方法要更为省力；缺点：搜集的资料准确性稍差一些。

### （三）报告法

报告法是指报告单位根据原始记录和台账核算有关资料，并以统计报表的形式逐级上报的调查方法。如：我国现行的统计报表制度就是采用这种方法。该调查方法的优点：能取得较前两种调查方法翔实和精确的资料；缺点：由于联网直报难于真正全面推广，尤其是经济较落后地区数据还尚未达到自动化处理，且网络不稳定，而到县统计局上报又会受到 IP 地址的限制，因此，反馈的信息资料存在一定的时滞性。

## 三、搜集资料的形式

搜集资料的形式是指采集信息资源的统计调查的组织形式，主要包括统计报表、普查、重点调查、典型调查和抽样调查。这五种形式又可按下列不同标志归类：

第一，按调查对象涵盖的范围划分，可分为全面调查和非全面调查。全面调查是指对调查对象中的所有调查单位逐一观察和登记。统计报表和普查属于全面调查；非全面调查是指选择调查对象中有代表性的部分调查单位进行观察和登记。重点调查、典型调查和抽样调查属于非全面调查。

第二，按调查登记的时间是否连续划分，可分为经常性调查与一次性调查。经常性调查是指随着被研究现象的发展变化而进行连续观察和登记，目的是获得现象在整个时期内的数量变化情况。相邻两次调查的间隔期不超过一年的都可以视为经常性调查。如：利用重点调查、典型调查、抽样调查或统计报表搜集物价资料编制季度或月度零售物价指数。一次性调查是指每隔一个较长时间进行观察和登记，目的是了解现象在一定时点上的发展状况。相邻两次调查的间隔期超过一年的都可以视为一次性调查。如：我国分别于 1953 年、1964 年、1982 年、1990 年、2000 年、2010 年和 2020 年进行过七次人口普查。

第三，按调查组织是否制度化划分，可分为统计报表制度和专门调查。普查、重点调查、典型调查和抽样调查均是专门组织的非制度化的调查。

下面就这五种调查形式分别给予介绍：

### (一) 统计报表

#### 1. 统计报表的分类和资料来源

统计报表是指按照国家统一规定以统计表的形式定期逐级上报统计资料的制度化的调查方式。

按报送统计报表的周期划分，可分为日报、旬报、月报、季报、半年报和年报。除了年报之外，其余都称为定期报表。在定期报表中，日报和旬报仅限于填报生产中最主要的指标。

按报送统计表的方式划分，可分为邮寄上报、电讯上报和网络上报。现在普遍用电脑处理数据，即使是邮寄上报一般也是邮寄光盘。

统计报表的原始材料来源于基层单位的原始记录、台账和内部报表。原始记录是基层单位以一定的表格形式对生产经营活动中未经整理的第一手的初级数字和文字资料的登录。如：现金收支凭证、库存材料收付记录。统计台账是指基层单位为了满足经营管理和统计核算的需要，将零散的原始记录资料按时间顺序设置的系统积累统计资料的表册。

#### 2. 统计报表的优缺点

优点：在报表实施范围内，各报告单位一定是以制度化形式按期并以统一口径报送统计表，从而确保调查资料的全面性、连续性和统一性。

缺点：① 花费较多的人力、物力、财力；② 基层统计员统计素质参差不齐，甚至有的基层领导可能不够重视统计工作，从而难以完全确保初级资料的可靠性；③ 若调查形式涉及大面积调查单位，可能会出现较大的登记性误差。

### (二) 普查

#### 1. 普查的分类和实施原则

普查是指专门组织的对一定时点上的国情国力所作的一次性的全面调查。

按搜集资料的途径划分，可分为配备专门机构的普查和由调查单位直接填报的普查。比如，2020 年的全国人口普查、2019 年全国经济普查属于前一种普查；而全国科技人才普查、清产核资属于后一种普查。

普查组织实施时应当遵循如下几项原则：

(1) 规定统一的标准时点。普查搜集的是一定时点上的总量资料，无论搜集工作是在统一规定的时点之前还是之后进行，最后数据都必须调整到标准时点时的水平，以免重登漏登。如：中国第七次全国人口普查规定 2020 年 11 月 1 日 0 时为统一标准时点。

(2) 确定统一的普查期限。各普查点应该同时展开登记工作，并力求在规定期限内（一般一周左右的时间）完成。

#### 2. 普查的优缺点

优点：① 登记步调一致，并都必须在规定期限内完成，能最大限度地降低由于自然变动（出生与死亡）和机械变动（迁入与迁出）造成的重登漏登差错率；② 普查所获得的资料的全面性和可靠性是其他调查方式无法比拟的；③ 不存在代表性误差。

缺点：① 耗费大量的人力、物力和财力，要花费较长时间宣传和准备；② 由于必须对整个调查单位观察和登记，因此，登记性误差影响大。

### （三）重点调查

1. 重点调查的含义和分类

重点调查是指从调查对象的全部单位中选择一部分客观存在的重点单位进行调查。所谓重点单位，对总体单位数而言，重点单位的数目所占比重小；对总体各单位标志总值而言，所有重点单位的标志总值却占的比重大。观察和登记重点单位可以了解总体的基本情况。比如，对宝钢、鞍钢、攀钢、首钢、马钢等大型钢铁联合企业调查，就可以大致了解到全国钢铁产供销的基本情况。在国外没有重点调查之说，西方统计中与重点调查相类似的调查形式称为判断抽样，它是非随机抽样调查之一。

按采集资料的途径划分，有专门组织的一次性重点调查和利用定期统计报表对重点单位经常性调查。比如，对国有大型企业下岗职工情况的调查属于前一种调查；而对重点工业交通运输企业能源消耗季报属于后一种调查。

2. 重点调查的优缺点

优点：① 节省人力、物力和财力；② 由于调查人员训练有素，加上调查单位相对少，从而大大降低了登记性误差。

缺点：因为重点单位不是按照随机原则抽取的，所以所抽取的单位明显不能充分代表非重点单位，因而不能根据所有重点单位的数量特征推断总体。

### （四）典型调查

1. 典型调查的分类

典型调查是指在研究对象中有意识地选取若干主观认为表现突出的典型单位进行调查。典型单位，是指在所有总体单位中最能体现总体共性的单位。而在国外也有典型调查之说，西方统计中与典型调查相类似的调查形式也称为判断抽样，它也是非随机抽样调查之一。

按选典(点)的方式划分，有“解剖麻雀”式的典型调查和“划类选典(点)”式的典型调查。前者主要用于当调查单位之间差异较小时，可以仅选择一、二个典型单位，用“解剖麻雀”的方式对其进行横断面的剖析，由此进一步扩大到认识总体的一般性特征的目的；而后者主要用于当调查单位之间差异较大时，可以采取“划类选典(点)”的办法，将总体单位分成若干类型，然后在每一类型中选取若干具有典型意义的单位进行的调查。

2. 典型单位的选择

为了提高典型调查的效果，典型单位的选择应当注意以下几点：

(1) 处于萌芽状态的新生事物起初总是少量的，因而无从大量观察，此时此刻应当及时抓住新事物苗头——典型单位，进行调查研究，以科学地预见其发展趋势。

(2) 为了总结成功的经验和吸取失败的教训，则应当选取先进的典型或落后的典型调查研究，以便从这些素材中的事例去激励先进和鞭策后进。

3. 典型调查的优缺点

优点：① 机动灵活；② 节省人力、物力和财力；③ 调查依据的资料生动典型；④ 通过对调查单位归类选典，尽可能使典型单位的分布近似于总体的分布特征，以提高典型单位的代表性，从而可以依据典型单位的数据推断总体数量特征；⑤ 由于调查人员训练有素，且调查单位又相对较少，从而使登记性误差大大降低。

缺点：因为存在个体差异，各人认识难免趋同，所以所谓“典型”就有可能因人而异，仁者见仁，智者见智，从而真正意义上的典型单位就很难被众人一致首肯。

#### （五）抽样调查

1. 抽样调查的含义和分类

抽样调查是指按照一定的原则从总体中抽取部分单位构成样本，以样本数量信息推断总体数量特征的调查。统计学中一般只讨论随机抽样，而很少讨论非随机抽样，因为这样获得的样本无法应用大部分的推断统计方法进行分析。

在随机抽样中，按随机抽选的方式划分，常用的抽样方法有简单随机抽样调查、机械抽样调查（也称等距抽样）、类型抽样调查（也称分层抽样）、整群抽样调查、多阶段抽样等。

非随机抽样并不遵循随机原则，而是按照研究人员的主观经验或其他条件抽取样本。其适用的场景包括：① 严格的概率抽样几乎无法进行；② 调查是为了对问题的初步探索或提出假设；③ 调查的对象不确定或根本无法确定；④ 总体各单位质检离散程度不高，且调查人员拥有丰富的调查经验。

常用的非随机抽样方法有：偶遇抽样、判断抽样、等额抽样和滚雪球抽样等。

2. 随机抽样调查的优缺点

优点：① 既能节省人力、物力和财力，又能提高资料的时效性；② 由于抽样的随机性，完全不受主观因素影响，从而可以运用概率论原理，根据样本推论总体特征，并且可以对代表性误差事先计算和控制；③ 由于调查人员训练有素，加上调查单位少，从而可以大大降低登记性误差。

缺点：通常只能提供宏观或中观数字资料，不能提供地方各级政府所需的数字资料。

### 四、抽样误差

抽样误差，又称调查误差，是指统计调查所得的统计数字与调查对象的实际数量之间的差异。比如，某县棉花所调查的收获量为 9.8 万千克，实际收获量为 10 万千克，则误差为 0.2 万千克，误差率为 2%。

抽样误差有两种：一是登记性误差；二是代表性误差。

（1）登记性误差，是指由调查过程中有关环节上的工作失误或谎报而导致的偏差。工作失误主要包括计量错误、计算错误、汇总错误、记录错误、抄录错误等；谎报主要包括调查者或被调查者有意识地弄虚作假，虚报瞒报等。无论是全面调查还是非全面调查都存在登记误差。在一般情况下，全面调查的登记误差是大于非全面调查的登记误差。

（2）代表性误差，是指从总体中抽取一部分单位进行观察，并以这部分单位的数量特征估计总体数量特征。所估得的总体数量与总体实际数量会有偏差，这偏差就是代表性误差。所选中的部分单位对总体所有单位的代表性高，误差就会小；反之，误差就会大。代表性误差是非全面调查独有的，不过也是不可避免的。

## 第二节　统计资料的整理

统计整理是指对所搜集到的零星分散的初级资料进行加工和综合，使之系统化。停留在原始形态上的统计资料只能反映个别单位的数量特征，只有将其去粗取精、去伪存真地整理分析，才能揭示现象的规律性。

## 一、统计资料的审核和手工整理的技术

### (一) 审核技术

(1) 逻辑审查。检查资料是否合乎逻辑。如：15 周岁以下的少年儿童不能列入文盲范围，因为他(她)们还处在义务教育年龄段，还有可能接受教育；不能仅以学历来判定是否是文盲，有些老中医医生虽然没有上过高等学校，却是造诣很深的专家；养鸡场鸡平均日产蛋量，这个指标出现了逻辑错误，因为公鸡是不会下蛋的，公鸡不应列入其中。

(2) 计算审查。检查调查表中各栏数字的计算方法和口径，验算合计数与各项数据之间是否平衡。比如，若出现一个调查区的居民户数竟然大于居民人数，这可能户数或人数调查结果有差错。

### (二) 手工整理技术

(1) 划记法。它又称点划法，它是指用点、线等符号计算总体和各组单位数的方法。常用的划记符号有“正”“卌”“∷”等。该方法只适用于汇总总体单位数，不能汇总各单位标志值。

(2) 折叠法。它是指将需要汇总的各调查表在相同行或列处对折，然后各调查表按顺序叠在一起，且露出需要汇总的那一行或一列的数据。该方法既适合汇总单位数又适合汇总标志值。

## 二、统计分组

统计分组是指总体中各单位按照某种标志划分成若干组的统计整理的方法。统计分组兼有“分”与“合”两层含义。就总体而言，它是“分”，即把总体内不同性质的单位划归相应的组，使组间存在差异；就总体单位而言，它是“合”，即把性质相同的单位合并成组，使组内单位至少在一个标志上同质。

### (一) 统计分组的原则

统计分组必须遵循“穷尽(exhaustive)”与“互斥(exclusive)”原则。“穷尽”是指总体中任何单位无一例外地必须划归到各自所属的组。比如，按婚姻状况将人口总体分为已婚组和未婚组。这种分法就没有满足穷尽原则，因为人群中可能存在离婚者和丧偶者；“互斥”是指总体中任何单位只能归属于一个组。比如，刚结婚不久又离婚者不能将其既划归已婚组又划归离婚组。

### (二) 分组标志的选择

每一总体单位都可能涉及若干个标志，但是所选定的分组标志必须能突出总体各单位在此标志下的性质的显著差异，在其他标志下的性质差异可以暂时被掩盖，因此，应该根据研究的目的，选择最重要、最有实际意义的，能够反映现象本质特征的有关标志作为分组标志。比如，比较一省内各地区的经济发展水平，每个地区都有国内生产总值(GDP)、城镇居民人均可支配收入(per capital disposable annual income of urban households)等标志，但是唯有人均可支配收入消除了地区规模因素的影响，该标志对不同规模的总体单位具有可比性，因此，选择人均可支配收入作为分组标志是最适宜的。不过，在选择分组标志时，同时要考虑事物当时所处的历史条件。因为事物是不断发展变化的，当时历史条件下所选定的分组标志就不一定适合未来，因此就有可能需要重新选择分组标志。

根据分组标志的要求的形式不同，总体不但可以按照品质标志分组，而且还可以按照

数量标志分组，有时，甚至还可以按照两种标志结合起来分组。

(1) 按品质标志分组。它是指选择反映总体单位属性差异的品质标志作为分组标志，依据此标志将总体划分成若干性质不同的组。如：按籍贯标志将学生分组。

(2) 按数量标志分组。它是指选择反映总体单位数量差异的数量标志作为分组标志，依据此标志将总体划分成若干数量各异的组。如：按工资标志将公司员工分组。

(3) 按主要标志与辅助标志分组。它是指选择反映总体单位差异的一个主要标志和一个或几个辅助标志作为分组标志，依据此标志将总体划分成若干性质或数量各异的组。如：在编制居民消费价格指数时，将社会主要零售商品先按主要经济用途标志划分成若干大类，再在各大类中按相近用途标志分成若干中类等。

## 第三节　频数分布

频数分布，又称分配数列或分布数列，它是指总体按某一标志分组，且依次排列，并列出每个组的单位数，从而形成总体单位在各组中的分布。分布在各个组的单位数称为频数或次数，各组频数与总频数之比称频率或比率。

根据分组标志的形式划分，有品质分布数列和变量分布数列。

### 一、品质分布数列

品质分布数列是指按品质标志分组所形成的分布数列，简称品质数列。它是用来观察总体中不同属性单位在各组中的分布状况的。比如，2020 年环球商厦销售投影机，按品类标志分组，可编制品类分布表，如表 3-1 所示。

**表 3-1　2020 年环球商厦销售投影机品类分布表**

| 品　　牌 | 销售量/台 | 比率/% |
|---|---|---|
| A | 400 | 40 |
| B | 250 | 25 |
| C | 350 | 35 |
| 合　　计 | 1 000 | 100.00 |

### 二、变量分布数列

变量分布数列是指按数量标志分组所形成的分布数列，简称变量数列。它可以反映总体中各组间的数量差异和结构状况。

#### (一) 变量分布数列分类

按变量是否连续以及数目多少划分，变量分布数列可分为：

- 变量数列
  - 离散型
    - 单项式
    - 组距式
      - 等距式
      - 异距式
  - 连续型
    - 等距式
    - 异距式

离散型变量分布数列是指按离散变量标志分组所形成的数列；连续型变量分布数列是指按连续变量标志分组所形成的数列。

单项式变量分布数列是指每个组仅有一个变量值作为分组标志值所形成的数列。某公司职员月工资单项式变量数列，如表 3-2 所示。它一般适用于离散变量值不多且变量变动范围又不很大的情况。

表 3-2 某公司职员月工资单项式变量数列

| 按工资分组/元 | 职员人数/人 |
|---|---|
| 4 600 | 40 |
| 5 000 | 60 |
| 5 800 | 42 |
| 6 800 | 58 |
| 8 100 | 20 |
| 合 计 | 220 |

组距式变量分布数列是指按变量的一定变化区间作为分组标志而形成的数列，等距组如表 3-5 所示，异距组如表 3-7 所示。它通常适用于变量值多且变量变动范围较大的情况。

### (二) 变量分布数列的编制

编制变量分布数列的步骤以结合实证分析的形式给予介绍。

**[范例 3.1]** 某幼儿园大班 50 名儿童智商值资料如下：

130，67，72，110，88，92，95，104，75，97，121，92，94，70，126，90，119，100，128，100，88，102，77，127，96，108，94，109，105，129，105，100，110，111，141，120，114，112，105，115，86，127，118，112，96，98，109，137，124，152

试编制这些儿童智商值的频数分布。

据题意，应该选择儿童智商作为分组标志。编制步骤为：

1. 测定全距

全距($R$)，又称极差，它是指总体单位用以分组的数量标志变量的最大变动范围，即原始资料中最大变量值 $\max\{x_i\}$ 与最小变量值 $\min\{x_i\}$ 之差。其计算公式为：

$$R = \max\{x_i\} - \min\{x_i\}$$

根据全距公式，可以计算上述原始数据的全距(可以不先将原始数据依大小顺序排列)。

$$R = 152 - 67 = 85$$

可见，以上原始数据极差相对偏大，又因为原始数据数目较多，因此，应该采用组距式分组来编制频数分布。

组距式分组的显著特点是将各组内部的差异抽象化，集中突出组间差异，从而清晰地显示出各组单位分配的集中趋势和结构状况。不过，这样将会掩盖各组内部的真实情况，此时只能把各组内部的次数分配假设为均匀分布。

2. 设定组数

组数($K$)主要由原始资料中数据的多少和极差的大小决定，且组数与这两个决定因素成正比例关系。依照国外统计惯例，很少分 6 个以下或 15 个以上的组。

美国统计学家斯特杰斯(H.A. Sturges)指出，当总体单位按某种数量标志变量的分布趋近正态分布时，则可以根据总体单位数($N$)(即数据个数)来近似地确定分组数($K$)，其经验公式为：

$$K = 1 + 3.322\lg N$$

斯特杰斯利用这个组数计算公式，便得到如表 3-3 所示的分组数目查对表。

表 3-3　分组数目查对经验表

| $N$ | 15～24 | 25～44 | 45～89 | 90～179 | 180～359 | 360～719 | 720～1 439 |
| --- | --- | --- | --- | --- | --- | --- | --- |
| $K$ | 5 | 6 | 7 | 8 | 9 | 10 | 11 |

从斯特杰斯分组数目查对表可以看出，该经验公式缺陷：当数据数目较少时，所分的组数过多；当数据数目较多时，所分的组数过少。斯特杰斯经验公式应用的局限性：随机现象总体的分布并不都是接近正态分布，因而，该公式的运用就受到一定的限制。

现在通过图 3-1 来研判上述原始数据是否能运用斯特杰斯组数经验公式。

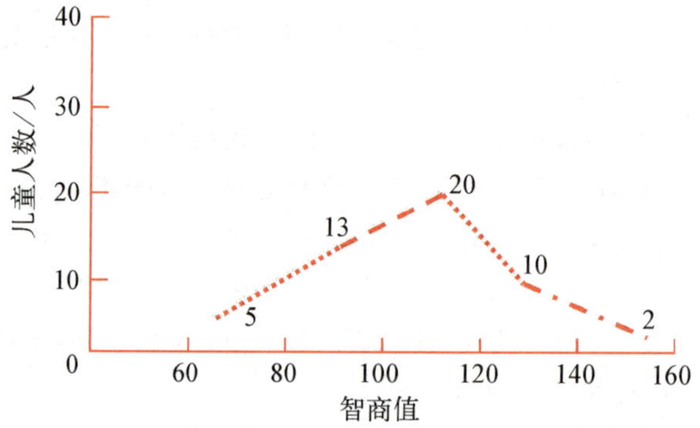


图 3-1　儿童智商分布图

从折线图 3-1 形状大致可以辨别出，这些智商值近似服从正态分布，则范例 3.1 中的原始数据可以利用斯特杰斯法则。从斯特杰斯现存的分组数目查对表中可以直接查得，当数据数目 $N=50 \in [45, 89]$ 时，则组数 $K=7$。

不过，斯特杰斯经验公式只能供作参考。组数的设定还应当结合实际问题作定性分析。设定的组数不能走极端，原则上应该通过分组后能把总体单位的分布特征显示出来。若组数过少，就会将不同性质的单位混入在同组；若组数过多，又会把同性质的单位分散在不同的组里，使同质单位信息损失，难以真实地显示总体分布规律，从而使包含在总体原始数据中的有价值的分布信息得不到正确显现。

3. 计算组距

组距($d$)是指用以分组的数量标志变量在组内的最大变动范围。等组距计算公式为：

$$d = \frac{R}{K} = \frac{\max\{x_i\} - \min\{x_i\}}{1 + 3.322\lg N}$$

为了分组操作和统计分析的方便，实际组距应当尽可能取 5 或 10 的整数倍，且要尽量接近由计算得到的理论组距。

当然，在决定组距大小时，还需要考虑频数在各组间的均匀分配，其实，频数对相应组距起着权衡轻重的作用。

范例 3.1 中的原始数据的组距可求得：

$$d=\frac{85}{7}\approx 12.14\rightarrow 15$$

实际组距应该是 15。这也就是说分布数列中每个组都是等组距 15。

当总体单位的分组数量标志均匀变动时，只要采用等距分组，就能够较好地显示现象中各组间的性质差异；当总体单位的分组数量标志变量时而急剧上升时而急剧下降，呈现非均衡变动时，则就有必要采用异距分组，才能够把有些性质大不相同的单位严格区分开，力求使每组单位的性质接近，以减少各组标志值分布信息的损失，从而避免所揭示的总体分布规律的虚假性。

通常是将标志值分布较稠密的区间组再分割成若干组，采用较短组距；而分布较稀疏的区间组则采用较长的组距。比如，劳动力资源按年龄(岁)异距分组为：16 以下，16～24，25～39，40～49，50～59，60 以上。这样异距分组便于分清不足劳动年龄、青年、中年、老年以及超过劳动年龄等组别的劳动力资源的比重和素质结构。当分组数量标志变量呈一定的公比发展变化时，则各组组距可以依次以等比级数递增。比如，高炉按有效容积($m^3$)异距分组为：100 以下，100～<200，200～<400，400～<800，800～<1 600，1 600 及以上。

等距分组的优点：各组次数可以直接比较，便于绘制统计图；异距分组的优点：能更准确地反映总体各组成部分的性质差异。

4. 界定组限

组限是指确定每个组的单位标志值的界限值。其中，每个组的标志值区间左端点称为下限 ($L$)；每个组的标志值区间右端点称为上限 ($U$)。

在从小到大排序的组距数列中，首组以“多少以下”表示的组和末组以“多少以上”表示的组都称为开口组或开放组。

首开口组有明确的上限，而下限只能通过下列公式虚拟界定：

$$\text{首开口组虚设下限}(L_1)=\text{首开口组上限}(U_1)-\text{相邻组组距}(d_2)$$

末开口组有明确的下限，而上限只能通过下列公式虚拟界定：

$$\text{末开口组虚设上限}(U_n)=\text{末开口组下限}(L_n)+\text{相邻组组限}(d_{n-1})$$

在按连续型变量分组中，除了首末两个开口组之外，中间每一个区间组的标志值构成的区间都是左闭右开的区间“[ )”，这是由连续型变量分组所遵循的“上限不在内”原则决定的。

上限不在内原则，是指在按连续型变量分组中，本组上限值不包括在本组内，而应当归入相邻的较大的上一组。

下面澄清有些教科书中提到的组限的两个概念：

(1) 组限并不一定是组中单位的最大(小)值。对于等距分组，如果组距是 5，10，…，100，500，…，则每组上限最好与组距成倍数关系。通常，最小组下限要小于或等于总体单位中的最小标志值；最大组上限要大于或等于总体单位中的最大标志值。

（2）组限也不一定是相邻两组的界限。连续型的分组数量标志变量，相邻组的组限必须重叠，此时组限才是组间的共同界限；离散型的分组数量标志变量，相邻组的组限既可以重叠又可以不重叠。相邻组限不重叠，组限就不是组间的公共界限，如：按周岁计的人口年龄离散型变量分组：0～1，2～6，7～20，21～64，……

范例 3.1 中的数据是可以带小数的，因而智商变量是连续型的。为此，根据表 3-4 分组，智商组限就应该界定为：

$$d_2 = U_2 - L_2 = 80 - 70 = 10$$

$$d_4 = U_4 - L_4 = 110 - 90 = 20$$

$$d_6 = U_6 - L_6 = 130 - 120 = 10$$

第一组是最小组，第七组是最大组，这两个组都是开口组。

$$\text{首开口组虚设下限} = U_1 - d_2 = 70 - 10 = 60$$

$$\text{末开口组虚设上限} = L_7 + d_6 = 130 + 10 = 140$$

### 5. 求出组中值

组中值是指本组的上限与下限之间的中点值。它代表组内所有单位的标志值的平均水平。其计算公式为：

$$\text{组中值} = \frac{\text{上限}(U) + \text{下限}(L)}{2}$$

开口组组中值的计算公式为：

$$\text{缺下限的开口组组中值} = \text{该开口组上限} - \frac{1}{2}\text{相邻组组距}$$

$$\text{缺上限的开口组组中值} = \text{该开口组下限} + \frac{1}{2}\text{相邻组组距}$$

根据组中值公式，可以计算表 3-4 中各组组中值。

**表 3-4　某幼儿园大班儿童的智商值异距连续分组表**

| 智　商 | 计　数 | 人　数 | 智力等级 |
|---|---|---|---|
| 70 以下 | \| | 1 | 低　能 |
| 70～<80 | \|\|\|\| | 4 | 临界状态 |
| 80～<90 | \|\|\| | 3 | 落　后 |
| 90～<110 | 卌卌卌卌\| | 21 | 平　常 |
| 110～<120 | 卌\|\|\|\| | 9 | 聪　明 |
| 120～<130 | 卌\|\|\| | 8 | 优　秀 |
| 130 及以上 | \|\|\|\| | 4 | 超　群 |
| 合　计 | | 50 | |

注：因为第 4 组 90～110 的组距为 20，与其他组距为 10 的组的组距不同，所以该分组是异距分组。

$$缺下限的首开口组组中值 = U_1 - \frac{1}{2}(U_2 - L_2) = 70 - \frac{1}{2}(80 - 70) = 65$$

$$第二组组中值 = \frac{U_2 + L_2}{2} = \frac{80 + 70}{2} = 75$$

$$缺上限的末开口组组中值 = L_7 + \frac{1}{2}(U_6 - L_6) = 130 + \frac{1}{2}(130 - 120) = 135$$

由于组距式分组掩盖了各组中每一个单位的变量值的实际水平，为了反映散落在各组中单位的变量值的大致水平，因此就用组中值代表组内变量值的一般水平。而组中值的计算又是基于组内均匀分布或对称分布的假设。所谓均匀分布假定，它是指假设组内变量值由小至大均匀递增的变化；所谓对称分布假定，它是指假设组内变量值主要密集在组区间两端附近。

6. 绘制频数(频率)分布图表

(1) 等距分组频数(频率)分布图表的绘制。

利用范例 3.1 资料，根据前面求得的组数为 7 和组距为 15 的等组距的分组，绘制儿童智商频数(频率)分布表(表 3-5)和分布图(图 3-2)。

表 3-5 某幼儿园大班儿童智商等组距的频数(频率)分布表

| 智　商 | 频数($f$)/人 | 频率 ($f/\sum f$) /% |
|---|---|---|
| 60～<75 | 3 | 6 |
| 75～<90 | 5 | 10 |
| 90～<105 | 15 | 30 |
| 105～<120 | 15 | 30 |
| 120～<135 | 9 | 18 |
| 135～<150 | 2 | 4 |
| 150～165 | 1 | 2 |
| 合　计 | 50 | 100 |

注：这样的分组形式没有严格区分智商等级，实际意义不大，只当作操练。

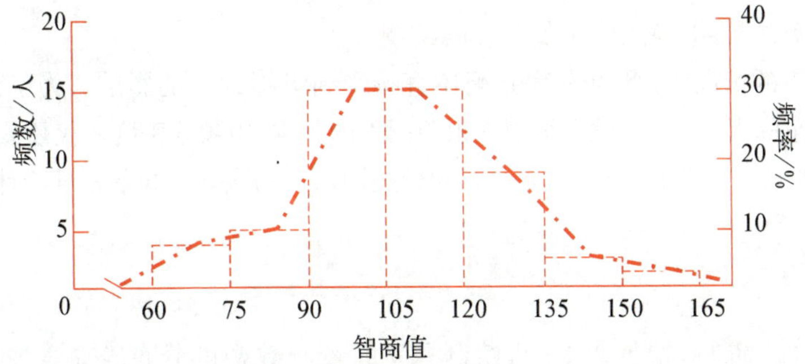


图 3-2 某幼儿园大班儿童智商分布图

直方图的面积等于折线图的面积。

列向上累计频数(频率)分布表的方法为：首先列出各组上限，然后由标志值最小的组的频数(频率)逐步向标志值最大的组的频数(频率)累计，为此，向上累计又可以称为较小制累计。

列向下累计频数(频率)分布表的方法为：首先列出各组下限，然后由标志值最大的组的频数(频率)逐步向标志值最小的组的频数(频率)累计，为此，向下累计又可以称为较大制累计。某幼儿园大班儿童智商等距分组的累计频数(频率)分布表，如表 3-6 所示，其累计分布图如图 3-3 所示。

表 3-6 某幼儿园大班儿童智商等距分组的累计频数(频率)分布表

| 智 商 | 向上累计 | | 智 商 | 向下累计 | |
|---|---|---|---|---|---|
| | 频数/人 | 频率/% | | 频数/人 | 频率/% |
| 75 以下 | 3 | 6 | 60 以上 | 50 | 100 |
| 90 以下 | 8 | 16 | 75 以上 | 47 | 94 |
| 105 以下 | 23 | 46 | 90 以上 | 42 | 84 |
| 120 以下 | 38 | 76 | 105 以上 | 27 | 54 |
| 135 以下 | 47 | 94 | 120 以上 | 12 | 24 |
| 150 以下 | 49 | 98 | 135 以上 | 3 | 6 |
| 165 以下 | 50 | 100 | 150 以上 | 1 | 2 |

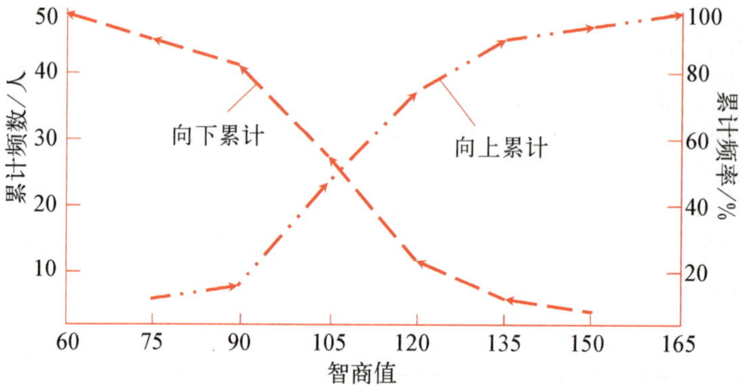


图 3-3 某幼儿园大班儿童智商累计分布图

(2) 异距分组频数(频率)分布图表的绘制。

在异距分组的情况下，各组次数分配还直接受到组距大小的影响。为了使图表能准确地反映频数分布的真实特征，就必须消除组距因素的影响，用频数密度取代频数或频率作为异距分组的分布要素。所谓频数密度，它是指单位组距所占的次数。频数密度的计算公式为：

$$频数密度=\frac{频数}{组距}$$

利用范例 3.1 资料，根据表 3-4，绘制儿童智商频数密度分布表如表 3-7 所示，分布图如图 3-4 所示。

表 3-7 某幼儿园大班儿童智商异组距的频数密度分布表

| 智　　商 | 组　　距 | 频数/人 | 频数密度 |
|---|---|---|---|
| 70<以下 | 10 | 1 | 0.10 |
| 70～<80 | 10 | 4 | 0.40 |
| 80～<90 | 10 | 3 | 0.30 |
| 90～<110 | 20 | 21 | 1.05 |
| 110～<120 | 10 | 9 | 0.90 |
| 120～<130 | 10 | 8 | 0.80 |
| 130 及以上 | 10 | 4 | 0.40 |
| 合　　计 | | 50 | |

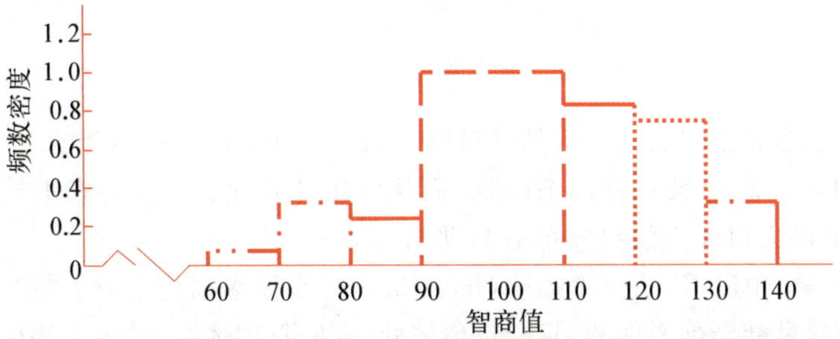


图 3-4 某幼儿园大班儿童智商分布图

## 三、频数分布的主要类型

性质各异的现象存在特有的次数分布，大致可以归纳为如下四种形态：

### (一) 丘形分布

丘形分布(mound-shaped distribution)是指较大和较小的变量值出现的频数都偏小，而中等大的变量值出现的频数却偏大，绘成曲线图，呈现出中央凸起，两侧逐渐垂落的分布态势，所绘成的曲线图宛如一座小山丘。根据两侧所分布的频数是否均衡，丘形分布可以分为对称(symmetrical)丘形分布(图 3-5)和非对称(asymmetrical)丘形分布(图 3-6和图 3-7)。

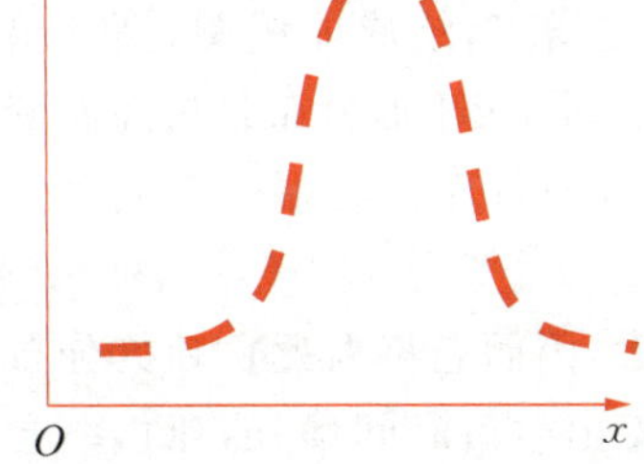


图 3-5 对称丘形分布

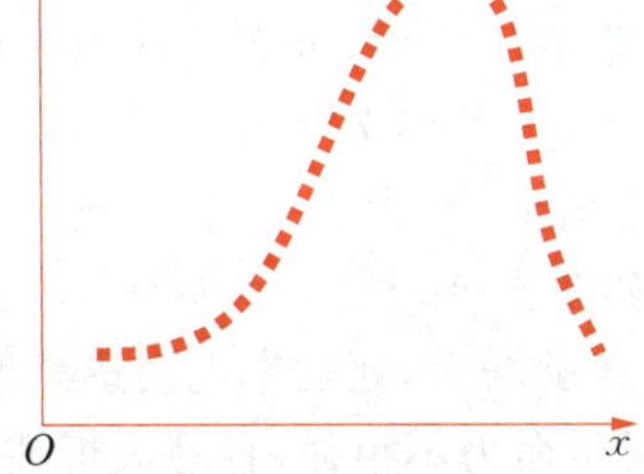


图 3-6 非对称丘形分布(一)

图 3-7 非对称丘形分布(二)

比如,零件的公差分布、一个国家或地区的贫富人口分布都大致呈丘形分布。

### (二) U 形分布

U 形分布(U-shaped distribution)是指较大和较小的变量值出现的频数都偏大,而中等大的变量值出现的频数却偏小,绘成曲线图,呈现出中央凹陷,两侧首尾翘起的分布形态,形若英文字母“U”,如图 3-8 所示。

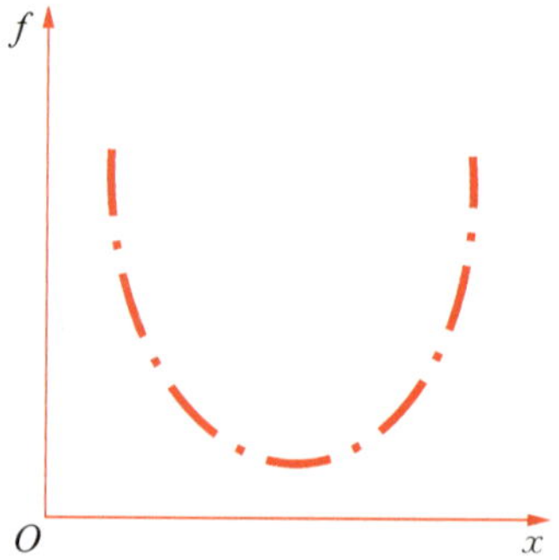


图 3-8 U 形分布

按照人口生命表悟出的人口自然减员(即死亡)规律,婴儿死亡(夭折)率($f$ 轴)较高,随着年龄($x$ 轴)的增大,死亡率逐渐降低,而从中年开始死亡率又逐渐上升,至老年死亡率增长最快,所以人口死亡频数分布呈 U 形分布。

从年龄($x$ 轴)角度看,人生幸福感(happiness)(或称幸福指数)($f$ 轴)呈 U 形分布。幸福程度可以通过社会信心体验、目标价值体验、家庭氛围体验、知足充裕体验、心理健康体验、成长发展体验、自我接受体验、人际适应体验、身体健康体验、心态平衡体验等方面测试。青年人和老年人的幸福感最强,中年人特别是 35～45 岁的中年人幸福感最弱。儿童、青少年欢蹦乱跳,无忧无虑,憧憬着美好未来,幸福感强烈。25 岁开始幸福感减弱。中年期是人生的鼎盛时期,中年人基本上是单位骨干,工作中的紧迫感和继续教育更新知识的渴望,使他(她)们常常感觉心力不济。另外,中年人还承载着抚育儿女和赡养老人的压力和责任。可见,中年时期人的幸福感跌入谷底。通常,50 岁以后可能峰回路转,幸福感会逐渐增强。享受离退休生活的老年人,社会角色的改变使得他(她)们的生活节奏松弛舒缓。也许因无助、无奈等原因,老年人往往不会轻易萌生奢望。经年许久的岁月风霜,学会了珍惜和满足。持着凡事与世无争、超然达观的处世姿态。只要有益于健康和长寿,能忍的都尽量忍,不会动辄冲动。作画写字、养鸟种花、下棋跳舞、健身旅游等陶冶情趣活动,老年人们都乐在其中。知足者常乐!

### (三) J 形分布

J 形分布(J-shaped distribution)分正(positive)J 形分布和反(reverse)J 形分布两种类型。正 J 形分布是指随着变量值的增大,分布的次数也随之增多,绘成曲线图,呈现出左端低落往右端逐渐翘尾的形态,形若英文字母 J,如图 3-9 所示;反 J 形分布是指随着变量值的增大,分布的次数却随之减少,绘成曲线图,呈现出左端昂首而往右端逐渐低垂的形态,形若反写的英文字母 J,如图 3-10 所示。

比如,进入老龄阶段,随着年龄增大,死亡率也会逐渐增大,因而老年人死亡频数分布呈正 J 形分布;而婴儿刚出生时生命力不很强,容易夭折,随着出生后时间增长,死亡率会逐渐下降,因而婴儿死亡频数分布呈反 J 形分布。

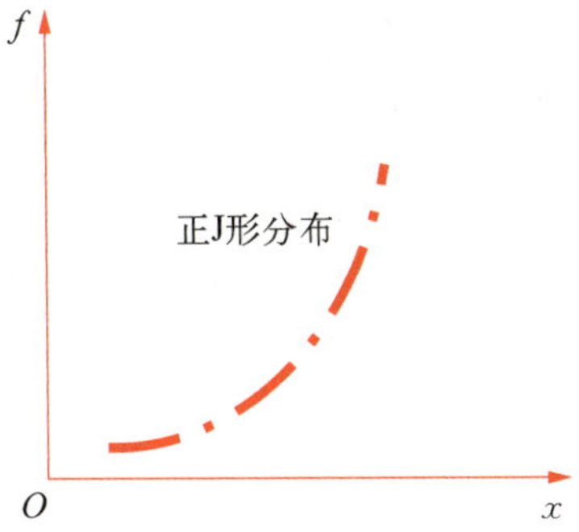


图 3-9 正 J 形分布

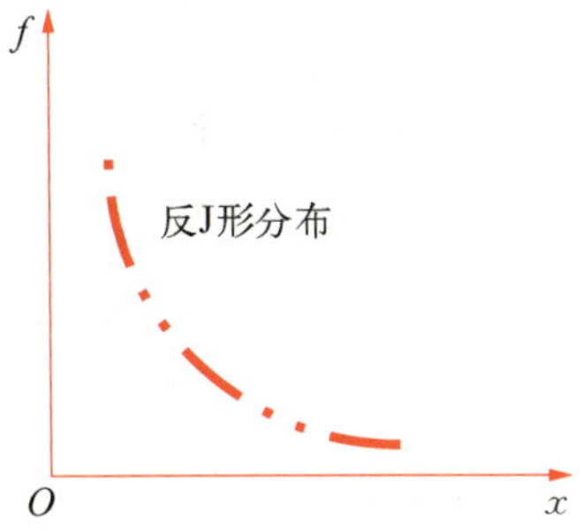


图 3-10 反 J 形分布

### （四）洛伦兹分布

1905 年，奥地利统计学家洛伦兹（Max Otto Lorentz，1876—1959）为了分析研究国民收入和国民财富在国民中的分配，根据意大利经济学家帕累托（Vilfredo Pareto，1848—1923）的收入分配公式，绘制了描述收入与财富分配的分布图。该洛伦兹分布图，如图 3-11 所示。

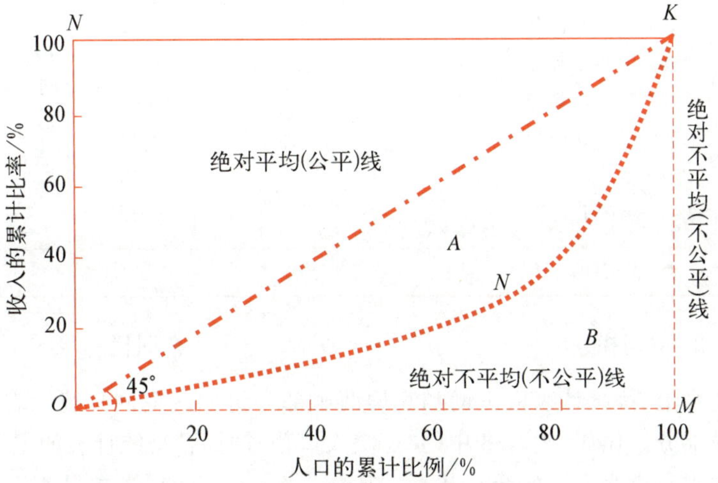


图 3-11 洛伦兹分布图

图 3-11 中，横轴表示的是人口的累计比率，纵轴表示的是收入的累计比率。图中与横轴成 45°的对角线 $OK$ 是一条洛伦兹收入绝对平均（或称平等）线。对角线 $OK$ 上任一点都表示有多大比例的人口就拥有多大比例的国民收入，比如，总人口中的 70%的人拥有 70%的国民财富。图中虚折线 $OMK$ 是一条洛伦兹收入绝对不平均（或称不平等）线。该线表示将近 100%的人没有占有国民财富，而极个别人却几乎占有全部国民财富。

当然，绝对公平和绝对不公平在现实社会中是根本不存在的。实际上，各个国家和地区的收入分配曲线都是介于绝对公平线 $OK$ 和绝对不公平线 $OMK$ 之间的洛伦兹凹形曲线 $ONK$。曲线 $ONK$ 愈接近对角线 $OK$，表明国民收入分配愈趋于平等；反之，曲线 $ONK$ 愈趋近 $OMK$，表明国民收入分配愈趋于不平等。

1912 年，初意大利经济学家基尼（Corrado Gini，1884—1965）在洛伦兹分布图的基础上，构建了衡量收入与财富分配平等程度的指标，这一指标被称为基尼系数，其形式为：

$$\text{基尼系数}(G)=\frac{A}{A+B}$$

式中，$A$ 表示实际收入分配曲线 $ONK$ 与绝对公平线 $OK$ 所构成的面积，$B$ 表示实际收入分配曲线 $ONK$ 与绝对不公平线 $OMK$ 所构成的面积。基尼系数的取值在 0 与 1 之间。系数愈大，收入分配愈不公平。

# 第四节　统计表的制作

## 一、统计表的结构

从狭义上讲，统计表是指用于统计资料登记、整理和分析的左右两侧无边线的开口表式。例如，我国民族构成情况表，如表 3-8 所示。

表 3-8　我国民族构成情况表

| 人口普查时间 | 少数民族人口占总人口百分率 |
|---|---|
| 1953 年（“一普”） | 6.06 |
| 1964 年（“二普”） | 5.78 |
| 1982 年（“三普”） | 6.70 |
| 1990 年（“四普”） | 8.04 |
| 2000 年（“五普”） | 8.41 |
| 2010 年（“六普”） | 8.49 |
| 2020 年（“七普”） | 8.89 |
| 合　计 | |

纵栏标题　横行标题　指标数值

主词栏　宾词栏

从表的内容上看，统计表由主词和宾词两个部分组成。主词是统计表中所要说明的总体及其组成部分。比如，表 3-8 中的“七次人口普查时间”是统计表的主体，即主词。宾词是统计表中用来说明主词的统计指标。比如，表 3-8 中的“少数民族人口占总人口比重”是用来说明我国七次人口普查的数量特征的统计指标，它是统计表的客体，即宾词。

## 二、统计表的分类

按照统计表主词是否分组以及分组的程度划分，统计表可以分为简单表、简单分组表和复合分组表。

### （一）简单表

简单表是指主词未经任何分组，仅罗列总体各单位名称，或仅按时空顺序简单排列的统计表。例如，我国七次人口普查城乡人口分布，如表 3-9 所示。

表 3-9　我国七次人口普查城乡人口分布　　单位：%

| 时　间 | 乡　村 | 城　镇 |
|---|---|---|
| 第一次（1953 年）人口普查 | 86.74 | 13.26 |
| 第二次（1964 年）人口普查 | 81.60 | 18.40 |

续　表

| 时　　间 | 乡　村 | 城　镇 |
|---|---|---|
| 第三次(1982 年)人口普查 | 79.40 | 20.60 |
| 第四次(1990 年)人口普查 | 73.80 | 26.20 |
| 第五次(2000 年)人口普查 | 63.91 | 36.09 |
| 第六次(2010 年)人口普查 | 50.32 | 49.68 |
| 第七次(2020 年)人口普查 | 63.89 | 36.11 |

### (二)简单分组表及平行分组体系表

#### 1. 简单分组表

简单分组表是指主词仅按一个标志进行简单分组的统计表。例如,我国第七次人口普查中我国大陆 31 个省、自治区、直辖市和现役军人受教育基本情况,如表 3-10 所示。

表 3-10　我国大陆 31 个省、自治区、直辖市和现役军人的人口受教育基本情况

| 文化程度 | 人口/人 | 比　重/(%) |
|---|---|---|
| 文　盲 | 37 750 200 | 2.89 |
| 小　学 | 349 658 828 | 26.77 |
| 初　中 | 487 163 489 | 37.30 |
| 高中(含中专) | 213 005 258 | 16.31 |
| 大学(指大专及以上) | 218 360 767 | 16.72 |
| 合　计 | 1 305 938 542 | 100.00 |

注:1. 文盲是指 15 岁及以上不识字的人。
2. 各种受教育程度的人包括各类学校的毕业生、肄业生和在校生。
3. 全国总人口为 1 443 497 378 人,其中:普查登记的大陆 31 个省、自治区、直辖市和现役军人的人口共 1 411 778 724 人;香港特别行政区人口为 7 474 200 人;澳门特别行政区人口为 683 218 人;台湾地区人口为 23 561 236 人。
4. 中华人民共和国国家统计局(National Bureau of Statistics of China),《第七次全国人口普查公报》(第六号)。

#### 2. 平行分组体系表

平行分组体系表是指主词按两个或两个以上的标志分别进行简单分组,且平行排列起来的统计表。例如,某班学生构成表,如表 3-11 所示。

表 3-11　某班学生构成表

| 分　组 | 人　数 |
|---|---|
| 总　计 | 68 |
| 一、按性别划分 | |
| 男 | 40 |
| 女 | 28 |
| 二、按种族划分 | |
| 汉 | 60 |

续　表

| 分　　组 | 人　　数 |
| --- | --- |
| 回 | 4 |
| 壮 | 1 |
| 苗 | 3 |
| 三、按党团员划分 | |
| 党员 | 4 |
| 团员 | 61 |
| 非党团员 | 3 |

### （三）复合分组表

复合分组表是指主词同时按两个或两个以上标志层叠分组的统计表。例如，某地区经济类型构成表，如表 3-12 所示。

**表 3-12　某地区经济类型构成表**

| 经 济 类 型 | 构成/% |
| --- | --- |
| 国有经济 | 60 |
| 　　国有企业 | 32 |
| 　　国有联营企业 | 28 |
| 集体经济 | 22 |
| 　　集体企业 | 11 |
| 　　集体联营企业 | 8 |
| 　　个人合伙 | 3 |
| 股份制经济 | 18 |
| 　　股份有限公司 | 9 |
| 　　有限责任公司 | 9 |
| 合　　计 | 100 |

## 三、统计表编制的规则

大凡在有文字出现的地方都可能伴随着数字表格的出现，即使是在书本或报纸杂志上，所列出的数字表格有的也不一定称得上是真正意义上的统计表。统计表与一般的四边形式的表格是不同的，通常，规范的统计表的编制必须遵循下面四条规则：

（1）为了使统计表美观，统计表既不要太狭长又不要太宽或太短，还应当尽量避免画成正方形。

（2）统计表上下两条边线应当用粗线绘制，表中其余线一律用细线绘制。表格的左右不加墙线。

(3) 表中上下各栏数字的位数应当对齐，同类数字要保持统一的有效数字。

(4) 不要求填写或无数字的空格，用短横线“—”填入；缺少数字的或数字小而达不到规定大小的数字的空格，用省略号“……”填入；规定某项资料免于填报的栏目，用打叉“×”填入。

## 研讨问题三

3.1 试指出下列调查中的调查单位和填报单位：

(1) 全国残疾人抽样调查。

(2) 对农村耕牛的普查。

(3) 对乡镇拖拉机的普查。

(4) 联合国粮农组织对世界粮食调查。

(5) 对美国总统候选人进行盖普洛民意测验。

(6) 教育部对全国部属高校学风调查。

(7) 某省教育厅对全省高校固定资产调查。

(8) 某城市健美院对体育运动器材进行清点。

3.2 统计调查有哪几种主要组织形式？试指出它们的特点、作用和使用场合。

3.3 简述重点调查、典型调查、抽样调查的区别和联系。

3.4 为什么非全面调查同时存在登记误差和随机误差？怎样理解非全面调查的登记误差可以避免，而代表性误差无法避免？

3.5 请您实际操作一下手工整理技术中的折叠法。

3.6 怎样理解统计分组中的“分”与“合”的含义？

3.7 某班 50 名学生的英语入学成绩如下：

58，82，84，68，51，87，67，99，73，72，54，61，74，85，
77，69，75，74，72，90，71，81，63，66，88，7S，75，63，
92，70，59，68，63，94，41，79，92，75，74，87，85，80，
85，67，77，59，87，100，74，79

试编制该班同学的英语入学成绩的频数分布。要求按范例 3.1 的步骤做，并绘制累计频数(率)分布图。

3.8 绅生制袜厂丝袜分厂日产丝袜 420 箱，其中，男袜 220 箱，女袜 200 箱；日产量中，一等品 320 箱，二等品 90 箱，三等品 10 箱。棉袜分厂日产棉袜 180 箱，其中，男袜 40 箱，女袜 140 箱，日产量中，一等品 110 箱，二等品 50 箱，三等品 20 箱。根据上述资料，编制：

(1) 简单分组表；

(2) 平行分组体系表。

3.9　某年对冶金行业的高炉有效容积调查结果为(单位：$m^3$)：

| | | | | | | | | | |
|---|---|---|---|---|---|---|---|---|---|
| 72 | 82 | 65 | 1 900 | 2 100 | 300 | 520 | 400 | 100 | 1 100 |
| 1 600 | 800 | 320 | 1 200 | 2 600 | 500 | 175 | 1 110 | 660 | 420 |
| 800 | 720 | 97 | 240 | 200 | 870 | 200 | 100 | 1 760 | 410 |
| 900 | 700 | 400 | 150 | 250 | 400 | 1 600 | 900 | 200 | 800 |

试根据上述数据分成以下几组：100 以下，100～＜200，200～＜400，400～＜800，800～＜1 600，1 600 以上，并绘制频数(率)分布图表。

3.10　试根据表 3-13 的资料绘制曲线图，并指出该曲线图属于什么类型？

表 3-13　1900—1978 年世界人口变化资料　　单位：百万人

| 年　份 | 人口数 | 年　份 | 人口数 |
|---|---|---|---|
| 1900 | 1 608 | 1965 | 3 289 |
| 1920 | 1 790 | 1970 | 3 632 |
| 1930 | 1 996 | 1975 | 3 967 |
| 1940 | 2 252 | 1976 | 4 044 |
| 1950 | 2 486 | 1977 | 4 124 |
| 1955 | 2 713 | 1978 | 4 208 |
| 1960 | 2 981 | | |

3.11　美国经济学家萨缪尔森绘制了关于斯里兰卡的基尼曲线，发现该曲线更凸向于绝对不平均(或称不公平)线，由此得出结论：穷国的贫穷和富裕的极端状况要比经济发达国家严重。这是事实吗？请你搜集有关资料，绘制洛伦兹曲线，并计算基尼系数，来验证该结论。

部分参考答案

# 第四章

# 综 合 指 标

综合指标是反映具体时空状态下的社会经济现象的综合数量性质和特征的指标。它是通过对总体单位的标志表现进行登记、汇总、对比处理等统计加工而得到的，能说明总体某一数量特征的统计指标。统计综合指标必须能体现时间、空间、名称、单位和数值五个方面。这两个例子中的指标均包括指标概念和指标数值。标志既能反映总体单位数量特征，又能反映总体单位的品质特征。然而，指标只是反映总体的数量特征。具体地说，指标是反映一定时空状态下的社会经济现象的总量、规模、比例、速度、水平，等等。科学的统计综合指标要能体现出上面所列的五个方面，其实这五个方面也正是测算指标的统计口径。

按照统计指标反映社会经济现象和过程的性质特点不同，综合指标可以分为：绝对指标（或称总量指标）、相对指标、集中趋势与离散趋势测定指标（或称平均指标）。

## 第一节 绝 对 指 标

### 一、绝对指标的概念和作用

绝对指标是反映在一定时空条件下的社会经济现象总规模或绝对水平的统计指标。它是以绝对数形式表现总体某一方面的总量，因此，绝对指标又称总量指标。如：2012 年中国继续“巨量印钞”，新增 M2[考察一国的印钞额，国际上一般采用广义货币 M2 指标来度量。M2＝流通中的现金＋支票存款＋储蓄存款＋政府债券。M2 不仅反映现实的购买力（现金＋支票存款），还反映潜在的购买力（储蓄存款＋政府债券）]达 12.26 万亿元，在全球新增 M2 中占比高达 46.7％。M2 指标是以绝对数字形式表示的我国在这一年度该经济现象所达到的绝对水平或总规模。一般来说，绝对指标值的大小与总体范围成正比。

绝对指标是社会经济统计的最基本指标，其作用主要有：

第一，绝对指标是认识社会经济现象总体的起点。社会经济现象总体的基本情况首先是以绝对数字即总量指标表现的。如：国情、国力等指标均是通过总量指标来展现的。

第二，绝对指标是宏观管理的重要依据。各决策层对计划的编制、检查都首先要占有经济发展的总量指标资料。

第三，总量指标是计算相对指标和平均指标的基础。从各总体单位的数量标志表现汇总得到的总量指标是否准确，直接影响到从总量指标派生出的相对指标和平均指标的正确性。

## 二、绝对指标的种类

### （一）总体单位总量和总体标志总量

按汇总总体单位标志表现的不同，绝对指标可以分为总体单位总量和标志总量。

总体单位总量是按总体单位品质标志表现计数汇总的量，即为总体单位个数，如：全班人数、全校班级数。总体标志总量是根据总体各单位数量标志表现计量汇总的量，即为总体各单位某种标志值的总计。如：某班获奖学金总额，某班在校运会上取得的总分等。

### （二）实物指标和价值指标

按计量单位的不同，绝对指标可以分为实物指标和价值指标。

实物指标是直接具体体现事物的使用价值量或现象的具体内容的绝对指标。它根据事物的属性和特点采用实物计量单位。实物单位包括自然单位、度量衡单位、标准实物单位、双重单位、复合单位。

自然单位是根据事物的自然属性来计量时单位。如：车辆以“辆”为单位、船以“艘”为单位等。度量衡单位是根据统一的度量衡制度的规定来度量事物数量的计量单位。如：布匹以“m”为单位；水泥以“t”为单位；木材以“$m^3$”为单位等。标准实物单位是根据统一折算的标准来度量事物数量的计量单位。如：将不同发热量的能源统一折合为每千克含热量为 29 307.6 kJ 的标准煤数量等。

此外，在计量社会经济现象时，有时不仅仅用一种实物计量单位来反映事物的量纲，往往还需要用两种或两种以上的计量单位结合起来同时反映，这样的反映形式主要有复合单位和双重单位。复合单位通常是以“单位×单位”的形式，如：车船货运周转量以“t·km”为单位；双重单位通常是以“单位/单位”的形式，如：电动机计量是以“台/kW”为单位等。

价值指标是体现事物价值量或代表一定的社会必要劳动量的绝对指标。它是以货币单位来度量事物的数量。货币单位是以货币作为价值尺度来计量事物的数量的单位。如：国内生产总值、进（出）口贸易额、工资水平等。

实物指标能较直观地反映事物的数量，被广泛应用于计划的编制和检查以及其他经济领域。由于实物单位种类纷繁，不同计量单位的事物或即使是同一计量单位的不同事物，通常都不能加总。因此，以实物单位计量的实物指标综合性差，不能用于反映复杂现象的总规模、总水平和总速度。将实物指标通过价格转化为价值指标，一律以金额作为度量标准，从而使得事物有了汇总的途径。由于价值指标具有高度的综合性和概括能力，因此，它可以用来反映复杂现象的总规模、总水平和总速度。不过，价值指标抽象了事物的属性，从而对事物的实际情况反映不具体。若要全面地认识事物整体情况，就应当将实物指标和价值指标结合起来运用。

将实物指标通过价格过渡到价值指标，在此过程中就涉及价格因素对现象总量指标的研究目的的影响问题。选择的价格主要有现行价格和不变价格。现行价格是指在计算价值指标时所采用的事物的当时的价格，所以它又称计算期价格。以现行价格计算的价值指标反映了现象的实际水平，可以用来研究国民经济的价值运动过程以及现实的经济关系，但是所得的价值指标包含了价格因素变动的影响。不变价格是指因统计分析的需要而特别规定的研究时期内的统一价格，它又称为固定价格。以不变价格计算的价值指标消除了价格因素变动的影响，能综合反映生产发展变动的程度。

除了实物单位和价值单位之外，还有一种劳动单位。劳动单位通常是以劳动时间计量的单位，如：工时、工日等。一个人做了1小时工，就可以计量为1个工时。一个人一天干了8小时，通常将其计量为1个工日。这里工时、工日一般指每一个人做上的小时数或天数。可见，劳动单位是采用复合单位的形式表示。

### (三) 时期指标和时点指标

按反映的时间状态不同，绝对指标可以分为时期指标和时点指标。

#### 1. 时期指标

时期指标是反映社会经济现象总体在一段时期内发展过程的总量。如：国内生产总值、新增固定资产投资额和新增在校学生数等。

时期指标的主要特点：

(1) 各时期指标值可以直接累加。时期指标是时期内各段时间的数值累计指标，将若干时期的指标值累加起来则可以反映一个更长时期的社会经济发展总水平。

(2) 通常，同一总体时期指标值大小与时期长短成正比。

#### 2. 时点指标

时点指标是反映社会经济现象总体在某一时点上的状况总量。如：本学期末在校学生数、森林覆盖面积、储蓄余额和库存额等。

时点指标的主要特点：

(1) 各时点指标值不可以直接累加。时点指标是表明社会经济现象在原有水平的基础上到某个时刻所达到的水平。若将各时点指标值累加会将原有的基础水平重复累计。

(2) 每个时点指标值的大小不一定是随时间的推移而逐渐增大的。

### (四) 存量和流量

存量和流量是国民经济核算体系中记录经济信息的两种基本形式。

#### 1. 存量

存量(stock)是指在一定时点上测算的量。比如，资产、负债、储蓄存款余额(即银行负债)、M2、国民财富、森林覆盖面积、人口数和在校学生数，这些都是存量，它们都是反映某一时点的量。

资源信息存量(resource information storage)是人们对各种资源认识的知识总和。在资源信息学中多指建成数字化的资源信息总量。

保有量(holdings/keeping amount)指某地某个时间点上已登记在册的或处于在用状态的某种物品的数量。比如，汽车保有量、车辆保有量或机动车保有量。

#### 2. 流量

流量(flow)是在一定时期内测算的量。比如，资产增或减量、负债增或减量、储蓄存款额或取款额、GDP、国民收入、投资、消费、植树面积和砍伐森林面积、出生人数和死亡人数、入学人数和毕业人数，这些都是流量，它们都是反映某一时期的量。

#### 3. 存量与流量区别与联系

(1) 性质不同。存量统计是在某个时间点上流量的余额；流量统计是一个时间段里发生的数量。

(2) 记录经济信息的形式不同。存量是与一定时点所对应的量，比如，某一时点的资产和负债的状况或持有的资产和负债。流量是与一定时期所对应的量，比如，反映一定时期内经济价值的产生、转换、交换、转移或消失(资产报废)，它涉及机构单位的资产和负债的物量、构成或价值的变化。

(3) 时间维度不同。存量是反映某一时点的量,"点"没有维度,因而,存量没有时间维度,然而,流量是反映一个时间区间的量,时间轴是1维的,因而,流量存在时间维度。比如,人口总数是存量,它反映在某一时点上的人口数。人口出生数反映在一定时期内新出生的婴儿数,可见,它存在时间维度,因而,人口出生数是流量。

(4) 企业文化:有存量才有增(流)量。长期以来,社会上存在对国有企业文化误读的现象,普遍认为,国有企业没有活力是国有企业没文化。在计划经济时代,中国企业没有企业文化;在市场经济时代,国有企业文化远不如非国有企业。实际上,恰好相反,不但我国国有企业过去有自己的企业文化,而且,当今国有企业文化仍然代表中国企业文化的主流。以大庆、鞍钢为代表的国有企业,在中国企业文化史上,大庆、鞍钢创造的大庆精神、铁人精神、鞍钢宪法等活生生的企业文化,这是国有企业深厚和独特的文化存量,得天独厚的企业者精神,这是其他性质的企业难以模仿的核心竞争力。国有企业的文化存量决定着国有企业的文化增量(流量)。

(5) 存量和流量相互转变与对应。流量来自存量,比如,一定的国民收入来自一定的国民财富;流量又归于存量之中,即存量只能经由流量而发生变化,比如,新增加的国民财富是靠新创造的国民收入来计算的。有存量就一定有流量与之对应,不过,有流量并非一定有存量与之对应,比如,工资、利息、进口、出口,作为反映经济多样化的流量,就没有与之相对应的存量。

# 第二节 相对指标

## 一、相对指标的概念

相对指标是社会经济现象的两个有联系的指标之比。它能反映现象总体在时间、空间、结构、比例以及发展状况等方面的对比关系。如:对两个规模悬殊的企业进行业绩评价,若选用这两个企业的产值、成本、利润等绝对指标进行比较,显然,规模大的企业的产值、成本、利润会大于规模小的企业,但是不能由此得出规模大的企业业绩优于规模小的企业。如果采用企业经济增长速度等经济效益相对指标来衡量它们的业绩,就剔除了规模因素的影响。

相对指标是两个总量指标的派生指标,它把进行对比的总量指标的绝对水平及其差异抽象化,从而使一些因总体规模、结构、客观条件存在着差异而不能直接对比的社会经济现象总体找到了共同比较的基础。为此,在某种程度上说,相对指标大大增强了人们判断和鉴别纷繁复杂事物的能力。

相对指标值计量表示的形式可以归纳为有名数和无名数。

### (一) 有名数

有名数是保留对比指标即分子分母的计量单位而得到的形如"单位/单位"的双重单位形式。如:某地区人均拥有病床数指标,用"病床数/人"表示;人口密度指标,用"人/千米$^2$"表示。

### (二) 无名数

无名数是根据对比指标的差异水平的大小,以抽象化的数值的计量形式来明确反映相对指标值的含义。无名数的具体计量形式有:

(1) 系数和倍数。它是将对比的基数抽象为 1 所计算的相对数。当对比的分子与分母指标数值相差较小时,常用系数表示。如:标准实物数量的折合系数、投资效果系数等;当对比的分子与分母指标数值相差较大时,常用倍数表示。如:我国工业总产值在 20 世纪 80 年代后期开始超过 1 万亿元,它是解放初期 140 亿元的 70～80 倍。

不过,系数和倍数的使用前提并非绝对。对系数这一计量形式尤其要谨防滥用,其实,系数的含义相对来说是比较模糊的,它常用来辅助计算,且在一个较长时间里不会随意更改。

(2) 成数。它是将对比的基数抽象为 10 所计算的相对数。当对比的分子与分母指标数值相差适中时,常用成数表示。如:去年某地区的粮食产量比前年增产两成以上,即增产 20%以上。

(3) 百分率和百分点。它们均是将对比的基数抽象为 100 所计算的相对数。采用百分率(%)计量形式是计算相对指标数值的最常用的表示方式。百分点的计量形式常用于证券市场的行情分析中,1 个百分点相当于 1%。

(4) 千分数。它是将对比的基数抽象为 1 000 所计算的相对数。千分率(‰)通常适用于现象的对比的分子数值比分母数值小得多的场合。如:人口出生率、死亡率。

以上相对指标的计量形式,不仅要能明显地反映社会经济现象的数量对比关系,而且还要适合统计国际惯例和生活中约定俗成的数字表达方式。

## 二、相对指标的划分

根据对比指标的性质差异和相对指标说明问题的特点,可以将相对指标划分为结构相对指标、强度相对指标、比较相对指标、比例相对指标、计划完成程度相对指标和动态相对指标。

### (一) 结构相对指标

结构相对指标是指现象总体经过分组后由各组有关数值与总体相应总值对比的综合指标。实际上,它是反映一个有机总体内部的结构状况的,通常是以百分率作为计量形式。该指标的计算公式为:

$$\text{结构相对指标}(\%)=\frac{\text{总体内某部分或组的数值}}{\text{总体总数值}}\times 100\%$$

式中,分子、分母可以同是单位总量或数量标志总量。该指标以部分数值对比总体总数值,其比值通常称为比重。各部分或各组与总体的数量分布关系可以借助各部分或各组所占总体比重之和等于 100%来分析。

1900 年,瑞典人口统计学家桑德巴(Sundbarg)提出了根据一个人口总体的年龄构成确定该人口总体变动类型的统计标准,如表 4-1 所示。

表 4-1 三种人口类型划分标准 单位:%

| 类型 | 年龄/岁 | | |
|---|---|---|---|
| | 0～14 | 15～49 | 50 以上 |
| 增长型 | 40.0 以上 | 50.0 左右 | 10.0 以下 |
| 稳定型 | 26.5 左右 | 50.5 左右 | 23.0 左右 |
| 减少型 | 20.0 以下 | 50.0 左右 | 30.0 以上 |

从表4-1可以发现，人口变动类型主要取决于人口总体中老年人口和少年儿童人口各自所占的比重及其相对变化情况，而在三种人口类型中壮年人口比重都约占50%，因而若少儿人口所占总人口的比重越大，老年人口所占总人口的比重就会越小，则人口总体的增长潜力就越大；反之，若少儿人口所占总人口的比重越小，老年人口所占总人口的比重就会越大，则人口总体的下降潜力就越大。

结构相对指标的主要作用可以概括为以下三点：

(1) 可以反映一定时空条件下的总体结构状况。

(2) 根据不同时期结构相对指标的变化情况分析，可以深入地认识现象当时处于何种发展阶段以及未来变化趋势。

(3) 按照各构成数的资料，可以为今后的工作提供正确的发展方向。

### (二) 强度相对指标

强度相对指标是指取自两个不同性质的总体但又有一定联系的总量指标对比的综合指标。它是用来表明现象的强度、密度和普及程度的。该指标的计算公式为：

$$\text{强度相对指标}=\frac{\text{某一总体总量}}{\text{另一有联系的总体总量}}$$

强度相对指标一般采用双重单位，也有用百分率或千分率表示的。如：每个商业网点服务的居民人数，用"人/网点"为单位；每立方厘米含氧量，用"克/厘米$^3$"为单位；人口自然增长率是年内出生人数减去死亡人数与年平均人口数之比，对比的单位均是"人"，故采用千分率表示，即：

$$\begin{aligned}\text{人口自然增长率}&=\frac{\text{年内出生人数}-\text{年内死亡人数}}{\text{年平均人数}}\times 1\,000(‰)\\&=\frac{\text{年内人口自然增长数}}{\text{年平均人数}}\times 1\,000(‰)\end{aligned}$$

许多作为对比的总量指标分别互为分子、分母，所得到的两个对比指标能够分别反映两种相反方向的发展变化情况，把这两种互逆指标分别称作正指标和逆指标。所谓正指标，是指指标值的大小与所研究现象的发展程度或密度成正比例关系的指标，如：人均国内生产总值"元/人"、人口密度"人/千米$^2$"；所谓逆指标，它是指指标值的大小与所研究现象的发展程度或密度成反比例关系的指标，如：每个商业网点服务的居民人数"人/商业网点"。正逆指标应当根据具体情况、现实意义和经济生活习惯来选用。

**[范例4.1]** 2020年11月1日零时我国总人口为1 443 497 378人，我国陆地总面积约为9 600 000 km$^2$，则

$$\text{人口密度}=\frac{1\,443\,497\,378}{9\,600\,000\ \text{km}^2}\approx 150.36(\text{人}/\text{km}^2)$$

在强度相对指标中，分子与分母各是不同总体的但又是有联系的总量指标，这两个指标必须在时期上和范围上相一致。如：国内生产总值、钢产量等指标与人口数有密切联系，它们分别对比，便得到人均国内生产总值和人均钢产量两个强度相对指标，这两个指标都可以反映国力的强弱；再如：医院病床数和电话数都与居民人数有密切联系，它们分别对比，便得到每万居民拥有的病床数和每万人拥有的电话数，这两个强度相对指标可以

反映医疗服务和电话的普及程度。

此外，在生产经营中，还有诸如：设备的生产总量与设备的设计生产能力对比，可以考察设备的综合利用率；劳动力与设备对比，可以考察劳动力装备率；商品零售额与货币平均流通量对比，可以考察货币流通速度（次数）；商品流通费用与商品纯销售额对比，可以考察商品流通费用率等。

### （三）比较相对指标

比较相对指标是指同一时期不同地区、单位之间同类指标对比的综合指标。它是反映同类事物在不同空间之间发展不平衡的相对程度的。该指标分子与分母可以互换，指标值一般用倍数或百分数表示。该指标的计算公式为：

$$\text{比较相对指标}=\frac{\text{某一空间某种现象的指标值}}{\text{另一空间同类现象的指标值}}\times 100\%$$

比较相对指标既可以用于不同国家、地区、单位的比较，又可以用于同先进或落后的比较，还可以同国际及国家标准指标比较。选择比较的对象应当根据研究的任务来定。比如，与先进比较可以找出自身的差距；与标准指标比较可以考核自身的发展状况等。

### （四）比例相对指标

比例相对指标是指同一现象总体相互联系的各指标之间的对比的综合指标。它是反映社会经济现象总体内各组成部分之间比例关系，研究分析国民经济和社会发展是否协调均衡的重要指标。它一般用“多少比 1”或“多少比 100”的形式表示。该指标的计算公式为：

$$\text{比例相对指标}=\frac{\text{总体某一指标值}}{\text{同一总体另一指标值}}$$

比例相对指标是宏观经济调控的关键指标，它有助于考察客观事物是否按比例协调发展。国民经济是一个有机整体，各经济活动部门的发展应当有一个协调的比例关系，再生产各环节的纵向也应保持协调的比例关系，所形成的纵横交叉的协调的比例关系，从而构成了国民经济网络体。通过经济杠杆、法律等手段，以监督、控制和调节国民经济各部门、各环节、各要素之间的比例关系，以实现社会总供需的平衡，从而保证国民经济持续协调地发展。

### （五）计划完成相对指标

计划完成相对指标是指社会经济现象在计划期内实际完成数与计划任务数之比的综合指标。它是表明计划完成程度的。它一般以百分数表示。该指标的计算公式为：

$$\text{计划完成相对指标}=\frac{\text{实际完成数}}{\text{计划任务数}}\times 100\%$$

计划完成相对指标常用于检查计划的执行情况，主要检查方法有：

#### 1. 进度检查法

进度检查法是在计划执行过程中不断检查，从而掌握计划阶段任务的执行进度。进度期通常是月、旬、季、半年等短期。对进度的计划数考核便于及时发现任务执行得是否均匀。进度检查法可用如下公式计算：

$$\text{计划执行进度}=\frac{\text{计划期内某一时间上累计完成数}}{\text{全计划期任务数}}\times 100\%$$

2. 执行结果检查法

执行结果检查法是在计划期结束时对任务的检查，以了解完成计划任务数的情况。

长期计划任务的制订方法通常有如下两种：

(1) 累计法。它是规定计划期内应该完成的工作总量的方法。《中华人民共和国国民经济和社会发展第十四个五年规划和 2035 年远景目标纲要》中，“十四五”时期经济社会发展主要目标包括：全社会研发经费投入年均增长 7%以上；常住人口城镇化率提高到 65%；单位国内生产总值能源消耗和二氧化碳排放分别降低 13.5%、18%；森林覆盖率提高到 24.1%；城镇调查失业率控制在 5.5%以内；劳动年龄人口平均受教育年限提高到 11.3 年；基本养老保险参保率提高到 95%；等等。

利用累计法检查计划的执行情况，从计划期初至计划期内某时候为止累计完成数达到了计划任务数，就算是完成了计划任务，完成任务的时候至计划期末为提前完成计划的时间。

(2) 水平法。它是规定计划期内最后一个时期应当达到的水平。如：五年计划中规定最后一年的产品产量、产值、社会商品零售额等指标应该达到多少。利用水平法检查计划的执行情况，在计划期内从某时候开始连续累计一年的时间所完成的水平，若达到了计划期末年水平，就算完成了五年计划任务，剩余的计划时间就是提前完成计划的时间。

**[范例 4.2]** 某省“十三五”规划表明至 2020 年水泥产量达到 10 万 t，从 2019 年 11 月至 2020 年 10 月实际产量为 10.5 万 t，则提前完成计划时间为多少？

$$\text{提前完成计划时间}=(\text{计划期月数}-\text{实际完成月数})+\frac{\text{超额完成计划数}}{\text{日平均计划数}}$$

$$=(60-58)+\frac{0.5}{10\div 365}$$

$$=2\text{ 个月}+18.25\text{ 天}\approx 2\text{ 个月零 }18\text{ 天}$$

值得注意的是，实际提高、降低数或百分数不能够直接同计划提高、降低数或百分数对比，只有将其还原为实际完成数或百分数，才能够同计划任务数或百分数对比，其计算公式为：

$$\text{计划完成相对指标}=\frac{100\%\pm\text{实际提高(降低)百分率}}{100\%\pm\text{计划提高(降低)百分率}}$$

### (六) 动态相对指标

动态相对指标是指同一现象在不同时期的两个指标值对比的综合指标。它是反映同一现象在时间上的发展变化程度，因而，动态相对数又称为发展速度。它一般用百分率或倍数表示。该指标的计算公式为：

$$\text{动态相对指标}=\frac{\text{某一现象报告期数值}}{\text{同一现象基期数值}}\times 100\%$$

通常，把作为比较基础的时期称为基期，与基期对比的时期称为报告期或计算期。根据不同的研究目的可以选择相应的基期。若要消除季节变动因素的影响，则可以选择报告期的上年同期为基期；为了突出说明不同历史阶段社会经济现象的发展变化情况，应当选择政治、经济等方面发展转折时期为基期。

## 三、相对指标的计算原则

### (一) 正确选择对比基准指标的原则

确定现象的对比基准指标,应当根据现象的性质和特点,结合分析研究的目的,选择那些能够反映事物内在联系和本质差异的指标作为对比基准。如:年生育率指标,不能用女性年平均人口数作为基数,而要用育龄妇女作为对比基数。相对指标的基数是进行对比的依据和标准,不恰当的对比基数常常会得出歪曲事实真相的错误结论。

### (二) 可比性原则

可比性是指对比的分子、分母指标的经济内容、总体范围、计算方法、计量单位等口径方面是否协调一致,以及时间和空间是否统一,对比的结果是否能确切地说明所研究的问题。不过,在对比分析时,要避免为了说明某些具体问题而不顾指标的可比性牵强附会地凑合对比的做法。如:各国一些国民经济指标在核算方式上存在差异,不能直接对比,必须将其调整后才能比较。再如:同一现象不同时期的价值指标因价格的改变而不能反映实际的发展变化程度,因而,就需要消除价格变动的影响。通常,将价格改变前的价值指标换算成以新价格计算的价值指标,或同时换算成以不变价格计算的价值指标,然后,再将其进行对比。

### (三) 绝对指标与相对指标结合运用的原则

相对指标是两个绝对指标对比,反映了现象之间的联系和差异程度,然而,它却把绝对指标值抽象化了,从而掩盖了现象之间的绝对水平的差异。因此,在利用相对指标进行统计分析时,必须考虑到相对指标背后所代表的绝对水平。只有将相对指标与绝对指标结合使用,才能较全面准确地反映现象总体的数量特征。如:在分析企业不同产品产值计划完成情况时,即使各种产品都是超额1%完成计划,但是这些产品的绝对增量有可能是悬殊的,为此,在分析时,就应当结合每种产品的计划绝对指标。计划任务重的,即计划绝对水平值大的产品,超额完成1%所体现的增产产值,有可能相当于计划任务轻,即计划绝对水平值小的产品超额完成1%所体现的增产产值的好几倍。

## 研讨问题四

4.1 什么是绝对指标和相对指标?二者有何关系?

4.2 实物指标与价值指标各有什么特点?二者有何关系?

4.3 现行价格与不变价格各有什么作用?它们的缺陷在哪里?

4.4 下面哪些是时期指标和时点指标?

① 森林覆盖面积;② 在册职工数;③ 污水排放量;④ 新生儿人数;⑤ 手机拥有量;⑥ 采煤量;⑦ 每年地震次数;⑧ 公司船舶吨位数;⑨ 木材库存量;⑩ 货运车船吨千米。

4.5 简述时期指标和时点指标的区别。

4.6 2021年某集团所属的三家公司工业产值计划和实际资料如表4-2所示。

表 4-2　2021 年某集团三家公司工业产值计划和实际表　　单位：万元

| 公司名称 | 2021 | | | | | 2020 年实际产值 | 2021 年比 2020 年增长/% |
|---|---|---|---|---|---|---|---|
| | 计　划 | | 实　际 | | 计划完成/% | | |
| | 产值 | 百分率/% | 产值 | 百分率/% | | | |
| 甲 | | | | | 97 | | 9.3 |
| 乙 | | 31 | | | 111 | | |
| 丙 | 370 | | 402 | | | | −0.8 |
| 合计 | 1 900 | | | | | 1 500 | |

试填入表 4-2 所缺的数字，要求写出计算过程。

4.7　某制冷机公司计划在未来的五年内累计生产压缩机 12 000 台，其中，最后一年产量达到 3 000 台，实际完成情况如表 4-3 所示。

表 4-3　某制冷机公司在五年内实际完成表　　单位：台

| 时间 | 第一年 | 第二年 | 第三年 | 第四年 | | | | 第五年 | | | |
|---|---|---|---|---|---|---|---|---|---|---|---|
| | | | | 一季 | 二季 | 三季 | 四季 | 一季 | 二季 | 三季 | 四季 |
| 产量 | 2 000 | 2 300 | 2 600 | 650 | 650 | 700 | 750 | 750 | 800 | 800 | 850 |

试求：(1) 该公司五年累计完成计划情况？

(2) 该公司提前多少时间完成累计产量计划？

(3) 该公司提前多少时间达到最后一年计划产量？

4.8　下面哪些属于强度相对指标：

① 人均国内生产总值；② 人均占有钢材量；③ 职工平均出勤日；④ 人均消费粮食量；⑤ 人口密度；⑥ 人均寿命；⑦ 人口出生率；⑧ 商品流通费用率；⑨ 森林覆盖率；⑩ 钢厂职工人均产钢量。

4.9　为什么相对指标要同绝对指标结合运用？

部分参考答案

# 第五章

# 集中与离散趋势测定指标

## 第一节　集中趋势测定指标

### 一、集中趋势测定指标的概念、特点和作用

常用来描述静态数列分布的集中趋势测定指标(measure of central tendency)有：算术平均数、调和平均数、几何平均数、众数等。这些测定静态分布数列中各单位的标志值集中趋势的指标在统计学中一般统称为平均指标。在许多统计学教科书中把中位数和众数形象地称作位置平均数(location mean)。更准确地说，中位数是以其在分布数列中居中间位置以代表该数列一般水平的指标。从这种代表值的确定方式来看，它存在较大的假定性，因而，相比之下中位数的代表性稍低一些；众数是以其在分布数列中重复出现频数偏大的单位标志值以代表该数列一般水平的指标。这如同会议表决，得票多的方案可以通过。以得票多少形式通过，在某种程度上可以说是将某一观点或议案强加于持反对意见者，因而，这一通过的议案就难以代表反对者的意志，从而众数的代表性大大受到削弱。然而，算术平均数、调和平均数和几何平均数是将同质总体中各单位同一数量标志的数量差异抽象化，它们是以平均数公式计算出来的代表值，该代表值反映了这一标志在某一时空条件下的一般水平。在次数分布中，多数总体单位标志值与平均数相差不大，在平均数附近聚集，由此可见，平均数总是处于次数分布集中的位置或附近，它反映了总体单位在某标志下的集中趋势。如果以总体单位某一标志的平均数为中心线，则总体各单位同种标志的标志值分布于中心线上以及上下附近。

平均指标主要有同质性、代表性和抽象性三个特点，平均指标的特点表明，通过科学的抽象而得出的总体单位的代表值和总体的分布特征，从而有了认识社会现象本质和规律的有效手段。归纳起来，平均指标在现实社会经济分析中主要起到如下四个方面的作用：

第一，平均指标在时间上的差异的对比分析作用。平均指标可以反映同一总体现象在不同时期的一般发展变化水平，揭示现象的变动趋势和规律性。如：由于不同时期同一研究总体的农民家庭人口结构会发生变动，若要考察农民纯收入变化，只能用农民平均纯收入指标来反映。

第二，平均指标在空间上的差异的对比分析作用。利用平均指标比较在某一时期同类现象在不同地区、不同单位的一般水平，用以评价总体各单位的工作质量和效果。如：由于城乡每一户居民人口规模不同，要用人均居住面积而不能用城乡每户居住总面积来

考察城乡居民居住状况的差异。

第三，平均指标可以分析现象之间的依存关系。如：分析农田施肥量与粮食平均亩产的关系、分析商业企业规模大小与平均商品流通费用率的关系等。

第四，平均指标可以进行数量上的估计推断。如：利用样本资料得到的样本平均数来估计推断总体平均数。

## 二、集中趋势指标的测定形式

### （一）算术平均数(arithmetic mean)

算术平均数（$\bar{x}$）是指分布数列中各单位标志值通过一定方式汇总再与全部单位总数对比的指标，它反映了次数分配数列中各单位标志值的一般水平。其计算公式为：

$$算术平均数=\frac{总体各单位标志值总量}{总体单位个数}$$

按照分布数列的不同形式，算术平均数应当采用不同的方式计算。通常未分组的分布数列用简单算术平均数公式计算平均数；已分组的单项式和组距式分布数列用加权算术平均数公式计算平均数。

#### 1. 简单算术平均数(simple arithmetic mean)

简单算术平均数适用于未分组的分布数列，它是将总体各单位同类标志值直接汇总，然后与总体单位总数相除所求得。简单算术平均数的计算公式为

$$\bar{x}=\frac{\sum_{i=1}^{n}x_i}{n} \tag{5-1}$$

式中，$x_i$ 表示分布数列中总体第 $i$ 个单位的标志值；$n$ 表示总体单位总数。

式(5-1)仅以标志值直接计算平均数，在一定程度上体现了总体各单位对平均数的影响作用处于均等的地位，换而言之，在求平均数时赋予了各个标志值的权重为1。

［范例 5.1］ 六位大学生的年龄按周岁年龄大小排列为 17、18、19、20、21、22，如表 5-1 所示，求大学生总体平均年龄。

表 5-1 六位大学生按周岁年龄大小排列表

| 序　号 | 年龄/岁 | 频　数 |
|---|---|---|
| 1 | 17 | 1 |
| 2 | 18 | 1 |
| 3 | 19 | 1 |
| 4 | 20 | 1 |
| 5 | 21 | 1 |
| 6 | 22 | 1 |
| 合　计 | 116 | 6 |

[解]
$$\bar{x}=\frac{\sum_{i=1}^{n}x_i}{n}=\frac{116}{6}=19.3（岁）$$

2. 加权算术平均数(weighted arithmetic mean)

加权算术平均数适用于已分组的分布数列。它是将各组变量值分别与相应组的单位个数相乘之后再加以汇总，又与总体单位总数相除所求得的。加权算术平均数的计算公式为

$$\bar{x}=\frac{\sum_{i=1}^{n}x_i f_i}{\sum_{i=1}^{n}f_i} \tag{5-2}$$

式中，$x_i$ 表示分布数列中第 $i$ 组的变量值或组中值；$f_i$ 表示分布数列中第 $i$ 组的单位个数。

式(5-2)还可以变形为：

$$\bar{x}=\sum_{i=1}^{n}x_i\frac{f_i}{\sum_{i=1}^{n}f_i}$$

式中，$f_i$ 称为分布数列中第 $i$ 组的频数或权数；$\frac{f_i}{\sum_{i=1}^{n}f_i}$ 称为分布数列中第 $i$ 组的频率或权数系数。

分组后形成的分布数列分为单项式分组数列和组距式分组数列。

(1) 单项式分组数列。其特点是把具有相同标志值的单位归并为一组，每组都是由一个标志值 $x_i$ 和若干单位构成。如表 5-2 就是单项式分组数列。

[范例 5.2]　某单位年轻夫妇家庭拥有儿童数资料，如表 5-2 所示。

表 5-2　某单位年轻夫妇家庭拥有儿童数资料

| 每个家庭拥有的儿童数（$x_i$）/人 | 家庭数（$f_i$） | 儿童总数（$x_i f_i$） |
|---|---|---|
| 0 | 100 | 0 |
| 1 | 1 070 | 1 070 |
| 2 | 20 | 40 |
| 3 | 0 | 0 |
| 合　计 | 1 190 | 1 110 |

试求该单位平均每个年轻夫妇家庭拥有的儿童数。

[解]
$$\bar{x}=\frac{\sum_{i=1}^{n}x_i f_i}{\sum_{i=1}^{n}f_i}=\frac{1\,110}{1\,190}=0.93（人/家庭）$$

(2) 组距式分组数列。其特点是把标志值落在某一取值范围内的单位归并为一组，每一组都是以组中值作为对应组所有单位的代表值（$x_i$）。

[范例 5.3] 某单位职工月收入分组资料如表 5-3 所示，求该单位职工平均月收入。

表 5-3 某单位职工月收入分组资料

| 月收入/元 | 组中值（$x_i$）/元 | 各组职工人数（$f_i$）/人 | 各组收入总额 $x_if_i$ /元 |
|---|---|---|---|
| 3 000～3 500 | 3 250 | 4 | 13 000 |
| 3 500～4 000 | 3 750 | 6 | 22 500 |
| 4 000～4 500 | 4 250 | 8 | 34 000 |
| 4 500～5 000 | 4 750 | 10 | 47 500 |
| 5 000～5 500 | 5 250 | 8 | 42 000 |
| 5 500～6 000 | 5 750 | 6 | 34 500 |
| 6 000～6 500 | 6 250 | 3 | 18 750 |
| 合　计 | | 45 | 178 250 |

[解] 某单位平均每个职工月收入为：

$$\bar{x}=\frac{\sum_{i=1}^{n}x_if_i}{\sum_{i=1}^{n}f_i}=\frac{178\ 250}{45}=3\ 961.11\ (\text{元/人})$$

以组中值作为相应组的所有标志值的代表值，只有组内所有标志值分布均匀时，其代表性才可能高。如：表 5-3 中第一组 3 000～3 500 元，有 4 个职工月收入处于此区间组中，倘若这 4 个职工的月收入大致依次是以"等差"增长，即分别为 3 050、3 200、3 400、3 480，则表明这 4 个标志值在该区间组内大致分布均匀；倘若它们分别是 3 050、3 060、3 100、3 480，这显示这 4 个标志值多数聚集在下限附近，则表明这 4 个标志值在该区间组内分布不均匀。通常，利用组中值计算算术平均数是假定各组内的所有标志值是均匀分布，显然，这种计算方式会致使平均数产生偏误，因而，该种平均数只是一种近似值。

以上两种分组数列计算的平均数均引入了权数 $f_i$，选择的权数 $f_i$ 必须是体现标志值对平均数的作用的大小，它与各组标志值或组中值相乘必须要有实际经济意义。如：以学号为权数 $f_i$，计算全班统计学平均分数 $\bar{x}$，即 $\bar{x}=\sum_{i=1}^{n}x_if_i/\sum_{i=1}^{n}f_i$，而子项"某组考分代表值×学号"是没有实际经济意义的，因而，$\bar{x}$ 不能代表该班统计学的平均水平。

各组分配的单位数 $f_i$，又称为频数或分配次数，它具有权衡相应组的标志值或组中值对平均数 $\bar{x}$ 的影响轻重的作用，所以，$f_i$ 又被称为权数。从加权算术平均数计算公式的子项中可以分析，在一分组数列中，若标志值偏小的组，其对应的权数却偏大，则平均数 $\bar{x}$ 会偏向于标志值小的一边；若标志值偏大的组，其对应的权数也偏大，则平均数 $\bar{x}$ 会偏向于标志值大的一边；若标志值偏大的组与标志值偏小的组的权数均等，则平均数

$\bar{x}$ 会大致居中。若各组频数相等，也即各组频率相等，则权数对平均数的影响作用就消失了，此时，加权算术平均数公式就变形为简单算术平均数公式形式。具体变换过程如下：

当 $f_1=f_2=\cdots=f_n=f$ 时，则

$$\bar{x}=\frac{\sum_{i=1}^{n}x_if_i}{\sum_{i=1}^{n}f_i}=\frac{\sum_{i=1}^{n}x_if}{\sum_{i=1}^{n}f}=\frac{f\sum_{i=1}^{n}x_i}{nf}=\frac{\sum_{i=1}^{n}x_i}{n}$$

3. 算术平均数的数学性质

(1) 各标志值与其算术平均数 ($\bar{x}$) 的离差之和等于零

① 当 $\bar{x}$ 为简单算术平均数时

$$\sum_{i=1}^{n}(x_i-\bar{x})=0$$

② 当 $\bar{x}$ 为加权算术平均数时

$$\sum_{i=1}^{n}(x_i-\bar{x})f_i=0$$

[证]

① $\sum_{i=1}^{n}(x_i-\bar{x})=\sum_{i=1}^{n}x_i-\sum_{i=1}^{n}\bar{x}=\sum_{i=1}^{n}x_i-n\bar{x}$

$$=\sum_{i=1}^{n}x_i-n\frac{\sum_{i=1}^{n}x_i}{n}=\sum_{i=1}^{n}x_i-\sum_{i=1}^{n}x_i=0$$

② $\sum_{i=1}^{n}(x_i-\bar{x})f_i=\sum_{i=1}^{n}x_if_i-\sum_{i=1}^{n}\bar{x}f_i=\sum_{i=1}^{n}x_if_i-\bar{x}\sum_{i=1}^{n}f_i$

$$=\sum_{i=1}^{n}x_if_i-\frac{\sum_{i=1}^{n}x_if_i}{\sum_{i=1}^{n}f_i}\sum_{i=1}^{n}f_i=\sum_{i=1}^{n}x_if_i-\sum_{i=1}^{n}x_if_i=0$$

(2) 各标志值与其算术平均数 ($\bar{x}$) 的离差的平方和为最小值

① 当 $\bar{x}$ 为简单算术平均数时 $\sum_{i=1}^{n}(x_i-\bar{x})^2$ 达到最小值。

② 当 $\bar{x}$ 为加权算术平均数时 $\sum_{i=1}^{n}(x_i-\bar{x})^2f_i$ 达到最小值。

[证]　① 设 $x_0$ 为一任意值，且 $x_0\neq\bar{x}$，而 $\sum_{i=1}^{n}(x_i-\bar{x})=0$，则

$$\sum_{i=1}^{n}(x_i-x_0)^2=\sum_{i=1}^{n}[(x_i-\bar{x})+(\bar{x}-x_0)]^2$$

$$=\sum_{i=1}^{n}[(x_i-\bar{x})^2+2(x_i-\bar{x})(\bar{x}-x_0)+(\bar{x}-x_0)^2]$$

$$=\sum_{i=1}^{n}(x_i-\bar{x})^2+2(\bar{x}-x_0)\sum_{i=1}^{n}(x_i-\bar{x})+\sum_{i=1}^{n}(\bar{x}-x_0)^2$$

$$=\sum_{i=1}^{n}(x_i-\bar{x})^2+2(\bar{x}-x_0)\times 0+n(\bar{x}-x_0)^2$$

$$=\sum_{i=1}^{n}(x_i-\bar{x})^2+n(\bar{x}-x_0)^2$$

因为 $n(\bar{x}-x_0)^2>0$，所以 $\sum_{i=1}^{n}(x_i-x_0)^2>\sum_{i=1}^{n}(x_i-\bar{x})^2$。

② 设 $x_0$ 为一任意值，且 $x_0\neq\bar{x}$，而 $\sum_{i=1}^{n}(x_i-\bar{x})f_i=0$，则

$$\begin{aligned}\sum_{i=1}^{n}(x_i-x_0)^2f_i&=\sum_{i=1}^{n}[(x_i-\bar{x})+(\bar{x}-x_0)]^2f_i\\&=\sum_{i=1}^{n}[(x_i-\bar{x})^2+2(x_i-\bar{x})(\bar{x}-x_0)+(\bar{x}-x_0)^2]f_i\\&=\sum_{i=1}^{n}(x_i-\bar{x})^2f_i+2(\bar{x}-x_0)\sum_{i=1}^{n}(x_i-\bar{x})f_i+\sum_{i=1}^{n}(\bar{x}-x_0)^2f_i\\&=\sum_{i=1}^{n}(x_i-\bar{x})^2f_i+2(\bar{x}-x_0)\times 0+(\bar{x}-x_0)^2\sum_{i=1}^{n}f_i\\&=\sum_{i=1}^{n}(x_i-\bar{x})^2f_i+(\bar{x}-x_0)^2\sum_{i=1}^{n}f_i。\end{aligned}$$

因为 $(\bar{x}-x_0)^2>0$，$\sum_{i=1}^{n}f_i>0$，所以 $(\bar{x}-x_0)^2\sum_{i=1}^{n}f_i>0$。

因此，$\sum_{i=1}^{n}(x_i-x_0)^2f_i>\sum_{i=1}^{n}(x_i-\bar{x})^2f_i$。

综合上述①②证明可知，以异于 $\bar{x}$ 的 $x_0$ 为中心的离差平方和大于以 $\bar{x}$ 为中心的离差平方和。

(3) 各标志值同时加、减、乘、除任意数 $c$，则算术平均数值 $\bar{x}$ 也相应加、减、乘、除了一个 $c$。

① 当 $\bar{x}$ 为简单算术平均数时

$$\frac{\sum_{i=1}^{n}(x_i\pm c)}{n}=\frac{\sum_{i=1}^{n}x_i}{n}\pm\frac{\sum_{i=1}^{n}c}{n}=\frac{\sum_{i=1}^{n}x_i}{n}\pm\frac{nc}{n}=\bar{x}\pm c,$$

$$\frac{\sum_{i=1}^{n}cx_i}{n}=c\,\frac{\sum_{i=1}^{n}x_i}{n}=c\bar{x},$$

$$\frac{\sum_{i=1}^{n}\frac{x_i}{c}}{n}=\frac{1}{c}\,\frac{\sum_{i=1}^{n}x_i}{n}=\frac{\bar{x}}{c}。$$

② 当 $\bar{x}$ 为加权算术平均数时

$$\frac{\sum_{i=1}^{n}(x_i \pm c)f_i}{\sum_{i=1}^{n}f_i}=\frac{\sum_{i=1}^{n}x_if_i}{\sum_{i=1}^{n}f_i}\pm\frac{\sum_{i=1}^{n}cf_i}{\sum_{i=1}^{n}f_i}=\bar{x}\pm c\frac{\sum_{i=1}^{n}f_i}{\sum_{i=1}^{n}f_i}=\bar{x}\pm c,$$

$$\frac{\sum_{i=1}^{n}(cx_i)f_i}{\sum_{i=1}^{n}f_i}=c\frac{\sum_{i=1}^{n}x_if_i}{\sum_{i=1}^{n}f_i}=c\bar{x},$$

$$\frac{\sum_{i=1}^{n}\left(\frac{x_i}{c}\right)f_i}{\sum_{i=1}^{n}f_i}=\frac{1}{c}\frac{\sum_{i=1}^{n}x_if_i}{\sum_{i=1}^{n}f_i}=\frac{\bar{x}}{c}。$$

现将上面各式变形为：

$$\bar{x}=\frac{\sum_{i=1}^{n}(x_i \pm c)}{n}\mp c,\qquad \bar{x}=\frac{\sum_{i=1}^{n}(x_i \pm c)f_i}{\sum_{i=1}^{n}f_i}\mp c,$$

$$\bar{x}=\frac{\sum_{i=1}^{n}cx_i}{n}\cdot\frac{1}{c},\qquad \bar{x}=\frac{\sum_{i=1}^{n}(cx_i)f_i}{\sum_{i=1}^{n}f_i}\cdot\frac{1}{c},$$

$$\bar{x}=\frac{\sum_{i=1}^{n}\frac{x_i}{c}}{n}\cdot c,\qquad \bar{x}=\frac{\sum_{i=1}^{n}\left(\frac{x_i}{c}\right)f_i}{\sum_{i=1}^{n}f_i}\cdot c。$$

### 4. 算术平均数的简捷计算法

由综合算术平均数的数学性质(3)可得下面两种分组情形的算术平均数的简捷计算公式：

(1) 单项式分组分布数列的加权算术平均数的简捷计算公式为

$$\bar{x}=\frac{\sum_{i=1}^{n}(x_i-x_0)f_i}{\sum_{i=1}^{n}f_i}\times\Delta_i+x_0$$

式中，$x_0$ 表示任意常数，它是假定平均数。

(2) 组距式分组分布数列的加权算术平均数的简捷计算公式为

$$\bar{x}=\frac{\sum_{i=1}^{n}\left(\frac{x_i-x_0}{\Delta_i}\right)f_i}{\sum_{i=1}^{n}f_i}+x_0$$

式中，$x_0$ 表示组距式分组数列第 $i$ 组组距。

在单项式分组分布数列中，$x_0$ 一般取中位数(中位数 $m_e$ 的确定详见本节第四部分)，如表 5-4 所示。

［范例 5.4］　某班组工人日产量资料，如表 5-4、表 5-5 所示，试用简捷法计算该班组工人平均日产量。

表 5-4　某班组工人日产量表

| 日产量 $x_i$/个 | 工人数 $f_i$/人 | 向上累计的工人数 | $x_i-x_0$ ($x_0=m_e=50$) | $(x_i-x_0)f_i$ |
|---|---|---|---|---|
| 10 | 3 | 3 | −40 | −120 |
| 21 | 1 | 4 | −29 | −29 |
| 42 | 6 | 10 | −8 | −48 |
| 50 | 9 | 19 | 0 | 0 |
| 70 | 2 | 21 | 20 | 40 |
| 82 | 2 | 23 | 32 | 64 |
| 合　计 | 23 | | | −93 |

［解］　$m_e=$ 第 $\left(\dfrac{n+1}{2}\right)$ 个标志值 $=$ 第 $\left(\dfrac{23+1}{2}\right)$ 个标志值

$=$ 第 12 个标志值 $=50$。

$$\bar{x}=\frac{\sum_{i=1}^{n}(x_i-x_0)f_i}{\sum_{i=1}^{n}f_i}+x_0=\frac{-93}{23}+50\approx 46。$$

在组距式分组分布数列中，$x_0$ 一般取组中值分布数列中的中间项。

表 5-5　某班组工人日产量简捷法计算该班组工人平均日产量表

| 日产量/个 | 组中值($x_i$) | 工人数 $f_i$/人 | $\Delta_i$ | $\dfrac{x_i-x_0}{\Delta_i}$ ($x_0=45$) | $\left(\dfrac{x_i-x_0}{\Delta_i}\right)f_i$ | $\left(\dfrac{x_i-x_0}{\Delta_i}\right)f_i\Delta_i$ |
|---|---|---|---|---|---|---|
| 10～20 | 15 | 3 | 10 | −3 | −9 | −90 |
| 20～40 | 30 | 1 | 20 | −0.75 | −0.75 | −15 |
| 40～50 | 45 | 6 | 10 | 0 | 0 | 0 |
| 50～70 | 60 | 9 | 20 | 0.75 | 6.75 | 135 |
| 70～80 | 75 | 2 | 10 | 3 | 6 | 60 |
| 80～90 | 85 | 2 | 10 | 4 | 8 | 80 |
| 合　计 | | 23 | | | | 170 |

注：$x_0$ 也可以取 60。

$$x=\frac{\sum_{i=1}^{n}\left(\frac{x_i-x_0}{\Delta_i}\right)f_i}{\sum_{i=1}^{n}f_i}\times\Delta_i+x_0=\frac{170}{23}+45\approx 52.39。$$

将 $(x_i-x_0)$ 除以 $\Delta_i$ 是为了以一个较小值 $\left(\frac{x_i-x_0}{\Delta_i}\right)$ 去乘以 $f_i$ 和 $\Delta_i$，这样致使所有的运算均是以小数字进行，以至于有些只要心算即可。

读者不妨验证一下，其实算术平均数的简捷计算法对单项分组的等差数列和等距式分组分布数列更能体现简捷的优势。

### (二) 调和平均数(harmonic mean)

调和平均数 ($\bar{x}_H$) 是分布数列中各单位标志值倒数的算术平均数的倒数。按照资料的分布数列是否分组来划分，调和平均数可以分为简单调和平均数和加权调和平均数。

#### 1. 简单调和平均数(simple harmonic mean)

简单调和平均数适用于未分组的分布数列。其计算公式为：

$$\bar{x}_H=\frac{n}{\sum_{i=1}^{n}\frac{1}{x_i}w_i}\tag{5-3}$$

#### 2. 加权调和平均数

加权调和平均数适用于已分组的分布数列。其计算公式为：

$$\bar{x}_H=\frac{\sum_{i=1}^{n}w_i}{\sum_{i=1}^{n}\frac{1}{x_i}w_i}\tag{5-4}$$

式(5-3)和式(5-4)中：$x_i$ 表示分布数列中总体第 $i$ 个单位或第 $i$ 组的标志值或组中值，且 $x_i\neq 0$；$n$ 表示总体单位总数，即 $n=\sum_{i=1}^{k}n_i$；$w_i$ 表示第 $i$ 组的权值，即 $w_i=$ 第 $i$ 组的标志总量 $x_if_i$。

实质上，$\bar{x}_H$ 也是总额与总体个数对比，因为平均数公式的最基本的形式就是这种对比，它也是判别其他相对数是否是平均数或平均数求法是否正确的标准之一。调和平均数公式是最基本的算术平均数公式的变形。

令 $w_i=x_if_i$，则

$$\bar{x}_H=\frac{\sum_{i=1}^{n}w_i}{\sum_{i=1}^{n}\frac{1}{x_i}w_i}=\frac{\sum_{i=1}^{n}x_if_i}{\sum_{i=1}^{n}\frac{1}{x_i}x_if_i}=\frac{\sum_{i=1}^{n}x_if_i}{\sum_{i=1}^{n}f_i}=\bar{x}。$$

当 $w_1=w_2=w_3=\cdots=w_n=c$ 时，加权调和平均数就等于简单调和平均数。

$$\bar{x}_H=\frac{\sum_{i=1}^{n}w_i}{\sum_{i=1}^{n}\frac{1}{x_i}w_i}=\frac{\sum_{i=1}^{n}c}{\sum_{i=1}^{n}\frac{1}{x_i}c}=\frac{nc}{c\sum_{i=1}^{n}\frac{1}{x_i}}=\frac{n}{\sum_{i=1}^{n}\frac{1}{x_i}}。$$

若将次数分配数列中某一标志，如：价格、单位成本、劳动生产率等静态比率标志的标志值 $x_i$ 直接加总，并除以标志值的个数，则所得到的平均数 $\bar{x}$ 是不正确的，其实子项汇总没有实际经济意义，在现实经济生活中并没有各种商品总价格、所有职工总劳动生产率等提法。最适合或必须使用调和平均数的情形：

(1) 当对同一商品的不同价格求平均价格，对同一产品的不同单位成本求平均单位成本，对不同时间或不同空间的劳动生产率求平均劳动生产率，对其他形式的同时期同种比率求平均比率等，都必须要使用调和平均数公式求平均值。

(2) 当分布数列中没有直接给出被平均的标志值的次数资料(即母项资料)，只占有被平均标志值所对应的各组标志值总量或所有标志值总值(即子项资料)时，就无法直接按算术平均公式计算平均数，因而，只能采用调和平均数公式计算平均数，此时子项是所有权值汇总。

[范例 5.5]　某机械局所属生产同一种产品的企业按工人劳动生产率由低到高进行分组，如表 5-6 所示，试计算该机械局平均劳动生产率。

表 5-6　某机械局平均劳动生产率计算表

| 按劳动生产率分组/(台/人) | 企业数/个 | 组中值 $(x_i)$/(台/人) | 各组产量 $(w_i)$/台 | 各组工人数 $(w_i/x_i)$/人 |
|---|---|---|---|---|
| 5～6 | 8 | 5.5 | 8 250 | 1 500 |
| 6～7 | 3 | 6.5 | 5 200 | 800 |
| 7～8 | 7 | 7.5 | 1 500 | 200 |
| 8～9 | 6 | 8.5 | 1 785 | 210 |
| 9～10 | 1 | 9.5 | 950 | 100 |
| 合　计 | 25 | | 17 685 | 2 810 |

[解]

$$\bar{x}_H=\frac{\sum_{i=1}^{n}w_i}{\sum_{i=1}^{n}\frac{1}{x_i}w_i}=\frac{17\ 685}{2\ 810}\approx 6.3\ (台/人)。$$

本例中，假若各组企业数乘以各组组中值，则没有实际经济意义，因而，企业数不宜作权数。

[范例 5.6]　某菜市场豆芽早、中、晚市每元可购买数量如表 5-7 和表 5-8 所示。

(1) 若各购买 5 斤，求平均每元可买千克数和平均值(或称价格)。

(2) 若各购买 5 元，求平均每元可买千克数和平均值(或称价格)。

[解]　(1) 将资料整理在表 5-7 中：

表 5-7　某菜市场豆芽早、中、晚市每元可购买数量表

| 每元可买千克数 $(x_i)$/(千克/元) | 购买量 $(w_i)$/千克 | $\frac{1}{x_i}w_i$ | 价格 $\left(y_i=\frac{1}{x_i}\right)$ (元/千克) | $y_iw_i$ | $\frac{1}{y_i}(y_iw_i)$ |
|---|---|---|---|---|---|
| 2 | 5 | 2.5 | 0.5 | 2.5 | 5 |
| 2.5 | 5 | 2 | 0.4 | 2 | 5 |
| 4 | 5 | 1.25 | 0.25 | 1.25 | 5 |
| 合　计 | 15 | 5.75 | | 5.75 | 15 |

$$平均每元可买千克数=\frac{总数量}{总金额}$$

即

$$\bar{x}=\frac{\sum_{i=1}^{n}w_i}{\sum_{i=1}^{n}\frac{1}{x_i}w_i}=\frac{15}{5.75}\approx 2.6\text{（千克）。}$$

$$平均值(或称价格)=\frac{总购买额}{总购买量}$$

求价格平均需用调和平均数公式计算，所以，

$$\bar{y}=\frac{\sum_{i=1}^{n}(y_iw_i)}{\sum_{i=1}^{n}\frac{1}{y_i}(y_iw_i)}=\frac{5.75}{15}\approx 0.38\text{（元）。}$$

(2) 将资料整理在表 5-8 中：

表 5-8　某菜市场豆芽早、中、晚市每元可购买数量表

| 每元可买千克数 $(x_i)$/(千克/元) | 购买额 $(w_i)$/元 | $x_iw_i$ | $\frac{1}{x_i}(x_iw_i)$ | 价格 $\left(y_i=\frac{1}{x_i}\right)$ (元/千克) | $\frac{1}{y_i}w_i$ |
|---|---|---|---|---|---|
| 2 | 5 | 10 | 5 | 0.5(=1/2) | 10 |
| 2.5 | 5 | 12.5 | 5 | 0.4(=1/2.5) | 12.5 |
| 4 | 5 | 20 | 5 | 0.25(=1/4) | 20 |
| 合　计 | 15 | 42.5 | 15 | | 42.5 |

$$\bar{x}=\frac{\sum_{i=1}^{n}(x_iw_i)}{\sum_{i=1}^{n}\frac{1}{x_i}(x_iw_i)}=\frac{42.5}{15}\approx 2.83\text{（千克）。}$$

$$\bar{y}=\frac{\sum_{i=1}^{n} w_i}{\sum_{i=1}^{n} \frac{1}{y_i} w_i}=\frac{15}{42.5} \approx 0.35\text{（元）。}$$

### （三）几何平均数(geometric mean)

几何平均数（$\bar{x}_G$）是分布数列中 $n$ 个标志值的连乘积的 $n$ 次方根。它分为简单几何平均数和加权几何平均数。

#### 1. 简单几何平均数(simple geometric mean)

简单几何平均数适用于未分组的分布数列。其计算公式为：

$$\bar{x}_G=\sqrt[n]{x_1 \cdot x_2 \cdot x_3 \cdot \cdots \cdot x_n}=\sqrt[n]{\prod_{i=1}^{n} x_i} \tag{5-5}$$

#### 2. 加权几何平均数(weighted geometric mean)

加权几何平均数适用于未分组的分布数列。其计算公式为：

$$\bar{x}_G=\sqrt[\sum_{i=1}^{n} f_i]{x_1^{f_1} \cdot x_2^{f_2} \cdot x_3^{f_3} \cdot \cdots \cdot x_n^{f_n}}=\sqrt[\sum_{i=1}^{n} f_i]{\prod_{i=1}^{n} x_i^{f_i}} \tag{5-6}$$

式(5-5)和式(5-6)中：$x_i$ 表示分布数列中第 $i$ 个单位或第 $i$ 组的标志值或组中值，且 $x_i>0$；$n$ 表示总体单位总数，且 $n=\sum_{i=1}^{k} n_i$；$f_i$ 表示第 $i$ 个标志值在总体中重复出现的次数或频数。

当 $n$ 和 $\sum_{i=1}^{n} f_i$ 较大时，为了避免开高次方，通常首先要对几何平均数公式两边取对数：

$$\begin{aligned}
\ln \bar{x}_G &=\ln \sqrt[n]{x_1 \cdot x_2 \cdot x_3 \cdot \cdots \cdot x_n}=\frac{1}{n} \ln (x_1 \cdot x_2 \cdot x_3 \cdot \cdots \cdot x_n) \\
&=\frac{1}{n}(\ln x_1+\ln x_2+\ln x_3+\cdots+\ln x_n) \\
&=\frac{1}{n} \sum_{i=1}^{n} \ln x_i,
\end{aligned}$$

因而，

$$\bar{x}_G=\exp \left(\frac{1}{n} \sum_{i=1}^{n} \ln x_i\right)$$

$$\begin{aligned}
\ln \bar{x}_G &=\ln \sqrt[\sum_{i=1}^{n} f_i]{x_1^{f_1} \cdot x_2^{f_2} \cdot x_3^{f_3} \cdot \cdots \cdot x_n^{f_n}}=\ln (x_1^{f_1} \cdot x_2^{f_2} \cdot x_3^{f_3} \cdot \cdots \cdot x_n^{f_n})^{1 / \sum_{i=1}^{n} f_i} \\
&=\frac{1}{\sum_{i=1}^{n} f_i} \ln (x_1^{f_1} \cdot x_2^{f_2} \cdot x_3^{f_3} \cdot \cdots \cdot x_n^{f_n}) \\
&=\frac{1}{\sum_{i=1}^{n} f_i}(f_1 \ln x_1+f_2 \ln x_2+f_3 \ln x_3+\cdots+f_n \ln x_n) \\
&=\frac{1}{\sum_{i=1}^{n} f_i} \sum_{i=1}^{n} f_i \ln x_i,
\end{aligned}$$

因而，
$$\bar{x}_G=\exp\left[\frac{1}{\sum_{i=1}^{n}f_i}\sum_{i=1}^{n}f_i\ln x_i\right]$$

在如下情况下，通常要用几何平均数公式：

(1) 动态分布数列即时间数列中各期变量值进行环比，得到的比率求平均比率，像这样的比率有：各年发展速度、生产流水线各道工序的产成品的合格率、按复利计息的各年本利率等，诸如此类比率必须用几何平均数公式求平均比率。

动态比率必须满足各期动态比率或发展速度连乘积等于总比率或总速度。有时总体同种静态比率也用几何平均数公式计算平均比率，静态比率必须满足各相关单位的比率连乘积等于总比率。

(2) 总体各标志值构成的数列是等比数列，通常要使用几何平均数公式计算平均数。

**[范例 5.7]** 某笔投资，贷款 8 年，以复利计息。8 年的年利率分配是：第 1 年至第 2 年为 3%；第 3 年至第 5 年为 5%；第 6 年至第 7 年为 8%；第 8 年为 10%，求平均年本利率。

**[解]** 以复利计息，

第 1 年累计还贷款＝本金＋第 1 年的利息
＝(本金＋本金×第 1 年的年利率)
＝本金(1＋第 1 年的年利率)
＝本金×第 1 年年本利率，

第 2 年累计还贷款＝第 1 年累计还贷款＋第 1 年累计还贷款×第 2 年年利率
＝第 1 年累计还贷款(1＋第 2 年年利率)
＝本金×第 1 年年本利率×第 2 年年本利率，

……

第 $n$ 年累计还贷款＝本金×(第 1 年至第 $n$ 年的年本利率连乘)。

平均年本利率为

$$\bar{x}_G=\sqrt[\sum_{i=1}^{n}f_i]{x_1^{f_1}\cdot x_2^{f_2}\cdot x_3^{f_3}\cdot\cdots\cdot x_n^{f_n}}$$

将资料整理列在表 5-9 中：

**表 5-9　某笔投资平均本利率计算表**

| 本利率 ($x_i$) /% | 年数(次数 $f_i$) | 本利率的对数 ($\lg x_i$) | $f_i\cdot\lg x_i$ |
|---|---|---|---|
| 103 | 2 | 0.012 8 | 0.025 6 |
| 105 | 3 | 0.021 2 | 0.063 6 |
| 108 | 2 | 0.033 4 | 0.066 8 |
| 110 | 1 | 0.041 4 | 0.041 4 |
| 合　计 | 8 | | 0.197 4 |

$$\bar{x}_G=\sqrt[\sum_{i=1}^{4}f_i]{x_1^{f_1}\cdot x_2^{f_2}\cdot x_3^{f_3}\cdot x_4^{f_4}}$$

$$\lg \bar{x}_G = \lg \sqrt[\sum_{i=1}^{4} f_i]{x_1^{f_1} \cdot x_2^{f_2} \cdot x_3^{f_3} \cdot x_4^{f_4}} = \frac{1}{\sum_{i=1}^{4} f_i} \lg(x_1^{f_1} \cdot x_2^{f_2} \cdot x_3^{f_3} \cdot x_4^{f_4})$$

$$= \frac{1}{\sum_{i=1}^{4} f_i}(f_1 \lg x_1 + f_2 \lg x_2 + f_3 \lg x_3 + f_4 \lg x_4)$$

$$= \frac{1}{8} \times 0.197\,4 \approx 0.024\,7,$$

$$\bar{x}_G = \exp(0.024\,7) \approx 1.059 = 105.9\%,$$

$$\bar{x}_G - 100\% = 105.9\% - 100\% = 5.9\%。$$

因此,8 年的年平均本利率为 105.9%,年平均利率为 5.9%。

### (四) 中位数(median)

中位数($M_e$)是指分布数列中总体各单位标志值按大小顺序排列,处在中点位次的标志值。根据分布数列是否分组,中位数可分为未分组数列的中位数和已分组数列的中位数。

#### 1. 未分组分布数列的中位数的确定方法

如果未分组分布数列是由 $n$ 个单位标志值构成,则中位数的计算公式为:

$$M_e = 第\left(\frac{n+1}{2}\right)个标志值 = \begin{cases} x_{\frac{n+1}{2}}, & 当\ n\ 为奇数时, \\ \dfrac{x_{\frac{n}{2}} + x_{\frac{n}{2}+1}}{2}, & 当\ n\ 为偶数时 \end{cases}$$

式中,$x_{\frac{n}{2}}$,$x_{\frac{n+1}{2}}$,$x_{\frac{n}{2}+1}$ 分别表示分布数列中第 $\frac{n}{2}$、$\frac{n+1}{2}$、$\frac{n}{2}+1$ 个标志值。

[范例 5.8] 某班甲、乙两小组学生体育考试成绩如表 5-10 所示,求甲、乙两数列的中位数。

表 5-10 某班甲、乙两小组学生体育考试成绩　　单位:分

| 学生序号 | 甲　组 | 乙　组 |
| --- | --- | --- |
| 1 | 61 | 65 |
| 2 | 61 | 67 |
| 3 | 68 | 70 |
| 4 | 72 | 70 |
| 5 | 78 | 78 |
| 6 | 80 | 86 |
| 7 | 83 | 87 |
| 8 | 83 | 88 |
| 9 | 90 | |

[解]

甲组:$n=9$

$$M_e=\text{第}\left(\frac{9+1}{2}\right)\text{个标志值}=\text{第 5 个标志值}=x_5=78\text{（分）}$$

乙组：$n=8$

$$M_e=\text{第}\left(\frac{8+1}{2}\right)\text{个标志值}=\text{第 4.5 个标志值}=\frac{x_4+x_5}{2}=\frac{70+78}{2}=74\text{（分）}$$

计算结果表明，甲组高于和低于 78 分的学生占本组学生的 44.44%；乙组高于和低于 74 分的学生占本组学生的 50%。

2. 分组分布数列的中位数确定方法

确定组距数列的中位数，首先要确定中位数所在的组，即向上累计频数达到 $\frac{1}{2}\sum_{i=1}^{n}f_i$ 的组，然后从该组中按比例分割组距，推算中位数的近似值。其计算公式为：

下限公式：
$$M_e=x_L+\frac{\frac{\sum_{i=1}^{n}f_i}{2}-F_{m-1}}{f_m}\cdot d \tag{5-7}$$

上限公式：
$$M_e=x_U-\frac{F_m-\frac{\sum_{i=1}^{n}f_i}{2}}{f_m}\cdot d \tag{5-8}$$

式(5-7)和式(5-8)中：$x_L$ 和 $x_U$ 分别表示中位数所在组的下限和上限；$f_m$ 表示中位数所在组的频数；$F_{m-1}$ 表示中位数所在组下限以下（较小标志值的）各组的累计频数；$F_m$ 表示中位数所在组上限以下各组的累计频数；$f_i$ 表示分布数列中第 $i$ 组的频数；$d$ 表示中位数所在组的组距。

上面的上、下限公式都是假定中位数所在组的标志值是均匀分配。将该组按次数比例分割：

$$\frac{\frac{\sum_{i=1}^{n}f_i}{2}-F_{m-1}}{f_m},\qquad \frac{F_m-\frac{\sum_{i=1}^{n}f_i}{2}}{f_m}$$

再将这两个比例分别乘以组距 $d$，则分别表示距中位数所在组的下限和上限的距离。中位数所在组按次数比例分割图，如图 5-1 所示。

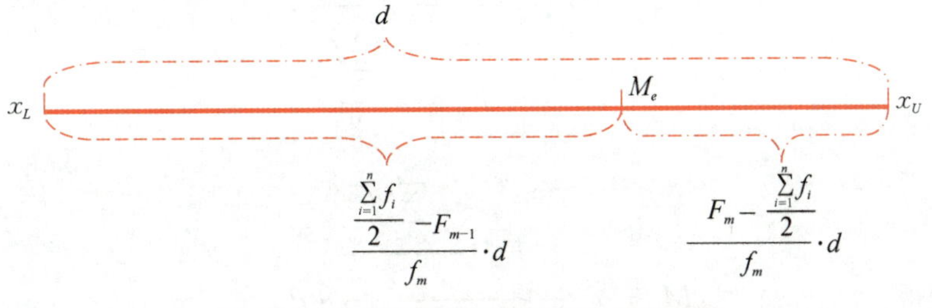


图 5-1　中位数所在组按次数比例分割图

下面证明中位数上、下限公式。

［证］　中位数所在组按次数比例分割二维图，如图 5-2 所示。

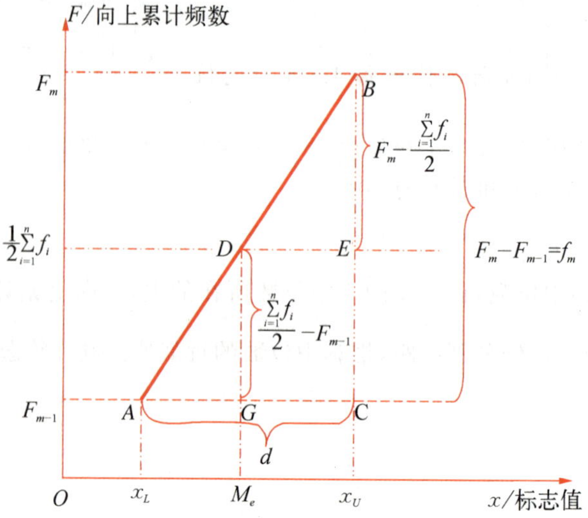


图 5-2　中位数所在组按次数比例分割二维图

$$x_U=x_L+AC=x_L+d,\ x_L=x_U-d$$

$$AG=M_e-x_L,\ DE=GC=x_U-M_e。$$

因为 $\triangle ABC \backsim \triangle ADG$，所以 $\frac{AC}{AG}=\frac{BC}{DG}$。

即：
$$\frac{d}{M_e-x_L}=\frac{f_m}{\frac{\sum_{i=1}^{n} f_i}{2}-F_{m-1}}$$

解方程得　$$M_e=x_L+\frac{\frac{\sum_{i=1}^{n} f_i}{2}-F_{m-1}}{f_m}\cdot d。$$

又因为　$$\triangle ABC \backsim \triangle DBE,$$

所以　$$\frac{AC}{DE}=\frac{BC}{BE}。$$

即：
$$\frac{d}{x_U-M_e}=\frac{f_m}{F_m-\frac{\sum_{i=1}^{n} f_i}{2}},$$

解方程得　$$M_e=x_U-\frac{F_m-\frac{\sum_{i=1}^{n} f_i}{2}}{f_m}\cdot d。$$

中位数另一套计算公式为

下限公式：
$$M_e=x_L+\frac{\frac{\sum_{i=1}^{n}f_i}{2}-S_{m-1}}{f_m}\cdot d$$

上限公式：
$$M_e=x_U-\frac{\frac{\sum_{i=1}^{n}f_i}{2}-S_{m+1}}{f_m}\cdot d$$

式中，$S_{m-1}$ 表示中位数所在组下限以下各组的累计次数(即向上累计次数)；$S_{m+1}$ 表示中位数所在组上限以上各组的累计次数(即向下累计次数)。

［范例 5.9］ 某集团公司所属企业年利润分组资料如表 5-11 所示，求所有企业利润的中位数。

表 5-11　某集团公司所属企业年利润分组及中位数计算表

| 按企业利润分组/万元 | 企业数（$f_i$）/家 | 企业累计数 | | 按企业人数分组/千人 |
|---|---|---|---|---|
| | | 向上累计数 | 向下累计数 | |
| 10～<20 | 1 | 1 | 27 | 1～2 |
| 20～<30 | 2 | 3 | 26 | 3～4 |
| 30～<40 | 6 | 9 | 24 | 5～6 |
| 40～<50 | 1 | 10 | 18 | 7～8 |
| 50～<60 | 10 | 20 | 17 | 9～10 |
| 60～<70 | 2 | 22 | 7 | 11～12 |
| 70～<80 | 3 | 25 | 5 | 13～14 |
| 80～90 | 2 | 27 | 2 | 15～16 |
| 合　计 | 27 | | | |

［解］
$$\frac{\sum_{i=1}^{n}f_i}{2}=\frac{27}{2}=13.5,$$

因此，中位数所在的组是向上累计频数达到 13.5 的组，即利润为 50～60 所在的组。由于第 13.5 个标志值为中位数，而前面四组总共只有 10 个标志值，第五组有 10 个标志值，所以第 13.5 个标志值必然是落在第五组内。

$$x_L=50,\ x_U=60,\ \sum_{i=1}^{n}f_i=\sum_{i=1}^{8}f_i=27,$$
$$F_{m-1}=S_{m-1}=10,\ F_m=20,\ S_{m+1}=7,$$
$$f_m=10,\ d=60-50=10。$$

将这些值代入四个中位数公式中的任何一个公式，都可以求得等值的中位数值。

$$M_e = x_L + \frac{\frac{\sum_{i=1}^{n} f_i}{2} - F_{m-1}}{f_m} \cdot d = 50 + \frac{\frac{27}{2} - 10}{10} \times 10 = 53.5\text{（万元）。}$$

尽管这四个中位数公式适用于连续式和间断式的等距分组和异距分组的分布数列，但是间断式分组的分布数列的中位数所在组的上限、下限以及组距的确定与连续式分组的分布数列不同。如表 5-11 所示，按企业人数分组就是间断式分组的分布数列，该数列各组的企业分布情况大致与按企业利润分组相同。对该种分组形式的上限、下限和组距的确定方法如下：

依照上述判定，“9～10”千人所在的组为中位数组。

$$x_L = 9 - \frac{9-8}{2} = 8.5$$

$$x_U = 10 + \frac{11-10}{2} = 10.5$$

$$d = x_U - x_L = 10.5 - 8.5 = 2$$

其他变量值的确定与前面连续式分组的分布数列一样。

$$M_e = x_L + \frac{\frac{\sum_{i=1}^{n} f_i}{2} - F_{m-1}}{f_m} \cdot d = 8.5 + \frac{\frac{27}{2} - 10}{10} \times 2 = 9.2$$

中位数的特点：

（1）中位数是以它在所有标志值中所处的位置确定的全体单位标志值的代表值，不受分布数列的极端大或极端小的标志值影响，从而，在一定程度上提高了中位数对分布数列的代表性。

（2）有些离散型变量的单项式数列，当次数分布偏态时，中位数的代表性会受到影响。

（3）各单位代表值 $x_i$ 与 $M_e$ 之间绝对离差的总和 $\sum_{i=1}^{n} |x_i - M_e| > \sum_{i=1}^{n} |x_i - \bar{x}|$，且 $\sum_{i=1}^{n} |x_i - \bar{x}|$ 达到最小值。

（4）缺乏敏感性，但具有稳健性。

### （五）众数（mode）

众数（$M_o$）是分布数列中出现频数或频率最高的标志值。分布数列中最常出现的标志值说明该标志值最突出，最能反映标志值群体特征，因而最具有代表性，能够反映分布数列的一般水平。充当众数的标志值反复出现的频数愈大，说明众数的代表性就越高，从而表明分布数列的集中趋势愈显著。下面根据不同形式的分组分布数列分别来确定众数。

1. 单项式分组数列的众数的确定

对单项式分组数列，只要找出次数最多的标志值，就能确定众数。

［范例 5.10］　某集团公司下属三个企业职工家庭人口数分组，如表 5-12 所示，试确定这三个企业的职工家庭人口数的众数值。

表 5-12　某集团公司下属三个企业职工家庭人口数分组

| 家庭按人口数分组（$x_i$）/人 | 家庭数（$f$）/户 | | |
|---|---|---|---|
| | 甲企业 | 乙企业 | 丙企业 |
| 1 | 10 | 24 | 23 |
| 2 | 70 | 17 | 23 |
| 3 | 21 | 52 | 23 |
| 4 | 43 | 51 | 23 |
| 5 | 20 | 31 | 23 |
| 6 | 19 | 10 | 23 |
| 合　计 | 183 | 185 | 138 |

［解］

(1) 甲企业以 2 人构成的家庭的户数最多，达到 70 户，因此，$M_o=2$(人)；

(2) 乙企业以 3 人和 4 人构成的家庭的户数占多数，分别达到 52 户和 51 户。

在两个或两个以上的变量值出现的次数居多数的情况，应当把这些变量值都视为众数。当然，一个分布数列存在多个众数必须以出现较多个组为前提。如果分组较少，则多个众数就显示不出众数的“出众”之处，给人感觉好似个个标志值都如同众数。几乎都是众数，相当于个个都不是众数。

乙企业中没有那组家庭户数占绝对多数，而第三组和第四组户数只是稍微偏多，因此，乙企业出现了双众数：

$$M_o=3\text{ 人}\qquad\text{和}\qquad M_o=4\text{ 人。}$$

若要将双众数转变成一个众数值，于是本书作者提出如下两种处理方法：

① 以双众数中次数略多一些的众数为最终众数。该例中 $M_o=3$ 人；

② 以双众数加权平均值为最后确定的唯一众数：

$$M_e=\frac{\sum_{i=1}^{n}M_{oi}f_i}{\sum_{i=1}^{n}f_i}=\frac{M_{o1}f_1+M_{o2}f_2}{f_1+f_2}=\frac{3\times52+4\times51}{52+51}\approx3.495\text{（人）}$$

(3) 丙企业各类型组的家庭户数都相等，则丙企业无众数。若各组次数大致相等，也可以认为这种分布数列不存在众数。

2. 组距式分组数列的众数的确定

确定组距式分组数列的众数，首先直观地找出次数最多的组，然后，计算众数的近似值。计算众数的近似值有两种方法：

(1) 以众数组的组中值作为众数值；

(2) 比较精确的方法是采用众数组次数与相邻两组次数之差的比例来推算。其计算公式为：

下限公式：
$$M_o = x_L + \frac{\Delta f_1}{\Delta f_1 + \Delta f_2} \cdot d$$

上限公式：
$$M_o = x_U - \frac{\Delta f_2}{\Delta f_1 + \Delta f_2} \cdot d$$

式中，$x_L$ 和 $x_U$ 分别表示众数所在组的下限和上限；$\Delta f_1 =$ 众数组的次数（$f_m$）$-$ 众数组上一组的次数（$f_{m-1}$）；$\Delta f_2 =$ 众数组的次数（$f_m$）$-$ 众数组后一组的次数（$f_{m+1}$）；$d$ 表示众数所在组的组距。

上面的上、下限公式都是假定众数所在组的所有标志值为均匀分配。将该组按次数比例分割：

$$\frac{\Delta f_1}{\Delta f_1 + \Delta f_2}, \quad \frac{\Delta f_2}{\Delta f_1 + \Delta f_2}$$

再将这两个比例分别乘以组距 $d$，则分别得到距众数组下限和上限的距离。众数所在组按次数比例分割图，如图 5-3 所示。

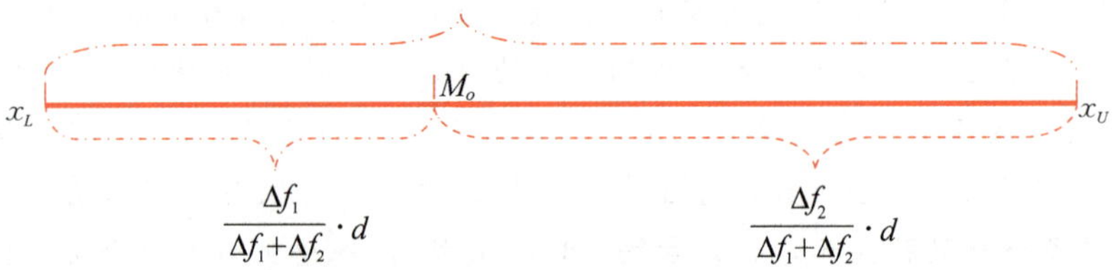


图 5-3　众数所在组按次数比例分割图

下面证明众数上、下限公式。

［证］　众数所在组按次数比例分割二维图，如图 5-4 所示。

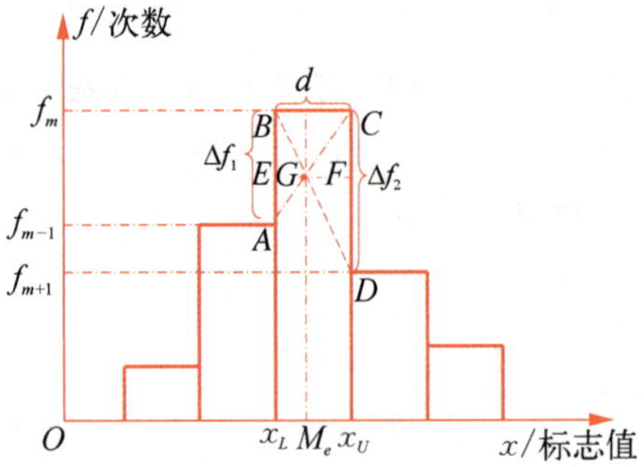


图 5-4　众数所在组按次数比例分割二维图

作 $EF // Ox$ 轴，

$$EG = M_o - x_L, \quad FG = x_U - M_o$$

$$x_L = x_U - d, \quad x_U = x_L + d。$$

因为 $\Delta ABG \backsim \Delta CDG$，所以 $\frac{AB}{CD} = \frac{EG}{FG}$。

若 $$\frac{\Delta f_1}{\Delta f_2}=\frac{M_o-x_L}{x_U-M_o}=\frac{M_o-x_L}{(x_L+d)-M_o},$$

解方程，得 $$M_o=x_L+\frac{\Delta f_1}{\Delta f_1+\Delta f_2}\cdot d。$$

若 $$\frac{\Delta f_1}{\Delta f_2}=\frac{M_o-(x_U-d)}{x_U-M_o},$$

解方程，得 $$M_o=x_U-\frac{\Delta f_2}{\Delta f_1+\Delta f_2}\cdot d。$$

［范例 5.11］ 根据表 5-11 的资料，试计算其众数。

［解］ 某集团公司所属企业年利润分组，以 50～60 万元的组的企业数最多，则该组即为众数组。

$$x_L=50,\ x_U=60,\ f_{m-1}=1,\ f_m=10,$$

$$f_{m+1}=2,\ d=60-50=10,$$

$$\Delta f_1=f_m-f_{m-1}=10-1=9,$$

$$\Delta f_2=f_m-f_{m+1}=10-2=8,$$

$$M_o=x_L+\frac{\Delta f_1}{\Delta f_1+\Delta f_2}d=50+\frac{9}{9+8}\times 10\approx 55.3\text{（万元）};$$

或 $$M_o=x_U-\frac{\Delta f_2}{\Delta f_1+\Delta f_2}d=60-\frac{8}{9+8}\times 10\approx 55.3\text{（万元）}。$$

众数的特点：

(1) 众数是以它在所有标志值中所处的位置确定的全体单位标志值的代表值，它不受分布数列的极端大或极端小的标志值的影响，从而增强了众数对分布数列的代表性。

(2) 当分组数列没有任何一组的次数占多数，也即分布数列中没有明显的集中趋势，而是近似于均匀分布时，则该次数分配数列无众数。若将无众数的分布数列重新分组或各组频数依序合并，又会使分配数列再现出明显的集中趋势。

(3) 如果与众数组相毗邻的上下两组的次数相等，众数组的组中值就是众数值；如果与众数组毗邻的上一组的次数较多，而下一组的次数较少，众数在众数组内会偏向该组下限；如果与众数组毗邻的上一组的次数较少，而下一组的次数较多，众数在众数组内就会偏向该组上限。

(4) 缺乏敏感性。

下面就众数的第(3)个特点给予证明。

［证］
$$\begin{cases}M_o=x_U+\dfrac{\Delta f_1}{\Delta f_1+\Delta f_2}\cdot d & ①\\[2ex] M_o=x_L-\dfrac{\Delta f_2}{\Delta f_1+\Delta f_2}\cdot d & ②\end{cases}$$

由①＋②，得

$$M_o = \frac{x_L + x_U}{2} + \frac{\Delta f_1 - \Delta f_2}{2(\Delta f_1 + \Delta f_2)} \cdot d$$
$$= \frac{x_L + x_U}{2} + \frac{(f_m - f_{m-1}) - (f_m - f_{m+1})}{2(\Delta f_1 + \Delta f_2)} \cdot d$$
$$= \frac{x_L + x_U}{2} + \frac{f_{m+1} - f_{m-1}}{2(\Delta f_1 + \Delta f_2)} \cdot d。$$

式中，$\Delta f_1 > 0$，$\Delta f_2 > 0$，$d > 0$，

$$众数组的组中值 = \frac{x_L + x_U}{2}。$$

a. 当 $f_{m-1} = f_{m+1}$ 时，

$$M_o = \frac{x_L + x_U}{2},$$

因此，众数等于众数组的组中值；

b. 当 $f_{m-1} > f_{m+1}$ 时，

$$M_o = \frac{x_L + x_U}{2} - \frac{f_{m-1} - f_{m+1}}{2(\Delta f_1 + \Delta f_2)} \cdot d < \frac{x_L + x_U}{2},$$

这表明众数小于众数组的组中值，因此，众数偏向众数组的下限；

c. 当 $f_{m-1} < f_{m+1}$ 时，

$$M_o = \frac{x_L + x_U}{2} + \frac{f_{m+1} - f_{m-1}}{2(\Delta f_1 + \Delta f_2)} \cdot d > \frac{x_L + x_U}{2},$$

这表明众数大于众数组的组中值，因此，众数偏向众数组的上限。

## 三、分位数

### （一）分位数的概念

给定小概率 $\alpha(0<\alpha<1)$，若存在 $x_\alpha$，使得 $P(x \leqslant x_\alpha) = \int_{-\infty}^{x_\alpha} f(x)\mathrm{d}x = \alpha$，则称 $x_\alpha$（或 $z_\alpha$）为随机变量 $x$ 的连续概率分布的下侧（尾）(lower side/tail) $\alpha$ 分位数或 $\alpha$ 分位点，即下侧 $\alpha$ 临界值。概率分布的分位数，如图 5-5 所示。

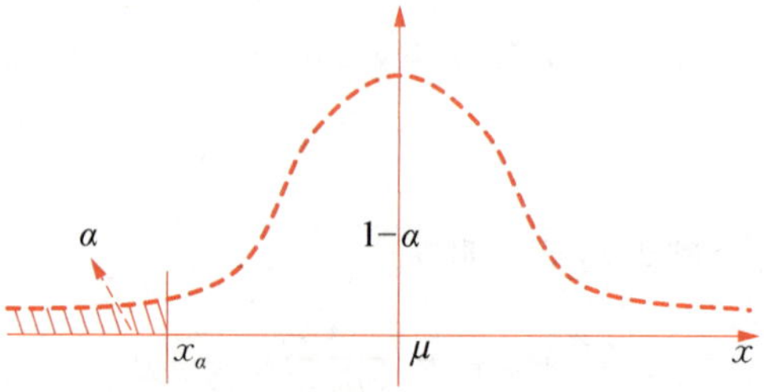


图 5-5　概率分布的分位数

线性分位数回归或非线性分位数回归是对以古典条件均值模型为基础的最小二乘法的延伸，它用几个分位函数来估计整体模型。

分位数回归法的特殊情况就是中位数回归，即最小一乘回归，用对称权重解决残差最小化问题，不过，其他条件分位数回归则需要用非对称权重解决残差最小化。

分位数回归采用加权残差绝对值之和的方法估计参数，其优点：

（1）尽管对模型中的随机扰动项不需做任何分布的假定，整个回归模型仍具有很强的稳健性。

（2）由于分位数回归本身没有使用一个连接函数来描述因变量的均值和方差的相互关系，因此，分位数回归有着比较好的弹性性质。

（3）由于分位数回归是对所有分位数进行回归，因此对于数据中出现的异常点具有柔韧性。

（4）不同于普通的最小二乘回归，分位数回归对于因变量具有单调变换性。

（5）最后，分位数回归估计出来的参数具有在大样本理论下的渐进优良性。

常用分位数：二分位数（即中位数）、四分位数、百分位数，等等。

### （二）四分位数

四分位数（Quartile），亦称四分位点，它是指将所有数值由小到大排列并分成四等份，处于三个分割点位置的数值，即一组数据排序后，处于25%和75%位置上的值。概率分布的分位数或分位点，如图5-6所示。

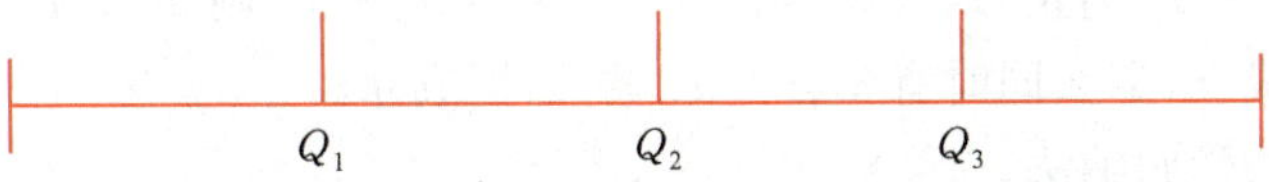


图5-6　概率分布的分位数或分位点

第一四分位数，又称下四分位数，记作“$Q_1$”，它是样本中所有数值由小到大排列后位于25%位置的数字。

第二四分位数，又称中位数，记作“$Q_2$”，它是样本中所有数值由小到大排列后位于50%位置的数字。

第三四分位数，又称上四分位数，记作“$Q_3$”，它是样本中所有数值由小到大排列后位于75%位置的数字。

第三四分位数与第一四分位数的差距又称四分位距（inter quartile range，IQR）。

Excel中有两个四分位数函数：QUARTILE.EXC和QUARTILE.INC。

将$n$个数从小到大排列：

$Q_2$为$n$个数组成的数列的中（位）数（median）。

当$n$为奇数时，中（位）数$Q_2$将该数列分为数量相等的两组数，每组有$(n-1)/2$个数，$Q_1$为第一组$(n-1)/2$个数的中数，$Q_3$为第二组$(n-1)/2$个数的中数。

当$n$为偶数时，中数$Q_2$将该数列分为数量相等的两组数，每组有$n/2$个数，$Q_1$为第一组$n/2$个数的中数，$Q_3$为第二组$n/2$个数的中数。

确定四分位数的位置：

$$Q_1\text{ 的位置}=(n+1)\times 0.25$$

$$Q_2\text{ 的位置}=(n+1)\times 0.5$$

$$Q_3\text{ 的位置}=(n+1)\times 0.75$$

比如：4，46，47，13，40，39，5，37，41，38，34，由小到大排列：4，5，13，34，37，38，39，40，41，46，47，一共 11 项。

$$Q_1\text{ 的位置}=(11+1)\times 0.25=3$$

$$Q_2\text{ 的位置}=(11+1)\times 0.5=6$$

$$Q_3\text{ 的位置}=(11+1)\times 0.75=9$$

$Q_1=13$，$Q_2=38$，$Q_3=41$。

## 四、集中趋势指标之间的关系

### (一) 算术平均数($\bar{x}$)、调和平均数($\bar{x}_H$)和几何平均数($\bar{x}_G$)的关系

根据同种标志值形成的分布数列，分别计算 $\bar{x}$、$\bar{x}_H$ 和 $\bar{x}_G$，则有

$$\bar{x}_H\leqslant\bar{x}_G\leqslant\bar{x}$$

$\bar{x}$、$\bar{x}_H$ 和 $\bar{x}_G$ 存在这种数量关系的原因主要是因为这三种计算平均数的公式的形式不同，它们分别适用于不同的社会经济现象的资料。下面利用数学归纳法证明以上不等式。

设 $a_1$，$a_2$，…，$a_n$ 为正数，且 $a_1\cdot a_2\cdot a_3\cdot\cdots\cdot a_n=1$，则 $a_1+a_2+\cdots+a_n\geqslant n$。

若该不等式成立，那么同时有 $\bar{x}_H\leqslant\bar{x}_G\leqslant\bar{x}$ 恒成立。

[证] 利用数学归纳法。

(1) 当 $n=2$ 时，

$$a_1a_2=1,$$

而 $(a_1-a_2)^2\geqslant 0$，$a_1+a_2\geqslant 2\sqrt{a_1a_2}=2$；

(2) 假设 $n=k$ 时，

$$a_1\cdot a_2\cdot a_3\cdot\cdots\cdot a_k=1,$$

而 $a_1+a_2+\cdots+a_k\geqslant k$ 恒成立。

当 $n=k+1$ 时，

$$a_1\cdot a_2\cdot a_3\cdot\cdots\cdot a_k\cdot a_{k+1}=1,$$

若 $a_1$，$a_2$，…，$a_k$，$a_{k+1}$ 全为 1，则

$$\begin{aligned}a_1+a_2+\cdots+a_k+a_{k+1}&\geqslant(k+1)\sqrt[k+1]{a_1\cdot a_2\cdot a_3\cdots a_k\cdot a_{k+1}}\\&=k+1;\end{aligned}$$

若 $a_1$，$a_2$，…，$a_k$，$a_{k+1}$ 不全为 1，由于 $a_1\cdot a_2\cdot a_3\cdot\cdots\cdot a_k\cdot a_{k+1}=1$，则这 $k+1$ 个数中至少有一个 $a_i\geqslant 1$，且至少有一个 $a_j\leqslant 1$，其中 $i\neq j$，$i$，$j=1$，2，3，…，$k$，$k+1$，

$$a_1\cdot a_2\cdot a_3\cdot\cdots\cdot a_k\cdot a_{k+1}=a_1\cdot a_2\cdot a_3\cdot\cdots\cdot(a_ia_j)\cdot\cdots\cdot a_k\cdot a_{k+1}=1。$$

由上面假设可知：

$$a_1+a_2+a_3+\cdots+(a_ia_j)+\cdots+a_k+a_{k+1}\geqslant k,$$

在此不等式两边同时加上 $(a_i+a_j-a_ia_j)$，得

$$a_1+a_2+a_3+\cdots+a_i+\cdots+a_j+\cdots+a_k+a_{k+1}$$
$$\geqslant k+a_i+a_j-a_ia_j=(k+1)+(a_i-1)-a_j(a_i-1)$$
$$=(k+1)+(a_i-1)(1-a_j)\geqslant k+1。$$

综合(1)、(2)步可知，原命题成立。

通过上面证得的结论，现在仅证明三种未加权的平均数：$\bar{x}_H\leqslant\bar{x}_G\leqslant\bar{x}$ 恒成立。

设 $\bar{x}_G=\sqrt[n]{x_1x_2x_3\cdots x_n}$（其中 $x_1, x_2, \cdots, x_n>0$），则

$$x_1x_2x_3\cdots x_n=\bar{x}_G^n,\ \frac{x_1}{\bar{x}_G}\cdot\frac{x_2}{\bar{x}_G}\cdot\frac{x_3}{\bar{x}_G}\cdot\cdots\cdot\frac{x_n}{\bar{x}_G}=1$$

于是根据前面的结论，可得

$$\frac{x_1}{\bar{x}_G}+\frac{x_2}{\bar{x}_G}+\frac{x_3}{\bar{x}_G}+\cdots+\frac{x_n}{\bar{x}_G}\geqslant n,$$

即
$$\frac{x_1+x_2+\cdots+x_n}{n}\geqslant\bar{x}_G,$$

因此
$$\bar{x}\geqslant\bar{x}_G。$$

又设
$$y_i=\frac{1}{x_i},$$

由于
$$\sqrt[n]{y_1y_2\cdots y_n}\leqslant\frac{y_1+y_2+\cdots+y_n}{n},$$

$$\sqrt[n]{\frac{1}{x_1}\cdot\frac{1}{x_2}\cdot\cdots\cdot\frac{1}{x_n}}\leqslant\frac{\frac{1}{x_1}+\frac{1}{x_2}+\cdots+\frac{1}{x_n}}{n},$$

$$\frac{1}{\sqrt[n]{x_1x_2x_3\cdots x_n}}\leqslant\frac{\frac{1}{x_1}+\frac{1}{x_2}+\cdots+\frac{1}{x_n}}{n},$$

即
$$\sqrt[n]{x_1x_2\cdots x_n}\geqslant\frac{n}{\frac{1}{x_1}+\frac{1}{x_2}+\cdots+\frac{1}{x_n}}。$$

因此，
$$\bar{x}_G\geqslant\bar{x}_H。$$

综上所述，$\bar{x}_H\leqslant\bar{x}_G\leqslant\bar{x}$ 恒成立。

当 $x_1=x_2=\cdots=x_n$ 时，$\bar{x}_H=\bar{x}_G=\bar{x}$。

三种加权平均数形式的关系式 $\bar{x}_H\leqslant\bar{x}_G\leqslant\bar{x}$ 留给读者证明。

### （二）算术平均数（$\bar{x}$）、中位数（$M_e$）和众数（$M_o$）的关系

变量数列的次数分布的常见形式是丘形分布，而丘形分布又分正态（对称）分布和偏态（非对称）分布两种形式。根据同种标志值形成的分布数列分别计算 $\bar{x}$、$M_e$ 和 $M_o$。

如果分布数列中所有标志值依序在数轴上可以找到对应点，这些标志值在数轴上都是落在规定的取值区间内，则所有标志值在此区间内大致有如下三种典型的集中趋势：

(1) 若多数标志值位于区间中部，而其余标志值对称分列两旁，只有极少数标志值位于区间两端，则这些标志值显示在 $xOf$ 坐标图上是呈正态分布，且 $\bar{x}=M_e=M_o$，如图 5-7 所示。

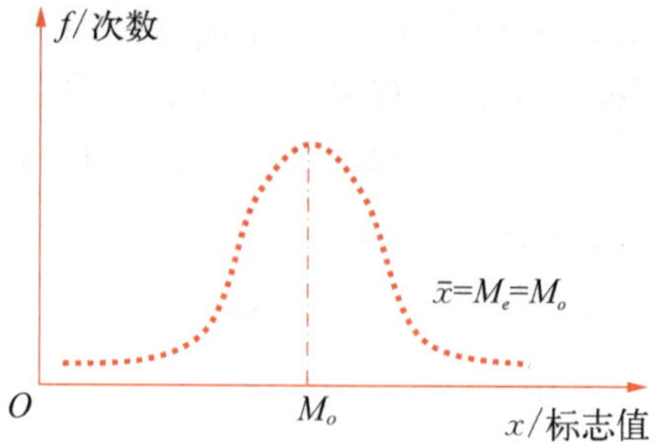


图 5-7　正态分布图

(2) 若多数标志值落在左半区间，只有极少数标志值位于区间两端，则这些标志值显示在 $xOf$ 坐标图上是呈右偏分布，且 $M_o < M_e < \bar{x}$，如图 5-8 所示。

(3) 若多数标志值落在右半区间，只有极少数标志值位于区间两端，则这些标志值显示在 $xOf$ 坐标图上是呈左偏分布，且 $\bar{x} < M_e < M_o$，如图 5-9 所示。

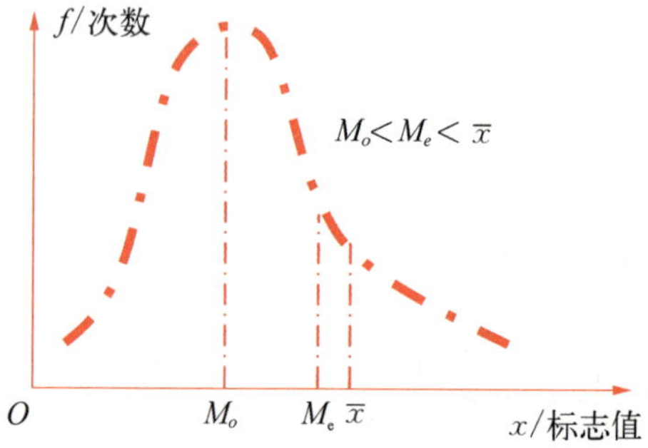


图 5-8　右(正)偏分布图

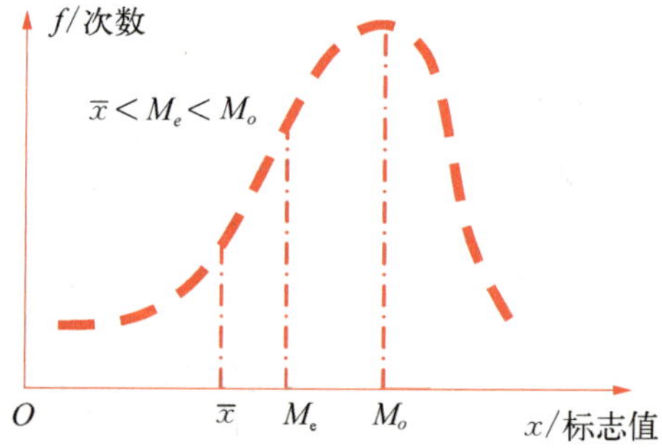


图 5-9　左(负)偏分布图

卡尔·皮尔逊(K. Pearson, 1857—1936)认为，当分布只是轻度偏态时，$\bar{x}$、$M_e$ 和 $M_o$ 三者有如下近似的数量关系：

$$\bar{x} - M_o = 3(\bar{x} - M_e)$$

当 $\bar{x} - M_e = 0$ 时，说明分布对称；当 $\bar{x} - M_e > 0$ 时，说明分布右偏；当 $\bar{x} - M_e < 0$ 时，说明分布左偏。

对于计量单位相同且有可比性的分布，如果 $|\bar{x} - M_o|$ 较大，则说明分布偏态较严重；反之，则说明偏态较轻微。若偏度(skewness)大于 0，正偏差数值较大，长尾向右侧延伸，则为正偏或右偏；若偏度小于 0，负偏差数值较大，长尾向左侧延伸，则为负偏或左偏。

[范例 5.12]　某班有近一半的学生身高不足 1.65 m，身高 1.71 m 的学生最多，试估计该班学生平均身高为多少米？

[解]　据题意：

$$M_e = 1.65(\text{m}),\ M_o = 1.71(\text{m}),$$

按照皮氏经验公式：

$$\bar{x} - M_o = 3(\bar{x} - M_e),$$

$$\bar{x} = \frac{3M_e - M_o}{2} = \frac{3 \times 1.65 - 1.71}{2} = 1.62(\text{m}),$$

$$\bar{x}-M_e=1.62-1.65=-0.03<0,$$

这说明分布左偏，

$$|\bar{x}-M_o|=|1.62-1.71|=|-0.09|=0.09,$$

$|\bar{x}-M_o|$ 较小，说明偏态较轻微。

# 第二节　离散趋势测定指标

## 一、离散趋势测定指标的概念和作用

### （一）离散趋势测定指标的概念

离散趋势测定指标（measure of variation tendency）是测定分布数列中总体单位标志值之间变动范围和离散程度的指标。它又称标志变异指标、标志变动度，或称离中趋势指标。共同具有某一相同性质的众多单位构成一个同质总体，而总体中各单位在某一标志下在数量上存在差异，这即为总体各单位标志值之间的变异。离散趋势指标是测定标志值之间的平均差异程度。若标志值之间离散愈大，则离散趋势指标值就愈大；反之，若标志值之间离散愈小，则离散趋势指标值就愈小。

离散趋势指标与集中趋势指标是一对相互联系的互逆指标。如果说集中趋势指标是反映相互差异的标志值的一般平均水平，那么离散趋势指标则是反映相互差异的标志值的一般平均差异水平。可见，离散趋势指标实际上也是平均指标。

### （二）离散趋势指标的作用

1. 衡量集中趋势指标的代表性

集中趋势指标是分布数列中各单位标志值的代表值，它将各个标志值之间的差异抽象化，体现了各标志值的一般水平。若总体各单位标志值离散程度愈大，即离散趋势指标值愈大，则相对而言说明各标志值的集中程度愈小，即集中趋势指标的代表性愈低；反之，离散趋势指标值愈小，则集中趋势指标的代表性愈高。比如：甲、乙两种股票的平均收益相同，然而甲股票的收益在某一时期内波动较大，则表明收益较离散，当然，离散趋势指标值会偏大，也说明该种股票存在较大风险，平均收益对该时期内的各时间的收益值的代表性较低；而乙股票在这一时期内的各个时间的收益比较平稳，则表明收益较集中，当然，离散趋势指标值会偏小，也说明该种股票存在较小风险，平均收益对该时期内的各个时间的收益值的代表性较高。

2. 反映现象发展变化的均衡性和稳定性

离散趋势指标可以反映生产、经营的均衡性和股票价格的稳定性。

如表 5-13 所示，尽管甲、乙两厂均完成了全年的生产计划，但是，甲厂每个季度均衡地完成了各季生产计划任务，而乙厂则前松后紧，很不均衡。

表 5-13　甲、乙两厂全年生产计划完成情况　　单位：%

| 厂商 | 第一季度 | 第二季度 | 第三季度 | 第四季度 | 全　年 |
|---|---|---|---|---|---|
| 甲厂 | 24 | 26 | 25 | 25 | 100 |
| 乙厂 | 15 | 20 | 30 | 35 | 100 |

通常，以股票价格的离散趋势指标来反映股票价格的稳定性，该指标值可以作为投资决策的参考依据。

## 二、离散趋势的测定方法

### （一）全距(range)

全距（$R$），亦称极差，它是分布数列中最大标志值与最小标志值之差，表明变量数列中所有标志值最大可能的差异范围。$R$ 值愈大，说明分布数列中各标志值愈离散；反之，$R$ 值愈小，说明分布数列中各标志值愈集中。

1. 未分组分布数列和单项式分组数列的全距计算公式

$$R = 最大标志值 - 最小标志值$$

［范例 5.13］ 某制衣厂 7 台缝纫机的日产量(件)分别为：17，17，19，20，22，22，24，试求其全距。

［解］ $R = 最大标志值 - 最小标志值 = 24 - 17 = 7$（件）。

2. 组距式分布数列的全距计算公式

$$R = 最高组上限 - 最低组下限$$

若组距式分布数列的最高组或最低组是开口组，则首先应当分别计算其最高组的上限和最低组的下限。

［范例 5.14］ 某班外语成绩以组距式分组，如表 5-14 所示，试求其全距。

表 5-14 某班外语成绩组距式分组

| 按成绩分组/分 | 人数/人 |
|---|---|
| 60 以下 | 3 |
| 60～<70 | 7 |
| 70～<80 | 16 |
| 80～<90 | 15 |
| 90 及以上 | 13 |
| 合 计 | 54 |

［解］ 参照第三章第三节的组限内容，得

$$最高组上限 = 最高组下限 + 邻组组距 = 90 + 10 = 100(分)，$$

$$最低组下限 = 最低组上限 - 邻组组距 = 60 - 10 = 50(分)，$$

$$R = 最高组上限 - 最低组下限 = 100 - 50 = 50(分)。$$

全距的优缺点可以归纳如下。

优点：计算最简单，便于掌握和理解。

缺点：只是标志值变动程度的粗略的测定，它仅仅受分布数列首尾的极端值的影响，没有考虑分布数列中间各变量值的差异程度，因而它不能全面反映标志值的离散程度。

### （二）平均差（average deviation）

平均差（AD）是指分布数列中各单位标志值与其算术平均的绝对离差的平均数，它反映了数列中相互差异的标志值平均离散水平。AD 愈大，说明分布数列中各标志值的离散程度愈大；反之，AD 愈小，说明分布数列中各标志值的离散程度愈小。

1. 未分组分布数列的平均差计算公式

$$\mathrm{AD}=\frac{\sum_{i=1}^{n}|x_i-\bar{x}|}{n}$$

式中，$x_i$ 表示第 $i$ 个标志值，$\bar{x}=\frac{\sum_{i=1}^{n}x_i}{n}$。

2. 分组分布数列的平均差计算公式

$$\mathrm{AD}=\frac{\sum_{i=1}^{n}|x_i-\bar{x}|f_i}{\sum_{i=1}^{n}f_i}$$

式中，$x_i$ 表示第 $i$ 组的标志值或组中值，$\bar{x}=\frac{\sum_{i=1}^{n}x_if_i}{\sum_{i=1}^{n}f_i}$，$f_i$ 表示第 $i$ 组的次数。

各标志值与平均数之间的离差，无论是正离差还是负离差，都是反映离差水平。根据平均数性质：$\sum_{i=1}^{n}(x_i-\bar{x})=0$，$\sum_{i=1}^{n}(x_i-\bar{x})f_i=0$，为了反映各标志值或组中值彼此间的真实差异，当将所有离差值汇总时，为避免正负差异出现抵消的情况，通常在计算平均差时是将各离差的绝对值汇总。平均差全面地反映了各标志值或组中值的差异程度，实际上，它也是平均指标。

平均差的优缺点可以归纳如下。

优点：易被人理解和掌握。

缺点：由于平均差是采用离差的绝对值汇总，从而不便于代数运算，因此，在实际应用上平均差受到一定的限制。

［范例 5.15］　某单位人均月工资以组距式分组，如表 5-15 所示，试求该单位人均月工资的平均差。

［解］

表 5-15　某单位人均月工资组距式分组

| 按人均工资分组/元 | 组中值（$x_i$）/元 | 人数（$f_i$）/人 | $x_if_i$ | $\lvert x_i-\bar{x}\rvert$ | $\lvert x_i-\bar{x}\rvert f_i$ |
|---|---|---|---|---|---|
| 4 600 以下 | 4 550 | 2 | 9 100 | 316 | 632 |
| 4 600～<4 700 | 4 650 | 3 | 13 950 | 216 | 648 |

续　表

| 按人均工资分组/元 | 组中值 $(x_i)$/元 | 人数 $(f_i)$/人 | $x_i f_i$ | $\lvert x_i-\bar{x}\rvert$ | $\lvert x_i-\bar{x}\rvert f_i$ |
|---|---|---|---|---|---|
| 4 700～<4 800 | 4 750 | 2 | 9 500 | 116 | 232 |
| 4 800～<4 900 | 4 850 | 10 | 48 500 | 16 | 160 |
| 4 900 及以上 | 4 950 | 20 | 99 000 | 84 | 1 680 |
| 合　计 | | 37 | 180 050 | | 3 352 |

$$\bar{x}=\frac{\sum_{i=1}^{n}x_i f_i}{\sum_{i=1}^{n}f_i}=\frac{\sum_{i=1}^{5}x_i f_i}{\sum_{i=1}^{5}f_i}=\frac{180\ 050}{37}\approx 4\ 866\text{（元）},$$

$$\text{AD}=\frac{\sum_{i=1}^{n}\lvert x_i-\bar{x}\rvert f_i}{\sum_{i=1}^{n}f_i}=\frac{\sum_{i=1}^{5}\lvert x_i-\bar{x}\rvert f_i}{\sum_{i=1}^{5}f_i}=\frac{3\ 352}{37}\approx 90.59\text{（元）}。$$

### （三）标准差（standard deviation）

标准差（$\sigma$），亦称均方差，它是指分布数列中各单位标志值与其平均数的离差的平方的算术平均数的平方根。该指标也是反映分布数列中各单位标志值的平均差异程度，它同样是属于平均指标。标准差的平方称为方差（$\sigma^2$）。$\sigma$ 愈大，说明分布数列中各标志值的离散程度愈大；反之，$\sigma$ 愈小，说明分布数列中各标志值的离散程度愈小。

1. 标准差的计算方法

（1）未分组分布数列的标准差计算公式

$$\sigma=\sqrt{\frac{\sum_{i=1}^{n}(x_i-\bar{x})^2}{n}}$$

式中，$x_i$ 表示分布数列中第 $i$ 个标志值；$n$ 表示分布数列中标志值的个数；$\bar{x}=\frac{1}{n}\sum_{i=1}^{n}x_i$。

方差为：
$$\sigma^2=\frac{\sum_{i=1}^{n}(x_i-\bar{x})^2}{n}$$

（2）分组分布数列的标准差计算公式

$$\sigma=\sqrt{\frac{\sum_{i=1}^{n}(x_i-\bar{x})^2 f_i}{\sum_{i=1}^{n}f_i}}$$

式中，$x_i$ 表示分布数列中第 $i$ 组的标志值或组中值；$f_i$ 表示分组分布数列的各组次数；

$$\bar{x}=\frac{\sum_{i=1}^{n} x_i f_i}{\sum_{i=1}^{n} f_i}。$$

方差为：

$$\sigma^2=\frac{\sum_{i=1}^{n}(x_i-\bar{x})^2 f_i}{\sum_{i=1}^{n} f_i}$$

标准差公式与平均差公式构建的思路是一致的，都是为了克服在加总各标志值之间的离差时所出现的正负离差抵消的缺陷。标准差是将各标志值与平均数的正、负离差分别平方后全变为非负数，然后将所有的平方差进行算术平均。不过，该算术平均数仍然是一个平方数，若将该平方数开平方，便得到标准差。标准差是反映各标志值一般离散水平的。

［范例 5.16］ 某单位人均月工资组距式分组的资料，如表 5-16 所示，试计算该资料的标准差。

表 5-16 某单位人均月工资组距式分组

| 按人均工资分组/元 | 组中值 $(x_i)$/元 | 人数 $(f_i)$/人 | $x_i f_i$ | $(x_i-\bar{x})$ | $(x_i-\bar{x})^2$ | $(x_i-\bar{x})^2 f_i$ |
|---|---|---|---|---|---|---|
| 4 600 以下 | 4 550 | 2 | 9 100 | −316 | 99 856 | 199 712 |
| 4 600～<4 700 | 4 650 | 3 | 13 950 | −216 | 46 656 | 139 968 |
| 4 700～<4 800 | 4 750 | 2 | 9 500 | −116 | 13 456 | 26 912 |
| 4 800～<4 900 | 4 850 | 10 | 48 500 | −16 | 256 | 2 560 |
| 4 900 及以上 | 4 950 | 20 | 99 000 | 84 | 7 056 | 141 120 |
| 合　计 | | 37 | 180 050 | | | 510 272 |

［解］

$$\bar{x}=\frac{\sum_{i=1}^{n} x_i f_i}{\sum_{i=1}^{n} f_i}=\frac{\sum_{i=1}^{5} x_i f_i}{\sum_{i=1}^{5} f_i}=\frac{180\,050}{37}\approx 4\,866\text{（元）}，$$

$$\sigma=\sqrt{\frac{\sum_{i=1}^{n}(x_i-\bar{x})^2 f_i}{\sum_{i=1}^{n} f_i}}=\sqrt{\frac{510\,272}{37}}\approx 117.44\text{（元）}。$$

该题资料与平均差中的范例资料一样，然而，$\sigma(=117.44)$ 却大于 AD$(=90.59)$。从平均差和标准差两公式构造形式看，AD 公式形式比 $\sigma$ 公式形式能更准确地反映各标志值平均离差程度。

标准差的优缺点可以归纳如下。

优点：① 便于代数运算。② 标准差在计算上运用算术平均数中 $\sum(x-\bar{x})^2$ 为最小值的数学性质。③ 标准差灵敏度高。

缺点：由于各离差平方的平均数开平方后是大于各离差的算术平均数，因而，对各离差平方会夸大各标志值之间的差异水平，即使对离差平方的平均数开平方还仍然没有消除所夸大的差异程度。

2. 标准差的数学性质

方差是标准差的平方，为了省去根式的书写，下面仅对方差的性质进行分析。

(1) 变量值的方差等于变量值平方的平均数减变量值平均数的平方。即

$$\sigma^2 = \overline{x^2} - \bar{x}^2$$

[证]

$$\sigma^2 = \frac{\sum_{i=1}^{n}(x_i - \bar{x})^2 f_i}{\sum_{i=1}^{n} f_i} = \frac{\sum_{i=1}^{n}(x_i^2 - 2x_i\bar{x} + \bar{x}^2) f_i}{\sum_{i=1}^{n} f_i}$$

$$= \frac{\sum_{i=1}^{n} x_i^2 f_i}{\sum_{i=1}^{n} f_i} - 2\bar{x}\frac{\sum_{i=1}^{n} x_i f_i}{\sum_{i=1}^{n} f_i} + \bar{x}^2\frac{\sum_{i=1}^{n} f_i}{\sum_{i=1}^{n} f_i} = \overline{x^2} - 2\bar{x}\bar{x} + \bar{x}^2$$

$$= \overline{x^2} - 2\bar{x}^2 + \bar{x}^2 = \overline{x^2} - \bar{x}^2。$$

(2) 变量值对算术平均数的方差小于对任意 $\tilde{x}(\tilde{x} \neq \bar{x})$ 的方差，即 $\sigma^2$ 为最小。

[证]

$$\tilde{\sigma}^2 = \frac{\sum_{i=1}^{n}(x_i - \tilde{x})^2 f_i}{\sum_{i=1}^{n} f_i} = \frac{\sum_{i=1}^{n}(x_i^2 - 2x_i\tilde{x} + \tilde{x}^2) f_i}{\sum_{i=1}^{n} f_i}$$

$$= \frac{\sum_{i=1}^{n} x_i^2 f_i}{\sum_{i=1}^{n} f_i} - 2\tilde{x}\frac{\sum_{i=1}^{n} x_i f_i}{\sum_{i=1}^{n} f_i} + \tilde{x}^2\frac{\sum_{i=1}^{n} f_i}{\sum_{i=1}^{n} f_i} = \overline{x^2} - 2\tilde{x}\bar{x} + \tilde{x}^2$$

$$= (\overline{x^2} - \bar{x}^2) + (\bar{x}^2 - 2\tilde{x}\bar{x} + \tilde{x}^2) = \sigma^2 + (\bar{x} - \tilde{x})^2 \geqslant \sigma^2。$$

(3) 相互独立的 $k$ 列变量数列对应项之和构成的新数列 $\{x_{1i} + x_{2i} + \cdots + x_{ki}\}$，$i = 1, 2, \cdots, n$，其方差等于各变量数列的方差之和，即

$$\sigma^2 = \sigma_1^2 + \sigma_2^2 + \cdots + \sigma_k^2$$

[证] 令 $x_i = x_{1i} + x_{2i} + \cdots + x_{ki}$，则

$$\bar{x} = \frac{\sum_{i=1}^{n} x_i f_i}{\sum_{i=1}^{n} f_i} = \frac{\sum_{i=1}^{n}(x_{1i} + x_{2i} + \cdots + x_{ki}) f_i}{\sum_{i=1}^{n} f_i}$$

$$= \frac{\sum_{i=1}^{n} x_{1i} f_i}{\sum_{i=1}^{n} f_i} + \frac{\sum_{i=1}^{n} x_{2i} f_i}{\sum_{i=1}^{n} f_i} + \cdots + \frac{\sum_{i=1}^{n} x_{ki} f_i}{\sum_{i=1}^{n} f_i} = \bar{x}_1 + \bar{x}_2 + \cdots + \bar{x}_k,$$

$$\sigma^2=\frac{\sum_{i=1}^{n}(x_i-\bar{x})^2 f_i}{\sum_{i=1}^{n} f_i}=\frac{\sum_{i=1}^{n}[(x_{1i}+x_{2i}+\cdots+x_{ki})-(\bar{x}_1+\bar{x}_2+\cdots+\bar{x}_k)]^2 f_i}{\sum_{i=1}^{n} f_i}$$

$$=\sum_{i=1}^{n}[(x_{1i}-\bar{x}_1)+(x_{2i}-\bar{x}_2)+\cdots+(x_{ki}-\bar{x}_k)]^2\frac{f_i}{\sum_{i=1}^{n} f_i}$$

$$=\Big[\sum_{i=1}^{n}(x_{1i}-\bar{x}_1)^2+\sum_{i=1}^{n}(x_{2i}-\bar{x}_2)^2+\cdots+\sum_{i=1}^{n}(x_{ki}-\bar{x}_k)^2$$

$$+\sum_{i=1}^{n}\sum_{j\neq L}^{k}(x_{ji}-\bar{x}_j)(x_{Li}-\bar{x}_L)\Big]\frac{f_i}{\sum_{i=1}^{n} f_i}$$

而　$\mathrm{Cov}(x_{ji},x_{Li})=\frac{1}{nk}\sum_{i=1}^{n}\sum_{\substack{j\neq L\\ j,L=1}}^{k}(x_{ji}-\bar{x}_j)(x_{Li}-\bar{x}_L)$

$$=\frac{1}{k}\sum_{\substack{j\neq L\\ j,L=1}}^{k}\left[\frac{1}{n}\sum_{i=1}^{n}(x_{ji}-\bar{x}_j)(x_{Li}-\bar{x}_L)\right]=\frac{1}{k}\sum_{\substack{j\neq L\\ j,L=1}}^{k}0=0,$$

所以　$\sigma^2=\frac{\sum_{i=1}^{n}(x_{1i}-\bar{x}_1)^2 f_i}{\sum_{i=1}^{n} f_i}+\frac{\sum_{i=1}^{n}(x_{2i}-\bar{x}_2)^2 f_i}{\sum_{i=1}^{n} f_i}+\cdots+\frac{\sum_{i=1}^{n}(x_{ki}-\bar{x}_k)^2 f_i}{\sum_{i=1}^{n} f_i}$

$$=\sigma_1^2+\sigma_2^2+\cdots+\sigma_k^2。$$

（4）同性质的 $k$ 列变量数列对应项的算术平均构成的新数列 $\left\{\frac{x_{1i}+x_{2i}+\cdots+x_{ki}}{k}\right\}$，$i=1,2,\cdots,n$，其方差等于各变量数列的方差的 $\frac{1}{k^2}$，即

$$\sigma_{\bar{x}}^2=\frac{1}{k^2}(\sigma_1^2+\sigma_2^2+\cdots+\sigma_k^2)$$

［证］

$$\bar{x}_i=\frac{x_{1i}+x_{2i}+\cdots+x_{ki}}{k}=\frac{1}{k}\sum_{j=1}^{k}x_{ji},$$

$$\bar{\bar{x}}=\frac{\sum_{i=1}^{n}\bar{x}_i}{n}=\frac{\sum_{i=1}^{n}\left(\frac{1}{k}\sum_{j=1}^{k}x_{ji}\right)}{n}=\frac{1}{nk}\sum_{i=1}^{n}\sum_{j=1}^{k}x_{ji},$$

或　$\bar{\bar{x}}=\frac{\sum_{i=1}^{n}\left(\frac{x_{1i}+x_{2i}+\cdots+x_{ki}}{k}\right)}{n}=\frac{1}{k}\sum_{i=1}^{n}\left(\frac{x_{1i}+x_{2i}+\cdots+x_{ki}}{n}\right)$

$$=\frac{1}{k}\left[\frac{\sum_{i=1}^{n}x_{1i}}{n}+\frac{\sum_{i=1}^{n}x_{2i}}{n}+\cdots+\frac{\sum_{i=1}^{n}x_{ki}}{n}\right]=\frac{1}{k}(\bar{x}_1+\bar{x}_2+\cdots+\bar{x}_k),$$

$$\sigma_{\bar{x}}^2=\frac{\sum_{i=1}^{n}(\bar{x}_i-\bar{\bar{x}})^2}{n}=\frac{1}{n}\sum_{i=1}^{n}\left(\frac{x_{1i}+x_{2i}+\cdots+x_{ki}}{k}-\frac{\bar{x}_1+\bar{x}_2+\cdots+\bar{x}_k}{k}\right)^2$$

$$=\frac{1}{nk^2}\sum_{i=1}^{n}[(x_{1i}-\bar{x}_1)+(x_{2i}-\bar{x}_2)+\cdots+(x_{ki}-\bar{x}_k)]^2$$

$$=\frac{1}{nk^2}\Big[\sum_{i=1}^{n}(x_{1i}-\bar{x}_1)^2+\sum_{i=1}^{n}(x_{2i}-\bar{x}_2)^2+\cdots+\sum_{i=1}^{n}(x_{ki}-\bar{x}_k)^2$$

$$+\sum_{i=1}^{n}\sum_{j\neq L}^{k}(x_{ji}-\bar{x}_j)(x_{Li}-\bar{x}_L)\Big]$$

$$=\frac{1}{k^2}\left[\frac{\sum_{i=1}^{n}(x_{1i}-\bar{x}_1)^2}{n}+\frac{\sum_{i=1}^{n}(x_{2i}-\bar{x}_2)^2}{n}+\cdots+\frac{\sum_{i=1}^{n}(x_{ki}-\bar{x}_k)^2}{n}\right]$$

$$=\frac{1}{k^2}(\sigma_1^2+\sigma_2^2+\cdots+\sigma_k^2)。$$

若各变量数列的方差相等，即 $\sigma_1^2=\sigma_2^2=\cdots=\sigma_k^2=\sigma^2$，则

$$\sigma_{\bar{x}}^2=\frac{1}{k^2}k\sigma^2=\frac{\sigma^2}{k}。$$

### （四）偏度

偏度(skewness)，亦称为偏态、偏态系数，它是统计数据分布非对称程度的数字特征，度量了统计数据分布偏斜方向和程度。

对于单峰分布数据，总体偏度定义为样本 $x_i$ 的三阶标准化矩(third order normalized moment)，即三阶中心矩(third order central moment)：

$$\text{Skew}(x_i)=S=E\left(\frac{x_i-\mu}{\sigma}\right)^3=\frac{1}{N}\sum_{i=1}^{N}\left(\frac{x_i-\mu}{\sigma}\right)^3$$

式中，$S$ 表示偏度，$x_i$ 表示观测(察)值，$\mu$ 表示 $x_i$ 的均值，$\sigma$ 表示 $x_i$ 的总体标准差，$N$ 表示总体容量。

偏度是表征概率分布密度曲线相对于平均值不对称程度的特征数，直观看来就是密度函数曲线尾部的相对长度。哪边尾巴长就往哪边偏，左偏就是左尾长，右偏就是右尾长。

若 $S=0$，则分布是以 $\mu$ 对称的，比如：$x_i$ 服从正态分布或 $t$ 分布。

若 $S<0$，则分布是左偏倚的，称分布具有负偏离，也称左偏态，此时数据位于均值左边的比位于右边的少，直观表现为左边的尾部相对于与右边的尾部要长，因为有少数变量值很小，所以，使曲线左侧尾部拖得很长。$S$ 越小，左偏程度越大。

若 $S>0$，则分布是右偏倚的，称分布具有正偏离，也称右偏态，此时数据位于均值右边的比位于左边的少，直观表现为右边的尾部相对于与左边的尾部要长，因为有少数变量值很大，所以，使曲线右侧尾部拖得很长。$S$ 越大，右偏程度越大。比如：$\chi^2$ 分布。

### （五）峰度

峰度(kurtosis)，亦称为峭度、峰度系数，它是反映统计数据对称分布的陡峭程度的数字特征，度量了统计数据分布峰值高低和尾部的厚薄。其特征图如图 5-10 所示。

对于单峰分布数据，总体峰度定义为样本 $x_i$ 的四阶标准化矩(fourth order normalized moment)，即四阶中心矩(fourth order central moment)：

$$\mathrm{Kurt}(x_i)=K=E\left(\frac{x_i-\mu}{\sigma}\right)^4=\frac{1}{N}\sum_{i=1}^{N}\left(\frac{x_i-\mu}{\sigma}\right)^4$$

式中，$K$ 表示偏度，$x_i$ 表示观测(察)值，$\mu$ 表示 $x_i$ 的均值，$\sigma$ 表示 $x_i$ 的总体标准差，$N$ 表示总体容量。

峰度是表征概率密度函数分布曲线在平均值处峰值高低的特征数。直观看来，峰度反映了数据尾部厚度。

若 $K=3$，则表示该总体数据分布与正态分布的陡缓程度相同，即 $x_i$ 服从正态分布。

若 $K<3$，则表示该总体数据分布与正态分布相比较为平坦，为平顶峰，称为低峰态(platykurtic)。$K$ 越小，分布形态越平缓。

若 $K>3$，则表示该总体数据分布与正态分布相比较为陡峭，为尖顶峰，称为尖峰态(leptokurtic)。$K$ 越大，分布形态越陡峭。

在相同的标准差下，峰度系数越大，分布就有更多的极端值，那么其余值必然要更加集中在众数周围，其分布必然就更加陡峭。

当 $K$ 远远超过 3(far exceed 3)，意味着 $x_i$(如收益率)的分布具有“尖峰厚尾”(higher peak and fat-tail)特征，表明(资本市场)风险高。

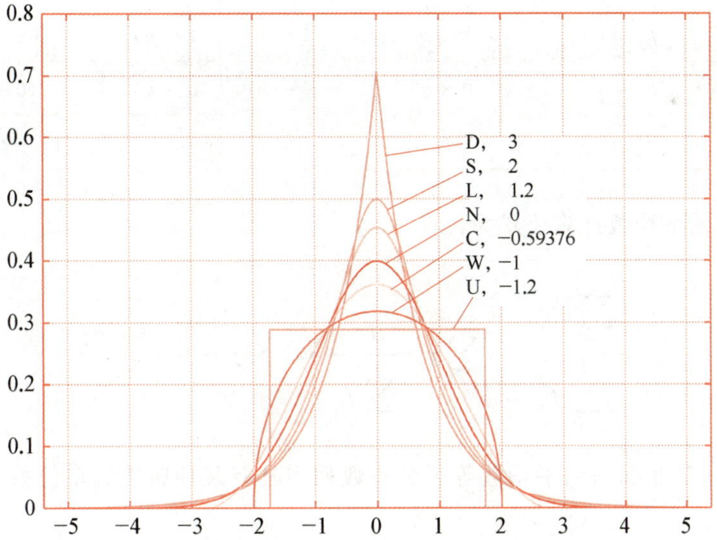


图 5-10 峰度特征图

## 第三节 是非标志

是非标志是指总体中所有单位按某种变异标志划分为具有某种属性和不具有某种属性两类，即“是”与“非”两类。总体中一部分单位的标志表现为“是”，将这些单位的标志值均取“1”；而另一部分单位的标志表现为“非”，将这些单位的标志值均取“0”。(0，1) 标志犹如开关的断开与联通的情形。如：全班作为统计总体，将班上同学按性别变异标志划分为男、女两组。

设总体单位数为 $f$，其中，具有某种属性的单位数为 $f_1$，不具有某种属性的单位数为 $f_2$，显然，$f=f_1+f_2$，则

$$\frac{f_1}{f}+\frac{f_2}{f}=1。$$

令
$$p=\frac{f_1}{f},q=\frac{f_2}{f},$$

因此
$$p+q=1。$$

式中，$p$ 表示具有某种属性的单位数占总体单位总数的比重；$q$ 表示不具有某种属性的单位数占总体单位总数的比重。

## 一、是非标志的平均数和方差

是非标志的分布数列及其平均数和方差的计算过程如表 5-17 所示。

表 5-17　是非标志的分布数列及其平均数和方差的计算过程

| 是非标志值 $(x_i)$ | 比重 $f_i\left(\sum_{i=1}^{2}f_i\right)^{-1}$ | $x_if_i\left(\sum_{i=1}^{2}f_i\right)^{-1}$ | $x_i-\bar{x}$ | $(x_i-\bar{x})^2$ | $(x_i-\bar{x})^2f_i\left(\sum_{i=1}^{2}f_i\right)^{-1}$ |
|---|---|---|---|---|---|
| 1 | $p$ | $1\times p$ | $1-p$ | $(1-p)^2$ | $(1-p)^2\cdot p$ |
| 0 | $q$ | $0\times q$ | $0-p$ | $(0-p)^2$ | $(0-p)^2\cdot q$ |
| 合　计 | 1 | $p$ | | | $(1-p)^2p+p^2q$ |

是非标志的平均数计算公式为：

$$\bar{x}=\frac{\sum_{i=1}^{2}x_if_i}{\sum_{i=1}^{2}f_i}=\sum_{i=1}^{2}x_i\frac{f_i}{\sum_{i=1}^{2}f_i}=1\times p+0\times q=p。$$

由此可知，是非标志的平均数等于分布数列中具有某种属性的单位数占总体单位总数的比重 $(p)$。

是非标志的方差计算公式为：

$$\sigma^2=\frac{\sum_{i=1}^{2}(x_i-\bar{x})^2f_i}{\sum_{i=1}^{2}f_i}=\sum_{i=1}^{2}(x_i-\bar{x})^2\frac{f_i}{\sum_{i=1}^{2}f_i}=(1-p)^2p+(0-p)^2q$$
$$=q^2p+p^2q=pq(p+q)=pq\times1=pq。$$

由此可知，是非标志的方差是具有“是”标志的单位数占总体单位总数的比重 $(p)$ 与具有“非”标志的单位数占总体单位总数的比重 $(q)$ 之积。

是非标志的标准差计算公式为：

$$\sigma=\sqrt{pq}$$

## 二、是非标志的分析

### （一）分布数列中“是”与“非”两类单位数的确定

具有“是”标志的单位数

$$f_1=fp$$

具有“非”标志的单位数

$$f_2=fq$$

或
$$f_2=f-f_1=f-fp=f(1-p)$$

### （二）是非标志的方差 $\sigma^2$ 的最大值确定

$$p+q=1,\ 0\leqslant p\leqslant 1,\ 0\leqslant q\leqslant 1,$$

$$\sigma^2=pq=p(1-p)=\frac{1}{4}-\left(p-\frac{1}{2}\right)^2。$$

当 $p=\frac{1}{2}$ 时，$\sigma^2$ 可以达到最大值，即

$$\sigma^2=\frac{1}{4}。$$

而
$$q=1-p=1-\frac{1}{2}=\frac{1}{2},$$

所以，当 $p=q=\frac{1}{2}$ 时，得

$$\sigma^2=pq=\frac{1}{2}\times\frac{1}{2}=\frac{1}{4}。$$

如果有多个是非标志的方差 $p(1-p)$ 的经验值可供备选，就应当选择方差最大的 $p(1-p)$ 的经验值，即选择 $p$ 尽可能接近 0.5 的值，如：$p=0.48$ 或 $p=0.53$，都是靠近 0.5 的值。

如果是非标志的方差未知，就应当选择 $\sigma^2$ 的最大值，即取 $p=q=\frac{1}{2}$，因此，

$$\sigma^2=pq=\frac{1}{4}=0.25。$$

只有从具有“是”标志和“非”标志的两大类单位的标志值的最大的加权算术平均离差水平考虑，才能够更确切把握两类标志的区别和联系。犹如现实中在制定一个计划时应当从可能出现最坏的结果去考虑，这样才能做好迎战未来最困难的事情有可能发生的思想和物质准备。

[范例 5.17] 某灯饰厂生产某规格灯座 120 只，合格品 110 只，试求是非标志的平均数和标准差。

[解] 合格率

$$p=\frac{110}{120}\approx 0.917,$$

不合格率

$$q=1-p=1-0.917=0.083$$

平均数 $\bar{x}=p=0.917$（只）

标准差 $\sigma=\sqrt{pq}=\sqrt{0.917\times 0.083}=0.276$（只）。

## 第四节 离散系数

离散系数(coefficient of variation，记作 V)，又称变异系数，它是离散趋势指标与其相应的平均指标之比。它消除了不同分布数列的所有标志值平均水平的高低对标志变异指标的影响，反映分布数列中各标志值离差的相对水平。该指标是由卡尔·皮尔逊率先提出。

平均差和标准差都是表示分布数列中各标志值对其平均数的离差 $(x_i-\bar{x})$ 的算术平均，它们都是反映离差 $(x_i-\bar{x})(i=1,2,\cdots,n)$ 的平均差异水平，它是所有标志值对平均数离差的代表值。由于 $\bar{x}$ 就同一分布数列而言是固定值，若平均离差水平占其相应的分布数列所有标志值的平均数 $\bar{x}$ 的份额大，则表明各标志值之间平均差异偏大，这足以说明分布数列各标志值较离散或存在极端大、极端小的标志值，从而表明各标志值的平均数 $\bar{x}$ 对分布数列中各标志值的代表性较低。一般说来，$\bar{x}$ 能够笼统地代表该总体中各标志值的一般水平，却不能很好地代表该总体中的极端值，从而降低了 $\bar{x}$ 对总体各标志值的代表性。通常，由较大的标志值形成的分布数列，其平均数 $\bar{x}$ 显然较大，而平均离差值 AD 和 $\sigma$ 也肯定会偏大；反之，由较小的标志值形成的分布数列其平均数 $\bar{x}$ 显然较小，而平均离差值 AD 和 $\sigma$ 也肯定会偏小。因此，变异度指标大小，不仅受总体各单位标志值之间的差异水平的影响，而且还直接受标志值本身水平高低的影响，即总体规模大小的影响。另外，对于不同的分布数列的变异度指标的计量单位还可能不同，因而，就不能直接用离散趋势指标来衡量和比较不同总体的平均指标值的代表性高低。因为离散系数是以百分数表示的无名相对数，它剔除了总体规模、标志值的计量单位等因素影响，所以，离散系数指标能较好地用来对比判断不同规模和不同计量单位的总体的平均数的代表性高低。离散系数愈小，各标志值之间差异也会愈小；离散系数愈大，各标志值之间差异也会愈大。

平均差离散系数 $(V_{AD})$ 的计算公式：

$$V_{AD}=\frac{\mathrm{AD}}{\bar{x}}\times 100\%$$

标准差离散系数 $(V_{\sigma})$ 的计算公式：

$$V_\sigma = \frac{\sigma}{\bar{x}} \times 100\%$$

由此还可以类推出其他类似的离散系数。

极差离散系数（$V_R$）的计算公式：

$$V_R = \frac{R}{\bar{x}} \times 100\%$$

以及以位置平均数中位数和众数为母项的离散系数公式：

$$V_{\mathrm{AD}} = \frac{\mathrm{AD}}{M_e} \times 100\%,\ V_{\mathrm{AD}} = \frac{\mathrm{AD}}{M_o} \times 100\%$$

$$V_\sigma = \frac{\sigma}{M_e} \times 100\%,\ V_\sigma = \frac{\sigma}{M_o} \times 100\%$$

$$V_R = \frac{R}{M_e} \times 100\%,\ V_R = \frac{R}{M_o} \times 100\%$$

［范例 5.18］ 某专业同年级 A、B 两个班学生英语期末考试成绩的平均分数和标准差，如表 5-18 所示，试比较这两个班的平均分数的代表性。

表 5-18 某专业同年级 A、B 两个班学生英语期末考试成绩的平均分数和标准差

| 班　别 | 平均分数（$\bar{x}$） | 标准差（$\sigma$） | 变异系数（$V_\sigma$） |
|---|---|---|---|
| A | 81 | 9 | 0.111 |
| B | 63 | 8 | 0.127 |

［解］

A 班：
$$V_\sigma = \frac{\sigma}{\bar{x}} = \frac{9}{81} = 0.111$$

B 班：
$$V_\sigma = \frac{\sigma}{\bar{x}} = \frac{8}{63} = 0.127$$

因为 $V_{\sigma_A} = 0.111 < V_{\sigma_B} = 0.127$，说明 B 班学生英语期末考试成绩的相对差异程度比 A 班学生英语期末考试成绩的相对差异程度大，从而表明 A 班英语期末考试成绩平均分数比 B 班更能代表本班的英语整体水平。

## 研讨问题五

［解题须知：计算题应当尽量列统计表，并在表中运算各行或列数据，然后将表中总计栏中的合计数值直接代入公式］

5.1　怎样理解平均指标是反映频数（率）分布中标志变量集中趋势的数量特征，而变异指标是反映频数（频率）分布中标志变量离散趋势的数量特征？

5.2　平均指标有什么特点？

5.3　简述平均指标与强度相对指标的区别。

5.4　试叙述算术平均数、调和平均数、几何平均数、中位数和众数的特点及其适用场合。

5.5　什么是权数？如何正确选择权数？

5.6　解释标志变异指标，并指出它的作用。

5.7　极差、平均差、标准差各有什么特点？它们之间的关系如何？

5.8　根据平均数和标准差的性质，解答下列问题：

(1) 方差为 16，各标志值平方的平均数为 305，试求平均数。

(2) 已知标志平均数等于 470，离散系数为 27%，试求其方差。

(3) 总体的标志平均数为 21，而各标志值平方的平均数为 467，试求离散系数。

(4) 各标志值对某任意数的方差为 1 500，而这个任意数与标志平均数之差等于 32，试求标志方差。

(5) 平均数为 42，标准差为 38，试求标志变量对 78 的方差。

(6) 方差为 1 600，变异系数为 20%，试求各标志值对 147 的方差。

(7) 变异系数为 25%，标志平均数为 40，试确定对什么数的方差等于 200？

5.9　2021 年某百货有限公司的商品销售情况，如表 5-19 所示。

**表 5-19　2021 年某百货有限公司的商品销售情况**

| 商店按利润率分组/% | 商店数/个 | 利润额/万元 |
|---|---|---|
| 10 以下 | 3 | 6.00 |
| 10～<15 | 25 | 156.25 |
| 15～<20 | 20 | 175.00 |
| 20 及以上 | 2 | 78.75 |

试计算 2021 年该公司的平均利润率。

5.10　从大批零件中抽检 600 件，其结果如表 5-20 所示。

**表 5-20　从大批零件中抽检结果**

| 零件尺寸偏差区间/μm | 件数/件 |
|---|---|
| −15～<−10 | 30 |
| −10～<−5 | 82 |
| −5～<0 | 172 |
| 0～<5 | 210 |
| 5～<10 | 80 |
| 10～15 | 26 |
| 合　计 | 600 |

试求这 600 件零件的平均标准差。

5.11 某制鞋厂 60 名工人制鞋数量，如表 5-21 所示。试利用简捷法计算 2020 年和 2021 年平均每人制鞋数量，并且指出 2021 年比 2020 年劳动生产率提高的原因。

表 5-21 某制鞋厂工人制鞋数量

| 工人按年制鞋数量分组/双 | 工人数 | |
|---|---|---|
| | 2020 年 | 2021 年 |
| 400 以下 | 5 | 3 |
| 400～<500 | 13 | 5 |
| 500～<600 | 18 | 12 |
| 600～<700 | 15 | 20 |
| 700～<800 | 7 | 15 |
| 800 及以上 | 2 | 5 |
| 合　计 | 60 | 60 |

5.12 几个被平均标志的平均数等于 $\bar{x}$，如果每个标志变量都增加 20(计量单位相同)，试问这个平均数 $\bar{x}$ 怎么变化？如果每个标志变量都扩大 5 倍，平均数 $\bar{x}$ 又怎样变化？试说明理由。

5.13 在计算平均数时，从每个标志变量中减去 120 个单位，然后将每个差数缩小 10 倍，利用这个变形后的标志变量计算加权算数平均数。其中每个变量的权数缩小 5 倍，结果这个平均数等于 0.5 单位。试计算这个被平均标志变量的实际平均数，并说明理由。

5.14 有一批轴承，直径大于 7.10 cm 的刚过半数，经测量，直径为 7.15 cm 的轴承最多，试估计该批轴承的平均直径，并且判定其分布的偏态方向。

5.15 物价局对市场价格进行调查，其中排骨，上午 25.20 元/kg，下午 25.00 元/kg，全天平均价格 25.10 元/kg。试问这个平均价格有什么假设条件？合理与否？

5.16 梨每元买 0.2 kg，苹果每元买 0.5 kg，香蕉每元买 0.7 kg，共用 3 元，买了 1.4 kg 梨、苹果和香蕉，当然是每元平均买 0.47 kg。可是，用调和平均数公式计算，$\dfrac{3}{\dfrac{1}{0.2}+\dfrac{1}{0.5}+\dfrac{1}{0.7}} \approx 0.36$ kg，每元平均买 0.36 kg，比算术平均公式计算的结果 0.47 kg 少 0.11 kg，为此，是否可以断定调和平均数不准确，请你解释此原因。

5.17 某辆出租汽车配有一只固定的油箱，最近一段时间去加油站加过 4 次汽油。第一、三次只加油箱的 3/4，第二、四次都加满油箱，每次价格都不相同，每元可购买汽油的加仑数四次分别为：16，15，15.5，12。试求每加仑汽油平均值多少元？

5.18　已知2020年加勒比海某国的人均收入资料，如表5-22所示。

表5-22　加勒比海某国2020年的人均收入表

| 按人均收入分组/美元 | 全国人口比重/% |
|---|---|
| 40以下 | 28 |
| 40～<100 | 43 |
| 100～<160 | 26 |
| 160及以上 | 3 |

经测算2020年欧洲某国人均收入：

$$\bar{x}_2 = 11\,000 \text{ 美元}, \sigma = 720 \text{ 美元},$$

(1) 试计算加勒比海某国与欧洲某国的人均收入的代表性。

(2) 结合本题，你将选用什么指标比较代表性？为什么？

假如对2020年加勒比海某国的人均收入资料重新按表5-23分组。

表5-23　2020年加勒比海某国人均收入分组表

| 按人均收入分组/美元 | 占全国人口比重/% |
|---|---|
| 60以下 | |
| 60～180 | |

注：假定最高人均收入不足180美元。

与2020年我国某地人均收入（如表5-24所示）比较，总的情况如何？并分析变动的原因。

表5-24　2020年我国某地人均收入分组表

| 按人均收入分组/美元 | 占全国人口比重/% |
|---|---|
| 450～<900 | 37 |
| 900及以上 | 63 |

5.19　某公司日工资（单位：元）为：600元以下2人，600～700元10人，700～800元30人，800～850元20人，850～900元15人，900～950元5人，950～1 000元3人，共85人。要求：

(1) 按以下组距作再分组，650元以下，650～750元，750～850元，850～950元，950元以上。

(2) 指出再分组后的中位数和众数是多少？并说明理由。

5.20　推理：

给出如下资料及计算结果：

总体A：8，9，10，11，17，

$\bar{x}_A = 11$，$\sigma_A = 3.16$，$R_A = 9$，

要求：不经计算，列出如下各总体相应指标的数值并略加解释：

总体 B：3，9，10，11，12，

$\bar{x}_B =$　　，$\sigma_B =$　　，$R_B =$　　。

总体 C：16，18，20，22，34，

$\bar{x}_C =$　　，$\sigma_C =$　　，$R_C =$　　。

总体 D：6，12，13，14，15，

$\bar{x}_D =$　　，$\sigma_D =$　　，$R_D =$　　。

5.21　填空及计算

给出资料如表 5-25 所示。

表 5-25　某资料表

| $x$ | $f$ | |
|---|---|---|
| 20～22 | 24 | |
| 23～25 | 39 | |
| 26～28 | 58 | |
| 29～31 | 97 | |
| 32～34 | 56 | |
| 35～37 | 26 | |
| 合　计 | 300 | |

(1) 填空并解释：

这是________次数分配，其组成要素 $x$ 称为________，$f$ 称为________，其主要作用在于说明________，这是________型组距式数列，________称为组距，各组组距的最小值称为________，最大值称________，整个数列的最大值和最小值之差称为________；由组距式数列求算术平均数首先确定各组的________。

（以下用数字填写并解释）

各组组距大小是(　　)；总体大小是(　　)；$x$ 值在 25～30 之间的 $f$ 值为(　　)；$M_o$ 值为(　　)；$M_e$ 值为(　　)。

(2) 根据给出的资料计算并解释：

[提示：在表格中设置计算栏，须列出演算过程，令：$x_0 = 27$ 可以减少计算量，节省时间]

$\bar{x} =$

$R =$

$AD =$

$\sigma =$

$V =$

解释：

$\bar{x}$：

$R$：

$AD$：

$\sigma$：

$V$：

5.22　两种杂交优籼水稻品种分别在5块田里试播种，其面积和产量如表5-26所示。

表5-26　两种杂交优籼水稻品种试播种面积及产量表

| 甲品种 | | 乙品种 | |
|---|---|---|---|
| 田块面积/公顷 | 产量/千克 | 田块面积/公顷 | 产量/千克 |
| 1.2 | 1 200 | 1.5 | 1 680 |
| 1.1 | 1 045 | 1.3 | 1 300 |
| 1.0 | 1 100 | 1.3 | 1 170 |
| 0.9 | 810 | 1.0 | 1 208 |
| 0.8 | 840 | 0.9 | 630 |
| 5.0 | 4 995 | 6.0 | 5 988 |

假设生产条件相同，试研究这两个品种的收获率，确定哪一品种具有较大的稳定性和推广价值？

部分参考答案

# 第六章

# 时间序列分析指标

## 第一节　时间序列概述

### 一、时间序列的概念和作用

时间序列，又称时间数列或动态数列，它是指同类现象指标值按时间顺序排列而形成的数列。该种数列由两个基本要素构成：一是指标；二是指标所属时间。表 6-1 中 2016—2020 年我国居民人均可支配收入就是一个时间序列。

表 6-1　2016—2020 年我国居民人均可支配收入　　单位：元

| 年　份 | 2016 | 2017 | 2018 | 2019 | 2020 |
|---|---|---|---|---|---|
| 人均可支配收入 | 23 821 | 25 974 | 28 228 | 30 733 | 32 189 |

动态，是指现象随时间的推移而发展变化。编制时间序列有助于进行动态分析。动态数列通常有如下三个方面的作用：

第一，描述现象的发展状况和变化过程。

第二，通过对时间数列的观察和测算，可以研究现象的发展速度和趋势。

第三，通过对时间数列的分析，可以揭示现象的发展变化的规律性，以达到动态预测未来的目的。

### 二、时间序列的种类

时间序列按照数列各项指标的性质不同，可以分为绝对指标时间序列、相对指标时间序列和平均指标时间序列。由于相对指标和平均指标均是绝对指标的派生指标，由此可以认为，绝对指标时间序列是基本原始序列，相对指标时间序列和平均指标时间序列均是绝对指标时间序列的派生序列。

#### （一）绝对指标时间序列

绝对指标时间序列是由一系列同类性质的总量指标值按照时间的先后顺序排列所形成的时间数列。它可以反映现象在各个时期所达到的绝对水平及其发展变化情况。然而，按照指标值反映的时间状态不同，绝对指标时间序列又可细分为时期数列和时点数列。

1. 时期数列

它是指由时期指标按时间顺序排列所形成的数列。该种序列中每项指标值都是反映同种现象在各相等时间段内发展变化过程中的总量。如表 6-1 所示的就是时期数列。

时期数列主要有如下三个特点：

（1）时期数列中各项指标值可以直接进行累加汇总。累加的结果可以反映现象在整个时期的发展总水平。

（2）时期数列中各指标值的大小与所跨的时期长短有直接关系。因为时期指标值随时间呈同向增长变化。通常，时期愈长，指标值就愈大；时期愈短，指标值就愈小。如：钢的年产量一定大于月产量。当然，有时也有可能出现指标数值的大小与时期长短呈异向变化。如：年利润额指标，由于个别年份发生亏损，使年利润额可能会小于月利润额。

（3）时期数列中每项指标值都是通过连续不断地登记汇总得到的。

2. 时点数列

它是指由时点指标按时间顺序排列所形成的数列。该种序列中每项指标值均是反映同种现象在各时点上所达到的水平。如表 6-2 所示就是时点数列。

**表 6-2　2015—2019 年某银行的储蓄余额**　　单位：亿元

| 年　份 | 2015 | 2016 | 2017 | 2018 | 2019 |
|---|---|---|---|---|---|
| 储蓄余额 | 6.3 | 9.1 | 10.3 | 8.8 | 10.0 |

时点数列主要有如下三个特点：

（1）时点数列中各项指标值不能直接进行累加汇总。假如将时点数列中的各项指标值累加，会出现重复累计，其结果也毫无意义。

（2）时点数列中各指标值的大小与其对应的时点间隔长短无直接关系。时点指标是反映现象在某一时点上的状态总量，其数值大小不会随着时点间隔扩大或缩小而发生改变。

（3）时点数列中每一项指标值不能连续登记汇总，这些时点指标值都是现象经过一段时期的发展变化后所达到的水平，它们只能通过隔一段时间登记一次来取得。

### （二）相对指标时间序列

相对指标时间序列是由一系列同种相对指标的数值按照时间顺序排列所形成的时间数列。它可以反映相互联系的现象之间发展变化过程。它是由绝对指标时间序列对比计算得到的。所对比的子项和母项，既可以同是时期数列的各项对应指标值，又可以同是时点数列的各项对应指标值，还可以是一列时期数列和一列时点数列的各项对应指标值。如：国内生产总值时间序列和工业增加值时间序列都是时期序列，工业增加值占国内生产总值的比重的时间序列是相对指标时间序列；平均商品库存额时间序列和商品销售额时间序列，前者是时点序列，后者是时期序列，商品销售额与平均商品库存额对比，得到商品流转次数时间序列是相对指标时间序列。

### （三）平均指标时间序列

平均指标时间序列是由一系列同种平均指标的数值按时间顺序排列所形成的时间数列。它可以反映现象一般水平的发展趋势。它也是由绝对指标时间序列对比计算得到的。所对比的子项和母项，既可以同是时期数列的各项对应指标值，又可以同是时点数列的各项对应指标值，还可以是一列时期数列和一列时点数列的各项对应指标值。如：某化工厂化工产品总产量时间序列和总成本时间序列都是时期数列，总成本与总产量对比得到单位成本时间序列则是平均指标时间序列；再如：某集团公司下属企业个数时间序列和所有企业总人数时间序列都是时点数列，平均每家企业拥有人数是平均指标时间序列。

## 三、时间序列的编制原则

时间序列是通过同一指标不同时间上的数值来反映现象的发展变化过程及其规律性，因而，保证数列中各项指标值具有可比性是正确地进行动态分析的前提，也是动态数列编制的基本要求。其可比性主要表现在如下四个方面：

### (一) 时间上可比

时期数列中各项指标值所属的时期长短应当前后一致。如果时期长短不同，就应当对指标值所跨的时间进行调整，否则就难以直接作正确的比较和判断。而时点数列中各时点项之间的时间间隔应当尽可能保持一致，以便更准确地反映现象的发展状况和变化规律。

### (二) 空间上可比

时间序列中各项指标值所属空间范围前后应当统一。具体地说，由于地域和部门所辖范围的变动对统计指标值会产生影响。如：某地区的行政管辖区域缩小范围，则该地区的国内生产总值指标时间序列前后项指标值就不能直接对比。为使前后期指标值具有可比性，必须首先将区域变化前或变化后的指标值进行调整，以达到前后期总体范围一致。若不进行这样的调整，在利用时间序列进行动态分析时将会歪曲客观现象的发展变化状况。

### (三) 计算方法上可比

时间序列各项指标值的计算方法主要是指计算价格、计量单位等应当前后一致。换句话说，就是数列各个指标值的计算口径要相同。如：企业劳动生产率时间序列，它是通过实物量或价值量时期数列与企业职工人数或工人人数时点数列对比所派生出来的。由此可以看出，该例子派生的劳动生产率指标的子项指标和母项指标对比，总共可以构成四种劳动生产率指标。然而，作为具有可比性的时间序列，每项指标值只能由同一种劳动生产率指标计算得到，否则就会使数列前后不可比。

### (四) 经济内容上可比

时间序列中的各项指标值所反映的经济内容应该一致。如：财政收入时间序列，不允许出现一些项的指标值是包括债券，而另一些项的指标值又不包括债券。

当然，指标值的可比性不能要求绝对可比，有时由于资料来源的限制，无法完全达到以上四方面的可比性要求，其实，只要达到大体可比，也就可以将其编制成时间序列。

# 第二节 水平指标

水平指标是指现象在某一时期或时点上的发展水平和增长水平。它一般包括发展水平、序时平均数、增长量、平均增长量等指标形式。

## 一、发展水平

发展水平是指时间序列中各项指标值。它反映现象在一定时期上或时点上所达到的规模或程度。该指标是计算动态分析指标的基础。

发展水平一般是时期或时点总量指标，如：国内生产总值、在册工人数等；它也可以是平均指标，如：单位产品成本、平均库存额等；它还可以是相对指标，如：流动资金周转次数等。

设时间序列各项为：

$$a_0,\ a_1,\ a_2,\ a_3,\ \cdots,\ a_{n-1},\ a_n$$

时间序列中第一项水平 $a_0$ 称为最初水平，最后一项水平 $a_n$ 称为最末水平，中间各项指标值称为中间水平。在动态分析中，如：$\frac{a_j}{a_i}(i<j;\ i=0,\ 1,\ 2,\ \cdots,\ n-1;\ j=1,\ 2,\ 3,\ \cdots,\ n)$，将所要研究的时期的指标水平 $a_j$ 称为报告期水平，作为比较基础时期的指标水平 $a_i$ 称为基期水平；最末水平又可能充当后段时间的时间序列的最初水平。

发展水平在文字上习惯用"增加到(increase to)""增加了(increase by)""降低到""降低了"表述。例如，2020 全年我国人民币存款增加了 19.65 万亿元，外币存款增加了 1 315 亿美元；截至当年 12 月月末，国家外汇储备余额增加到 3.22 万亿美元。

## 二、序时平均数

序时平均数，又称平均发展水平或动态平均数，它是根据时间序列中各个时期或时点的发展水平即指标值加以平均所得到的平均数。社会经济现象在不同时间上的发展变化往往表现为非均衡，为了掌握现象发展的规律性，了解现象整体发展的一般水平状况，通常需要将所研究的对象在不同时期或时点上的数量表现的差异给予抽象化(abstraction)，从动态上反映现象在某一时期的发展变化的一般水平。动态平均数所平均的对象是同质(homogeneity)指标值，各指标值所处的时间不尽相同，有的超前(advanced)，有的滞后(lag)，因此，动态平均数实际上可称为纵向平均数(longitudinal mean)。静态平均数是将总体各单位同一时间的数量标志表现的差异抽象化，从静态上反映总体现象在一定状态下的一般水平。静态平均数所平均的对象是同质总体中各单位的标志值，各标志值在空间上所分布的位置不尽相同，因此，静态平均数实际上可称为横向平均数(sectional mean)。

根据构成时间序列的指标性质和指标所处时间状态的不同，就有以下三种序时平均数的计算方法。

### (一) 绝对指标的序时平均数

#### 1. 时期数列序时平均数

时期数列序时平均数是将时间序列各时期指标值直接简单算术平均得到的。其计算公式为：

$$\bar{a}=\frac{a_1+a_2+\cdots+a_{n-1}+a_n}{n}=\frac{\sum_{i=1}^{n}a_i}{n}$$

式中，$\bar{a}$ 表示序时平均数；$a_i$ 表示第 $i$ 个时期的发展水平；$n$ 表示时期数列的项数。

#### 2. 时点数列序时平均数

时点数列序时平均数是对时间序列的各时点指标值进行二项移动平均。每一个移动平均数是相应两个时点指标值的代表值。如果现象在相邻时点间的变动是均匀的，则每一个移动平均数反映相邻时点间隔期的现象发展的一般水平。以相邻两个时点间隔时间为权数，对各个移动平均数进行加权算术平均。其计算公式分两种情形：

（1）时点间隔不等的时点数列序时平均数的计算公式。

$$\bar{a}=\frac{\frac{a_1+a_2}{2}f_1+\frac{a_2+a_3}{2}f_2+\cdots+\frac{a_{n-1}+a_n}{2}f_{n-1}}{f_1+f_2+\cdots+f_{n-1}}=\frac{\sum_{i=1}^{n-1}\frac{a_i+a_{i+1}}{2}f_i}{\sum_{i=1}^{n-1}f_i}$$

$$=\sum_{i=1}^{n-1}\left[\frac{a_i+a_{i+1}}{2}\cdot\frac{f_i}{\sum_{i=1}^{n-1}f_i}\right]$$

式中，$\bar{a}$ 表示序时平均数；$a_i$ 表示第 $i$ 个时点上的现象发展水平；$f_i$ 表示第 $i$ 个间隔期的时间长度。

实际上，现象在两个时点之间的变动不可能完全均匀，因而 $\bar{a}$ 的值只是近似值。如果时间间隔愈小，所作的假设就愈符合实际，从而使移动平均数 $\left(\frac{a_i+a_{i+1}}{2}\right)$ 的代表性提高，致使 $\bar{a}$ 愈准确。

（2）时点间隔相等的时点数列序时平均数的计算公式。

时点数列各相邻时点的间隔期相等，即：$f_1=f_2=f_3=\cdots=f_n=A$，则

$$\bar{a}=\sum_{i=1}^{n-1}\left[\frac{a_i+a_{i+1}}{2}\cdot\frac{f_i}{\sum_{i=1}^{n-1}f_i}\right]=\sum_{i=1}^{n-1}\left[\frac{a_i+a_{i+1}}{2}\cdot\frac{A}{\sum_{i=1}^{n-1}A}\right]=\sum_{i=1}^{n-1}\left(\frac{a_i+a_{i+1}}{2}\cdot\frac{1}{n-1}\right)$$

$$=\frac{1}{n-1}\sum_{i=1}^{n-1}\left(\frac{a_i+a_{i+1}}{2}\right)=\frac{1}{n-1}\left(\frac{a_1+a_2}{2}+\frac{a_2+a_3}{2}+\cdots+\frac{a_{n-1}+a_n}{2}\right)$$

$$=\frac{1}{n-1}\left(\frac{a_1}{2}+a_2+a_3+\cdots+a_{n-1}+\frac{a_n}{2}\right)$$

该计算公式通常又称为“首尾折半法”序时平均数公式。

［范例 6.1］ 某企业产品库存额：2019 年年末为 21 万元，2020 年的资料如表 6-3所示，试求 2020 年的年平均库存额。

表 6-3　2020 年某企业产品库存额表　　单位：万元

| 时　间 | 2 月 28 日 | 6 月 30 日 | 8 月 31 日 | 11 月 30 日 | 12 月 31 日 |
|---|---|---|---|---|---|
| 库　存 | 31 | 27 | 22 | 15 | 25 |

［解］ 2019 年年末的库存额 21 万元，也就是 2020 年年初的库存额。因此，年平均库存额为：

$$\bar{a}=\frac{\frac{a_1+a_2}{2}f_1+\frac{a_2+a_3}{2}f_2+\frac{a_3+a_4}{2}f_3+\frac{a_4+a_5}{2}f_4}{f_1+f_2+f_3+f_4}$$

$$=\frac{\frac{21+31}{2}\times 2+\frac{31+27}{2}\times 4+\frac{27+22}{2}\times 2+\frac{22+15}{2}\times 3+\frac{15+25}{2}\times 1}{2+4+2+3+1}$$

$=24.375$（万元）

### （二）相对指标的序时平均数

相对指标分静态和动态两类，而组成时间序列的相对指标是静态的。相对指标时间序列是由相互联系的两个绝对指标时间序列相同时间上的项对比得到的相对指标而形成的，因而，在计算相对指标时间序列的序时平均数时，就不能将时间序列各个相对指标值直接进行算术平均，而应当首先将相对指标时间序列的子项绝对指标时间序列和母项绝对指标时间序列分别计算序时平均数，然后将这两个序列平均数对比。其计算公式为：

$$\bar{c}=\frac{\bar{a}}{\bar{b}}$$

式中，$\bar{c}$ 表示相对指标时间序列的序时平均数；$\bar{a}$ 表示子项时间序列的序时平均数；$\bar{b}$ 表示母项时间序列的序时平均数。

根据构成子项时间序列和母项时间序列的绝对指标的时间状况不同，又有下列三种情形下的计算公式：

#### 1. 由两个时期数列对应项对比形成的相对指标时间序列的序时平均数

$$\bar{c}=\frac{\bar{a}}{\bar{b}}=\frac{\dfrac{\sum_{i=1}^{n}a_i}{n}}{\dfrac{\sum_{i=1}^{n}b_i}{n}}=\frac{\sum_{i=1}^{n}a_i}{\sum_{i=1}^{n}b_i}$$

由此可知，相对指标时间序列的序时平均数可以直接将子项和母项的时期数列分别直接相加后再对比。由于相对指标时间序列中的每一项 $c_i=\dfrac{a_i}{b_i}$，所以 $a_i=b_ic_i$，则上述序时平均数的计算公式又可变形为：

$$\bar{c}=\frac{\sum_{i=1}^{n}b_ic_i}{\sum_{i=1}^{n}b_i}$$

该公式形式类似于加权算术平均数公式的形式。

而 $b_i=\dfrac{a_i}{c_i}$，则上面序时平均数的计算公式还可以进一步变形为：

$$\bar{c}=\frac{\sum_{i=1}^{n}a_i}{\sum_{i=1}^{n}\frac{1}{c_i}a_i}$$

该公式形式类似于加权调和平均数公式的形式。

［范例 6.2］　2021 年上半年各月某企业的单位成本资料，如表 6-4 所示，试计算该时期平均单位成本。

表 6-4　2021 年上半年各月某企业的单位成本资料表

| 时　　间 | 1 月 | 2 月 | 3 月 | 4 月 | 5 月 | 6 月 |
|---|---|---|---|---|---|---|
| 总成本 (a) / 万元 | 3 | 6 | 7 | 6.5 | 8 | 9 |
| 产量 (b) / 台 | 30 | 50 | 56 | 54 | 68 | 70 |
| 单位成本 (c) / (万元/台) | 0.10 | 0.12 | 0.125 | 0.12 | 0.118 | 0.13 |

［解］

$$\bar{c}=\frac{\sum_{i=1}^{6}a_i}{\sum_{i=1}^{6}\frac{1}{c_i}a_i}=\frac{3+6+7+6.5+8+9}{\frac{1}{0.1}\times 3+\frac{1}{0.12}\times 6+\frac{1}{0.125}\times 7+\frac{1}{0.12}\times 6.5+\frac{1}{0.118}\times 8+\frac{1}{0.13}\times 9}$$

$$=0.12(\text{万元/台})$$

2. 由两个时点数列对应项对比形成的相对指标时间序列的序时平均数

$$\bar{c}=\frac{\bar{a}}{\bar{b}}=\frac{\dfrac{\frac{a_1+a_2}{2}f_1+\frac{a_2+a_3}{2}f_2+\cdots+\frac{a_{n-1}+a_n}{2}f_{n-1}}{\sum_{i=1}^{n-1}f_i}}{\dfrac{\frac{b_1+b_2}{2}f_1+\frac{b_2+b_3}{2}f_2+\cdots+\frac{b_{n-1}+b_n}{2}f_{n-1}}{\sum_{i=1}^{n-1}f_i}}$$

$$=\frac{\frac{a_1+a_2}{2}f_1+\frac{a_2+a_3}{2}f_2+\cdots+\frac{a_{n-1}+a_n}{2}f_{n-1}}{\frac{b_1+b_2}{2}f_1+\frac{b_2+b_3}{2}f_2+\cdots+\frac{b_{n-1}+b_n}{2}f_{n-1}}$$

3. 由时期数列和时点数列对应项对比形成的相对指标时间序列的序时平均数

$$\bar{c}=\frac{\bar{a}}{\bar{b}}=\frac{\frac{1}{n}\sum_{i=1}^{n}a_i}{\dfrac{\frac{b_1+b_2}{2}f_1+\frac{b_2+b_3}{2}f_2+\cdots+\frac{b_{n-1}+b_n}{2}f_{n-1}}{\sum_{i=1}^{n-1}f_i}}$$

或

$$\bar{c}=\frac{\bar{a}}{\bar{b}}=\frac{\dfrac{\frac{a_1+a_2}{2}f_1+\frac{a_2+a_3}{2}f_2+\cdots+\frac{a_{n-1}+a_n}{2}f_{n-1}}{\sum_{i=1}^{n-1}f_i}}{\frac{1}{n}\sum_{i=1}^{n}b_i}$$

[范例 6.3]　上年年底某自选商场商品库存额为 2 万元，本年头 3 个月商品零售额和月末盘点核算的商品库存额资料，如表 6-5 所示，试求商品流转次数时间序列的序时平均数。

表 6-5　本年头 3 个月某自选商场商品零售额和月末盘点核算的商品库存额表

| 时　　间 | 1 月 | 2 月 | 3 月 |
|---|---|---|---|
| 商品零售额 ($a$) / 万元 | 5 | 4 | 8 |
| 月末商品库存额 ($b$) / 万元 | 3 | 5 | 2 |
| 商品流转次数 ($c$) / 次 | 2 | 1 | 2.3 |

[解]　第一季度月平均零售额

$$\bar{a}=\frac{\sum_{i=1}^{3}a_i}{3}=\frac{5+4+8}{3}=\frac{17}{3},$$

第一季度月平均库存额

$$\bar{b}=\frac{\frac{b_0}{2}+b_1+b_2+\frac{b_3}{2}}{3}=\frac{\frac{2}{2}+3+5+\frac{2}{2}}{3}=\frac{10}{3},$$

第一季度月平均商品流转次数

$$\bar{c}=\frac{\bar{a}}{\bar{b}}=\frac{\frac{17}{3}}{\frac{10}{3}}=1.7(\text{次})。$$

### (三) 平均指标的序时平均数

平均指标时间序列可以由一般平均数或序时平均数形成。其计算分为两种形式：

1. 一般平均数时间序列的序时平均数

由一般平均数所组成的平均数时间序列，通常是两个绝对数时间序列相应项对比所形成的，其子项数列是标志总量数列，母项数列是总体单位总数数列，因此，首先要分别计算子项数列和母项数列的序时平均数，然后把这两个序时平均数对比，从而得到两个平均数时间序列的序时平均数。其计算公式为：

$$\bar{c}=\frac{\bar{a}}{\bar{b}}$$

式中，子项 $\bar{a}$ 和 $\bar{b}$ 可以同为时期指标，或同为时点指标，或一个时期指标和一个时点指标，具体的计算公式与相对指标的序时平均数公式类似。

[范例 6.4]　第四季度各月某企业产值和平均职工人数如表 6-6 所示，求月平均劳动生产率时间序列的序时平均数。

表 6-6 第四季度各月某企业产值和平均职工人数表

| 时间 | 10 月 | 11 月 | 12 月 |
| --- | --- | --- | --- |
| 产值 ($a$) /万元 | 20 | 25 | 30 |
| 平均职工人数 ($b$) /人 | 250 | 240 | 260 |
| 月平均劳动生产率 ($c$) /(万元/人) | 0.08 | 0.104 | 0.111 |

[解] 第四季度月平均劳动生产率：

$$\bar{c}=\frac{\bar{a}}{\bar{b}}=\frac{\dfrac{\sum_{i=1}^{3}a_i}{3}}{\dfrac{\sum_{i=1}^{3}b_i}{3}}=\frac{\dfrac{20+25+30}{3}}{\dfrac{250+240+260}{3}}=0.1\text{（万元/人）}$$

2. 序时平均数时间序列的序时平均数

由序时平均数所组成的平均数时间序列，各时间序列中的各项即各个序时平均数所包含的时间长度必须相同。以各相邻的序时平均数的间隔期为权数，对时间序列中所有序时平均数进行加权算术平均。其计算公式为：

$$\bar{c}=\frac{\sum_{i=1}^{n}\bar{c}_i f_i}{\sum_{i=1}^{n}f_i}$$

式中，$\bar{c}_i$ 表示序时平均数时间序列中第 $i$ 项序时平均数；$f_i$ 表示第 $i$ 个间隔期长度。

## 三、增长水平

增长水平，又称增长量，它是指某一现象在一定时期内增长或减少的总量。其计算公式为

增长量＝报告期水平－基期水平

当报告期水平大于基期水平时，增长量为正值，表示现象的水平增加；当报告期水平小于基期水平时，增长量为负值，表示现象的水平减少。

### （一）增长水平分类

按基期水平是否固定，增长量可以分为逐期增长量和累计增长量。

1. 逐期增长量

逐期增长量是报告期水平与相邻前一期水平的差额。它说明现象本期比上期增加的绝对数量。其计算公式为

逐期增长量＝报告期水平－前一期水平

如表 6-7 所示，这是逐期增长量的时间序列。

表 6-7 逐期增长量的时间序列表

| 时间序号 | 0 | 1 | 2 | 3 | … | $n-1$ | $n$ |
|---|---|---|---|---|---|---|---|
| 各期发展水平 | $a_0$ | $a_1$ | $a_2$ | $a_3$ | … | $a_{n-1}$ | $a_n$ |
| 逐期增长量 | | $a_1-a_0$ | $a_2-a_1$ | $a_3-a_2$ | … | $a_{n-1}-a_{n-2}$ | $a_n-a_{n-1}$ |

2. 累计增长量

累计增长量是报告期水平与固定基期水平的差额。它说明现象本期比某一固定时期增长的绝对数量。其计算公式为

$$\text{累计增长量}=\text{报告期水平}-\text{固定基期水平}$$

如表 6-8 所示，这是累计增长量的时间序列。

表 6-8 累计增长量的时间序列表

| 时间序号 | 0 | 1 | 2 | 3 | … | $n-1$ | $n$ |
|---|---|---|---|---|---|---|---|
| 各期发展水平 | $a_0$ | $a_1$ | $a_2$ | $a_3$ | … | $a_{n-1}$ | $a_n$ |
| 累计增长量 | | $a_1-a_0$ | $a_2-a_0$ | $a_3-a_0$ | … | $a_{n-1}-a_0$ | $a_n-a_0$ |

### （二）逐期增长量与累计增长量的关系

累计增长量时间序列 $\{a_i-a_0\}$ 中的各项反映了从基期至计算期的整个时间段内的总的增长量，从以上两列增长量时间序列可以看出

$$(a_1-a_0)+(a_2-a_1)+(a_3-a_2)+\cdots+(a_{n-1}-a_{n-2})+(a_n-a_{n-1})=a_n-a_0$$

即：整个时期的逐期增长量的综合＝最后一个时期的累计增长量。

$$(a_i-a_0)-(a_{i-1}-a_0)=a_i-a_{i-1}$$

即：相邻两期累计增长量之差＝相应时期的逐期增长量。

为了消除季节变动因素的影响，常用本期发展水平与去年或上几年同期发展水平相比较。若是以相减的比较方式，则得到的是年距增长量，即：

$$\text{年距增长量}=\text{本期发展水平}-\text{去年或上几年同期发展水平}$$

## 四、平均增长量

平均增长量是指时间序列的各个逐期增长量的序时平均数。它用以反映现象在某一时间内各期增长绝对数量的一般水平。其计算可分为水平法和总和法。

### （一）水平法

$$\text{平均增长量}=\frac{\text{逐期增长量之和}}{\text{逐期增长量项数}}=\frac{\text{累计增长量}}{\text{时间序列项数}-1}$$

即：

$$\text{平均增长量}=\frac{(a_1-a_0)+(a_2-a_1)+(a_3-a_2)+\cdots+(a_{n-1}-a_{n-2})+(a_n-a_{n-1})}{n}$$

$$=\frac{a_n-a_0}{n}$$

采用这种方法计算的平均增长量可以保证以基期水平 $a_0$ 为基础，每期按平均增长量增长，$n$ 期后计算的理论水平和 $n$ 期的实际水平完全相等。然而，由于逐期增长量的总和等于最末期的累计增长量，所以平均增长量只与期初水平和期末水平有关，而与中间水平无关。用水平法计算的平均增长量来推算各期水平可能会与实际水平存在较大的偏误，不能准确地反映实际情况。

### （二）总和法

设 $\bar{\Delta}$ 为平均增长量，

$$a_1+a_2+a_3+\cdots+a_{n-1}+a_n=\sum_{i=1}^{n}a_i$$

$$(a_0+\bar{\Delta})+(a_0+2\bar{\Delta})+(a_0+3\bar{\Delta})+\cdots+[a_0+(n-1)\bar{\Delta}]+(a_0+n\bar{\Delta})=\sum_{i=1}^{n}a_i$$

$$na_0+\bar{\Delta}[1+2+3+\cdots+(n-1)+n]=\sum_{i=1}^{n}a_i$$

$$\bar{\Delta}\,\frac{n(n+1)}{2}=\sum_{i=1}^{n}a_i-na_0$$

即，

$$\bar{\Delta}=\frac{2\sum_{i=1}^{n}(a_i-a_0)}{n(n+1)}$$

总和法平均增长量计算的特征：用平均增长量推算的各期理论水平之和等于各期实际水平之和，某一时期的理论水平 $(a_0+i\cdot\bar{\Delta})$ 却不一定等于实际水平 $(a_i)$。

［范例 6.5］ 2016—2021 年某企业产量资料如表 6-9 所示，试求各年平均增长量和平均增长量。

表 6-9 2016—2021 年某企业产量表 单位：万批

| 年　份 | 2016 | 2017 | 2018 | 2019 | 2020 | 2021 |
|---|---|---|---|---|---|---|
| 发展水平（产量） | 21 | 20 | 18 | 22 | 21 | 23 |
| 增长量（逐期） | | −1 | −2 | 4 | −1 | 2 |
| 累　计 | | −1 | −3 | 1 | 0 | 2 |

［解］ 水平法：

$$\text{平均增长量}=\frac{(a_1-a_0)+(a_2-a_1)+(a_3-a_2)+(a_4-a_3)+(a_5-a_4)}{5}$$

$$=\frac{(-1)+(-2)+4+(-1)+2}{5}=0.4\text{（万批）。}$$

或　平均增长量 $=\dfrac{a_5-a_0}{5}=\dfrac{23-21}{5}=0.4$（万批）。

总和法：

$$\text{平均增长量}\ \bar{\Delta}=\frac{2\times\sum_{i=1}^{5}(a_i-a_0)}{n(n+1)}=\frac{2[(-1)+(-3)+1+0+2]}{5(5+1)}$$

$\approx -0.067$（万批）。

# 第三节　速度指标

以现象的发展水平指标为基础，派生出时间序列的速度指标。通常速度指标可以分为发展速度、增长速度、平均速度。

## 一、发展速度

发展速度是表明现象在一定时期内的发展方向和程度的动态相对指标。它是通过计算期发展水平与基期发展水平对比得到的。对比的结果可以以倍数或百分数表示。其计算公式为：

$$发展速度(\%)=\frac{报告期水平}{基期水平}\times100\%$$

发展速度 > 100%，表示现象呈上升走势发展；发展速度 < 100%，表示现象呈下降走势发展。

根据发展速度采用的基期不同，可以分为定基发展速度和环比发展速度。

### （一）定基发展速度

定基发展速度是时间序列中计算期发展水平与固定基期发展水平之比。它说明现象在某一时期内的发展方向和变动程度。其计算公式为：

$$定基发展速度(\%)=\frac{计算期发展水平}{固定基期发展水平}\times100\%$$

定基发展速度时间序列，如表 6-10 所示。

表 6-10　定基发展速度时间序列表

| 时　　序 | 1 | 2 | 3 | … | $n-1$ | $n$ |
|---|---|---|---|---|---|---|
| 定基发展速度 | $\frac{a_1}{a_0}$ | $\frac{a_2}{a_0}$ | $\frac{a_3}{a_0}$ | … | $\frac{a_{n-1}}{a_0}$ | $\frac{a_n}{a_0}$ |

### （二）环比发展速度

环比发展速度是时间序列中计算期发展水平与前一期发展水平之比。它说明现象的逐期发展方向和变动程度。其计算公式为：

$$环比发展速度(\%)=\frac{计算期发展水平}{前一期发展水平}\times100\%$$

环比发展速度时间序列，如表 6-11 所示。

表 6-11　环比发展速度时间序列表

| 时　　序 | 1 | 2 | 3 | … | $n-1$ | $n$ |
|---|---|---|---|---|---|---|
| 环比发展速度 | $\frac{a_1}{a_0}$ | $\frac{a_2}{a_1}$ | $\frac{a_3}{a_2}$ | … | $\frac{a_{n-1}}{a_{n-2}}$ | $\frac{a_n}{a_{n-1}}$ |

### (三) 定基发展速度与环比发展速度之间的换算关系

(1) 定基发展速度等于相应时期内的各个环比发展速度的连乘积，即：

$$\frac{a_n}{a_0}=\frac{a_1}{a_0}\cdot\frac{a_2}{a_1}\cdot\frac{a_3}{a_2}\cdot\cdots\cdot\frac{a_{n-1}}{a_{n-2}}\cdot\frac{a_n}{a_{n-1}}$$

由此可知，现象各个时期发展速度相乘即为整个时期的总发展速度 $\left(\frac{a_n}{a_0}\right)$。

(2) 两个相邻时期定基发展速度之比等于相应时期的环比发展速度，即：

$$\frac{a_i}{a_0}\bigg/\frac{a_{i-1}}{a_0}=\frac{a_i}{a_{i-1}}$$

### (四) 年距发展速度

为了剔除季节变动的影响，需要将本期发展水平与去年或上几年同期发展水平对比，即得到年距发展速度；该指标反映各年同期发展水平的相对发展程度和发展方向。其计算公式为：

$$\text{年距发展速度}(\%)=\frac{\text{本期发展水平}}{\text{去年或上几年同期发展水平}}$$

## 二、增长速度

增长速度是计算期增长量与基期发展水平之比。它说明现象在一定时期内的增减程度。通常用百分数或倍数表示。其计算公式为：

$$\text{增长速度}(\%)=\frac{\text{计算期增长量}}{\text{基期发展水平}}\times 100\%$$

增长速度为正，表示增长；增长速度为负，表示下降。

根据比较的基期不同，增长速度可分为定基增长速度和环比增长速度。

### (一) 定基增长速度

定基增长速度是计算期累计增长量与固定基期发展水平之比，或是定基发展速度减1。它表明现象在这一时期内增长或减少的程度。其计算公式为：

$$\text{定基增长速度}(\%)=\frac{\text{计算期累计增长量}}{\text{固定基期发展水平}}=\text{定基发展速度}-100\%$$

定基增长速度时间序列，如表6-12所示。

表 6-12　定基增长速度时间序列表

| 时　　序 | 1 | 2 | 3 | … | $n-1$ | $n$ |
|---|---|---|---|---|---|---|
| 定基增长速度 | $\frac{a_1}{a_0}-1$ | $\frac{a_2}{a_0}-1$ | $\frac{a_3}{a_0}-1$ | … | $\frac{a_{n-1}}{a_0}-1$ | $\frac{a_n}{a_0}-1$ |

### (二) 环比增长速度

环比增长速度是计算期的逐期增长量与前一期发展水平对比，或是环比发展速度减1。它表明现象逐期增长的方向和程度。其计算公式为：

$$环比增长速度(\%)=\frac{计算期的逐期增长量}{前一期发展水平}=环比发展速度-100\%$$

环比增长速度时间序列,如表 6-13 所示。

表 6-13 环比增长速度时间序列表

| 时　　序 | 1 | 2 | 3 | … | $n-1$ | $n$ |
|---|---|---|---|---|---|---|
| 环比增长速度 | $\frac{a_1}{a_0}-1$ | $\frac{a_2}{a_1}-1$ | $\frac{a_3}{a_2}-1$ | … | $\frac{a_{n-1}}{a_{n-2}}-1$ | $\frac{a_n}{a_{n-1}}-1$ |

### (三) 定基增长速度与环比增长速度之间的换算关系

由于定基增长速度不等于环比增长速度的连乘积,即

$$\left(\frac{a_1}{a_0}-1\right)\left(\frac{a_2}{a_1}-1\right)\left(\frac{a_3}{a_2}-1\right)\cdots\left(\frac{a_{n-1}}{a_{n-2}}-1\right)\left(\frac{a_n}{a_{n-1}}-1\right)\neq\left(\frac{a_n}{a_0}-1\right)$$

因此,定基增长速度与环比增长速度不能直接换算。如果要进行换算,首先必须将环比增长速度还原成环比发展速度,即

$$环比增长速度+100\%=环比发展速度$$

或

$$\frac{a_i-a_{i-1}}{a_{i-1}}+100\%=\frac{a_i}{a_{i-1}}$$

将各个环比发展速度连乘,得到定基发展速度,进而有:

$$定基发展速度-100\%=定基增长速度$$

或

$$\frac{a_i}{a_0}-100\%=\frac{a_i-a_0}{a_0}$$

### (四) 年距增长速度

为了剔除季节变动的影响,需要计算年距增长速度,其计算公式为:

$$\begin{aligned}年距增长速度(\%)&=\frac{年距增长量}{去年或上几年同期发展水平}\times100\%\\&=年距发展速度-100\%\end{aligned}$$

## 三、增长百分之一的绝对值

在一般情况下,考察现象的发展程度通常用环比发展速度指标来衡量。由于各期环比发展速度的计算基数不同,而绝对数又是相对数的基础,因此各期环比增长速度所反映的实际增长的绝对量效果就可能不同,即每增长 1%相对应的绝对增长量可能不同。因为低水平基础上的平均增减速度与高水平基础上的平均增减速度是不可比的,所以对现象发展进行动态分析时,必须注意速度背后的绝对水平的增量。通常用增长 1%的绝对值来考察速度背后隐秘的绝对增量。增长 1%的绝对值是指逐期增长量与环比增长速度之比。其计算公式为:

$$增长1\%的绝对值=\frac{逐期增长量}{环比增长速度\times100}=\frac{a_i-a_{i-1}}{\frac{a_i-a_{i-1}}{a_{i-1}}\times100}=\frac{a_{i-1}}{100}$$

因而，第 $i$ 个时期增长 1%的绝对值 $=\frac{a_{i-1}}{100}$。

如表 6-14 所示，这是增长 1%的绝对值的时间序列。

表 6-14　增长 1%的绝对值的时间序列表

| 时　　序 | 0 | 1 | 2 | 3 | … | $n-1$ | $n$ |
|---|---|---|---|---|---|---|---|
| 时间序列 | $a_0$ | $a_1$ | $a_2$ | $a_3$ | … | $a_{n-1}$ | $a_n$ |
| 增长 1%的绝对值的时间序列 | | $\frac{a_0}{100}$ | $\frac{a_1}{100}$ | $\frac{a_2}{100}$ | … | $\frac{a_{n-2}}{100}$ | $\frac{a_{n-1}}{100}$ |

［范例 6.6］　某国家外汇管理局对 2021 年年底所欠外债的中长期外债还本付息进行预测（该预测没有考虑新借入的外债的静态预测），得到 2022—2026 年偿付外债本息资料如表 6-15 所示。试计算主栏中各指标的指标值并填入表 6-15 相应位置。

表 6-15　2022—2026 年偿付外债本息表

| 时　　间 | | 2022 年 | 2023 年 | 2024 年 | 2025 年 | 2026 年 |
|---|---|---|---|---|---|---|
| 偿付外债本息 | | 47.45 | 55.38 | 45.40 | 38.61 | 37.98 |
| 增长量/亿美元 | 逐　期 | | 7.93 | −9.98 | −6.79 | −0.63 |
| | 累　计 | | 7.93 | −2.05 | −8.84 | −9.47 |
| 发展速度/(%) | 定基 | 100 | 116.7 | 95.7 | 81.4 | 80.0 |
| | 环比 | | 116.7 | 82 | 85 | 98.4 |
| 增长速度/(%) | 定基 | | 16.7 | −4.3 | −18.6 | −20 |
| | 环比 | | 16.7 | −18 | −15 | −1.6 |
| 增长 1%的绝对值 | | | 0.474 5 | 0.553 8 | 0.454 0 | 0.386 1 |

## 四、平均速度

平均速度包括平均发展速度和平均增长速度。平均发展速度是时间序列中各期环比发展速度的序时平均数。它用以说明现象在一个较长时期内逐期发展的一般变化程度。平均增长速度是时间序列中各期环比增长速度的序时平均数。它用以说明现象在一个较长时期内逐期增减的一般变化程度。平均速度将各个时期的速度差异抽象化，以便观察现象在整个时期内的动态发展变化情况和趋势。

平均发展速度与平均增长速度的关系是：

$$平均增长速度=平均发展速度-100\%$$

应当注意的是平均增长速度只能通过上式计算得到，不能够将各个时期环比增长速度直接平均求得。

平均速度指标是制订和分析长期计划的重要依据。用实际发展速度与计划平均发展速度对比，可以了解计划执行的均衡程度。将分段平均速度与总平均速度结合分析，以进一步了解现象在整个发展期内各阶段的发展变化程度。

通常，计算平均速度的方法有两种：几何平均法和高次方程法。

### （一）几何平均法

由于现象某种指标的时间序列的各期发展水平的总发展速度是等于各期环比发展速度的连乘积，而不是等于各期环比发展速度之和，因此，对各个环比发展速度的连乘积的平均只能以开方形式，即序时几何平均，而不能用序时算术平均法。其几何平均法的计算公式为：

$$\bar{x}_G=\sqrt[n]{x_1\cdot x_2\cdot x_3\cdot\cdots\cdot x_n}=\sqrt[n]{\prod_{i=1}^{n}x_i}$$

式中，$\bar{x}_G$ 表示各个环比发展速度的几何平均数，即平均发展速度；$x_i$ 表示第 $i$ 个时期的环比发展速度；$n$ 表示环比发展速度的项数。

因为各个环节发展速度的连乘积等于最后一个时期的定基发展速度即总发展速度，所以上式可以进一步写成：

$$\bar{x}_G=\sqrt[n]{\frac{a_1}{a_0}\cdot\frac{a_2}{a_1}\cdot\frac{a_3}{a_2}\cdot\cdots\cdot\frac{a_{n-1}}{a_{n-2}}\cdot\frac{a_n}{a_{n-1}}}=\sqrt[n]{\frac{a_n}{a_0}}$$

若连续几个时期以相同的平均发展速度发展，则可以相同发展速度时期所包含的时期数为权数进行加权几何平均，从而求得整个时期的平均发展速度。其计算公式为：

$$\bar{x}_G=\sqrt[\sum_{i=1}^{n}f_i]{\prod_{i=1}^{n}x_i^{f_i}}$$

为了便于计算，还可以利用对数形式：

$$\lg\bar{x}=\frac{\sum_{i=1}^{n}f_i\lg x_i}{\sum_{i=1}^{n}f_i}$$

［范例 6.7］　2015—2017 年某地棉花产量的平均增长速度为 −1.2%，预计 2018—2020 年的平均发展速度为 105%，则 6 年的平均增长速度为多少？

［解］　2015—2017 年的平均发展速度为：

$$\bar{x}_{2015-2017}=-1.2\%+100\%=98.8\%,$$

2015—2020 年的平均发展速度为：

$$\bar{x}_{2015-2020}=\sqrt[\sum_{i=1}^{2}f_i]{\prod_{i=1}^{2}x_i^{f_i}}=\sqrt[3+3]{0.988^3\times1.05^3}=101.85\%,$$

因此，6 年的平均增长速度 = 101.85% − 100% = 1.85%。

因为各期环比发展速度的连乘积等于整个时期的总发展速度，即等于最后一个时期的定基发展速度，所以，平均发展速度受到各期环比发展速度的影响。不过，从几何平均法计算平均发展速度的公式形式看，平均发展速度实际上取决于总速度，而总速度 $\left(\frac{a_n}{a_0}\right)$ 只受最末水平和最初水平影响，将中间各期水平抽象化。显然，只有当整个时期中现象的各期水平以比较均匀的同样趋势发展时，平均发展速度才能反映现象各期发展变化的一般水平。如果现象的发展水平在所研究的时期中出现上升或下降的波动，平均发展速度的代表性就会大大降低。因此，当中间期发展水平出现异常变化时，应当使用各期的环比发展速度连乘的形式计算平均发展速度。

从 $\bar{x}=\sqrt[n]{\frac{a_n}{a_0}}$ 可以得到 $a_n=a_0\bar{x}^n$，这说明用平均发展速度推算的最末期理论发展水平（$a_0\bar{x}^n$）可以保证等于最末期世纪发展水平（$a_n$）。因而，若侧重于考察现象最末一年所达到的发展水平，则应采用几何平均法较适宜。如：人口时间序列、产量时间序列等，就应当用几何平均法计算在整个时期的平均发展速度。不过，用平均发展速度（$\bar{x}$）来推算各期发展水平与各期的实际发展水平可能存在偏差，即 $a_0\bar{x}^{i-1}\neq a_{i-1}(i=1, 2, 3, \cdots, n)$，所进行的推算难于反映各期发展的真实情况。

## （二）高次方程法

高次方程法是从最初水平 $a_0$ 出发，现象在每期按照固定的平均发展速度（$\bar{x}$）发展，以此推算的各期发展水平之和应当等于各期实际发展水平的累计数，这就是高次方程法计算平均发展速度的前提条件。不过，通常不能依据期初水平（$a_0$）和平均发展速度（$\bar{x}$）来推算时间序列中间任何一期的发展水平，即前面已经提到过的中间时期任意理论发展水平（$a_0\bar{x}^{i-1}$），一般来说不会等于相应中间时期的实际发展水平（$a_{i-1}$）。

各期定基发展速度分别乘以基期水平得到各期理论发展水平，将各期理论发展水平相加，就等于各期实际发展水平之和，即：

$$a_0\left(\frac{a_1}{a_0}\right)+a_0\left(\frac{a_2}{a_0}\right)+a_0\left(\frac{a_3}{a_0}\right)+\cdots+a_0\left(\frac{a_{n-1}}{a_0}\right)+a_0\left(\frac{a_n}{a_0}\right)=\sum_{i=1}^{n}a_i$$

令 $y_i$ 为第 $i$ 期的定基发展速度，则

$$a_0y_1+a_0y_2+a_0y_3+\cdots+a_0y_{n-1}+a_0y_n=\sum_{i=1}^{n}a_i$$

因为各期定基发展速度分别是相应时期的环比发展速度连乘积，所以上式可以变为：

$$a_0\left(\frac{a_1}{a_0}\right)+a_0\left(\frac{a_1}{a_0}\cdot\frac{a_2}{a_1}\right)+a_0\left(\frac{a_1}{a_0}\cdot\frac{a_2}{a_1}\cdot\frac{a_3}{a_2}\right)+\cdots+a_0\left(\frac{a_1}{a_0}\cdot\frac{a_2}{a_1}\cdot\cdots\cdot\frac{a_n}{a_{n-1}}\right)=\sum_{i=1}^{n}a_i$$

又令 $x_i$ 为第 $i$ 期的环比发展速度，则上式又可以写成：

$$a_0x_1+a_0x_1x_2+a_0x_1x_2x_3+\cdots+a_0x_1\cdot x_2\cdot\cdots\cdot x_{n-1}+a_0x_1\cdot x_2\cdot\cdots\cdot x_n=\sum_{i=1}^{n}a_i$$

假如各期以平均发展速度发展，则需要将各期环比发展速度 $\{x_i\}$ 平均化，即：

$$x_1=\bar{x}$$

$$\sqrt{x_1\cdot x_2}=\bar{x}$$

…………

$$\sqrt[n-1]{x_1\cdot x_2\cdot\cdots\cdot x_{n-1}}=\bar{x}$$

$$\sqrt[n]{x_1\cdot x_2\cdot\cdots\cdot x_{n-1}\cdot x_n}=\bar{x}$$

$$a_0\bar{x}+a_0\bar{x}^2+a_0\bar{x}^3+\cdots+a_0\bar{x}^{n-1}+a_0\bar{x}^n=\sum_{i=1}^{n}a_i$$

$$\bar{x}+\bar{x}^2+\bar{x}^3+\cdots+\bar{x}^{n-1}+\bar{x}^n=\frac{1}{a_0}\sum_{i=1}^{n}a_i$$

$$\bar{x}^n+\bar{x}^{n-1}+\cdots+\bar{x}^3+\bar{x}^2+\bar{x}-\frac{1}{a_0}\sum_{i=1}^{n}a_i=0$$

这是一个 $n$ 次方的高次方程式，求解这个一元 $n$ 次方程，解得的正根就是所求的平均发展速度。

求解高次方程不是一件容易的事，在统计操作上通常采用如下两种方式对高次方程进行近似求解。

1. 查平均增长速度查对表求 $\bar{x}$

上列高次方程式还可以写成级数的形式：

$$\sum_{i=1}^{n}\bar{x}^i=\sum_{i=1}^{n}\left(\frac{a_i}{a_0}\right)$$

而

$$\sum_{i=1}^{n}\left(\frac{a_i}{a_0}\right)=\frac{a_1}{a_0}+\frac{a_2}{a_0}+\frac{a_3}{a_0}+\cdots+\frac{a_{n-1}}{a_0}+\frac{a_n}{a_0}$$

由此可知，$\sum_{i=1}^{n}\bar{x}^i$ 等于各期定基发展速度之和 $\left(\sum_{i=1}^{n}\frac{a_i}{a_0}\right)$。

根据掌握的不同发展趋势的时间序列资料，相应地查找不同类型的平均增长速度查对表。

各期定基发展速度简单算术平均，便得到平均定基发展速度，即：

$$\bar{y}=\frac{1}{n}\sum_{i=1}^{n}y_i=\frac{1}{n}\sum_{i=1}^{n}\left(\frac{a_i}{a_0}\right)$$

当 $\bar{y}>100\%$ 时，表明该时间序列是呈递增速度变化的趋势，因而，必须在查对表中的递增速度部分查找 $\sum_{i=1}^{n}\left(\frac{a_i}{a_0}\right)$ 的值；当 $\bar{y}<100\%$ 时，表明该时间序列是呈递减速度变化的趋势，因而，必须在查对表中的递减速度部分查找 $\sum_{i=1}^{n}\left(\frac{a_i}{a_0}\right)$ 的值；当 $\bar{y}=100\%$ 时，表明该时间序列无明显增或减变化趋势，因而，不必计算平均增减速度。

［范例 6.8］　2015 年我国全社会固定资产投资为 561 999.80 亿元，2016—2020 年我国全社会固定资产投资如表 6-16 所示。

表 6-16　2016—2020 年我国全社会固定资产投资　　单位：亿元

| 年　份 | 2016 | 2017 | 2018 | 2019 | 2020 |
|---|---|---|---|---|---|
| 投资总额 | 606 465.70 | 641 238.40 | 645 675.00 | 560 874.30 | 527 270.00 |

试计算 2016—2020 年我国全社会固定资产投资的平均发展速度。

［解］

$$a_0=561\ 999.80,$$

$$\sum_{i=1}^{5} a_i = a_1 + a_2 + a_3 + a_4 + a_5,$$

$$= 606\,465.70 + 641\,238.40 + 645\,675.00 + 560\,874.30 + 527\,270.00$$

$$= 2\,981\,523.40(\text{亿元})。$$

$$\sum_{i=1}^{5} \frac{a_i}{a_0} = \frac{\sum_{i=1}^{5} a_i}{a_0} = \frac{2\,981\,523.40}{561\,999.80} \times 100\% = 530.52\%。$$

$$\bar{y} = \frac{1}{5}\sum_{i=1}^{5}\left(\frac{a_i}{a_0}\right) = \frac{530.52\%}{5} = 106.104\% > 100\%。$$

计算表明，该时间序列呈递增速度发展趋势（不过，直接观察该资料编制的时间数列也可以看出是递增变化趋势），因而，应当在查对表的递增速度部分查找该时间序列的平均发展速度。

现摘录与范例 6.8 有关的查对表的一部分，如表 6-17 所示。

表 6-17　平均增长速度查对表

| 平均每年增长/% | 各年发展总和为基期的% | | | | |
|---|---|---|---|---|---|
| | 1 年 | 2 年 | 3 年 | 4 年 | 5 年 |
| … | … | … | … | … | … |
| 1.7 | 101.70 | 205.13 | 310.32 | 417.30 | 526.10 |
| 1.8 | 101.80 | 205.43 | 310.93 | 418.33 | 527.66 |
| 1.9 | 101.90 | 205.74 | 311.55 | 419.37 | 529.24 |
| 2.0 | 102.00 | 206.04 | 312.16 | 420.40 | 530.80 |
| 2.1 | 102.10 | 206.34 | 312.77 | 421.44 | 532.39 |
| … | … | … | … | … | … |

在查对表中的递增部分 $n=5$ 年的栏内，查到 530.52%介于 529.24%～530.80%之间，因而，其平均增长速度相应地介于 1.9%～2.0%之间。因为现象在各时期是以平均速度发展的，可以利用正比例插补法确定其具体准确的增长速度。

设 5 年内总投资额发展水平总和为基期水平的 530.52%，对应的平均增长速度为 $x$，则

$$\frac{2.0\% - 1.9\%}{530.80\% - 529.24\%} = \frac{x - 1.9\%}{530.52\% - 529.24\%},$$

解得

$$x = 1.982\,05\%。$$

［范例 6.9］　我国粮食作物播种面积时间序列如表 6-18 所示。

表 6-18　我国粮食作物播种面积时间序列　　单位：亿公顷

| 时间/年 | 2015 | 2016 | 2017 | 2018 | 2019 | 2020 |
|---|---|---|---|---|---|---|
| 耕地面积 | $a_0$ | $a_1$ | $a_2$ | $a_3$ | $a_4$ | $a_5$ |
| | 1.189 63 | 1.192 30 | 1.179 89 | 1.170 38 | 1.160 64 | 1.167 70 |

2016—2020 年我国粮食作物播种面积构成了一个时点时间序列，从表 6-18 中可直接观察出该时间序列是呈递减速度变化的。若以 2015 年我国粮食作物播种面积为基期水平，则从以下计算的结果同样可以判定该资料是呈递减速度变化。

$$a_0 = 1.189\,63,$$

$$\begin{aligned}\sum_{i=1}^{5} a_i &= a_1 + a_2 + a_3 + a_4 + a_5 \\ &= 1.192\,30 + 1.179\,89 + 1.170\,38 + 1.160\,64 + 1.167\,70 = 5.870\,91。\end{aligned}$$

$$\sum_{i=1}^{5}\left(\frac{a_i}{a_0}\right) = \frac{1}{a_0}\sum_{i=1}^{5} a_i = \frac{5.870\,91}{1.189\,63} \times 100\% = 493.507\%,$$

$$\bar{y} = \frac{1}{5}\sum_{i=1}^{5}\left(\frac{a_i}{a_0}\right) = \frac{493.507\%}{5} = 98.701\% < 100\%。$$

计算结果表明，该时间序列是呈递减速度发展趋势。据此可在查对表中的递减速度部分查找该时间序列的平均速度值。

### 2. 利用牛顿迭代法(切线法)逐次逼近的方法求解 $\bar{x}$

牛顿迭代法，亦称切线法，它是使用导函数数学公式逐次逼近，以求解 $\bar{x}$。采用牛顿迭代法以给定的初始迭代值开始逐次迭代逼近，从而找到实际根。

在图 6-1 中，$f'(x) > 0$，表明 $f(x)$ 递增，即从左到右上升；$f'(x) < 0$，表明 $f(x)$ 递减，即从左到右下降；$f'(x) = 0$，则表明 $f(x)$ 不递增也不递减。

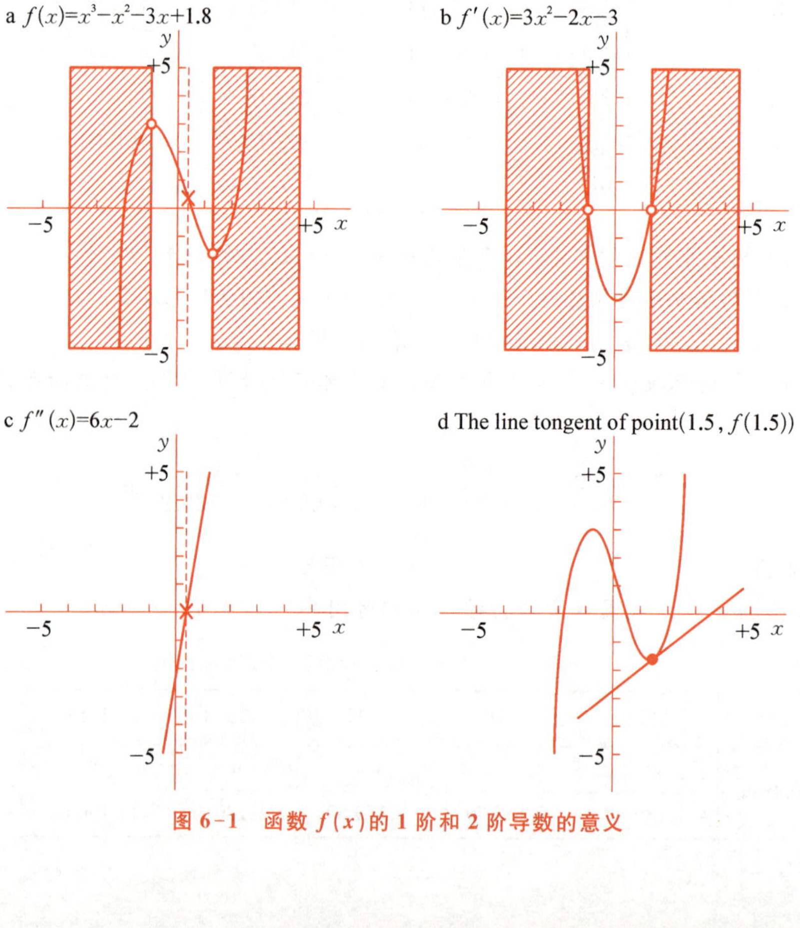


图 6-1　函数 $f(x)$ 的 1 阶和 2 阶导数的意义

图 6-1 阴影部分表示函数的递增区间，中间穿过横轴的部分是单调递减的。

牛顿迭代法确定迭代初始值必须充分接近于所求的根。牛顿迭代法的收敛示意图如图 6-2 所示。

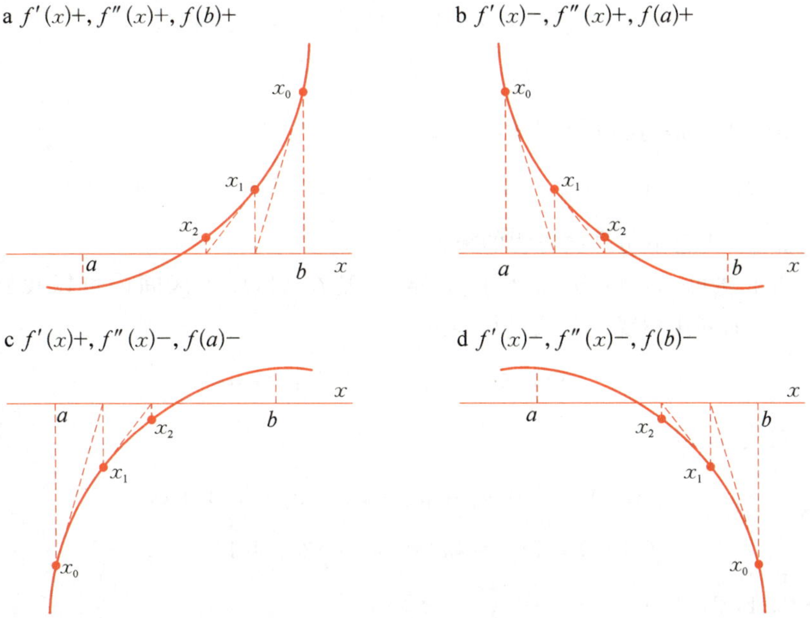


图 6-2　牛顿迭代法的收敛示意图

牛顿迭代法的核心思想是对函数进行泰勒展开。

牛顿迭代法用于方程求解，对 $f(x)$ 进行一阶泰勒公式展开：

$$g(x) \approx g(x_k) + g'(x_k)(x - x_k)$$

此时，将非线性方程 $g(x)=0$ 近似为线性方程：

$$g(x_k) + g'(x_k)(x - x_k) = 0$$

若 $f'(x)=0$，则下一次迭代解为：

$$x_{k+1} = x_k - \frac{1}{g'(x_k)} g(x_k)$$

在图 6-2 中，若 $f(a)$ 给定，则从 $a$ 开始迭代，切线会朝着根收敛的方向倾斜。若 $f(b)$ 给定，则从 $b$ 开始迭代，切线也会朝着根收敛的方向倾斜。

首先，选择一个初始值 $x=x_0$ 或 $x=a_n$，使得该初始值接近实根的值。

切线法迭代计算公式如下：

$$a_{n+1} = a_n - \frac{f(a_n)}{f'(a_n)} \quad (n=0,\ 1,\ 2,\ 3,\ \cdots)$$

式中，$a_n$ 代表逐项逼近值；$f(a_n)$ 代表逼近值函数值；$f'(a_n)$ 代表逼近值函数一阶导数值。

高次方程以逼近方法求解过程中，若 $a_{n+1} \neq a_n$，就以 $a_{n+1}$ 代替 $a_n$，如此逐次逼近下去，在满足误差条件下，直到 $a_{n+1}=a_n$ 为止。

下面利用逐次逼近法求解范例 6.8 的高次方程式：

$$\bar{x}^5+\bar{x}^4+\bar{x}^3+\bar{x}^2+\bar{x}-5.3052=0,$$

设
$$f(\bar{x})=\bar{x}^5+\bar{x}^4+\bar{x}^3+\bar{x}^2+\bar{x}-5.3052,$$

$$f(1)=-0.3052<0,$$

可见，$\bar{x}=1$ 不是高次方程的根；

$$f(1.1)=1.1^5+1.1^4+1.1^3+1.1^2+1.1-5.3052=1.4104>0,$$

可见，$\bar{x}=1.1$ 也不是高次方程的根；

然而，由上述可知，$f(1)$ 和 $f(1.1)$ 异号，则在 $(1,1.1)$ 区间内可以找到 $\bar{x}$，使得 $f(\bar{x})=0$。下面利用切线法公式进行逼近求解。

$$f'(\bar{x})=5\bar{x}^4+4\bar{x}^3+3\bar{x}^2+2\bar{x}+1,$$

将 $a_n$ 取代 $\bar{x}$，得

$$f(a_n)=a_n^5+a_n^4+a_n^3+a_n^2+a_n-5.3052,$$

$$f'(a_n)=5a_n^4+4a_n^3+3a_n^2+2a_n+1,$$

式中，$n=0, 1, 2, 3, \cdots\cdots$

令　$a_0=1$，

$$f(a_0)=a_0^5+a_0^4+a_0^3+a_0^2+a_0-5.3052,$$

$$f(1)=1^5+1^4+1^3+1^2+1-5.3052=-0.3052,$$

$$f'(a_0)=5a_0^4+4a_0^3+3a_0^2+2a_0+1,$$

$$f'(1)=5\times 1^4+4\times 1^3+3\times 1^2+2\times 1+1=15,$$

$$a_1=a_0-\frac{f(a_0)}{f'(a_0)}=1-\frac{f(1)}{f'(1)}=1-\frac{-0.3052}{15}=1.02035。$$

由于 $a_1\neq a_0$，因此，还要用 $a_2$ 代替 $a_1$，则

$$f(a_1)=a_1^5+a_1^4+a_1^3+a_1^2+a_1-5.3052,$$

$$f'(a_1)=5a_1^4+4a_1^3+3a_1^2+2a_1+1,$$

$$a_2=a_1-\frac{f(a_1)}{f'(a_1)}=1.02035-\frac{f(1.02035)}{f'(1.02035)}=1.01982。$$

又由于 $a_2\neq a_1$，因此还要继续用 $a_3$ 代替 $a_2$，则

$$a_3=a_2-\frac{f(a_2)}{f'(a_2)}=1.01982-\frac{f(1.01982)}{f'(1.01982)}=1.01981513\approx 1.01982。$$

由此可知，$a_3=a_2$，逐次逼近至此结束，得到该方程的实根近似解为 1.019 82，因而，2016—2020 年我国全社会固定资产投资额平均发展速度约为 101.982%，平均增长速度

约为 1.982%，该数值与在查对表查得的结果大致接近。

从用以求解平均发展速度的高次方程式建立的过程看，高次方程法侧重于考察整个时期内各期发展水平的总和，该种计算方法的前提条件是按平均发展速度所推算的各期理论发展水平的总和，必须等于各期实际发展水平的总和。如：地质勘探、基建投资、植树造林等现象的时间序列，由于在计划工作中比较关心长时期的总量计划完成情况，所以该种现象的时间序列计算平均发展速度一般采用高次方程法。

如果各期的实际发展水平按照几何级数(等比级数)的形式变化，如：$a$，$ar$，$ar^2$，…，$ar^{n-1}$，$ar^n$，则用几何平均法和高次方程法计算的平均发展速度是一致的。

## 研讨问题六

6.1 简述时期数列和时点数列的区别。

6.2 解释序时平均数，并指出序时平均数与一般平均数有何异同。

6.3 简述水平分析和速度分析的关系。

6.4 简述平均发展速度的几何平均法和高次方程法的区别及其适用场合，并举例。

6.5 首尾折半法的适用条件有哪些?

6.6 某公司人事资料，如表 6-19 所示。

表 6-19 某公司人事资料表　　单位：人

| 时　　间 | 1 月底 | 4 月底 | 6 月底 | 年　末 |
|---|---|---|---|---|
| 全部员工数 | 4 000 | 4 080 | 4 160 | 4 200 |
| 其中：技术人员数 | 280 | 300 | 308 | 320 |

试计算该公司技术人员占全体员工的平均比重。

6.7 8 月份上、中、下旬阳光货仓商场销售额分别为 7.2 万元、6.8 万元、8.8 万元。8 月初库存额为 9.7 万元，8 月 15 日库存额为 10.1 万元，8 月底库存额为 8.6 万元。每日在册人数：8 月初至 8 月 17 日为 17 人，8 月 18 日至 8 月底为 20 人。试计算该商场 8 月份商品流转次数和劳动生产率。

6.8 某公司产品销售利润 2016 年比 2011 年增长 80%，2018 年比 2011 年增长 1.25 倍，如果 2016 年的产品销售利润为 2 500 万元。试计算：

(1) 2018 年比 2016 年的增长率；

(2) "十三五"期间每年平均增长率；

(3) 2011 年和 2018 年的产品销售利润；

(4) 如果"十四五"期间继续以"十三五"期间的速度增长，该公司 2021 年的产品销售利润是多少?

6.9　1980 年我国 GNP 为 4 470 亿元，1991 年我国 GNP 增至 19 580 亿元，试计算在该期间 GNP 每年的平均增幅。若保持该发展速度，需花多少年我国 GNP 才会达到 28 400 亿元？

6.10　在“十三五”规划期间，某地基本建设投资额如表 6-20 所示。

表 6-20　“十三五”规划期间某地基本建设投资额表　　单位：亿元

| 时　间 | 2016 | 2017 | 2018 | 2019 | 2020 |
|---|---|---|---|---|---|
| 基建投资总额 | 80.0 | 90.7 | 93.0 | 148.0 | 138.2 |

2015 年该地基本建设投资总额为 43.6 亿元。试计算基本建设投资额每年平均水平、平均增长量和平均增长速度。

部分参考答案

# 第七章

# 动态趋势与波动的测定

## 第一节　动态趋势与波动的概念

动态序列是由某种现象的同一指标的各时期的数值依照时间顺序排列而成的。动态序列各时期的指标值是众多复杂因素共同作用的结果。随着各因素作用的大小不同，以及某些因素的作用在一定时期可能消失或出现，从而形成了形式多样的动态数列。在通常情况下，动态序列常常表现为不规则的数字排列。为了揭示动态序列的变动规律，并据此作为动态预测的依据，有必要对动态序列变动过程中的主要影响因素进行分解。动态序列一般受到四类因素的影响：长期趋势、季节变动、循环变动、不规则变动。如：广州市储蓄存款额呈现逐年上升的趋势，这种递增趋势的主要原因是广州在改革开放中先行一步，而且步子也迈得大。从长期来看，尽管存款额以升势为主，但是就具体某年来看，储蓄存款额却呈现季节波动。银行借贷常年都会发生，虽然岁末也会有单位向银行还贷付息，但是，由于多数单位在年末从银行提取存款发奖金，尤其是广州的外来工在岁末纷纷提取存款回家过年，曾一度出现广州银行存款频频告急的情况。因此，在一年内储蓄存款会受到季节因素的影响。

## 第二节　动态趋势与波动的经典模式

动态序列的总变动（$Y$）一般可以分解为长期趋势、季节波动、循环波动和不规则波动等四种动态趋势与波动的经典模式。

### 一、长期趋势(secular trend)

长期趋势（$T$）是指在一个长时期内居支配地位起决定性作用的基本因素使得现象总体上呈现出大致逐渐上升或下降的发展变动态势。尽管现象在各个发展阶段还会受到次要因素或偶然性因素的影响，导致现象发展轨迹出现迂回波折，但是，从长时期观察现象发展情况，可以发现现象发展整体上呈上升或下降的大势。由于个别随机偶然性因素对现象变化的短暂作用在长时期内会相互抵消，而次要因素不能够改变现象变动大势，因此，现象规律性变化是由决定性因素作用的结果。如：我国的改革开放政策使得中国的GDP出现持续上升趋势，贫困地区数出现逐渐减少趋势等。

研究现象发展变化的长期趋势的目的：

(1) 认识和掌握现象发展的规律性，为编制长期计划和国民经济宏观管理提供依据。

(2) 现象发展的趋势和规律性是根本性因素作用的结果，在正常情况下，现象发展的趋势有延续发展的可能,根据现有资料拟合趋势线,在今后一定的时期内,该现象基本上能够持续地沿这种趋势发展下去,未来这段时期即为现象发展的预测期,该现象的趋势线在预测期内沿着既定的方向伸展,从而能够预测现象未来的发展水平。

(3) 在认识和掌握了现象发展的长期趋势的情况下,反过来,又可以将动态序列中的长期趋势予以剔除,从而专门研究现象的季节波动或循环波动等影响因素。

各种影响因素综合作用使得现象呈现某种趋势发展,动态序列各时期趋势水平倾向有时表现得并不明显,并且各趋势水平以不均匀的幅度变动,有的以等差数列(arithmetic sequence)上升或下降;有的以等比数列(proportional sequence)上升或下降;有的以波浪式曲折上升或下降;有的有进有退或时快时慢地上升或下降等。

## 二、季节波动(seasonal fluctuations)

季节波动 ($S$) 是指现象由于受到社会因素、自然因素等的影响,在一个年度内随着季节或月度的更替而引起的比较有规则的变动。如:衬衫,随着春、夏、秋、冬四季的时间依次推移,其销售量变化:较大→最大→较小→最小。不过,季节波动中的每一季节持续时间不一定是公历上指的三个月时间,根据现象季节变化特点,有时可以将一年划分为两个季节或三个季节的变动时间,因而,现象在每一季节持续发展的时间也可以长一些或短一些。当然,现象通常在一年时间内总是持续变化的,为了准确地研究现象的季节波动情况,有必要将现象变动明显不一致的时间段区分开来,即较准确地划分出反映现象每一季节波动的持续时间。如:冷饮,通常是夏季销量大,春季、秋季销量一般,冬季最小;客运量,通常是春运时节最大,其他季节较小。

## 三、循环波动(cyclical fluctuations)

循环波动 ($C$) 是指现象在较长时期内发生的周期性(periodicity/cyclicity)波动。由于每次现象波动的周期长度可能不相同,一般来说,短则三年、五年,长则十年甚至数十年,而且上下波动幅度也可能不一致,并且每一周期都有涨跌起伏交替的现象出现,因此,它既不同于在一年内随季节更替的季节波动,又不同于总体上大致朝单一方向持续发展的长期趋势变动。如:市场经济所呈现的:……—危机—萧条—复苏—高涨—危机—……,这种周而复始地以数年为一个周期的变动就属于循环波动。

## 四、不规则波动(irregular fluctuations)

不规则波动 ($I$) 是指由于受到意外的、偶然性的因素作用而使现象产生非周期性的随机波动。意外、偶然性因素通常是由某些无法预测的事件所引起的,这些随机扰动因素对现象发展的作用往往可以相互抵消。不过,有些重大随机因素,如:地震、洪涝、火灾、战争等自然和社会灾害,这些事件均是会对现象发展变化产生影响的随机因素。

除上述 $T$, $S$, $C$, $I$ 四种动态序列变动的经典模式外,还有结构变动因素,它是由经济体制转轨和新经济政策出台而诱发的剧变,如:我国“大跃进”时期的剧烈升降;“文革”使得经济处于崩溃的边缘;联产承包责任制使得农村面貌焕然一新。改革开放使得中国经济总量在世界的排序,1996 年居世界第 26 位,2002 年居世界第 6 位,自 2010 年开始稳居世界第 2 位位置。实际上,这种变动也可以归入不规则波动之列。特别是在拟合计量经济模型时,对结构变动因素一般都划入随机扰动因素之列。

长期趋势、季节波动和循环波动具有一定的规律性，因而可以被预见；而不规则波动一般是无规律性的随机波动，因而难以被预见。通常，把不规则波动因素作为随机扰动项引入随机动态模型中。

## 第三节　动态序列的结构模型

动态序列每一项时序变量的观察值 ($Y$) 都是由 $T$，$S$，$C$，$I$ 四种变动因素综合作用的结果。四种变动因素对 $Y$ 的影响一般有三种形式的假设模型，即：乘法模型、加法模型和乘加模型。

### 一、乘法模型

当四种变动因素存在相互影响的关系时，则动态序列的各项观察值都是四种因素的乘积的结果，乘法结构模型为：

$$Y=T\cdot S\cdot C\cdot I$$

式中，$Y$ 表示现象发展到某一时候的实际值；$T$ 表示现象发展到上述同时期的趋势值（即预测值）；$S$ 表示当时的季节波动指数；$C$ 表示当时的循环波动指数；$I$ 表示当时的不规则波动指数。

由于在一年内会出现现象随季节更迭而发生波动的情况，若以年为时间单位的动态序列，则不直接受季节波动的影响。这样，以上模型可以变为：

$$Y=T\cdot C\cdot I$$

### 二、加法模型

当四种变动因素存在相互独立的关系时，则动态序列的各项观察值都是四种因素的总和，加法结构模型为：

$$Y=T+S+C+I$$

式中，$Y$、$T$ 含义同上；$S$、$C$、$I$ 均不是波动指数，而是循环波动、季节波动与不规则波动等因素对趋势值所产生的偏差。

若以年为时间单位的动态序列，则不直接受季节波动的影响，以上模型就可以变为：

$$Y=T+C+I$$

### 三、乘加模型

在通常情况下，长期趋势和季节波动属于常态变动现象，长期趋势与季节波动存在相互影响的关系，$T\cdot S$ 称为常态变动。把动态序列总变动中的常态变动剔除后，剩余的就是循环波动和不规则波动，因而 $C\cdot I$ 就称为剩余变动，其乘加模型为：

$$Y=T\cdot S+C\cdot I$$

若以年为时间单位的动态序列，则不直接受季节波动的影响，从而，以上模型就可以变为：

$$Y=T+C\cdot I$$

由于乘法模型通过两边同时取对数可以转化成加法模型，即：

$$\lg Y=\lg T+\lg S+\lg C+\lg I$$

通常，现象的影响因素处于相互联系的情形占多数，相对来说，乘法模型比加法模型应用更为普遍，本章以下篇幅主要是探讨乘法模型。

## 第四节　长期趋势的测定

受众多因素影响的动态序列，经过修匀后可以剔除季节波动、循环波动和不规则波动等因素的作用，从而使现象在长时期内呈现出逐渐上升或下降的基本变动趋势。若将此基本变动趋势反映在平面直角坐标系上，则是一条光滑的呈单调增加或减少的曲线，有些特殊资料描出的趋势线还可能是直线。因而，长期趋势通常分为直线趋势和曲线趋势。趋势线上各点的纵坐标 ($Y$) 分别代表各时点的长期趋势值。长期趋势的测定主要是求趋势值，而测定长期趋势的方法主要有：扩大时距法、移动平均法、半数平均法和最小二乘法。

### 一、扩大时距法

扩大时距法是指通过扩大动态序列各项指标所属的时间，从而消除因时距短而使各指标值受偶然性因素影响所引起的波动，以便使经修匀过的动态序列能够显著地反映现象发展变动的总趋势的方法。

［范例 7.1］　某家电制造厂 2021 年的工业产值资料，如表 7-1 所示。

表 7-1　2021 年某家电制造厂工业产值表

| 月　份 | 1 | 2 | 3 | 4 | 5 | 6 | 7 | 8 | 9 | 10 | 11 | 12 |
|---|---|---|---|---|---|---|---|---|---|---|---|---|
| 工业产值/万元 | 51.3 | 47.2 | 48 | 49.7 | 60.1 | 47 | 35.9 | 81.2 | 55.5 | 66 | 72.1 | 76.3 |

从表 7-1 中可以看出，各月份的工业产值因受多种因素影响呈现上下起伏跌宕不均匀地发展状态，没有反映出明显的递增或递减的变化趋势。为此，将由各月指标值形成的动态序列修匀成为由各季指标总值形成的动态序列，如表 7-2 所示。

表 7-2　各季指标总值形成的动态序列表

| 季　　度 | 1 | 2 | 3 | 4 |
|---|---|---|---|---|
| 工业产值/万元 | 146.5 | 156.8 | 172.6 | 214.4 |

表 7-2 反映的是时距扩大后的动态序列，该厂的工业产值呈逐季递增的发展趋势。扩大时距法一般只适用于时期数列，不过，时点数列资料可以进行时距扩大后再求各新的间隔期的平均数，因而，扩大时距法也适用于时点数列。

时距的扩大要适当，若间隔期扩大太短，则不能消除偶然因素的影响，不能达到分析现象趋势的目的；若间隔期扩大太长，尽管可以较明显地呈现现象的发展趋势，但是会掩盖现象在不同发展时期的差异。时距扩大后的动态序列的各项指标所属时期长度应当一致；间隔期应当扩大到多长才合适，要根据原动态序列的起伏程度以及研究的目的来定，一般以能够显示客观现象的发展总趋势为准。

以天、月、季为时距的动态序列，通过扩大时距合并为以年为时距的动态序列，可以消除季节波动的影响。

## 二、移动平均法

移动平均法是指对动态序列进行逐期移动以扩大时距，同时，对时距已扩大了的新动态序列的各项指标值分别计算序时平均数，由移动平均数形成一列派生动态序列的方法。鉴于现象动态发展的连续性，利用移动平均法修匀动态序列，在一定程度上可以削弱或消除短期的偶然因素对现象发展的作用。若移动平均的项数所属的时期长度恰好等于或整数倍季节波动周期，它还可以消除季节波动的影响，因此，对动态序列进行移动平均后，经修匀过的动态序列所描绘出的轨迹会变得更平滑，从总体上能够反映现象发展变化的基本趋势。通过移动平均得到的一系列移动序时平均数分别就是对应时期的趋势值。

### （一）奇数项移动平均

$$\bar{a}_i = \frac{a_{i-k} + a_{i-k+1} + \cdots + a_i + \cdots + a_{i+k-1} + a_{i+k}}{2k+1}$$

式中，$\bar{a}_i$ 表示第 $i$ 期的移动平均数；$i$ 表示动态序列的各项序号，$i=2, \cdots, n$；$(2k+1)$ 表示对动态序列移动平均的项数，$k=1, 2, 3, \cdots$。

### （二）偶数项移动平均

$$\bar{a}_j = \frac{a_i + a_{i+1} + \cdots + a_{i+(2k-1)}}{2k}$$

式中，$\bar{a}_j$ 表示第 $j$ 个一次移动平均数，$j=1, 2, \cdots, \frac{2k-1}{2}$；$\bar{a}_{i+k}$ 表示第 $(i+k)$ 期二次移动平均数，$i=2, 3, 4, \cdots, n$；$2k$ 表示移动的项数，$k=1, 2, \cdots$。

采用偶数项计算的一次移动平均数都没有与时间序列各项对应的时间相对应，为了得到各时期的长期趋势值，还需要继续进行二项移动平均，这样就得到与时期对齐的二次移动平均数。

［范例 7.2］　某市 2019—2021 年禽蛋销售量资料，如表 7-3 所示。

表 7-3　2019—2021 年某市禽蛋销售量移动平均数表　　单位：t

| 季度顺序 | 销售量 ($a_i$) | 三项移动总数 | 三项移动平均数 ($\bar{a}_i$) | 四项移动总数 | 四项一次移动平均数 ($\bar{a}_j$) | 四项二次移动平均数 ($\bar{a}_{i+k}$) |
|---|---|---|---|---|---|---|
| 1 | 10 | | | | | |
| 2 | 15 | 37 | 12.3 | 52 | 13.00 | |
| 3 | 12 | 42 | 14.0 | 56 | 14.00 | 13.500 |
| 4 | 15 | 41 | 13.7 | 58 | 14.50 | 14.250 |
| 5 | 14 | 46 | 15.3 | 59 | 14.75 | 14.625 |
| 6 | 17 | 44 | 14.7 | 62 | 15.50 | 15.125 |
| 7 | 13 | 48 | 16.0 | 64 | 16.00 | 15.750 |
| 8 | 18 | 47 | 15.7 | 64 | 16.00 | 16.000 |
| 9 | 16 | 51 | 17.0 | 69 | 17.25 | 16.625 |
| 10 | 17 | 51 | 17.0 | 70 | 17.50 | 17.375 |
| 11 | 18 | 54 | 18.0 | | | |
| 12 | 19 | | | | | |

计算三项移动平均数：

$$\bar{a}_2=\frac{a_1+a_2+a_3}{3}=\frac{10+15+12}{3}=12.3,\ \bar{a}_3=\frac{a_2+a_3+a_4}{3}=\frac{15+12+15}{3}=14,$$

……

$$\bar{a}_{11}=\frac{a_{10}+a_{11}+a_{12}}{3}=\frac{17+18+19}{3}=18。$$

计算四项移动平均数：

第一步，计算四项一次移动平均数：

$$\bar{a}_{2.5}=\frac{a_1+a_2+a_3+a_4}{4}=\frac{10+15+12+15}{4}=13,$$

$$\bar{a}_{3.5}=\frac{a_2+a_3+a_4+a_5}{4}=\frac{15+12+15+14}{4}=14,$$

……

$$\bar{a}_{10.5}=\frac{a_9+a_{10}+a_{11}+a_{12}}{4}=\frac{16+17+18+19}{4}=17.5。$$

第二步，计算四项二次移动平均数：

$$\bar{a}_3=\frac{\bar{a}_{2.5}+\bar{a}_{3.5}}{2}=\frac{13+14}{2}=13.5,\ \bar{a}_4=\frac{\bar{a}_{3.5}+\bar{a}_{4.5}}{2}=\frac{14+14.5}{2}=14.25,$$

……

$$\bar{a}_{10}=\frac{\bar{a}_{9.5}+\bar{a}_{10.5}}{2}=\frac{17.25+17.5}{2}=17.375。$$

由以上计算得到的平均数轨迹图如图 7-1 所示。

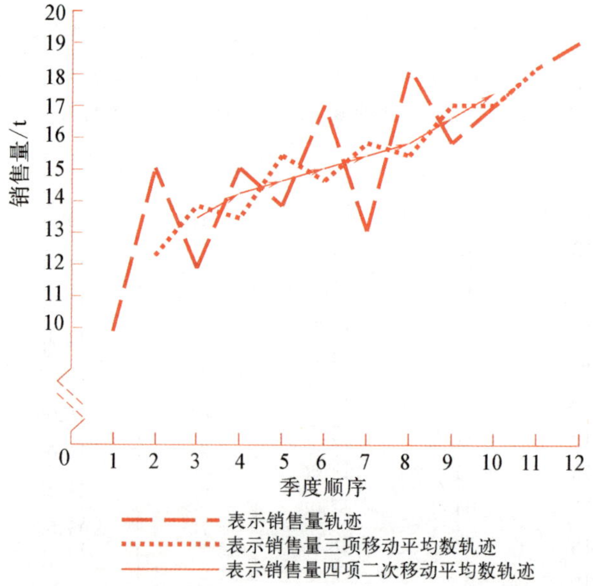


图 7-1　2019—2021 年某市禽蛋销售量及其移动平均数轨迹图

从图 7-1 可以看出，通过移动平均得到的趋势值动态序列基本上消除了季节波动与不规则波动的影响，能够较明显地反映禽蛋销售量的发展趋势。

当按奇数 $(2k+1)$ 项移动平均时，所形成的移动平均动态序列首尾各减少 $k$ 项，即首尾各有 $k$ 个时期没有对应的趋势值；当按偶数 $(2k)$ 项移动平均时，所形成的移动平均动态序列首尾各减少 $k$ 项，即首尾各有 $k$ 个时期没有对应的趋势值。

由此可知，对原动态序列进行移动平均的动态修匀，会导致信息量损失，从而难于满足全面测定长期趋势的目的。

因而，移动的项数要适当。若移动项数过少，尽管经修匀后的时间序列轨迹反映波动的敏感性较强，但是，不易剔除不规则波动的干扰，从而使得修匀趋势线不平滑；若移动项数过多，尽管能减少不规则波动的干扰，能更好地体现现象的长期变化趋势，但是，波动的敏感性会减弱，并且，动态序列缺损项愈多，移动平均趋势愈不完整。通常，确定移动项数的原则为：以能够消除不规则波动的干扰，剔除存在季节性变化的动态序列中的季节波动的影响和存在长周期性变化的动态序列中的循环波动的影响，使得修匀趋势线较平滑，而且能够显著地体现现象的长期趋势变动。

还需要指出的是，简单移动平均对于直线趋势拟合得较优良，而对于曲线趋势则会产生一定的偏误。当趋势线为凸型曲线时，简单移动平均值会大于用数学模型测算的趋势值；当趋势线为凹型曲线时，简单移动平均值会小于用数学模型测算的趋势值。

［范例 7.3］ 某厂一套生产流水线因年久失修，使得产品质量逐月下降，各月月末库存额资料见表 7-4 第 2 列，该资料所形成的动态数列趋势大致呈 $y=x^2$ 曲线形式变化；次品率资料见表 7-4 第 5 列，该资料所形成的动态数列趋势大致呈 $y=x^{\frac{1}{2}}$ 曲线形式变化。

表 7-4　模型趋势值与 5 项移动平均趋势值对比表

| 月序 $(x)$ | 库存额 $(y)$ /百万元 | 模型 $(y=x^2)$ 趋势值/百万元 | 5 项移动平均数 /百万元 | 次品率 $(y)$/% | 模型 $(y=x^{\frac{1}{2}})$ 趋势值/% | 5 项移动平均数/% |
|---|---|---|---|---|---|---|
| 0 | 0 | 0 | | 0.00 | 0.00 | |
| 1 | 2 | 1 | | 1.03 | 1.00 | |
| 2 | 5 | 4 | 5.4 | 1.53 | 1.41 | 1.194 |
| 3 | 7 | 9 | 10.0 | 1.62 | 1.73 | 1.634 |
| 4 | 13 | 16 | 16.8 | 1.79 | 2.00 | 1.930 |
| 5 | 23 | 25 | 25.8 | 2.20 | 2.24 | 2.186 |
| 6 | 36 | 36 | 36.6 | 2.51 | 2.45 | 2.404 |
| 7 | 50 | 49 | 49.4 | 2.81 | 2.65 | 2.604 |
| 8 | 61 | 64 | | 2.71 | 2.83 | |
| 9 | 77 | 81 | | 2.79 | 3.00 | |

从表 7-4 可看出，用 $y=x^2$ 模型测得的趋势值均小于 5 项移动平均值；用 $y=x^{\frac{1}{2}}$ 模型测得的趋势值均大于 5 项移动平均值。

鉴于简单移动平均法上述的局限性，对计算存在曲线变化趋势的动态序列的趋势值，可以采用加权移动平均法。

加权移动平均法权数的确定方法：

若对动态序列进行 $N$ 项移动平均，则各期的权数为 $(N-1)$ 次二项式展开式相对应的系数除以系数总和。即第 $j$ 期观察值的权数：

$$w_j=\frac{\binom{N-1}{j}}{\sum_{i=0}^{N-1}\binom{N-1}{i}}\quad (j=0,\ 1,\ 2,\ \cdots,\ N-1)$$

设 $N=5$，则各观察值的权数为：

$$w_0=\frac{\binom{5-1}{0}}{\sum_{i=0}^{5-1}\binom{5-1}{i}}=\frac{\binom{4}{0}}{\binom{4}{0}+\binom{4}{1}+\binom{4}{2}+\binom{4}{3}+\binom{4}{4}}=\frac{1}{16},$$

$$w_1=\frac{\binom{5-1}{1}}{\sum_{i=0}^{5-1}\binom{5-1}{i}}=\frac{C_4^1}{C_4^0+C_4^1+C_4^2+C_4^3+C_4^4}=\frac{4}{16},$$

$$w_2=\frac{6}{16},\ w_3=\frac{4}{16},\ w_4=\frac{1}{16}。$$

范例 7.3 中次品率动态序列前 5 项的观察值利用加权移动平均法，得

$$\bar{x}=\frac{0.00\times 1+1.03\times 4+1.53\times 6+1.62\times 4+1.79\times 1}{16}=1.348\ 125。$$

计算结果表明，加权移动平均法测定的趋势值与模型测定的趋势值的偏误，比简单移动平均法测定的趋势值与模型测定的趋势值的偏误小得多。

## 三、半数平均法

半数平均法，又称分段平均法，它是将动态数列各项数值平分为两段，若动态数列为奇数项，则舍去第一项，但是，在实际操作中，通常将中间一项删去，然后分别计算这两段数列的平均数，以估计待定参数 $a$、$b$，配合趋势模型，从而进行长期趋势测定的方法。

设有一时间数列，其项数为 $n$（$n$ 为偶数），试求平分后两段的 $x$ 和 $y$ 的平均数。

$$\bar{x}_1=\frac{\sum_{i=1}^{n/2}x_i}{\frac{n}{2}}\qquad \bar{x}_2=\frac{\sum_{i=n/2+1}^{n}x_i}{\frac{n}{2}}$$

$$\bar{y}_1=\frac{\sum_{i=1}^{n/2}y_i}{\frac{n}{2}}\qquad \bar{y}_2=\frac{\sum_{i=n/2+1}^{n}y_i}{\frac{n}{2}}$$

平均法的数学依据是实际观察值($y$)与理论值(或称趋势值 $\hat{y}$)的离差之和等于0，即

$$\sum(y-\hat{y})=0,\ \hat{y}=a+bx$$

所以　$$\sum[y-(a+bx)]=0\qquad \sum y-\sum a-b\sum x=0$$

两边同除以项数 $n$，则

$$\frac{\sum y}{n}-b\frac{\sum x}{n}-a=0,\ \bar{y}-b\bar{x}-a=0$$

将上面的两段的平均数 $\bar{x}_1$、$\bar{x}_2$、$\bar{y}_1$、$\bar{y}_2$ 代入上式，得

$$\begin{cases}\bar{y}_1-b\bar{x}_1-a=0\\ \bar{y}_2-b\bar{x}_2-a=0\end{cases}$$

解方程组，得　$$b=\frac{\bar{y}_2-\bar{y}_1}{\bar{x}_2-\bar{x}_1},\ a=\frac{\bar{x}_2\bar{y}_1-\bar{x}_1\bar{y}_2}{\bar{x}_2-\bar{x}_1}$$

或　$$a=\bar{y}_1-b\bar{x}_1=\bar{y}_1-\frac{\bar{y}_2-\bar{y}_1}{\bar{x}_2-\bar{x}_1}\cdot\bar{x}_1=\frac{\bar{x}_2\bar{y}_1-\bar{x}_1\bar{y}_2}{\bar{x}_2-\bar{x}_1}$$

[范例 7.4]　某地 2009—2021 年粮食产量计划，如表 7-5 所示，试利用半数平均法拟合该时间序列的趋势模型。

表 7-5　2009—2021 年某地粮食产量及其趋势值表

| 年　份 | 时间顺序($x$) | 粮食产量($y$)/万吨 | 趋势值($\hat{y}$) |
|---|---|---|---|
| 2009 | 1 | 50.0 | 53.025 |
| 2010 | 2 | 58.4 | 56.043 |
| 2011 | 3 | 60.9 | 59.061 |
| 2012 | 4 | 60.0 | 62.079 |
| 2013 | 5 | 65.0 | 65.097 |
| 2014 | 6 | 69.1 | 68.115 |
| $\sum$ | 21 | 363.4 | |
| 2016 | 7 | 74.6 | 71.133 |
| 2017 | 8 | 76.7 | 74.151 |
| 2018 | 9 | 77.3 | 77.169 |
| 2019 | 10 | 79.9 | 80.187 |
| 2020 | 11 | 81.3 | 83.205 |
| 2021 | 12 | 82.3 | 86.223 |
| 合　计 | 57 | 472.1 | |

[解]　由于该时间数列的项数为 13，奇数项数列分段求平均，可以将中间一年即 2015 年删去，该年粮食产量 72.8 万吨。

$$\bar{x}_1 = \frac{\sum_{i=1}^{6} x_i}{6} = \frac{21}{6} = 3.5,$$

$$\bar{x}_2 = \frac{\sum_{i=7}^{12} x_i}{6} = \frac{57}{6} = 9.5,$$

$$\bar{y}_1 = \frac{\sum_{i=1}^{6} y_i}{6} = \frac{363.4}{6} = 60.57,$$

$$\bar{y}_2 = \frac{\sum_{i=7}^{12} y_i}{6} = \frac{472.1}{6} = 78.68,$$

$$b = \frac{\bar{y}_2 - \bar{y}_1}{\bar{x}_2 - \bar{x}_1} = \frac{78.68 - 60.57}{9.5 - 3.5} = 3.018,$$

$$a = \frac{\bar{x}_2\bar{y}_1 - \bar{x}_1\bar{y}_2}{\bar{x}_2 - \bar{x}_1} = \frac{9.5 \times 60.57 - 3.5 \times 78.68}{9.5 - 3.5} = 50.005\,8,$$

或
$$a = \bar{y}_1 - b\bar{x}_1 = 60.57 - 3.018 \times 3.5 = 50.007。$$

因此，
$$\hat{y} = 50.007 + 3.018x。$$

将各年年次 $x$ 代入上述模型，可求得各年趋势值 $\hat{y}$，如表 7-5 中第 4 列所示。

如：将 $x = 10$ 代入模型，可求得 2019 年该地粮食产量的趋势值：

$$\hat{y}_{2019} = 50.007 + 3.018 \times 10 = 80.187$$

半数平均法的优点是简单易懂；其缺点是当动态数列的项数为奇数时，要损失最初或中间一项信息资料。

## 四、最小二乘法

最小二乘法，又称最小平方法，它是估计回归模型参数的常用方法，其基本原理是：要求实际值与趋势值的离差平方和为最小，以拟合优良的趋势模型，从而测定长期趋势。

### （一）直线趋势

由于每一给定的 $x_i$ 值，利用 $\hat{y}_i = a + bx_i$ 计算得到的趋势值 $\hat{y}_i$ 并不一定与观察值 $y_i$ 相等，通常是存在一定的偏差，即：

$$e_i = y_i - \hat{y}_i$$

式中，$e_i$ 表示偏差，亦称残差（residual）。

所有观察值 $y_i(i = 1, 2, \cdots, n)$ 和趋势值 $\hat{y}_i(i = 1, 2, \cdots, n)$ 的偏离程度可以通过 $\sum e_i^2 = \sum (y_i - \hat{y}_i)^2$ 来刻画（残差平方后再求和，目的是使正、负离差不抵消）。

$$\hat{y}_i = a + bx_i$$

$$\sum e_i^2=\sum(y_i-\hat{y}_i)^2=\sum(y_i-a-bx_i)^2=\text{达到最小值}$$

满足该条件所拟合的趋势模型为最优,即该模型描述的趋势直线大体反映了散点$(x_i, y_i)(i=1, 2, \cdots, n)$分布状况。

通过满足 $\sum e_i^2$ 达到最小值的条件来估计$a$、$b$,根据微积分的极值定理,将上式分别对$a$、$b$求偏导,并令这两个导数为0。

$$\frac{\partial\left(\sum_{i=1}^{n}e_i^2\right)}{\partial a}=\left[\sum_{i=1}^{n}(y_i-a-bx_i)^2\right]_a'=2\sum_{i=1}^{n}(y_i-a-bx_i)(y_i-a-bx_i)_a'$$

$$=2\sum_{i=1}^{n}(y_i-a-bx_i)(0-1-0)=-2\sum_{i=1}^{n}(y_i-a-bx_i)$$

$$\frac{\partial\left(\sum_{i=1}^{n}e_i^2\right)}{\partial b}=\left[\sum_{i=1}^{n}(y_i-a-bx_i)^2\right]_b'=2\sum_{i=1}^{n}(y_i-a-bx_i)(y_i-a-bx_i)_b'$$

$$=2\sum_{i=1}^{n}(y_i-a-bx_i)(0-0-x_i)=-2\sum_{i=1}^{n}(y_i-a-bx_i)x_i$$

要使 $\sum e_i^2$ 具有最小值,则这两个偏导数应当等于0,即

$$\begin{cases}\dfrac{\partial\left(\sum_{i=1}^{n}e_i^2\right)}{\partial a}=-2\sum_{i=1}^{n}(y_i-a-bx_i)=0\\[2ex]\dfrac{\partial\left(\sum_{i=1}^{n}e_i^2\right)}{\partial b}=-2\sum_{i=1}^{n}(y_i-a-bx_i)x_i=0\end{cases}$$

经整理,可得正规方差组:

$$\begin{cases}\sum_{i=1}^{n}y_i=na+b\sum_{i=1}^{n}x_i\\[1ex]\sum_{i=1}^{n}x_iy_i=a\sum_{i=1}^{n}x_i+b\sum_{i=1}^{n}x_i^2\end{cases}$$

求解方程组,得

$$b=\frac{n\sum_{i=1}^{n}x_iy_i-\sum_{i=1}^{n}x_i\sum_{i=1}^{n}y_i}{n\sum_{i=1}^{n}x_i^2-\left(\sum_{i=1}^{n}x_i\right)^2}$$

$$a=\frac{\sum_{i=1}^{n}x_i^2\sum_{i=1}^{n}y_i-\sum_{i=1}^{n}x_i\sum_{i=1}^{n}x_iy_i}{n\sum_{i=1}^{n}x_i^2-\left(\sum_{i=1}^{n}x_i\right)^2}$$

或
$$a=\frac{\sum_{i=1}^{n} y_i}{n}-b\frac{\sum_{i=1}^{n} x_i}{n}=\bar{y}-b\bar{x}$$

解得参数 $a$、$b$ 后，便可拟合出趋势方程：

$$\hat{y}=a+bx$$

随着 $x$ 的变化，通过该趋势方程可得到一系列相应的长期趋势值 $\hat{y}_i(i=1, 2, \cdots, n)$。

又
$$\hat{y}=a+bx=\bar{y}-b\bar{x}+bx=\bar{y}+b(x-\bar{x})$$

$$\hat{y}-\bar{y}=b(x-\bar{x})$$

该趋势方程表明，这一趋势线是一条过定点 $(\bar{x}, \bar{y})$，斜率为 $b$ 的直线。

若记

$$l_{xx}=\sum_{i=1}^{n}(x_i-\bar{x})^2=\sum_{i=1}^{n}x_i^2-\frac{1}{n}\left(\sum_{i=1}^{n}x_i\right)^2$$

$$l_{xy}=\sum_{i=1}^{n}(x_i-\bar{x})(y_i-\bar{y})=\sum_{i=1}^{n}x_iy_i-\frac{1}{n}\left(\sum_{i=1}^{n}x_i\right)\left(\sum_{i=1}^{n}y_i\right)$$

$$l_{yy}=\sum_{i=1}^{n}(y_i-\bar{y})^2=\sum_{i=1}^{n}y_i^2-\frac{1}{n}\left(\sum_{i=1}^{n}y_i\right)^2$$

则
$$b=\frac{l_{xy}}{l_{xx}}$$

从上式可知，参数 $b$ 的正负取决于 $l_{xy}$。当 $b>0$ 时，表明 $y$ 与 $x$ 的变化方向相同；当 $b<0$ 时，表明 $y$ 与 $x$ 的变化方向相反。

**[范例 7.5]**　以范例 7.4 的资料，用最小二乘法拟合长期趋势方程，并求各年的趋势值。

**[解]**　将表 7-6 中有关数值代入下列公式中，得

$$b=\frac{n\sum_{i=1}^{n}x_iy_i-\sum_{i=1}^{n}x_i\sum_{i=1}^{n}y_i}{n\sum_{i=1}^{n}x_i^2-\left(\sum_{i=1}^{n}x_i\right)^2}=\frac{13\times 6\,823.2-91\times 908.3}{13\times 819-91^2}=2.555\,5,$$

$$a=\frac{\sum_{i=1}^{n}y_i}{n}-b\frac{\sum_{i=1}^{n}x_i}{n}=\frac{908.3}{13}-2.555\,5\times\frac{91}{13}=51.98,$$

则
$$\hat{y}_i=51.98+2.555\,5x_i。$$

该趋势模型的原点在 2008 年 7 月 1 日零点，$x$ 是以年为单位。

把各年度的 $x$ 值代入该趋势模型，便得到各年趋势值 $\hat{y}$，如表 7-6 所示。

表 7-6　2009—2021 年某地粮食产量及其趋势值表

| 年　份 | 时序（$x$） | 粮食产量（$y$）/万吨 | $xy$ | $x^2$ | 粮食产量趋势值（$\hat{y}$）/万吨 |
|---|---|---|---|---|---|
| 2009 | 1 | 50.0 | 50.0 | 1 | 54.54 |
| 2010 | 2 | 58.4 | 116.8 | 4 | 57.09 |
| 2011 | 3 | 60.9 | 182.7 | 9 | 59.65 |
| 2012 | 4 | 60.0 | 240.0 | 16 | 62.20 |
| 2013 | 5 | 65.0 | 325.0 | 25 | 64.76 |
| 2014 | 6 | 69.1 | 414.6 | 36 | 67.31 |
| 2015 | 7 | 72.8 | 509.6 | 49 | 69.87 |
| 2016 | 8 | 74.6 | 596.8 | 64 | 72.42 |
| 2017 | 9 | 76.7 | 690.3 | 81 | 74.98 |
| 2018 | 10 | 77.3 | 773.0 | 100 | 77.54 |
| 2019 | 11 | 79.9 | 878.9 | 121 | 80.09 |
| 2020 | 12 | 81.3 | 975.6 | 144 | 82.65 |
| 2021 | 13 | 82.3 | 1 069.9 | 169 | 85.20 |
| 合　计 | 91 | 908.3 | 6 823.2 | 819 | |

最小二乘法估计参数 $a$、$b$ 的简捷法：

将时间 $x$ 的原点移至时间数列正中间，正中间时间序号记作 0，这样设置的目的是使

$$\sum_{i=1}^{n} x_i = 0$$

（1）当时间数列项数 $n$ 为奇数时，可以取中间一项的时间序号为 0，即

$$x_{\frac{n+1}{2}} = 0$$

则中间项之前的各项与该项相差依次为：$-1$ 年，$-2$ 年，$-3$ 年，…，$-\dfrac{n+1}{2}$ 年；

中间项之后的各项与该项相差依次为：$+1$ 年，$+2$ 年，$+3$ 年，…，$+\dfrac{n+1}{2}$ 年；

即各项之间相隔的时距 $x$ 是以“1 年”为单位的。

如范例 7.5，将原点由 2008 年 7 月 1 日零点移至时间数列的中间，即 2015 年 7 月 1 日零点为新原点（年中点时刻代表该年），则新原点与以前年份相隔的时距：2014 年 7 月 1 日零点与新原点相距 $-1$ 年；2013 年 7 月 1 日零点与新原点相距 $-2$ 年；……；2009 年 7 月 1 日零点与新原点相距 $-6$ 年。

相反，新原点与以后年份相隔的时距：2016 年 7 月 1 日零点与新原点相距 $+1$

年;2017 年 7 月 1 日零点与新原点相距+2 年;……;2021 年 7 月 1 日零点与新原点相距+6 年。

由此,将时序改写可得表 7-7。

表 7-7　2009—2021 年某地粮食产量及其趋势值表

| 年　份 | 时序 ($x$) | 粮食产量 ($y$) /万吨 | $xy$ | $x^2$ | 粮食产量趋势值 $\hat{y}$ /万吨 |
|---|---|---|---|---|---|
| 2009 | −6 | 50.0 | −300.0 | 36 | 54.51 |
| 2010 | −5 | 58.4 | −292.0 | 25 | 57.07 |
| 2011 | −4 | 60.9 | −243.6 | 16 | 59.63 |
| 2012 | −3 | 60.0 | −180.0 | 9 | 62.19 |
| 2013 | −2 | 65.0 | −130.0 | 4 | 64.75 |
| 2014 | −1 | 69.1 | −69.1 | 1 | 67.31 |
| 2015 | 0 | 72.8 | 0 | 0 | 69.87 |
| 2016 | 1 | 74.6 | 74.6 | 1 | 72.43 |
| 2017 | 2 | 76.7 | 153.4 | 4 | 74.99 |
| 2018 | 3 | 77.3 | 231.9 | 9 | 77.55 |
| 2019 | 4 | 79.9 | 319.6 | 16 | 80.11 |
| 2020 | 5 | 81.3 | 406.5 | 25 | 82.67 |
| 2021 | 6 | 82.3 | 493.8 | 36 | 85.23 |
| 合　计 | 0 | 908.3 | 465.1 | 182 | |

由表 7-7 可知,$\sum_{i=1}^{n} x_i = 0$,所以,正规方程组便可以简写为:

$$\begin{cases} \sum_{i=1}^{n} y_i = na \\ \sum_{i=1}^{n} x_i y_i = b \sum_{i=1}^{n} x_i^2 \end{cases}$$

式中,$n$ 表示年数。

将表 7-7 中有关数据代入上列简写正规方程组,得

$$\begin{cases} 908.3 = 13a, \\ 465.1 = 182b。 \end{cases}$$

解方程组,得　　　　$a \approx 69.87,\ b \approx 2.56$。

则 $\hat{y} = 69.87 + 2.56x$(该趋势模型的原点在 2015 年 7 月 1 日零点,$x$ 是以年为单位)。

将表 7-7 中的各年度的 $x$ 值代入该趋势模型，便可以得到各年趋势值 $\hat{y}_i$，如表 7-7 最后一列所示。

(2) 当时间数列项数 $n$ 为偶数时，可以将时间数列的原点移至时间数列正中间，以第 $\left(\frac{n}{2}+1\right)$ 年的元月 1 日零点为新原点，即

$$x_{\frac{n+1}{2}}=0$$

则新原点之前的各项与新原点依次相差：−1 个半年，−3 个半年，……

新原点之后的各项与新原点依次相差：+1 个半年，+3 个半年，……

若将例 7.5 的时间序列去掉 2021 年资料项，则 2009—2020 年的正中间的时刻就在 2015 年元月 1 日零点。如果将该时间数列 2008 年 7 月 1 日的原点移至 2015 年元月 1 日零点，则新原点与以前年份相隔的时距：2014 年 7 月 1 日零点与新原点相距 −1 个半年；2013 年 7 月 1 日零点与新原点相距 −3 个半年；……；2008 年 7 月 1 日零点与新原点相距 −11 个半年。

相反，新原点与以后年份相隔的时距：2015 年 7 月 1 日零点与新原点相距 +1 个半年；2016 年 7 月 1 日零点与新原点相距 +3 个半年；……；2020 年 7 月 1 日零点与新原点相距 +11 个半年。

新原点与以前和以后年份相隔的时距如表 7-8 所示。

表 7-8　2009—2021 年某地粮食产量及其趋势值表

| 年　份 | 时序 ($x$) | 粮食产量 ($y$) / 万吨 | $xy$ | $x^2$ | 粮食产量趋势值 ($\hat{y}$) / 万吨 |
|---|---|---|---|---|---|
| 2009 | −11 | 50.0 | −550 | 121 | 54.05 |
| 2010 | −9 | 58.4 | −525.6 | 81 | 56.74 |
| 2011 | −7 | 60.9 | −426.3 | 49 | 59.42 |
| 2012 | −5 | 60.0 | −300.0 | 25 | 62.11 |
| 2013 | −3 | 65.0 | −195.0 | 9 | 64.80 |
| 2014 | −1 | 69.1 | −69.1 | 1 | 67.49 |
| 2015 | 1 | 72.8 | 72.8 | 1 | 70.17 |
| 2016 | 3 | 74.6 | 223.8 | 9 | 72.86 |
| 2017 | 5 | 76.7 | 383.5 | 25 | 75.55 |
| 2018 | 7 | 77.3 | 541.1 | 49 | 78.24 |
| 2019 | 9 | 79.9 | 719.1 | 81 | 80.92 |
| 2020 | 11 | 81.3 | 894.3 | 121 | 83.61 |
| 合　计 | 0 | 826.0 | 768.6 | 572 | |

由表 7-7 可知，$\sum_{i=1}^{n}x_i=0$，所以，正规方程组便可以简写为：

$$\begin{cases}\sum_{i=1}^{n} y_i = na \\ \sum_{i=1}^{n} x_i y_i = b\sum_{i=1}^{n} x_i^2\end{cases} \quad (n \text{ 表示年数})$$

将表 7-7 中有关数据代入该方程组，得

$$\begin{cases}826 = 12a \\ 768.6 = 572b\end{cases}$$

解方程组，得 $a = 68.83$，$b \approx 1.343\,7$。

则 $\hat{y} = 68.83 + 1.343\,7x$（该趋势模型的原点在 2015 年 7 月 1 日零点，$x$ 是以半年为单位）

将表 7-8 中的各年度的 $x$ 值代入该趋势模型，便可以得到各年趋势值 $\hat{y}$，如表 7-8 最后一列所示。

比如将 $x = -11$ 代入上述模型，便可求得该地区 2009 年粮食产量的趋势值：

$$\hat{y}_{2009} = 68.83 + 1.343\,7 \times (-11) = 54.049\,3。$$

通常，趋势方程是以“年”为计时单位，有时为了某种需要，还必须将“年”计时单位转变为以“季”或“月”为计时单位。由于计时单位的更换，趋势方程也必须作相应的调整。

假如以“年”为计时单位的直线趋势方程为

$$\hat{y} = a + bx \quad (\text{假定原点设在时间数列最初一年的前一年})$$

那么相应的调整方法如下。

（1）以“月”为计时单位的直线趋势方程。

第一，如果是时期指标，首先，将 $\hat{y}$ 改为按年的每月平均数：

$$\hat{y} = \frac{a + bx}{12} = \frac{a}{12} + \frac{bx}{12} \quad (x \text{ 仍然以年为单位})$$

然后，将 $x$ 改为按月计算：

$$\hat{y} = \frac{a}{12} + \frac{b}{12} \times \frac{x}{12} (x \text{ 以月为单位})$$

最后，必须将原点第 0 年中 7 月 1 日零点移至第 0 年 12 月 15 日零点，即时间数列前一个月月中旬。因为第 0 年 7 月 1 日零点至第 0 年 12 月 15 日零点相距 5.5 个月，所以，还应当将上述趋势方程平移 5.5 个单位。即

$$\hat{y} = \frac{a}{12} + \frac{b}{12} \times \frac{(x + 5.5)}{12} = \frac{a}{12} + \frac{b}{144} \times (x + 5.5) \quad (x \text{ 以月为单位})$$

第二，如果是时点指标，那么

$$\hat{y} = a + \frac{b}{12}x \quad (x \text{ 以月为单位})$$

（2）以“季”为计时单位的直线趋势方程。

第一，如果是时期指标，首先，将 $\hat{y}$ 改为按年的每季平均数：

$$\hat{y}=\frac{a+bx}{4}=\frac{a}{4}+\frac{bx}{4} \quad (x\text{ 以年为单位})$$

然后，将 $x$ 改为按季计算：

$$\hat{y}=\frac{a}{4}+\frac{b}{4}\times\frac{x}{4} \quad (x\text{ 以季为单位})$$

最后，必须将原点第 0 年年中 7 月 1 日零点移至第 0 年第四季度中间，即时间数列前一个季度中间。由于共移了 1.5 个季度，因此，应当将上述趋势方程平移 1.5 个单位。即

$$\hat{y}=\frac{a}{4}+\frac{b}{4}\times\frac{(x+1.5)}{4}=\frac{a}{4}+\frac{b}{16}\times(x+1.5) \quad (x\text{ 以季为单位})$$

第二，如果是时点指标，那么

$$\hat{y}=a+\frac{b}{4}x \quad (x\text{ 以季为单位})$$

［范例 7.6］ 根据范例 7.5 中的资料，用最小二乘法拟合的以年为单位的趋势方程，试将其转化成以“月”为计时单位的直线趋势方程，并利用换算后的方程推测 2013 年中点，即 6 月月底的趋势值。

［解］ 由范例 7.5 用最小二乘法拟合的以年为单位的趋势方程为：

$$\hat{y}=51.98+2.555\,5x \text{（该模型原点在 2008 年 7 月 1 日零点）}$$

将上述模型改为用“月”为计时单位的直线趋势方程：

$$\hat{y}=\frac{51.98}{12}+\frac{2.59}{144}(x+5.5) \quad \text{（该模型原点在 2008 年 12 月 15 日零点）}$$

2008 年 12 月 15 日至 2013 年 6 月 30 日共计 54.5 个月。则

$$\hat{y}_{2013.6.30}=\frac{51.98}{12}+\frac{2.555\,5}{144}(54.5+5.5)=5.396\,5$$

$$\hat{y}_{2013}=\hat{y}_{2013.6.30}\times 12=5.396\,5\times 12=64.757\,9\text{（万吨）}$$

### （二）曲线趋势

实际上，在现实经济生活中，多数现象发展轨迹是非线性的。为此，对于长期趋势的曲线变动类型的研究就显得尤为重要。然而，曲线事实上是由许多折线拼接而成的，因而，可以认为直线趋势是曲线趋势的特殊形式。

#### 1. 指数曲线趋势

（1）指数曲线方程

$$\hat{y}=ab^{x}$$

式中，$a$ 表示当 $x=0$ 时在 $y$ 轴上的截距，它是 $y$ 的基期水平；$b$ 表示现象发展速度，它相当于用几何平均法求得的平均发展速度 $\bar{x}(=\sqrt[n]{a_n/a_0})$。

当 $0<b<1$ 时，指数曲线随着时间推移会按一定的比例递减，如图 7-2 所示；当 $b>1$ 时，指数曲线随着时间推移会按一定的比例递增，如图 7-3 所示。

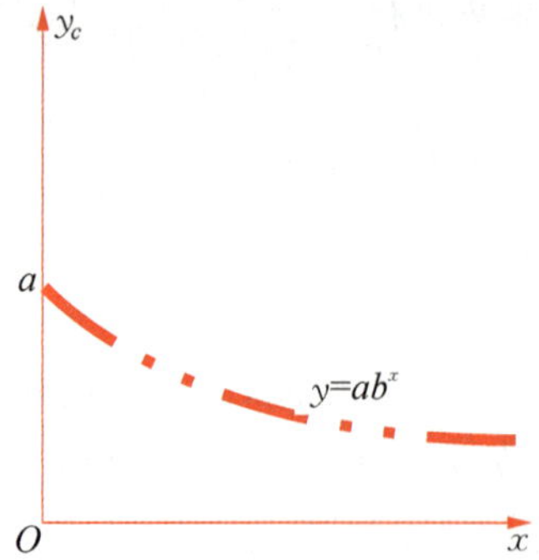


图 7-2　$0 < b < 1$ 时的指数曲线图

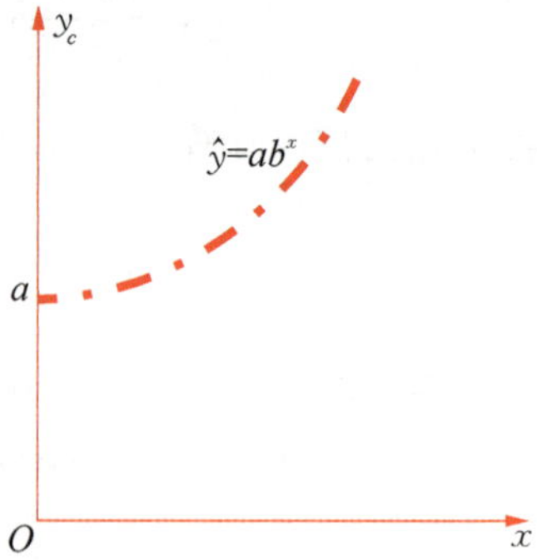


图 7-3　$b > 1$ 时的指数曲线图

为便于利用最小二乘法估计参数 $a$、$b$，首先要将指数曲线方程线性化。其方法是对方程两边同时取对数，得

$$\ln \hat{y} = \ln a + x \ln b$$

令
$$y = \ln \hat{y}, A = \ln a, B = \ln b$$

则
$$y = A + Bx$$

利用最小二乘法，便得到估计参数 $A$、$B$ 的正规方程组：

$$\begin{cases} \sum_{i=1}^{n} y_i = nA + B\sum_{i=1}^{n} x_i \\ \sum_{i=1}^{n} x_i y_i = A\sum_{i=1}^{n} x_i + B\sum_{i=1}^{n} x_i^2 \end{cases}$$

解方程组，得

$$B = \frac{n\sum_{i=1}^{n} x_i y_i - \sum_{i=1}^{n} x_i \sum_{i=1}^{n} y_i}{n\sum_{i=1}^{n} x_i^2 - \left(\sum_{i=1}^{n} x_i\right)^2} = \frac{n\sum_{i=1}^{n}(x_i \ln \hat{y}_i) - \sum_{i=1}^{n} x_i \sum_{i=1}^{n} \ln \hat{y}_i}{n\sum_{i=1}^{n} x_i^2 - \left(\sum_{i=1}^{n} x_i\right)^2}$$

$$A = \frac{\sum_{i=1}^{n} x_i^2 \sum_{i=1}^{n} y_i - \sum_{i=1}^{n} x_i \sum_{i=1}^{n} x_i y_i}{n\sum_{i=1}^{n} x_i^2 - \left(\sum_{i=1}^{n} x_i\right)^2} = \frac{\sum_{i=1}^{n} x_i^2 \sum_{i=1}^{n} \ln \hat{y}_i - \sum_{i=1}^{n} x_i \sum_{i=1}^{n}(x_i \ln \hat{y}_i)}{n\sum_{i=1}^{n} x_i^2 - \left(\sum_{i=1}^{n} x_i\right)^2}$$

或
$$A = \frac{\sum_{i=1}^{n} y_i}{n} - B\frac{\sum_{i=1}^{n} x_i}{n} = \frac{\sum_{i=1}^{n} \ln \hat{y}_i}{n} - B\frac{\sum_{i=1}^{n} x_i}{n}$$

估计出 $A$、$B$ 后，再查反对数表，便可得到参数 $a$、$b$ 的估计值：

$$a = \exp(A), \; b = \exp(B)$$

(2) 修正指数曲线方程

$$\hat{y}=k+ab^x$$

式中，$k>0$，$0<b<1$。

当 $k$ 是发展水平的上限时，$a<0$；当 $k$ 是发展水平的下限时，$a>0$。

从数学意义上讲，$\hat{y}=k$ 是 $\hat{y}=k+ab^x$ 的渐近线。

参数 $a$ 加上 $k$ 表示基期发展水平；参数 $b$ 表示增长量的环比速度：

$$b=\frac{y_{t+1}-y_t}{y_t-y_{t-1}}$$

在经济生活中，许多新产品投放市场后，其需求量通常表现为修正指数曲线趋势。新产品需求量初期迅速增加，经过一段时期以后便逐渐放缓增长速度，不过，各期增长量的环比速度大致相等，最后，发展水平会趋近于某一正的常数极限值的趋势。再如，新产品单位成本的变化情况也呈现出这一类型的发展趋势。

2. 二次曲线趋势

二次曲线方程：

$$\hat{y}=a+bx+cx^2$$

(1) 最小二乘法。

使 $\sum_{i=1}^{n}e_i^2=\sum_{i=1}^{n}(y_i-\hat{y}_i)^2=\sum_{i=1}^{n}(y-a-bx_i-cx_i^2)^2$ 取最小值

$$\begin{aligned}\frac{\partial\left(\sum_{i=1}^{n}e_i^2\right)}{\partial a}&=2\sum_{i=1}^{n}(y_i-a-bx_i-cx_i^2)(y_i-a-bx_i-cx_i^2)'_a\\&=2\sum_{i=1}^{n}(y_i-a-bx_i-cx_i^2)(0-1-0-0)\\&=-2\sum_{i=1}^{n}(y_i-a-bx_i-cx_i^2)=0\end{aligned}$$

$$\begin{aligned}\frac{\partial\left(\sum_{i=1}^{n}e_i^2\right)}{\partial b}&=2\sum_{i=1}^{n}(y_i-a-bx_i-cx_i^2)(y_i-a-bx_i-cx_i^2)'_b\\&=2\sum_{i=1}^{n}(y_i-a-bx_i-cx_i^2)(0-0-x_i-0)\\&=-2\sum_{i=1}^{n}(y_i-a-bx_i-cx_i^2)x_i=0\end{aligned}$$

$$\begin{aligned}\frac{\partial\left(\sum_{i=1}^{n}e_i^2\right)}{\partial c}&=2\sum_{i=1}^{n}(y_i-a-bx_i-cx_i^2)(y_i-a-bx_i-cx_i^2)'_c\\&=2\sum_{i=1}^{n}(y_i-a-bx_i-cx_i^2)(0-0-0-x_i^2)\\&=-2\sum_{i=1}^{n}(y_i-a-bx_i-cx_i^2)x_i^2=0\end{aligned}$$

将以上三个方程联立，便可以得到正规方程组：

$$\begin{cases}\sum_{i=1}^{n} y_i = na + b\sum_{i=1}^{n} x_i + c\sum_{i=1}^{n} x_i^2 \\ \sum_{i=1}^{n} x_i y_i = a\sum_{i=1}^{n} x_i + b\sum_{i=1}^{n} x_i^2 + c\sum_{i=1}^{n} x_i^3 \\ \sum_{i=1}^{n} x_i^2 y_i = a\sum_{i=1}^{n} x_i^2 + b\sum_{i=1}^{n} x_i^3 + c\sum_{i=1}^{n} x_i^4\end{cases}$$

根据时间数列资料，可以得到如下汇总值：

$$\sum_{i=1}^{n} x_i，\sum_{i=1}^{n} y_i，\sum_{i=1}^{n} x_i y_i，\sum_{i=1}^{n} x_i^2 y_i，\sum_{i=1}^{n} x_i^2，\sum_{i=1}^{n} x_i^3，\sum_{i=1}^{n} x_i^4$$

将这个方程组联立求解，便可以得到 $a$、$b$、$c$ 的估计值。

或者利用简捷法将原点移至时间数列中间，使得 $\sum_{i=1}^{n} x_i = 0$，从而 $\sum_{i=1}^{n} x_i^3 = 0$，则可以简化上述正规方程组为：

$$\begin{cases}\sum_{i=1}^{n} y_i = na + c\sum_{i=1}^{n} x_i^2 \\ \sum_{i=1}^{n} x_i y_i = b\sum_{i=1}^{n} x_i^2 \\ \sum_{i=1}^{n} x_i^2 y_i = a\sum_{i=1}^{n} x_i^2 + c\sum_{i=1}^{n} x_i^4\end{cases}$$

（2）两边同乘以 $x$ 再同时求和。

对 $y = a + bx + cx^2$ 两边同求和，得

$$\sum_{i=1}^{n} y_i = \sum_{i=1}^{n} (a + bx_i + cx_i^2)$$

$$\sum_{i=1}^{n} y_i = na + b\sum_{i=1}^{n} x_i + c\sum_{i=1}^{n} x_i^2$$

又对 $y = a + bx + cx^2$ 两边同乘以 $x$ 再同求和，得

$$xy = ax + bx^2 + cx^3$$

$$\sum_{i=1}^{n} x_i y_i = \sum_{i=1}^{n} (ax_i + bx_i^2 + cx_i^3)$$

$$\sum_{i=1}^{n} x_i y_i = a\sum_{i=1}^{n} x_i + b\sum_{i=1}^{n} x_i^2 + c\sum_{i=1}^{n} x_i^3$$

再对 $y = a + bx + cx^2$ 两边同乘以 $x^2$ 再同求和，得

$$x^2 y = ax^2 + bx^3 + cx^4$$

$$\sum_{i=1}^{n} x_i^2 y_i = \sum_{i=1}^{n} (ax_i^2 + bx_i^3 + cx_i^4)$$

$$\sum_{i=1}^{n} x_i^2 y_i = a\sum_{i=1}^{n} x_i^2 + b\sum_{i=1}^{n} x_i^3 + c\sum_{i=1}^{n} x_i^4$$

将这三个方程联立起来，便得到正规方程组：

$$\begin{cases} \sum_{i=1}^{n} y_i = na + b\sum_{i=1}^{n} x_i + c\sum_{i=1}^{n} x_i^2 \\ \sum_{i=1}^{n} x_i y_i = a\sum_{i=1}^{n} x_i + b\sum_{i=1}^{n} x_i^2 + c\sum_{i=1}^{n} x_i^3 \\ \sum_{i=1}^{n} x_i^2 y_i = a\sum_{i=1}^{n} x_i^2 + b\sum_{i=1}^{n} x_i^3 + c\sum_{i=1}^{n} x_i^4 \end{cases}$$

### （三）长期趋势的判断

假如根据主观的逻辑推理，希望时间数列趋向平稳走势，则适宜配合渐近的成长曲线。根据时间序列在二维坐标平面上的散点分布特征，确定适合拟合何种类型的趋势模型，通常遵循以下几条判断标准：

(1) 若时间序列的散点分布近似为线性走势，则可以选择直线趋势模型；或者，若时间序列各期的逐期（又称环比）增长量（即第一阶差）大致相等，则可以拟合直线趋势模型，即

$$\hat{y} = a + bx$$

(2) 若某一现象的时间序列的逐期大体上以几何级数等比递增（或递减），各期的环比速度近似为一个常数，其散点图在算术坐标纸上围绕指数曲线趋势波动，在半对数坐标纸上围绕直线趋势波浪式分布时，则可以拟合指数曲线趋势模型，即

$$\hat{y} = ab^x$$

(3) 时间序列的逐期或环比增长量之差（即第二阶差）近似相等，其散点图围绕上凹或下凸的二次抛物线上下波浪式分布时，则可以拟合二次抛物线趋势模型，即

$$\hat{y} = a + bx + cx^2$$

(4) 若时间序列的第三阶差为常数，则可以拟合三次曲线趋势模型，即

$$\hat{y} = a + bx + cx^2 + dx^3$$

现推广到一般，若时间序列的 $n$ 阶差近似为常数，则可以拟合 $n$ 次多项式曲线趋势模型，即

$$\hat{y} = b_0 + b_1 x + b_2 x^2 + b_3 x^3 + \cdots + b_n x^n$$

(5) 假如时间序列一阶差按一定百分率变动，则可以拟合修正指数曲线趋势模型，即

$$\hat{y} = k + ab^x$$

(6) 假如时间序列的对数一阶差为常数，则可以拟合复利曲线趋势模型，即

$$\hat{y} = p(1+r)^x$$

或者，指数曲线趋势模型，即

$$\hat{y} = ab^x$$

(7) 假如时间序列的对数二阶差为常数，则可以拟合对数的二次曲线趋势模型，即

$$\ln \hat{y} = a + bx + cx^2$$

(8) 假如时间序列的对数一阶差按一常数百分率变动，则可以拟合龚伯茨(Gompertz)曲线趋势模型，即

$$\hat{y} = ka^{b^x} \ (k > 0,\ a < 1,\ 0 < b < 1)$$

(9) 假如时间序列的倒数一阶差按一定百分率变动，则可以拟合逻辑斯蒂(Logistic)曲线趋势模型，即

$$\frac{1}{\hat{y}} = k + ab^x$$

(10) 假如时间序列自然数一阶差，相似常态曲线，则可以拟合逻辑斯蒂曲线趋势模型。

(11) 假如时间序列自然数一阶差，相似常态曲线，则可以拟合龚伯兹曲线趋势模型。

### (四) 拟合优良的趋势模型的选择

客观上讲，将时间序列资料绘制在自然数坐标纸上或对数坐标纸上①，以观察其运行轨迹，就可以判断该时间序列应当配合何种趋势线。如果有数种趋势线都可以近似配合时，则须根据趋势值与观察值的偏离程度 $s_y^2$ 来判别，通过对各种所配合的趋势线加以比较，以偏差 $s_y^2$ 最小者为最优。$s_y^2$ 的计算公式为：

$$s_y^2 = \frac{\sum_{i=1}^{n} (y_i - \hat{y}_i)^2}{n - m}$$

式中，$n$ 表示原时间序列的项数，即年数或观察值个数；$m$ 表示趋势模型中参数个数。

即使是对时间序列运行轨迹拟合优良的趋势模型也只限于在一定的预测期内有效，假如超出预测期，趋势模型则须修正或对数据进行重新拟合，如工人劳动生产率(件/小时)随着工龄增长而呈直线提高的趋势。因为随着工人工龄的增长，工人的熟练程度会不断提高，但工龄长到一定限度，劳动生产率可能不会呈直线趋势上升。年长工人的精力和操作速度会逐渐衰减。此时，工龄愈长，劳动生产率可能呈指数等曲线形式下降，在后面的阶段应当拟合曲线趋势模型。因此，优良的趋势模型对现实的拟合都必须有一个前提条件，即假如现在这种变动趋势将可能会延续到未来的预测期，只有这样才允许利用该趋势模型向未来预测期外推。所谓预测期，是指现在至未来某时刻的时期。

# 第五节　季节波动的测定

## 一、季节波动的概念

严格意义上讲，季节波动有狭义和广义之分，狭义的季节波动是指某些现象由于受到

① 坐标纸(graph paper)，就是笛卡儿坐标系(Cartesian coordinate system)也就是直角坐标系(rectangular coordinate system)的坐标纸，通称小方格(纸)，实用二维表数据的载体，常用的作图工具，广泛应用于实验数据处理，现已被电脑作图软件取代。自然数坐标是指数轴上的刻度都是自然数；对数坐标是指数轴上的刻度都是对数值。笛卡儿坐标系就是直角坐标系和斜角坐标系的统称。相交于原点的两条数轴，构成了平面放射坐标系。若两条数轴上的度量单位相等，则称此放射坐标系为笛卡儿坐标系。两条数轴互相垂直的笛卡儿坐标系，称为笛卡儿直角坐标系，否则称为笛卡儿斜角坐标系。

社会因素和自然因素的影响，在一年之内随着季节的更替而呈现的有规律的周期性波动。例如：衬衫、冷饮，夏季是销售“旺季”，随着天气转冷，到冬季时是销售“淡季”，随着天气转暖，销售量又逐渐回升，从而逐渐形成新一轮的“旺季”；广义的季节波动是指某些现象由于受社会因素和自然因素的影响，在一个季度内、或一个月内、或一周内、或一天内，随着时间的推移而呈现的有规律的周期性的波动。例如：城市公交汽车的乘客数一天之内都会发生有规则的变化；再如，电视节目收视率一周之内会出现周期性变化。

## 二、研究季节波动的目的

研究季节波动的目的，在于认识和掌握现象随着季节更迭而变动的有周期性的规律和数量界限，以便预测未来，采取措施，做出正确的决策，克服季节变动所引起的一些负面影响，以便及时组织生产、运输等，尽可能提前安排好市场供应，更好地满足生产和生活需要。

然而，从时间数列影响因素分析的角度看，认识和掌握季节波动，就能够将季节波动因素从时间数列中予以剔除，从而充分显示现象的循环波动、不规则波动。

## 三、季节波动的测定方法

测定季节波动的方法主要是计算季节比率。季节比率，又称季节指数，它说明现象在一年中各个月同月平均数占所有年月平均数的比重。若各月此比重比较接近 1（或 100%），则表明季节波动很小，甚至可以认为没有季节波动；若各月此比重较悬殊，而且连续几年均是如此，则表明季节波动很大。由于全年为 12 个月，因此，全年的比重之和应当等于 12（或 1 200%）。

按照是否考虑长期趋势的影响来划分，测定季节波动的方法主要有两种：一是不考虑长期趋势的影响，直接根据原始时间序列来计算季节比率，即为同月（季）平均法，或称直接平均法；二是将原始时间序列中长期趋势影响予以剔除后再计算季节比率，即为移动平均趋势剔除法。季节比率高说明“旺季”；季节比率低说明“淡季”。

由于各年的政治、经济和自然等诸多影响因素有可能不一样，所以，仅利用某一年的资料计算季节比率缺乏代表性，不能揭示季节波动的规律。为了消除资料中的偶然性因素影响，使计算出的季节比率能够充分体现季节波动的代表性，反映季节波动的规律性，至少需要占有连续三年的历史资料。所占用越多年数的资料，用以计算季节比率的时间序列资料中的偶然性因素消除得越彻底。

### （一）直接平均法

#### 1. 直接平均法的步骤

第一步，计算各年合计数和所有年相同月份（或季度）合计数。

$$\text{各年合计数} = \sum_{j=1}^{m} x_{ij}$$

$$\text{所有年同月(或季)合计数} = \sum_{i=1}^{n} x_{ij}$$

式中，$x_{ij}$ 表示第 $i$ 年第 $j$ 月（季）的变量值（或称发展水平），$i=1, 2, \cdots, n$；$j=1, 2, \cdots, m$；$m=12$ 或 $m=4$。

第二步，计算各年月（季）平均数和所有年同月（季）平均数。

各年月(季)平均数：

$$\bar{x}_{i.}=\frac{\sum_{j=1}^{m}x_{ij}}{m}$$

所有年同月(季)平均数：

$$\bar{x}_{.j}=\frac{\sum_{i=1}^{n}x_{ij}}{n}$$

第三步，计算全时期总平均数。

全时期(或称所有年)总平均数：

$$\bar{x}=\frac{\sum_{i=1}^{n}\sum_{j=1}^{m}x_{ij}}{nm}=\frac{\sum_{j=1}^{m}\bar{x}_{.j}}{m}=\frac{\sum_{i=1}^{n}\bar{x}_{i.}}{n}$$

第四步，计算各月(季)的季节比率：

$$s_j=\frac{\bar{x}_{.j}}{\bar{x}}$$

第五步，对季节比率校正。

从理论上讲，$\sum_{j=1}^{m}s_j=m$，但是，由于在运算上四舍五入的影响，实际上往往会出现 $\sum_{j=1}^{m}s_j\neq m$ 的情况，此时，就应当修正各月的季节比率，使 $\sum_{j=1}^{m}s'_j=m$。其校正公式为：

$$\text{季节指数}(s'_j)=\text{季节比率}\times\text{校正系数}=\text{季节比率}\times\frac{1\,200\%}{\text{各月季节比率}}$$

$$=s_j\times\frac{1\,200\%}{\sum_{j=1}^{m}s_j}$$

［范例 7.7］　2017—2021 年祈乐商厦服装各月销售额(单位：万元)资料，如表 7-9 所示。试计算各月的季节比率，并结合图示，从季节比率的变化分析该商厦服装销售变动的情况。

表 7-9　2017—2021 年祈乐商厦服装各月销售额表

| 序号($i$) | 年份 | 月($j$) | | | | | | | | | | | | 合计 |
|---|---|---|---|---|---|---|---|---|---|---|---|---|---|---|
| | | 1 | 2 | 3 | 4 | 5 | 6 | 7 | 8 | 9 | 10 | 11 | 12 | |
| 1 | 2017 | 11 | 12 | 19 | 36 | 42 | 142 | 240 | 95 | 38 | 18 | 12 | 9 | 674 |
| 2 | 2018 | 11 | 15 | 22 | 39 | 64 | 164 | 280 | 120 | 39 | 19 | 13 | 10 | 796 |
| 3 | 2019 | 14 | 21 | 31 | 52 | 68 | 88 | 310 | 140 | 48 | 24 | 12 | 11 | 819 |
| 4 | 2020 | 14 | 21 | 31 | 50 | 66 | 195 | 315 | 145 | 49 | 25 | 14 | 12 | 937 |
| 5 | 2021 | 13 | 22 | 33 | 49 | 70 | 200 | 318 | 153 | 51 | 26 | 14 | 11 | 960 |

续　表

| 序号(i) | 年份 | 月(j) | | | | | | | | | | | | 合计 |
|---|---|---|---|---|---|---|---|---|---|---|---|---|---|---|
| | | 1 | 2 | 3 | 4 | 5 | 6 | 7 | 8 | 9 | 10 | 11 | 12 | |
| 合　计 | | 63 | 91 | 136 | 226 | 310 | 789 | 1 463 | 653 | 225 | 112 | 65 | 53 | 4 186 |
| 同月平均 | | 12.6 | 18.2 | 27.2 | 45.2 | 62.0 | 157.8 | 292.6 | 130.6 | 45.0 | 22.4 | 13.0 | 10.6 | 69.8 |
| 季节指数/% | | 18.1 | 26.1 | 39.0 | 64.8 | 88.8 | 226.1 | 419.2 | 187.1 | 64.5 | 32.1 | 18.6 | 15.2 | 1 184.6 |

［解］　第一步，计算各年合计数和所有年相同月合计数。

$$2017\text{ 年合计数}=\sum_{j=1}^{12}x_{1j}=11+12+19+36+42+142+240+95+38+18+12+9=674,$$

$$1\text{ 月合计数}=\sum_{i=1}^{5}x_{i1}=11+11+14+14+13=63,$$

余下各年(月)的合计数计算方法同理。

第二步，计算 5 年间同月份的平均销售额。

$$1\text{ 月平均销售额 }\bar{x}_1=\frac{\sum_{i=1}^{5}x_{i1}}{5}=\frac{63}{5}=12.6$$

余下各月份计算方法同理。

第三步，计算 5 年间总平均月销售额。

$$\bar{x}=\frac{\sum_{j=1}^{12}\bar{x}_j}{12}=\frac{12.6+18.2+27.2+45.2+62.0+157.8+292.6+130.6+45.0+22.4+13.0+10.6}{12}=69.8$$

第四步，计算各月的季节比率。

$$1\text{ 月份的季节比率 }s_1=\frac{\bar{x}_1}{\bar{x}}=\frac{12.6}{69.8}=18.1\%$$

$$2\text{ 月份的季节比率 }s_2=\frac{\bar{x}_2}{\bar{x}}=\frac{18.2}{69.8}=26.1\%$$

……

第五步，对季节比率校正。

由于 $\sum_{j=1}^{12}s_j=1\,184.6\%\neq1\,200\%=12$。

因此，必须修正各月的季节比率。

$$s'_j=s_j\times\frac{1\,200\%}{1\,184.6\%}=s_j\times1.013\quad(j=1,2,3,\cdots,11,12),$$

$$s'_1=s_1\times1.013=18.1\%\times1.013=18.3\%,$$

同理，可得 $s'_2$，$s'_3$，$s'_4$，…，$s'_{12}$。

不过，如果各月季节比率之和与 1 200% 相当接近，则校正系数几乎等于 1，在这种情况下可以不校正季节比率。

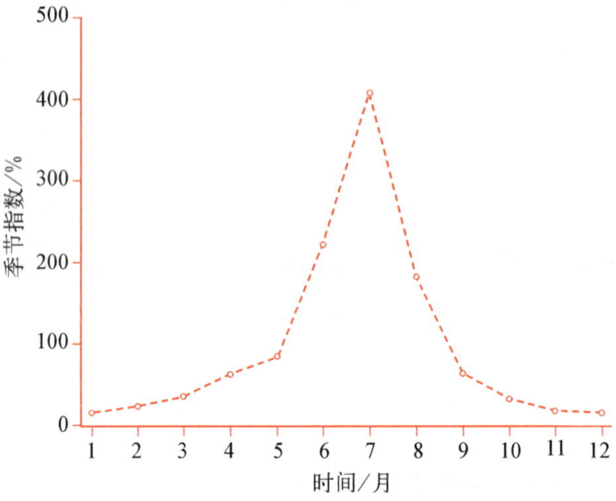


图 7-4　2017—2021 年祈乐商厦服装销售变动季节指数

从图 7-4 中可以直观地发现该商厦服装销售额的季节比率时间序列呈现出明显的季节性变动趋势。自 1 月份起逐月递增，7 月份达到最高峰，这是销售的最旺月份，从 8 月份开始出现下滑，至 12 月份落入最低谷，也即为销售的最淡月份。

2. 直接平均法优缺点

(1) 优点：① 计算简便，容易理解；② 通过历年同期平均，可以消除不规则变动；③ 若现象存在循环变动，且其变动周期又恰好等于时间序列的年数，则通过同期平均，就可以消除循环变动。

(2) 缺点：① 未能消除长期趋势的影响。若时间序列存在上升的长期趋势，则所计算的季节指数就会出现上半年偏低，下半年偏高；若时间序列存在下降的长期趋势，则所计算的季节指数就会出现上半年偏高，下半年偏低。② 各年份的数值常有大小悬殊的差别。数值大的年份，其季节模型对季节指数的影响较大；数值小的年份，影响较小。然而，数值大的年份的季节模型却不一定代表性高，从而使得季节比率精确性受到影响。

### (二) 移动平均趋势剔除法

若某现象时间数列是由若干年资料所构成，那么该现象不但各月(季)发展水平呈现出有规律的季节变动，而且逐年数值还存在明显的有规律成长(上升、稳定、下降)的趋势变动，此时，为了充分掌握季节波动的规律性，对测定季节波动数量规律性的移动平均法来说，把乖离季节波动的长期趋势的变动、周期循环波动和不规则波动等因素都应视为偶然性的波动。有可能资料所属的时间中各年的季节波动不尽相同，出现这种情况的原因是由于偶然性因素正、负作用的结果。若将这段时间内的观察值予以平均，则在计算平均时通过汇总就可以将偶然性正、负作用结果相互抵消，用平均值作为该段时间的代表值，从而充分揭示季节波动的数量规律性。

假如动态时间序列 $\{Y_t\}$ 是以乘法或加法结构模型拟合的，即 $Y=T\cdot S\cdot C\cdot I$ 或 $Y=T+S+C+I$。若要认识 $S$，首先应当从观察值 $Y$ 中将 $S$ 予以剔除。

移动平均趋势剔除法的步骤如下：

第一步，以季节波动的一个周期所含的时间序列项数作为移动平均的项数，通过对 $Y$ 移动平均，从而平滑掉季节波动和大部分不规则波动的影响（因为只是部分平均，而不是全部平均，所以，只能说是消除大部分不规则波动的影响），得到不含 $S \cdot I$ 的时间序列的移动平均值 $T \cdot C$。

第二步，$\dfrac{\text{原序列}}{\text{移动平均值}}=\dfrac{Y}{T \cdot C}=\dfrac{T \cdot S \cdot C \cdot I}{T \cdot C}$

或　　原序列 − 移动平均值 $=Y-(T+C)$

$$=(T+S+C+I)-(T+C)$$

$$=S+I$$

第三步，对各年同月（季）的 $S \cdot I$ 平均，以消除不规则波动 $I$，得到未作修正的季节比率 $S$。

第四步，月度季节比率之和应等于 1 200%，季度季节比率之和应等于 400%，若不相等，则必须利用修正系数 $\left(=1\,200\% \Big/ \sum_{j=1}^{12} S_j \text{ 或 } 400\% \Big/ \sum_{j=1}^{4} S_j\right)$ 将各月（季）的季节比率加以调整。

当循环波动的周期不太长（如 2～3 年），且具有锐角的转折点时，上述的移动平均很可能会将部分循环波动平滑掉，因而，$T \cdot C$ 或 $T+C$ 中的 $C$ 也只是整个循环波动的部分，另一部分 $C$ 可能与 $S \cdot I$ 或 $S+I$ 结合在一起。

［范例 7.8］　某肉类联合加工厂肉类销售资料，如表 7-10 所示，试分别计算乘法模型和加法模型的季节比率。

表 7-10　某肉类联合加工厂肉类销售表　　单位：t

| 月　份 | 2019 年 | 2020 年 | 2021 年 |
|---|---|---|---|
| 1 | 40 | 85 | 120 |
| 2 | 35 | 78 | 103 |
| 3 | 30 | 70 | 98 |
| 4 | 26 | 63 | 85 |
| 5 | 27 | 45 | 95 |
| 6 | 32 | 69 | 106 |
| 7 | 55 | 108 | 185 |
| 8 | 72 | 163 | 213 |
| 9 | 77 | 175 | 235 |
| 10 | 68 | 132 | 208 |
| 11 | 42 | 95 | 145 |
| 12 | 38 | 90 | 127 |

在求典型的季节指数之前须判断资料是否存在一个较为稳定的季节模式，如图 7-5所示。

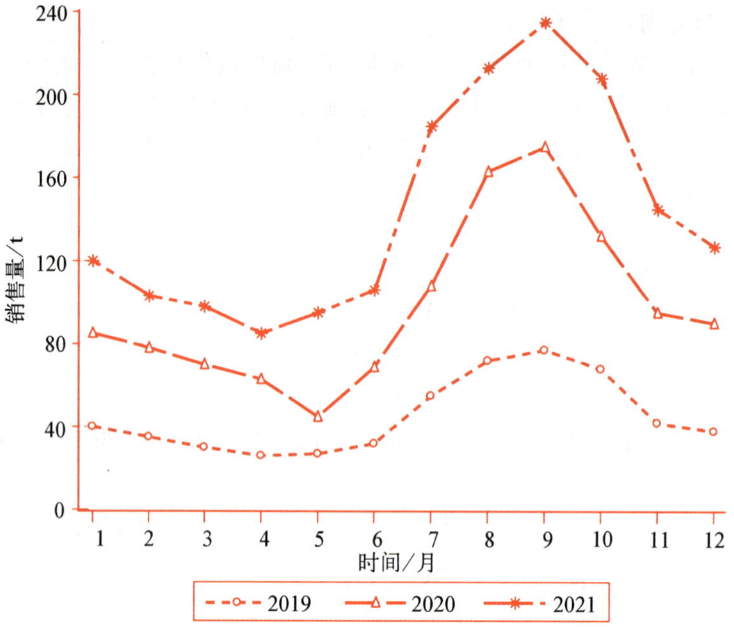


图 7-5　2019—2021 年某肉类联合加工厂肉类销售量走势图

从图 7-5 中可以看出，尽管各年波幅稍有差异，但是各曲线的转折点却是大致相同，因而，各年份的波动是比较有规律的，由此可以认为该时间序列存在一个基本稳定的季节模式，于是，便可以求得典型的季节指数。

又因为该现象存在明显的迂回上升的长期趋势，如图 7-6 所示。

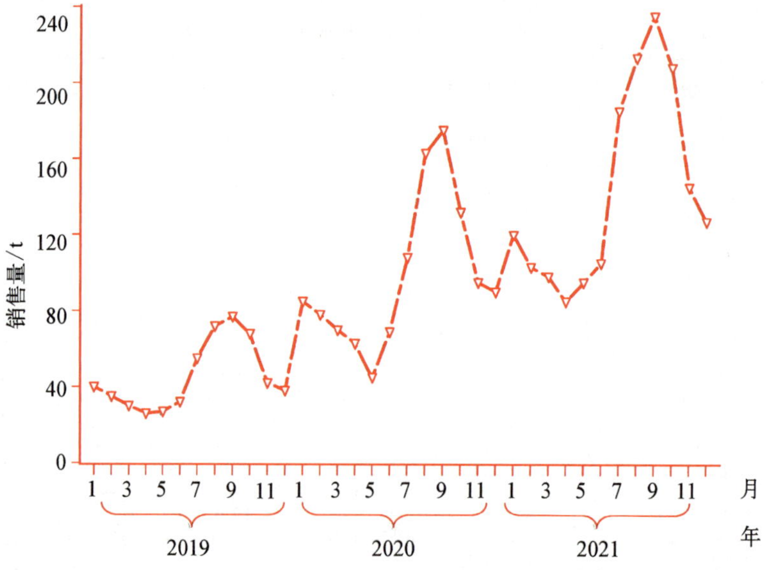


图 7-6　2019—2021 年某肉类联合加工厂肉类销售量长期趋势图

为了剔除现象中的长期趋势，首先应找出 $T$，即求出资料的趋势值。通过 12 项移动平均可计算出这些趋势值。然后将原序列除以趋势值，便得到不含长期趋势的时间序列。

若仅以某一年的月(季)资料作为考察季节波动的依据，则很可能因受偶然因素的影响而不能充分反映各年的季节波动的情形，为此，应当将连续几年的，且已经将长期趋势予以剔除的月(季)资料进行同月(季)平均。存在长期趋势的时间序列计算季节指数的步骤如下。

(1) 计算现象存在 $Y=T\cdot S\cdot C\cdot I$ 的结构模型的季节指数。

第一步，计算 12 项移动平均数，如表 7-11 所示，便得到已消除各月销售量季节波动的影响的时间序列，确定该时间序列增长总趋势。

表 7-11　2019—2021 年某肉类联合加工厂肉类销售量移动平均数计算表

| 年份 | 月份 | 销售量 (Y) | 12个月移动总数 (SUM) | 一次移动平均数 (SUM/12) | 二次移动平均数 (TC 或 T+C) | 移动平均比率 (Y/TC)/% | 移动平均修匀值 Y−(T+C) |
|---|---|---|---|---|---|---|---|
| 2019 | 1 | 40 | | | | | |
| | 2 | 35 | | | | | |
| | 3 | 30 | | | | | |
| | 4 | 26 | | | | | |
| | 5 | 27 | | | | | |
| | 6 | 32 | | | | | |
| | | | 542 | 45.2 | | | |
| | 7 | 55 | | | 47.1 | 116.8 | 7.9 |
| | | | 587 | 48.9 | | | |
| | 8 | 72 | | | 50.7 | 142.0 | 21.3 |
| | | | 630 | 52.5 | | | |
| | 9 | 77 | | | 54.2 | 142.1 | 22.8 |
| | | | 670 | 55.8 | | | |
| | 10 | 68 | | | 57.4 | 118.5 | 10.6 |
| | | | 707 | 58.9 | | | |
| | 11 | 42 | | | 59.7 | 70.4 | −17.7 |
| | | | 725 | 60.4 | | | |
| | 12 | 38 | | | 62.0 | 61.3 | −24.0 |
| | | | 762 | 63.5 | | | |
| 2020 | 1 | 85 | | | 65.7 | 129.4 | 19.3 |
| | | | 815 | 67.9 | | | |
| | 2 | 78 | | | 71.7 | 108.8 | 6.3 |
| | | | 906 | 75.5 | | | |
| | 3 | 70 | | | 79.6 | 87.9 | −9.6 |
| | | | 1 004 | 83.7 | | | |
| | 4 | 63 | | | 86.4 | 72.9 | −23.4 |
| | | | 1 068 | 89.0 | | | |
| | 5 | 45 | | | 91.2 | 49.3 | −46.2 |
| | | | 1 121 | 93.4 | | | |
| | 6 | 69 | | | 95.6 | 72.2 | −26.6 |
| | | | 1 173 | 97.8 | | | |
| | 7 | 108 | | | 99.3 | 108.8 | 8.7 |
| | | | 1 208 | 100.7 | | | |
| | 8 | 163 | | | 101.8 | 160.1 | 61.2 |
| | | | 1 233 | 102.8 | | | |
| | 9 | 175 | | | 104.0 | 168.3 | 71.0 |
| | | | 1 261 | 105.1 | | | |
| | 10 | 132 | | | 106.0 | 124.5 | 26.0 |
| | | | 1 283 | 106.9 | | | |
| | 11 | 95 | | | 109.0 | 87.2 | −14.0 |
| | | | 1 333 | 111.1 | | | |
| | 12 | 90 | | | 112.6 | 79.9 | −22.6 |
| | | | 1 369 | 114.1 | | | |
| 2021 | 1 | 120 | | | 117.3 | 102.3 | 2.7 |
| | | | 1 446 | 120.5 | | | |
| | 2 | 103 | | | 122.6 | 84.0 | −19.6 |
| | | | 1 496 | 124.7 | | | |
| | 3 | 98 | | | 127.2 | 77.0 | −29.2 |
| | | | 1 556 | 129.7 | | | |
| | 4 | 85 | | | 132.9 | 64.0 | −47.9 |
| | | | 1 632 | 136.0 | | | |
| | 5 | 95 | | | 138.1 | 68.8 | −43.1 |
| | | | 1 682 | 140.2 | | | |
| | 6 | 105 | | | 141.8 | 74.0 | −36.8 |
| | | | 1 719 | 143.3 | | | |
| | 7 | 185 | | | | | |
| | 8 | 213 | | | | | |
| | 9 | 235 | | | | | |
| | 10 | 208 | | | | | |
| | 11 | 145 | | | | | |
| | 12 | 127 | | | | | |

如：$SUM_1=40+35+30+26+27+32+55+72+77+68+42+38=542$，

$$\frac{SUM_1}{12}=\frac{542}{12}=45.2,$$

542 和 45.2 对应的时间为 2019 年 6 月至 7 月中间，即 2019 年 7 月 1 日零点；

$$SUM_2=35+30+26+27+32+55+72+77+68+42+38+85=587,$$

$$\frac{SUM_2}{12}=\frac{587}{12}=48.9,$$

587 和 48.9 对应的时间为 2019 年 7 月至 8 月中间，即 2019 年 8 月 1 日零点；

……

利用简捷法进行移动平均：以第一年 2019 年的各月数合计数 $SUM_1=542$ 为基础，则第二个合计数

$$SUM_2=542-40+85=587,$$

第三个合计数：

$$SUM_3=587-35+78=630,$$

……

将这些合计数 $SUM_1$，$SUM_2$，$SUM_3$，…，$SUM_{12}$ 分别除以 12，便得到各月 12 项一次移动平均数。

依次计算，可得如表 7-11 所示的移动平均数计算表中之第 4、第 5 列数据。

将一次移动平均数再进行 2 项二次移动平均：

如：
$$\frac{45.2+48.9}{2}=47.1,$$

47.1 对应的时间为 2019 年 7 月；

$$\frac{48.9+52.5}{2}=50.7,$$

50.7 对应的时间为 2019 年 8 月……

第二步，计算三年中各月观察值 ($Y$) 与趋势值 ($TC$) 对比的修匀比率 $\left(\frac{Y}{TC}\right)$，如表 7-11倒数第二列所示。这样做的目的是把长期趋势 $T$ 从原时间序列中予以剔除，以充分体现各年销售量的实际季节波动程度。

如：
$$\frac{55}{47.1}=116.8\%,\quad \frac{72}{50.7}=142\%,\ \cdots\cdots$$

第三步，各年同月修匀比率平均，便得到未经过校正的季节比率，如表 7-12 所示。

如：
$$\frac{129.4+102.3}{2}=115.9,\quad \frac{108.8+84}{2}=96.4,\ \cdots\cdots$$

表 7-12　经过校正的季节比率表　　单位：%

| 年 | 月份 | | | | | | | | | | | | 合计 |
|---|---|---|---|---|---|---|---|---|---|---|---|---|---|
| | 1 | 2 | 3 | 4 | 5 | 6 | 7 | 8 | 9 | 10 | 11 | 12 | |
| 2019 | | | | | | | 116.8 | 142.0 | 142.1 | 118.5 | 70.4 | 61.3 | |
| 2020 | 129.4 | 108.8 | 87.9 | 72.9 | 49.3 | 72.2 | 108.8 | 160.1 | 168.3 | 124.5 | 87.2 | 79.9 | |
| 2021 | 102.3 | 84.0 | 77.0 | 64.0 | 68.8 | 74.0 | | | | | | | |
| 同月平均 | 115.9 | 96.4 | 82.5 | 68.5 | 59.1 | 73.1 | 112.8 | 151.1 | 155.2 | 121.5 | 78.8 | 70.6 | 1 185.5 |
| 季节比率 | 117.3 | 97.6 | 83.5 | 69.3 | 59.8 | 74.0 | 114.2 | 152.9 | 157.1 | 123.0 | 79.8 | 71.5 | 1 200.0 |

由于各年的销售量可能受当年偶然性因素的正或负作用，且受作用的大小不尽相同，假如仅用某一年资料来反映某一较长时期的季节波动规律是缺乏代表性的，所以，应该用连续若干年的资料，将若干年同月的变量值加以平均，其平均值即为这一时期该月份的代表值，该平均值能够充分反映这一时期现象在该月份的一般水平和发展状况。

第四步，修正季节比率。从理论上讲，12 个月的修匀比率之和应当等于 1 200%，而实际上等于 1 185.5%，因此，有必要对各月修匀比率进行校正。

$$\text{校正系数}=\frac{1\,200\%}{1\,185.5\%}=1.012\,2,$$

$$\text{季节指数}=\text{同月平均数}\times\text{校正系数}$$

如：　$115.9\%\times1.012\,2=117.3\%$，$96.4\%\times1.012\,2=97.6\%$，……

(2) 计算现象存在 $Y=T+S+C+I$ 的结构模型的季节指数。

第一步，同上。

第二步，计算三年中各月观察值 ($Y$) 与趋势值 ($T+C$) 离差的修匀比率 $[Y-(T+C)]$，如表 7-11 最后一列所示。其目的也是把 $T$ 从 $Y$ 中予以剔除，以充分体现各年销售量的实际季节波动范围。

如：　$55-47.1=7.9$，$72-50.7=21.3$，……

第三步，各年同月修匀值平均，便得到经过校正的季节值，如表 7-13 所示。

表 7-13　经过校正的季节值表　　单位：t

| 年 | 月份 | | | | | | | | | | | | 合计 |
|---|---|---|---|---|---|---|---|---|---|---|---|---|---|
| | 1 | 2 | 3 | 4 | 5 | 6 | 7 | 8 | 9 | 10 | 11 | 12 | |
| 2019 | | | | | | | 7.9 | 21.3 | 22.8 | 10.6 | −17.7 | −24.0 | |
| 2020 | 19.3 | 6.3 | −9.6 | −23.4 | −46.2 | −26.6 | 8.7 | 61.2 | 71.0 | 26.0 | −14.0 | −22.6 | |
| 2021 | 2.7 | −19.6 | −29.2 | −47.9 | −43.1 | −36.8 | | | | | | | |
| 同月平均 | 11.0 | −6.7 | −19.4 | −35.7 | −44.7 | −31.7 | 8.3 | 41.3 | 46.9 | 18.3 | −15.9 | −23.3 | −51.6 |
| 季节比率 | 15.3 | −2.4 | −15.1 | −31.4 | −40.4 | −27.4 | 12.6 | 45.6 | 51.2 | 22.6 | −11.6 | −19.0 | 0.0 |

表 7-13 中同月平均的计算过程：

$$\frac{19.3+2.7}{2}=11.0,\ \frac{6.3+(-19.6)}{2}=-6.7,$$

当绝对无不规则波动的影响时，12 个月的同月平均数之和应当等于 0，而现在为 $-51.6<0$，表明同月平均仍未将不规则波动的影响完全剔除，因此，必须对同月平均作校正。

$$校正值=\frac{-51.6}{12}=-4.3$$

校正值表明，由于不规则波动的影响，使得季节波动平均减少 4.3 吨。可见，须将同月平均数减去校正值，这样便得到只反映季节波动的季节差。

$$季节差=同月平均数-校正值$$

如：　　$11.0-(-4.3)=15.3,\ -6.7-(-4.3)=-2.4,$

季节差，正值表示旺季；负值表示淡季；在 0 左右表示平季。

## 四、季节预测模型

### (一) 简单季节预测模型

在没有明显存在长期趋势，或允许不考虑长期趋势的情况下，可以应用简单季节模型进行外推预测。

(1) 若已经测得下一年的全年预测值，则

下一年各月(季)的预测值 $(\hat{y}_i)$ = 下一年各月的平均预测值 × 下一年对应月份的季节比率 $=\bar{y}_i\times s_i\ (i=1,2,3,\cdots,12)$

[范例 7.9] 根据范例 7.7 资料及其计算结果，如表 7-9 所示，现假设已经测得 2022 年全年销售额为 980 万元，平均每月销售额为 81.7 万元，试预测 2022 年各月的销售额。

[解] 2022 年 1 月的销售额预测值：

$$\hat{y}_1=\bar{y}_1\times s_1=81.7\times 18.1\%\times 1.013=14.98\ (万元)$$

2022 年 2 月的销售额预测值：

$$\hat{y}_2=\bar{y}_2\times s_2=81.7\times 26.1\%\times 1.013=21.6\ (万元)$$

…………

2022 年 12 月的销售额预测值：

$$\hat{y}_{12}=\bar{y}_{12}\times s_{12}=81.7\times 15.2\%\times 1.013=12.58\ (万元)$$

(2) 若已经测得下一年中的前面几个月(季)的预测总值，则

$$\begin{array}{c}下一年中后面某月度\\(季)的预测值(\hat{y}_i)\end{array}=\begin{array}{c}下一年中的前面几个月\\(季)的预测总值\end{array}\times\frac{下一年中后面某月(季)的季节比率}{下一年中前面几个月(季)的季节比率之和}$$

$$=\sum_{t=1}^{i-1}\hat{y}_t\cdot\frac{s_i'}{\sum_{t=1}^{i-1}s_t'}$$

[范例 7.10]　根据范例 7.7 资料及其计算结果，如表 7-9 所示，现假设已经测得 2022 年 1—3 月的销售额为 72 万元，试预测 2022 年 4—12 月的销售额。

[解]　2022 年 4 月的销售额预测值：

$$\hat{y}_4=\sum_{t=1}^{4-1}\hat{y}_t\cdot\frac{s_4'}{\sum_{t=1}^{4-1}s_t'}=72\times\frac{64.8\%\times1.013}{(18.1\%+26.1\%+39.0\%)\times1.013}=56.1\text{（万元）}$$

2022 年 5 月的销售额预测值：

$$\hat{y}_5=\sum_{t=1}^{5-1}\hat{y}_t\cdot\frac{s_5}{\sum_{t=1}^{5-1}s_t}=(72+56.1)\times\frac{88.8\%\times1.013}{(18.1\%+26.1\%+39.0\%+64.8\%)\times1.013}$$
$$=76.9\text{（万元）}$$

…………

### （二）移动平均季节预测模型

存在长期趋势变动的时间序列，在趋势变动的基础上，再根据季节波动因素对预测值加以调整，从而达到外推预测更为准确的效果。

[范例 7.11]　在表 7-11 中，可以看出二次移动平均数 $TC$ 时间序列的一阶差（即逐期增长量）大致相等，试用最小二乘法配合趋势直线方程。

[解]　由于 $TC$ 时间序列的一阶差大致相等，所以该时间序列可以配合趋势直线方程：

$$TC=a+bx$$

表 7-14　时间序列配合趋势直线方程表

| 年　份 | 月　份 | 时序（$t$） | $TC$ | $t^2$ | $(TC)\cdot t$ |
|---|---|---|---|---|---|
| 2019 | 7 | −23 | 47.1 | 529 | −1 083.3 |
| | 8 | −21 | 50.7 | 441 | −1 064.7 |
| | 9 | −19 | 54.2 | 361 | −1 029.8 |
| | 10 | −17 | 57.4 | 289 | −975.8 |
| | 11 | −15 | 59.7 | 225 | −895.5 |
| | 12 | −13 | 62.0 | 169 | −806.0 |
| 2020 | 1 | −11 | 65.7 | 121 | −722.7 |
| | 2 | −9 | 71.7 | 81 | −645.3 |
| | 3 | −7 | 79.6 | 49 | −557.2 |
| | 4 | −5 | 86.4 | 25 | −432.0 |
| | 5 | −3 | 91.2 | 9 | −273.6 |
| | 6 | −1 | 95.6 | 1 | −95.6 |
| | 7 | 1 | 99.3 | 1 | 99.3 |
| | 8 | 3 | 101.8 | 9 | 305.4 |

续　表

| 年　份 | 月　份 | 时序（$t$） | TC | $t^2$ | （TC）·$t$ |
|---|---|---|---|---|---|
| 2020 | 9 | 5 | 104.0 | 25 | 520.0 |
| | 10 | 7 | 106.0 | 49 | 742.0 |
| | 11 | 9 | 109.0 | 81 | 981.0 |
| | 12 | 11 | 112.6 | 121 | 1 238.6 |
| 2021 | 1 | 13 | 117.3 | 169 | 1 524.9 |
| | 2 | 15 | 122.6 | 225 | 1 839.0 |
| | 3 | 17 | 127.2 | 289 | 2 162.4 |
| | 4 | 19 | 132.9 | 361 | 2 525.1 |
| | 5 | 21 | 138.1 | 441 | 2 900.1 |
| | 6 | 23 | 141.8 | 529 | 3 261.4 |
| 合　计 | | 0 | 2 233.9 | 4 600 | 9 517.7 |

（整个循环波动 $C$ 中仅有部分 $C$ 与长期趋势 $T$ 结合，因而，$TC$ 中是以长期趋势 $T$ 为主，并且如表 7-14 所显示的长期趋势近似为直线趋势形式）

$$\begin{cases} \sum TC = na + b\sum t \\ \sum (TC)\cdot t = a\sum t + b\sum t^2 \end{cases}$$

因为

$$\sum t = 0$$

所以

$$a = \frac{\sum TC}{n} = \frac{2\ 233.9}{24} = 93.1$$

$$b = \frac{\sum (TC)\cdot t}{\sum t^2} = \frac{9\ 517.7}{4\ 600} = 2.1$$

$$TC = 93.1 + 2.1t$$

计算 2022 年 1—6 月的各月预测值，如表 7-15 所示。

**表 7-15　2022 年 1—6 月的各月预测值表**　　单位：t

| 2022 | | 趋势值（$TC$） | 季节指数（$S$）/（%） | 预测值（$TC$）·$S$ |
|---|---|---|---|---|
| 月　份 | 时序（$t$） | | | |
| 1 | 37 | 170.8 | 117.3 | 200.3 |
| 2 | 39 | 175.0 | 97.6 | 170.8 |
| 3 | 41 | 179.2 | 83.5 | 149.6 |
| 4 | 43 | 183.4 | 69.3 | 127.1 |
| 5 | 45 | 187.6 | 59.8 | 112.2 |
| 6 | 47 | 191.8 | 74.0 | 141.9 |

# 第六节　循环波动的测定

## 一、循环波动测定的意义和目的

研究现象尤其是研究社会经济现象一般要联系循环变化，而时间序列的分析往往是以测定循环波动为归宿。以下内容所要研讨的个别时间序列的循环波动，它是难于脱离整个社会经济现象的循环波动而孤立存在的。就单一的经济现象而言，它在各时期的景气波动呈现的形态也可能不尽相同。景气波动的周期，有两年半左右的短期，也有八年左右的长期。因而，研究个别时间序列，必须对其所包含的各个循环形态统一化。

由于一个时间序列所包含的各个循环在时间的先后和波动的大小上的不一，其形态也常常各不相同，而且循环规律又与不规则因素相互混淆，不易划分，相比之下，在各种经济波动的测定中，就数循环波动的测定最为困难。由此可见，在大部分的循环波动的分析中，不仅依存于统计学，而且在很大程度上更依存于经济分析。

## 二、隔离与测定循环波动的方法

### （一）直接法

直接法是指将每年各月（季）数值与上一年同月（季）数值对比，以求得循环和不规则波动的相对数。它是以时间序列的环比发展速度来显示其循环波动的相对程度，故又可将其称为改进的环比法。该方法是由前苏联统计学家卜洛巴夫设计的。其计算公式为：

$$CI_{t,i}=\frac{Y_{t,i}}{Y_{t-1,i}}\quad (i=1,2,3,\cdots,12)$$

式中，$CI_{t,i}$ 表示第 $t$ 年第 $i$ 月（季）的循环和不规则波动的相对数；$Y_{t,i}$ 表示第 $t$ 年第 $i$ 月（季）的时间序列的发展水平；$Y_{t-1,i}$ 表示第 $t-1$ 年第 $i$ 月（季）的时间序列的发展水平。

［范例 7.12］ 根据表 7-16 中的资料，试利用直接法计算某地区工业总产值的循环和不规则波动相对数。

表 7-16　某地区工业总产值的循环和不规则波动计算表

| 年・季度 | 工业总产值/亿元 | 循环与不规则波动/% | 年・季度 | 工业总产值/亿元 | 循环与不规则波动/% |
|---|---|---|---|---|---|
| 2019.1 | 138.2 | | 2021.1 | 190.3 | 122.9 |
| 2019.2 | 158.4 | | 2021.2 | 217.8 | 123.7 |
| 2019.3 | 153.3 | | 2021.3 | 205.7 | 117.5 |
| 2019.4 | 163.1 | | 2021.4 | 211.1 | 110.9 |
| 2020.1 | 154.8 | 112.0 | 2022.1 | 198.7 | 104.4 |
| 2020.2 | 176.1 | 111.2 | 2022.2 | 229.4 | 105.3 |
| 2020.3 | 175.1 | 114.2 | 2022.3 | 223.0 | 108.4 |
| 2020.4 | 190.3 | 116.7 | 2022.4 | 244.6 | 115.9 |

［解］　时间序列的年距环比发展速度(如表 7-16 所示)可以消除原序列中的季节波动的影响,而每年各月(季)大致以上一年同月(季)展水平为趋势值,经过前后年同月(季)相除,便得到已经将原序列中趋势值予以消除的以百分数表示的新序列,该种新序列粗略地反映循环与不规则波动的轨迹。

如图 7-7 所示,应用直接法测定循环波动存在的缺陷在于:

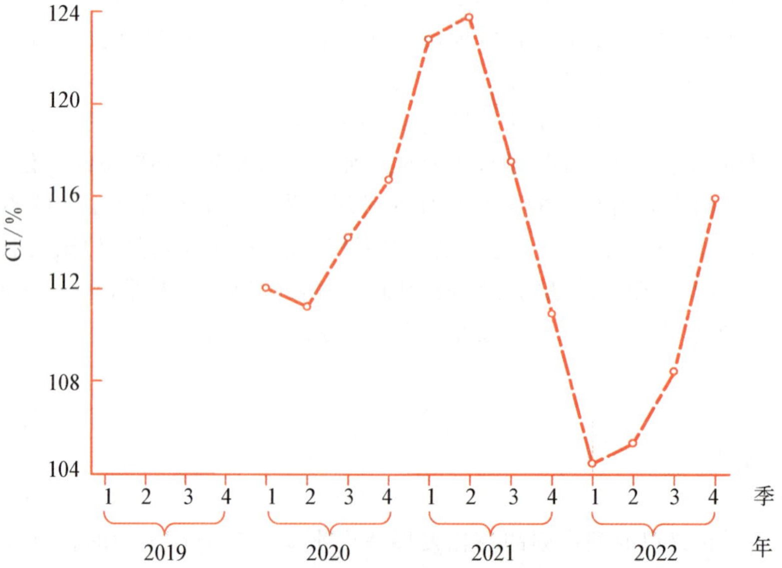


图 7-7　某地工业总产值循环与不规则波动轨迹图

(1) 在 2021 年第二季度形成了最高峰,这并不表明这一季度的循环相对值为最高,而是由于 2020 年第二季度的数值较小,导致 2021 年第二季度循环与不规则波动的相对数最大,正是由于这一不足,使得人们难以直观地揭示循环波动的真相。

(2) 直接法常常会把原时间序列的不规则波动的影响扩大。若相邻两年某一同月份受到不规则波动的严重影响,其发展水平均很低,且上一年该月数值比本年相应月份数值小得多;若这两个数值对比,将会得到一个很大的数值,这就歪曲了事实真相。假如以相邻前几年同月平均数作为环比基期值,将每年各月数值与相应月份的平均数相除,这样得到的新数列就可以避免脱离实际的波峰过高或波谷过低的现象。

(3) 当一个序列包含的多个循环,且在周期长度和波幅上均不一致时,用直接法就难以表现正确的循环波动。此时宜采用残余法。

### (二) 残余法

残余法是指从时间序列中逐渐或一次剔除长期趋势和季节波动,再继而平滑掉剩余的循环与不规则波动中的不规则波动,最终剩下的就是循环波动值。这是一种古典方法,它是由沃伦·珀森斯(Warren M. Persons)设计的。其具体计算公式分为两种:

(1) 常态百分法公式

$$CI=\frac{Y}{T\cdot S}=\frac{T\cdot S\cdot C\cdot I}{T\cdot S},\ C=\mathrm{MA}(CI)$$

（2）连续剔除法公式

$$\frac{Y}{T}=S \cdot C \cdot I,\ C \cdot I=\frac{S \cdot C \cdot I}{S}$$

或
$$\frac{Y}{S}=T \cdot C \cdot I,\ C \cdot I=\frac{T \cdot C \cdot I}{T},\ C=\mathrm{MA}(CI)$$

式中，MA 表示移动平均，它是 moving average 的缩写。

［范例 7.13］　根据范例 7.8 的计算结果（如表 7-11 所示）中的一次移动平均数 $TC$ 中的部分 $C$ 忽略不计，移动平均后仅得 $T$。

表 7-17　肉类销量长期趋势、季节波动、循环波动与不规则波动计算表

| 年份 | 月份 | 时序 ($t$) | 肉类销量 ($y$)/吨 | 长期趋势 ($T=\hat{y}$)/吨 | 季节波动 ($S$)/% | 循环与不规则波动 ($CI$)/% | 循环波动 $C$/% |
|---|---|---|---|---|---|---|---|
| 2019 | 7 | −23 | 55 | 47.1 | 114.2 | 102.3 | 100.6 |
| | 8 | −21 | 72 | 50.7 | 152.9 | 92.9 | 95.2 |
| | 9 | −19 | 77 | 54.2 | 157.1 | 90.4 | 93.2 |
| | 10 | −17 | 68 | 57.4 | 123.0 | 96.3 | 91.6 |
| | 11 | −15 | 42 | 59.7 | 79.8 | 88.2 | 90.1 |
| | 12 | −13 | 38 | 62.0 | 71.5 | 85.7 | 94.7 |
| 2020 | 1 | −11 | 85 | 65.7 | 117.3 | 110.3 | 102.5 |
| | 2 | −9 | 78 | 71.7 | 97.6 | 111.5 | 109.0 |
| | 3 | −7 | 70 | 79.6 | 83.5 | 105.3 | 107.3 |
| | 4 | −5 | 63 | 86.4 | 69.3 | 105.2 | 97.7 |
| | 5 | −3 | 45 | 91.2 | 59.8 | 82.5 | 95.1 |
| | 6 | −1 | 69 | 95.6 | 74.0 | 97.5 | 91.7 |
| | 7 | 1 | 108 | 99.3 | 114.2 | 95.2 | 99.1 |
| | 8 | 3 | 163 | 101.8 | 152.9 | 104.7 | 102.3 |
| | 9 | 5 | 175 | 104.0 | 157.1 | 107.1 | 104.3 |
| | 10 | 7 | 132 | 106.0 | 123.0 | 101.2 | 105.8 |
| | 11 | 9 | 95 | 109.0 | 79.8 | 109.2 | 107.4 |
| | 12 | 11 | 90 | 112.6 | 71.5 | 111.8 | 102.7 |
| 2021 | 1 | 13 | 120 | 117.3 | 117.3 | 87.2 | 95.0 |
| | 2 | 15 | 103 | 122.6 | 97.6 | 86.1 | 88.5 |
| | 3 | 17 | 98 | 127.2 | 83.5 | 92.3 | 95.3 |
| | 4 | 19 | 85 | 132.9 | 69.3 | 92.3 | 99.9 |
| | 5 | 21 | 95 | 138.1 | 59.8 | 115.0 | 102.5 |
| | 6 | 23 | 105 | 141.8 | 74.0 | 100.1 | 108.8 |

如：2019 年 7 月的循环与不规则波动：

$$CI=\frac{Y}{T\cdot S}=\frac{55}{47.1\times 114.2\%}=102.3\%$$

2019 年 8 月的循环与不规则波动：

$$CI=\frac{Y}{T\cdot S}=\frac{72}{50.7\times 152.9\%}=92.9\%$$

表 7-17 中缺少了 2019 年 1—6 月和 2021 年 7—12 月的信息资料，可以利用本章第五节中的范例 7.11 所拟合的趋势方程来弥补。

$$T=93.1+2.1t$$

由于 $TC$ 中只含部分 $C$，可以将 $C$ 忽略不计，用 $T$ 来替代范例 7.11 所拟合的趋势方程中的 $TC$。范例中用 $T$ 取代 $TC$ 的理论根据：由于该循环波动的上升与下降的振幅大致相等，而且上升与下降又无锐角，并且平均化的周期基本上是一个循环，即 1 年或 12 个月，因此，这一平均化过程刚好使得循环效果相互抵消。

经过对 $CI$ 的 3 项移动平均

$$C=\mathrm{MA}(CI)$$

便得到循环波动 $C$，如表 7-18 最后一列所示。

表 7-18 循环波动计算表

| 年份 | 月份 | 时序（$t$） | $y$ | $T=\hat{y}$ | $S$/% | $CI$/% | $C$/% |
|---|---|---|---|---|---|---|---|
| 2019 | 1 | −35 | 40 | 19.6 | 117.3 | 174.0 | |
| | 2 | −33 | 35 | 23.8 | 97.6 | 150.7 | 151.0 |
| | 3 | −31 | 30 | 28.0 | 83.5 | 128.3 | 131.8 |
| | 4 | −29 | 26 | 32.2 | 69.3 | 116.5 | 122.9 |
| | 5 | −27 | 27 | 36.4 | 59.8 | 124.0 | 115.7 |
| | 6 | −25 | 32 | 40.6 | 74.0 | 106.5 | 110.9 |
| 2021 | 7 | 25 | 185 | 145.6 | 114.2 | 111.3 | 101.5 |
| | 8 | 27 | 213 | 149.8 | 152.9 | 93.0 | 100.5 |
| | 9 | 29 | 235 | 154.0 | 157.1 | 97.1 | 99.0 |
| | 10 | 31 | 208 | 158.2 | 123.0 | 106.9 | 105.3 |
| | 11 | 33 | 145 | 162.4 | 79.8 | 111.9 | 108.5 |
| | 12 | 35 | 127 | 166.6 | 71.5 | 106.6 | |

注：在移动平均时，2019 年 1—6 月的 $CI$ 移至 2019 年 7—12 月的前面；2021 年 7—12 月的 $CI$ 接到 2021 年 1—6 月的后面。

当 $C>100\%$ 时，表明经济处于扩张期；当 $C<100\%$ 时，表明经济处于收缩期；当 $C=100\%$ 时，表明经济处于僵持期，该时期不存在循环波动。

从图 7-8 中可以看出该厂销售量循环波动的形态。

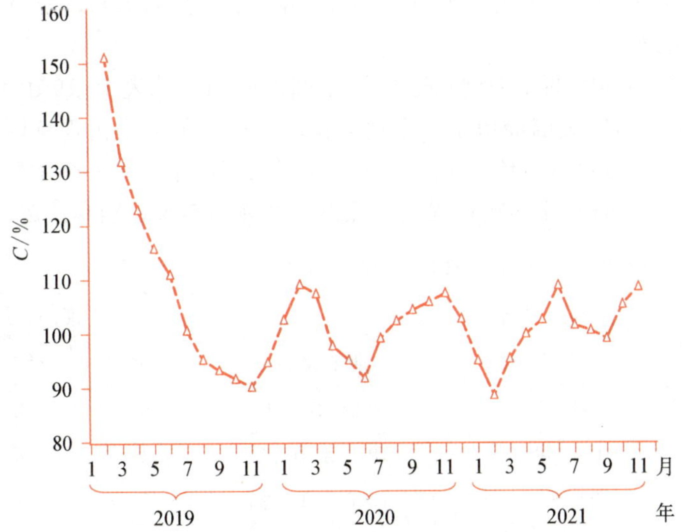


图 7-8 某肉类加工厂销售量循环波动轨迹图

从 2019 年 2 月最高 151.0 个百分点处开始下滑，直至跌穿 100%，在 2019 年 11 月处于最低谷。后来，由于 2020 年大年将至，在 2020 年 2 月形成了一个小波峰，该波峰只超出稳定线(100%)9 个百分点。尔后，在 2020 年 6 月又坠入低谷，下一个波峰提前到 2020 年 11 月再现，此回波峰也只超出稳定线 7.4 个百分点。在 2021 年 2 月出现了近三年来的最低谷。2021 年 4 月后，开始突破稳定线，此后的波动轨迹基本上处于稳定线之上，且波动幅度偏小。

由此可见，该产品销售量 3 年间经历了三次小型的循环波动过程，小循环周期长度平均为 1 年，这一变动周期也正好符合我国民间习俗。实际上，大循环周期是从 2019 年 2 月的 151.0 个百分点开始俯冲，跌落到 2021 年 2 月的最低谷 88.5 个百分点后，又缓慢地攀升，行至一个小峰顶后，又略有回落，这是整个向上大势中的中、小势的情形。尽管受到所收集的资料年数偏少的限制，不能对此作进一步的实证分析，但是，从已经掌握的资料中可以研判，该现象大循环周期长度至少为 3 年。

需要说明的是，该经济现象其实更多地受到季节波动的影响。不过，在用作循环波动的分析资料中已经将季节波动剔除了。

隔离循环运动，测出循环相对值，常常是为了一个时间数列与其他时间数列的循环波动进行相互比较。为了达到既合理又准确地比较两数列的循环波动的目的，两数列必须共同改用标准差 $\sigma$ 作为计算单位的循环偏差，用以表示波动幅度的大小，从而，使两数列循环波动曲线有了度量标准和共同比较的基础。凡一项目除以标准差，称为以标准单位表示。用标准单位，便于不同数列的比较。

### (三) 循环平均法

循环平均法是指在一般商业循环的扩张与紧缩期间拟合序列循环模型。该方法是阿瑟·伯恩斯(Arthur F. Burns，1904—1987)与韦斯利·米契尔(Wesley C. Mitchell，1874—1948)于 1946 年设计的。

个别数列的循环期间，它是以一般商业循环期间为其归属期间。换言之，个别时间序列的特定循环波动期间，可以参照大规模的商业循环波动期间来进行研究。只有首先占有一般商业循环波峰波谷的历史发展资料，方能测定个别数列的特定循环波动。下面以美国历史资料为范例。

每一循环期间为连续两个波峰(或波谷)之间的时间。从表 7-19 中可以看出，1933 年 3 月至 1949 年 10 月，美国经历了三个商业循环。商业循环中由连续两个波峰或波谷所决定的一个循环称为归属循环。个别时间序列落入商业循环中一个循环起止期间的部分，也称为归属循环。时间序列循环周期参照商业循环周期来识别和认定。

表 7-19 美国商业循环期间与起止月份表(1933—1954)

| 起止月份 | | | 期间(月数) | | |
|---|---|---|---|---|---|
| 期初波谷 | 波　峰 | 期末波谷 | 扩张 | 紧缩 | 全循环 |
| 1933 年 3 月 | 1937 年 5 月 | 1938 年 5 月 | 50 | 12 | 62 |
| 1938 年 5 月 | 1945 年 2 月 | 1945 年 10 月 | 81 | 8 | 89 |
| 1945 年 10 月 | 1948 年 11 月 | 1949 年 10 月 | 37 | 11 | 48 |
| 1949 年 10 月 | 1953 年 7 月 | 1954 年 8 月 | 52 | 13 | 65 |

## 第七节 不规则波动的测定

不规则波动，又称随机波动或意外波动，它是由偶然因素或扰乱因素引起的。由于不规则波动属于随机因素，它总是伴随或依附在其他波动之上。正是因为该种波动不规则和随机，在实际操作上很难将其从其他类型的波动中分离出来。然而，从理论研究的角度考察，主要有如下两种分离方式：

第一，以月(季)变量值形成的时间序列，剔除长期趋势、季节波动和循环波动之后，便得到反映不规则波动的数列。其计算公式为：

$$I=\frac{Y}{T\cdot S\cdot C}=\frac{T\cdot S\cdot C\cdot I}{T\cdot S\cdot C}$$

第二，以年变量值形成的时间序列，由于不存在季节波动，所以只需剔除长期趋势和循环波动之后，便得到反映不规则波动的数列。其计算公式为：

$$I=\frac{Y}{T\cdot C}=\frac{T\cdot C\cdot I}{T\cdot C}$$

[范例 7.14] 根据范例 7.13 的计算结果，试进一步计算不规则波动相对数。

[解] $I_{2019.2}=\frac{Y}{T\cdot S\cdot C}=\frac{35}{23.8\times 97.6\%\times 151.0\%}\approx 99.8\%$，

$I_{2019.3}=\frac{Y}{T\cdot S\cdot C}=\frac{30}{28\times 83.5\%\times 131.8\%}\approx 97.4\%$。

当 $I>100\%$ 时，表示不规则波动对时间序列产生正作用，即在此刻促使变量值(或称观察值)变大；当 $I<100\%$ 时，表示不规则波动对时间序列产生负作用，即在此刻促使变量值变小；当 $I=100\%$ 时，表示不规则波动对时间序列不产生作用。与 100%相距的远近与同影响作用程度的大小成正比。

# 研讨问题七

7.1　试阐述动态趋势与波动的经典模式的特点。

7.2　试分析动态序列的乘法模型、加法模型和乘加模型的建模前提条件。

7.3　认识和掌握长期趋势有何意义？

7.4　试阐述测定长期趋势的四种方法的特点及其局限性。

7.5　若某一时间序列分别按 17 项和 26 项移动平均，则它们移动平均后分别导致了多少项的信息损失？为什么？

7.6　某地区 2001—2021 年工业总产值资料，如表 7-20 所示。

试分别以时距长度为 4 年和 7 年运用时距扩大法、序时平均法和移动平均法对该时间序列进行修匀，并绘制其趋势轨迹图和分析其长期趋势。

**表 7-20　2001—2021 年某地区工业总产值表**　　单位：亿元

| 年　份 | 产　值 | 年　份 | 产　值 | 年　份 | 产　值 |
|---|---|---|---|---|---|
| 2001 | 25 | 2008 | 30 | 2015 | 37 |
| 2002 | 24 | 2009 | 33 | 2016 | 39 |
| 2003 | 26 | 2010 | 32 | 2017 | 40 |
| 2004 | 27 | 2011 | 32 | 2018 | 39 |
| 2005 | 28 | 2012 | 35 | 2019 | 40 |
| 2006 | 28 | 2013 | 38 | 2020 | 43 |
| 2007 | 28 | 2014 | 40 | 2021 | 44 |

7.7　某地 2012—2021 年基础建设经费投放资料，如表 7-21 所示。

**表 7-21　2012—2021 年某地基础建设经费投放表**　　单位：亿元

| 时　间 | 2012 | 2013 | 2014 | 2015 | 2016 | 2017 | 2018 | 2019 | 2020 | 2021 |
|---|---|---|---|---|---|---|---|---|---|---|
| 基建费 | 20 | 22 | 24 | 31 | 36 | 41 | 45 | 48 | 52 | 57 |

(1) 试判断该时间序列为何种长期趋势。

(2) 分别用半数平均法、最小二乘法及其最小二乘法的简捷法拟合该时间序列的趋势方程。

(3) 分别用三种方法配合的趋势方程对 2022 年和 2028 年的基础建设经费投放进行预测。

(4) 利用偏差平方和比较半数平均法和最小平方法的精确度。

7.8　2016—2021 年某航空公司盈余资料，如表 7-22 所示。

试分别运用直接平均法和移动平均趋势剔除法计算季节指数，并且绘制季节指数图，分析该公司盈余的季节变动规律。

表 7-22　2016—2021 年某航空公司盈余表　　单位：亿元

| 年　份 | 一季度 | 二季度 | 三季度 | 四季度 |
|---|---|---|---|---|
| 2016 | 710 | 500 | 650 | 310 |
| 2017 | 713 | 512 | 666 | 332 |
| 2018 | 732 | 540 | 680 | 360 |
| 2019 | 770 | 600 | 707 | 400 |
| 2020 | 802 | 602 | 720 | 426 |
| 2021 | 810 | 620 | 728 | 444 |

7.9　2001—2021 年某地每年出生人口数，如表 7-23 所示。

表 7-23　2001—2021 年某地每年出生人口数表　　单位：万人

| 年　份 | 出生人数 | 年　份 | 出生人数 | 年　份 | 出生人数 |
|---|---|---|---|---|---|
| 2001 | 14.0 | 2008 | 12.0 | 2015 | 13.0 |
| 2002 | 14.3 | 2009 | 11.6 | 2016 | 11.2 |
| 2003 | 13.2 | 2010 | 10.9 | 2017 | 11.6 |
| 2004 | 13.7 | 2011 | 11.4 | 2018 | 11.8 |
| 2005 | 13.2 | 2012 | 12.1 | 2019 | 12.9 |
| 2006 | 13.0 | 2013 | 11.9 | 2020 | 13.3 |
| 2007 | 12.6 | 2014 | 13.2 | 2021 | 12.4 |

试分别利用乘法模型、加法模型、乘加模型测定该时间序列的长期趋势、循环波动和不规则波动。

部分参考答案

**第八章**

# 指　　数

## 第一节　指数的概念、发展史、作用与分类

### 一、指数的概念

指数,全称统计指数,它有广义和狭义之分。广义的指数是指用来测定一个变量对于一个特定的变量值大小的相对数;狭义的指数是指因不同度量而不能直接汇总的多种事物在不同时间对比的综合相对数。

从广义的角度看,同类经济现象无论在相同还是相异的时空上对比的相对数均可称为指数,如计划完成程度相对数、比较相对数等均可称为指数。从狭义角度看,仅仅是指不能直接相加的多个要素所构成的随机现象总体数量变动幅度的特殊相对数,如综合物价指数、综合物量指数等。

本章所介绍的指数主要是指狭义指数。

### 二、指数的发展史

最初的指数起源于编制物价指数。1675 年,英国经济学家赖斯·沃恩(Rice Vaughan)所著的《铸货币及其货币铸造论辑》书中,为了测定当时劳资双方对于货币交换的比例,采用家畜、谷物、鱼类、皮革和布帛等作为测算对象,以 1352 年为基年,将 1650 年的物价与之比较,这就是物价指数的萌芽。

1738 年,法国调查员杜托率先编制计算了路易十四时期和路易十二时期相比较的简单综合物价指数,从而成为物价指数的创始人。

第一次世界大战后 10 年中,这是指数计算方法的辉煌发展期,I. Fisher 的《指数的编制》(*The Making of Index Number*)于 1922 年出版,至今该书仍被奉为统计指数理论的“圣经”。1924 年,A. Konüs 发表了与 I. Fisher 的理论相对立的论文,从而奠定了“经济指数理论”的基础。1925 年,F. Divisia 发表了同样具有革命性的指数公式(“各瞬间的连锁”)。指数理论推陈出新的繁荣局面自 20 世纪 20 年代一直持续到 20 世纪 30 年代。

第二次世界大战后期,这是一个消化老问题、重温旧争议的时期,指数公式理论没有显著进展。

1936 年,首届诺贝尔经济学奖获得者拉格纳·弗里希(Ragnar Frisch, 1895—1973)将指数理论的发展区分为原子论方法趋向和函数论方法趋向。所谓原子论方法,是把单

个产品的数据 $P_i$ 与 $Q_i(i=1, 2, \cdots, n)$ 看作是孤立的变量，所要解决的问题就是确定这 $2n$ 个独立变量的函数，以表达总的价格变动。所谓函数论方法，就是采用效用函数、需求函数，以及来自新古典经济理论中的无差异曲线和无差异面作为分析的手段。

自 20 世纪初以来，从事指数理论研究的学者一直面临着一个怎样彻底澄清“指数公式”问题的实质，对这一现实问题的争论已经旷日持久，令人遗憾的是这一问题已延续到了 21 世纪。

20 世纪 70 年代，在联合国统计委员会的领导下，由各国国家统计局、宾夕法尼亚大学和世界银行合作，开展了一次大规模的国际比较项目(ICP)的研究，将 10 个国家 1970 年的 GDP 货币购买力进行了对比。

在我国，据考证，公元前楚汉相争时期，已有价格波动的历史记载。南开大学曾经编制过 1861—1936 年的进出口商品价格指数，以及 1913 年以来的批发价格指数。1988 年，肩负着我国社会再生产各环节价格指数编制任务的 10 个城市抽样调查队改组为城市社会经济调查队。1990 年年初，城调队提出了建立与完善我国价格指数的初步方案。

## 三、指数的作用

统计指数主要有如下四方面作用：

(1) 综合反映社会经济现象总体的变动方向和程度。

(2) 分析和测定现象各构成因素对现象总发展变动的影响方向和程度。

(3) 研究现象的长期变动趋势。

(4) 对社会经济现象进行综合评价和测定。

## 四、指数的分类

根据分析研究角度或分类的标志不同，可得出指数的不同分类形式。

### (一) 按指数反映的对象范围不同，分为个体指数和总指数

个体指数是反映现象总体中单一要素的变动方向和程度的相对数。例如：个别产品产量指数、个别商品物价指数。

总指数是反映现象总体中多个要素综合变动方向和程度的相对数。例如：商品销售量总指数、产品成本总指数。

介于个体指数和总指数之间，还有组(类)指数，它是指在对对象进行分组的基础上，分别计算各组变动的相对数。例如：零售物价大类指数。由于类指数也是反映不能直接相加的几种事物的综合变动状况的，所以，其实质是属于总指数范畴。

### (二) 按指数反映的经济指标性质不同，分为数量指标指数和质量指标指数

数量指标指数是反映现象的规模和水平变动的相对数。例如：职工人数指数、产量指数。

质量指标指数是反映现象的内涵指标变动的相对数。例如：劳动生产率指数、单位成本指数。

### (三) 按指数选定的基期不同，分为定基指数和环比指数

定基指数是把作为报告期对比基准的基期固定在最初水平或某一特定时期上的指数。

环比指数是把报告期的上一期作为对比基期的指数。

当然在以上各个角度的基础上还可以对指数进行更进一步的划分，以树状图的形式进行归类，如图 8-1 所示。

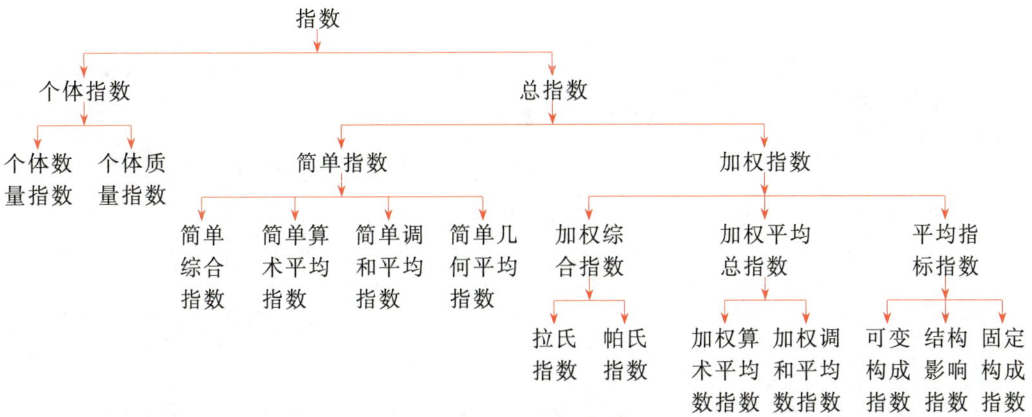


图 8-1　指数分类树状图

# 第二节　个 体 指 数

个体指数是统计指数中最简单的指数，它是现象报告期单个指标与基期单个指标直接对比的结果。这种指数是由英国经济学家沃恩于 1675 年率先设计的。1707 年英国经济学家弗里特伍德计算了 39 种商品的个体指数。该指数计算公式为：

## 一、个体质量指数

$$I_p=\frac{p_1}{p_0}$$

式中，$p_0$ 为基期质量指标，$p_1$ 为报告期质量指标。

个体定基质量指数为：$I_{p_i}=\frac{p_i}{p_0}$，个体环比质量指数为：$I_{p_i}=\frac{p_i}{p_{i-1}}$。

## 二、个体数量指数

$$I_q=\frac{q_1}{q_0}$$

式中，$q_0$ 为基期数量指标，$q_1$ 为报告期数量指标。

个体定基数量指数为：$I_{q_i}=\frac{q_i}{q_0}$，个体环比数量指数为：$I_{q_i}=\frac{q_i}{q_{i-1}}$。

[范例 8.1]　某商厦商品销售资料，如表 8-1 前六列所示，试计算个体物价指数和个体物量指数。

[解]
$$I_p=\frac{p_1}{p_0}$$

$$I_{p甲}=\frac{70}{60}\approx 116.7\%，I_{p乙}=\frac{145}{150}\approx 96.7\%，I_{p丙}=\frac{3}{2}=150.0\%。$$

$$I_q=\frac{q_1}{q_0}$$

$$I_{q甲}=\frac{20}{16}=125.0\%，I_{q乙}=\frac{8}{6}\approx 133.3\%，I_{q丙}=\frac{15}{17}\approx 88.2\%。$$

表 8-1 某商厦商品销售情况表

| 商品名称 | 计量单位 | 销售量 | | 价格/元 | | 个体物价指数/(%) | 个体物量指数/(%) |
|---|---|---|---|---|---|---|---|
| | | 基期 | 报告期 | 基期 | 报告期 | | |
| | | $q_0$ | $q_1$ | $p_0$ | $p_1$ | $p_1/p_0$ | $q_1/q_0$ |
| 甲 | 盒 | 16 | 20 | 60 | 70 | 116.7 | 125.0 |
| 乙 | 台 | 6 | 8 | 150 | 145 | 96.7 | 133.3 |
| 丙 | 米 | 17 | 15 | 2 | 3 | 150.0 | 88.2 |

## 第三节 总指数编制之一——简单指数

简单指数是不引入权数,即不考虑各商品的重要性和影响力,只单独研究价格变动的指数。通常有如下几种简单指数的形式。

### 一、简单综合指数

简单综合指数是分别将报告期和基期各项商品价格汇总后再对比。该指数是1738年法国学者杜托(Dutot)将路易十四和路易十二时期的物价进行比较时而创立。其计算公式为:

$$I=\frac{\sum p_1}{\sum p_0}$$

[范例 8.2] 根据表 8-2 资料,计算简单综合指数。

表 8-2 甲、乙、丙商品基础和报告期价格表

| 商品名称 | 计量单位 | 基础价格($p_0$)/元 | 报告期价格 $p_1$/元 |
|---|---|---|---|
| 甲 | 千克 | 33 | 32 |
| 乙 | 升 | 9 | 9 |
| 丙 | 件 | 93 | 100 |
| 合 计 | | 135 | 141 |

[解]

$$I=\frac{\sum p_1}{\sum p_0}=\frac{141}{135}=104.4\%。$$

这说明三种商品价格报告期比基期上升了4.4%。

简单综合指数的优点是简单易行。其缺点:一是因计量单位不统一,使计算结果受其影响。例如:将甲商品的计量单位千克改用克,则指数要发生变化。二是存在着隐形加权。例如:价位高的商品的价格稍有变动,就会牵动整个指数发生较大变化,会掩盖低价位的商品的价格对总指数的影响。

## 二、简单算术平均指数

简单算术平均指数是各项商品个体价格指数之和再除以商品种数。该指数是 1764 年意大利经济学家卡利(G.R. Carli)在对比 1750 年与 1500 年的谷物、酒类和油三种价格综合变动时所创立的。其计算公式为：

$$I=\frac{1}{n}\frac{\sum p_1}{\sum p_0}$$

[范例 8.3] 根据表 8-3 中的资料，计算简单算术平均指数。

表 8-3 甲、乙、丙商品简单算术平均指数计算表

| 商品名称 | 计量单位 | 商品价格/元 | | 个体价格指数/% |
|---|---|---|---|---|
| | | 基期 | 报告期 | |
| | | $p_0$ | $p_1$ | $p_1/p_0$ |
| 甲 | 辆 | 600 | 570 | 95.0 |
| 乙 | 米 | 6 | 10 | 166.7 |
| 丙 | 千克 | 12 | 12 | 100.0 |
| 合　计 | | | | 361.7 |

[解]

$$I=\frac{1}{n}\frac{\sum p_1}{\sum p_0}=\frac{1}{3}\times 361.7\%\approx 120.6\%。$$

这表明三种商品价格报告期比基期提高了约 20.6%。

简单算术平均指数的优点是简单易了解。其缺点是赋予各商品的权数均为 1，忽视了重要商品对价格变动的主要作用。

## 三、简单调和平均指数

简单调和平均指数是各项商品的个体价格指数的倒数的算术平均数的倒数。其计算公式为：

$$I_H=\frac{n}{\sum\frac{1}{\left(\frac{p_1}{p_0}\right)}}$$

[范例 8.4] 根据表 8-3 中的资料，计算简单调和平均指数。

[解]

$$I_H=\frac{n}{\sum\frac{1}{\left(\frac{p_1}{p_0}\right)}}=\frac{3}{\frac{1}{0.95}+\frac{1}{1.667}+\frac{1}{1.00}}\approx 113.1\%。$$

这表明三种商品价格报告期比基期提高了约13.1%。

简单调和平均指数的缺点是计算较烦琐。

## 四、简单几何平均指数

简单几何平均指数是 $n$ 种商品的个体价格指数连乘再开 $n$ 次方。该指数由1863年英国著名经济学家杰文斯(W.S. Jevons)首创。其计算公式为:

$$I_G=\sqrt[n]{\frac{p_1^{(1)}}{p_0^{(1)}}\cdot\frac{p_1^{(2)}}{p_0^{(2)}}\cdot\frac{p_1^{(3)}}{p_0^{(3)}}\cdot\cdots\cdot\frac{p_1^{(n)}}{p_0^{(n)}}}=\sqrt[n]{\prod_{i=1}^{n}\frac{p_1^{(i)}}{p_0^{(i)}}}$$

[范例 8.5] 根据表8-3中的资料,计算简单几何平均指数。

[解]

$$I_G=\sqrt[3]{\prod_{i=1}^{3}\frac{p_1^{(i)}}{p_0^{(i)}}}=\sqrt[3]{0.95\times1.667\times1.0}\approx116.5\%。$$

这表明三种商品的价格报告期比基期提高了约16.5%。

简单几何平均指数的优点:在同一资料条件下,简单调和平均指数小于简单几何平均指数小于简单算术平均指数,所以该指数既不偏大也不偏小,它是一种适中指数。缺点:计算烦琐。

## 五、简单中位数指数

简单中位数指数是把各商品个体价格指数排序后,居于中间的个体指数即为各商品价格中位数指数。其计算公式为:

$$I_{M_e}=\left(\frac{p_1}{p_0}\right)_{\left(\frac{n+1}{2}\right)}$$

[范例 8.6] 某地2021年较2020年六个大米市场个体零售价格指数排序为:97.2%、99.3%、100.1%、107.0%、111.1%、117.8%,试计算该资料的简单中位价格指数。

[解] 据题中的资料确定中位价格指数的位置为:

$$\frac{n+1}{2}=\frac{6+1}{2}=3.5,$$

第3.5项即介于第3项与第4项之间的价格指数为简单中位价格指数。

$$I_{M_e}=\left(\frac{p_1}{p_0}\right)_{3.5}=I_{3.5}=\frac{I_3+I_4}{2}=\frac{100.1\%+107.0\%}{2}\approx103.6\%。$$

说明该地六个米市价格提高了约3.6%。

简单中位数指数的优点:计算简便;不受极端值的影响。缺点:代表性较低。由于简单中位价格指数的计算没有考虑各个个体价格指数,因而该指数缺乏灵活性。

## 六、简单众数指数

简单众数指数是以各商品的个体价格指数的众数为各商品的总指数。其计算公式为:

$$I_{M_0}=\left(\frac{p_1}{p_0}\right)_{M_0}$$

[范例 8.7] 某地 2021 年较 2018 年七大猪肉市场的零售个体价格指数为：103.3%、100.1%、107.7%、109.9%、100.1%、107.0%、107.5%，试计算该资料的简单众数指数。

$$I_{M_0}=\left(\frac{p_1}{p_0}\right)_{M_0}=100.1\%。$$

说明该地七大猪肉市场价格提高了 0.1%。

简单众数指数的优点：计算简捷，易掌握。缺点：个体价格指数项数较少时，各指数分布不易出现众数，其项数较多时，众数指数又会灵敏度较低，缺乏代表性。

综上所述，简单综合指数存在型偏误。所谓型偏误，它是指由于选择的指数公式的不同，而使指数值存在的偏误。对同一统计资料分别计算简单算术平均指数、简单调和平均指数和简单几何平均指数，可以发现，简单调和平均指数最小，简单算术平均指数最大，而简单几何平均指数居中。由此可知，简单调和平均指数存在下型偏误，简单几何平均指数不存在型偏误，简单调和平均指数存在上型偏误。

# 第四节 总指数编制之二——加权综合指数

## 一、加权综合指数的概念和特点

加权综合指数是通过引入同度量因素，把复杂总体中不能直接相加的指数化因素汇总，并固定同度量因素在某一时期而仅反映指数化因素综合变动的相对数。

加权综合指数的特点如下。

第一，先综合后对比。首先解决各个体因使用价值的差异而不能直接加总的问题。如：反映使用价值的计量，书桌张数、粉笔盒数、书本本数，三者直接相加没有意义，假如引入过渡因素（同度量因素）——价格，将上面三种不同计量单位的数量乘以相应的价格，则都变成了可以汇总的价值指标，这样汇总的结果才是有意义的。

第二，将同度量因素加以固定，以测定研究对象（即指数化因素）的变动状况。

第三，综合指数的子项、母项所包含的研究对象的范围应当一致，并以全面的资料为基础，不存在抽样误差问题。

## 二、同度量因素和指数化因素

同度量因素是指把不能直接相加的研究对象过渡到能够汇总或转化为可以同度量的媒介因素。同度量因素在加权综合指数中起着过渡、同度量、媒介和权衡轻重的权数作用。

如：加权综合物价指数中的物量、加权综合物量指数中的价格，均为同度量因素。

各种商品价格通过各自对应的同度量因素物量而转变为价值指标；各种商品物量通过各自对应的同度量因素价格而转变为价值指标。研究对象商品价格或物量通过同度量因素都还原为抽象的人类劳动，成为同度量的事物。

指数化因素是通过指数反映研究对象的变化状况的因素。

如：加权综合物价指数中的价格、加权综合物量指数中的物量，均为指数化因素。

必须注意的是：所引入的同度量因素要与指数化因素存在相互联系，并且相乘后要有经济意义。

## 三、加权综合指数

### （一）拉氏加权综合指数

拉氏加权综合指数是把同度量因素固定在基期来考察研究对象综合变动状况的相对数。该指数是1864年由德国学者拉斯佩雷斯（Laspeyres）首创，故简称为拉氏指数或 $L$ 指数。其计算公式为：

拉氏质量指数：

$$I_{L_p}=\frac{\sum p_1q_0}{\sum p_0q_0}$$

拉氏数量指数：

$$I_{L_q}=\frac{\sum p_0q_1}{\sum p_0q_0}$$

式中，$p_0$、$p_1$ 分别代表基期和报告期（或称计算期）价格；$q_0$、$q_1$ 分别代表基期和报告期的数量；$\sum p_0q_0$ 表示按基期价格计算的基期的实际数额；$\sum p_1q_0$ 表示按报告期价格计算的基期的假定数额；$\sum p_0q_1$ 表示按基期价格计算的报告期的假定数额。

拉氏质量指数中的同度量因素是 $q_0$，指数化因素是 $p_0$、$p_1$。拉氏数量指数中的同度量因素是 $p_0$，指数化因素是 $q_0$、$q_1$。拉氏质量指数说明在维持基期生活水准的条件下报告期比基期支付金额的相对变化程度；拉氏数量指数说明扣除物价影响因素，真正由于物量的变化，使报告期比基期支付金额的相对变化程度。

［范例8.8］ 根据表8-4中的资料，试分别计算拉氏物价指数和拉氏物量指数。

表8-4 食盐、火腿肠、河虾商品拉氏物价指数和拉氏物量指数计算表

| 商品 | 计量单位 | 基期（2020年） | | 报告期（2021年） | | 销售额 | | | |
|---|---|---|---|---|---|---|---|---|---|
| | | 价格 | 销售量 | 价格 | 销售量 | | | | |
| | | $p_0$ | $q_0$ | $p_1$ | $q_1$ | $p_0q_0$ | $p_0q_1$ | $p_1q_0$ | $p_1q_1$ |
| 食盐 | 千克 | 2.00 | 750 | 2.10 | 800 | 1 500 | 1 600 | 1 575 | 1 680 |
| 火腿肠 | 根 | 1.50 | 440 | 1.55 | 1 020 | 660 | 1 530 | 682 | 1 581 |
| 河虾 | 千克 | 19.00 | 190 | 18.50 | 170 | 3 610 | 3 230 | 3 515 | 3 145 |
| 合计 | | | | | | 5 770 | 6 360 | 5 772 | 6 406 |

[解]

$$I_{L_p}=\frac{\sum p_1q_0}{\sum p_0q_0}=\frac{5\ 772}{5\ 770}\approx 100.03\%,$$

$$\sum p_1q_0-\sum p_0q_0=\sum(p_1-p_0)q_0=5\ 772-5\ 770=2\text{（元）},$$

$$I_{L_q}=\frac{\sum p_0q_1}{\sum p_0q_0}=\frac{6\ 360}{5\ 770}\approx 110.23\%,$$

$$\sum p_0q_1-\sum p_0q_0=\sum p_0(q_1-q_0)=6\ 360-5\ 770=590\text{（元）}。$$

计算结果表明：

（1）拉氏物价指数反映三种商品价格总水平上升幅度 0.03%（100.03%－100%），若要使居民维持基期的生活水准，则要多支付 2 元。

（2）拉氏物量指数反映三种商品销售量增加了 10.23 %，若仍然采用基期价格水平销售，会使购买者多支付 590 元。

拉氏指数的优点：便于编制连续性的指数数列。缺点：拉氏物价指数无法体现销售量结构变化；拉氏物量指数在较长时期后各商品之间价格比例关系发生重大改变时，会产生失真。

### （二）帕氏加权综合指数

帕氏加权综合指数是把同度量因素固定在报告期来考察研究对象综合变动状况的相对数。该指数是 1874 年由德国学者帕舍（Paasche）首创，故简称为帕氏指数或 $P$ 指数。其计算公式为：

帕氏质量指数：

$$I_{P_p}=\frac{\sum p_1q_1}{\sum p_0q_1}$$

帕氏数量指数：

$$I_{P_q}=\frac{\sum p_1q_1}{\sum p_1q_0}$$

式中，$\sum p_1q_1$ 表示按报告期价格计算的报告期的实际数额。

帕氏质量指数说明若基期以报告期生活水平来衡量，报告期比基期支付金额的相对变化程度；帕氏数量指数说明基期的生活水准以报告期价格来测算后，报告期较基期支付金额的相对变化程度。

[范例 8.9]　根据表 8-4 中的资料，试计算帕氏物价指数和帕氏物量指数。

$$I_{P_p}=\frac{\sum p_1q_1}{\sum p_0q_1}=\frac{6\ 406}{6\ 360}\approx 100.7\%,$$

$$\sum p_1q_1-\sum p_0q_1=\sum(p_1-p_0)q_1=6\ 406-6\ 360=46\text{（元）}$$

$$I_{P_q}=\frac{\sum p_1q_1}{\sum p_1q_0}=\frac{6\ 406}{5\ 772}\approx 111.0\%,$$

$$\sum p_1q_1-\sum p_1q_0=\sum p_1(q_1-q_0)=6\ 406-5\ 772=634(\text{元})$$

计算结果表明：

(1) 帕氏物价指数反映三种商品价格总水平上升幅度为 0.7%；若要使居民达到报告期生活水平的条件下，则需要多支付 46 元。

(2) 帕氏物量指数反映三种商品销售量增加了 11.0%，在报告期价格水平下，购买者需要多支付 634 元。

帕氏指数的优点：考虑到现实的经济意义。其缺点：以报告期为权数的资料动态性强，难以及时取得，计算比较麻烦；由于各期帕氏指数的权数都随着计算期改变，使得前后指数之间缺乏可比性。

## 四、拉氏指数和帕氏指数的现实性

在理论上，拉氏指数和帕氏指数都存在一定程度的逻辑缺陷，但是就这两种指数的四种形式比较分析：拉氏物价指数 $\sum p_1q_0/\sum p_0q_0$ 是以维持基期的生活水准即使用价值 ($q$) 不变为前提来考察物价变动的程度，这显然是没有现实意义的；帕氏物价指数 $\sum p_1q_1/\sum p_0q_1$ 是假定基期能达到报告期的生活水准的前提下来考察物价变动的程度，这样使物价变动能够与现实的社会经济状况相联系，能真正反映物价变动对社会经济生活的实际影响；拉氏物量指数 $\sum p_0q_1/\sum p_0q_0$ 扣除了物价影响因素，纯粹反映了使用价值 ($q$) 的变动；帕氏物量指数 $\sum p_1q_1/\sum p_1q_0$ 以报告期价格为同度量因素，则会因物价变动的影响可掩盖使用价值的真正变动程度。

综上所述，就分析经济因素变动所产生的现实效果来看，无论是实际职能部门应用，还是理论界推断分析，较一致地证实加权综合质量指标指数是以帕氏指数为最优，而加权综合数量指标指数是以拉氏指数为最优。

## 五、拉氏指数和帕氏指数的关系

设个体物价指数 $p_1/p_0$ 为 $x$，个体物量指数 $q_1/q_0$ 为 $y$，权数 $p_0q_0$ 为 $f$。

若 $x$、$y$ 存在线性相关关系，则相关关系

$$r_{xy}=\frac{\sum(x-\bar{x})(y-\bar{y})f}{\sqrt{\sum(x-\bar{x})^2f}\sqrt{\sum(y-\bar{y})^2f}}=\frac{\dfrac{\sum(x-\bar{x})(y-\bar{y})f}{\sum f}}{\sqrt{\dfrac{\sum(x-\bar{x})^2f}{\sum f}}\sqrt{\dfrac{\sum(y-\bar{y})^2f}{\sum f}}}$$

$$=\frac{\dfrac{\sum xyf}{\sum f}-\dfrac{\sum xf}{\sum f}\cdot\dfrac{\sum yf}{\sum f}}{\sigma_x\sigma_y}$$

$$=\frac{\dfrac{\sum \dfrac{p_1}{p_0}\cdot\dfrac{q_1}{q_0}\cdot p_0q_0}{\sum p_0q_0}-\dfrac{\sum\left(\dfrac{p_1}{p_0}\cdot p_0q_0\right)}{\sum p_0q_0}\cdot\dfrac{\sum\left(\dfrac{q_1}{q_0}\cdot p_0q_0\right)}{\sum p_0q_0}}{\sigma_x\sigma_y}$$

$$=\frac{\dfrac{\sum p_1q_1}{\sum p_0q_0}-\dfrac{\sum p_1q_0}{\sum p_0q_0}\times\dfrac{\sum p_0q_1}{\sum p_0q_0}}{\sigma_x\sigma_y}$$

因而

$$r_{xy}=\frac{I_{pq}-I_{L_p}\cdot I_{L_q}}{\sigma_x\sigma_y}$$

$$I_{L_p}\cdot I_{L_q}=I_{pq}-r_{xy}\cdot\sigma_x\cdot\sigma_y$$

$$\frac{I_{L_p}\cdot I_{L_q}}{I_{pq}}=1-\frac{r_{xy}\cdot\sigma_x\cdot\sigma_y}{I_{pq}} \tag{1}$$

而

$$\frac{\sum p_1q_1}{\sum p_0q_0}=\frac{\sum p_1q_1}{\sum p_0q_1}\cdot\frac{\sum p_0q_1}{\sum p_0q_0}$$

即

$$I_{pq}=I_{P_p}\cdot I_{L_q} \tag{2}$$

又

$$\frac{\sum p_1q_1}{\sum p_0q_0}=\frac{\sum p_1q_0}{\sum p_0q_0}\cdot\frac{\sum p_1q_1}{\sum p_1q_0}$$

即

$$I_{pq}=I_{L_p}\cdot I_{P_q} \tag{3}$$

将式(2)和式(3)分别代入式(1)左边，得：

$$\frac{I_{L_p}\cdot I_{L_q}}{I_{P_p}\cdot I_{L_q}}=1-\frac{r_{xy}\cdot\sigma_x\cdot\sigma_y}{I_{pq}}$$

$$\frac{I_{L_p}}{I_{P_p}}=1-\frac{r_{xy}\cdot\sigma_x\cdot\sigma_y}{I_{pq}} \tag{4}$$

$$\frac{I_{L_p}\cdot I_{L_q}}{I_{L_p}\cdot I_{P_q}}=1-\frac{r_{xy}\cdot\sigma_x\cdot\sigma_y}{I_{pq}}$$

$$\frac{I_{L_q}}{I_{P_q}}=1-\frac{r_{xy}\cdot\sigma_x\cdot\sigma_y}{I_{pq}} \tag{5}$$

(1) ① 当物价变化率与物量变化率不存在线性相关时，即 $r_{xy}=0$，则

$$I_{L_p}=I_{P_p},I_{L_q}=I_{P_q}$$

即，拉氏物价指数＝帕氏物价指数，拉氏物量指数＝帕氏物量指数，

② 当所有商品的物价成等比例变化时，则

$$\frac{p_{11}}{p_{01}}=\frac{p_{12}}{p_{02}}=\cdots=\frac{p_{1i}}{p_{0i}}=\cdots=\frac{p_{1n}}{p_{0n}}=k$$

$$p_{1i}=kp_{0i}\qquad(i=1,\ 2,\ 3,\ \cdots,\ n)$$

$$I_{P_q}=\frac{\sum_{i=1}^{n}p_{1i}q_{1i}}{\sum_{i=1}^{n}p_{1i}q_{0i}}=\frac{\sum_{i=1}^{n}(kp_{0i})q_{1i}}{\sum_{i=1}^{n}(kp_{0i})q_{0i}}=\frac{k\sum_{i=1}^{n}p_{0i}q_{1i}}{k\sum_{i=1}^{n}p_{0i}q_{0i}}=\frac{\sum_{i=1}^{n}p_{0i}q_{1i}}{\sum_{i=1}^{n}p_{0i}q_{0i}}=I_{L_q}$$

或由于 $x_i=\frac{p_{1i}}{p_{0i}}\ (i=1,\ 2,\ \cdots,\ n)$，

各商品物价等比例变化，有

$$x_1=x_2=\cdots=x_i=\cdots=x_n=k$$

所以各物价变动率之间不存在离差，即 $\sigma_x=0$

由式(4)得：

$$I_{L_q}=I_{P_q}$$

③ 当所有商品的物量呈等比例变化时，即

$$\frac{q_{11}}{q_{01}}=\frac{q_{12}}{q_{02}}=\cdots=\frac{q_{1i}}{q_{0i}}=\cdots=\frac{q_{1n}}{q_{0n}}=J$$

$$q_{1i}=Jq_{0i}\qquad(i=1,\ 2,\ 3,\ \cdots,\ n)$$

$$I_{P_p}=\frac{\sum_{i=1}^{n}p_{1i}q_{1i}}{\sum_{i=1}^{n}p_{0i}q_{1i}}=\frac{\sum_{i=1}^{n}p_{1i}(Jq_{0i})}{\sum_{i=1}^{n}p_{0i}(Jq_{0i})}=\frac{J\sum_{i=1}^{n}p_{1i}q_{0i}}{J\sum_{i=1}^{n}p_{0i}q_{0i}}=\frac{\sum_{i=1}^{n}p_{1i}q_{0i}}{\sum_{i=1}^{n}p_{0i}q_{0i}}=I_{L_p}$$

或由于 $y_i=\frac{q_{1i}}{q_{0i}}\ (i=1,\ 2,\ 3,\ \cdots,\ n)$，

各商品物量等比例变化，有

$$y_1=y_2=\cdots=y_i=\cdots=y_n=J,$$

所以各物量变化率之间不存在离差，即 $\sigma_y=0$，代入式(4)得

$$I_{L_p}=I_{P_p}$$

(2) 消费者在正常的经济思维方式下，通常会出现如下合乎情理的经济行为：对涨价的商品少买，对于跌价的商品多买。由此可推知，物价变化率和物量变化率是呈负线性相关的，即

$$-1<r_{xy}<0$$

而通常情况下，$\sigma_x\neq0$，$\sigma_y\neq0$，则

$$\frac{I_{L_p}}{I_{P_p}}>1,\frac{I_{L_q}}{I_{P_q}}>1$$

即 $$I_{L_p}>I_{P_p},I_{L_q}>I_{P_q}$$

总之 $$I_L>I_P$$

即　拉氏指数 > 帕氏指数。

当物价变动与物量变动之间的负相关程度越高，或离差 $\sigma_x$、$\sigma_y$ 越大，则拉氏指数和帕氏指数之间的差异也就越大。

## 六、加权综合指数的权偏误

加权综合指数只有权偏误。所谓权偏误，是指由于选用的权数不同，而使指数值存在的偏误。

在编制加权综合指数时，分子在报告期综合的物值中，对于跌价的应当增加权数，而对于涨价的应当减少权数。但是，如果经济与社会结合在一起分析，则并不是所有的时间场合编制的指数均符合以上结论，为此，就有了权偏误的问题。

下面就实际价值总指数 $\left(\sum p_1q_1/\sum p_0q_0\right)$ 与 $L$ 指数、$P$ 指数分静态和动态两种经济情形进行对比分析。

### （一）静态经济情形

(1) 当物价上涨（即 $p_0<p_1$）时，交易量、消费量等物量会减少（即 $q_0>q_1$）。

① 拉氏物价指数 $\left(\frac{\sum p_1q_0}{\sum p_0q_0}\right)$ 的子项中的物价 $p_1$ 是以基期物量 $q_0$ 加权，报告期权数高估，则

$$\frac{\sum p_1q_0}{\sum p_0q_0}>\frac{\sum p_1q_1}{\sum p_0q_0}$$

拉氏物价指数偏大，即产生了上权偏误。

② 帕氏物价指数 $\left(\frac{\sum p_1q_1}{\sum p_0q_1}\right)$ 的母项中的物价 $p_0$ 是以报告期物量 $q_1$ 加权，基期权数低估，则

$$\frac{\sum p_1q_1}{\sum p_0q_1}>\frac{\sum p_1q_1}{\sum p_0q_0}$$

帕氏物价指数偏大，即产生了上权偏误。

③ 拉氏物量指数 $\left(\frac{\sum p_0q_1}{\sum p_0q_0}\right)$ 的子项中的物量 $q_1$ 是以基期物价 $p_0$ 加权，报告期权数低估，则

$$\frac{\sum p_0 q_1}{\sum p_0 q_0} < \frac{\sum p_1 q_1}{\sum p_0 q_0}$$

拉氏物量指数偏小，即产生了下权偏误。

④ 帕氏物量指数 $\left(\frac{\sum p_1 q_1}{\sum p_1 q_0}\right)$ 的母项中的物量 $q_0$ 是以报告期物价 $p_1$ 加权，基期权数高估，则

$$\frac{\sum p_1 q_1}{\sum p_1 q_0} < \frac{\sum p_1 q_1}{\sum p_0 q_0}$$

帕氏物量指数偏小，即产生了下权偏误。

(2) 当物价下跌(即 $p_0 > p_1$) 时，交易量、消费量等物量会增加(即 $q_0 < q_1$)。

① 拉氏物价指数的报告期权数低估，拉氏物价指数偏小，即产生了下权偏误。

② 帕氏物价指数的基期权数高估，帕氏物价指数偏小，即产生了下权偏误。

③ 拉氏物量指数的报告期权数高估，拉氏物量指数偏大，即产生了上权偏误。

④ 帕氏物量指数的基期权数低估，帕氏物量指数偏大，即产生了上权偏误。

### (二) 动态经济情形

(1) 当物价上涨 (即 $p_0 < p_1$) 时，交易量、生产量和消费量等物量往往随人口的增加而增加 (即 $q_0 < q_1$)。

① 拉氏物价指数的报告期权数低估，拉氏物价指数偏小，即产生了下权偏误。

② 帕氏物价指数的基期权数高估，帕氏物价指数偏小，即产生了下权偏误。

③ 拉氏物量指数的报告期权数低估，拉氏物量指数偏小，即产生了下权偏误。

④ 帕氏物量指数的基期权数高估，帕氏物量指数偏小，即产生了下权偏误。

(2) 当物价下跌 (即 $p_0 > p_1$) 时，交易量、生产量和消费量等物量往往随人口的增加而增加 (即 $q_0 < q_1$)。

① 拉氏物价指数的报告期权数低估，拉氏物价指数偏小，即产生了下权偏误。

② 帕氏物价指数的基期权数高估，帕氏物价指数偏小，即产生了下权偏误。

③ 拉氏物量指数的报告期权数高估，拉氏物量指数偏大，即产生了上权偏误。

④ 帕氏物量指数的基期权数低估，帕氏物量指数偏大，即产生了上权偏误。

## 七、编制动态指数的基期的选择问题

(1) 要选择稳定的或有重要意义的时期为基期。若存在异常波动或偶然性因素影响较大的时期(如：战争时期、自然灾害时期)作为基期，会因基期指标值奇高或奇低，而计算出的指数会偏低或偏高，从而导致对客观事实的严重歪曲。

(2) 基期可以是一个较长时期。若某一年份的基期统计事项过多地受偶然性因素的影响，则可以将基期年的相邻的若干年的平均值作为基期代表值。

(3) 基期与报告期所跨时距一般不宜过长。如果以远期历史作为对比基准的时期来计算指数，就难以保证指数所包含的项目的同质性。又由于商品的价格和消费观念等因素随岁月流逝会发生相应改变，所以这样计算出的指数就不能真正反映现象变化状况。

通常，若现象变化较快，则其基期与报告期相隔时距可以稍短一些，否则可以稍长一些。

## 八、加权综合指数的应用

以下介绍的主要是针对狭义的加权综合指数，即动态加权综合指数的应用。

工业产量（产值）指数是固定加权综合指数的形式，其计算公式为：

$$I_q=\frac{\sum q_i p_n}{\sum q_0 p_n}$$

式中，$q_0$、$q_i$ 分别表示第 0 期、第 $i$ 期的产量；$p_n$ 表示不变价格。

从新中国成立初期到 20 世纪 90 年代，一直沿用苏联的方法，当时我国统计制度规定工业总产值统一按规定的不变价格 $p_n$ 计算。制定不变价格的目的是为了消除价格因素变动的影响，以反映工业生产的真实发展状况。然而，随着科技进步和社会发展，以及国家宏观价格政策的不断调整，老产品逐渐被新产品替代，各种产品之间的比价不断发生变化，因此，不变价格使用一定时期就必须进行适当修订。为此，我国先后在 1950 年、1952 年、1957 年、1970 年、1980 年和 1990 年制定调整了不变价格。计算较长时期的工业产量指数，若其间出现了不变价格更换时，就必须消除不变价格变动的影响。其方法是以不变价格换算系数的形式进行调整，以扣除价格影响因素。其步骤为：

第一步，计算不变价格换算系数。

$$\text{不变价格换算系数}=\frac{\text{不变价格更替年按新不变价格计算的工业总产值}}{\text{不变价格更替年按旧不变价格计算的工业总产值}}$$

式中，不变价格换算系数实质上是价格指数；更替年是指开始采用新的不变价格的年份。

第二步，将更替年以前各年按旧不变价格计算的工业总产值分别乘以不变价格换算系数，这样就得到各年的近似按新不变价格计算的工业总产值。

第三步，计算工业产量指数。

**[范例 8.10]** 某企业以 1980 年不变价格计算的工业总产值，1986 年为 200 万元，1991 年为 320 万元；以 1990 年不变价格计算的工业总产值，1991 年为 290 万元，1995 年为 314 万元，1997 年为 431 万元，试以 1986 年为基期，计算工业产量定基指数，并分析该企业生产发展状况。

**[解]** 1991 年的工业总产值分别是按 1980 年和 1990 年的不变价格计算的，利用此资料求得不变价格换算系数：

$$\text{不变价格换算系数}=\frac{\sum p_{90}q_{91}}{\sum p_{80}q_{91}}=\frac{290}{320}\approx 0.91,$$

$$\sum p_{90}q_{86}\approx\sum p_{80}q_{86}\times\frac{\sum p_{90}q_{91}}{\sum p_{80}q_{91}}=200\times 0.91=182(\text{万元})。$$

现在统一按 1990 年不变价格计算的各年总产值资料来分别计算各年工业产量定基指数：

$$\frac{\sum p_{90}q_{91}}{\sum p_{90}q_{86}} \approx \frac{\sum p_{90}q_{91}}{\sum p_{80}q_{86} \times \frac{\sum p_{90}q_{91}}{\sum p_{80}q_{91}}} = \frac{290}{182} \approx 159.3\%,$$

$$\frac{\sum p_{90}q_{95}}{\sum p_{90}q_{86}} \approx \frac{\sum p_{90}q_{95}}{\sum p_{80}q_{86} \times \frac{\sum p_{90}q_{91}}{\sum p_{80}q_{91}}} = \frac{314}{182} \approx 172.5\%,$$

$$\frac{\sum p_{90}q_{97}}{\sum p_{90}q_{86}} \approx \frac{\sum p_{90}q_{97}}{\sum p_{80}q_{86} \times \frac{\sum p_{90}q_{91}}{\sum p_{80}q_{91}}} = \frac{431}{182} \approx 236.8\%。$$

以上计算结果表明该企业工业总产值 1997 年较 1986 年增长了一倍多(136.8%),其中 1990 年至 1995 年发展相对缓慢;1995 年至 1997 年发展加快,但还未达到 1986 年至 1997 年的速度。

固定权数指数的优点:便于指数编制;具有历史可比性;可以真实地观察现象数量发展变化的趋势。缺点:当产量结构在报告期发生了较大改变时,利用不变价格换算系数法计算的工业产量指数会产生较大的偏误。

由于不变价格法难以适应市场经济条件下计算工业发展速度的要求,20 世纪 80 年代后期,国家统计局开始研究探索新的工业发展速度计算方法,2004 年开始在全国正式实行价格指数缩减法计算工业发展速度。

## 九、指数数列

指数数列是将同一现象各个时期的指数按照时间先后顺序排列所形成的数列。按照选用的基期不同,可以分为定基指数数列和环比指数数列;按照指数化指标性质不同,可以分为数量指标指数数列和质量指标指数数列。在统计实际工作中,一般以不变权数($p_n$)编制产品产量综合指数。

定基指数数列:

$$\sum\frac{Q_1P_n}{Q_0P_n},\ \sum\frac{Q_2P_n}{Q_0P_n},\ \sum\frac{Q_3P_n}{Q_0P_n},\ \cdots,\ \sum\frac{Q_nP_n}{Q_0P_n}$$

环比指数数列:

$$\sum\frac{Q_1P_n}{Q_0P_n},\ \sum\frac{Q_2P_n}{Q_1P_n},\ \sum\frac{Q_3P_n}{Q_2P_n},\ \cdots,\ \sum\frac{Q_nP_n}{Q_{n-1}P_n}$$

环比指数数列各项连乘积等于定基指数数列的最后一项,即

$$\sum\frac{Q_1P_n}{Q_0P_n}\cdot\sum\frac{Q_2P_n}{Q_1P_n}\cdot\sum\frac{Q_3P_n}{Q_2P_n}\cdot\cdots\cdot\sum\frac{Q_nP_n}{Q_{n-1}P_n}=\sum\frac{Q_nP_n}{Q_0P_n}$$

## 十、指数体系

指数体系是社会经济现象在经济上和数量上所固有的相互联系和相互制约的多个指

数所构成的有机整体。社会经济现象的发展变化并不是孤立进行的，总是存在千丝万缕的联系和制约，其中有些联系和制约形式可以通过定量分析方法来测定其数量关系。

### (一) 二因素分析

指数体系相对数关系的因素分析：

$$\frac{\sum p_1q_1}{\sum p_0q_0}=\frac{\sum p_1q_1}{\sum p_0q_1}\cdot\frac{\sum p_0q_1}{\sum p_0q_0}$$

指数体系绝对数关系的因素分析：

$$\sum p_1q_1-\sum p_0q_0=\left(\sum p_1q_1-\sum p_0q_1\right)+\left(\sum p_0q_1-\sum p_0q_0\right)$$

即
$$\sum p_1q_1-\sum p_0q_0=\sum(p_1-p_0)q_1+\sum p_0(q_1-q_0)$$

报告期总额 $\left(\sum p_1q_1\right)$ 与基期总额 $\left(\sum p_0q_0\right)$ 产生相对或绝对差异的原因有三点(结合图 8-2 来分析)：

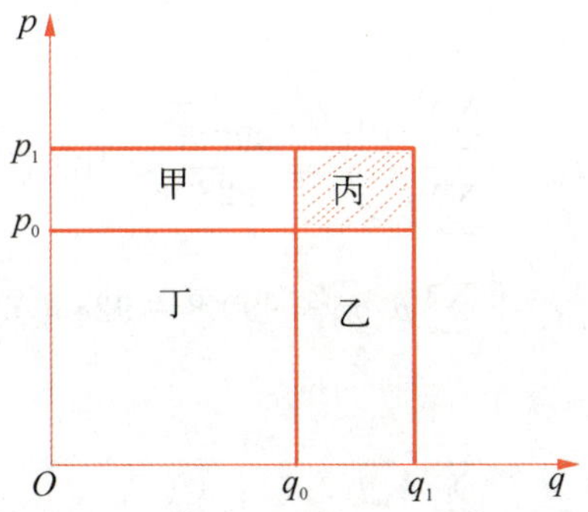


图 8-2 价格和数量二因素共同变化分析图

(1) $S_{甲}=(p_1-p_0)q_0=p_1q_0-p_0q_0$

即由价格因素变化而导致的总额差异额。

(2) $S_{乙}=p_0(q_1-q_0)=p_0q_1-p_0q_0$

即由数量因素变化而导致的总额差异额。

(3) $S_{丙}=(p_1-p_0)(q_1-q_0)=(p_1q_1-p_0q_1)-(p_1q_0-p_0q_0)$

即由价格和数量二因素共同变化而导致的总额差异额。

$$p_1q_1=S_{甲}+S_{乙}+S_{丙}+S_{丁}$$

$$p_0q_0=S_{丁}$$

显然，$p_0q_0$ 与 $p_1q_1$ 之间存在差异。

问题的症结在于，指数体系中的拉氏物量指数和帕氏物价指数都同时使用了假定总额 $\left(\sum p_0q_1\right)$，这不仅给实际部门计算指数带来了困难，而且其计算结果也难免与实际有出入。

[范例 8.11] 某商厦的销售资料，如表 8-5 所示，试对该商厦销售情况进行因素分析。

表 8-5 某商厦的销售情况表

| 商品 | 计量单位 | 基期(2020 年) | | 报告期(2021 年) | | 销售额/元 | | | |
|---|---|---|---|---|---|---|---|---|---|
| | | 价格 | 销售量 | 价格 | 销售量 | | | | |
| | | $p_0$ | $q_0$ | $p_1$ | $q_1$ | $p_0q_0$ | $p_0q_1$ | $p_1q_0$ | $p_1q_1$ |
| 甲 | 米 | 6 | 52 | 5.8 | 50 | 312 | 300 | 301.6 | 290 |
| 乙 | 千克 | 7.3 | 33 | 8 | 40 | 240.9 | 292 | 264 | 320 |
| 丙 | 件 | 12 | 40 | 13.6 | 28 | 480 | 336 | 544 | 380.8 |
| 合计 | | | | | | 1 032.9 | 928 | 1 109.6 | 990.8 |

[解](1) 销售量指数：

$$I_q=\frac{\sum p_0q_1}{\sum p_0q_0}=\frac{928}{1\,032.9}\approx 89.84\%,$$

$$\sum p_0q_1-\sum p_0q_0=928-1\,032.9=-104.9\text{（元）。}$$

(2) 销售价格指数：

$$I_p=\frac{\sum p_1q_1}{\sum p_0q_1}=\frac{990.8}{928}\approx 106.77\%,$$

$$\sum p_1q_1-\sum p_0q_1=990.8-928=62.8\text{（元）。}$$

(3) 销售额指数：

$$I_{pq}=\frac{\sum p_1q_1}{\sum p_0q_0}=\frac{990.8}{1\,032.9}\approx 95.92\%,$$

$$\sum p_1q_1-\sum p_0q_0=990.8-1\,032.9=-42.1\text{（元）。}$$

(4) 三者之间的关系：

$$89.84\%\times 106.77\%\approx 95.92\%,$$

$$(-104.9)+62.80=-42.1\text{。}$$

综上所述，该商厦 2021 年比 2020 年的销售额下降 4.08%，下降金额为 42.10 元。其中：由于销售量平均下降了 10.16 个百分点，使得销售额减少了 104.90 元；而又由于销售价格平均上升了 6.77 个百分点，使得销售额增加了 62.80 元。

### (二) 三因素分析

复杂社会经济现象总体的总指数一般是由多个密切联系的因素共同作用的结果，按照这些因素作用的大小，是正作用还是负作用，通常需要进行多因素分析。多因素分析必须采用连锁替代法。

连锁替代法是指根据影响因素彼此间的逻辑关系排序，通常将外延性质的主要数量指标排在前，内涵性质的次要质量指标排在后，其余指标置于中间，相邻两因素相乘要有经济意义。当排在前面的指标为指数化因素时，后面其余的指标均固定在基期；当中间的指标为指数化因素时，排在前面的指标固定在报告期，排在后面的指标固定在基期；当后面的指标为指数化因素时，前面所有的指标均固定在报告期。三个以上因素分析依此类推。

指数体系相对数关系的因素分析：

$$\frac{\sum q_1 m_1 p_1}{\sum q_0 m_0 p_0}=\frac{\sum q_1 m_0 p_0}{\sum q_0 m_0 p_0}\cdot\frac{\sum q_1 m_1 p_0}{\sum q_1 m_0 p_0}\cdot\frac{\sum q_1 m_1 p_1}{\sum q_1 m_1 p_0}$$

指数体系绝对数关系的因素分析：

$$\sum q_1 m_1 p_1-\sum q_0 m_0 p_0=\left(\sum q_1 m_0 p_0-\sum q_0 m_0 p_0\right)+\left(\sum q_1 m_1 p_0-\sum q_1 m_0 p_0\right)+\left(\sum q_1 m_1 p_1-\sum q_1 m_1 p_0\right)$$

[范例 8.12]　某企业三种产品资料，如表 8-6 所示，试分析该企业三种产品原材料费用总额的变动情况。

表 8-6　某企业三种产品原材料费用总额的变动情况表

| 产品 | 计量单位 | 产品产量 | | 单耗 | | 原材料单价 | | 原材料费用额 | | | |
|---|---|---|---|---|---|---|---|---|---|---|---|
| | | $q_0$ | $q_1$ | $m_0$ | $m_1$ | $p_0$ | $p_1$ | $q_0m_0p_0$ | $q_1m_0p_0$ | $q_1m_1p_0$ | $q_1m_1p_1$ |
| 甲 | 套 | 700 | 800 | 1.2 | 1 | 13 | 13 | 10 920 | 12 480 | 10 400 | 10 400 |
| 乙 | 克 | 1 200 | 1 100 | 2.4 | 2.5 | 8 | 11 | 23 040 | 21 120 | 22 000 | 30 250 |
| 丙 | 米 | 600 | 600 | 3.3 | 3.5 | 7 | 6 | 13 860 | 13 860 | 14 700 | 12 600 |
| 合计 | | | | | | | | 47 820 | 47 460 | 47 100 | 53 250 |

[解] (1) 产品产量指数：

$$I_q=\frac{\sum q_1 m_0 p_0}{\sum q_0 m_0 p_0}=\frac{47\ 460}{47\ 820}\approx 99.25\%,$$

$$\sum q_1 m_0 p_0-\sum q_0 m_0 p_0=47\ 460-47\ 820=-360\ (\text{元})。$$

(2) 单位产品原材料消耗量指数：

$$I_m=\frac{\sum q_1 m_1 p_0}{\sum q_1 m_0 p_0}=\frac{47\ 100}{47\ 460}\approx 99.24\%,$$

$$\sum q_1 m_1 p_0-\sum q_1 m_0 p_0=47\ 100-47\ 460=-360\ (\text{元})。$$

(3) 原材料价格指数：

$$I_m=\frac{\sum q_1 m_1 p_1}{\sum q_1 m_1 p_0}=\frac{53\ 250}{47\ 100}\approx 113.06\%,$$

$$\sum q_1 m_1 p_1-\sum q_1 m_1 p_0=53\ 250-47\ 100=6\ 150\ (\text{元})。$$

(4) 原材料费用总额指数：

$$I_{qmp}=\frac{\sum q_1 m_1 p_1}{\sum q_0 m_0 p_0}=\frac{53\ 250}{47\ 820}\approx 111.36\%,$$

$$\sum q_1 m_1 p_1-\sum q_0 m_0 p_0=53\ 250-47\ 820=5\ 430\ (\text{元})。$$

(5) 分析检验：

$$99.25\%\times 99.24\%\times 113.06\%\approx 111.36\%,$$

$$(-360)+(-360)+6\ 150=5\ 430(\text{元})。$$

综上所述，该企业三种产品原材料费用总额报告期比基期上升了 11.36%，增长绝对额为 5 430 元，这是三种产品的产量、单耗和原材料单价三因素共同作用的结果。其中：① 产品质量结构的变化，使费用总额下降了 0.75%，减少 360 元；② 单位产品原材料消耗量结构的变化，使费用总额下降了 0.76%，减少 360 元；③ 原材料价格平均增长 13.06%，使费用总额增加 6 150 元。

由此可见，尽管该企业强化了经营管理，降低了原材料单耗，以提高经济效益，但是，由于原材料价格平均提高幅度较大，这样冲抵了产量和原材料单耗变化所带来的益处，结果是原材料费用总额以两位数字的速度提高。面对原材料市场的形势，企业要求得生存，只有进一步降低产品成本，才能增强市场竞争力。

## 十一、加权综合指数的变通公式

在商品价格管理权限出于高度集中的状态下，若掌握了商品流转额和调价商品影响金额，则可以采用如下加权平均综合指数的变通公式计算指数，该指数公式 20 世纪曾被少数东欧国家用来编制零售物价指数。其计算公式为：

$$I_q=\frac{\sum p_1 q_1}{\sum p_1 q_1-(\pm\Delta)}$$

式中，$\Delta$ 表示商品调价时购买者支出的改变量。

$$\sum p_1 q_1-(+\Delta)=\sum p_0 q_1$$

这表示物价计算期比基期调高时，使购买者增加的货币支出额为 $(+\Delta)$；

$$\sum p_1 q_1-(-\Delta)=\sum p_0 q_1$$

这表示物价计算期比基期调低时，使购买者减少的货币支出额为 $(-\Delta)$。

## 十二、加权综合指数的整编和平缩

### (一) 指数的整编

莫捷特(Bruce D. Mudgett)首创的指数整编公式为：

$$D=I_L-I_P$$

式中，$D$ 表示经济现象的变化数量；$I_L$ 和 $I_P$ 分别表示拉氏和帕氏指数。

$D=0$ 表明经济现象无变动，各种商品基期数量 $q_0$ 与计算期数量 $q_1$ 一致；$|D|$ 增大，表明经济现象变动较大，各种商品基期数量 $q_0$ 与计算期数量 $q_1$ 相差较大。

［范例 8.13］ 由范例 8.8 和范例 8.9 计算某小集市三种商品的物价指数：

$$I_{L_p}=100.03\%,\ I_{P_p}=100.70\%,$$

$$D=I_{L_p}-I_{P_p}=100.03\%-100.70\%=-0.67\%,$$

$$\text{相差数量的比率}=\frac{0.67\%}{(100.03\%+100.70\%)/2}\approx 0.668\%。$$

指数误差率不大于 2.5%均被认为可接受。该比率小于 2.5%，此差幅不算大，这一误差可以允许。若误差超过容许范围，则必须对指数进行整编。

指数的整编方法有三种：① 更换基期；② 以新产品取代旧产品，但不变更权数；③ 更换商品并变更权数。

### （二）指数的平缩

英文中平缩(deflation)是通货收缩之意，而这里所指的是通过物价指数将以货币表示的名义价值调整为实质价值，即：

$$\text{实质价值}=\frac{\text{名义价值}}{\text{物价平缩指数}}$$

国民经济价格平缩指数，又称国内生产总值(GDP)价格平缩指数、GDP 价格减缩系数、GDP 价格减缩因子。其计算公式为：

$$\text{GDP 价格平缩指数}=\frac{\text{现价 GDP}}{\text{不变价 GDP}}$$

$$\text{不变价 GDP}=\frac{\text{现价 GDP}}{\text{GDP 价格平缩指数}}$$

从生产角度看，GDP 等于全社会各行业增加值之和，而各行业的增加值是总产出减总投入所得的差额，差额形式并不能对应具体的现实产品，因此，不变价格的增加值不能直接从现行价格的增加值中换算到。通常，不变价 GDP 可以通过生产价格平缩法求得。

平缩法分双平缩法和单平缩法。

(1) 双平缩法

$$\text{现价增加值}=\text{现价总产出}-\text{现价中间投入}=\sum P_1Q_1-\sum p_1q_1$$

$$\text{不变价增加值}=\frac{\text{现价总产出}}{\text{产出价格指数}}-\frac{\text{现价中间投入}}{\text{中间投入价格指数}}=\frac{\sum P_1Q_1}{\dfrac{\sum P_1Q_1}{\sum P_0Q_1}}-\frac{\sum p_1q_1}{\dfrac{\sum p_1q_1}{\sum p_0q_1}}$$

(2) 单平缩法

$$\text{报告期的不变价增加值}=\frac{\text{报告期的现价增加值}}{\text{产出价格指数}}$$

或 $$报告期的不变价增加值=\frac{报告期的现价增加值}{中间投入价格指数}$$

[范例 8.14] 某公司职工年薪平均为 70 000 元，生活费指数上涨了 7.5%，则该公司职工实际工资平均水平为多少？

[解]

$$实际工资=\frac{名义货币工资}{缩减指数}=\frac{70\ 000}{1.075}=65\ 116.28\ (元)$$

(107.5%起了缩减作用)

[范例 8.15] 某农村按收购价格提高前的价格计算，有 8 775 万元农产品可销给收购站，现收购价格提高了 11.6%，问由于政府提高收购价，使农民增加收入多少万元。

[解] 8 775 − 8 775 ÷ 1.116 = 912.1(万元)。

(111.6%起了减缩作用)

由于政府提高收购价，使农民多收入 912.1 万元。

# 第五节 总指数编制之三——加权平均数指数

## 一、加权平均数指数的概念

加权平均数指数是以商品流转额为权数对个体指数进行加权平均得到的指数。

正确计算加权平均数指数关键要引入合理的权数，权数与个体指数以乘或除的形式结合都要有经济意义。权数能够权衡复杂总体各要素变化对总体变动的作用和地位，就加权平均数指数而言，权数能够反映每个个体指数在平均指数中的轻重。

平均指数既可以是某一物值指标 $(pq)$ 的绝对权数形式，又可以是某一物值占总额的比重指标 $\left(\frac{pq}{\sum pq}\right)$ 的相对权数形式。

商品的流转额包括价格 $(p)$ 和流转量 $(q)$ 两个因素。按照它们各有基期与报告期的形态，对它们进行数学组合，可以得到以下四种物值权数：

$$p_0q_0、p_0q_1、p_1q_0、p_1q_1$$

式中，$p_0q_1$ 和 $p_1q_0$ 是假定的权数，虽然这二者权值在理论上可以成立，但是在实际操作上却难以实行。又根据在加权平均数指数中引入的权值的合理性，即：权值与个体指数相乘或相除要有经济意义，加权平均数指数变形后能够还原到数量指标指数是 $L$ 氏指数，质量指标指数是 $P$ 氏指数。

采用基期权值 $(p_0q_0)$ 的目的是排除商品销售结构的变化，以反映市场物价变动的趋势；采用现期权值 $(p_1q_1)$ 的目的是充分反映市场现实的现行状态。

权数 $p_1q_1$ 的资料常因客观条件限制难以及时搜集到，因而将其应用于实践中受到很大限制。其实，在实际统计工作中，尤其在西方发达国家统计工作中，以 $p_0q_0$ 为权数比 $p_1q_1$ 为权数应用得更为广泛。

## 二、加权平均数指数与加权综合指数的区别与联系

加权平均数指数和加权综合指数是总指数编制的两种形式，它们二者既有区别又有联系。

(1) 区别：① 加权平均数指数是先对比后综合；加权综合指数是先综合后对比。② 计算加权平均数指数所占有的资料既可以是全面的资料，也可以是非全面的抽样资料；计算加权综合指数所占有的资料一定要是全面的资料。

(2) 联系：这两种指数形式可以互相转化。

## 三、加权平均数指数的编制

### (一) 加权算术平均数指数

加权算术平均数指数是以商品流转额为权数对个体指数的加权算术平均。参照加权综合指数在实际应用中的可行的类型，只有以 ($p_0q_0$) 为权数的加权算术平均数的数量指标指数变形后才能够成为拉氏物量指数的形式。其公式为：

$$I_q=\frac{\sum p_0q_1}{\sum p_0q_0}=\frac{\sum\left(\frac{q_1}{q_0}\right)p_0q_0}{\sum p_0q_0}$$

值得注意的是 $I_p=\frac{\sum\left(\frac{p_1}{p_0}\right)p_0q_1}{\sum p_0q_1}$，$p_0q_1$ 是假定权数，实际工作中难于取得。因此，质量指标指数一般不采用加权算术平均计算。

计算数量指标指数时，缺少子项资料，则不具有直接用拉氏物量指数公式计算的条件下，必须采用加权算术平均数指数公式。

[范例 8.16]　根据表 8-7 资料，试对这三种商品的销售量进行相对数分析和绝对数分析。

表 8-7　三种商品的销售量进行相对数分析和绝对数分析表

| 商品 | 计量单位 | 销售量 | | 基期销售额/元 | 个体物量指数 | 假定销售额/元 |
|---|---|---|---|---|---|---|
| | | $q_0$ | $q_1$ | $p_0q_0$ | $q_1/q_0$ | $(q_1/q_0)\cdot p_0q_0$ |
| 甲 | 件 | 75 | 60 | 280 | 0.80 | 224.00 |
| 乙 | 台 | 43 | 55 | 129 | 1.28 | 165.12 |
| 丙 | 千克 | 91 | 82 | 100 | 0.90 | 90.00 |
| 合计 | | | | 509 | | 479.12 |

[解]

$$I_q=\frac{\sum\left(\frac{q_1}{q_0}\right)p_0q_0}{\sum p_0q_0}=\frac{479.12}{509}\approx 94.13\%,$$

$$\sum\left(\frac{q_1}{q_0}\right)p_0q_0-\sum p_0q_0=479.12-509=-29.88(\text{元})。$$

从而表明这三种商品销售量平均下降 5.87%，由于销售量的平均下降，使得报告期比基期的销售额减少了 29.88 元。

### (二) 加权调和平均数指数

加权调和平均数指数是以商品流转额为权数，对个体指数的倒数进行加权平均的倒数。参照加权综合指数在实践应用中的可行性的类型，只有以 ($p_1q_1$) 为权数的加权调和平均数的质量指标指数变形后才能成为帕氏质量指标的形式。其公式为：

$$I_p=\frac{\sum p_1q_1}{\sum p_0q_1}=\frac{\sum p_1q_1}{\sum\left(\frac{p_1}{p_0}\right)^{-1}p_1q_1}$$

值得注意的是 $I_q=\dfrac{\sum p_0q_1}{\sum\left(\frac{q_1}{q_0}\right)^{-1}p_0q_1}$，$p_0q_1$ 是假定权数，不便于实际操作。因此，数量指标指数一般不采用加权调和平均计算。

计算质量指标指数时，缺少母项资料，则不具有直接用帕氏质量指数公式计算的条件下而必须采用加权调和平均数指数公式。

**[范例 8.17]** 根据表 8-8 资料，试对这三种商品的销售量进行相对数分析和绝对数分析。

**表 8-8 三种商品的销售量进行相对数分析和绝对数分析表**

| 商品 | 计量单位 | 销售价格 | | 报告期销售额/元 | 个体物价指数 | 假定销售额 |
|---|---|---|---|---|---|---|
| | | $p_0$ | $p_1$ | $p_1q_1$ | $\frac{p_1}{p_0}$ | $\left(\frac{p_1}{p_0}\right)^{-1}\cdot p_1q_1$ |
| 甲 | 瓶 | 7 | 8 | 720 | 1.143 | 629.92 |
| 乙 | 辆 | 320 | 310 | 1 860 | 0.969 | 1 919.50 |
| 丙 | 担 | 55 | 65 | 780 | 1.182 | 659.90 |
| 合计 | | | | 3 360 | | 3 209.32 |

$$I_p=\frac{\sum p_1q_1}{\sum\left(\frac{p_1}{p_0}\right)^{-1}p_1q_1}=\frac{3\ 360}{3\ 209.32}\approx 104.70\%,$$

$$\sum p_1q_1-\sum\left(\frac{p_1}{p_0}\right)^{-1}p_1q_1=3\ 360-3\ 209.32=150.68\ (\text{元})。$$

表明这三种商品销售价格平均涨幅为 4.70%，由于销售价的平均上升，使得报告期比基期的销售额增加了 150.68 元。综上所述，加权算术平均指数和加权调和平均指数都既有型偏误又有权偏误，加权几何平均指数只存在权偏误。

读者不妨就同一种统计资料分别利用上面三种公式来计算指数值，然后判定它们的偏误的类型。

## 四、我国居民消费价格指数的编制

中华人民共和国成立以来，我国一直编制商品零售价格指数（retail price index, RPI），自 2001 年 1 月 1 日起，我国启用居民消费价格指数（consumer price index, CPI）。居民消费价格指数是反映居民家庭所购买的消费品和服务的价格水平总体变动情况的指数，它是以一揽子消费商品和服务项目为代表。商品零售价格指数是从卖方角度观察商品零售价格变动情况，说明价格变动对卖者的影响，它只反映包括居民消费和集团消费的商品，不反映非商品与服务价格。居民消费价格指数则是从买方角度观察居民生活消费品零售价格和服务项目收费变动情况，说明价格变动对居民（购买者）生活的影响，它包括学杂费、保育费等非商品与服务，但不包括主要供集团消费的办公用品、轿车等商品。两者的年度变化率都反映通货膨胀（inflation）或通货紧缩（deflation）程度。我国商品零售价格指数和居民消费价格指数的编制都采用固定加权算术平均数指数形式，其公式为：

$$I_p = \frac{\sum KW}{\sum W}$$

或

$$I_p = \frac{\sum KW}{100}$$

式中，$K = \frac{p_1}{p_0}$ 表示单项商品价格指数；$W = \frac{p_0 q_0}{\sum p_0 q_0}$ 表示固定权数，它是结构指标。

以往编制商品零售价格指数的目的是测定市场零售价格平均变动趋势，由于涉及各种经济类型的零售商品，其种类浩繁，不可能及时搜集到以报告期商品流转额（$p_1 q_1$）为权值的加权调和平均数指数的权数资料，因此，只能采用经过修正的基期（$p_0 q_0$）作为权值，对经过抽样调查所搜集的代表规格品的个体零售价格指数进行加权平均，从而减少了采集资料的工作量，大大提高了时效性。

该权值资料是以居民上年度第 1～3 季度零售商品实际销售额和上年第四季度的预计销售额为依据，再以报告年度居民潜在购买力和市场供需前景对上年销售额资料进行修正，最后按照零售商品的大类、中类、小类或商品集团、代表规格品等层次，分别确定每一层次的结构（$W_i$）分布。同一层次各零售商品所占比重（$W_i$）反映了居民消费结构状况，各层权数之和均应等于 100。除了水果、鲜菜之外，其余商品及大小类权数每隔三年计算一次，水果、鲜菜的权数每年计算一次。

在编制 RPI 时期，我国统计制度执行按月和年编制指数，月度指数分月环比指数和同期比指数。该制度将全部商品划分为 14 个大类，每大类下分若干中类，每中类下分若干小类或商品集团。在小类或商品集团中选取一种或多种代表规格品。全国统一规定的目录商品零售价格指数必须是在 300 多种商品价格资料的基础上计算出来的，各地根据实际情况还可以酌情增加商品种类，但是不得超过 45 种。选择代表规格品必须是现行物价统计制度规定的 404 种必报商品，其中：消费品 352 种，农业生产资料 52 种，此外，提出 45 种参考增补商品。能够作为代表规格品的商品应当是在当地零售量大，属于中等质量，生产和销售前景较好，价格变动趋势对本商品集团具有代表性的商品，并适当考虑历史资料的衔接性。

在全国大、中、小城市和县城中采用抽样方法选取226个市县，对抽中的市县的典型商店和集贸市场的每种商品的月、年平均价格进行经常性的直接调查，以取得商品零售价格的实际资料。指数的采样价格对于季节性强的商品，如：水果、鲜菜等，一般采用月平均价格；对于常年零售的商品，则通常采用季度末月25日的时点价格。

居民消费价格指数与商品零售价格指数计算类似。居民消费价格指数主要由商品和服务项目的选择、权数的确定、价格的采集及平均价格的计算三大要素决定。

(1) 商品和服务项目的选择。居民消费价格指数涉及食品、烟酒及用品、衣着、家庭设备及用品、医疗保健、交通和通信、娱乐教育和文化用品、居住等八大类，251个基本分类，约700个品种。既有生产和批发零售贸易企业的生活消费品，也有机关、企事业单位内部食堂、小卖部的消费品；既有服务行业提供的各种服务价格，也有行政事业单位提供的各种服务价格。在每个基本分类下包括了代表规格品的最低数量。代表规格品由各省市自行确定，具有地方消费特色的规格品可以适当增减。2000年年底，我国将移动电话、电脑、汽车、汽油等商品，以及家庭服务收费、车辆购买使用维修的相关费用、非义务教育收费、有线电视费、电话月租费、健身活动收费、物业管理费用、自有住房需缴纳的税费、旅游收费等收费项目新增为指数商品。主要大项目有粮、油、肉、蛋、菜、服装、纺织品、理发、洗澡、电影票、公园门票、挂号费、学杂保育费、家电等。居住价格包括水、电、燃料等价格，建房及装修材料价格，以及住房租金，但不包括房地产价格。代表规格品一经确定，年内不能更换。

(2) 大、中、小类商品和服务项目的权数确定。居民消费价格指数的权数是指上年城乡居民家庭用在各类商品或服务项目的支出占其消费总支出的比重，反映调查商品或服务项目价格变动在总指数形成中的影响程度。利用住户调查方式，采集计算权数所需的全国4万户城市居民家庭和7万户乡村农民家庭的支出数据资料。在调查中，若不编码汇总计算商品和服务项目的权数，则依据典型调查资料推算。国际通行做法，权数5年不变。鉴于中国正处于经济转型期，城乡居民消费行为、内容、结构和水平变化较大，基本分类及以上类别权数只是一年内固定不变。受季节影响较大的鲜菜、鲜果的品种权数，则每月计算一次。随着人们的生活方式改变，食品和消费品类的权数正逐步下降，服务类项目的权数则明显上升。权数构成与我国居民消费支出比例正日趋吻合。

(3) 价格的采集及平均价格的计算。抽选价格调查点时，首先对各种类型的商业网点销售额由高到低排序，然后再等距抽样。价格调查点每年调整一次。根据商品或服务项目与人民生活的相关程度和价格变动频率，确定价格调查的次数。比如，蔬菜、水果、肉禽蛋、水产品等价格，每5天调查一次；粮食、油脂、烟酒饮料、餐饮业及其他穿用商品价格每10天调查一次；家电类产品，每月调查2～3次；国家和地方政府定价的商品、服务项目或价格相对稳定的商品、服务项目，如电价，每月或每季调查一次。当指数商品价格只有挂牌价或市场价时，其平均价格就是月内各次或年内各月调查价格的算术平均值；当指数商品的挂牌价与市场价并存时，其价格则按不同价格形式的消费量进行加权平均。当商品市场成交价与挂牌价不一致时，则采集市场成交价。定时、定点、定人直接调查价格。每一代表规格品所有调查点的时点价格简单算术平均，便得到月平均价格。比如，某种饮料价格每月调查2次，有5个调查点，就是将10个时点价格相加，然后再除以10。

目前，美国的消费者价格指数(即中国的居民消费价格指数)是以1982—1984年的平均价格水平作为基期，涵盖了食品、交通、医疗、成衣、娱乐、房屋支出、其他等七大类，由364种项目的价格决定各种支出的权数，每月的第3个周公布。

我国居民消费价格指数采用国际通用的定基价格指数，首轮固定对比基期为2000年，即以2000年平均价格作基准，计算出各月定基价格指数后，再推算月环比、月同比、季同比及年度同比价格指数。

［范例8.18］　根据表8-9资料，计算2020年某经济体居民消费价格指数。

（注：为了简化计算，现只以原商品八大类划分资料为例）

表8-9　2020年某经济体居民消费价格指数计算资料表

| 商品类型及品名 | 代表规格品 | 计量单位 | 平均价格/元 | | 权数/% | 个体物价指数/% | $K_p \cdot W$/% |
|---|---|---|---|---|---|---|---|
| | | | $p_0$ | $p_1$ | W | $K_p=p_t/p_0$ | |
| 大类合计 | | | | | 100 | | 10 732.9 |
| 一、食品类 | | | | | 50 | 107.8 | 5 390.0 |
| 1. 粮食中类 | | | | | 18 | 105.0 | 1 889.3 |
| （1）细粮小类 | | | | | 85 | 104.3 | 8 865.5 |
| 面粉 | 标准粉 | kg | 3.6 | 3.6 | 15 | 100.0 | 1 500.0 |
| 大米 | 一级粳米 | kg | 4.0 | 4.2 | 85 | 105.0 | 8 925.0 |
| （2）粗粮小类 | | | | | 15 | 109.0 | 1 635.0 |
| 2. 副食品中类 | | | | | 53 | 111.1 | 5 888.3 |
| 3. 茶中类 | | | | | 18 | 100.0 | 1 800.0 |
| 4. 其他食品中类 | | | | | 11 | 109.3 | 1 202.3 |
| 二、烟酒及用品类 | | | | | 17 | 101.2 | 1 720.4 |
| 三、衣着类 | | | | | 13 | 104.5 | 1 358.5 |
| 四、家庭设备及用品类 | | | | | 6 | 102.3 | 613.8 |
| 五、医疗保健类 | | | | | 2 | 130.5 | 261.0 |
| 六、交通和通信类 | | | | | 8 | 121.6 | 972.8 |
| 七、娱乐教育和文化用品类 | | | | | 2 | 105.2 | 210.4 |
| 八、居住类 | | | | | 2 | 103 | 206 |

注：由于居民消费价格指数的权数属于国家绝密材料，所以，本表权数由作者估算得到。

计算步骤：

(1) 计算代表规格品的个体价格指数。如：细粮小类的代表规格品面粉、大米的个体价格指数：

$$I_p=\frac{p_1}{p_0}=\frac{3.6}{3.6}=100.0\%$$

$$I_p=\frac{p_1}{p_0}=\frac{4.2}{4.0}=105.0\%$$

(2) 计算小类价格指数。如：细粮小类的价格指数：

$$I_p=\frac{\sum KW}{\sum W}=\frac{100.0\%\times 15+105.0\%\times 85}{100}=104.25\%$$

(3) 计算中类价格指数。如粮食中类的价格指数：

$$I_p=\frac{\sum KW}{\sum W}=\frac{104.25\%\times 85+109.0\%\times 15}{100}\approx 104.96\%$$

(4) 计算大类价格指数。如食品大类的价格指数：

$$I_p=\frac{\sum KW}{\sum W}=\frac{104.96\%\times 18+111.1\%\times 53+100.0\%\times 18+109.3\%\times 11}{100}$$

$=107.8\%$。

(5) 计算居民消费价格指数：

$$I_p=\frac{\sum KW}{\sum W}=\frac{10\ 732.9}{100}\approx 107.33\%。$$

当通货膨胀率偏低，商品物价基本稳定时，若存在某种商品价格基本持平，即 $K-100=0$，表示该商品零售价格涨跌率为 0，则可以采用居民消费价格指数简捷公式计算，其公式为：

$$I_p=\frac{\sum(K-100)W}{\sum W}+100=\frac{\sum(K-100)W}{100}+100$$

## 第六节　总指数编制之四——平均指标指数

### 一、平均指标指数及其指数体系

平均指标指数是同一社会经济现象在两个不同时间的平均指标对比的相对数。对于已经分组的总体而言，总体平均指标一般采用加权平均法计算，即：

$$\bar{x}=\frac{\sum xf}{\sum f}=\sum x\cdot\left(\frac{f}{\sum f}\right)$$

由此可知，反映社会经济现象总体一般水平的平均指标主要受总体中各组的水平 $(x)$ 和结构 $\left(\frac{f}{\sum f}\right)$ 的影响。在平均指标变动的因素分析中，将各组平均水平 $(x)$ 视为质量因素，而将各组单位数占总体单位数的比重视为数量因素，运用连锁替代法分析总体各部分水平和总体结构这两个因素变动对总体平均指标变动的影响，通过平均指标变动因素的分析，便可列出指数体系。

按照对比平均指标的权数形式、内涵因素和比较的意义划分，有可变构成指数、结构影响指数和固定构成指数。

### （一）平均指标指数的公式形式

1. 可变构成指数

可变构成指数是同一现象在两个不同时间的加权平均数之比。它全面地反映了总体平均水平的实际变动状况。其公式为：

$$I_{可}=\frac{\bar{x}_1}{\bar{x}_0}=\left(\frac{\sum x_1 f_1}{\sum f_1}\right)\left(\frac{\sum x_0 f_0}{\sum f_0}\right)^{-1}=\left(\sum x_1\cdot\frac{f_1}{\sum f_1}\right)\left(\sum x_0\cdot\frac{f_0}{\sum f_0}\right)^{-1}$$

2. 结构影响指数

结构影响指数是同一现象在两个不同时间的各组水平因素固定在基期的加权算术平均数之比。它反映了总体结构变动对总体平均指标变动的影响。其公式为：

$$I_{结}=\frac{\bar{x}_n}{\bar{x}_0}=\left(\frac{\sum x_0 f_1}{\sum f_1}\right)\left(\frac{\sum x_0 f_0}{\sum f_0}\right)^{-1}=\left(\sum x_0\cdot\frac{f_1}{\sum f_1}\right)\left(\sum x_0\cdot\frac{f_0}{\sum f_0}\right)^{-1}$$

3. 固定构成指数

固定构成指数是同一现象在两个不同时间的总体构成因素固定在报告期的加权算术平均数之比。它反映了各组水平变动对总体平均指标变动的影响。其公式为：

$$I_{固}=\frac{\bar{x}_1}{\bar{x}_n}=\left(\frac{\sum x_1 f_1}{\sum f_1}\right)\left(\frac{\sum x_0 f_1}{\sum f_1}\right)^{-1}=\left(\sum x_1\cdot\frac{f_1}{\sum f_1}\right)\left(\sum x_0\cdot\frac{f_1}{\sum f_1}\right)^{-1}$$

### （二）平均指标指数体系

平均指标指数体系是通过可变构成指数、结构影响指数和固定构成指数之间的有机联系来进行平均指标变动的因素分析的指数体系。它反映了现象总平均变动受各分解因素作用的程度和方向。其体系形式为：

$$\underbrace{\left(\frac{\sum x_1 f_1}{\sum f_1}\right)\left(\frac{\sum x_0 f_0}{\sum f_0}\right)^{-1}}_{（可变构成指数）}=\underbrace{\left[\left(\frac{\sum x_0 f_1}{\sum f_1}\right)\left(\frac{\sum x_0 f_0}{\sum f_0}\right)^{-1}\right]}_{（结构影响指数）}\underbrace{\left[\left(\frac{\sum x_1 f_1}{\sum f_1}\right)\left(\frac{\sum x_0 f_1}{\sum f_1}\right)^{-1}\right]}_{（固定构成指数）}$$

$$\frac{\sum x_1 f_1}{\sum f_1}-\frac{\sum x_0 f_0}{\sum f_0}=\left(\frac{\sum x_0 f_1}{\sum f_1}-\frac{\sum x_0 f_0}{\sum f_0}\right)+\left(\frac{\sum x_1 f_1}{\sum f_1}-\frac{\sum x_0 f_1}{\sum f_1}\right)$$

## 二、平均指标指数的性质

（1）可变构成指数受各组平均水平和各组单位数结构的共变影响，它等于标志总额指数和总体单位总指数之比。

$$\left(\frac{\sum x_1 f_1}{\sum f_1}\right)\left(\frac{\sum x_0 f_0}{\sum f_0}\right)^{-1}=\left(\frac{\sum x_1 f_1}{\sum x_0 f_0}\right)\left(\frac{\sum f_1}{\sum f_0}\right)^{-1}$$

由此公式形式可知，可变构成指数的变动不受各组标志值的变动范围的约束，因此，当各组构成发生剧烈改变时，该指数很可能会超出所综合的各组指数（$k$）的范围。

（2）结构影响指数虽然是反映各组结构变动对总平均指标变动的影响，但是，它要以各组标志水平存在差异为前提。如果基期各组标志值水平（$x_0$）相等，则即使结构出现剧烈变化，也不会引起总平均指标的变动。

当 $x_{01}=x_{02}=\cdots=x_{0i}=\cdots=x_{0n}=A$ 时，

$$\frac{\sum x_0 f_1}{\sum f_1}\left(\frac{\sum x_0 f_0}{\sum f_0}\right)^{-1}=\sum x_0 \frac{f_1}{\sum f_1}\left(\sum x_0 \frac{f_0}{\sum f_0}\right)^{-1}$$

$$=\sum A \frac{f_1}{\sum f_1}\left(\sum A \frac{f_0}{\sum f_0}\right)^{-1}$$

$$=A\sum \frac{f_1}{\sum f_1}\left(A\sum \frac{f_0}{\sum f_0}\right)^{-1}$$

$$=\frac{\sum f_1}{\sum f_1}\left(\frac{\sum f_0}{\sum f_0}\right)^{-1}=\frac{1}{1}=1$$

另外，当基期平均水平偏高的组报告期结构出现了增大时，$I_{结}>1$。

当基期平均水平偏高的组报告期结构出现了降低时，$I_{结}<1$。

当各组单位数由基期至报告期成等比变化时，即 $f_1=kf_0$，$\frac{f_1}{\sum f_1}=\frac{f_0}{\sum f_0}$，$I_{结}=1$。

（3）固定构成指数实质上是各组指数的加权算术平均数，它的数值不可能超越各组标志值指数（$k$）的变动范围。

$$\left(\frac{\sum x_1 f_1}{\sum f_1}\right)\left(\frac{\sum x_0 f_1}{\sum f_1}\right)^{-1}=\frac{\sum x_1 f_1}{\sum x_0 f_1}=\frac{\sum\left(\frac{x_1}{x_0}\right)x_0 f_1}{\sum x_0 f_1}=\frac{\sum k x_0 f_1}{\sum x_0 f_1}$$

## 三、平均指标指数的应用

［范例 8.19］ 远南集团下属两个子公司的某产品成本如表 8-10 所示，试分析该集团产品平均单位成本变动情况。

**表 8-10 远南集团下属两个子公司的某产品平均单位成本情况表**

| 公司名称 | 单位成本/元 | | 生产量/件 | | 总成本/元 | | | 组指数/% |
|---|---|---|---|---|---|---|---|---|
| | $x_0$ | $x_1$ | $f_0$ | $f_1$ | $x_0 f_0$ | $x_1 f_1$ | $x_0 f_1$ | $x_1/x_0$ |
| 甲公司 | 11.0 | 10.0 | 400 | 1 500 | 4 400 | 15 000 | 16 500 | 90.9 |
| 乙公司 | 13.0 | 13.3 | 800 | 800 | 10 400 | 10 640 | 10 400 | 102.3 |
| 合　计 | | | 1 200 | 2 300 | 14 800 | 25 640 | 26 900 | |

集团平均单位成本：

$$\bar{x}_0=\frac{\sum x_0 f_0}{\sum f_0}=\frac{14\ 800}{1\ 200}\approx 12.3\ (元)$$

$$\bar{x}_1=\frac{\sum x_1 f_1}{\sum f_1}=\frac{25\ 640}{2\ 300}\approx 11.1(元)$$

$$\bar{x}_n=\frac{\sum x_0 f_1}{\sum f_1}=\frac{26\ 900}{2\ 300}\approx 11.7(元)$$

集团的平均单位成本变动：

$$I_{可}=\frac{\bar{x}_1}{\bar{x}_0}=\frac{11.1}{12.3}\approx 90.2\%$$

$$\bar{x}_1-\bar{x}_0=11.1-12.3=-1.2(元)$$

其中：(1) 产量结构变动影响：

$$I_{结}=\frac{\bar{x}_n}{\bar{x}_0}=\frac{11.7}{12.3}\approx 95.1\%$$

$$\bar{x}_n-\bar{x}_0=11.7-12.3=-0.6(元)$$

(2) 两个子公司单位成本变动影响：

$$I_{固}=\frac{\bar{x}_1}{\bar{x}_n}=\frac{11.1}{11.7}\approx 94.9\%$$

$$\bar{x}_1-\bar{x}_n=11.1-11.7=-0.6(元)$$

综合检验分析：

本例中，相对数分析 $\frac{\bar{x}_1}{\bar{x}_0}=\frac{\bar{x}_n}{\bar{x}_0}\cdot\frac{\bar{x}_1}{\bar{x}_n}$，

$$90.2\%=95.1\%\times 94.9\%$$

本例中，绝对数分析 $(\bar{x}_1-\bar{x}_0)=(\bar{x}_n-\bar{x}_0)+(\bar{x}_1-\bar{x}_n)$，

$$-1.2=(-0.6)+(-0.6)$$

由此可知，由于两个子公司产量结构改变影响集团单位成本平均下降 4.9%，使集团单位成本减少了 0.6 元；由于两个子公司单位成本平均下降 5.1%，使集团单位成本减少了 0.6 元。以上两个影响因素综合作用，使集团单位成本平均下降了 9.8%，单位产品减少 1.2 元的成本。

本例中，组指数 $\left(\frac{x_1}{x_0}\right)$ 在 90.9%～102.3%之间的变动范围内，而 $I_{可}$ 超出此范围。这是因为集团的产量结构朝着有利于集团平均成本下降的方向上发生了剧烈改变。甲公司单位成本出现了较大的下降，而甲公司产量占集团总产量的比重又正好出现了巨大增加，由基期的 33.3% $\left(\frac{400}{1\ 200}\right)$ 上升到报告期的 65.2% $\left(\frac{1\ 500}{2\ 300}\right)$。

# 第七节 价格总指数的修正公式及数理方法

## 一、价格总指数的修正公式

西方统计学界提出的指数偏误理论，应当辩证地认识它，就指数偏误产生的原因来看，主要归因于度量不同的经济现象造成的，而不是对唯一正确数值的相反方向的“偏误”。从纠正“偏误”的方法来看，采用折中方法，片面地追求完善的指数形式，企图借以寻求所谓“理想”的指数公式，其实这本身就缺乏清晰而实际的经济意义，从而必定会导致指数理论走向形式主义的歧途。修正型公式的形式有：

### （一）不同权数形式的再平均公式

#### 1. 阿瑟·杨格公式

英国经济学家阿瑟·杨格（Arthur Young，1741—1820）提出以若干时期平均量或常态时期的不变量为权数来计算指数的公式，其公式为：

$$I=\frac{\sum p_1\left(\frac{q_0+q_1+\cdots+q_{n-1}+q_n}{n}\right)}{\sum p_0\left(\frac{q_0+q_1+\cdots+q_{n-1}+q_n}{n}\right)}$$

或 $$I=\frac{\sum p_1 q_n}{\sum p_0 q_n}$$

#### 2. 马歇尔-埃奇沃斯公式

英国新古典学派创始人阿尔弗雷德·马歇尔（Alfred Marshall，1842—1924）和埃奇沃斯（F.Y. Edgewoth）于 1887 年至 1890 年间分别编制了用基期和计算期的物量平均数为权数的加权综合物价指数，其公式为：

$$I=\frac{\sum p_1\left(\frac{q_0+q_1}{2}\right)}{\sum p_0\left(\frac{q_0+q_1}{2}\right)}$$

### （二）不同指数形式的再平均公式

#### 1. 卓比史公式

英国学者卓比史（Drobish）于 1871 年率先创立了对拉氏物价指数与帕氏物价指数进行简单算术平均的指数公式，其公式为：

$$I=\frac{1}{2}\left(\frac{\sum p_1 q_0}{\sum p_0 q_0}+\frac{\sum p_1 q_1}{\sum p_0 q_1}\right)$$

#### 2. 沃尔什-庇古理想公式

美国经济学家沃尔什（C.M. Walsh）与剑桥学派马歇尔的学生阿瑟·塞西尔·庇古（Arthur Cecil Pigou，1877—1959）分别于 1901 年和 1912 年先后提出了对拉氏物价指数与帕氏物价指数进行简单几何平均的公式。1927 年,美国统计学家埃尔文·费歇尔(Irving Fisher, 1867—1947)将此公式写入了 *Making of Index Number* 中,为此,后人称此公式为费歇尔公式。其公式为:

$$I_F = \sqrt{I_L \cdot I_P} = \sqrt{\frac{\sum p_1 q_0}{\sum p_0 q_0} \cdot \frac{\sum p_1 q_1}{\sum p_0 q_1}}$$

通常,就同一统计资料而言,尽管拉氏指数与帕氏指数的偏误程度大致相同,但是,偏误方向刚好相反,通过对这两种指数的几何平均,从而可以实现拉氏指数与帕氏指数的交叉互补,既克服了“型偏误”,也使“权偏误”平均化。

该公式符合西方经济统计理论中的权威性的“三试验”评判标准中的两个,即满足时间互换试验和因子互换试验,不过,不满足循环试验。假如能同时满足“三试验”的加权指数公式,则被认为是最优的指数公式。

(1) 时间互换试验。时间互换试验是计算期对基期的物价指数与基期对计算期的物价指数相乘等于 1,即互为倒数。其形式为:

$$I_{p_{01}} \cdot I_{p_{10}} = \sqrt{\frac{\sum p_1 q_0}{\sum p_0 q_0} \cdot \frac{\sum p_1 q_1}{\sum p_0 q_1}} \cdot \sqrt{\frac{\sum p_0 q_1}{\sum p_1 q_1} \cdot \frac{\sum p_0 q_0}{\sum p_1 q_0}} = 1$$

满足 $I_{p_{01}} \cdot I_{p_{10}} = 1$ 条件的物价指数公式被认为是良好的指数公式。凡存在型偏误和权偏误的物价指数公式均不满足时间互换试验。

(2) 因子互换试验。因子互换试验是物价指数 $I_{p_{01}}$ 中的因子 $p$ 与 $q$ 互换后可转换为物量指数 $I_{q_{01}}$,$I_{p_{01}}$ 乘以 $I_{q_{01}}$ 应当等于报告期基期的实际价值之比。其形式为:

$$I_{p_{01}} \cdot I_{q_{01}} = \sqrt{\frac{\sum p_1 q_0}{\sum p_0 q_0} \cdot \frac{\sum p_1 q_1}{\sum p_0 q_1}} \cdot \sqrt{\frac{\sum q_1 p_0}{\sum q_0 p_0} \cdot \frac{\sum q_1 p_1}{\sum q_0 p_1}} = \frac{\sum p_1 q_1}{\sum p_0 q_0}$$

满足 $I_{p_{01}} \cdot I_{q_{01}} = \dfrac{\sum p_1 q_1}{\sum p_0 q_0}$ 的条件的物价指数公式被认为是良好的指数公式。

(3) 循环试验。循环试验是各期环比指数连乘的形式为锁比指数,连乘后的结果为最后一期的定基指数,则其全部环比指数连乘等于 1;两锁比指数要能等于定基指数,全部环比指数连乘,也必等于 1,即:

$$I_{p_{01}} \cdot I_{p_{12}} \cdot I_{p_{23}} \cdot \cdots \cdot I_{p_{(n-1)n}} \cdot I_{p_{n0}} = 1$$

$$\sqrt{\frac{\sum p_1 q_0}{\sum p_0 q_0} \cdot \frac{\sum p_1 q_1}{\sum p_0 q_1}} \cdot \sqrt{\frac{\sum p_2 q_1}{\sum p_1 q_1} \cdot \frac{\sum p_2 q_2}{\sum p_1 q_2}} \cdot \cdots \cdot \sqrt{\frac{\sum p_0 q_n}{\sum p_n q_n} \cdot \frac{\sum p_0 q_0}{\sum p_n q_0}} \neq 1$$

如果环比指数符合该条件,那么,锁比指数必等于定基指数。费歇尔公式不满足以上条件。

鉴于以上分析结论,为此,费歇尔指数公式被西方统计理论界誉为“理想公式”(“Ideal Formula”)。

### （三）最高公因数法

英国"宏观经济学之父"约翰·梅纳德·凯恩斯(John Maynard Keynes，1883—1946)首创了以权数数值中的最高公因数为权数的加权综合指数公式，其公式为：

$$I_p=\frac{\sum p_1 q_{\min}}{\sum p_0 q_{\min}}$$

具体权数：① 可以是报告期与基期的权数的公因数；② 可以是报告期、基期及中间期的权数的公因数。

## 二、价格指数的数理型公式

### （一）积分价格指数

法国经济学家弗朗科伊斯·迪维西亚(Francois Divisia)于1925年所写的《货币指数与货币理论》一文中率先提出了积分物价指数，其公式推导为：

$$\begin{aligned}I^{\mathrm{D}}&=\frac{Q_t P_t}{Q_0 P_0}=\exp(\ln Q_t P_t-\ln Q_0 P_0)=\exp\left(\int_C \frac{\mathrm{d}Q_t P_t}{Q_t P_t}\right)\\&=\exp\left[\int_C \frac{\mathrm{d}\sum q_t p_t}{\sum q_t p_t}\right]=\exp\left[\int_C \frac{\sum q_t \mathrm{d}p_t+\sum p_t \mathrm{d}q_t}{\sum q_t p_t}\right]\\&=\exp\left[\int_{C_p} \frac{\sum q_t \mathrm{d}p_t}{\sum q_t p_t}\right]\cdot\exp\left[\int_{C_q} \frac{\sum p_t \mathrm{d}q_t}{\sum q_t p_t}\right]=I_p^{\mathrm{D}}\times I_q^{\mathrm{D}}\end{aligned}$$

式中，$I_p^{\mathrm{D}}$ 表示Divisia积分物价指数；$C_p$、$C_q$ 表示物价比和物量比描述的曲线，即代表 $\{\mathrm{d}p_t\}$、$\{\mathrm{d}q_t\}$ 的积分路径。$P_t=\{p_{1t},\cdots,p_{nt}\}$，$Q_t=\{q_{1t},\cdots,q_{nt}\}^{\mathrm{T}}$；$P_0=\{p_{10},\cdots,p_{n0}\}$，$Q_0=\{q_{10},\cdots,q_{n0}\}^{\mathrm{T}}$。

该指数的基本思想是：物价水平的变动应当与购买者的主观效用结合起来考虑。A商品的涨价使购买者的效用损失，若能从B商品的跌价中获得的效用增加来弥补，则应当视为价格水平不变。在以物价比和物量比为纵横坐标的坐标系平面上可以描绘出效用无差异曲线。由于时间的连续性，因此，该种无差异曲线对应的函数为连续函数。物价在效用无差异曲线上上下波动。

### （二）函数论价格指数

苏联经济统计学家康努斯(A.A. Konüs)于1924年首创了函数论价格指数，其公式分为两种形式：

(1) 若由效用水平 $u(Q)$ 所固定的数量为 $Q^0$，则函数论价格指数为：

$$Q_p^{(0)}=\frac{Q^{01}P^1}{Q^0 P^0}$$

式中，$Q^{01}$ 的上角标第一位指效用水平，第二位指作为基础的价格比率。假设固定的 $P^t$ 等于 $P^1$，以这样的价格比率，消费者在基期消费的数量不再是 $Q^0$ 而是 $Q^0\mid P^1=Q^{01}$，这是价格为 $P^1$ 时，在同一效用水平，位于同一无差异曲线上，与"最便宜"的向量 $Q$ 相应的消费量。

$Q^{01}P^1$ 表示效用水平固定的数量 $Q^0$ 与价格 $P^1$ 相适应的消费开支。

（2）若由效用水平 $u(Q)$ 所固定的数量为 $Q^1$，则函数论价格指数为：

$$Q_P^{(1)}=\frac{Q^1P^1}{Q^{10}P^0}$$

式中，$Q^1P^1$ 指的是以 $P^1$ 计算的 $Q^1$ 的开支；$Q^{10}P^0$ 指的是效用水平固定的数量 $Q^1$ 与价格 $P^0$ 相适应的消费开支。

该指数的基本原理为：函数论的价格指数（$Q_p$）是以价格 $P^0$ 与 $P^1$ 购买同一条无差异曲线上相当于价格比率 $P^0$ 与 $P^1$ 的商品组合，所必需的两种开支的商数（Quotient）。换而言之，所确定的必需消费开支是在同一固定效用水平 $u(Q)$ 上与价格比率相适应的条件下产生的。

# 第八节　股票价格指数

## 一、股价指数的概述

迄今，世界上各股票市场主要采用股价平均数和股价指数作为反映股市行情的主要指标。股价平均数（stock price averages）是反映多种股票价格变动的一般水平，通常以算术平均数表示。人们通过对不同的时期股价平均数的比较，可以认识多种股票价格变动水平。股价指数（stock price indexes）是用于股市上衡量和分析那些有代表性的、不能直接相加和对比的股票组成的、能够代表股市不同时期总的股价水平综合变动的相对数。也就是将第一时期的股价平均数作为另一个时期股价平均数的基准的百分率。通过股价指数，人们可以了解计算期的股价比基期的股价上升或下降的百分率。由于股价指数是一个相对指标，因此，就一个较长的时期而言，股价指数比股价平均数能更精确地衡量股价的变动。

按传统股票价格指数的说法，把股价平均数也称为股价指数。就统计学专门术语的严格意义上来讲，它不是指数，只是一种平均数，然而，因为它用平均数在时间上的变动来说明股票价格变动的情况，所以，有时人们把它泛称为指数。

股价指数的上升提前于经济周期的扩张，股价指数的下跌则提前于经济周期的收缩。为此，股价指数被视为反映社会经济现象变化的预兆指标（或称提前指标、先行指标、领先指标）。

指数的单位用“点”（“point”）来表示，“点”是衡量股票价格起落涨跌的相对尺度。

## 二、股价指数的一般性理论分析

### （一）股价指数的特性

对股市走势具有优良拟合性的股价指数必须具备如下特征：

（1）综合性。在股票交易期间，各种股票的价格变化各异，有些股票变动差异很大，为此，要表示一般股价水准就不能只取一种或几种股价。股价指数所代表的是整个大市，而不能代表每一种单个股票的个别价格，这就是股价指数这个股市窗口的“盲点”。

（2）代表性。股价指数的编制必须在各类股票中均应抽取样本股。当证券市场上股票种类较少（$N<300$）时，应当将全部上市股票作为样本，才能使算得的股价指数能更好地反映现实股市变化。当上市股票较多（$N>300$）时，限于时间与人力，应当抽取部分具有代表性的股票作为样本。一般要求样本股票的市价总值占总的上市股票的市价总值的 80%。

(3) 敏感性。当股票价格上升或下跌时,股价指数能敏感地把其变化反映出来。为了更敏感地反映股价变动,有些股价指数的计算时间逐渐缩短。计算股价指数所用的价格,先是采用当日收盘价,后改用每小时价格,现在则用每分钟的价格。

(4) 连续性。股价指数应当反映长时期的股市变化进程,不同时期的股价指数应当具有历史的参照作用。这就要求股价指数的编制方法一旦确定就不能随意地更改。若存在非市场因素的变化,如:股票分割、增资发行等,一般应当对指数公式进行修正或调整,以维持股价指数的连续变动的走势。中、长期投资者尤其应当重视连续性。

### (二) 股价指数的作用

(1) 它是反映股市行情变化的指示器。股票价格指数是表明股市变动的重要指标,人们通过它可以了解不同国家和地区股市变动的情况。

(2) 它为投资者提供必不可少的信息。投资者进行股票投资,要考虑整个股市的变化情况,股价指数为投资者把握投资机会,选择投资对象提供了依据。

(3) 它是整个经济的晴雨表。股价指数的编制是选择有代表性、实力雄厚的上市公司的股票为代表,这些公司的股价变动反映股市的股价水平,而这些公司的经营业绩又反映了该国家或地区的经济状况,因此股价指数是观察分析经济重要参考依据。

### (三) 股价指数的编制程序及抉择前提

(1) 根据股票市场状况和不同的服务对象,为了满足不同类型的投资者,如:短期投资者、抢"帽子"客("抢帽子"交易是指证券从业者率先买入某股票,然后专门对该股票及上市公司公开发表利多评论,以便拉涨该股价,当该股价涨至一定水平时,先于他人将所持股票卖出,以赚取价差。它类似于"老鼠仓")、中长期投资者,应当选取适当的编制方法。

(2) 根据上市公司股票总数 $N$,确定抽取样本数 $n(n \leqslant N)$,并规定选作新成分股、样本轮换等条件。

(3) 确定基日。股价指数是动态相对数,也是定基相对数。任何股价指数都有基准日期。有了基日,才能有一个比较的基础。一般把基日选在股票交易较平稳、股价变化较均匀、股价没有暴涨跌的时期。基日指数通常取 1 000、400、100、50 等。基日指数定为 1 000 是为了便于股价指数的期货期权交易;定为 400 是因为最初计算出的股价指数大致为 400 左右;定为 100 是恰好反映股价指数升降的百分点的称谓;定为 50 是为了使每日的反映数值能近似地反映相应时候的股价一般水平,即当时即时指数与股票市价平均数大致相等,这样便于投资者从事比较研究。

(4) 选择权重。一般方法是以采样股股票发行量为权数,以求得市价总值,报告期市价总值与基期市价总值之比,即予以指数化。这种以市价总值股价指数显示了采样股整体资产价值的变化,相对地降低了某些股票市价暴涨暴跌对指数的影响。当股票分割、配股发生时,采样股数量相应地逐渐膨胀起来,权数会出现无限增大之势,这样会使得当某些股票价格发生微小的变化时,股价指数很可能会出现大的波动,以致出现失真现象。以发行量为权重,较适合于观察平均股价水准变动。另一种方法是以采样股股票成交量为权数,但该种权数是不固定的,当股价上涨而成交量暴跌时,股价指数会变得"虚胖"起来,容易使投资者产生误解。这样的权数也造成了股价指数的计算烦琐。不过,以成交量为权重,反映了平均每股成交额,可用以测定股票市场的投资者心态。

需要说明的是,很多书本和论文把发行量加权指数误认为是帕舍指数,在股本变动、成分股变更频繁的情况下,这种归类显得似是而非。其实在一个修正日和下一个修正日期间,

权重 $q$ 本身是以发行量，准确地说是以目前该种股票的股本大小来加权的，当股本在无偿派息或有偿增资认股而增大时，要进行调整修正，但是，这仍然是以新发行量为权数。

根据各种样本股票的相对重要性进行加权，以交易量为权数，其权数分布会经常发生变化，但是以发行量为权数，随着股票分割、除息、除权等现象的出现，其权数分布也会发生变化。权数较大的股票总是把价格指数拉向自己那边，换句话说，具有较大的权数的股票，其价格对股票价格指数有较大的影响。

## 三、世界上各种股价指数计算公式的对比分析

世界各股票交易市场通常以股价平均数或股价指数反映股市行情。股价平均数是以平均金额的形式表示，通过股价平均数可以看到所有股票在计算期的平均股价达到了怎样的水平；股价指数是以相对数的形式表示的，通过股价指数可以了解计算期比基期价格水平是上升还是下降，幅度有多大。

### （一）股价平均数

#### 1. 简单算术股价平均数法

简单算术股价平均数是把采样股的总价格平均分配到各采样股上。采用这种方法计算指数有：道琼斯工业股票平均指数（Dow Jones industrial average）、美国证券交易所（AMEX）股票价格平均数（American stock exchange stock price average）、日经平均股价（Nikkei stock average）。

1975 年 5 月 1 日，日本经济新闻社向道琼斯公司购买商标，采用美国道琼斯公司的修正技术，将 1950 年 9 月 7 日开始编制的“东证修正平均股价”改称为“日经道琼斯平均股价”。1985 年 5 月 1 日合同期满时，改名为“日经平均股价”。按照采样股种类划分，日经指数分为日经 225 种和日经 500 种平均股价指数。1950 年 9 月 7 日开始编制的日经 225 种平均股价指数，样本股票为在东京证券交易所内上市的 225 家公司的股票，以 1950 年 9 月 7 日为基期，当日的平均股价 176.2 日元为基数。2013 年 6 月 12 日（端午节），日经指数盘初跌破 13 000 点，尾随全球股市跌势，投资者对日本央行未提出有效举措抑制债市波动感到担忧，从而使得日元大幅上扬，日经 225 指数下跌 2.4%，跌至 12 994.08 点。当期指数与基期指数对比（当期指数 / 基期指数 = 12 994.08/176.2 = 73.746 2），可见，2013 年 6 月 12 日平均股价是 1950 年 9 月 7 日的 73.746 2 倍，不过，这一倍增的结果隐含着弹性除数不断变小的因素。日经 500 种平均股价指数是 1982 年 1 月开始编制的。

该计算方法是以股市上的每种采样股票中各拿出一股，将其收盘价格加总，并除以采样股数。其计算公式为：

$$I=\frac{1}{n}\sum_{i=1}^{n}P_i$$

简单算术股价平均数法的优缺点如下。

优点：① 简单、易懂、易算；② 遇到拆股情况比较容易调整。

缺点：① 各股票面额不同，价格也各异，因而其平均结果容易受到采样股中的极端值的影响；② 未加权，它对所有抽样股票一视同仁，没有考虑各样本股的相对重要性。交易量大的股票，只要它的价格稍微有变动，对交易额影响就会很大；而交易量小的股票，即使其价格变动较大，对交易额影响也不一定很大。这样容易受少数投机股股价大起大落的

影响。它不能真实地反映股票数量和市价的综合变动方向和程度;③ 股价平均数的指标是以具体金额表示的,因此,它没有反映股价涨跌的变动程度。

2. 加权股价平均法

加权股价平均法是根据各种样本股票的相对重要性进行加权平均计算的。权数 $W$ 一般是成交股数、股票总市值、交易总价值和股票发行量等。采用这种方法计算指数有:标准普尔股票价格指数(Standard & Pool's composite Index, S&P index)、全国场外交易股票价格指数(national OTC stock price index)、资本国际观察指数(capital international observation index)、道琼斯世界股票指数(Dow Jones stock index in the world)。

标准普尔 500 指数由标准普尔公司 1957 年开始编制,收录了美国 500 家上市公司。最初,由 425 种工业股票、15 种铁路股票和 60 种公用事业股票构成成分股。自 1976 年 7 月 1 日开始,其成分股改由 400 种工业股票、20 种运输业股票、40 种公用事业股票和 40 种金融业股票组成。以 1941 年至 1942 年为基期,基期指数定为 10。采用加权平均法进行计算,以股票上市量(发行量)为权数,按基期加权计算。

加权股价平均法计算公式为:

$$I=\frac{\sum_{i=1}^{n}P_iW_i}{\sum_{i=1}^{n}W_i}$$

加权股价平均法的优缺点如下。

优点:① 各样本股股价给了相应的权重,考虑了上市公司的股票在股市中的地位和影响;② 比较容易计算和调整。

缺点:① 平均数的变动量是绝对量的变动,不能反映股价的相对变动情况。以金额表示变化情况,不易直接分析前后期的股价水平的升降幅度,从而不能充分体现平均数的变动程度;② 反映稍迟钝。亦即发行股价较低的公司,股价虽有变动,但不易明显反映在股价平均数上。若大型公司的股价变动,则使人感觉有牵一发而动全身之感。当上市公司的选样股大量增加时,可以逐渐减轻这一不足。

3. 几何平均法

几何平均法是采样股中各种股票价格的几何平均。几何平均法计算公式为:

$$I=\sqrt[n]{\prod_{i=1}^{n}P_i}$$

几何平均法的优缺点如下。

优点:在采样股中各种股票价格相差较大时,用这种方法计算的平均数更能反映出低价股票的价格相对变化。

缺点:① 计算较烦琐,不易被人理解;② 当股票分割、增资发行等情况发生时,不易进行调整;③ 没有考虑权数的作用,从而使该种平均数忽视了各种股票的不同交易量对综合股价变动的影响。

美国证券交易所价值线混合指数(American security exchange value line composite index)、伦敦金融时报指数(financial times ordinary shares index)就是采用该方法计算的。

美国证券交易所价值线混合指数由美国阿诺德·伯恩哈德公司编制的，用以反映美国股票市场行情变化，采样股的总数高达 1 700 种，使用几何平均法计算。

设价值线混合指数成分股数为 $n$，将 $n$ 种股票当天价格相乘，再开 $n$ 次平方根，便得到当天的几何平均指数，即：$I_p=\sqrt[n]{\prod_{i=1}^{n}P_i}$。若将 $I_p$ 再乘以前一天的混合指数，便得到当天的混合指数，即：计算日价值线混合指数 $=I=\sqrt[n]{\prod_{i=1}^{n}P_i}\times$ 前一日混合指数。

1982 年 2 月，美国堪萨斯农产品交易所首次以价值线混合指数进行堪萨斯市场股票指数期货交易，从此引起了世界股票市场的大变革。

伦敦金融时报指数，全称为“伦敦《金融时报》工商业普通股股票价格指数”，由伦敦股票交易所编制，并在《金融时报》上发布，采用几何平均法计算。按照采样股种类划分为：金融时报 30 种股票指数、100 种股票指数和 500 种股票指数。金融时报 30 种股票指数(FT30)以 1935 年 7 月 1 日为基期，基点为 100 点，即以该日股价指数为 100 点，以后计算期股价与其对比，便得到各期指数；金融时报-证券交易所 100 种股票价格指数(financial times-stock exchange 100 index)，简称 FTST100，以 1984 年 1 月 3 日为基期，基期指数为 1 000。人们通常所说的伦敦金融时报指数其实就是指 FT30，它由 30 种具有代表性的工商业股票组成。

### (二) 股价指数

#### 1. 平均法

平均法首先是计算各采样股票的个体股价指数，然后将采样股票的个体指数进行简单算术平均。如：英国《经济学人》普通股票指数，就是采用该方法计算的。其计算公式为：

$$I=\frac{1}{n}\sum_{i=1}^{n}\frac{P_{1i}}{P_{0i}}\times 100$$

平均法的优点：① 计算方便，容易理解；② 反映较灵敏，适合反映股价的短期变动；③ 平均法的实质是纯粹的不含价格加权因素，特别为个别散户投资人所采用，因为该指数比较接近小额投资人的投资组合分析；④ 当增资、除权、拆股时，可以不予修正，而以实际价位为准，因为旨在中、短期投资的人，主要是着眼于资本所得，即买卖价差，而不是以领取股息、红利为目的；⑤ 该种指数还具有循环特性，从长期考虑，个股历年来出现的高低大致相当，由此可以研判目前股价是属于高价位还是低价位；⑥ 该指数还可以显示出股价的价位水准的状况。

平均法的缺点：① 未加权，没有考虑到各种股票交易量或发行量的差异及其影响力的大小，从而不能体现个别股票在股市上的相对重要性；② 由于不进行调整修正，从而使得该指数无法进行长期历史动态对比分析，对长期投资者易产生误导。

#### 2. 综合法

综合法是分别将基期和报告期的股价加总，然后二者对比。其计算公式为：

$$I=\frac{\sum_{i=1}^{n}P_{1i}}{\sum_{i=1}^{n}P_{0i}}\times 100$$

综合法的优点：① 简便易行；② 该指数是以相对数表示，基本上能够反映各种股票的股价综合变动方向和程度;③ 反应稍灵敏。

综合法的缺点:① 未加权,没有考虑到由于各种采样股票的发行量和交易量的不同,而对整个股市的股价影响不一样等因素,因此,计算出来的指数亦不够准确;② 修正调整稍有困难。

3. 加权法

加权法是根据各种样本股票的相对重要性予以加权。以发行量加权的综合股价指数称为市价总额指数;以交易量加权的综合股价指数称为成交总额指数。如:纽约证券交易所股票价格指数(New York stock exchange stock price index)、东京证券交易所股票价格指数(Tokyo stock exchange index)、(香港)恒生指数[(Hongkong's) Hang Seng index]、香港股票价格指数(Hongkong stock price index)、上海证券综合指数[Shanghai (securities) composite index](简称上证综指)、深圳证券交易所成分股票价格指数[compositional index of Shenzhen stock market,又译 Shenzhen (securities) component index](简称深证成指)、中华股票价格指数(stock price index in China)、新华股价综合指数(Xinhua composite index)等,均是采用以发行量为权重计算的指数。

自 1966 年 6 月起,纽约证券交易所股票价格指数,先是普通股股票价格指数,后改为混合指数,它包括在纽交所上市的 1 500 家公司的 1 570 种股票。具体计算方法:将指数股票的价格由高至低排列;分别计算工业股票、金融业股票、公用事业股票、运输业股票的价格指数。以 1965 年 12 月 31 日为基期,50 点为基数。采用综合指数计算。每半个小时公布一次指数的变动情况。

恒生指数由香港恒生银行全资附属的恒生指数服务有限公司编制,以香港股票市场中的 50 家上市公司股票为成分股样本。1969 年 11 月 24 日首次公开发布,以 1964 年 7 月 31 日为基期,基期指数定为 100。计算方法:以发行量为权数;50 种股票每天的收盘价乘以各自的发行股数,得到计算日的市值,再与基数的市值对比,然后乘以基期指数 100,便得到当天的股票价格指数。

新华股价综合指数(简称“新华指数”)由新华社经济信息部和北京大学经济管理学院联合编制,1993 年 6 月 23 日新华股票指数开始向国外公布,在上海和深圳两个交易所上市的股票中进行采样,以 1992 年 9 月 30 日为基期,基期指数为 100。计算方法:采用加权平均法和基期修正法,其权数为各上市公司发行总股数,将报告期的市价总值与基期市价总值对比,再乘以基期指数 100。新华指数分为新华 A 股指数和新华 B 股指数。新华 A 股指数从上海和深圳两个交易所上市股票中选取具有代表性和典型性的 30 种股票作为样本股;新华 B 股指数以 1993 年 3 月 22 日为基期,B 股价格以美元计价。

加权法计算公式为:

$$I=\frac{\sum_{i=1}^{n}P_{1i}Q_{0i}}{\sum_{i=1}^{n}P_{0i}Q_{0i}}\times 100 \text{（拉氏股价指数，以发行量为权数）}$$

或

$$I=\frac{\sum_{i=1}^{n}P_{1i}Q_{1i}}{\sum_{i=1}^{n}P_{0i}Q_{1i}}\times 100 \text{（帕氏股价指数，以成交量为权数）}$$

加权法的优点：① 以发行量为权数，并与采样股的每日收盘价分别相乘，得到市价总值，再与基期的市价总值相比，而予以指数化。由于该指数是把全部采样股票价格的涨跌趋势用市价总值来表现，所以，该指数又可以称为市价总值股价指数，这种股价指数表示采样股整体资产价值的变化，体现了各种股票的相对重要性。② 以成交量为权重，反映了每股平均成交额，可用于测定股票市场上的股民心理效应。③ 以发行量为权数的股价指数，遇到增资扩股、停牌复牌等情况时，相对易调整，计算也方便。④ 按每股股票的发行量设定权数，相应地降低了某些采样股市价巨大的起伏波动。⑤ 该方法采样股数量一般很大，较全面地综合了全部上市股票，代表性强，可显示股票市场的整体水平，非常适合于对股价走势的中、长期分析。⑥ 综合性能强，能较好地反映发行量、交易量和股价对股价指数的绝对水平和相对水平的影响。

加权法的缺点：① 加权和采样范围太广，许多经年甚少交易的冷门股票进入到成分股中，使得该指数敏感性较差，这主要表现在发行股份较少的公司，股价虽有大变动，但不易明显地反映在股价指数上；而大型上市公司股价稍有一点变动，就会明显地从股价指数中表现出来。② 通过加权，指数的分子与分母都是市价总值，也就是说，这已将被选入采样股的上市公司的资本额列入了计算股价指数的范围，这种算法就会出现这样一种不合理的现象，假如所有的股票基期股价与报告期股价一样均未发生变动，而只是因为上市公司有偿增资即配股等原因，使得股票数即权数有所增加，这样就使上市公司资本额增加，若资本额增加 $K$ 倍，那么股价指数就会相应地从基期指数 100 点，至报告期该指数将上升到 $100K$ 点，这种现象称作“虚胖”。③ 投资者特别关注当日指数是否越过所谓的“关卡”。如果股价指数趋于接近却始终不能突破某一关键的指数值，那么投资者继续买进或持有股票的信心即告降低，行情必然反转而下。在这个关键时刻，股市的主力大户通常将大型股价位做高，以使指数能顺利过关。大型股价位高，即有助于将股价指数拉高，这就是因“加权”作用，使大户在股市上能够做市操作，从而导致“虚假指数”的出现，这一情形为“暂时性被人为因素扭曲”。④ 以成交额为权数的股价指数遇到股票增资除权等现象发生时，修正较困难。

4. 加权综合法

该方法是采用拉氏指数和帕氏指数的几何平均。该指数中的拉氏指数和帕氏指数所选择的权重必须同为交易量或发行量，只不过一个是以基期为权数，而另一个是以报告期为权数。

$$I_F = \sqrt{I_L \cdot I_P} = \sqrt{\frac{\sum p_1 q_0}{\sum p_0 q_0} \cdot \frac{\sum p_1 q_1}{\sum p_0 q_1}}$$

加权综合法的优点：① 因为拉氏指数和帕氏指数公式偏误程度大致相同，并且偏误方向恰好相反，通过对这两个指数的几何平均，从而实现了拉氏指数和帕氏指数的交叉互补，克服了“型偏误”，也使“权偏误”平均化。② 它符合西方经济统计理论中的权威性的“三试验”的评判标准中的两个标准，即满足因子互换试验和时间互换试验，但不满足循环试验。相比之下，该指数是属于较理想的指数公式。③ 费歇尔理想公式的构成因子——拉氏指数和帕氏指数，所采用的权重不管是以基期为准，还是以报告期为准，都应当一致，即仅将股价的变动部分反映于股价指数。

加权综合法的缺点：① 由于权数 $q_0$ 和 $q_1$ 同为发行量或交易量，并且该指数的权重均表示相同的内容，但是它们却分属于基期和报告期，这是不利于指数的编制和计算，也不便于反映同一变量的变化，如：发行量或交易量的变化；② 当采样股票增资除权等现象出现时，该指数修正极其烦琐；③ 所需资料相对较多，动态对比适应性差。

综上所述，股价指数的变化应当与股市的成长发展相适应，其走势应当与国民经济运行轨迹相吻合，因此，就股价指数公式的拟合性而言，理应属拉氏股价指数公式最优。

## 四、道琼斯股价指数修正技术的重构

### （一）道琼斯股价指数简介

查尔斯·亨利·道（Charles Henry Dow，1851—1902）出生于康涅狄格（Connecticut）州斯特林，仅读过小学，小农场主，通过自学成为出色的财经记者。1882 年 11 月，他与年轻记者埃德华·戴维斯·琼斯（Edward Davis Jones，毕业于布朗大学）在位于纽约证券交易所附近的华尔街 15 号地下室一间狭小办公室里成立了道琼斯财经新闻社（Dow Jones & Co.），当时他们的全部家当只有一台打字机和一部电话。公司第一份业务是手工编写的名为《顾客晚报》（*Flimsies*）的简讯，只有两页的每日财经新闻通过市内快递送抵华尔街订阅者。这份简讯就是当今美国付费发行量最大（超过 200 万份）的财经报纸《华尔街日报》（*The Wall Street Journal*）的前身。在办报初期，为了节省开支，他们把晚报内容在劣质纸张上重复抄写 24 份。公司成立三个月后，第三个伙伴记者查尔斯·密尔福特·伯格斯特里瑟（Charles Milford Bergstresser）加盟，但公司名字没有随之改变。

道琼斯公司负责编制并发布道琼斯指数。1884 年 7 月 3 日首次公布道琼斯指数（Dow Jones indexes），涉及 11 种股票，后来刊载在旗下的创刊于 1889 年的《华尔街日报》上。1896 年 5 月 26 日是道琼斯工业股票平均指数（Dow Jones industrial average，DJIA）诞生日，以初创者查尔斯·亨利·道和埃德华·戴维斯·琼斯的姓氏命名，跟踪 12 种股票的走势。1928 年 10 月 1 日道琼斯工业平均指数选样股达 30 种，被入选的股票必须是发行量大（large circulation）、交易活跃（active trading）的蓝筹股（blue-chip）。

在计算道琼斯工业平均指数初期，将 30 只股票的价格相加 $\left(\sum_{i=1}^{30} p_i\right)$ 再除以 30 得到股价的简单平均数 ($I_p$)（simple average price）。指数的百分率变化（percentage change in index）就是 30 只股票（shares）的平均价格的变动。由于道琼斯工业平均指数测度由该指数中每只股票一般构成的投资组合的收益［除了股息（excluding dividends）］，因此，此指数又被称为价格加权平均指数（price-weighted average）。该指数百分率的变动 ($\text{DJIA}_{\text{Final value}}/\text{DJIA}_{\text{Initial value}}-1$) 可以衡量样本股构成，以及每只股票一般的投资组合的回报率。因为投资组合价值等于 30 只股票价格之和，所以，这一指数与资产组合每日的变动相同，组合中投资于各公司的资金额与公司的股价成比例。可见，价格加权平均指数在确定指数绩效时赋予高价股更高的权重。

道琼斯股价指数实际上是一种简单算术平均数的形式。由于股价平均数是以平均数在时间上的变动来说明股票价格一般变动的水平的，因此，人们一直习惯泛称它为指数。

价格加权平均指数中隐含的权重因素具有随意性，它是由平均数中的股票价格，而不是现有市场价值 (= 每股价格 × 股份数量) 决定的。

### (二) 道氏修正技术的思路

股票价格指数的采样股中的股票一旦发生增资配股、除权、停牌、复牌、拆股等现象时，均会对股票价格指数产生影响，如果不对股票价格指数进行修正，势必导致股价指数的不合理的虚跌，使股价指数时间序列轨迹出现断层，失去连续性，缺乏动态可比性。为了避免由于配股、股票分割等技术性因素，即非市场股票交易因素使得股价指数时间序列轨迹与现实股市变动轨迹出现异常偏移，因此就有必要消除技术性因素对股价指数拟合失真的影响。根据股价指数连续性要求，在配股、股票分割等现象发生的前后两个相邻交易日，该现象发生的前一交易日的收盘指数与后一交易日的开盘指数必须相等。

设采样股中股票种类为 $n$，现在对采样股中的第 $j$ 种股票拆分成 $K_1$ 股，这样第 $j$ 种股票的股价就变为 $P_j/K_1$，将其拆股后的股价记为 $P_j'$，在这样情形下，道氏修正技术是以如下方式进行的：

道琼斯股价指数形式为：

$$I_0=\frac{\sum_{i=1}^{n}P_i}{n}$$

若第 $j$ 种股票拆分成 $K_1$ 股，则上式变为：

$$I'=\frac{\sum_{i=1}^{j-1}P_i+\frac{P_j}{K_1}+\sum_{i=j+1}^{n}P_i}{n'}$$

在满足股价指数时间序列连续性的前提下，要求 $I_0=I'$，即

$$\frac{\sum_{i=1}^{n}P_i}{n}=\frac{\sum_{i=1}^{j-1}P_i+\frac{P_j}{K_1}+\sum_{i=j+1}^{n}P_i}{n'}$$

$$n'=\frac{\sum_{i=1}^{j-1}P_i+\frac{P_j}{K_1}+\sum_{i=j+1}^{n}P_i}{\sum_{i=1}^{n}P_i}\cdot n$$

将 $n'$ 记作 Ref($n$)，Ref($n$) 称作修正除数(modified divisor)或弹性除数(elastic divisor)。式中 $P_j$ 是修正前一交易日的第 $j$ 种股票的收盘价格。修正后的股价指数模型的一般形式为：

$$I=\frac{\sum_{i=1}^{j-1}P_i+P_j'+\sum_{i=j+1}^{n}P_i}{n'}$$

### (三) 道氏修正技术的重新构思

若第 $j$ 种股票拆分成 $K_1$ 股，则 $I_1=\frac{\sum_{i=1}^{n}P_i}{n}$ 就要变为：

$$I_1=\frac{P_1+P_2+\cdots+P_{j-1}+\dfrac{P_j}{K_1}+\dfrac{(K_1-1)P_j}{K_1}+P_{j+1}+\cdots+P_n}{n}$$

这里的 $n$ 表示股票种类，股票拆股并不增加股票的种类，所以上式变换过程中的 $n$ 是保持不变的。

$$I_1=\frac{\sum_{i=1}^{j-1}P_i+\dfrac{P_j}{K_1}+\dfrac{(K_1-1)P_j}{K_1}+\sum_{i=j+1}^{n}P_i}{n}$$

第 $j$ 种股票拆股后的股价指数的一般式的分子仍然应保持 $n$ 种股票价格之和的形式，因而还应当将上式进行适当变换。

$$nI_1-\frac{(K_1-1)P_j}{K_1}=\sum_{i=1}^{j-1}P_i+\frac{P_j}{K_1}+\sum_{i=j+1}^{n}P_i$$

$$I_1\left[n-\frac{(K_1-1)P_j}{K_1I_1}\right]=\sum_{i=1}^{j-1}P_i+\frac{P_j}{K_1}+\sum_{i=j+1}^{n}P_i$$

经变换得：

$$I_1=\frac{\sum_{i=1}^{j-1}P_i+\dfrac{P_j}{K_1}+\sum_{i=j+1}^{n}P_i}{n-\dfrac{(K_1-1)P_j}{K_1I_1}}$$

为了保持股价指数的连续性要求，第 $j$ 种股票拆股后，紧接着的交易日的股价指数形式 $I_2$ 应当等于 $I_1$，即用 $I_2$ 代换上式等号左边的 $I_1$，这样等式右边也应当相应地变为：

$$I_2=\frac{\sum_{i=1}^{j-1}P_i+P'_j+\sum_{i=j+1}^{n}P_i}{n-\dfrac{(K_1-1)}{I_1}P'_j}$$

即：

$$I_2=\frac{\sum_{i=1}^{j-1}P_i+P'_j+\sum_{i=j+1}^{n}P_i}{\mathrm{Ref}(n)}$$

式中，$I_1$ 是拆股前一交易日的收盘指数，可以由原式 $\sum_{i=1}^{n}P_i/n$ 求得。

### （四）弹性除数时间序列 $\{\mathrm{Ref}(n)\}$ 变化趋势分析

设：

$$\mathrm{Ref}(n)=n_1=n-\frac{K_1-1}{I_1}P'_j$$

式中，$K_1>1$，$I_1>0$，$P'_j>0$。

由此可知，$\dfrac{K_1-1}{I_1}P'_j>0$，因而 $n_1<n$。

若第 $j+1$ 种股票发生拆股，则同理可以推导出二次修正弹性除数：

$$\mathrm{Ref}(n_1)=n_2=n_1-\frac{K_2-1}{I_2}P'_{j+1}<n_1$$

……

若第 $j+m-1$ 种股票发生拆股，则有 $m$ 次修正弹性除数：

$$\mathrm{Ref}(n_{m-1})=n_m=n_{m-1}-\frac{K_m-1}{I_m}P'_{j+m-1}<n_{m-1}$$

综合上述推导结果可得：

$$n>n_1>n_2>\cdots>n_{m-1}>n_m$$

由此可知，弹性除数时间序列 $\{n_1, n_2, n_3, \cdots, n_{m-1}, n_m\}$ 是呈收敛变化趋势。从以上推导中还可以得到 $n_m$ 和 $n$ 的关系式：

$$\begin{aligned}
n_m&=n_{m-1}-\frac{K_m-1}{I_m}P'_{j+m-1}\\
&=\left(n_{m-2}-\frac{K_{m-1}-1}{I_{m-1}}P'_{j+m-2}\right)-\frac{K_m-1}{I_m}P'_{j+m-1}\\
&=\cdots\cdots\\
&=n_1-\frac{K_2-1}{I_2}P'_{j+1}-\frac{K_3-1}{I_3}P'_{j+2}-\cdots-\frac{K_{m-1}-1}{I_{m-1}}P'_{j+m-2}-\frac{K_m-1}{I_m}P'_{j+m-1}\\
&=n-\frac{K_1-1}{I_1}P'_j-\frac{K_2-1}{I_2}P'_{j+1}-\frac{K_3-1}{I_3}P'_{j+2}-\cdots-\frac{K_{m-1}-1}{I_{m-1}}P'_{j+m-2}-\frac{K_m-1}{I_m}P'_{j+m-1}\\
&=n-\sum_{i=1}^{m}\frac{K_i-1}{I_i}P'_{j+(i-1)}
\end{aligned}$$

式中，$K_i>1, I_i>0, P'_{j+(i-1)}>0$，因而 $\dfrac{K_i-1}{I_i}P'_{j+(i-1)}>0$。

经过 $m$ 次修正的弹性除数 $n_m$ 与基期时的股价指数原始模型中的除数 $n$ 相减，其差为 $\sum_{i=1}^{m}\dfrac{K_i-1}{I_i}P'_{j+(i-1)}$ 弹性除数阶梯图如图 8-3 所示。

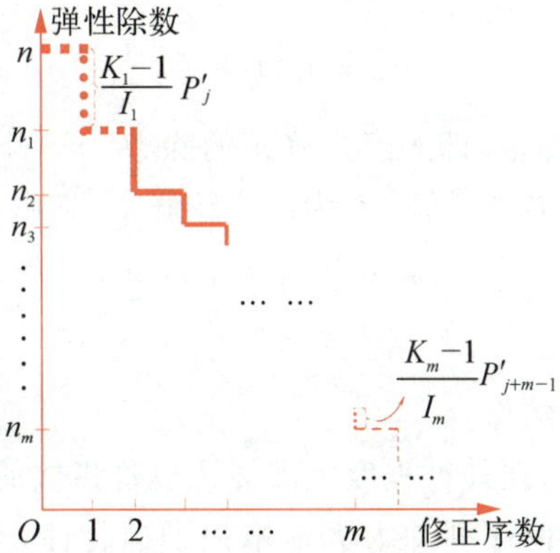


图 8-3　弹性除数阶梯图

### （五）道琼斯股价指数从 100 点升至 15 118 点的剖析

随着时间的推移，社会经济总是呈增长趋势发展，同时也伴随着通货膨胀的出现，商品价格成倍上涨，货币贬值，无形地引起了上市公司净资产增大，从而导致普通股每股股票账面价值增大。股票作为一种特殊商品，其股价也会同样地不断上涨，即使多数股票在过去曾经出现过多次分割，过了几十年甚至上百年后，其市价总是会大大超过原始股票面值。据国外有关资料记载，在 1929 年初，用 23 000 美元买下美国无线电公司股票 61 股股份，由于股本的分散转移，到 1970 年这些股份从原来的 61 股增加到 1 087 股，这样从中可以获得总额为 16 700 余美元的股息，如果这时将其全部抛售，其差价收益几乎是原股本的 10 倍。

事实表明，普通股票作为长期投资对象，其股价总发展趋势一定是上升的，必然会带来增值收益，体现在股价指数一般式中，其分子会朝着增大的方向发展。可是，从上面对弹性除数的推导分析可知，随着修正次数的增加，弹性除数却逐渐缩小，反映在股价指数一般式中，其分母呈递减的方向变化。如：道琼斯工业平均数的弹性除数，1928 年为 16.67；1977 年 4 月为 1.504；1978 年 3 月为 1.433；1982 年 9 月为 1.359；2006 年为 0.125。

经过修正过的股价指数，尽管排除了股票分割，股票分红等不属于股市交易因素对股价变动的影响，保持了股价指数连续性的要求，但是却相应地导致了股价指数时间序列 $\{I_1, I_2, I_3, \cdots, I_{m-1}, I_m\}$ 呈递增变化趋势。由于拆股这种技术性因素致使股价指数出现“虚胖”的现象，使得股价平均数所反映的金额渐渐地偏离实际股价一般水平，在某种程度上说，这会对投资者产生误导。

只要股票出现分割等，或者股息派发超过 10%，或者指数中 30 家公司中任何公司被其他公司取代，平均化过程就会调整，道琼斯工业平均指数也就不再等于 30 只股票价格的平均值，用于计算平均价格的除数会被调整，以消除这些事件对指数的影响。

股票市价上升的总趋势隐含通货膨胀的正作用，再加上弹性除数的一再缩小，这正是道琼斯工业平均数从 1928 年 10 月 1 日的 100 个百分点能够跃升到 2013 年 6 月 12 日的 14 995.23 个百分点 $\left(=\sum_{i=1}^{30} p_i \middle/ 2013\text{ 年的弹性除数}\right)$ 的关键原因。

### （六）弹性除数再修正模式的构造

为了克服通货膨胀对股票市价上升的一般发展趋势的正作用和弹性除数不断变小而导致股价指数拟合偏误的缺陷，为此，构造了以下一种弹性除数再修正的模式：

当 $n_i \leqslant 50\% \cdot n$ 时，

$$n_i' = n_i(1+f)$$

式中，$n$ 为基期股价指数的除数，即未经过修正的除数，$n_i$ 为第 $i$ 次修正的弹性除数，$n_i'$ 为第 $i$ 次修正的弹性除数的再修正值，$f$ 为通货膨胀率，它由下式得到：

$$\text{通货膨胀率} = \frac{\text{某年全社会消费价格总指数}}{\text{上年全社会消费价格总指数}} \times 100\% - 1$$

式中，“某年”是指 $n_i$ 所处的年份。

尽管对弹性除数再修正，在某种程度上破坏了股价指数的连续性，但是使得弹性除数再修正值得到的股价指数时间序列却大大地增强了拟合性，不妨可把它作为股价指数修正的补充形式，以再修正模式得到的股价指数可作为其他形式的股价指数的参照指标。

值得注意的是，弹性除数时间序列$\{n_i\}$ $(i=1, 2, 3, \cdots, m-1, m)$中的各项都不具有基期除数 $n$ 所表示的股票种类的含义了，但是经过修正的股价指数一般式的分子却仍然是保持 $n$ 种股票市价之和的形式。

### （七）道氏修正技术的扩展

假定 $m(m\leqslant n)$ 种股票同时发生拆股现象，$K_i$ 为第 $i$ 种股票被拆成的新股数，$P'_i(=P_i/K_i)$ 为第 $i$ 种股票拆股后的市价。

$$I_0=\frac{\sum_{i=1}^{n}P_i}{n}=\frac{\sum_{i=1}^{j-1}P_i+\sum_{i=j}^{j+m-1}\frac{P_i}{K_i}+\sum_{i=j}^{j+m-1}\frac{(K_i-1)P_i}{K_i}+\sum_{i=j+m}^{n}P_i}{n}$$

$$nI_0-\sum_{i=j}^{j+m-1}\frac{(K_i-1)P_i}{K_i}=\sum_{i=1}^{j-1}P_i+\sum_{i=j}^{j+m-1}\frac{P_i}{K_i}+\sum_{i=j+m}^{n}P_i$$

$$I_0\left[n-\frac{\sum_{i=j}^{j+m-1}\frac{(K_i-1)P_i}{K_i}}{I_0}\right]=\sum_{i=1}^{j-1}P_i+\sum_{i=j}^{j+m-1}\frac{P_i}{K_i}+\sum_{i=j+m}^{n}P_i$$

$$I_0=\frac{\sum_{i=1}^{j-1}P_i+\sum_{i=j}^{j+m-1}\frac{P_i}{K_i}+\sum_{i=j+m}^{n}P_i}{n-\frac{\sum_{i=j}^{j+m-1}\frac{(K_i-1)P_i}{K_i}}{I_0}},\quad I_0=\frac{\sum_{i=1}^{j-1}P_i+\sum_{i=j}^{j+m-1}\frac{P_i}{K_i}+\sum_{i=j+m}^{n}P_i}{n\left[\frac{nI_0-\sum_{i=j}^{j+m-1}\frac{(K_i-1)P_i}{K_i}}{nI_0}\right]}$$

因为 $nI_0=\sum_{i=1}^{n}P_i$，所以有：

$$I_0=\frac{\sum_{i=1}^{j-1}P_i+\sum_{i=j}^{j+m-1}\frac{P_i}{K_i}+\sum_{i=j+m}^{n}P_i}{n\left[\frac{\sum_{i=1}^{n}P_i-\sum_{i=j}^{j+m-1}\frac{(K_i-1)P_i}{K_i}}{\sum_{i=1}^{n}P_i}\right]}$$

拆股后用 $P'_i$ 代替 $P_i/K_i$，其股价平均数模型为：

$$I=\frac{\sum_{i=1}^{j-1}P_i+\sum_{i=j}^{j+m-1}P'_i+\sum_{i=j+m}^{n}P_i}{n\left[\frac{\sum_{i=1}^{n}P_i-\sum_{i=j}^{j+m-1}(K_i-1)P'_i}{\sum_{i=1}^{n}P_i}\right]}$$

### （八）道琼斯平均工业指数采样股样本轮换

股票选样是指选择具有较强代表性的适当数量的股票作为编制股价指数的样本股票，其代表性取决于选样的数目和方法。确定样本容量的标准是要求所选股票数足以代表整个股票市场的一般状况和发展趋势。样本容量的下限以不低于全部上市该股票的20%为宜,且样本股的市价总值应占该交易所全部上市股票总值的75%以上。对于上市公司不多的股票市场,其选样数目即样本容量可以扩大到全部上市股票。国际证券界普遍采用的抽样方法有如下两种:

(1) 主观抽样法。它是根据上市公司的行业分类、经济实力、资信等级、股票在整个股市交投中的重要程度、影响力及价格敏感性等因素,通过综合权衡,有意识地抽取最具有代表性的部分重点股票或典型股票。道琼斯股价平均数、日经道氏股价平均数、恒生股价综合指数等,所用的采样股都是采用这种方式抽取的。

(2) 随机抽样法。它是按照随机原则从上市公司股票中抽取一部分股票作为样本股。不过,随机抽样所得的样本容量应当足够大,这样才可能消除样本分布不均,样本单位代表性不强,个别股票价格过于敏感的问题。标准普尔股价指数选中的500种股票就是采用这种方式抽取的。

从抽样误差大小以及能否控制和样本单位的代表性来说,随机选样法明显优于主观选样法。如果随机选样法与轮换样本法结合使用,那么样本单位的代表性将会大大地增强。

通常情况下,样本股票一旦选定,就应当保持其相对稳定性,以便使股价指数的时间序列具有动态可比性。然而,为了维护采样股的代表性,使股价指数更真实地反映股市行情,能更优地拟合股市走势轨迹,就非常有必要在必要的时候对样本股票进行一定比例的更新或作一定数量的增减。自1928年10月1日至今,道琼斯平均工业指数的30种股票中,随着物换星移,各企业经济实力不断消长,一些原为“热门股”逐渐变成“冷门股”,从而失去了其代表性。

如果出现了样本股更替,那么除数也必须相应更新,以确保道琼斯平均工业指数不受成分股置换的影响。到2006年为止,道琼斯平均工业指数的除数(弹性除数)已经降至0.125。截至2013年6月12日收盘,道琼斯工业平均指数出现本年首次连续三日下跌,并跌破15 000点大关,比前一个交易日跌126.79点,收于14 995.23点$\left(=\sum_{i=1}^{30} P_i \middle/ \right.$弹性除数$=$成分股的价格合计数 / 弹性除数$\left.\right)$,跌幅为0.84%。

因为道琼斯平均工业指数只包括少量公司,所以,必须确保样本股能够代表整体市场行情。物换星移,1928年10月1日的指数采样股随后依次被轮换取代:① 怀特飞行,1929年更名为柯蒂斯-怀特;1930年被哈德逊汽车取代;1932年可口可乐又取代前者;1935年可口可乐被美国钢铁取代;1959年美国钢铁被美国铝公司取代。② 化学染色联合公司,1985年被联合信号取代;20世纪90年代,更名为霍尼韦尔(Honeywell)国际公司;2008年2月19日Honeywell被雪佛龙取代。③ 北方美国,20世纪30年代,被佳斯迈威取代;1982年佳斯迈威被美国运通取代。④ 胜利留声机,1929年被国家现金注册取代;1932年国家现金注册被IBM取代;1939年IBM被美国电话电报公司(AT&T)取代;2004年4月8日AT&T又被美国国际集团代替;2008年9月22日,卡夫食品有限公司代替美国国际集团成为道指成分股。⑤ 国际镍,1979年发生了名称变更;1987年被波音公司替代。⑥ 国际收割机,1986年更名为Navistar;1991年被卡特彼勒取代。⑦ 西屋电器,20世纪90年代被旅行者集团取代;1998年旅行者集团被花旗银行取代;2009年6月

8 日，旅行家集团(Travelers Companies)取代花旗集团成为道指成分股。⑧ 得克萨斯湾硫黄，1932 年被国际制鞋取代；1933 年国际制鞋被联合飞机取代；1934 年联合飞机被全国蒸馏器取代；1959 年全国蒸馏器被欧文斯-伊利诺斯玻璃取代；1987 年欧文斯-伊利诺斯玻璃被可口可乐取代。⑨ 美国制糖，1930 年被博登替代；1935 年博登被杜邦替代。⑩ 美国烟草，1930 年被伊斯曼柯达替代；2004 年 4 月 8 日伊斯曼柯达又被辉瑞制药替代。⑪ 标准石油(新泽西)，1972 年更名为埃克森石油；20 世纪 90 年代被埃克森化工替代。⑫ 通用电气，至今仍然为通用电气。⑬ 通用汽车，2009 年 6 月 8 日思科系统(Cisco Systems)取代通用汽车成为道指成分股。⑭ 得克萨斯，1959 年更名为德士古；1997 年被惠普替代。⑮ 西尔斯罗巴克，1999 年 11 月 1 日被家得宝取代。⑯ 克莱斯勒，1979 年被 IBM 替代。⑰ 大西洋精炼，1930 年被固特异轮胎替代；1999 年 11 月 1 日固特异轮胎又被英特尔取代。⑱ 派拉蒙影视公司，1932 年被 Loew's 取代；1956 年 Loew's 被国际纸业公司替代；2004 年 4 月 8 日国际纸业公司又被弗莱森(Verizon)电讯代替。⑲ 伯利恒钢铁，1997 年强生取代。⑳ 通用铁路信号，1930 年被利格特与麦尔斯取代；1933 年利格特与麦尔斯又被美国烟草公司替代，1985 年美国烟草公司被麦当劳取代。㉑ 麦克货车，1932 年被药品取代；1933 年药品又被农产品精制替代；1959 年农产品精制被 Swift & Co.取代；1973 年更名为埃斯马克；1979 年埃斯马克被默克制药取代。㉒ 联合炭化物，1999 年 11 月 1 日被微软替代。㉓ 美国冶炼，1959 年被 Anconda 取代；1976 年更名为明尼苏达采矿制造；至今为明尼苏达采矿制造(3M)。㉔ 美国制罐，1987 年更名为 Premerica，1991 年被 J.P.摩根。㉕ 波斯敦公司，1929 年被通用食品替代；1985 年通用食品被菲利普莫瑞斯替代。㉖ 内斯汽车，1930 年被联合空运取代；1932 年联合空运被宝洁替代。㉗ 古德里奇，1930 年被加州标准石油取代；1984 年加州标准石油被雪佛龙替代；1999 年 11 月 1 日雪佛龙被西南贝尔公司(SBC)通信取代。㉘ 无线电公司，1932 年被内斯汽车取代；1939 年内斯汽车被联合飞机替代；1975 年更名为联合技术。㉙ 伍尔沃斯公司，1997 年被沃尔玛取代。㉚ 美国钢铁，1986 年被 USX 公司取代；1991 年 USX 公司又被迪士尼替代。

表 8-11 显示了 1928 年以来道琼斯平均工业指数成分股的演变史。

表 8-11 道琼斯工业平均指数囊括的公司(1928—2010 年)

| 1928 年道氏成分股(Dow industrials in 1928) | 当前道氏成分股(current Dow companies) | 行情自动收报器符号(或行情显示代号)(ticker symbol) | 行业(industry) | 增加到指数中的年份(year added to index) |
|---|---|---|---|---|
| 怀特飞行(Wright Aeronautical) | 明尼苏达矿务及制造业公司(Minnesota Mining and Manufacturing Corporation，简称 3M) | MMM | 多样化行业(diversified industrials) | 1976 |
| 化学染色联合公司(Allied Chemical) | 美国铝业(Alcoa) | AA | 铝业(aluminum) | 1959 |
| 北方美国(North American) | 美国运通(American Express) | AXP | 消费者金融业(consumer finance) | 1982 |

续 表

| 1928 年道氏成分股(Dow industrials in 1928) | 当前道氏成分股(current Dow companies) | 行情自动收报器符号(或行情显示代号)(ticker symbol) | 行业(industry) | 增加到指数中的年份(year added to index) |
|---|---|---|---|---|
| 胜利留声机(Victor Talking Machine) | 美国电话电报(AT&T) | T | 通信业(telecommunications) | 1999 |
| 国际镍(International Nickel) | 美国银行(Bank of America) | BAC | 银行业(banking) | 2008 |
| 国际收割机(International Harvester) | 波音公司(Boeing) | BA | 航天和国防业(aerospace and defense) | 1987 |
| 西屋电器(Westinghouse) | 卡特彼诺(Caterpillar) | CAT | 建筑业(construction) | 1991 |
| 得克萨斯湾硫黄(Texas Gulf Sulphur) | 雪佛龙(Chevron) | CVX | 石油和天然气业(oil and gas) | 2008 |
| 美国制糖(American Sugar) | 花旗集团(Citigroup) | C | 银行业(banking) | 1997 |
| 美国烟草(American Tobacco) | 可口可乐(Coca-Cola) | KO | 饮料行业(beverages) | 1987 |
| 得克萨斯公司(Texas Corp) | 杜邦公司(Dupont) | DD | 化工行业(chemicals) | 1935 |
| 标准石油(新泽西)[Standard Oil(N.J.)] | 埃克森美孚(Exxon Mobil) | XOM | 石油和天然气业(oil and gas) | 1928 |
| 通用电气(General Electric) | 通用电气(General Electric) | GE | 多样化行业(diversified industrials) | 1907 |
| 通用汽车(General Motors) | 通用汽车(General Motors) | GM | 汽车行业(automobiles) | 1925 |
| 西尔斯罗巴克(Sears Roebuck) | 惠普(Hewlett-Packard) | HPQ | 计算机行业(computers) | 1997 |
| 克莱斯勒(Chrysler) | 家得宝公司(Home Depot) | HD | 家具建材零售业(home improvement retailers) | 1999 |
| 大西洋精炼(Atlantic Refining) | 英特尔(Intel) | INTC | 半导体行业(semiconductors) | 1999 |
| 派拉蒙影视公司(Paramount Publix) | 国际商业机器公司(International Business Machines Corporation,简称 IBM) | IBM | 计算机服务业(computer services) | 1979 |
| 伯利恒钢铁(Bethlehem Steel) | 强生(Johnson & Johnson) | JNJ | 制药业(pharmaceuticals) | 1997 |

续 表

| 1928年道氏成分股(Dow industrials in 1928) | 当前道氏成分股(current Dow companies) | 行情自动收报器符号(或行情显示代号)(ticker symbol) | 行业(industry) | 增加到指数中的年份(year added to index) |
|---|---|---|---|---|
| 通用铁路信号(General Railway Signal) | 摩根大通(J. P. Morgan Chase) | JPM | 银行业(banking) | 1991 |
| 麦克货车(Mack Trucks) | 卡夫食品(Kraft Foods) | KFT | 食品加工业(food processing) | 2008 |
| 联合炭化物(Union Carbide) | 麦当劳(McDonald's) | MCD | 餐饮业(restaurants) | 1985 |
| 美国冶炼(American Smelting) | 默克公司(Merck) | MRK | 制药业(pharmaceuticals) | 1979 |
| 美国制罐(American Can) | 微软(Microsoft) | MSFT | 软件行业(software) | 1999 |
| 波斯敦公司(Postum Inc) | 辉瑞(Pfizer) | PFE | 制药业(pharmaceuticals) | 2004 |
| 内斯汽车(Nash Motors) | 宝洁(Procter & Gamble) | PG | 日用品行业(household products) | 1932 |
| 古德里奇(Goodrich) | 联合技术(United Technologies) | UTX | 航天航空业(aerospace) | 1939 |
| 无线电公司(Radio Corp) | 威瑞森(Verizon) | VZ | 通信业(telecommunications) | 2004 |
| 伍尔沃斯公司(Woolworth) | 沃尔玛(Walmart) | WMT | 零售业(retailers) | 1997 |
| 美国钢铁(U.S. Steel) | 迪士尼(Walt Disney) | DIS | 广播和娱乐业(broadcasting and entertainment) | 1991 |

注：1. 英特尔和微软是率先从纳斯达克[全美证券商协会自动报价系统(National Association of Securities Dealers Automated Quotation, NASDAQ),1971年在华盛顿建立的全球第一个电子交易市场]被选入道琼斯工业平均指数的公司。

2. 2004年4月8日纳入指数样本股的股票与删除的股票不像以往一样存在一一替换关系，只是4进4出地换位。

1902年12月查尔斯·道逝世，华尔街日报记者将其见解编成《投机初步》一书，从而使道氏理论正式定名。2007年8月1日，道琼斯公司和新闻集团发表声明，默多克以56亿美元收购道琼斯公司及其旗下的《华尔街日报》。当时华尔街日报网站称“班氏家族对道琼斯长达一个世纪的掌控已成为历史”。

## 五、加权算术股价平均数与加权综合股价指数的修正技术

### (一) 加权算术股价平均数的修正

假定 $m(m \leqslant n)$ 种股票同时发生拆股现象，$K_i$ 为第 $i$ 种股票被拆成的新股数，

$P'_i(=P_i/K_i)$ 为第 $i$ 种股票拆股后的市价。

$$I_0=\frac{\sum_{i=1}^{n}P_iW_i}{\sum_{i=1}^{n}W_i}$$

(1) 若权重 $W_i$ 表示发行量,则

$$I'=\frac{\sum_{i=1}^{j-1}P_iW_i+\sum_{i=j}^{j+m-1}\frac{P_i}{K_i}(K_iW_i)+\sum_{i=j+m}^{n}P_iW_i}{\sum_{i=1}^{j-1}W_i+\sum_{i=j}^{j+m-1}K_iW_i+\sum_{i=j+m}^{n}W_i}$$

$$I'\left(\sum_{i=1}^{j-1}W_i+\sum_{i=j}^{j+m-1}K_iW_i+\sum_{i=j+m}^{n}W_i\right)=\sum_{i=1}^{j-1}P_iW_i+\sum_{i=j}^{j+m-1}\frac{P_i}{K_i}(K_iW_i)+\sum_{i=j+m}^{n}P_iW_i$$

$$I_0\left\{\frac{I'}{I_0}\left[\sum_{i=1}^{j-1}W_i+\sum_{i=j}^{j+m-1}K_iW_i+\sum_{i=j+m}^{n}W_i\right]\right\}=\sum_{i=1}^{j-1}P_iW_i+\sum_{i=j}^{j+m-1}\frac{P_i}{K_i}(K_iW_i)+\sum_{i=j+m}^{n}P_iW_i$$

$$I_0=\frac{\sum_{i=1}^{j-1}P_iW_i+\sum_{i=j}^{j+m-1}\frac{P_i}{K_i}(K_iW_i)+\sum_{i=j+m}^{n}P_iW_i}{\frac{I'}{I_0}\left(\sum_{i=1}^{j-1}W_i+\sum_{i=j}^{j+m-1}K_iW_i+\sum_{i=j+m}^{n}W_i\right)}$$

拆股后满足股价指数连续性要求的股价平均数模型为:

$$I=\frac{\sum_{i=1}^{j-1}P_iW_i+\sum_{i=j}^{j+m-1}P'_i(K_iW_i)+\sum_{i=j+m}^{n}P_iW_i}{\frac{I'}{I_0}\left(\sum_{i=1}^{j-1}W_i+\sum_{i=j}^{j+m-1}K_iW_i+\sum_{i=j+m}^{n}W_i\right)}$$

式中,$I_0$ 和 $I'$ 可由本部分的第一、二式求得。

(2) 若权重 $W_i$ 表示成交量,则

$$I_0=\frac{\sum_{i=1}^{j-1}P_iW_i+\sum_{i=j}^{j+m-1}\frac{P_i}{K_i}W_i+\sum_{i=j}^{j+m-1}\frac{(K_i-1)P_i}{K_i}W_i+\sum_{i=j+m}^{n}P_iW_i}{\sum_{i=1}^{n}W_i}$$

$$I_0\sum_{i=1}^{n}W_i-\sum_{i=j}^{j+m-1}\frac{(K_i-1)P_i}{K_i}W_i=\sum_{i=1}^{j-1}P_iW_i+\sum_{i=j}^{j+m-1}\frac{P_i}{K_i}W_i+\sum_{i=j+m}^{n}P_iW_i$$

$$I_0\left[\sum_{i=1}^{n}W_i-\frac{1}{I_0}\sum_{i=j}^{j+m-1}\frac{(K_i-1)P_i}{K_i}W_i\right]=\sum_{i=1}^{j-1}P_iW_i+\sum_{i=j}^{j+m-1}\frac{P_i}{K_i}W_i+\sum_{i=j+m}^{n}P_iW_i$$

$$I_0=\frac{\sum_{i=1}^{j-1}P_iW_i+\sum_{i=j}^{j+m-1}\frac{P_i}{K_i}W_i+\sum_{i=j+m}^{n}P_iW_i}{\sum_{i=1}^{n}W_i-\frac{1}{I_0}\sum_{i=j}^{j+m-1}\frac{(K_i-1)P_i}{K_i}W_i}$$

$$I_0=\frac{\sum_{i=1}^{j-1}P_iW_i+\sum_{i=j}^{j+m-1}\frac{P_i}{K_i}W_i+\sum_{i=j+m}^{n}P_iW_i}{\left[I_0\sum_{i=1}^{n}W_i-\sum_{i=j}^{j+m-1}\frac{(K_i-1)P_i}{K_i}W_i\right]\Big/I_0}$$

拆股后的股价平均数模型为：

$$I=\frac{\sum_{i=1}^{j-1}P_iW_i+\sum_{i=j}^{j+m-1}P'_iW_i+\sum_{i=j+m}^{n}P_iW_i}{\sum_{i=1}^{n}P_iW_i-\sum_{i=j}^{j+m-1}(K_i-1)P'_iW_i}\cdot I_0$$

式中，$I_0$ 是拆股前一交易日收盘时的股价平均数，可由 $\sum_{i=1}^{n}P_iW_i\Big/\sum_{i=1}^{n}W_i$ 求得，$K_i$ 和 $P'_i$ 分别为第 $i$ 种股票的拆股数和拆股的股价。

$$\text{弹性除数}=\sum_{i=1}^{n}W_i-\frac{1}{I_0}\sum_{i=j}^{j+m-1}\frac{(K_i-1)P_i}{K_i}W_i<\sum_{i=1}^{n}W_i$$

该弹性除数也是呈递减变化趋势。

### （二）加权综合指数的修正

$$I_0=\frac{\sum_{i=1}^{n}P_{1i}Q_{ti}}{\sum_{i=1}^{n}P_{0i}Q_{ti}}\quad(t=0,1)$$

（1）若权重 $Q_{ti}$ 表示发行量，则 $t=0$，

$$I_0=\frac{\sum_{i=1}^{n}P_{1i}Q_{ti}}{\sum_{i=1}^{n}P_{0i}Q_{ti}},\ I_0=\frac{\sum_{i=1}^{j-1}P_{1i}Q_{0i}+\sum_{i=j}^{j+m-1}\frac{P_{1i}}{K_i}(K_iQ_{0i})+\sum_{i=j+m}^{n}P_{1i}Q_{0i}}{\sum_{i=1}^{j-1}P_{0i}Q_{0i}+\sum_{i=j}^{j+m-1}\frac{P_{0i}}{K_i}(K_iQ_{0i})+\sum_{i=j+m}^{n}P_{0i}Q_{0i}}$$

拆股后的股价指数为：

$$I=\frac{\sum_{i=1}^{j-1}P_{1i}Q_{0i}+\sum_{i=j}^{j+m-1}P'_{1i}(K_iQ_{0i})+\sum_{i=j+m}^{n}P_{1i}Q_{0i}}{\sum_{i=1}^{j-1}P_{0i}Q_{0i}+\sum_{i=j}^{j+m-1}P'_{0i}(K_iQ_{0i})+\sum_{i=j+m}^{n}P_{0i}Q_{0i}}$$

以计算期的采样股票的价格乘以发行量，求得市价总值，再与基期的市价总值相除，从而指数化。由于该指数是把全体采样股票价格的涨跌用市值表现出来，又称市价总值股价指数。当出现拆股时，由于只是股价数的增加，而股价要相应地减少，但是股票的市价总值并未因此发生改变，所以，上述情况不需要更正除数。

(2) 若权重 $Q_{ti}$ 表示成交量，则 $t=1$，

$$I_0=\frac{\sum_{i=1}^{j-1}P_{1i}Q_{1i}+\sum_{i=j}^{j+m-1}\frac{P_{1i}}{K_i}Q_{1i}+\sum_{i=j}^{j+m-1}\frac{(K_i-1)P_{1i}}{K_i}Q_{1i}+\sum_{i=j+m}^{n}P_{1i}Q_{1i}}{\sum_{i=1}^{j-1}P_{0i}Q_{1i}+\sum_{i=j}^{j+m-1}\frac{P_{0i}}{K_i}Q_{1i}+\sum_{i=j}^{j+m-1}\frac{(K_i-1)P_{0i}}{K_i}Q_{1i}+\sum_{i=j+m}^{n}P_{0i}Q_{1i}}$$

$$I_0\left[\sum_{i=1}^{j-1}P_{0i}Q_{1i}+\sum_{i=j}^{j+m-1}\frac{P_{0i}}{K_i}Q_{1i}+\sum_{i=j}^{j+m-1}\frac{(K_i-1)P_{0i}}{K_i}Q_{1i}+\sum_{i=j+m}^{n}P_{0i}Q_{1i}\right]-\sum_{i=j}^{j+m-1}\frac{(K_i-1)P_{1i}}{K_i}Q_{1i}$$

$$=\sum_{i=1}^{j-1}P_{1i}Q_{1i}+\sum_{i=j}^{j+m-1}\frac{P_{1i}}{K_i}Q_{1i}+\sum_{i=j+m}^{n}P_{1i}Q_{1i}$$

$$I_0=\frac{\sum_{i=1}^{j-1}P_{1i}Q_{1i}+\sum_{i=j}^{j+m-1}\frac{P_{1i}}{K_i}Q_{1i}+\sum_{i=j+m}^{n}P_{1i}Q_{1i}}{\sum_{i=1}^{j-1}P_{0i}Q_{1i}+\sum_{i=j}^{j+m-1}\frac{P_{0i}}{K_i}Q_{1i}+\sum_{i=j}^{j+m-1}\frac{(K_i-1)P_{0i}}{K_i}Q_{1i}+\sum_{i=j+m}^{n}P_{0i}Q_{1i}-\frac{1}{I_0}\sum_{i=j}^{j+m-1}\frac{(K_i-1)P_{1i}}{K_i}Q_{1i}}$$

拆股后，经过修正的股价指数模型为：

$$I=\frac{\sum_{i=1}^{j-1}P_{1i}Q_{1i}+\sum_{i=j}^{j+m-1}P'_{1i}Q_{1i}+\sum_{i=j+m}^{n}P_{1i}Q_{1i}}{\left[\sum_{i=1}^{j-1}P_{0i}Q_{1i}+\sum_{i=j}^{j+m-1}(K_iP'_{0i})Q_{1i}+\sum_{i=j+m}^{n}P_{0i}Q_{1i}\right]-\left[\sum_{i=j}^{j+m-1}(K_i-1)P'_{1i}Q_{1i}\right]\cdot\frac{1}{I_0}}$$

## 六、其他情形下的股价指数的修正

(1) 假定第 $j$ 种股票发生无偿配股现象，无偿配股率为 $R_{1j}$，则

$$I=\frac{\sum_{i=1}^{j-1}P_{1i}Q_{0i}+P_{1j}Q_{0j}(1+R_{1j})+\sum_{i=j+1}^{n}P_{1i}Q_{0i}}{\sum_{i=1}^{n}P_{0i}Q_{0i}}$$

(2) 假定第 $j$ 种股票发生有偿认股现象，有偿认股率为 $R_{2j}$，每股认购金额为 $A_j$，则

$$I=\frac{\sum_{i=1}^{j-1}P_{1i}Q_{0i}+P_{1j}Q_{0j}(1+R_{2j})+\sum_{i=j+1}^{n}P_{1i}Q_{0i}}{\sum_{i=1}^{n}P_{0i}Q_{0i}+A_jR_{2j}Q_{0j}}$$

(3) 假定第 $j$ 种股票既有无偿配股现象，又有有偿认股现象，则

$$I=\frac{\sum_{i=1}^{j-1}P_{1i}Q_{0i}+P_{1i}Q_{0i}(1+R_{1j}+R_{2j})+\sum_{i=j+1}^{n}P_{1i}Q_{0i}}{\sum_{i=1}^{n}P_{0i}Q_{0i}+A_jR_{2j}Q_{0j}}$$

(4) 假定第 $j$ 种股票暂停交易，则

$$I=\frac{\sum_{i=1}^{j-1}P_{1i}Q_{0i}+\sum_{i=j+1}^{n}P_{1i}Q_{0i}}{\sum_{i=1}^{n}P_{0i}Q_{0i}-P_{0j}Q_{0j}}$$

(5) 假定第 $j$ 种股票复牌交易，并假设 $j$ 股份市值追随指数波动幅度加入计算指数，则

$$I=\frac{\sum_{i=1}^{n}P_{1i}Q_{0i}}{\sum_{i=1}^{n}P_{0i}Q_{0i}+P_{j}Q_{0j}\times\frac{I_0}{I_s}}$$

式中，$P_j$ 表示 $j$ 股份在停牌前一日的收市价；$Q_{0j}$ 表示 $j$ 股份在停牌前一日的股份数；$I_0$ 表示复牌前一日指数；$I_s$ 表示停牌前一日的指数。

(6) 若有某种股份发生除息现象，则不需要作任何调整。

就道氏股价指数编制形式而言，当其采样股发生拆股现象时，由于它没有把股票发行量纳入股价指数中作为同度量因素，因此，一旦出现有偿与无偿配股现象，就不会改变股价指数的形式。若发生除息现象时，股价指数也不需要作任何调整。

道琼斯股价指数的机理及其局限性，在世界上各股市正使用的各种形式的股价指数中都不同程度地存在。境外著名的股票市场的发展经验表明，为了使股价指数充分地反映股市变化情况，能够充当国民经济"晴雨表"的功能，同一股票市场至少要编制两套股价指数，一般采用算术平均、加权综合等指数形式。如：香港的恒生股价指数与香港股价指数；日本的日经道氏股价指数与东证指数；伦敦金融时报普通股票指数与英国经济学家普通股价指数，以及英国金融时报统计师股价指数；美国的道琼斯综合股价平均数与道琼斯工业平均数等。从长期趋势看，同一股市的各种股价指数差不多是同步上升或下降的，它们互为参照系，彼此起到互证的作用。

据美国一位证券分析师对道琼斯股价平均数、标准普尔股价指数和纽约证券交易所综合股价指数，自 1926 年 1 月至 1966 年 12 月四十年的变化情况进行相关分析，以每月最后一个星期五的收盘价格计算，结果表明：道琼斯综合股价平均数与道琼斯工业股价平均数的相关系数为 0.969、与标准普尔股价指数的相关系数为 0.977、与纽约证券交易所综合股价指数的相关系数为 0.906……。以上所列的相关系数都在 0.9 以上，从而说明，这些股价指数时间序列多年来的运动轨迹是非常吻合的，这几种股价指数也相互证实了各自对实际股市走势轨迹拟合十分优良。

## 研讨问题八

8.1　什么是同度量因素和指数化因素？

8.2 分别阐述质量指标指数和数量指标指数中的同度量因素所属时期的选择问题。同度量因素所属时期的不同的选择分别能反映什么情形？

8.3 你对费歇尔主张“交叉权数”有何看法？

8.4 试判断 $L$ 指数和 $P$ 指数的“型偏误”和“权偏误”。

8.5 怎样理解满足“三试验”的加权指数公式是最优的指数公式？

8.6 编制综合指数有哪些值得重视的问题？

8.7 试阐述拉氏指数和帕氏指数的出发点。

8.8 如何消除长时期工业产量指数数列中的不变价格变动的影响？

8.9 连锁替代法的要点是什么？运用连锁替代法进行因素分析时应当具备哪些前提条件？

8.10 某企业以1980年不变价格计算的总产值，1985年为200万元，1991年为340万元；以1990年不变价格计算的总产值，1991年为289万元，1995年为316.2万元，1998年为420.2万元。试以1985年为基期，计算产量定基指数，分析该企业生产发展情况。

8.11 某市场三种商品的资料如表8-12所示。

表8-12 某市场三种商品的资料表

| 商品 | 贸易额/元 | | 价格上涨(+)或价格下降(-)/% |
|---|---|---|---|
| | 6月 | 12月 | |
| 甲 | 3 600 | 4 000 | −50.0 |
| 乙 | 400 | 700 | −12.5 |
| 丙 | 600 | 600 | +50.5 |

试分析贸易额的变动受贸易量和价格变动的影响情况。

8.12 (1) 已知某企业2020年比2019年职工人数增加了2%，工业总产值增加了17.3%。试计算该企业全员劳动生产率提高程度。

(2) 已知某地2019年社会商品零售额为8 600万元，2020年增加为12 890万元，零售物价上涨11.5%。试推算该地零售额总变动中零售量和零售价格两因素变动的影响程度和影响绝对值。

(3) 报告期产量同基期比较增加15%，生产总费用增加12%。试确定报告期单位成本同基期比较的变动。

(4) 根据某企业2023—2027年规划，工业产品产量将增加35%，劳动生产率提高30%。试问工人数拟增加多少？产品的增长有多大部分将是依靠提高劳动生产率取得？

(5) 某工厂产值按现行价格计算，2020年为1 400万元，2021年为1 470万元，2021年同2020年比较的价格指数等于99%，同期每个工人劳动生产率由16 000元增加到16 480元。试确定：① 劳动生产率指数；② 产品物量指数；③ 工人数指数。

(6) 某产品生产总费用 2020 年为 12.9 万元，比 2019 年多 9 000 元，单位产品成本比 2019 年低 3%。试确定：① 生产总费用指数；② 产品物量指数；③ 由于成本降低而节约的绝对量。

8.13 某公司 2019 年和 2021 年的工业总产值和职工人数资料，如表 8-13 所示。

**表 8-13 2019 年和 2021 年某公司的工业总产值和职工人数资料表**

| 年份 | 工业总产值/万元 | 职工人数/人 | |
|---|---|---|---|
| | | 总人数 | 其中：生产工人数 |
| 2019 | 450 | 800 | 640 |
| 2021 | 650 | 840 | 714 |

试分析该公司 2021 年比 2019 年总产值增长中各个因素变动的影响作用：

(1) 对生产工人数和工人劳动生产率两个因素进行分析；

(2) 对职工人数、生产工人占职工人数比重及工人劳动生产率三个因素进行分析。

8.14 某集团下属四个子公司基期和报告期产值和职工人数资料，如表 8-14 所示。

**表 8-14 某集团下属四个子公司基期和报告期产值和职工人数资料表**

| 公司 | 总产值/万元 | | 职工人数/人 | |
|---|---|---|---|---|
| | 基期 | 报告期 | 基期 | 报告期 |
| 甲 | 1 320 | 2 333 | 554 | 960 |
| 乙 | 710 | 725 | 370 | 355 |
| 丙 | 2 140 | 3 390 | 949 | 1 356 |
| 丁 | 730 | 740 | 320 | 330 |

试根据以上资料计算该集团的总平均劳动生产率指数，并分析全集团劳动生产率变动受各企业劳动生产率变动的影响程度和影响的绝对值。

部分参考答案

# 第九章
# 抽 样 技 术

## 第一节　抽样技术概述

### 一、抽样技术的概念及随机原则

为了了解和掌握统计总体全貌，在多数场合下，人们不必要或不可能对全及总体进行全面调查，只要或只能利用样本资料对总体数量特征和分布特征进行推断，这样就有了抽样技术(sampling techniques)这种非全面调查的方法产生。事实上，对事物的认识从理论上讲通常只限于整个事物的一个部分，假如这个部分能用数据来描述，那么该部分即为统计样本。

狭义上的抽样技术是遵循随机原则从全及总体中抽选部分单位构成样本，用样本特征值对全及总体的数量特征和分布特征做出具有一定可靠性的估计和判断的统计调查方法。

随机原则，又称等可能性原则、机会均等原则，它是指从调查对象中抽选部分单位，总体中每个单位都有均等的中选或不中选的机会，抽中或未抽中那个单位纯粹是偶然性事件，完全排除了调查者的主观意识的影响。

在对总体并没有一定的了解的情况下，抽样技术只有遵循随机原则，才能增强被抽中单位对总体的代表性。一旦抽选了足够多的单位，被抽中单位的次数分布就会趋近于总体分布，这样才可以利用概率论中的大数定律进行分析推断；另外，只有遵循随机原则，才能预先计算出抽样误差而达到估计总体特征的目的。

### 二、概率抽样与非概率抽样的区别

按照选取调查单位的方式划分，抽样调查分概率抽样和非概率抽样。概率抽样又称随机抽样，即狭义上的抽样调查；非概率抽样又称非随机抽样，它主要包括重点调查、典型调查等。这两类抽样的区别在于：

第一，概率抽样是按照随机原则无意识地选取调查单位，而非概率抽样是按照主观意志有意识地选取调查单位。

第二，概率抽样中的抽样调查可以利用部分单位的特征值去估计和推断总体特征，故抽样调查又称抽样推断。而非概率抽样中的重点调查目的在于通过对重点单位的调查来了解认识总体的基本情况；典型调查主要着眼于通过对典型单位的观察，以解剖麻雀的方式来了解和掌握现象总体的结构和发展规律，以总结经验教训。

第三，概率抽样能事前计算抽样误差控制在一定的范围内，从而达到最优的抽样效果。而非概率抽样不能计算误差，也不能说明估计的准确程度和可靠程度。

由此可知，相对于非概率抽样，概率抽样的显著优点在时效性更强，准确性更高，应用范围更广及调查费用更省。

# 第二节　抽样推断中的基本概念

## 一、全及总体和样本总体

### （一）全及总体

全及总体，又称母体，它是统计所研究对象的全体，它是由若干个相同性质的调查单位所构成的集合体。全及总体单位数体现了总体的容量，通常用 $N$ 表示。按照总体容量的大小可分为有限总体（finite population）和无限总体（infinite population）。有限总体是指总体单位数是有限可数的；无限总体是指总体单位数是无限的。对于有限总体既可以进行全面调查，又可以进行抽样调查；而对于无限总体则无法进行全面调查，只能进行抽样调查。无论是有放回的抽选（replacement sampling），还是无放回的抽选（without replacement sampling），每一次从无限总体中抽取样本单位都可以看作是相互独立的，这为数学处理提供了便利；无放回的从有限总体中抽取样本单位，每一次抽选不是相互独立的，前一次的抽选结果会直接影响到以后的抽选结果。当有限总体的容量很大，而抽取的样本单位相对地很少时，即使是无放回地抽选，每一次抽选所带来的影响被视为微不足道，基本上可以忽略不计，这样有限总体就可以看作无限总体来处理。柯赫伦（W.G. Cochran）认为：凡样本单位数占母体单位数 5%以上的可视为有限母体，不够 5%的就按无限母体处理。

### （二）样本总体

样本总体，又称子样，简称样本，它是指按照随机原则从全及总体中抽取的部分单位所构成的集合体。样本总体单位数体现了样本的容量，通常用 $n$ 表示。按照样本容量的大小可分为大样本和小样本。当 $n \geqslant 30$ 时，则为大样本；当 $n < 30$ 时，则为小样本。对于一个完全唯一确定的全及总体，随着样本容量和抽样方式的不同，可以从中抽选多个不同的样本。样本中包含着总体的有关信息。

## 二、全及指标和样本指标

### （一）全及指标

全及指标，又称总体参数，它是描述全及总体特征的综合指标。由于全及总体是唯一确定的，所以，各全及指标值也是唯一确定的。总体参数是未知的，它是抽样推断的对象。主要的全及指标有以下四个。

1. 全及平均数（$\bar{x}$），又称总体平均数

总体未分组时：

$$\bar{x}=\frac{\sum_{i=1}^{N} x_i}{N}$$

总体已分组时：

$$\bar{x}=\frac{\sum_{i=1}^{k}x_if_i}{\sum_{i=1}^{k}f_i}$$

2. 全及成数（$P$），又称总体成数

$$P=\frac{N_1}{N}$$

式中，$N_1$ 表示全及总体中具有相同标志表现的单位数。

3. 总体标准差（$\sigma$）

总体未分组时：

$$\sigma=\sqrt{\frac{\sum_{i=1}^{N}(x_i-\bar{x})^2}{N}},$$

总体已分组时：

$$\sigma=\sqrt{\frac{\sum_{i=1}^{k}(x_i-\bar{x})^2f_i}{\sum_{i=1}^{k}f_i}}$$

4. 总体是非标志标准差（$\sigma_P$）

$$\sigma_P=\sqrt{P(1-P)}$$

（二）样本指标

样本指标，又称统计量，它是描述样本特征的综合指标。由于从全及总体中可以抽取多个可能样本，这样不同的样本就会有不同的指标值，因而样本指标是样本变量的函数，它是随机变量，也即由样本观测值所决定的统计量是随机变量。样本指标是用来推断总体数量特征的依据。主要的样本指标有以下四个。

1. 样本平均数（$\bar{x}$）

样本未分组时：

$$\bar{x}=\frac{\sum_{i=1}^{n}x_i}{n},$$

样本已分组时：

$$\bar{x}=\frac{\sum_{i=1}^{k}x_if_i}{\sum_{i=1}^{k}f_i}$$

2. 样本成数（$p$）

$$p=\frac{n_1}{n}$$

式中，$n_1$ 表示样本中具有相同标志表现的单位数。

3. 样本标准差（$s$）

样本未分组时：

$$s=\sqrt{\frac{\sum_{i=1}^{n}(x_i-\bar{x})^2}{n}},$$

样本已分组时：

$$s=\sqrt{\frac{\sum_{i=1}^{k}(x_i-\bar{x})^2 f_i}{\sum_{i=1}^{k}f_i}}$$

4. 总体是非标志标准差（$s_p$）

$$s_p=\sqrt{p(1-p)}$$

## 三、重置抽样与不重置抽样

### （一）重置抽样

重置抽样，又称有放回的抽样，它是指从全及总体 $N$ 个单位中随机抽取一个容量为 $n$ 的样本，每次抽中的单位经登录其有关标志表现后又放回总体中重新参加下一次的抽选。每次从总体中抽取一个单位，可看作是一次试验，连续进行 $n$ 次试验就构成了一个样本。可见，重置抽样的样本是经 $n$ 次相互独立的连续试验形成的。每次试验均是在相同的条件下完全按照随机原则进行的。

### （二）不重置抽样

不重置抽样，又称无放回的抽样，它是指从全及总体 $N$ 个单位中随机抽取一个容量为 $n$ 的样本，每次抽中的单位登录其有关标志表现后不再放回总体中参加下一次的抽选。经过连续 $n$ 次不重置抽选单位构成样本，实质上相当于一次性同时从总体中抽中 $n$ 个单位构成样本。上一次的抽选结果会直接影响到下一次抽选，因此，不重置抽样的样本是经 $n$ 次相互联系的连续试验形成的。

## 四、抽样框与样本数

### （一）抽样框

抽样框，又称抽样结构，它是指对可以选择作为样本的总体单位列出名册或排序编号，以确定总体的抽样范围和结构。设计出了抽样框后，便可采用抽签的方式或按照随机数表来抽选必要的单位数。若没有抽样框，则不能计算样本单位的概率，从而也就无法进行概率选样。

### (二) 样本数

样本数，又称样本的可能数目，它是指从总体 $N$ 个单位中随机抽选 $n$ 个单位构成样本，通常有多种抽选方法，每一种抽选方法实际上是 $n$ 个总体单位的一种排列组合，一种排列组合便构成一个可能的样本，$n$ 个总体单位的排列组合总数，称为样本的可能数目。

(1) 重置抽样并考虑样本单位构成顺序差异，则

$$\text{可能的样本数} = \underbrace{N \cdot N \cdot \cdots \cdot N}_{n\text{个}} = N^n$$

(2) 重置抽样但不考虑样本单位构成顺序差异，则

$$\text{可能的样本数} = \mathrm{C}_{N+n-1}^{n}$$

(3) 不重置抽样但考虑样本单位构成顺序差异，则

$$\text{可能的样本数} = \mathrm{A}_N^n = \frac{N!}{(N-n)!}$$

(4) 不重置抽样且不考虑样本单位构成顺序差异，则

$$\text{可能的样本数} = \mathrm{C}_N^n = \frac{N!}{n!\,(N-n)!}$$

## 第三节 抽样推断的方法论基础

抽样推断的方法论基础是马克思主义认识论和概率论的极限定理中大数定律与中心极限定理。

### 一、马克思主义认识论

马克思主义认识论认为，一切科学研究都必须运用到归纳和演绎的逻辑思维方法，即，认识论指出人们认识客观事物的逻辑思维路径有两条：一是由一般到特殊的演绎推理；二是由特殊到一般的归纳推理。

#### (一) 演绎推理

演绎推理(deductive reasoning)，它是在封闭的系统中从一般命题导出特殊结论的逻辑方法。

从一般性的前提出发，通过推导即“演绎”，得出具体或个别结论。

演绎推理的形式有三段论、假言推理和选言推理。

演绎推理是严格的逻辑推理，即从两个反映客观世界对象的联系和关系的判断中得出新的判断的推理形式。

三段论是演绎推理的一般模式，包含三部分：大前提——已知的一般原理；小前提——所研究的特殊情况；结论——根据一般原理对特殊情况作出判断。

希腊古代先哲亚里士多德(Aristotle，公元前 384—公元前 322)，用三段论形式表述的演绎法用于构建实际知识体系；古希腊数学家欧几里得(Euclid，公元前 325—公元前 265)的《几何原本》正是一门严密的演绎体系，从公理出发推导出一系列定理，再用这些定

理去解决实际问题。笛卡尔(René Descartes,1596—1650)的演绎推理成为西方近代科学发展的重要推理形式,从二段论中的大前提、小前提下得出结论,结论的正确已全部包含在前提的正确性之中,换而言之,只要前提正确,结论就必定正确。

### (二)归纳推理

归纳推理(inductive reasoning),是在开放的系统中从研究个别命题而达到一般性的结论,结论的内容大于前提。前提正确未必导致结论正确,在一定情况下,它还可能有错误的结论。

中国古代形式类比得到广泛运用:

春秋时期,伟大的思想家和教育家孔子创立的儒家学说,提出了“仁”和“礼”的主张,深刻影响了中华文明两千多年。在儒家学说的基础上,发展起来了儒家思想,它成了中国传统文化的主流思想,构建和塑造了汉民族文化心理结构。

孟子和荀子继承了孔子的学说,孟子政治思想的核心是仁政学说,他的学说和孔子的学说被后人称为“孔孟之道”。

西汉时期,董仲舒为适应“强化中央集权/大一统”的时代要求,建立了以“天人感应”学说为基础的新儒学体系,确立了儒学在中国传统文化中的主流地位。

孔子通过区分学生的“上智”与“下愚”,即智商的高低,特别注意“因材施教”。

在教学中,孔子《论语·为政》:“温故而知新,可以为师矣。”其意思是:广泛地熟读典籍,复习所学的知识,进而从中获得新的领悟。

孔子《论语·述而》:“举一隅不以三隅反,则不复也。”其意思是:若列举一个方面,则能够灵活地类推到另外几个方面,否则,不再教。后人,将其演变成“举一反三”成语。

《礼记·大学》:“致知在格物,物格而后至知。”可见,格物就是形式类比法的具体运用,儒家是专门研究物之理的学科。

老子言:“以身观身,以家观家,以乡观乡,以邦观邦,以天下观天下。吾何以知天下然哉?以此。”这是非常典型的质料类比。质料类比是科学归纳推理的基础。《易经》是中华民族文化的经典,其中主要思维方法也是质料类比。

科学归纳的实质是形式归纳和因果归纳的联合运用。科学理论总是从认识个别事件、个别现象开始,通过科学归纳总结出普遍联系和一般规律。归纳推理的结论的正确性决定于前提以外的许多事实,因而,结论必须经过事实检验。

抽样(估计)推断是运用归纳推理的逻辑思维方式,由对个别样本的研究结论归纳推理出总体的结论。

## 二、大数定律

大数定律,又称大数法则,它是关于大量随机现象的平均水平的稳定性的一系列定理的总称。通过对随机现象的多次试验和大量观察,得到总体大量相互独立的随机变量,对这些随机变量值综合平均,使正负作用于随机现象的偶然性偏差趋于相互抵消,从而使总体呈现出稳定的统计规律性,即随机现象趋向于事物固有平均水平。如:对部分年轻已婚妇女出生的婴儿的性别观察,可能是男孩居多或女孩居多,具有很大的偶然性。如果对大量已婚年轻妇女出生婴儿的性别观察,那么男孩、女孩的比率几乎稳定在1∶1。

下面仅介绍与抽样估计有联系的大数定律中的切比雪夫定理。

设 $x_1, x_2, \cdots, x_n$ 为相互独立的随机变量序列,服从同一概率分布,且具有相同的期

望值 $\mu$ 和方差 $\sigma^2$，则对于任意给定的小正数 ε，有

$$\lim_{n\to\infty} P\left\{\left|\frac{1}{n}\sum_{i=1}^{n} x_i - \mu\right| < \varepsilon\right\} = \lim_{n\to\infty} P\{|\bar{x}_i - \bar{x}| < \varepsilon\} = 1$$

式中，$\bar{x}_i$ 表示抽样平均数；$\mu = \bar{x} = E(x_i)$ 表示总体平均数；$n$ 表示抽样单位数。

上式表明，当样本容量 $n$ 足够大时，样本平均数 $(\bar{x}_i)$ 与总体平均数 $(\bar{x})$ 的偏差小于 ε 的概率趋近于 1，亦即此时，所有观察结果的算术平均数 $\bar{x}_i$ 依概率收敛于期望值 $(\bar{x})$——被观察值的真值的事件几乎成为必然事件。大数定律论证了抽样平均数趋近于总体平均数的条件及趋势。

## 三、中心极限定理

中心极限定理是指在某些条件下，可能来自不同分布，甚至不独立的随机变量在个数无限增加时，其全体和的分布会趋于正态分布。多轮抽样可得到多个样本，相应就有多个样本值，所有样本值随样本不同而不同，因此样本值是一个随机变量。所有样本值之和除以样本个数得到抽样平均数，因此，抽样平均数实际上是一种随机变量和的分布。若总体变量 $x_i$ 存在有限的平均数和方差，则不论总体分布如何，当样本容量 $n$ 趋于无穷大时，抽样平均数的极限分布是正态分布。如：某一时刻城市用电量是大量用户用电量的总和。

中心极限定理的重要定理之一的李亚普诺夫定理，它研究的结论是在一定条件下，随机变量之和的极限分布渐近地服从正态分布。

设随机变量序列 $x_1, x_2, \cdots, x_n$ 相互独立且同分布，其存在共同的期望值 $\mu$ 和方差 $\sigma^2$，对一切实数 $t$，有

$$\lim_{n\to\infty} P\left\{\frac{Y_n - E(Y_n)}{\sigma_{Y_n}} < t\right\} = \lim_{n\to\infty} P\left\{\frac{\sum_{i=1}^{n} x_i - n\bar{x}}{\sqrt{n}\sigma} < t\right\}$$

$$= \lim_{n\to\infty} P\left\{\frac{\frac{\sum_{i=1}^{n} x_i}{n} - \bar{x}}{\frac{\sigma}{\sqrt{n}}} < t\right\} = \lim_{n\to\infty} P\left\{\frac{\bar{x}_i - \mu}{\sigma_{\bar{x}}} < t\right\}$$

$$= \frac{1}{\sqrt{2\pi}}\int_{-\infty}^{x} e^{-t^2/2} dt = \Phi(x)$$

式中，$Y_n = x_1 + x_2 + \cdots + x_n = \sum_{i=1}^{n} x_i$；$E(Y_n) = E(x_1 + x_2 + \cdots + x_n) = E(x_1) + E(x_2) + \cdots + E(x_n) = n\bar{x} = n\mu$；$\sigma_{Y_n}^2 = \sigma_{x_1}^2 + \sigma_{x_2}^2 + \cdots + \sigma_{x_n}^2 = n\sigma^2$，$\sigma_{Y_n} = \sqrt{n}\sigma$。

由上述结论可知，只要 $n$ 充分大，随机变量 $\dfrac{\sum_{i=1}^{n} x_i - n\mu}{\sqrt{n}\sigma}$ 就近似服从标准正态分布

$N(0,1)$，因而 $\sum_{i=1}^{n} x_i$ 近似服从正态分布 $N(n\mu, n\sigma^2)$。该定理是大样本统计推断的理论基础。

## 第四节　样本的概率分布

设随机变量 $x$ 的可能取值为 $x_1, x_2, \cdots, x_n$，其相应的概率为 $p_1, p_2, \cdots, p_n$，将其列入表 9-1 中。

表 9-1　$x$ 的概率分布表

| $x$ | $x_1$ | $x_2$ | $\cdots$ | $x_k$ | $\cdots$ | $x_{n-1}$ | $x_n$ |
|---|---|---|---|---|---|---|---|
| $p(x)$ | $p_1$ | $p_2$ | $\cdots$ | $p_k$ | $\cdots$ | $p_{n-1}$ | $p_n$ |

该表称为 $x$ 的概率分布表。

数学期望

$$\mu = E(x) = \sum_{i=1}^{n} x_i p_i$$

方差

$$\sigma^2 = E(x_i - \bar{x})^2 = \sum_{i=1}^{n} (x_i - \bar{x})^2 p_i$$

### 一、重置抽样的概率分布

在一次试验中，事件 $A$ 出现的概率为 $p$，$\bar{A}$ 出现（或 $A$ 不出现）的概率为 $q$。连续 $n$ 次独立试验，样本中包含事件 $A$ 的个数 $x$ 是一个随机变量，则事件 $A$ 在样本中共出现 $k$ 次的概率为：

$$p(x=k) = C_N^k p^k q^{n-k} \qquad (k=0, 1, 2, \cdots, n)$$

将其列入表 9-2 中。

表 9-2　二　项　分　布

| $x$ | 0 | 1 | 2 | $\cdots$ | $k$ | $\cdots$ | $n$ |
|---|---|---|---|---|---|---|---|
| $p(x)$ | $q^n$ | $C_N^1 pq^{n-1}$ | $C_N^2 p^2 q^{n-2}$ | $\cdots$ | $C_N^k p^k q^{n-k}$ | $\cdots$ | $p^n$ |

由于这一分布的概率和二项式 $(p+q)^n$ 的展开式各项相同，故称二项分布，该分布属于离散型随机变量的分布。

$$\mu = E(x) = \sum x p(x) = \sum_{x=0}^{n} x C_N^x p^x q^{n-x} = np$$

$$\sigma^2 = \sum (x-\bar{x})^2 p(x) = \sum_{x=0}^{n} (x-\bar{x})^2 C_n^x p^x q^{n-x} = npq$$

式中，$C_n^k = \dfrac{n!}{(n-k)!\ k!} = \dfrac{n \times (n-1) \times \cdots \times (n-k+1)}{k \times (k-1) \times \cdots \times 1}$。

以上组合公式的计算结果还可以直接查图 9-1 的杨辉三角形①，其特征是：每一行的数字是上一行相邻两个数字的和，每一行表达的是二项式 $(p+q)^n$ 的展开式各项系数，图 9-1 列出了当 $n=0, 1, 2, \cdots, 15$ 时展开式中各项的系数。

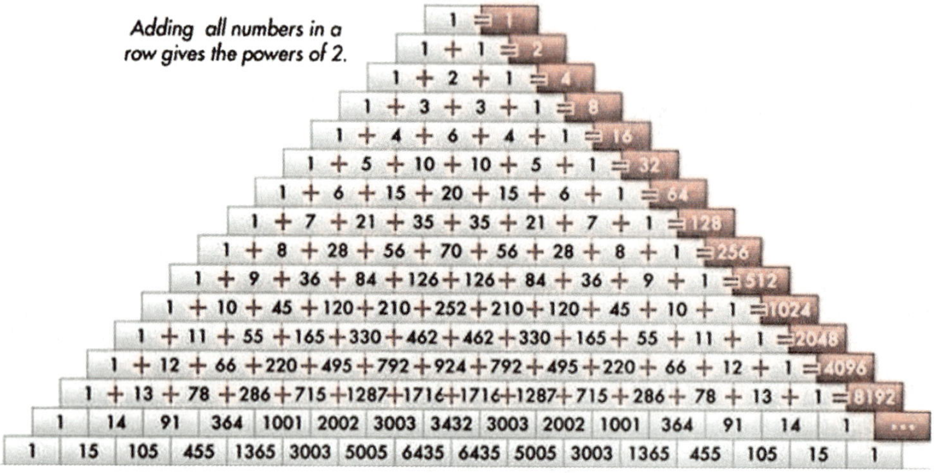


图 9-1　杨辉三角形

## 二、不重置抽样的概率分布

从总体 $N$ 个单位中每次不重复地抽取 1 个单位，共抽选 $n$ 个单位构成样本，共有 $C_N^n$ 种取法，样本中包含事件 $A$ 的个数 $x$ 是一个随机变量，则事件 $A$ 在样本中共出现 $k$ 次的取法有 $C_n^k C_{N-n}^{n-k}$，因此

$$p(x=k)=\frac{C_n^k C_{N-n}^{n-k}}{C_N^n} \quad (k=0, 1, 2, \cdots, n)$$

将其列入表 9-3 中：

表 9-3　超几何分布

| $x$ | 0 | 1 | 2 | … | $k$ | … | $n$ |
|---|---|---|---|---|---|---|---|
| $p(x)$ | $\frac{C_{N-n}^n}{C_N^n}$ | $\frac{C_n^1 C_{N-n}^{n-1}}{C_N^n}$ | $\frac{C_n^2 C_{N-n}^{n-2}}{C_N^n}$ | … | $\frac{C_n^k C_{N-n}^{n-k}}{C_N^n}$ | … | $\frac{1}{C_N^n}$ |

① 约公元 1050 年，北宋人贾宪率先使用"贾宪三角"进行高次开方运算。

杨辉，字谦光，南宋时期杭州人。1261 年，他所著的《详解九章算法》一书中，辑录了如上所示的三角形数表，称之为"开方作法本源"图，并说明此表引自 11 世纪中叶（约公元 1050 年）贾宪的《释锁算术》，并绘画了"古法七乘方图"，故称杨辉三角（外文名：Pascal's Triangle，别称：贾宪三角形、帕斯卡三角形），它是二项式系数图形化，在三角形中的几何排列。将组合数内在的代数性质直观地从图形中展现出来，它是离散型的数与形的结合。

元朝数学家朱世杰在《四元玉鉴》（1303 年）扩充了"贾宪三角"成"古法七乘方图"。

意大利人称之为"塔塔利亚三角形"（Triangolo di Tartaglia），以纪念在 16 世纪发现一元三次方程解的塔塔利亚。

B·帕斯卡（1623—1662），法国数学家，在《论算术三角形》（1654）中揭示了此三角形的规律。布莱士·帕斯卡的著作 *Traité du triangle arithmétique*（1655 年）介绍了"帕斯卡三角"，Pierre Raymond de Montmort（1708 年）和亚伯拉罕·棣·美弗（1730 年）都用帕斯卡来称呼这种三角形。

21 世纪以来，国外逐渐承认这项成果属于中国，因而，一些书上称"中国三角形"（Chinese triangle）。

该分布称为超几何分布，它属于离散型随机变量的分布。

$$\mu=E(x)=\sum xp(x)=\frac{1}{C_N^n}\sum_{x=0}^{n}xC_N^x C_{N-n}^{n-x}=np$$

$$\sigma^2=\sum(x-\bar{x})^2p(x)=\frac{1}{C_N^n}\sum_{x=0}^{n}(x-\bar{x})^2C_N^x C_{N-n}^{n-x}$$

$$=n\left(\frac{n}{N}\right)\left(\frac{N-n}{N}\right)\left(\frac{N-n}{N-1}\right)=npq\left(\frac{N-n}{N-1}\right)$$

## 三、正态分布

它是属于连续型随机变量的分布。

### (一) 正态分布的密度函数

$$f(x)=\frac{1}{\sqrt{2\pi}\sigma}e^{-(x-\bar{x})^2/2\sigma^2}$$

式中，$\bar{x}$ 表示正态分布的平均数；$\sigma$ 表示正态分布的标准差。通常以 $N(\bar{x},\sigma^2)$ 表示正态分布。

参数 $\sigma$ 的作用：若 $\bar{x}$ 固定不变，由于密度函数曲线与 $x$ 轴所围的面积不随 $\sigma$ 改变，永远等于 1，对于 $\sigma$ 的不同取值，则有隆起和平坦等形状的密度曲线，如图 9-2 所示。

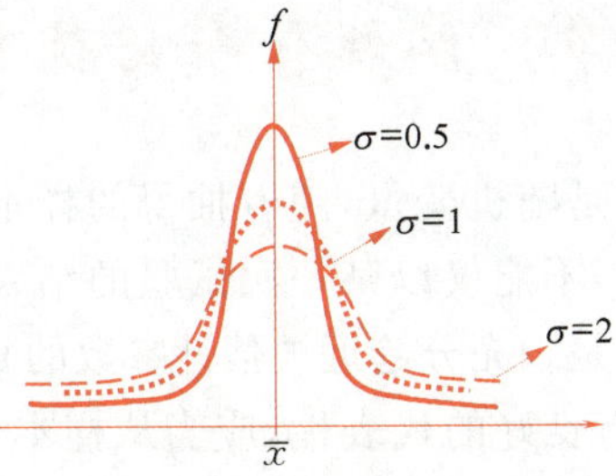


图 9-2　正态分布的密度曲线

### (二) 正态分布的标准化

正态分布函数：

$$F(x)=\frac{1}{\sqrt{2\pi}\sigma}\int_{-\infty}^{x}e^{-(x-\bar{x})^2/2\sigma^2}dx$$

$$P(\bar{x}-\sigma\leqslant x\leqslant\bar{x}+\sigma)=\frac{1}{\sqrt{2\pi}\sigma}\int_{\bar{x}-\sigma}^{\bar{x}+\sigma}e^{-(x-\bar{x})^2/2\sigma^2}dx$$

直接利用 $F(x)$ 对各类正态分布求某点或某区间的概率是相当困难的。因为不同现象的随机变量可能有不同的平均数和方差，甚至各平均数和方差的特征值的单位还会有所不同，这样对于不同的问题，就会有不同的正态分布，所以要将一般正态分布标准化，使不同的正态分布变换为期望值都为 0、方差都为 1 的标准正态分布。下面通过函数变换将随机变量 $x$ 变换为新的随机变量 $t$：

$$t=\frac{x-\bar{x}}{\sigma}$$

$$\mu=E(t)=E\left(\frac{x-\bar{x}}{\sigma}\right)=\frac{E(x)-\bar{x}}{\sigma}=0$$

$$\sigma_t^2=E\left[\frac{x-\bar{x}}{\sigma}-E\left(\frac{x-\bar{x}}{\sigma}\right)\right]^2=E\left(\frac{x-\bar{x}}{\sigma}\right)^2$$

$$=\frac{1}{\sigma^2}E(x-\bar{x})^2=\frac{\sigma^2}{\sigma^2}=1$$

因此，标准正态分布 $N(0,\ 1)$ 的密度函数和分布函数分别为：

$$f(t)=\frac{1}{\sqrt{2\pi}}\mathrm{e}^{-t^2/2}$$

$$F(t)=\frac{1}{\sqrt{2\pi}}\int_{-\infty}^{t}\mathrm{e}^{-t^2/2}\mathrm{d}t$$

利用标准正态分布函数可计算 $(\bar{x}-a,\ \bar{x}+a)$ 区间的概率：

$$p(\bar{x}-a\leqslant x\leqslant\bar{x}+a)=p(|x-\bar{x}|\leqslant a)=\frac{2}{\sqrt{2\pi}}\int_{0}^{t}\mathrm{e}^{-t^2/2}\mathrm{d}t$$

# 第五节　抽样估计的优良标准

抽样指标作为统计量，它是随机变量，随着抽得的样本不同，便有不同的估计值。为此，要判断某一估计量的优劣，不能仅以某一次试验的结果来衡量，而应当经过多次重复试验后，才能判断该种估计量是否充分趋近被估计参数的真值。从直观意义上来衡量，抽样指标对于总体指标是否具有良好的代表性，应当从样本的分布结构和总体的分布结构是否一致，抽选的变量是否都充分接近于总体的平均数来考察。从理论上归纳，若抽样指标估计总体指标能满足以下四个标准，通常就认为该估计量为最优的。

## 一、无偏性

无偏性是指各次抽样指标的平均数等于被估计的总体指标。换而言之，尽管单次抽样指标可能与未知的总体指标存在一定的偏差，但是经过多次从总体中抽取的所有可能的样本指标，要求其数学期望应该等于总体参数的真值，即：就所有可能的抽样指标平均而言，对总体指标的估计是无偏误的。无偏性的数学表达式为：

$$E(\hat{\theta})=\theta$$

式中，$\hat{\theta}$表示样本指标；$\theta$ 表示总体指标。

证明：样本平均数 $\bar{x}$ 是总体均值 $\bar{X}$ 的无偏估计量。

[证]　$$E(\bar{x})=E\left(\frac{1}{n}\sum_{i=1}^{n}x_i\right)=\frac{1}{n}\sum_{i=1}^{n}E(x_i)=\frac{1}{n}n\bar{X}=\bar{X}$$

证明：样本成数 $p$ 是总体成数 $P$ 的无偏估计量。

［证］　设容量为 $n$ 的样本中各样本单位的标志值 $x_i(i=1, 2, \cdots, n)$ 的取值为：

$$x_i=\begin{cases}1, \text{当第 } i \text{ 单位具有某一标志时}\\0, \text{当第 } i \text{ 单位不具有某一标志时}\end{cases}$$

$p=\bar{x}=\frac{1}{n}\sum_{i=1}^{n}x_i$，由此可知，抽样成数 $p$ 是 $(0, 1)$ 分布平均数的表现形式。

则
$$E(p)=E(\bar{x})=E\left(\frac{1}{n}\sum_{i=1}^{n}x_i\right)=\frac{1}{n}\sum_{i=1}^{n}E(x_i)$$
$$=\frac{1}{n}n[1\times p+0\times(1-p)]=p$$

## 二、一致性

一致性，在计量经济学中，也称为相合性是指抽样指标与总体指标的绝对离差小于任意给定的小正数 $\varepsilon$ 的极限概率等于 1。换而言之，当样本容量 $n$ 无限增大时，样本指标非常趋近未知的总体指标真值且几乎成为必然事件。一致性的数学表达式为：

$$\lim_{n\to\infty}P(|\hat{\theta}-\theta|<\varepsilon)=1$$

证明：样本平均数 $\bar{x}$ 是总体均值 $\bar{X}$ 的一致估计量。

［证］　大数法则中的契比雪夫不等式为：

$$P\{|\bar{x}-\bar{X}|\geqslant\varepsilon\}\leqslant\frac{1}{\varepsilon^2}\cdot V(\bar{x})=\frac{1}{\varepsilon^2}\frac{\sigma^2}{n}$$

因而有

$$P\{|\bar{x}-\bar{X}|<\varepsilon\}>1-P\{|\bar{x}-\bar{X}|\geqslant\varepsilon\}>1-\frac{1}{\varepsilon^2}\frac{\sigma^2}{n}$$

当 $n\to\infty$ 时，$\frac{1}{\varepsilon^2}\cdot\frac{\sigma^2}{n}\to 0$，由概率性质知，概率 $P\{|\bar{x}-\bar{X}|<\varepsilon\}$ 是不能超过 1 的，故

$$\lim_{n\to\infty}P\{|\bar{x}-\bar{X}|<\varepsilon\}=1$$

证明：样本成数 $p$ 是总体成数 $P$ 的一致估计量。

［证］　$P\{|p-P|<\varepsilon\}>1-\frac{1}{\varepsilon^2}\cdot V(p)=1-\frac{1}{\varepsilon^2}\cdot\frac{p(1-p)}{n}$

则
$$\lim_{n\to\infty}P\{|p-P|<\varepsilon\}=1$$

## 三、有效性

有效性是指在 $\theta$ 的一切无偏估计量 $\hat{\theta}_i(i=1, 2, \cdots, n)$ 中，$\hat{\theta}$ 的方差最小，则 $\hat{\theta}$ 称为 $\theta$ 的有效估计量。就总体参数的无偏估计量而言，通常不止一个，况且无偏性仅仅表明 O 所有可能取值平均等于 $\theta$，它的取值也许大多数与真值 $\theta$ 相差很大。为了确保 $\hat{\theta}$ 的取值能充分逼近 $\theta$，必须要求 $\hat{\theta}$ 的方差越小越好。有效性的数学表达式为：

$$V(\hat{\theta}) < V(\hat{\theta}_i) \quad (i=1, 2, \cdots, n)$$

证明：简单随机抽样的抽样平均数 $\bar{x}$ 是总体期望值的有效估计量。

［证］ 简单随机抽样的抽样平均数 $\bar{x}$ 的方差为：

$$V(\bar{x}) = \frac{\sigma^2}{n}$$

从总体中任取一个单位 $x_i$ 为总体均值的估计量，则

$$V(x_i) = \sigma^2 \quad (\sigma^2 \text{ 为总体方差})$$

显然 $V(\bar{x}) = \dfrac{\sigma^2}{n} < V(x_i) = \sigma^2$

证明：抽样成数 $p$ 是总体成数 $P$ 的有效估计量。

［证］ $V(p) = \dfrac{p(1-p)}{n} < V(x_i) = p(1-p)$

## 四、充分性

充分性是指估计量能够充分地利用样本提供的所有相关未知总体参数的信息资源，该估计量为充分估计量。如：样本平均数是总体期望值的充分估计量，而样本众数、中位数均不是充分估计量。

总之，若样本估计量不满足无偏性，则应该引入修正因子或改变抽样方式；样本容量充分大时才能满足一致性，一般要求样本容量 $n > 30$，即抽取大样本来估计总体；通常有效性和充分性不作为不同统计量的取舍标准。

# 第六节 抽样误差

## 一、抽样误差的概念

抽样误差是指抽样估计值与被估计的总体参数的未知真值之间的偏差。如：抽样平均数 $\bar{x}$ 与总体平均数 $\bar{X}$ 之差 $\bar{x}-\bar{X}$；抽样成数 $p$ 与总体成数 $P$ 之差 $p-P$。

在统计调查过程中，产生统计误差的原因主要有两类：第一类是登记性误差，它是指统计调查中进行的登记、过录、汇总、计算时出现的重复遗漏、瞒报、虚报、口径不一致等主客观原因所导致的调查误差。全面调查和非全面调查均会产生登记性误差。该类误差只有通过提高调查技术人员的素质和严格执行统计法规来将其降低到最低限度。第二类是代表性误差，它是指样本不能真正成为总体的缩影，样本单位结构分布与总体单位结构分布不一致。代表性误差又可以再细分为：系统性误差和随机性误差。系统性误差是指违反随机原则抽选样本单位而导致的偏差。如经随机抽选的单位被主观放回若干个单位进行任意调换而产生人为的偏差。随机性误差是指遵循随机原则抽选样本单位，由于偶然性或随机性因素的影响，使样本结构分布与总体结构分布不尽一致，而导致的代表性的随机误差。全面调查不存在代表性误差，而重点调查和典型调查由于不要求推断总体，所以通常也没有代表性误差。严格意义上讲，抽样调查的代表性，既要求以样本作为一个整体

来代表总体,又要求每一个样本单位对相应类型组均具有代表性。

登记性误差和代表性误差中的系统性误差均属于统计调查的组织问题,可以采取措施避免或将其降低到最低限度。从理论上讲,抽样误差是在没有登记性误差的前提下,严格按照随机原则,因不同的随机样本得到的相应不同的估计量与总体参数未知真值之间的偏误,因此,抽样误差是专指代表性误差中的随机误差。从总体中抽取部分代表单位构成样本,再利用样本指标推断总体指标,就免不了存在抽样误差,该误差是抽样调查固有的。虽然由于随机性因素和部分代表因素使抽样误差无法避免,但是可以运用大数定律加以计算,确定其数量界限,并通过抽样设计程序加以控制。是不是非全面调查中的抽样调查不如全面调查准确?回答是否定的。至少可认为这种看法是片面的。尽管全面调查不存在抽样误差,但是由于调查面广,调查人员相对地多,且水平不均,这样非抽样误差就在所难免,有时甚至还可能较大。然而,虽然抽样调查也会产生非抽样误差,但是由于调查单位少,人力集中,且一般要求较高统计素质的人员参加,所以,非抽样误差可以大大地降低。更何况抽样调查所独有的抽样误差可预先控制,可以根据需要将其降低到尽可能低的限度;而全面调查的非抽样误差远远大于抽样调查,通常该误差难以衡量,也不易控制。

## 二、影响抽样误差的因素

### (一)样本容量($n$)

通常,样本愈大,样本愈能反映总体的特征,其代表性也就愈高,这样,抽样误差就会愈小。若全及总体单位全部抽取作为样本,则抽样调查就变成了全面调查,这样随之就不存在抽样误差了;反之,样本愈小,则抽样误差就会愈大。然而,抽样调查的目的本来就是为了尽量降低费用和节省时间而少调查一些单位,以达到准确推断总体数量特征的目的。若无止境地对样本扩容,就会违背初愿。由此可见,不能认为样本愈大愈好。样本尽可能地缩小,只能在允许的抽样误差范围内进行。

### (二)总体被研究标志的差异程度($\sigma$)

若总体单位间的差异程度较小,任意抽取的单位构成样本,这些样本单位对总体均会有较高的代表性,样本能充分地反映总体特征。反之,若总体单位间的差异程度较大,从总体中抽选的单位构成样本,这些样本单位的分布有可能与总体单位分布不尽一致,从而会降低样本单位对总体所有单位的代表性,从而导致抽样误差增大。

### (三)抽样组织形式和抽样方式

采用不同的抽样组织形式,所抽出的样本对于总体的代表性会不尽相同,这样就会有不同的抽样误差。就抽样方式而言,不重复抽样每抽一次,总体单位就会相应减少,单位间的差异可能会随之变小,这样从差异程度不断变小的动态总体中抽选出的单位构成的样本具有较高的代表性。而重复抽样不会使总体逐渐缩小,所以每次抽选出的单位对总体所有单位的代表性与第一次抽选的单位的代表性基本相同。对静态的总体来说,若总体变异程度较大,则所有的样本单位的代表性就较低,则抽样误差就会较大。对同一总体抽样,不重复抽样误差小于重复抽样误差。

## 三、抽样平均误差

抽样误差可以从绝对差额和平均差额这两方面来度量。绝对差额角度是测定抽样实际误差。抽样实际误差是指某一样本指标与总体参数的偏差。某一被估计的总体指标值是唯一确定的，而因不同的抽样所得到的样本值却不尽相同，这样抽样实际误差也就成为随机变量，它有不确定的值。而总体指标是未知的，正是需要估计的，因此，抽样实际误差实际上是测定不到的。平均差额角度是测定抽样平均误差，抽样平均误差是指从同一总体中抽取的所有可能样本的指标值的平均离散程度，也就是所有可能的抽样实际误差的平均数。在抽样推断中，通常以平均误差作为确定误差范围的尺度。

样本指标主要指抽样平均数和抽样成数。下面就这两种样本指标的平均误差的测定分别给予介绍。

### （一）抽样平均数的平均误差

抽样平均数的平均误差，简称抽样平均误差，它是指抽样平均数的标准差。抽样平均数的平均误差通常用 $\mu_{\bar{x}}$ 表示。其公式因抽样方式不同又可如下两种形式。

（1）重置抽样的抽样平均数的平均误差为

$$\mu_{\bar{x}}=\frac{\sigma}{\sqrt{n}}$$

式中，$\sigma$ 表示总体标准差；$n$ 表示所抽中的某一样本容量。

证明：$\mu_{\bar{x}}=\dfrac{\sigma}{\sqrt{n}}$。

［证］ 设从总体中抽选的所有容量均为 $n$ 的可能样本对应的随机变量分别为 $x_1$，$x_2$，…，$x_k$，它们是相互独立且与总体变量 $\bar{X}$ 同分布，则

$$\begin{aligned}\mu_{\bar{x}}^2&=E\left[\bar{x}_i-E(\bar{x})\right]^2=E\left(\bar{x}_i-\bar{\bar{x}}\right)^2=E\left(\frac{\sum\limits_{j=1}^{n}x_{ij}}{n}-\bar{X}\right)^2=E\left(\frac{\sum\limits_{j=1}^{n}x_{ij}-n\bar{X}}{n}\right)^2\\&=\frac{1}{n^2}E\left[\sum_{j=1}^{n}(x_{ij}-\bar{X})\right]^2=\frac{1}{n^2}E\left[(x_{i1}-\bar{X})+(x_{i2}-\bar{X})+\cdots+(x_{in}-\bar{X})\right]^2\\&=\frac{1}{n^2}E\Big[\sum_{j=1}^{n}(x_{ij}-\bar{X})^2+2\sum_{\substack{u、v=1\\u\neq v}}^{n}(x_{iu}-\bar{X})(x_{iv}-\bar{X})\Big]\\&=\frac{1}{n^2}\cdot\frac{1}{k}\sum_{i=1}^{k}\Big[\sum_{j=1}^{n}(x_{ij}-\bar{X})^2+2\sum_{\substack{u、v=1\\u\neq v}}^{n}(x_{iu}-\bar{X})(x_{iv}-\bar{X})\Big]\\&=\frac{1}{n}\cdot\Big[\frac{1}{nk}\sum_{i=1}^{k}\sum_{j=1}^{n}(x_{ij}-\bar{X})^2+2\cdot\frac{1}{nk}\sum_{i=1}^{k}\sum_{\substack{u、v=1\\u\neq v}}^{n}(x_{iu}-\bar{X})(x_{iv}-\bar{X})\Big]\end{aligned}$$

因为是对总体重置抽样，每次抽选的单位 $x_i(i=1,2,\cdots,N)$ 是独立的，所以，在抽选中构成的变量序列 $\{x_{iu}\}$ 和 $\{x_{iv}\}$ 是互不相关，其相关系数 $\rho=0$，$\rho=\dfrac{\mathrm{Cov}(x_{iu},x_{iv})}{\sigma_{x_{iu}}\sigma_{x_{iv}}}$，因而 $\mathrm{Cov}(x_{iu},x_{iv})=0$。

其中，
$$\mathrm{Cov}(x_{iu},x_{iv})=\frac{1}{nk}\sum_{i=1}^{k}\sum_{\substack{u、v=1\\u\neq v}}^{n}(x_{iu}-\bar{X})(x_{iv}-\bar{X})=0$$

因而
$$\mu_{\bar{x}}^2=\frac{1}{n}\Big[\frac{1}{nk}\sum_{i=1}^{k}\sum_{j=1}^{n}(x_{ij}-\bar{X})^2\Big]=\frac{1}{n}\sigma^2$$

$$\mu_{\bar{x}}=\frac{1}{\sqrt{n}}\sigma$$

应当指出的是，利用原始公式 $\mu_{\bar{x}}^2=E\left[\bar{x}_i-E(\bar{x})\right]^2=\sqrt{\frac{\sum_{i=1}^{k}(x_i-\bar{X})^2}{k}}$ 计算抽样平均数的平均误差是不现实的，一是若从一个总体抽选的单位可构成众多样本，这样就要计算许多样本值，这为本来被视为科学简捷的抽样调查添了许多麻烦。实际操作中，通常只抽选一个样本来计算抽样误差。二是总体均值是未知的，正是需要推断估计的对象，预先是没有占有 $\bar{X}$ 的已知数值。

(2) 不重置抽样的抽样平均数的平均误差为

$$\mu_{\bar{x}}=\sqrt{\frac{\sigma^2}{n}\left(1-\frac{n}{N}\right)}$$

式中，$N$ 表示总体单位数。

证明：$\mu_{\bar{x}}=\sqrt{\frac{\sigma^2}{n}\left(1-\frac{n}{N}\right)}$。

［证］ 设样本变量 $x_1,\ x_2,\ \cdots,\ x_k$ 不是相互独立的，则

$$\mu_{\bar{x}}^2=E\left[\bar{x}_i-E(\bar{x})\right]^2=E\ (x_i-\bar{x})^2=E\left(\frac{\sum_{j=1}^{n}x_{ij}}{n}-\bar{X}\right)^2=E\left(\frac{\sum_{j=1}^{n}x_{ij}-n\bar{X}}{n}\right)^2$$

$$=\frac{1}{n^2}E\left[\sum_{j=1}^{n}(x_{ij}-\bar{X})\right]^2=\frac{1}{n^2}E\left[(x_{i1}-\bar{X})+(x_{i2}-\bar{X})+\cdots+(x_{in}-\bar{X})\right]^2$$

$$=\frac{1}{n^2}E\left[\sum_{j=1}^{n}(x_{ij}-\bar{X})^2+\sum_{\substack{u,v=1\\u\neq v}}^{n}(x_{iu}-\bar{X})(x_{iv}-\bar{X})\right]$$

$$=\frac{1}{n^2}\sum_{j=1}^{n}E\ (x_{ij}-\bar{X})^2+\frac{1}{n^2}\underbrace{\sum_{\substack{u,v=1\\u\neq v}}^{n}E(x_{iu}-\bar{X})(x_{iv}-\bar{X})}_{\text{共有}n(n-1)\text{个乘积}}$$

因为

$$E\ (x_{ij}-\bar{X})^2=\sum_{i=1}^{k}\sum_{j=1}^{n}(x_{ij}-\bar{X})^2\cdot p_{ij}=\sum_{i=1}^{k}\sum_{j=1}^{n}(x_{ij}-\bar{X})^2\cdot\frac{1}{nk}$$

$$=\sum_{i=1}^{k}\sum_{j=1}^{n}(x_{ij}-\bar{X})^2\cdot\frac{1}{N}=\frac{1}{N}\sum_{i=1}^{k}\sum_{j=1}^{n}(x_{ij}-\bar{X})^2=\sigma^2$$

$$E(x_{iu}-\bar{X})(x_{iv}-\bar{X})=\sum_{i=1}^{k}\sum_{\substack{u,v=1\\u\neq v}}^{n}(x_{iu}-\bar{X})(x_{iv}-\bar{X})\cdot p_{iu,\ iv}$$

$$=\sum_{i=1}^{k}\sum_{\substack{u,v=1\\u\neq v}}^{n}(x_{iu}-\bar{X})(x_{iv}-\bar{X})\frac{1}{N(N-1)}$$

$$=\frac{1}{N(N-1)}\sum_{i=1}^{k}\sum_{\substack{u,v=1\\u\neq v}}^{n}(x_{iu}-\bar{X})(x_{iv}-\bar{X})$$

第 $iu$ 次抽中的单位取值为 $x_{iu}$ 的概率 $p_{iu}=\frac{1}{N}$，则第 $iv$ 次抽中的单位取值为 $x_{iv}$ 的概率 $p_{iv}=\frac{1}{N-1}$。两者联合概率：$p_{iu,\,iv}=\frac{1}{N}\cdot\frac{1}{N-1}=\frac{1}{N(N-1)}$。

由于样本变量 $x_1$，$x_2$，…，$x_k$ 不是相互独立的，因此

$$\sum_{i=1}^{k}\sum_{\substack{u、v=1\\u\neq v}}^{n}(x_{iu}-\bar{X})(x_{iv}-\bar{X})\neq 0$$

因为 $$\sum_{i=1}^{k}\sum_{\substack{u、v=1\\u\neq v}}^{n}(x_{iu}-\bar{X})(x_{iv}-\bar{X})=\Big[\sum_{i=1}^{k}\sum_{j=1}^{n}(x_{ij}-\bar{X})\Big]^2-\sum_{i=1}^{k}\sum_{j=1}^{n}(x_{ij}-\bar{X})^2$$

$$=0^2-N\sigma^2=-N\sigma^2$$

所以 $$E(x_{iu}-\bar{X})(x_{iv}-\bar{X})=\frac{1}{N(N-1)}(-N\sigma^2)=\frac{-\sigma^2}{N-1}$$

$$\mu_{\bar{x}}^2=\frac{1}{n^2}\sum_{j=1}^{n}E(x_{ij}-\bar{X})^2+\frac{1}{n^2}\sum_{\substack{u、v=1\\u\neq v}}^{n}E(x_{iu}-\bar{X})(x_{iv}-\bar{X})=\frac{1}{n^2}\sum_{j=1}^{n}\sigma^2+\frac{1}{n^2}\sum_{\substack{u、v=1\\u\neq v}}^{n}\frac{-\sigma^2}{N-1}$$

$$=\frac{1}{n^2}n\sigma^2+\frac{1}{n^2}n(n-1)\frac{-\sigma^2}{N-1}=\frac{\sigma^2}{n}+\frac{-(n-1)\sigma^2}{n(N-1)}=\frac{\sigma^2}{n}\left(\frac{N-n}{N-1}\right)$$

$$\mu_{\bar{x}}=\sqrt{\frac{\sigma^2}{n}\left(\frac{N-n}{N-1}\right)}$$

当总体很大时，$N-1\approx N$。通常使用的抽样平均误差公式是如下形式：

$$\mu_{\bar{x}}=\sqrt{\frac{\sigma^2}{n}\frac{N-n}{N}}=\sqrt{\frac{\sigma^2}{n}\left(1-\frac{n}{N}\right)}$$

由于不重置抽样的平均误差的校正因子 $\left(1-\frac{n}{N}\right)$ 总是小于 1 的，因此，对同一总体而言，不重置抽样平均误差总是小于重置抽样平均误差。当抽样单位数占总体单位数的比重很小时，即 $\frac{n}{N}\to 0$ 时，$1-\frac{n}{N}\to 1$，因而在实际抽样误差测算中，对抽样单位数相对于总体单位数小得多的情况，通常采用重置抽样公式进行近似计算抽样误差。

### （二）抽样成数的平均误差

它是指抽样成数的标准差。抽样成数的平均误差通常用 $\mu_p$ 表示。其公式因抽样方式不同又可分为如下两种形式。

（1）重置抽样的抽样成数的平均误差为

$$\mu_p=\frac{\sigma}{\sqrt{n}}=\sqrt{\frac{P(1-P)}{n}}$$

式中，$P$ 表示总体成数；$P(1-P)$ 表示总体是非标志的方差 $\sigma^2$；$n$ 表示所抽中的某一样本的容量。

(2) 不重置抽样的抽样成数的平均误差为

$$\mu_p=\sqrt{\frac{\sigma^2}{n}\left(1-\frac{n}{N}\right)}=\sqrt{\frac{P(1-P)}{n}\left(1-\frac{n}{N}\right)}$$

式中，$N$ 表示总体单位数。

须说明的问题：从以上公式发现，计算抽样平均误差需要掌握总体标准差 $\sigma$，而总体标准差只有通过全面调查才能获得。对抽样调查而言，总体标准差是未知的，它也正是抽样估计的目标。在没有掌握总体标准差的资料的情况下，通常采用如下替代方式：

(1) 用抽样平均数的标准差 $s$ 和抽样成数的标准差的 $\sqrt{p(1-p)}$ 替代相应总体标准差 $\sigma$ 和 $\sqrt{P(1-P)}$。只要所选择的抽样组织形式合适，且总体 $N$ 偏大和样本容量 $n$ 足够大，这样的替代效果是良好的。

(2) 用过去同类现象的全面调查或抽样调查标准差历史资料替代现在未知的真正标准差资料。若有几个不同总体的标准差历史资料，则应当选用标准差偏大的。

(3) 在正式抽样调查之前，先组织试验性的抽样，用试验样本资料替代现在未知的标准差。

(4) 用预先估计的标准差材料代替现在未知的标准差。

[范例 9.1] 深圳雷城电子有限公司对一天生产的 2 500 件电子元件的耐用时间进行全面检测，尔后又抽取 4%的电子元件进行抽样复检，检测资料如表 9-4 所示。

表 9-4 深圳雷城电子有限公司电子元件检测资料表

| 耐用时间/h | 全面检测/支 | 抽样复测/支 |
|---|---|---|
| 3 000 以下 | 50 | 2 |
| 3 000～<4 000 | 550 | 22 |
| 4 000～<5 000 | 1 200 | 48 |
| 5 000 及以上 | 700 | 28 |
| 合　计 | 2 500 | 100 |

质检条例规定耐用时间在 3 000 h 以下的产品为不合格品，根据以上资料，试按重置抽样和不重置抽样方法计算该电子元件平均耐用时间的抽样平均误差和抽样成数(合格率)的平均误差。

[解] 根据题意，整理资料如表 9-5 所示。

表 9-5 电子元件平均耐用时间的抽样平均误差和抽样成数的平均误差计算表

| 耐用时间/h | 组中值 ($x_i$) | 全面检测 ($f_i$) /支 | $x_if_i$ | $x_i^2f_i$ |
|---|---|---|---|---|
| 3 000 以下 | 2 500 | 50 | 125 000 | 312 500 000 |
| 3 000～<4 000 | 3 500 | 550 | 1 925 000 | 6 737 500 000 |
| 4 000～<5 000 | 4 500 | 1 200 | 5 400 000 | 24 300 000 000 |
| 5 000 及以上 | 5 500 | 700 | 3 850 000 | 21 175 000 000 |
| 合　计 | | 2 500 | 11 300 000 | 52 525 000 000 |

全部元件(总体)的平均耐用时间：

$$\bar{x}=\frac{\sum_{i=1}^{n}x_i f_i}{\sum_{i=1}^{n}f_i}=\frac{11\ 300\ 000}{2\ 500}=4\ 520\ (\text{h})$$

$$\overline{x^2}=\frac{\sum_{i=1}^{n}x_i^2 f_i}{\sum_{i=1}^{n}f_i}=\frac{5\ 252\ 500\ 000}{2\ 500}=21\ 010\ 000(\text{h}^2)$$

全部元件(总体)的耐用时间的方差：

$$\sigma^2=\overline{x^2}-\bar{x}^2=21\ 010\ 000-4\ 520^2=579\ 600\ (\text{h}^2)$$

抽样复测共100支，故样本容量 $n=100$ 支，则平均耐用时间的抽样平均误差：
重置抽样条件下

$$\mu_{\bar{x}}=\frac{\sigma}{\sqrt{n}}=\sqrt{\frac{\sigma^2}{n}}=\sqrt{\frac{579\ 600}{100}}=76.13\ (\text{h})$$

不重置抽样条件下

$$\mu_{\bar{x}}=\sqrt{\frac{\sigma^2}{n}\left(1-\frac{n}{N}\right)}=\sqrt{\frac{579\ 600}{100}\left(1-\frac{100}{2\ 500}\right)}=\sqrt{\frac{579\ 600}{100}(1-4\%)}$$
$$=74.59(\text{h})$$

全部元件(总体)的合格率

$$p=\frac{2\ 500-50}{2\ 500}=98\%$$

抽样合格率的平均误差：
重置抽样条件下

$$\mu_p=\sqrt{\frac{p(1-p)}{n}}=\sqrt{\frac{98\%(1-98\%)}{100}}=1.40\%$$

不重置抽样的条件下

$$\mu_p=\sqrt{\frac{p(1-p)}{n}\left(1-\frac{n}{N}\right)}=\sqrt{\frac{98\%(1-98\%)}{100}\left(1-\frac{100}{2\ 500}\right)}=1.37\%$$

## 四、抽样极限误差

抽样极限误差，又称置信区间和抽样允许误差范围，它是指在一定的把握程度（$P$）下保证样本指标与总体指标之间的抽样误差不超过某一给定的最大可能范围，记作 $\Delta$。作为样本的随机变量——抽样指标值（$\bar{x}$ 或 $p$），它是围绕以未知的唯一确定的全及指标真值（$\bar{X}$ 或 $P$）为中心上下波动，它与全及指标值可能会产生正或负离差，这些离差均是抽样指标的随机变量，因而难以避免，只能将其控制在预先要求的误差范围（$\Delta_{\bar{x}}$ 或 $\Delta_p$）内。

$$|\bar{x}-\bar{X}| \leqslant \Delta_{\bar{x}}$$

$$|p-P| \leqslant \Delta_p$$

或

$$\bar{x}-\Delta_{\bar{x}} \leqslant \bar{x} \leqslant \bar{X}+\Delta_{\bar{x}}$$

$$P-\Delta_p \leqslant p \leqslant P+\Delta_p$$

由于 $\Delta_{\bar{x}}$ 和 $\Delta_p$ 是预先给定的抽样方案中所允许的误差范围，所以利用 $\Delta_{\bar{x}}$ 和 $\Delta_p$ 可以反过来估计未知的全及指标的取值可能的范围。解上述两个绝对值不等式便可得：

$$\bar{x}-\Delta_{\bar{x}} \leqslant \bar{X} \leqslant \bar{x}+\Delta_{\bar{x}}$$

$$p-\Delta_p \leqslant P \leqslant p+\Delta_p$$

## 五、抽样估计的概率度、精度和可靠程度

### （一）抽样估计的概率度

抽样极限误差 $\Delta$ 是单个样本值与总体指标值之间的绝对离差，而抽样平均误差 $\mu$ 是所有可能样本值与总体指标值之间的平均离差，用抽样极限误差与抽样平均误差相比，从而使由单一样本值得到的抽样极限误差标准化，这样可称为抽样标准极限误差，但通称其为概率度或相对误差范围。

$$t=\frac{\Delta_x}{\mu_x}=\frac{|\bar{x}-\bar{X}|}{\sigma/\sqrt{n}},\ t=\frac{\Delta_p}{\mu_p}=\frac{|p-P|}{\sqrt{\dfrac{p(1-p)}{n}}}$$

由此可知，标准正态分布变量 $t$ 服从标准正态分布。

### （二）抽样估计的精度

为了比较不同现象总体的抽样误差程度，必须消除总体规模大小悬殊的影响，通常还需计算抽样误差系数，抽样误差系数记作 $\Delta'$，反映了抽样误差的相对程度。其计算公式为：

$$\Delta'_{\bar{x}}=\frac{\Delta_{\bar{x}}}{\bar{x}},\ \Delta'_p=\frac{\Delta_p}{p}$$

则抽样估计精度(accuracy)公式为：

$$A_{\bar{x}}=1-\Delta'_{\bar{x}},\ A_p=1-\Delta'_p$$

### （三）抽样估计的可靠程度

置信区间的测定总是在一定的概率保证程度下进行的。既然抽样误差是一个随机变量，就不能指望抽样指标落在置信区间内成为必然事件，只能视为一个可能事件，这样就必定要用一定的概率来给予保证。抽样误差的可能范围是估计的准确性问题，而保证抽样指标落在抽样误差的可能范围之内则是估计的可靠性问题。抽样估计可靠程度又称置信度。具体地说，置信区间是以一定的概率把握程度确定总体指标所在的区间。置信度

是总体指标落在某个区间的概率把握程度。

抽样估计的可靠程度即概率用 $P$ 表示，$P$ 是 $t$ 的函数。而 $P=F(t)$ 表明概率分布是概率度 $t$ 的函数。确定抽样估计的可靠程度，就是要确定抽样平均数 ($\bar{x}$) 或抽样成数 ($p$) 落在置信区间 ($\bar{x}-\Delta_{\bar{x}}$，$\bar{x}+\Delta_{\bar{x}}$) 或 ($p-\Delta_p$，$p+\Delta_p$) 中的概率 $P$。$F(t)$ 的函数形式为：

$$P(|\bar{x}-\bar{X}|\leqslant t\mu_x)=F(t)，P(|p-P|\leqslant t\mu_p)=F(t)$$

由此可知，$t$ 增大，$\Delta$ 也增大，即 $t\mu$ 增大，这表明所要求的误差范围增大，说明从总体中随机抽取一个样本，其样本值落在这个较大的置信区间内可能性或把握性 $P$ 愈大；反之 $t$ 减小，$\Delta$ 也减小，即 $t\mu$ 减小，这表明所要求的误差范围减小，说明从总体中随机抽取一个样本，其样本值落在这个较小的置信区间内的可能性或把握性愈小。

应用标准正态分布概率积分表，可以得出抽样指标落在置信区间内的置信度。

$$F(1)=P\{|\bar{x}-\bar{X}|\leqslant 1\mu_{\bar{x}}\}=68.27\%$$

$$F(2)=P\{|\bar{x}-\bar{X}|\leqslant 2\mu_{\bar{x}}\}=95.45\%$$

$$F(3)=P\{|\bar{x}-\bar{X}|\leqslant 3\mu_{\bar{x}}\}=99.73\%$$

下面将常用的概率保证程度即概率面积与对应的概率度列入表 9-6 中。

表 9-6 概率面积与对应的概率度表

| 概率面积 $F(t)$ | 概率度 $t$ | 概率面积 $F(t)$ | 概率度 $t$ |
|---|---|---|---|
| 0.682 7 | 1.00 | 0.954 5 | 2.00 |
| 0.799 5 | 1.28 | 0.990 0 | 2.58 |
| 0.866 4 | 1.50 | 0.997 3 | 3.00 |
| 0.900 0 | 1.64 | 0.999 94 | 4.00 |
| 0.950 0 | 1.96 | 0.999 999 | 5.00 |

置信度即概率积分面积与 $\Delta$、$t$ 的关系还可通过图 9-3 表示：

如图 9-3 所示，正态分布曲线与横轴所围成的面积等于 1。随着概率度 $t$ 逐渐增大，概率 $P$ 也随之增大，以致使 $P$ 无限趋近于 1，这样抽样推断估计就达到了完全可靠的程度。

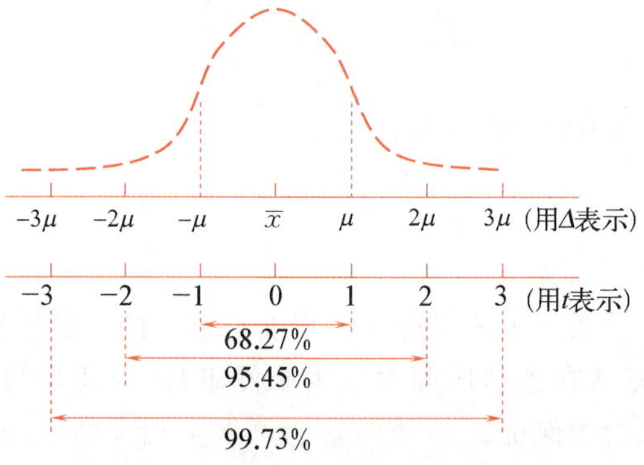


图 9-3 置信度即概率积分面积与 $\Delta$(或 $t$)的关系图

# 第七节　必要样本容量的确定与全及总体指标的推断

## 一、必要样本容量的确定

### （一）最大抽样效果

只有严格遵守最大抽样效果原则，才能合理地确定必要的样本容量。所谓最大抽样效果原则，它是指在一定的抽样误差和可靠程度的要求下力求调查费用和时间最省。在通常情况下，提高精度和节省费用往往不能两全其美，它们是一对矛盾，欲使抽样误差尽量降低，一般是通过多抽选样本单位来达到的，这样做则必然要多投入人力、物力和财力，造成调查费用增加。而事实上并非抽样误差最小即精度最高的抽样方案一定是最优的方案。有些调查要求精度高一些，而有些调查并不需要那么高的精度，因此，在抽样方案设计上要具体问题具体分析。当然，过多地减少抽样单位数会大大节省费用，但又难于保证样本对总体的代表性，导致抽样误差加大。

理论和实践均证实，使偏误尽量缩小，以得到较高的精度；又从较高的精度上再上台阶，得到非常高的精度，显然，前者的精度增幅远远大于后者，但是为了后者这一点点精度的提高而投入的成本很可能会不亚于前者，甚至远远超过前者。通常，调查费用和精度呈非线性关系，如图 9-4 所示。

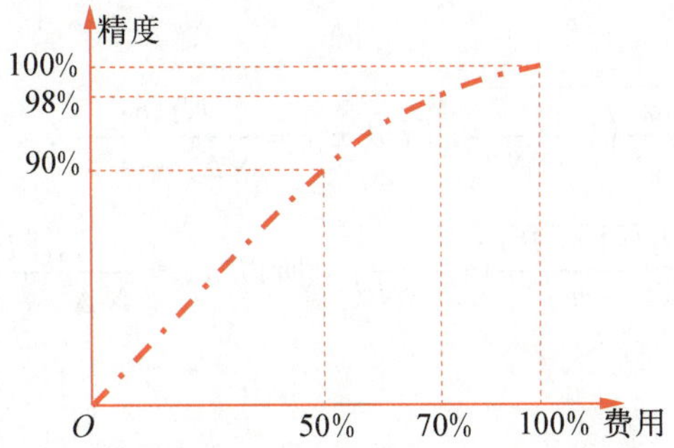


图 9-4　调查费用和精度的非线性关系图

从图 9-4 中可知，用 100%的费用可以达到 100%的精度，不过，若用 70%的费用，则能达到 98%的精度；如果 98%的精度已经满足需要时，那么就没有必要再花 30%的费用去换取剩余的 2%的精度了。

### （二）必要样本容量的影响因素分析

为了避免样本容量的过大或过小，就必须确定必要的样本容量。以下就样本容量的主要影响因素进行分析：

（1）总体单位标志的变异程度。若被调查事物总体标志之间差异程度愈大，说明总体分布愈不均匀，则需要抽取的样本单位愈多；反之，若被调查事物总体标志之间差异程度愈小，说明总体分布愈均匀，则抽取的样本单位愈少。

（2）抽样推断的可靠程度。要求估计的把握程度高，则抽取的单位数就应增多；反之，要求估计的把握程度低，则抽取的单位数就应减少。

(3) 容许误差。容许误差要求愈小,抽样单位数就应愈多;反之,容许误差愈大,抽样单位数可适当少一些。

(4) 抽样方式和方法。在相同条件下,重置抽样比不重置抽样要抽取多一些样本单位。一般情况下,纯随机抽样比类型抽样和机械抽样需要抽取的样本单位数多;有关标志排队的等距抽样方式比无关标志排队的等距抽样方式所抽取的样本单位少。整群抽样比单个抽样需要抽取的样本单位要多。

(5) 人力、物力和财力的可能条件。调查方案要求很高精度,则应组织较强的调查力量,备足经费,多抽取样本单位;反之,调查方案要求的精度不很高,则可组织一般的调查力量,适当的经费,少抽取样本单位。

### (三) 必要样本容量的计算公式

所谓必要样本单位数,它是指既能达到一定的抽样精度又能降低抽样费用的要求下所必须抽取的样本单位数。下面分别就纯随机抽样、类型抽样、等距抽样和整群抽样组织形式分别介绍必要样本容量的计算公式:

1. 纯随机抽样的必要样本容量

重置抽样条件下:

因为 $\Delta_{\bar{x}}=t\mu_x=t\sqrt{\dfrac{\sigma^2}{n}}$,所以 $n_{\bar{x}}=\dfrac{t^2\sigma^2}{\Delta_{\bar{x}}^2}$,

因为 $\Delta_p=t\mu_p=t\sqrt{\dfrac{P(1-P)}{n}}$,所以 $n_p=\dfrac{t^2P(1-P)}{\Delta_p^2}$。

不重置抽样条件下:

因为 $\Delta_{\bar{x}}=t\mu_x=t\sqrt{\dfrac{\sigma^2}{n}\left(1-\dfrac{n}{N}\right)}$,所以 $n_{\bar{x}}=\dfrac{Nt^2\sigma^2}{N\Delta_{\bar{x}}^2+t^2\sigma^2}$,

因为 $\Delta_p=t\mu_p=t\sqrt{\dfrac{P(1-P)}{n}\left(1-\dfrac{n}{N}\right)}$,所以 $n_p=\dfrac{Nt^2P(1-P)}{N\Delta_p^2+t^2P(1-P)}$。

2. 类型抽样的必要样本容量

重置抽样条件下:

因为 $\Delta_{\bar{x}}=t\mu_x=t\sqrt{\dfrac{\overline{\sigma^2}}{n}}$,所以 $n_{\bar{x}}=\dfrac{t^2\overline{\sigma^2}}{\Delta_{\bar{x}}^2}$,

因为 $\Delta_p=t\mu_p=t\sqrt{\dfrac{\overline{P(1-P)}}{n}}$,所以 $n_p=\dfrac{t^2\overline{P(1-P)}}{\Delta_p^2}$。

不重置抽样条件下:

因为 $\Delta_{\bar{x}}=t\mu_x=t\sqrt{\dfrac{\overline{\sigma^2}}{n}\left(1-\dfrac{n}{N}\right)}$,所以 $n_{\bar{x}}=\dfrac{Nt^2\overline{\sigma^2}}{N\Delta_{\bar{x}}^2+t^2\overline{\sigma^2}}$,

因为 $\Delta_p=t\mu_p=t\sqrt{\dfrac{\overline{P(1-P)}}{n}\left(1-\dfrac{n}{N}\right)}$,所以 $n_p=\dfrac{Nt^2\overline{P(1-P)}}{N\Delta_p^2+t^2\overline{P(1-P)}}$。

式中，$\overline{\sigma^2}$ 和 $\overline{P(1-P)}$ 分别为在分类基础上计算的总体平均数指标和成数指标的平均差异程度，待后一节将会详细介绍。

3. 等距抽样的必要样本容量

等距抽样可以看成是将总体分成 $n$ 个类型，与类型抽样不同的是每个类型只抽一个单位。当事先掌握了总体指标 $\sigma_i$ 和 $P_i$ 时，则可采用类型抽样公式计算等距抽样的必要样本容量；当事先没有掌握总体指标 $\sigma_i$ 和 $P_i$ 时，则就采用纯随机抽样公式计算等距抽样的必要样本容量。

4. 整群抽样的必要样本容量

重置抽样条件下：

因为 $\Delta_{\bar{x}}=t\mu_x=t\sqrt{\dfrac{\overline{\sigma_R^2}}{n}}$，所以 $n_{\bar{x}}=\dfrac{t^2\overline{\sigma_R^2}}{\Delta_{\bar{x}}^2}$，

因为 $\Delta_p=t\mu_p=t\sqrt{\dfrac{P_R(1-P_R)}{n}}$，所以 $n_p=\dfrac{t^2P_R(1-P_R)}{\Delta_p^2}$。

不重置抽样条件下：

因为 $\Delta_{\bar{x}}=t\mu_x=t\sqrt{\dfrac{\sigma_R^2}{n}\left(1-\dfrac{n}{N}\right)}$，所以 $n_{\bar{x}}=\dfrac{Nt^2\sigma_R^2}{N\Delta_{\bar{x}}^2+t^2\sigma_R^2}$，

因为 $\Delta_p=t\mu_p=t\sqrt{\dfrac{P_R(1-P_R)}{n}\left(1-\dfrac{n}{N}\right)}$，所以 $n_p=\dfrac{Nt^2P_R(1-P_R)}{N\Delta_p^2+t^2P_R(1-P_R)}$。

式中，$\sigma_R^2$ 和 $P_R(1-P_R)$ 的计算方法待后一节介绍。

**（四）必要样本容量的确定应当注意的问题**

(1) 计算必要样本容量需要总体方差资料，但总体方差 $\sigma^2$ 和 $P(1-P)$ 是未知的，则在实际计算时常常利用有关资料替代。具体替代方式见本章第六节。

对于寻找总体未知成数 $P$ 的替代资料来说，通常应选用其中最接近 0.5 的数值。即使缺乏备选的成数替代资料，也可以假设 $P=0.5$。原因是：

$$\sigma(P)=P(1-P),\ \sigma'(P)=1-2P$$

令 $\sigma'(P)=0$，则 $1-2P=0$

解方程，得　　$P=0.5$

而　　$\sigma''(P)=-2<0$

所以 $P=0.5$ 时，$\sigma(P)$ 可取到最大值，

即　　$\sigma(P)=0.5(1-0.5)=0.25$

取替代资料中的偏大方差，就如同我们设计行动方案时做好将来可能会遇到最坏情况的准备一样，从而在现在创造条件以便攻克未来可能出现的最大艰难险阻。

(2) 同一次抽样调查计算的样本容量 $n_{\bar{x}}$ 和 $n_p$ 往往不相等，为了使同一样本既能满足总体平均数的推断需要，又能满足总体成数的推断需要，通常要求从这两个样本容量中选择其中较大的一个。

(3) 通过必要样本容量的计算公式得出的结果有可能带有小数，一般取比该计算结果大的相邻的整数作为必要样本容量。

[范例 9.2] 泛美电子有限公司一月生产 J 型号电子元件 9 800 只，质检员对其耐用性进行检测，根据以往的抽样检测算得的元件合格率为 93%和耐用时数的标准差为 49.2 h，试问：

(1) 概率保证为 68.27%，元件平均耐用时数的误差范围不超过 8 h，则按重置抽样方法需要抽取多少元件检测？

(2) 若将抽样误差范围扩大到原来的 $\frac{4}{3}$ 倍，概率把握程度提高到 95.45%，则按不重置抽样方法需要抽取多少元件检测？

(3) 若将抽样误差范围压缩到原来的一半，概率把握程度提高到 99.73%，则按重置抽样方法需要抽取多少元件检测？

(4) 若在 95%概率保证下，抽样允许误差不超过 3.5%，则按不重置抽样方法需要抽取多少元件检测？

[解] (1) 因为 $F(t)=68.27\%$ 所以 $t=1$

总体 $\sigma$ 未知可用过去样本资料 $s$ 来替代，$\sigma=s=49.20$

$$\Delta_{\bar{x}}=8$$

$$n_{\bar{x}}=\frac{t^2\sigma^2}{\Delta_{\bar{x}}^2}=\frac{1^2\times(49.20)^2}{8^2}=37.82\approx 38\text{（个）}$$

(2) 因为 $F(t)=95.45\%$ 所以 $t=2$

$$\sigma=s=49.20,\ N=9\,800,\ \Delta_{\bar{x}}=8\times\frac{4}{3}=\frac{32}{3}$$

$$n_{\bar{x}}=\frac{Nt^2\sigma^2}{N\Delta_{\bar{x}}^2+t^2\sigma^2}=\frac{9\,800\times 2^2\times(49.20)^2}{9\,800\times\left(\frac{32}{3}\right)^2+2^2\times(49.20)^2}=84.37\approx 84\text{（个）}$$

(3) 因为 $F(t)=99.73\%$ 所以 $t=3$

$$\sigma=s=49.20,\Delta_{\bar{x}}=8\times\frac{1}{2}=4$$

$$n_{\bar{x}}=\frac{t^2\sigma^2}{\Delta_{\bar{x}}^2}=\frac{3^2\times(49.20)^2}{4^2}=1\,361.61\approx 1\,362\text{（个）}$$

(4) 因为 $F(t)=95\%$ 所以 $t=1.96$

总体 $P(1-P)$ 未知，可用过去样本资料 $p(1-p)$ 来替代，

$$P(1-P)=p(1-p)=93\%(1-93\%)=6.51\%$$

$$N=9\,800,\ \Delta_p=3.5\%$$

$$n_p=\frac{Nt^2P(1-P)}{N\Delta_p^2+t^2P(1-P)}=\frac{9\,800\times 1.96^2\times 6.51\%}{9\,800\times(3.5\%)^2+1.96^2\times 6.51\%}$$
$$=199.987\,4\approx 200\text{(个)}$$

## 二、全及总体的推断

### (一) 抽样指标的代表性检查

抽样指标的代表性检查,就是将某一样本指标值与根据过去的资料推算的全及总体指标值对比,用以反映抽样指标的代表性程度,其公式如下:

$$抽样平均数的代表性检查指标=\frac{抽样平均数}{全及总体平均数}\times 100\%$$

$$抽样成数的代表性检查指标=\frac{抽样成数}{全及成数}\times 100\%$$

若代表性检查指标落在[95%, 105%]内,则可以认为该抽样指标的代表性高;否则,该指标落在此区间之外,则可以认为该抽样指标的代表性低。改变抽样指标代表性低的途径主要有:再次进行新的一轮抽样,若新的样本指标仍未达到要求,则只有加大样本容量。

### (二) 点估计和区间估计

1. 点估计

点估计又称定值估计,它是以抽样指标值作为相应全及总体参数的估计值。虽然定值估计不考虑误差范围和估计的可靠程度,但进行该种估计时,可同时给出抽样极限误差和估计的保证概率,以便检验它的代表性和可行性。点估计方法又分直接点估计和间接点估计。

(1) 直接点估计。它是运用样本指标值对总体特征进行直接推断。

总体均值 $\mu$ 的直接点估计:

$$\mu=\bar{x}=\frac{1}{n}\sum_{i=1}^{n}x_i$$

式中,$x_i$ 表示样本中各单位标识值。

总体成数 $P$ 的直接点估计:

$$P=p=\frac{n_1}{n}$$

式中,$n_1$ 表示样本中具有某一标识表现的单位数。

直接点估计的重要办法之一是极大似然估计法。

若总体 $X\sim N(\mu,\sigma^2)$,$\mu$ 未知,某样本观察值为 $x_1, x_2, \cdots, x_n$,采用极大似然估计法可估计总体均值 $\mu$。

该总体的似然函数为:

$$L(x_1, x_2, \cdots, x_n; \mu)=\prod_{i=1}^{n}f(x_i,\mu)=\prod_{i=1}^{n}\frac{1}{\sqrt{2\pi}\sigma}e^{-(x_i-\mu)^2/2\sigma^2}$$

$$=\frac{1}{(\sqrt{2\pi}\sigma)^n}e^{-\frac{1}{2\sigma^2}\sum_{i=1}^{n}(x_i-\mu)^2}$$

对上式两边取对数,得:

$$\ln L = -\frac{n}{2}\ln(2\pi) - n\ln\sigma - \frac{1}{2\sigma^2}\sum_{i=1}^{n}(x_i-\mu)^2$$

再对 $\ln L$ 求关于变量 $\mu$ 的偏导并令其等于 0,得

$$\frac{\partial \ln L}{\partial \mu} = 0+0+2\cdot\left[-\frac{1}{2\sigma^2}\sum_{i=1}^{n}(x_i-\mu)\right](-1) = \frac{1}{\sigma^2}\sum_{i=1}^{n}(x_i-\mu)=0$$

$$\hat{\mu} = \frac{1}{n}\sum_{i=1}^{n}x_i = \bar{x}$$

这表明,正态总体的特征值 $\mu$ 是以样本特征值作为极大似然估计量。

对总体参数进行点估计时,主要根据某个样本统计量的优良性标准来选择总体参数的估计量。极大似然估计量是有效和一致的估计量,但不一定是无偏估计量。

(2) 间接点估计。它是运用样本指标值及其他有关统计资料对总体特征进行间接推断。

总体均值 $\mu$ 的间接点估计:

$$\mu_1 = \mu_0 \times \frac{\bar{x}_1}{\bar{x}_0}$$

式中,$\bar{x}_0$,$\mu_0$ 是该现象过去或同类似现象的平均指标值。

总体成数 $p$ 的间接点估计:

$$P_1 = P_0 \times \frac{p_1}{p_0}$$

式中,$p_0$,$P_0$ 是该现象过去或同类似现象的成数。

[范例 9.3] 去年和今年某地区对所辖区职工收入进行了抽样调查两次调查的样本容量均相同。调查结果是:去年样本人均收入 70 000 元,总体实际人均收入 67 000 元;今年样本人均收入 72 000 元,试根据以上资料估计今年全地区职工实际人均收入。

[解] (1) 直接点估计。

今年全地区职工实际人均收入 $\bar{X}_1 = \bar{x} = 72\,000$(元)。

(2) 间接点估计。

今年全地区职工实际人均收入

$$\bar{X}_1 = \bar{X}_0 \times \frac{\bar{x}_1}{\bar{x}_0} = 67\,000 \times \frac{72\,000}{70\,000} \approx 68\,914.29\ (元)。$$

### 2. 区间估计

区间估计又称区间推断,它是用一定的概率保证程度以样本指标值推断全及总体参数的可能置信区间。

设总体 $x$ 的分布函数为 $F(x;\theta)$ 的,其中 $\theta$ 为未知参数,找出样本 $(x_1, x_2, \cdots, x_n)$ 的两个统计量的估计值 $\hat{\theta}_1$ 和 $\hat{\theta}_2$ (假定 $\hat{\theta}_1 < \hat{\theta}_2$),对于给定的 $\alpha(0<\alpha<1)$,有

$$P\{\hat{\theta}_1(x_1, x_2, \cdots, x_n) \leqslant \theta \leqslant \hat{\theta}_2(x_1, x_2, \cdots, x_n)\} = 1-\alpha$$

则称 $(\hat{\theta}_1,\hat{\theta}_2)$ 为参数 $\theta$ 在置信水平 $(1-\alpha)$ 下的估计区间或置信区间，$1-\alpha$ 又称区间估计的置信度，它说明由全部样本观察值确定的所有估计区间 $(\hat{\theta}_1,\hat{\theta}_2)$ 中有 $100(1-\alpha)\%$ 的估计区间包括了 $\theta$ 的真值；换言之，对由某一样本观察值所确定的具体估计区间 $(\hat{\theta}_1,\hat{\theta}_2)$ 而言，其包含 $\theta$ 的可能性为 $100(1-\alpha)\%$。$\alpha$ 称为估计的显著性水平，它说明由全部样本观察值确定的所有估计区间 $(\hat{\theta}_1,\hat{\theta}_2)$ 中，另有 $100\alpha\%$ 的区间没有包括 $\theta$ 的真值；换言之，不包含 $\theta$ 的可能性为 $100\alpha\%$。置信概率与区间示意图，如图 9-5 所示。

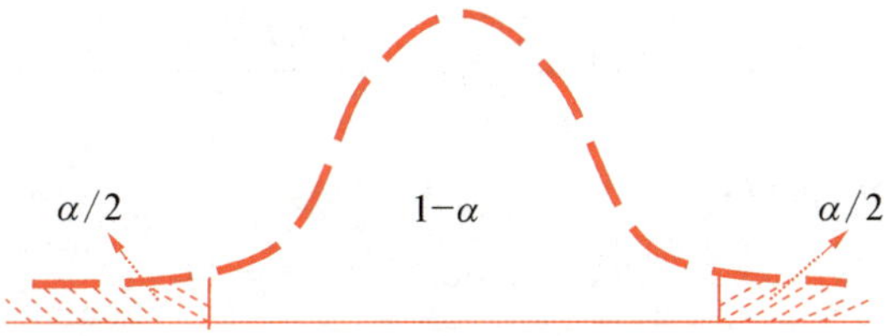


图 9-5　置信概率与区间示意图

(1) 总体平均数的区间估计。

相对误差范围：
$$t=\frac{\Delta_{\bar{x}}}{\mu_{\bar{x}}}=\frac{|\bar{x}-\bar{X}|}{\frac{\sigma}{\sqrt{n}}}$$

抽样估计的概率
$$P\{|\bar{x}-\bar{X}|\leqslant t\mu_x\}=F(t)$$
$$\bar{x}-t\mu_{\bar{x}}\leqslant\bar{X}\leqslant\bar{x}+t\mu_{\bar{x}}$$

置信区间：
$$[\bar{x}-t\mu_{\bar{x}},\bar{x}+t\mu_{\bar{x}}]$$

(2) 总体成数的区间估计。

相对误差范围：
$$t=\frac{\Delta_p}{\mu_p}=\frac{|p-P|}{\sqrt{\frac{P(1-P)}{n}}}$$

抽样估计的概率
$$P\{|p-P|\leqslant t\mu_p\}=F(t)$$
$$p-t\mu_p\leqslant P\leqslant p+t\mu_p$$

置信区间：
$$[p-t\mu_p,\ p+t\mu_p]$$

[范例 9.4]　宇宙饮料厂抽检一大批各种饮料，结果其平均有效使用期为 360 天，抽样平均误差为 10 天，问在 95.45%的概率保证下估计这批饮料的有效使用期限为多少天？

[解]
$$\bar{x}=360\text{ 天},\ \mu_{\bar{x}}=10\text{ 天},$$
$$F(t)=95.45\%,\ t=2,$$
$$\Delta_{\bar{x}}=t\mu_{\bar{x}}=2\times10=20\text{（天）},$$
$$\bar{x}-\Delta_{\bar{x}}\leqslant\bar{X}\leqslant\bar{x}+\Delta_{\bar{x}},$$
$$360-20\leqslant\bar{X}\leqslant360+20,$$

即
$$340(\text{天})\leqslant\bar{X}\leqslant380\text{（天）}。$$

因此，在95.45%的概率保证下，这批饮料的有效使用期限为340～380天。

[范例9.5] 赛勒皮鞋厂从1 000双皮鞋中抽检5%的皮鞋进行质检，结果发现有两双次品，试问在68.27%的把握程度下估计全部皮鞋的次品率和次品数？

[解] 因为 $N=1\,000$(双)，$n=1\,000\times5\%=50$(双)，$n_1=2$(双)，

所以
$$p=\frac{n_1}{n}=\frac{2}{50}=0.04=4\%,$$

$$\mu_p=\sqrt{\frac{p(1-p)}{n}\left(1-\frac{n}{N}\right)}=\sqrt{\frac{0.04(1-0.04)}{50}(1-5\%)}$$

$$\approx0.027,$$

$$F(t)=68.27\%,\ t=1,$$

$$\Delta_p=t\mu_p=1\times0.027=0.027=2.7\%,$$

$$p-\Delta_p\leqslant P\leqslant p+\Delta_p,$$

$$4\%-2.7\%\leqslant P\leqslant 4\%+2.7\%,$$

即
$$1.3\%\leqslant P\leqslant 6.7\%。$$

$$N(p-\Delta_p)\leqslant NP\leqslant N(p+\Delta_p)$$

$$1\,000(4\%-2.7\%)\leqslant NP\leqslant 1\,000(4\%+2.7\%)$$

$$13\leqslant NP\leqslant 67$$

因此，在68.27%的把握程度下，全部皮鞋的次品率为1.3%～6.7%，次品数为13～67双。

[范例9.6] 渡头乡种水稻7 000公顷，收割前夕随机抽取3‰进行实割实测，结果平均亩产400 kg，标准差为30 kg，试确定全乡水稻的每公顷产量落在380～420 kg的概率。

[解] 因为 $\bar{x}=400$ kg，$s=30$ kg，$N=7\,000$ 公顷，

$$n=7\,000\times3‰=21(\text{公顷}),\ \sigma=s=30\ \text{kg}$$

$$\mu_{\bar{x}}=\sqrt{\frac{\sigma^2}{n}\left(1-\frac{n}{N}\right)}=\sqrt{\frac{30^2}{21}(1-3‰)}\approx6.54\ \text{kg}$$

$$t=\frac{\Delta_{\bar{x}}}{\mu_{\bar{X}}}=\frac{|\bar{x}-\bar{X}|}{\mu_{\bar{x}}}=\frac{|380-400|}{6.54}\approx3,$$

$$P(400-20\leqslant\bar{X}\leqslant400+20)=F(3)=0.997\,3=99.73\%。$$

因此，这种推断的极限误差不超过20 kg的置信度为99.73%。

综上所述，即使是具有优良标准的统计量，仅用某一次观察值直接用来作为总体参数的点估计值，难免存在一定的偏差。同时，定值估计又没有顾及点估计值与总体参数、未知真值之间客观上存在的误差，概率保证程度也难以确保点估计值的可靠性，为此，从估计准确性角度考察，区间估计正好可以弥补点估计的不足。

严格地讲，$\sigma^2=\frac{n}{n-1}s^2$，因为样本方差 $s^2=\frac{1}{n}\sum_{i=1}^{n}(x_i-\bar{x})^2$ 不是总体方差的无偏估

计量，而样本修正方差 $\frac{n}{n-1}\cdot\frac{1}{n}\sum_{i=1}^{n}(x_i-\bar{x})^2$ 才是总体方差的无偏估计量。

### （三）修正系数法

修正系数法是用抽样指标去修正全面调查的偏误，该方法主要使用差错率指标对全面调查资料进行修复。

$$差错率=\frac{抽样复查登记数-全面调查登记数}{全面调查登记数}=\frac{遗漏登记数-重复登记数}{全面调查登记数}$$
$$=遗漏比率-重复比率$$

$$修正以后全面调查数=全面调查数\times(1\pm 差错比率)$$

[范例 9.7]　某地 2021 年 1 月 10 日全面调查各村养猪情况，计存栏生猪 3 万头，6 月 17 日对 15% 的村进行抽样复查，计存栏生猪 1 万头，与 1 月 10 日全面调查所登记的 9 千头不同。另外，这些接受复查的村 1 月 10 日至 1 月 17 日存栏生猪发生过如下变动：购进小猪 700 头，被政府统购 900 头。试根据这些资料对该地区 1 月 10 日存栏生猪头数进行修正。

[解]　将 1 月 17 日抽样复查数还原为 1 月 10 日的数：

$$10\,000+900-700=10\,200（头）$$

修正后的该地 1 月 10 日存栏生猪数：

$$3\times\left(1+\frac{10\,200-9\,000}{9\,000}\right)=3\times(1+13.3\%)\approx 3.4（万头）$$

## 第八节　随机抽样的组织形式

抽样调查主要环节是：① 立项；② 搜集总体的有关资料，编制抽样框；③ 设计抽样调查方案；④ 调查方案实施，搜集样本单位的数据，对样本的准确性和代表性进行检查；⑤ 进行数据处理；⑥ 推断总体，并予以论证；⑦ 开发利用抽样调查结果，同时对结果的可靠性给予说明。

根据研究的目的、抽样对象的性质和调查具备的条件，随机抽样通常采用的组织形式有：纯随机抽样、类型抽样、等距抽样、整群抽样和阶段抽样。此外，还有多相抽样、穿插抽样和目录抽样的组织形式。虽然后三种抽样形式不及以上五种抽样组织形式应用普遍，但是对资料的搜集，还是有一定的实用价值的。针对不同的调查总体，选择恰当的随机抽样的组织形式，往往会大大增强样本对总体的代表性，可以降低抽样误差。

### 一、纯随机抽样

#### （一）纯随机抽样的概述

纯随机抽样，又称简单随机抽样，它是遵循随机原则直接从全及总体中抽取调查单位以构成样本。

纯随机抽样是一种最简单易行的抽样组织形式，在理论上，它最符合随机原则，理由有二：一是总体中各个单位被抽中的机会相同，如，总体由 $N$ 个单位组成，各单位被抽中

的概率均为 $1/N$；二是总体中各个样本被抽中的机会相同，如：从总体 $N$ 中抽取容量为 $n$ 的样本，总共可能抽取 $C_N^n$ 个样本，在每一轮抽选中，各个样本被抽中的概率均为 $1/C_N^n$。

### (二) 纯随机抽样的适用性和局限性

纯随机抽样的适用性在于：它适用于较小的均匀总体。所谓均匀总体，它是指具有某种特征的单位均匀地分布于总体的各个部分或总体各单位的标志值之间无显著的差异。

纯随机抽样的局限性在于：一是对大总体抽样框编码困难，像对连续生产的产品编号有时甚至办不到；二是未能充分利用总体的有关信息，从而增大了抽样误差。

### (三) 纯随机抽样中抽取单位的方法

进行纯随机抽样首先必须对总体中全部单位无一遗漏地编码，中选的数码所代表的单位即为样本单位。利用纯随机抽样形式抽取样本单位的方法有：

(1) 抽签法。它是将每一个单位编上 1，2，…，$N$ 序号，并把号码写在质地均匀的签上，搅拌均匀后，从其中随机抽选，依次抽中 $n$ 支签，签上的号码所对应的总体单位即为样本单位。

(2) 摇珠法。它是在摇珠机上的容器中盛有若干个编有 1，2，…，$N$ 序号的同样大小的球。每摇一轮，滚出一珠，摇出的球上的号码所对应的总体单位即为样本单位。

(3) 计算机模拟法。它是利用计算机中的随机数字发生器所产生的随机数字，确定相应已编码的总体单位即为样本单位。

(4) 随机数表法。所谓随机数表法，它是指由一系列随机数字所构成的表格。表中出现的数字及其排列顺序均是随机的，构成这些随机数组的 0，1，2，…，9 出现的机会均等，概率都是 $\frac{1}{10}$，并且各随机数组出现的概率也相等。

国际上通用的随机数表有四种：① 蒂配特 1927 年编制的四位一组的随机数表；② 费歇尔(Fisher)和耶茨(Yates)1938 年编制的十位一组的随机数表；③ 肯德尔(Cendall)和史密斯(Smith)1939 年编制的五位一组的随机数表；④ 兰德公司(Rand Co.)1955 年出版的五位一组的随机数表。

### (四) 随机数表法的取样过程

下面就纯随机抽样中最常用的方法——随机数表法给予介绍。

随机数表法取样过程为：对已编好号码的全部总体单位，按编号的最大位数确定使用相应位数的随机数表，然后，从表的任意行列交叉项开始，向右或向下取数，遇到属于总体单位编号范围内的数字，就取该总体单位作为样本单位。若是不重复抽样，则遇到重复的数字就舍弃；若是重置抽样，则遇到重复的数字所对应的编号的总体单位仍要登记，重复作为样本单位，这样一直抽到预定的样本单位数为止。

[范例 9.8] 总体 $N=45$ 个单位，现按 R.A. Fisher 随机数表，随机重置地从总体中抽取 8 个单位构成一个样本。

[解] 第一步：将总体单位分别编为 01，02，…，43，44，45 号。

第二步：从随机数表中随机选取某个数字开始依次取数，凡是不大于 45 的数即可取出，相对应的编号总体单位即为被抽中的样本单位。若随机确定第 11 列第 1 行开始向下依次取数，有 42，32，05，31，17，07，42，13，因此，第 42 号，第 32 号，第

05 号,第 31 号,第 17 号,第 07 号,第 42 号,第 13 号总体单位即为样本单位。

### (五) 纯随机抽样的估计量及其抽样平均误差

#### 1. 纯随机抽样的估计量

在纯随机抽样中,样本的平均数和样本的成数均是总体参数的无偏估计量,它们可以分别作为总体平均数和总体成数的估计量。

$$\hat{\bar{X}} = \bar{x} = \frac{1}{n}\sum_{i=1}^{n} x_i$$

$$\hat{P} = p = \frac{n_1}{n}$$

式中,$\hat{\bar{X}}$ 表示总体均值 $\bar{X}$ 的估计值;$\bar{x}$ 表示某一样本均值;$x_i$ 表示某一样本中的第 $i$ 个单位的标志值;$\hat{P}$ 表示总体成数 $P$ 的估计值;$p$ 表示某一样本成数;$n$ 表示样本单位数,表示样本中具有某种特征的单位数。

#### 2. 纯随机抽样的抽样平均误差

重置抽样条件下:

$$\hat{\mu}_{\bar{x}} = \frac{\sigma}{\sqrt{n}} = \frac{s}{\sqrt{n}}$$

$$\hat{\mu}_p = \sqrt{\frac{p(1-p)}{n}} = \sqrt{\frac{\hat{P}(1-\hat{P})}{n}}$$

不重置抽样条件下:

$$\hat{\mu}_{\bar{x}} = \sqrt{\frac{s^2}{n}\left(1-\frac{n}{N}\right)}$$

$$\hat{\mu}_p = \sqrt{\frac{\hat{P}(1-\hat{P})}{n}\left(1-\frac{n}{N}\right)}$$

式中,$\hat{\mu}_{\bar{x}}$ 表示抽样平均数的平均误差 $\mu_{\bar{x}}$ 的估计值;$\hat{\mu}_p$ 表示抽样成数的平均误差 $\mu_p$ 的估计值;$s$ 表示样本标准差;$N$ 表示总体单位数。

[范例 9.9] 东方集团公司欲搞好考勤制度,对全公司 500 位员工一天内上班迟到时数抽取 8%人进行统计分析,据样本资料 $\bar{x}=5$ min,$s=1.2$ min,试以 95%的概率保证程度估计该公司全体员工一天内的平均每人迟到的时数,并计算估计精度。

[解] $N=500$(人),$n=500\times 8\%=40$(人),$F(t)=95\%$,$t=1.96$,而 $n>30$,该样本属于大样本,因而可以用样本标准差($s$)作为总体标准差 $\sigma$ 的估计值。

$$\hat{\mu}_{\bar{x}} = \sqrt{\frac{\sigma^2}{n}\left(1-\frac{n}{N}\right)} = \sqrt{\frac{s^2}{n}\left(1-\frac{n}{N}\right)} = \sqrt{\frac{1.2^2}{40}(1-8\%)} \approx 0.182,$$

$$\Delta_{\bar{x}} = t\hat{\mu}_{\bar{x}} = 1.96\times 0.182 = 0.357,$$

$$\bar{x}-\Delta_{\bar{x}} \leqslant \bar{X} \leqslant \bar{x}+\Delta_{\bar{x}}$$

$$5-0.357 \leqslant X \leqslant 5+0.357,$$

$$4.643(\text{min}) \leqslant \bar{X} \leqslant 5.357(\text{min})$$

估计精度： $A_{\bar{x}}=1-\Delta'_{\bar{x}}=1-\dfrac{\Delta_{\bar{x}}}{\bar{x}}=1-\dfrac{0.357}{5}=0.928\,6$

因此，以 95%的概率保证该公司全体员工一天的平均每人迟到 4.643～5.357 min，估计精度为 0.928 6。

## 二、类型抽样

### （一）类型抽样的概述

类型抽样，又称分层抽样，它是先将全及总体按某一标志分成若干个类型组，尽量使各组内各单位标志值较接近，然后在各组内按随机原则分别抽取若干单位共同构成一个样本。类型抽样有两个显著优点：一是大大提高了样本对总体的代表性。因为全及总体分类是将标志值差异较小的一些单位归并为一类，而从各个单位差异较小的均匀分布的类型内分别抽选部分单位，使样本单位的分布与总体单位分布更趋一致，从而会大大地提高样本的代表性，缩小抽样误差；二是降低了影响抽样平均误差的总体方差。在总体分组情况下，总体方差（$\sigma^2$）是由组间方差（$\delta^2$）和组内方差（$\overline{\sigma_i^2}$）两部分组成，即 $\sigma^2=\overline{\sigma_i^2}+\delta^2$。组间方差是各类型组之间的平均差异程度；组内方差是各组内单位标志值之间的平均差异程度。由于每一个类型均需抽取或多或少的样本单位，而不是从选定的那几个类型中来抽选样本单位，因此，对每一个类型均需调查，这就相当于对各类型组进行全面调查。然而，尽管类型组之间平均差异程度存在，但是，由于对各类型要进行全面调查，所以类型组之间的差异就可以不考虑。由此可知，实际上影响抽样误差的总方差只有组内方差，即 $\sigma^2=\overline{\sigma_i^2}$。

通常，由于总体方差（$\sigma^2$）是一个固定的参数，而类型抽样中总方差只受组内方差（$\overline{\sigma_i^2}$）的影响，与组间方差（$\delta^2$）无关，因此，为了提高类型抽样的效果，就要尽可能地降低组内标志值的变异程度，最大限度地提高组间的变异程度。

### （二）类型抽样的适用性和局限性

类型抽样的适用性在于：该抽样形式尤其适用于各单位标志值差异程度较大，甚至悬殊的总体。

类型抽样的局限性在于：事先要对总体有一定的认识，并还应占有分类资料，选准分类主要标志。

### （三）类型抽样中抽取单位的方法

作为分类的标志应当是与所调查研究的指标有密切关系，或是决定着调查指标值变化的主要标志。如：工人技术等级与工资水平有显著的关系，所以，在调查工人工资水平时就可以按技术等级来作为分类标志。由此可知，分类是按有关的主要标志来划分的，因而，各类的变异程度和单位数都可能不相同，那么从各个彼此间存在显著差异的类型中怎样确定抽选的单位数呢？通常使用的方法有等比例分配法、适度分配法和经济分配法。

假设总体单位数为 $N$，按某一有关主要标志将总体划分为 $k$ 个类型组，各类型组所含单位数分别为 $N_1$，$N_2$，…，$N_k$，则 $N=\sum\limits_{i=1}^{k}N_i$；从各类型组中随机分别抽选出 $n_1$，

$n_2$，…，$n_k$ 个样本单位，则样本容量 $n=\sum_{i=1}^{k}n_i$；各类型组内均方差分别为 $\sigma_1$，$\sigma_2$，…，$\sigma_k$；各类型中每一单位的调查费用分别为 $C_1$，$C_2$，…，$C_k$。下面具体介绍各类型组分配抽样单位数的方法。

1. 等比例分配法

等比例分配法是按总体各类型组的单位数所占总体单位数的比例来分配各组抽选样本单位数目的方法。保持各类型组的应抽样本单位数（$n_i$）同相应类型组的单位数（$N_i$）的比例相等，并且等于样本容量（$n$）同全及总体单位数（$N$）的比例。

即
$$\frac{n_1}{N_1}=\frac{n_2}{N_2}=\cdots=\frac{n_i}{N_i}=\cdots=\frac{n_k}{N_k}=\frac{n}{N}$$

则各类型组应抽选的样本单位数为：

$$n_i=n\frac{N_i}{N}\quad (i=1,\ 2,\ \cdots,\ k)$$

2. 适度分配法

适度分配法是按照总体各类型组内部差异程度大小来确定各类型组应抽选样本单位数目的方法。欲降低抽样代表性误差的办法之一是多抽样本单位。对于组内标志变异程度较大的不均匀类型，则抽选相对多的样本单位；而对于组内标志差异程度较小的均匀类型，则抽选相对较少的样本单位。类型中被抽选的单位数应与相应类中的变异程度成正比例变化，才可能使抽样误差达到最小。保持各类型组的应抽样本单位数（$n_i$）同相应类型组的单位数（$N_i$）和组内均方差（$\sigma_i$）乘积的比例相等，并且等于样本容量（$n$）同所有类型组的单位数（$N_i$）和组内均方差（$\sigma_i$）乘积的和的比例，即

$$\frac{n_1}{N_1\sigma_1}=\frac{n_2}{N_2\sigma_2}=\cdots=\frac{n_i}{N_i\sigma_i}=\cdots=\frac{n_k}{N_k\sigma_k}=\frac{n}{\sum_{i=1}^{k}N_i\sigma_i}$$

则各类型组应抽选的样本单位数为：

$$n_i=n\cdot\frac{N_i\sigma_i}{\sum_{i=1}^{k}N_i\sigma_i}\quad (i=1,\ 2,\ \cdots,\ k)$$

3. 经济分配法

经济分配法，又称奈曼分配法(Neyman allocation approach)，它是在兼顾各类型组单位数所占总体单位数的比例和各类型组内各单位标志值变异程度的前提下，本着尽可能节约各类型组的单位调查费用来确定各类型组应抽选的样本单位数目的方法。对于单位调查费用较高的类型，则相对少分配一些抽样数目，而单位调查费用较低的类型，相对多分配一些抽样数目。据推导$\left(\text{利用 } C=C_0+\sum_{i=1}^{k}n_iC_i\text{，}C_0\text{ 是如同宣传费、培训费等与抽选样本单位多少无直接关系的固定费用，推导过程略}\right)$样本单位数与费用的平方根成反比关系，才可能达到在一定的调查费用下抽样误差最小，在一定的抽样误差下调查费用最省。

保持各类型组的应抽样本单位数（$n_i$）同相应类型组的单位数（$N_i$）和组内均方差（$\sigma_i$）乘积再除以每单位调查费用的平方根的比例相等，并且等于样本容量（$n$）同所有类型组的单位数（$N_i$）和组内均方差（$\sigma_i$）乘积再乘以每单位调查费用的平方根的比例，即

$$\frac{n_1}{N_1\sigma_1/\sqrt{C_1}}=\frac{n_2}{N_2\sigma_2/\sqrt{C_2}}=\cdots=\frac{n_i}{N_i\sigma_i/\sqrt{C_i}}=\cdots$$

$$=\frac{n_k}{N_k\sigma_k/\sqrt{C_k}}=\frac{n}{\sum_{i=1}^{k}N_i\sigma_i/\sqrt{C_i}}$$

则各类型组应抽选的样本单位数为：

$$n_i=n\cdot\frac{N_i\sigma_i/\sqrt{C_i}}{\sum_{i=1}^{k}N_i\sigma_i/\sqrt{C_i}}\qquad(i=1,2,\cdots,k)$$

### (四) 类型抽样的抽选单位方法的应用

可将总体划分成更细的类型组，这有助于缩小组内方差，从而降低抽样误差，但是，若分类过多势必会增大样本容量，增加调查工作量，可见，分类要适宜。下面列举一个总体分成两大类，利用三种确定分配样本单位数的方法的实例。

[范例 9.10] 厚田乡共有粮食耕地 600 公顷，按地形条件分层(类)的有关资料如表 9-7 所示，现拟从中抽选 60 公顷作为样本来进行农作物产量调查，试按不同的样本单位分配方法确定应抽选的各类耕地的亩数。

表 9-7 厚田乡粮食耕地按地形条件分层(类)资料表

| 总体类型 | 公顷数（$N_i$）/公顷 | 亩产均方差（$\sigma_i$）/kg | 每亩调查费用（$C_i$）/元 |
|---|---|---|---|
| 平　原 | 500 | 20 | 30 |
| 坡　地 | 100 | 30 | 10 |
| 合　计 | 600 | | |

[解] 设抽选平原田亩数为 $n_1$，旱地田亩数为 $n_2$。

(1) 按等比例分配法抽样

$$n_1=n\cdot\frac{N_1}{N}=60\cdot\frac{500}{600}=50\text{（公顷）}$$

$$n_2=n\cdot\frac{N_2}{N}=60\cdot\frac{100}{600}=10\text{（公顷）}$$

(2) 按适度分配法抽样

$$n_1=n\cdot\frac{N_1\sigma_1}{\sum_{i=1}^{2}N_i\sigma_i}=60\times\frac{500\times 20}{500\times 20+100\times 30}=46.15\approx 46\text{（公顷）}$$

$$n_2 = n \cdot \frac{N_2\sigma_2}{\sum_{i=1}^{2} N_i\sigma_i} = 60 \times \frac{100 \times 30}{500 \times 20 + 100 \times 30} = 13.85 \approx 14\text{（公顷）}$$

（3）按经济分配法抽样

$$n_1 = n \cdot \frac{N_1\sigma_1/\sqrt{C_1}}{\sum_{i=1}^{2} N_i\sigma_i/\sqrt{C_i}} = 60 \times \frac{500 \times 20/\sqrt{30}}{500 \times 20/\sqrt{30} + 100 \times 30/\sqrt{10}}$$

$$= 39.48 \approx 39\text{（公顷）}$$

$$n_2 = n \cdot \frac{N_2\sigma_2/\sqrt{C_2}}{\sum_{i=1}^{2} N_i\sigma_i/\sqrt{C_i}} = 60 \times \frac{100 \times 30/\sqrt{10}}{500 \times 20/\sqrt{30} + 100 \times 30/\sqrt{10}}$$

$$= 20.52 \approx 21\text{（公顷）}$$

### （五）类型抽样的估计量及其抽样平均误差

#### 1. 类型抽样的估计量

在类型抽样中，样本的平均数和样本的成数只有在等比例分配类型抽样时才是总体参数的无偏估计量，这两种样本统计量在适度分配类型抽样和经济分配类型抽样时均不是总体参数的无偏估计量。

各类抽选的样本单位的平均数：

$$\bar{x}_i = \frac{\sum_{j=1}^{n_i} x_{ij}}{n_i} \quad (i = 1, 2, \cdots, k)$$

式中，$x_{ij}$ 表示第 $i$ 类第 $j$ 个样本单位的标志值。

各类抽选的样本单位的成数：

$$p_i = \frac{\sum_{j=1}^{n_i} x_{ij}}{n_i} \quad (i = 1, 2, \cdots, k)$$

式中，$x_{ij}$ 表示是否标志，只能取 0 和 1 两个值；$x_{ij} = 1$ 表示第 $i$ 类第 $j$ 个样本单位具有某特征；$x_{ij} = 0$ 表示第 $i$ 类第 $j$ 个样本单位不具有某特征。

$$\hat{\bar{x}} = \bar{x} = \frac{\sum_{i=1}^{k} \bar{x}_i n_i}{\sum_{i=1}^{k} n_i} = \frac{\sum_{i=1}^{k} \bar{x}_i n_i}{n}$$

$$\hat{p} = p = \frac{\sum_{i=1}^{k} p_i n_i}{\sum_{i=1}^{k} n_i} = \frac{\sum_{i=1}^{k} p_i n_i}{n}$$

若按等比例分配各类型组所抽选的样本单位数时，则

$$\frac{\sum_{i=1}^{k}\bar{x}_i n_i}{n}=\frac{\sum_{i=1}^{k}\bar{x}_i N_i}{N}$$

$$\frac{\sum_{i=1}^{k}p_i n_i}{n}=\frac{\sum_{i=1}^{k}p_i N_i}{N}$$

2. 类型抽样的抽样平均误差

各类型组内所抽选的样本单位之间的平均差异程度[$s^2$ 或 $p(1-p)$]的加权平均，可得到样本各组标志平均组内方差[$\overline{s^2}$ 或 $\overline{p(1-p)}$]即

$$\overline{s_i^2}=\frac{\sum_{i=1}^{k}s_i^2 n_i}{\sum_{i=1}^{k}n_i}=\frac{\sum_{i=1}^{k}s_i^2 n_i}{n}$$

$$\overline{p(1-p)}=\frac{\sum_{i=1}^{k}p_i(1-p_i)n_i}{\sum_{i=1}^{k}n_i}=\frac{\sum_{i=1}^{k}p_i(1-p_i)n_i}{n}$$

尽管样本方差 $\overline{s^2}$ 或 $\overline{p(1-p)}$ 是总体方差 $\overline{\sigma^2}$ 或 $\overline{P(1-P)}$ 的有偏估计量，但是，在实际运用中，当 $\overline{\sigma^2}$ 或 $\overline{P(1-P)}$ 未知时，通常用 $\overline{s^2}$ 或 $\overline{p(1-p)}$ 来直接作为 $\overline{\sigma^2}$ 或 $\overline{P(1-P)}$ 的估计量。

在等比例分配样本单位数的情况下，总体各组标志平均组内方差：

$$\overline{\sigma^2}=\frac{\sum_{i=1}^{k}\sigma_i^2 n_i}{\sum_{i=1}^{k}n_i}=\frac{\sum_{i=1}^{k}\sigma_i^2 n_i}{n}$$

$$\overline{p(1-p)}=\frac{\sum_{i=1}^{k}p_i(1-p_i)N_i}{\sum_{i=1}^{k}N_i}=\frac{\sum_{i=1}^{k}p_i(1-p_i)n_i}{\sum_{i=1}^{k}n_i}=\frac{\sum_{i=1}^{k}p_i(1-p_i)n_i}{n}$$

重置抽样条件下：

$$\hat{\mu}_{\bar{x}}=\sqrt{\frac{\overline{\sigma^2}}{n}}=\sqrt{\frac{\overline{s^2}}{n}}$$

$$\hat{\mu}_p=\sqrt{\frac{\overline{P(1-P)}}{n}}=\sqrt{\frac{\overline{p(1-p)}}{n}}$$

不重置抽样条件下：

$$\hat{\mu}_{\bar{x}}=\sqrt{\frac{\overline{\sigma^{2}}}{n}\left(1-\frac{n}{N}\right)}=\sqrt{\frac{\overline{s^{2}}}{n}\left(1-\frac{n}{N}\right)}$$

$$\hat{\mu}_{p}=\sqrt{\frac{\overline{P(1-P)}}{n}\left(1-\frac{n}{N}\right)}=\sqrt{\frac{\overline{p(1-p)}}{n}\left(1-\frac{n}{N}\right)}$$

**[范例 9.11]**　美雅公司有员工 3 000 人，分管理干部、技术人员和工人三种类型，按不重置抽样从各类员工中抽选 4%的等比例样本数，以调查其平均收入，已测算的样本指标如表 9-8 所示，试以 99.73%的置信度来估计该公司人均收入和总收入。

**表 9-8　美雅公司员工按不重置抽样测算的样本指标表**

| 员工类型 | 各类员工人数 $(N_i)$/人 | 各类分配的样本单位数 $(n_i)$/人 | 各类样本单位人均收入 $(\bar{x}_i)$/元 | 每类样本单位收入标准差 $(s_i)$/元 |
|---|---|---|---|---|
| 管理干部 | 500 | 20 | 8 000 | 40 |
| 技术人员 | 750 | 30 | 7 000 | 50 |
| 工　　人 | 1 750 | 70 | 5 000 | 30 |
| 合　　计 | 3 000 | 120 | 20 000 | |

根据题意，将资料整理如表 9-9 所示。

**表 9-9　美雅公司员工按不重置抽样测算的样本指标表**

| 分　　类 | $\bar{x}_i n_i$ | $s_i^2$ | $s_i^2 n_i$ |
|---|---|---|---|
| 管理干部 | 160 000 | 1 600 | 32 000 |
| 技术人员 | 210 000 | 2 500 | 75 000 |
| 工　　人 | 350 000 | 900 | 63 000 |
| 合　　计 | 720 000 | | 170 000 |

**[解]**　$N=3\,000$(人)，$n=3\,000\times4\%=120$(人)，$F(t)=99.73\%$，$t=3$

由于是等比例分配样本单位数，则

样本单位平均数：

$$\bar{x}=\frac{\sum_{i=1}^{k}\bar{x}_i n_i}{\sum_{i=1}^{k}n_i}=\frac{720\,000}{120}=6\,000\ (\text{元})$$

总体各类型组单位标志，平均组内方差：

$$\overline{\sigma^{2}}=\frac{\sum_{i=1}^{k}\sigma_i^2 N_i}{\sum_{i=1}^{k}N_i}=\frac{\sum_{i=1}^{k}s_i^2 n_i}{\sum_{i=1}^{k}n_i}=\frac{170\,000}{120}\approx1\,416.67。$$

不重置抽样条件下平均误差：

$$\hat{\mu}_{\bar{x}}=\sqrt{\frac{\sigma^2}{n}\left(1-\frac{n}{N}\right)}=\sqrt{\frac{1\ 416.67}{120}(1-4\%)}\approx 3.37\ (\text{元})。$$

抽样极限误差：

$$\Delta_{\bar{x}}=t\mu_{\bar{x}}=3\times 3.37\approx 10.1\ (\text{元}),$$

人均收入置信区间：

$$\bar{x}-\Delta_{\bar{x}}\leqslant\bar{X}\leqslant\bar{x}+\Delta_{\bar{x}}$$

$$6\ 000-10.1\leqslant\bar{X}\leqslant 6\ 000+10.1$$

$$5\ 989.9\leqslant\bar{X}\leqslant 6\ 010.1$$

全公司员工总收入：

$$N(\bar{x}-\Delta_{\bar{x}})\leqslant N\bar{X}\leqslant N(\bar{x}+\Delta_{\bar{x}})$$

$$3\ 000\times 5\ 989.9\leqslant N\bar{X}\leqslant 3\ 000\times 6\ 010.1$$

$$17\ 969\ 700(\text{元})\leqslant N\bar{X}\leqslant 18\ 030\ 300\ (\text{元})$$

因此，拥有99.73%的把握推断该公司员工人均收入在5 989.9～6 010.1元；全公司员工总收入在17 969 700～18 030 300元。

## 三、等距抽样

### （一）等距抽样的概述

等距抽样，又称机械抽样或系统抽样，它是实现将全及总体所有单位按某一标志排序，并在序号靠前的范围内随机抽取第一个单位，然后依次按固定间隔抽取其他若干单位，以构成样本。

从等距抽样的形式可知，它是一种不重复抽样，通常可以保证被抽出的样本较均匀地分布在总体中，以提高样本单位的代表性，从而降低抽样误差。

用作总体各单位排序的标志分为无关标志和有关标志。

(1) 无关标志是指用于排序的标志与所调查的项目指标没有直接关系或者排序标志对调查指标不起主要影响作用的标志。如：进行居民户的家计调查时，按门牌号码的顺序排队，这个排序标志是无关标志。由此可知，采用无关标志排队的总体实质上是一个随机总体，这种按无关标志排序、随机确定起点（第一个单位的抽选位置）的等距抽样组织形式是完全符合随机原则的，且在抽样效果上与纯随机不重置抽样相当，因此，它可用纯随机抽样公式估计总体参数和计算抽样误差。

(2) 有关标志是指用于排序的标志与所调查的项目指标有着显著的相关性的标志。如：进行居民户的家计调查时，按收入多少的顺序排序，这个排序标志是有关标志。

依据有关标志将总体单位按大小或高低的顺序形成一个递增或递减的序列的等距抽样，可以视为类型抽样的特殊形式，所不同的是：一是类型抽样组分得较少，而等距抽样组分得较多；二是类型抽样在每一类中要抽若干个单位，而等距抽样在每一段中只抽一个单位；三是类型抽样从每一类型组中都是随机抽样单位，而等距抽样仅第一个单位的抽选是完全遵循随机原则，抽样起点一旦随机确定，其他的样本单位就随之确定下来了。

由于等距抽样在每个顺序组中只抽选一个单位，因此，就可以均匀地抽取总体各部分的单位构成样本，使样本能更充分地代表总体。而这种抽样组织形式在各个顺序组中都抽取了单位，这就相当于对所有顺序组进行全面调查，与类型抽样相似，影响抽样误差的只是各顺序组的组方差，而各顺序组的组间方差可以不考虑，因此，按有关标志排序的等距抽样可以用类型抽样的公式来估计总体参数和计算抽样误差。不过，在一定程度上讲，既然能够按有关标志排序，说明进行等距抽样之前已经初步掌握了总体各单位标志值的资料，从理论上讲，等距抽样的每一顺序组只抽一个单位，这样也无法由抽样资料来计算组内方差，因而可以直接用方差而不必用样本方差来计算抽样误差。

### （二）等距抽样的适用性和局限性

等距抽样的适用性在于：它适用于总体现成的各种排列的抽样调查；当总体规模较大或参加抽样调查的人员较多时的大规模抽样调查；统计素质不太高的抽样调查人员参加的调查。

等距抽样的局限性在于：当各类型组内各单位标志值是按有关标志排序时，第一个随机起点抽选单位确定后，其余抽选单位随之就确定了。若总体各单位标志值呈线性变动趋势，一旦第一个随机起点值偏高或偏低，则以后各样本单位值也很可能偏高或偏低，这样就会导致系统性偏差。若抽样间隔与现象的周期性节奏相重合时，这样，系统性因素会对抽样估计带来偏差，如图 9-6 所示。

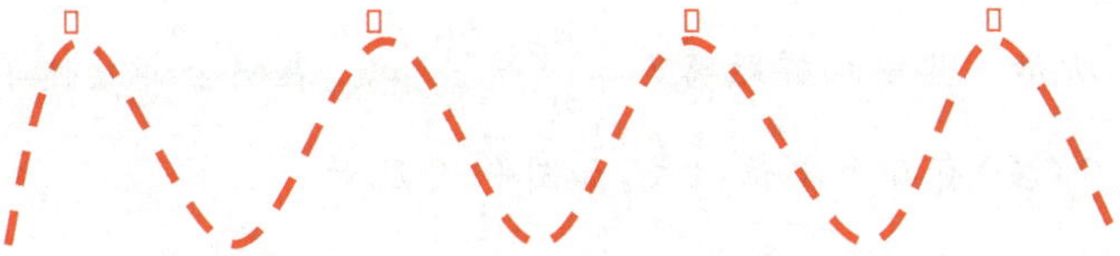


图 9-6　周期性波动等距抽样示意图

### （三）等距抽样中抽取单位的方法

按抽选样本单位的方法不同，等距抽样可分为随机起点等距抽选法、对称等距抽选法和循环等距抽选法。

#### 1. 随机起点等距抽选法

设全及总体单位数为 $N$，样本容量为 $n$，则抽样间隔（距离）为 $k=N/n$（假设能整除）。实际上是将总体单位分成 $n$ 段，每段中有 $k$ 个单位。若在第一段 $k$ 个有序单位中随机抽中第 $i$ 号单位（$0<i<k$），则在第二段中将必定抽中第 $i+k$ 号单位，…，第 $n$ 段中将必定抽中第 $i+(n-1)k$ 号单位，如图 9-7 所示。

图 9-7　随机起点等距抽选法示意图

［范例 9.12］　某街办所辖 30 家企业，要抽选 6 家企业进行样本调查。

［解］　$N=30$，$n=6$，$k=N/n=30/6=5$，

在第一段1～5号企业中随机抽选一家企业，假设抽中2号，那么其余5家样本单位的编号分别为(2+5)号，(2+2×5)号，(2+3×5)号，(2+4×5)号，即：第2号、第7号、第12号、第17号、第22号企业作为调查样本。

2. 对称等距抽选法

设全及总体单位数为 $N$，样本容量为 $n$，则抽样间隔(距离) $k=N/n$ (假设能够整除)。若在第一段随机抽中第 $i$ 号单位 $(0<i<k)$，以分段点第 $k$ 号为对称中心点，则在第二段中将抽中第 $2k-i+1$ 号单位，第三段中将抽中第 $2k+i$ 号单位，……，第 $n$ 段中将抽中第 $nk-i+1$ 号单位。总之，第一、三、五、……段(奇数段)，分别抽中第 $(mk+i)$ 号单位 $(m=0,2,4,6,\cdots)$，第二、四、六、……段(偶数段)，分别抽中第 $(mk-i+1)$ 号单位 $(m=2,4,6,\cdots)$，如图9-8所示。

图9-8　对称等距抽选法示意图

[范例9.13]　设总体30个单位，采用对称等距抽选方法抽取5个单位构成样本。

[解]　设以 $x$ 作为总体单位的排序标志，则总体各单位标志值由小到大依次排列，如图9-8所示。其中抽样距离 $k=\dfrac{N}{n}=\dfrac{30}{5}=6$，表明全部总体单位被等分为5部分(段)，每部分(段)有6个单位组成，如图9-9所示。

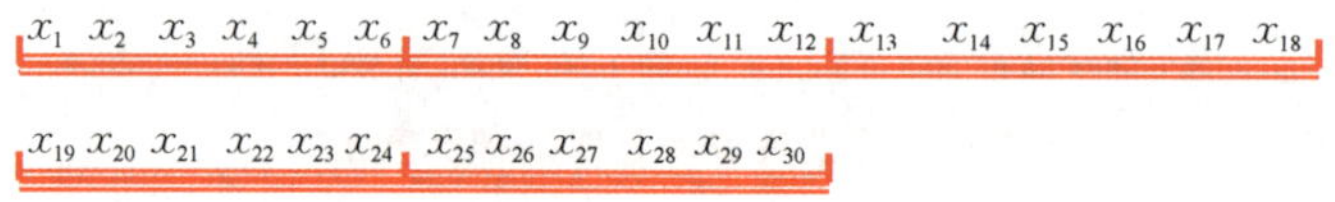


图9-9　对称等距抽选法示意图

各部分(段)应抽选的单位序号为：

第一部分(段)：随机起点，假设为第2号单位，即 $i=2$，

第二部分(段)：$mk-i+1=2\times6-2+1=11$，

第三部分(段)：$mk+i=2\times6+2=14$，

第四部分(段)：$mk-i+1=4\times6-2+1=23$，

第五部分(段)：$mk+i=4\times6+2=26$。

因此，第2号，第11号，第14号，第23号，第26号单位构成样本，即样本为 $\{x_2, x_{11}, x_{14}, x_{23}, x_{26}\}$。

3. 循环等距抽选法

设全及总体单位数为 $N$，样本容量为 $n$，抽样间隔距离 $k=\left[\dfrac{N}{n}\right]+1$ $\left(\text{假设}\dfrac{N}{n}\text{不能整除，}\left[\dfrac{N}{n}\right]\text{表示不大于}\dfrac{N}{n}\text{的最大的整数}\right)$。在 $1\sim N$ 中选一个随机起点，然后沿着圆周每隔 $k$ 个单位抽取一个单位，直到取足 $n$ 个单位位置，如图9-10所示。

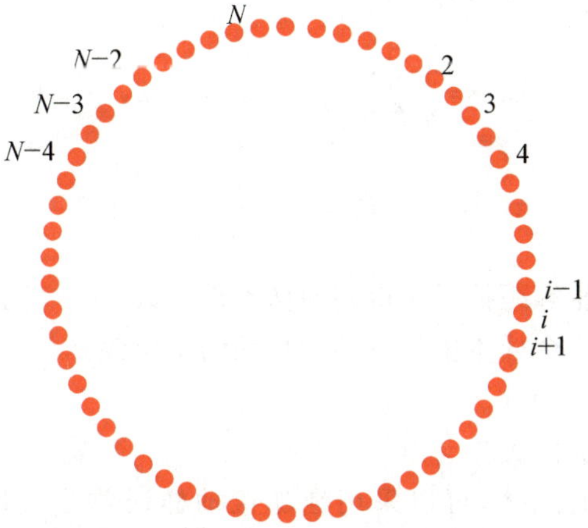


图 9-10　循环等距抽选法示意图

［范例 9.14］　设总体 17 个单位，采用循环等距抽选方法抽取 5 个单位构成样本。

［解］　$N=17,\ n=5$

抽样间隔(距离)：$k=\left[\frac{N}{n}\right]+1=\left[\frac{17}{5}\right]+1=3+1=4$。如图 9-11 所示，在 1～17 中任取一个单位作为随机起点，假设抽中了第 9 号单位，则沿圆周顺时针依次抽取其余单位：第 13 号，第 17 号，第 4 号，第 8 号。

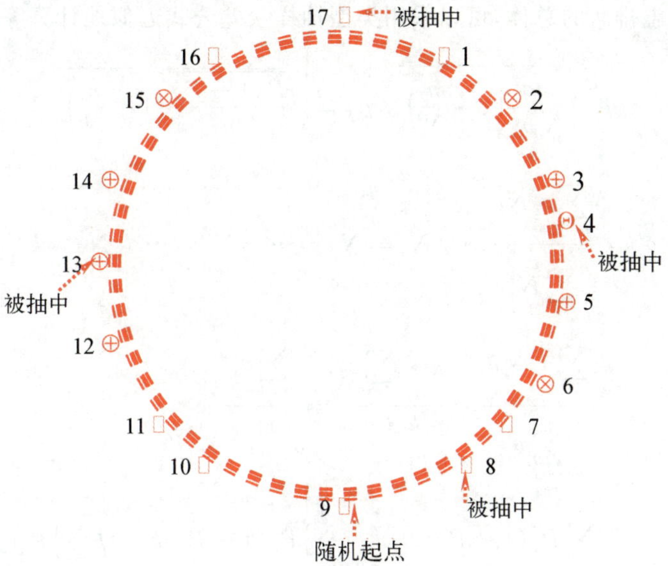


图 9-11　循环等距抽选法示意图

## (四) 等距抽样的估计量及其抽样平均误差

全及总体单位按无关标志排序，此时，等距抽样效果相当于纯随机抽样；全及总体单位按有关标志排序，此时，等距抽样效果相当于类型抽样。

### 1. 等距抽样的估计量

在等距抽样中，样本的平均数和样本的成数均是总体参数的无偏估计量，它们可以直接分别作为总体平均数和总体成数的估计量。

$$\bar{X}=\bar{x}_j=\frac{1}{n}\sum_{i=1}^{n}x_{ij}\qquad(j=1,2,\cdots,k)$$

$$P=p=\frac{n_1}{n}$$

式中，$\bar{x}_j$ 表示经过第 $j$ 轮等距抽样后得到的样本平均数；$x_{ij}$ 表示第 $i$ 部分(段)第 $j$ 个单位的标志值；$n_1$ 表示某 $j$ 个样本中具有某种特征的单位数。

2. 等距抽样的抽样平均误差

等距抽样是不重置抽样。

(1) 无关标志排队的总体,可以采用纯随机抽样误差公式近似地计算等距抽样误差,即

$$\hat{\mu}_{\bar{x}}=\sqrt{\frac{\sigma^2}{n}\left(1-\frac{n}{N}\right)}\approx\sqrt{\frac{s_j^2}{n}\left(1-\frac{n}{N}\right)}$$

$$\hat{\mu}_p=\sqrt{\frac{P(1-P)}{n}\left(1-\frac{n}{N}\right)}\approx\sqrt{\frac{p_j(1-p_j)}{n}\left(1-\frac{n}{N}\right)}$$

式中，$s_j$ 表示第 $j$ 个样本的标准差，$s_j^2=\frac{1}{n}\sum\limits_{i=1}^{n}(x_{ij}-\bar{x}_j)^2$；$p_j$ 表示第 $j$ 个样本中具有某种特征的单位数（$n_1$）占样本容量（$n$）的比重。

(2) 有关标志排队的总体,可以采用类型抽样误差公式近似地计算等距抽样误差,即

$$\hat{\mu}_{\bar{x}}=\sqrt{\frac{\overline{\sigma^2}}{n}\left(1-\frac{n}{N}\right)},\ \hat{\mu}_p=\sqrt{\frac{\overline{P(1-P)}}{n}\left(1-\frac{n}{N}\right)}$$

$$\overline{\sigma^2}=\frac{\sum\limits_{i=1}^{n}\sigma_i^2N_i}{\sum\limits_{i=1}^{n}N_i}\qquad(N_1=N_2=\cdots=N_i=\cdots=N_n=k)$$

$$=\frac{\sum\limits_{i=1}^{n}\sigma_i^2\cdot k}{\sum\limits_{i=1}^{n}k}=\frac{k\cdot\sum\limits_{i=1}^{n}\sigma_i^2}{k\cdot n}=\frac{\sum\limits_{i=1}^{n}\sigma_i^2}{n}$$

$$\overline{P(1-P)}=\frac{\sum\limits_{i=1}^{n}P_i(1-P_i)N_i}{\sum\limits_{i=1}^{n}N_i}=\frac{\sum\limits_{i=1}^{n}P_i(1-P_i)k}{\sum\limits_{i=1}^{n}k}=\frac{k\sum\limits_{i=1}^{n}P_i(1-P_i)}{nk}$$

$$=\frac{\sum\limits_{i=1}^{n}P_i(1-P_i)}{n}$$

注：能按主要有关指标排序的总体,可以说已经基本上占有了总体有关计算方差的

资料，可以直接用总体资料计算 $\overline{\sigma^2}$ 和 $\overline{P(1-P)}$。

［范例 9.15］ 某块麦地长 720 米，宽 200 米，地块上共有 100 条垅，现从这块麦地中按等距抽样的方式，抽取 25 个 10 米长的垅为样本。

［解］ 每条垅长为 720 尺，则抽样间隔

$$k=\frac{720\times100}{25}=2\ 880\ (米)$$

现实中各垅的产量是不规则的，即不可能是依次递增或递减，可参照纯随机抽样进行抽样估计。

在第一部分(段)随机起点设在距始点 1 000 米的位置，则第一个样本单位的位置为[995 米，1 005 米]；第二个样本单位的位置为［2 880＋995 米，2 880＋1 005 米］，即[3 875 米，3 885 米]；其余类推，一直抽足 25 个单位为止。通过对各样本单位的实割实测，得到表 9-10 的数据。

表 9-10 各样本单位的实割实测数据表

| 样本单位序号 | 1 | 2 | 3 | 4 | 5 | 6 | 7 | 8 | 9 | 10 | 11 | 12 | 13 |
|---|---|---|---|---|---|---|---|---|---|---|---|---|---|
| 实测产量/kg | 1.4 | 1.2 | 1.6 | 0.6 | 0.6 | 0.8 | 0.8 | 0.6 | 1.0 | 1.0 | 1.0 | 1.2 | 1.0 |
| 样本单位序号 | 14 | 15 | 16 | 17 | 18 | 19 | 20 | 21 | 22 | 23 | 24 | 25 | |
| 实测产量/kg | 0.8 | 1.2 | 1.0 | 1.2 | 1.0 | 0.8 | 1.0 | 1.0 | 1.4 | 1.0 | 0.8 | 1.0 | |

将表 9-10 的资料整理，如表 9-11 所示。

表 9-11 各样本单位的实割实测数据表

| 样本序号 ($i$) | 样本单位标志值 ($x_{ij}$) | $x_{ij}-\bar{x}_j$ | $(x_{ij}-\bar{x}_j)^2$ |
|---|---|---|---|
| 1 | 1.4 | 0.4 | 0.16 |
| 2 | 1.2 | 0.2 | 0.04 |
| 3 | 1.6 | 0.6 | 0.36 |
| 4 | 0.6 | −0.4 | 0.16 |
| 5 | 0.6 | −0.4 | 0.16 |
| 6 | 0.8 | −0.2 | 0.04 |
| 7 | 0.8 | −0.2 | 0.04 |
| 8 | 0.6 | −0.4 | 0.16 |
| 9 | 1.0 | 0.0 | 0.00 |
| 10 | 1.0 | 0.0 | 0.00 |
| 11 | 1.0 | 0.0 | 0.00 |
| 12 | 1.2 | 0.2 | 0.04 |
| 13 | 1.0 | 0.0 | 0.00 |
| 14 | 0.8 | −0.2 | 0.04 |

续　表

| 样本序号($i$) | 样本单位标志值($x_{ij}$) | $x_{ij}-\bar{x}_j$ | $(x_{ij}-\bar{x}_j)^2$ |
|---|---|---|---|
| 15 | 1.2 | 0.2 | 0.04 |
| 16 | 1.0 | 0.0 | 0.00 |
| 17 | 1.2 | 0.2 | 0.04 |
| 18 | 1.0 | 0.0 | 0.00 |
| 19 | 0.8 | −0.2 | 0.04 |
| 20 | 1.0 | 0.0 | 0.00 |
| 21 | 1.0 | 0.0 | 0.00 |
| 22 | 1.4 | 0.4 | 0.16 |
| 23 | 1.0 | 0.0 | 0.00 |
| 24 | 0.8 | −0.2 | 0.04 |
| 25 | 1.0 | 0.0 | 0.00 |
| 合　计 | 25.0 | | 1.52 |

样本平均数：

$$\bar{x}_j=\frac{1}{n}\sum_{i=1}^{n}x_{ij}=\frac{1}{25}\times 25=1\ (\text{kg})$$

样本方差：

$$s^2=\frac{1}{n}\sum_{i=1}^{n}(x_{ij}-\bar{x}_j)^2=\frac{1}{25}\times 1.52=0.060\,8\ (\text{kg})$$

抽样误差：

$$\mu_{\bar{x}}=\sqrt{\frac{s^2}{n}\left(1-\frac{n}{N}\right)}=\sqrt{\frac{0.060\,8}{25}\left(1-\frac{25}{7\,200}\right)}=0.049\ (\text{kg})$$

每一条垅宽$=\dfrac{200\text{ 米}}{100\text{ 条}}=2$(米/条)，每一样本单位的面积$=10\times 2=20$(米$^2$)，每公顷地面积$=6\,000$(米$^2$)。

则　每公顷平均产量$=$样本平均产量$\times$每公顷地样本单位数$=1\times\dfrac{6\,000}{20}=300$(kg)

在概率保证程度为95%下，得到抽样极限误差，$F(t)=95\%$，$t=1.96$每一样本抽样极限误差为：

$$\Delta_{\bar{x}}=t\mu_{\bar{x}}=1.96\times 0.049=0.096\ (\text{kg})$$

每公顷平均极限误差$=300\times 0.096=28.8$(kg/公顷)

该地块小麦的平均每公顷产量$\bar{X}$为：

$$\bar{x}-\Delta_{\bar{x}}\leqslant\bar{X}\leqslant\bar{x}+\Delta_{\bar{x}},\ 300-28.8\leqslant\bar{X}\leqslant 300+28.8$$

即

$$271.2(\text{kg})\leqslant\bar{X}\leqslant 328.8\ (\text{kg})$$

$$该地块总公顷数 = \frac{720 \times 200}{6\,000} = 24\ (公顷)$$

该地块小麦总产量 $\mu$：

$$271.2 \times 24 \leqslant 25\overline{X} \leqslant 328.8 \times 24$$

即

$$6\,508.8(\text{kg}) \leqslant \mu \leqslant 7\,891.2\ (\text{kg})$$

$$抽样估计精度\ A_{\bar{x}} = 1 - \Delta'_{\bar{x}} = 1 - \frac{\Delta_{\bar{x}}}{\bar{x}} = 1 - \frac{28.8}{300} = 90.4\%$$

因此，以95%的置信度，可以推断小麦每公顷产量在271.2～328.8 kg之间，地块小麦总产量在6 508.8～7 891.2 kg之间，抽样估计精度为90.4%。

[范例9.16]　设有12公顷稻田，每公顷产量资料分别为(kg)：500、400、350、440、380、300、340、320、350、410、500、390，按有关标志排序的等距抽样，从中抽取4公顷作样本调查，以推断12公顷稻田的平均每公顷产量。

[解]　抽样间隔 $k = \frac{N}{n} = \frac{12}{4} = 3$

根据题意，将资料整理在表9-12中。

表9-12　按有关标志排序的等距抽样抽取4公顷作样本资料表　　单位：kg

| 部分(段) | 单位序号 | 总产量 $x_{ij}$ | 每段平均每公顷产量 $\bar{x}_i$ | 离差 $x_{ij}-\bar{x}_i$ | $(x_{ij}-\bar{x}_i)^2$ | $\sigma_i^2 = \sum_{j=1}^{N_i} \frac{(x_{ij}-\bar{x}_i)^2}{N_i}$ |
|---|---|---|---|---|---|---|
| Ⅰ | 1 | 300 | 320 | −20 | 400 | 266.7 |
| | 2 | 320 | | 0 | 0 | |
| | 3 | 340 | | 20 | 400 | |
| 小　计 | | 960 | | | 800 | |
| Ⅱ | 4 | 350 | 360 | −10 | 100 | 200.0 |
| | 5 | 350 | | −10 | 100 | |
| | 6 | 380 | | 20 | 400 | |
| 小　计 | | 1 080 | | | 600 | |
| Ⅲ | 7 | 390 | 400 | −10 | 100 | 66.7 |
| | 8 | 400 | | 0 | 0 | |
| | 9 | 410 | | 10 | 100 | |
| 小　计 | | 1 200 | | | 200 | |
| Ⅳ | 10 | 440 | 480 | −40 | 1 600 | 800.0 |
| | 11 | 500 | | 20 | 400 | |
| | 12 | 500 | | 20 | 400 | |
| 小　计 | | 1 440 | | | 2 400 | |
| 总　计 | | | | | | 1 333.4 |

平均组(段)内方差：

$$\overline{\sigma^2}=\frac{\sum_{i=1}^{n}\sigma_i^2 N_i}{\sum_{i=1}^{n}N_i}=\frac{\sum_{i=1}^{n}\sigma_i^2 k}{\sum_{i=1}^{n}k}=\frac{k\sum_{i=1}^{n}\sigma_i^2}{nk}=\frac{\sum_{i=1}^{n}\sigma_i^2}{n}=\frac{1\,333.4}{4}=333.35$$

(其中 $N_1=N_2=\cdots=N_i=\cdots=N_n=k$)

抽样平均误差：

$$\mu_{\bar{x}}=\sqrt{\frac{\overline{\sigma^2}}{n}\left(1-\frac{n}{N}\right)}=\sqrt{\frac{333.35}{4}\left(1-\frac{4}{12}\right)}\approx 7.45\ (\text{kg})$$

在第一部分(段),确定随机起点,若 $i=2$,则其余被抽中的单位序号为 $(3+2)$ 号,$(2\times 3+2)$ 号,$(3\times 3+2)$ 号,

即：第 2 号,第 5 号,第 8 号,第 11 号构成样本。

样本的平均每公顷产量：

$$\bar{x}=\frac{x_{\text{I},2}+x_{\text{II},5}+x_{\text{III},8}+x_{\text{IV},11}}{4}=\frac{320+350+400+500}{4}$$
$$=392.5(\text{kg})$$

在 99.73%的置信度下,可估计出稻田平均每公顷产量：

$$F(t)=99.73\%,\ t=3$$

$$\Delta_{\bar{x}}=t\mu_{\bar{x}}=3\times 7.45=22.35\ (\text{kg})$$

$$\bar{x}-\Delta_{\bar{x}}\leqslant \overline{X}\leqslant \bar{x}+\Delta_{\bar{x}}$$

$$392.5-22.35\leqslant \overline{X}\leqslant 392.5+22.35$$

$$370.15(\text{kg})\leqslant \overline{X}\leqslant 414.85\ (\text{kg})$$

抽样估计精度　　$\Delta_{\bar{x}}=1-\dfrac{\Delta_{\bar{x}}}{\bar{x}}=1-\dfrac{22.35}{392.5}=94.3\%$

因此,以 99.73%的把握程度,可推断稻田的平均每公顷产量在 370.15～414.85 kg,抽样估计精度为 94.3%。

## 四、整群抽样

### (一) 整群抽样的概述

整群抽样是将全及总体单位按某种标志划分小群体,然后成群地从中随机抽取若干个样本群,对中选群内的所有单位进行全面调查的抽样组织形式。

整群抽样的主要优点：一是可使用现实中许多现存群(组)的抽样框,不必收集总体的分群的辅助信息,设计和组织相对比较方便;二是抽选的单位集中在部分群体单元内,实施起来可相对节省人力、调查费用和调查人员的往返时间。

从理论上分析,决定整群抽样的误差的总方差 ($\sigma^2$) 可分解为群间方差 ($\delta^2$) 和群内方差 ($\overline{\sigma_i^2}$) 两部分,即 $\sigma^2=\overline{\sigma_i^2}+\delta^2$。 群间方差是各群体间的平均差异程度;群内方差是各群

内单位标志值的平均差异程度。由于对中选的群内所有单位进行全面调查，因而群内单位差异不影响抽样误差，对此，群内方差就可以不考虑。由此可知，实际上影响整群抽样误差的总方差只是群间方差，即 $\sigma^2=\delta^2$。

通常，由于总体方差（$\sigma^2$）是一个固定的参数，而整群抽样中总方差主要来自群间差异，与群内差异无关，因此，为了提高整群抽样的效果，就要尽可能地降低群间变异程度，最大限度地提高群内标志值的变异程度。

鉴于整群抽样的目的主要是为了方便易行，节约费用和时间，因而通常采用现象本身自然存在的群，而不是人为地把各个单位重新构成群，因此，人为地提高整群抽样效果往往会违背整群抽样的目的。如：调查某高校的大学生学习生活情况，可以以班为群；调查各省、市、自治区的经济发展状况，可以以行政管辖区为群。为了达到预定的抽样精度，就需要多抽一些群。一般来说，抽的群愈多，精度就愈高，但是，群抽得太多又不满足节省人力、费用、时间的要求。

### （二）整群抽样的适用性和局限性

整群抽样的适用性在于：当缺乏全部总体单位的可靠的等级资料，用所有总体单位的名单或地图难以编号形成明确的总体单位的抽样框，且总体单位数很多、分布很广时，若直接对这些单位进行抽样调查，势必使样本的分布十分分散，调查时所需人力和费用较大，在这种情况下，可以将总体按某种标志划分成多个群，利用整群抽样抽选样本单位。当总体是由一些情况相同、结构类似的较复杂群体所组成，也适宜采用整群抽样。利用整群抽样对普查结果复查，提供修正系数的资料。

整群抽样的局限性在于：整群抽样成群地抽选样本单位，使得样本单位仅集中在有限的几个群中，影响抽样单位在全及总体中的均匀分布。而就某一个群而言，其中各单位之间的差异常常比较小，且群间差异往往比较大，但整群抽样误差主要来自群间。由于这两者主要原因，在同等样本单位数的条件下，整群抽样误差通常大于纯随机抽样、类型抽样、等距抽样。为了降低整群抽样误差，提高抽样估计的准确程度，整群抽样一般要比其他抽样组织形式抽取更多的样本单位，但是过多地抽取样本单位，又违背了整群抽样要节约人力、费用和时间的目的。

### （三）整群抽样的抽取单位的方法

当进行整群抽样，首先要对所研究的全及总体按某种标志或一定的要求划分若干群，多数情况是按照社会经济现象中现存的各组织形态、集团、区域作为群体，然后将总体中所有的群根据时间顺序或空间顺序编号排列，最后采用纯随机抽样或等距抽样的组织形式抽选样本群。

### （四）整群抽样的估计量及其抽样平均误差

设全及总体单位划分成 $R$ 群，每群包含的单位数为 $M$，现在从总体 $R$ 群中随机抽取 $r$ 个样本群。

#### 1. 整群抽样的估计量

在整群抽样中，样本的平均数和样本的成数均是总体参数的无偏估计量，它们可以直接分别作为总体平均数和总体成数的估计量。

$$\bar{X}=\bar{x}=\frac{1}{r}\sum_{i=1}^{r}\bar{x}_i=\frac{1}{r}\sum_{i=1}^{r}\left(\frac{1}{M_i}\sum_{j=1}^{M_i}x_{ij}\right)=\frac{1}{rM_i}\sum_{i=1}^{r}\sum_{j=1}^{M_i}x_{ij}$$

式中，$x_{ij}$ 表示第 $i$ 个样本群中第 $j$ 个单位的标志值；$\bar{x}_i$ 表示第 $i$ 个样本群的单位平均数；$M_i$ 表示第 $i$ 个样本群中的单位数。

$$\hat{p}=p=\frac{1}{r}\sum_{i=1}^{r}p_i=\frac{1}{r}\sum_{i=1}^{r}\left(\frac{1}{M_i}\sum_{j=1}^{M_i}x_{ij}\right)=\frac{1}{rM_i}\sum_{i=1}^{r}\sum_{j=1}^{M_i}x_{ij}$$

式中，$x_{ij}=\begin{cases}1,\text{当第 } i \text{ 样本群的第 } j \text{ 个单位具有某种特征}\\0,\text{当第 } i \text{ 样本群的第 } j \text{ 个单位不具有某种特征}\end{cases}$；$p_i$ 表示第 $i$ 个样本群的成数。

2. 整群抽样的抽样平均误差

整群抽样无论是采用纯随机抽样或等距抽样来抽选样本群，通常都是采用不重置抽样方式。

$$\hat{\mu}_{\bar{x}}=\sqrt{\frac{\delta_X^2}{r}\left(\frac{R-r}{R-1}\right)}\approx\sqrt{\frac{\delta_{\bar{x}}^2}{r}\left(\frac{R-r}{R-1}\right)}$$

$$\hat{\mu}_p=\sqrt{\frac{\delta_P^2}{r}\left(\frac{R-r}{R-1}\right)}\approx\sqrt{\frac{\delta_p^2}{r}\left(\frac{R-r}{R-1}\right)}$$

式中，$\delta_X^2$ 表示总体平均数群间方差；$\delta_{\bar{x}}^2$ 表示样本平均数群间方差；$\delta_P^2$ 表示总体成数群间方差；$\delta_p^2$ 表示样本成数群间方差。

其中，$\delta_X^2=\dfrac{\sum_{i=1}^{R}(\bar{X}_i-\bar{X})^2}{R}$ （$\bar{X}_i$ 表示总体各群平均数）

$\delta_{\bar{x}}^2=\dfrac{\sum_{i=1}^{r}(\bar{x}_i-\bar{x})^2}{r}$ （$\bar{x}_i$ 表示样本各群平均数）

$\delta_P^2=\dfrac{\sum_{i=1}^{R}(P_i-P)^2}{R}$ （$P_i$ 表示总体各群成数）

$\delta_p^2=\dfrac{\sum_{i=1}^{r}(p_i-p)^2}{r}$ （$p_i$ 表示样本各群成数）

［范例 9.17］ 天际茶厂流水线昼夜连续生产袋装茶，产量为 100 袋/min。现采用整群抽样来检验一昼夜生产的茶叶每袋的质量和包装的一级品率。每 144 min 抽取 1 min 生产的全部袋装茶进行检查，共抽取 10 min 的袋装茶叶，抽检结果如表 9-13 所示。

表 9-13 天际茶厂流水线昼夜连续生产袋装茶抽检结果表

| 编　　号 | 1 | 2 | 3 | 4 | 5 | 6 | 7 | 8 | 9 | 10 |
|---|---|---|---|---|---|---|---|---|---|---|
| 平均每袋质量（$\bar{x}_i$）/kg | 50.0 | 49.8 | 50.2 | 48.8 | 49.5 | 50.5 | 50.7 | 49.5 | 50.5 | 50.0 |
| 包装一级品率（$p_i$）/% | 72 | 80 | 92 | 85 | 89 | 78 | 68 | 98 | 84 | 88 |

试以 95.45%的概率保证程度估计该厂一昼夜生产的茶叶平均每袋质量和一级品率。

［解］ 将资料整理到表 9-14 中。

表 9-14　一昼夜生产的茶叶平均每袋质量和一级品率计算表　　单位：kg

| 样本群序号 $(r)$ | 各群平均每袋质量 $(\bar{x}_i)$ | $\bar{x}_i-\bar{x}$ | $(\bar{x}_i-\bar{x})^2$ | 各样本群一级品率 $(p_i)$ | $p_i-p$ | $(p_i-p)^2$ |
|---|---|---|---|---|---|---|
| 1 | 50.0 | 0.05 | 0.002 5 | 0.72 | −0.114 | 0.012 996 |
| 2 | 49.8 | −0.15 | 0.022 5 | 0.80 | −0.034 | 0.001 156 |
| 3 | 50.2 | 0.25 | 0.062 5 | 0.92 | 0.086 | 0.007 396 |
| 4 | 48.8 | −1.15 | 1.322 5 | 0.85 | 0.016 | 0.000 256 |
| 5 | 49.5 | −0.45 | 0.202 5 | 0.89 | 0.056 | 0.003 136 |
| 6 | 50.5 | 0.55 | 0.302 5 | 0.78 | −0.054 | 0.002 916 |
| 7 | 50.7 | 0.75 | 0.562 5 | 0.68 | −0.154 | 0.023 716 |
| 8 | 49.5 | −0.45 | 0.202 5 | 0.98 | 0.146 | 0.021 316 |
| 9 | 50.5 | 0.55 | 0.302 5 | 0.84 | 0.006 | 0.000 036 |
| 10 | 50.0 | 0.05 | 0.002 5 | 0.88 | 0.046 | 0.002 116 |
| 合　计 | 499.5 | | 2.985 0 | 8.34 | | 0.075 040 |

因为 1 分钟抽一群(100 袋)，一昼夜为 1 440 min (24 × 60)，所以将一昼夜划分成 1 440 群。

$$R=1\,440,\ r=10$$

$$F(t)=95.45\%,\ t=2$$

样本平均数

$$\bar{x}=\frac{1}{r}\sum_{i=1}^{r}\bar{x}_i=\frac{1}{10}\times 499.5=49.95\ (\text{kg})$$

样本群间方差：

$$\delta_{\bar{x}}^2=\frac{\sum_{i=1}^{r}(\bar{x}_i-\bar{x})^2}{r}=\frac{2.985}{10}=0.298\,5$$

$$\mu_{\bar{x}}=\sqrt{\frac{\delta_{\bar{x}}^2}{r}\left(\frac{R-r}{R-1}\right)}=\sqrt{\frac{0.298\,5}{10}\left(\frac{1\,440-10}{1\,440-1}\right)}=0.172\ (\text{kg})$$

$$\Delta_{\bar{x}}=t\mu_{\bar{x}}=2\times 0.172=0.344\,5\ (\text{kg}),$$

$$\bar{x}-\Delta_{\bar{x}}\leqslant\bar{X}\leqslant\bar{x}+\Delta_{\bar{x}},\ 49.95-0.344\,5\leqslant\bar{X}\leqslant 49.95+0.344\,5$$

$$49.61(\text{kg})\leqslant\bar{X}\leqslant 50.29(\text{kg})$$

茶叶平均每袋质量在 49.61～50.29 kg 之间。

样本成数：
$$p=\frac{1}{r}\sum_{i=1}^{r}p_i=\frac{1}{10}\times 8.34=0.834$$

样本群间方差：

$$\mu_p=\sqrt{\frac{s_p^2}{r}\left(\frac{R-r}{R-1}\right)}=\sqrt{\frac{0.007\,504}{10}\left(\frac{1\,440-10}{1\,440-1}\right)}=0.027$$

$$\Delta_p=t\mu_p=2\times 0.027=0.054$$

$$p-\Delta_p\leqslant P\leqslant p+\Delta_p$$

$$0.834-0.054\leqslant P\leqslant 0.834+0.054$$

$$78.0\%\leqslant P\leqslant 88.8\%$$

茶叶包装一级品率在 78.0%～88.8%之间。

## 五、阶段抽样

### （一）阶段抽样的概述

阶段抽样是指对全及总体单位的整个抽样程序分阶段进行，先从总体中抽选若干样本群，再从样本群中抽选若干样本组，类似这样层层抽选下去，直到抽取样本单位的抽样组织形式。

阶段抽样的主要优点：① 可对大规模或小规模总体按地理区域和行政区域系统来确定抽样框，从而有利于抽样的设计和组织实施；② 阶段抽样灵活性大，对于方差偏大的阶段，可以多抽选样本群（组），对于方差偏小的阶段，可以少抽选样本群（组），这样有利于降低抽样误差，提高抽样估计精度；③ 对各阶段抽样调查资料都可开发利用，以提供相应层次的部门需要。

我国农村调查队和城市调查队常采用阶段抽样组织形式。若对我国某年的农作物产量采用阶段抽样调查，则第一阶段，从全国抽选若干省作为第一阶段的样本群；第二阶段，从中选的省中抽选若干县作为第二阶段的样本类；第三阶段，从中选的县中抽选若干村作为第三阶段的样本组；第四阶段，从中选的村中抽选若干地块作为第四阶段的样本单位。对抽中的地块，进行实割实测，以计算地块样本的平均亩产量，然后逐级网上综合估算平均亩产量，最后推算出全国总产量。

在抽中样本单位之前的若干阶段均类似于整群抽样，最后一个阶段则类似于纯随机抽样、类型抽烟、等距抽样，每一个阶段都存在代表性误差。通常，应相对多抽选第一阶段的群，而对群间差异相对大的阶段，要适当多抽一些。决定阶段抽样误差的总方差主要取决于各阶段的群（组、类）间方差和最后抽中的群的各群内方差。

### （二）阶段抽样的适用性和局限性

阶段抽样的适用性在于：当调查对象中调查单位很多，分布面很广，直接抽选样本单位很困难时，通常采用阶段抽样。对于大批量生产的产品检验，一般难以或甚至无法对每个产品进行编码，这样给编制总体抽样框带来了困难，在这种情况下，往往采用阶段抽样的组织形式。阶段抽样还广泛应用于总体单位可按区域或系统划分的场合。

阶段抽样的局限性在于：阶段抽样在各个阶段都会产生抽样误差，这样，不但使决定抽样误差的方差出现了逐渐增大的可能，而且也给整个抽样过程的抽样平均误差的计算增大了难度。如果阶段抽样在第一阶段抽取的群数与整群抽样的群数相同，则阶段抽样方差大于整群抽样方差。同等条件下，阶段抽样的效率一般要低于其他形式的随机抽样的效率。

### （三）阶段抽样的抽取单位的方法

阶段抽样具体分二阶段抽样和多阶段抽样形式。每一阶段抽取样本的方法，可以采用纯随机抽样或等距抽样。各个阶段可以采用相同或不相同的抽样方式。一般来说，各阶段的抽样单位差异不十分显著，因而不宜采用类型抽样形式。另外，除最后阶段是直接抽选基本调查单位外，前面各阶段都需要进一步抽样，所以，通常不宜采用整群抽样方式对各阶段样本群抽选。

### （四）阶段抽样的估计量及其抽样平均误差

下面仅介绍二阶段抽样形式。二阶段抽样在组织技术上可视为整群抽样和类型抽样的结合。

假设全及总体单位数为 $N$，分成 $R$ 群，每群包含 $M_i$ 个单位。

第一阶段抽样：从 $R$ 群中随机抽取 $r$ 个群（$R>r$）。

第二阶段抽样：从中选的 $r$ 群，各群内分别随机抽取 $m_i(i=1, 2, \cdots, r)$ 个单位，以构成样本，该样本容量 $n=m_1+m_2+\cdots+m_r$。

为了简化问题，假设总体各群的单位数都相等，即 $M_1=M_2=\cdots=M_R=M$，则 $RM=N$；假设中选的群各群被抽取的单位数亦都相等，即 $m_1=m_2=\cdots=m_R=m$，则 $rm=n$。

#### 1. 阶段抽样的估计量

$$\bar{x}_i=\frac{1}{m}\sum_{j=1}^{m}x_{ij} \qquad (i=1, 2, \cdots, r)$$

$$\bar{X}=\bar{x}=\frac{1}{r}\sum_{i=1}^{r}\bar{x}_i=\frac{1}{r}\sum_{i=1}^{r}\left(\frac{1}{m}\sum_{j=1}^{m}x_{ij}\right)=\frac{1}{rm}\sum_{i=1}^{r}\sum_{j=1}^{m}x_{ij}$$

式中，$x_{ij}$ 表示中选的第 $i$ 群第 $j$ 个单位的标志值；$\bar{x}_i$ 表示中选的第 $i$ 群中抽取的 $m$ 个样本单位的平均数；$\bar{x}$ 表示最后抽中的所有单位构成样本的平均数。

$$p_i=\frac{1}{m}\sum_{j=1}^{m}x_{ij} \qquad (i=1, 2, \cdots, r)$$

$$\hat{P}=p=\frac{1}{r}\sum_{i=1}^{r}\bar{x}_i=\frac{1}{r}\sum_{i=1}^{r}\left(\frac{1}{m}\sum_{j=1}^{m}x_{ij}\right)=\frac{1}{rm}\sum_{i=1}^{r}\sum_{j=1}^{m}x_{ij}$$

式中，$x_{ij}$ 表示的是非标志值；$p_i$ 表示中选的第 $i$ 群中抽取的 $m$ 个样本单位具有某种特征的成数；$p$ 表示最后抽中的所有单位构成样本的成数。

#### 2. 阶段抽样的抽样平均误差

由于二阶段抽样可视为整群抽样和类型抽样的结合，所以二阶段抽样通常是采用不重置抽样的方式。

$$\hat{\mu}_{\bar{x}}=\sqrt{\frac{\delta_{\bar{X}}^2}{r}\left(\frac{R-r}{R-1}\right)+\frac{\overline{\sigma_i^2}}{rm}\left(\frac{M-m}{M-1}\right)}\approx\sqrt{\frac{\delta_{\bar{x}}^2}{r}\left(\frac{R-r}{R-1}\right)+\frac{\overline{s_i^2}}{rm}\left(\frac{M-m}{M-1}\right)}$$

$$\hat{\mu}_p=\sqrt{\frac{\delta_P^2}{r}\left(\frac{R-r}{R-1}\right)+\frac{\overline{P(1-P)}}{rm}\left(\frac{M-m}{M-1}\right)}\approx\sqrt{\frac{\delta_p^2}{r}\left(\frac{R-r}{R-1}\right)+\frac{\overline{p_i(1-p_i)}}{rm}\left(\frac{M-m}{M-1}\right)}$$

式中，$\delta_{\bar{X}}^2$ 表示总体平均数群间方差；$\delta_{\bar{x}}^2$ 表示样本平均数群间方差；$\overline{\sigma_i^2}$ 表示总体各群平均群内方差；$\overline{s_i^2}$ 表示样本各群平均群内方差；$\delta_P^2$ 表示总体成数群间方差；$\delta_p^2$ 表示样本成数群间方差；$\overline{P(1-P)}$ 表示总体是非标志的平均群内方差；$\overline{p_i(1-p_i)}$ 表示样本是非标志平均群内方差。

其中，$\delta_{\bar{X}}^2=\dfrac{\sum\limits_{i=1}^{R}(\bar{X}_i-\bar{X})^2}{R}$　　（$\bar{X}_i$ 表示总体各群平均数）

$\delta_{\bar{x}}^2=\dfrac{\sum\limits_{i=1}^{r}(\bar{x}_i-\bar{x})^2}{r}$　　（$\bar{x}_i$ 表示样本各群平均数）

$\delta_P^2=\dfrac{\sum\limits_{i=1}^{R}(P_i-P)^2}{R}$　　（$P_i$ 表示总体各群成数）

$\delta_p^2=\dfrac{\sum\limits_{i=1}^{r}(p_i-p)^2}{r}$　　（$p_i$ 表示样本各群成数）

$\overline{\sigma_i^2}=\dfrac{\sum\limits_{i=1}^{R}\sigma_i^2}{R}$　　（$\sigma_i^2$ 表示总体各群群内方差）

$\overline{s_i^2}=\dfrac{\sum\limits_{i=1}^{r}s_i^2}{r}$　　（$s_i^2$ 表示样本群各群内方差）

［范例 9.18］　对新华学院学生每周文体活动时间进行抽样调查，该学院有 30 个班，每班学生 50 名，现采用二阶段抽样的组织形式，从 30 个班中随机抽取 6 个班，并从中选的班中各抽选 5 人组成样本，样本资料如表 9-15 所示。试以 95.45%的置信度估计该院学生每周文体活动的时间。

**表 9-15　新华学院学生每周文体活动时间抽样调查样本资料表**　　单位：h

| 中选班级编号 | $x_{ij}$ | $\bar{x}_i$ | $(x_{ij}-\bar{x}_i)^2$ | $s_i^2=\frac{1}{m-1}\sum\limits_{j=1}^{m}(x_{ij}-\bar{x}_i)^2$ | $(\bar{x}_i-\bar{x})^2$ |
|---|---|---|---|---|---|
| Ⅰ | 10 | 7.8 | 4.84 | 2.2 | 0.01 |
| | 6 | | 3.24 | | |
| | 7 | | 0.64 | | |
| | 8 | | 0.04 | | |
| | 8 | | 0.04 | | |
| 小计 | 39 | | 8.80 | | |

续 表

| 中选班级编号 | $x_{ij}$ | $\bar{x}_i$ | $(x_{ij}-\bar{x}_i)^2$ | $s_i^2=\frac{1}{m-1}\sum_{j=1}^{m}(x_{ij}-\bar{x}_i)^2$ | $(\bar{x}_i-\bar{x})^2$ |
|---|---|---|---|---|---|
| Ⅱ | 7 | 7.0 | 0.00 | 4.0 | 0.81 |
| | 5 | | 4.00 | | |
| | 5 | | 4.00 | | |
| | 9 | | 4.00 | | |
| | 9 | | 4.00 | | |
| 小计 | 35 | | 16.00 | | |
| Ⅲ | 10 | 8.8 | 1.44 | 1.2 | 0.81 |
| | 8 | | 0.64 | | |
| | 8 | | 0.64 | | |
| | 8 | | 0.64 | | |
| | 10 | | 1.44 | | |
| 小计 | 44 | | 4.80 | | |
| Ⅳ | 9 | 8.2 | 0.64 | 3.7 | 0.09 |
| | 8 | | 0.04 | | |
| | 7 | | 1.44 | | |
| | 11 | | 7.84 | | |
| | 6 | | 4.84 | | |
| 小计 | 41 | | 14.80 | | |
| Ⅴ | 5 | 6.8 | 3.24 | 1.7 | 1.21 |
| | 8 | | 1.44 | | |
| | 6 | | 0.64 | | |
| | 7 | | 0.04 | | |
| | 8 | | 1.44 | | |
| 小计 | 34 | | 6.80 | | |
| Ⅵ | 9 | 8.8 | 0.04 | 2.7 | 0.81 |
| | 10 | | 1.44 | | |
| | 6 | | 7.84 | | |
| | 10 | | 1.44 | | |
| | 9 | | 0.04 | | |
| 小计 | 44 | | 10.80 | | |
| 总计 | 237 | 47.4 | | 15.5 | 3.74 |

注：$x_{ij}$ 表示中选学生每周文体活动时间；$\bar{x}_i$ 表示没办样本单位平均活动时间。

[解] $R=30$，$r=6$，$M=50$，$m=5$，$F(t)=95.54\%$，$t=2$，

各样本班中样本单位平均数：

$$\bar{x}_i=\frac{1}{m}\sum_{j=1}^{m}x_{ij}\quad(i=1,2,\cdots,5,6)$$

如：

$$\bar{x}_1=\frac{1}{5}\sum_{j=1}^{5}x_{1j}=\frac{1}{5}\times 39=7.8(\text{h})$$

各样本班中样本单位方差：

$$s_i^2=\frac{1}{m-1}\sum_{j=1}^{m}(x_{ij}-\bar{x}_i)^2\quad(i=1,2,\cdots,5,6)$$

如：

$$s_6^2=\frac{1}{5-1}\sum_{j=1}^{5}(x_{6j}-\bar{x}_6)^2=\frac{1}{4}\times 10.80=2.7$$

样本平均数：

$$\bar{x}=\frac{1}{r}\sum_{i=1}^{r}\bar{x}_i=\frac{1}{6}\times 47.4=7.9\ (\text{h})$$

样本平均数群间方差：

$$\delta_{\bar{x}}^2=\frac{\sum_{i=1}^{n}(x_i-\bar{x})^2}{r}=\frac{3.74}{6}\approx 0.623$$

样本各群平均群内方差：

$$\overline{s_i^2}=\frac{\sum_{i=1}^{r}s_i^2}{r}=\frac{15.5}{6}\approx 2.58$$

二阶段抽样的样本平均数的抽样平均误差：

$$\mu_{\bar{x}}=\sqrt{\frac{\delta_{\bar{x}}^2}{r}\left(\frac{R-r}{R-1}\right)+\frac{\overline{s_i^2}}{rm}\left(\frac{M-m}{M-1}\right)}=\sqrt{\frac{0.623}{6}\left(\frac{30-6}{30-1}\right)+\frac{2.58}{6\times 5}\left(\frac{50-5}{50-1}\right)}$$
$$\approx 0.406\,1(\text{h})$$

$$\Delta_{\bar{x}}=t\mu_{\bar{x}}=2\times 0.406\,1=0.812\,2\ (\text{h})$$

$$\bar{x}-\Delta_{\bar{x}}\leqslant\bar{X}\leqslant\bar{x}+\Delta_{\bar{x}}$$

$$7.9-0.812\,2\leqslant\bar{X}\leqslant 7.9+0.812\,2$$

$$7.087\,8(\text{h})\leqslant\bar{X}\leqslant 8.712\,2(\text{h})$$

因此，该院学生每周文体活动的时间在 7.09～8.71 h 之间。

## 六、多相抽样

### （一）多相抽样的概述

多相抽样，又称多重抽样，它是指从全及总体中随机抽选一个相对非常大的第一相初级样本，从该样本获取信息资料后再从第一相样本中随机抽选第二相样本，如此抽选下去，一直可以抽选第 $n$ 相样本的抽样组织形式。

多相抽样的目的是对所选样本的所有单位针对一个目的进行研究，此后又可以对原来的全部样本单位或部分样本单位针对另一个目的进行研究。

多相抽样的特点：一是可以节约费用；二是前一相样本的调查结果，可以作为设计抽选后一相样本的辅助依据，这会使抽样取得较好的效果。

### （二）多相抽样的适用性和局限性

多相抽样的适用性：当总体单位数无限多或虽有限但却非常庞大，并且不占有过去的历史资料时，为了研究总体的情况，通常采用多相抽样的组织形式。

多相抽样的局限性：① 第一相样本的取得带有一定的盲目性，很难保证其充分的代表性，因而，抽样误差偏大。② 用第一相样本的辅助信息资料来抽选第二相样本，对这类辅助信息资料作为抽样的依据，很勉强。

### （三）多相抽样的抽取单位的方法

当进行多相抽样时，首先要选择全及总体单位的主要有关标志，然后按纯随机抽样的形式从总体中抽选第一相样本，将从该样本中获得的调查资料作为第二相样本抽选的辅助信息资料，采用纯随机抽样、等距抽样或类型抽样，从第一相样本中抽选第二相样本，如此类推，可以抽选第 $n$ 相样本。

### （四）多相抽样的估计量及其抽样平均误差

针对各相抽样具体所选择的抽样组织形式来确定采用相应的估计量形式和影响抽样误差的方差形式。

从总体 $N$ 中采用纯随机抽样形式抽取第一相样本，其容量为 $n'$，对这个样本各单位进行分层，各样本层单位数为 $n_i'(i=1, 2, \cdots, k)$，再从容量为 $n'$ 的第一相样本中采用类型抽样形式抽取第二相样本，其容量为 $n$，各层第二相样本容量为 $n_i$。

1. 多相抽样的平均估计量

$$\bar{x}_i=\frac{1}{n_i}\sum_{j=1}^{n_i}x_{ij}$$

$$\hat{\bar{x}}=\bar{x}=\frac{\sum_{i=1}^{k}n_i\bar{x}_i}{n}$$

式中，$x_{ij}$ 表示第 $i$ 层第 $j$ 个单位的是非标志值。

$$p_i=\frac{1}{n_i}\sum_{j=1}^{n_i}x_{ij}$$

$$\hat{P}=p=\frac{\sum_{i=1}^{k}n_ip_i}{n}$$

式中，$x_{ij}$ 表示第 $i$ 层第 $j$ 个单位的是非标志值。

2. 多相抽样的抽样平均误差

$$\mu_{\bar{x}}=\sqrt{\frac{\sigma^2}{n'}\left(1-\frac{n'}{N}\right)+\frac{\overline{\sigma_i^2}}{n}\left(1-\frac{n}{n'}\right)}$$

$$\mu_p=\sqrt{\frac{P(1-P)}{n'}\left(1-\frac{n'}{N}\right)+\frac{\overline{p_i(1-p_i)}}{n}\left(1-\frac{n}{n'}\right)}$$

式中，$\sigma^2$ 表示总体方差；$\overline{\sigma_i^2}$ 表示平均各层内方差；$P(1-P)$ 表示总体成数方差；$\overline{p_i(1-p_i)}$ 表示平均各层内成数方差。

采用纯随机抽样抽取第一相样本，则第一相样本抽样误差为：

$$\mu_{1\bar{x}}=\frac{\sigma^2}{n'}\left(1-\frac{n'}{N}\right)$$

采用类型抽样抽取第二相样本，则第二相样本抽样误差为：

$$\mu_{2\bar{x}}=\frac{\overline{\sigma_i^2}}{n}\left(1-\frac{n}{n'}\right)$$

$$\overline{\sigma_i^2}=\frac{\sum_{i=1}^{k}n'_i\sigma_i^2}{n'}$$

实际抽样中，用样本值替代 $\sigma_i^2$ 和 $\sigma^2$。

$$\frac{\sum_{i=1}^{k}(\bar{x}_i-\bar{x})^2n_i}{\sum_{i=1}^{k}n_i}=\frac{\sum_{i=1}^{k}(\bar{x}_i-\bar{x})^2n_i}{n}\approx\sigma^2$$

$$s_i^2=\frac{1}{n_i-1}\sum_{j=1}^{n_i}(x_{ij}-\bar{x}_i)^2\approx\sigma_i^2$$

### （五）多相抽样的应用

采用二项抽样对我国城乡居民的家计抽样调查效果显著。为了研究家庭的收入、收入来源以及消费构成情况，首先采用纯随机抽样的形式抽选 10 000 户家庭，以调查其家庭收入情况，然后再从中抽取 1 000 户家庭，以调查其收入来源及消费构成情况。

### （六）多相抽样与多阶段抽样的区别

（1）若总体范围较大，进而不便于直接抽取最终调查单位，则采用多阶段抽样。

（2）若为适应不同调查项目的要求，以便达到节省人力、物力、财力的目的，则采用多相抽样。

（3）多阶段抽样的每个阶段，抽样单位的大小是不同的；它是从大单位中抽取小单位。从小单位中抽取更小的单位。

（4）多相抽样每次抽取的单位大小是相同的；后一次抽取的单位是上一次抽取的单位中的一部分。

### （七）多相抽样优缺点

优点：在一套样本中，根据对调查标志的不同要求，进行几个大小不同样本的调查，便于组织和节约费用；

缺点：抽样误差较大。

## 七、穿插抽样

### （一）穿插抽样的概述

穿插抽样，又称交叉抽样，它是指从全及总体中随机抽选容量为 $n$ 的样本，再将该样本随机地分成若干个独立的子样本，每个子样本由一个或一组调查员调查，然后单独计算样本指标，分析比较各子样本指标的抽样组织形式。

提高穿插抽样效果的主要途径是将穿插样本分成更多的子样本，但是，在实际工作中子样本划分过多，会增大调查费用和增加工作量。可见，子样划分不宜过多，一般划分为两三个子样就能达到应有的效果。

### （二）穿插抽样的适用性和局限性

穿插抽样的适用性在于：在有限的人力和调查费用条件下，当需要检查基层调查工作有无系统性偏差时，可以采用穿插抽样的组织形式。

穿插抽样的局限性在于：很难保证二次抽选得到的子样本能反映总体特征。子样本对样本可以满足较高的代表性，不过，子样本对总体的代表性可能降低，因而二次抽选会导致抽样平均误差增大。

### （三）穿插抽样的抽取单位的方法

从全及总体 $N$ 个单位中随机抽取 $n$ 个单位作为样本，再将 $n$ 个单位随机地分成若干个独立子样本，每个子样本的容量为 $n_i$，$\sum n_i = n$。

每位或每组调查员单独专门负责调查一个子样，分析比较各子样的调查结果，若它们的调查结果偏差彼此不大，则说明调查工作中的系统性偏差可能较小，可用其中任一子样的样本指标值估计总体参数；若它们的调查结果彼此偏差较大，则说明调查工作中可能存在系统性偏差。纠正系统性偏差的方法通常是将各子样的调查员对调，然后对子样重新调查。假如调查员对调后子样的调查结果与原调查结果一致，则说明调查工作不存在系统性偏差，因此，可以认为子样的样本指标间的偏差可能是由于样本划分时没有遵循随机原则所致。

### （四）穿插抽样的估计量及其抽样平均误差

就抽取容量为 $n$ 的样本和 $n_i$ 的子样本时所采用的随机抽样组织形式来确定相应的估计量和影响抽样平均误差的方差。

## 八、目录抽样

### （一）目录抽样的概念

目录抽样（category sampling）是指对大多数较小单位实行抽样调查，对少数大单位进行全面调查，并通过建立数学模型定量地找出二者最优的分界点。

它是抽样调查与全面调查相结合的抽样调查方法。

若以标志变量为横坐标，以相应单位数为纵坐标，则对于变量离散程度较大的“关键的少数和次要的多数”的频（数）率分布呈高度偏态分布，针对这种调查对象，采用目录抽样具有显著的优越性。

事实证明，这种抽样组织形式比常用的抽样方式可以节省 75％的样本单位。

### （二）目录抽样的基本思路

在社会经济现象总体结构中，通常存在“关键的少数和次要的多数”的局面。换句话说，尽管总体中只有少数单位，但是其标志值却占总体所有单位的标志总值很大份额，然而，多数单位的标志总值只占所有单位标志总值的很小份额。

对此，目录抽样以如下思路进行：

第一，按照标志顺序编制目录抽样框。

第二，将总体单位分成两部分：少数重点单位和多数非重点单位。

第三，对少数重点单位进行全面调查；对多数非重点单位进行抽样调查。

目录抽样有以下的好处：① 花费相对少的费用，对少数重点单位进行全面调查，可以使大部分的标志总值的统计避免抽样误差；② 多数非重点单位构成了容量大的总体，这样的总体会趋近于正态分布，对此总体进行抽样调查，更能够降低抽样误差。

### （三）目录抽样的步骤

第一，根据总体单位目录，按有关标志值 $x$ 将总体单位编排成频数分布表，如表 9-16 所示。

表 9-16 总体的频数分布——按有关标志值 $x$ 分成 $k$ 组

| 组序号($i$) | 组距式分组 | 总体单位数($f_i$) | 组中值($\bar{x}_i$) |
|---|---|---|---|
| 1 | $x_{1,1}-x_{1,f_1}$ | $f_1$ | $\bar{x}_1$ |
| 2 | $x_{2,1}-x_{2,f_2}$ | $f_2$ | $\bar{x}_2$ |
| … | … | … | … |
| $k-1$ | $x_{k-1,1}-x_{k-1,f_{k-1}}$ | $f_{k-1}$ | $\bar{x}_{k-1}$ |
| $k$ | $x_{k,1}-x_{k,f_k}$ | $f_k$ | $\bar{x}_k$ |
| 合 计 | | $N$ | |

备注：(1) 若能够取得各组所有单位标志值，则直接计算各组算术平均数，与计算组中值相比更为准确。
(2) 表中为非连续的分组序列，仅针对本表分组约定不遵循“上限不在内原则”，即，各组上限仍属于相应组。

第二，按不同的抽样百分比计算出总体的不同样本量 $n_1$，$n_2$，……。

第三，对第一样本量 $n_1$，以各组下限 $x_{k,1}$，$x_{k-1,1}$，…，$x_{2,1}$ 作为对总体的不同分割点。所谓分割点，就是据此划分全面调查范围和抽样调查范围的某个有关标志值，标志值大于或等于该标志值的所有单位(即所有重点单位)就是要全面调查的单位，反之，就是要抽样调查的单位(即所有非重点单位)。

在各分割点下，总体有关标志总值 $x$ 的估计量 $\hat{x}$ 及其抽样方差 $V(\hat{x})$ 和相应的相对标准误 $\mathrm{RSE}(\hat{x})$：

$$\hat{x}=x_1+\frac{N_2}{n_2}\sum_{i=1}^{n_2}x_{2i}$$

$$V(\hat{x})=N_2^2\frac{N_2-n_2}{N_2-1}\frac{\sigma_2^2}{n_2}$$

$$\mathrm{RSE}(\hat{x})=\frac{\sqrt{V(\hat{x})}}{x}$$

式中，$n_2$ 为抽取的非重点单位数；$N_2$ 为非重点单位总数；$x_1$ 为所有重点单位的有关标志总值；$\sum_{i=1}^{n_2}x_{2i}$ 为抽取的非重点单位的有关标志总值；$\sigma_2^2$ 为所有非重点单位的总方差。

因为在某一范围之内相对标准误将随分割点的下降而下降，然而，过了某一范围之后，又会上升，所以，在不同分割点中，可以找出一个相对标准误最小的分割点作为该样本量下的最优分割点。

假设计算出的最小相对标准误为 $E_1$，那么，对应的分割点为 $x_1$，就是第一个样本量 $n_1$ 下的最优分割点。

同理，再求出样本量 $n_2$，$n_3$，…… 下的最优分割点 $x_2$，$x_3$，…… 和相应的最小相对标准误 $E_2$，$E_3$，……。

第四，在不同样本量下，求得的最优分割点和相应的最小相对标准误，如表 9-17 所示。

表 9-17　不同样本量下的最优分割点和最小相对标准误

| 样本序号 ($i$) | 全部样本量 ($n_i$) | 最优分割点 ($x_i$) | 最小相对标准误 ($E_i$) |
|---|---|---|---|
| 1 | $n_1$ | $x_1$ | $E_1$ |
| 2 | $n_2$ | $x_2$ | $E_2$ |
| 3 | $n_3$ | $x_3$ | $E_3$ |
| … | … | … | … |

从表 9-17 中选定一个适当的相对标准误，并以其相应的全部样本量和最优分割点分别作为目录抽样的全部样本量和最优分割点，划分全面调查范围和抽样调查范围，分别进行调查。

第五，根据调查结果，利用调查所得的标志值计算出总体有关总值的估计值及其相应的抽样方差。

# 第九节　抽 样 分 布

## 一、统计量$\dfrac{(n-1)s^2}{\sigma^2}$的抽样分布

**定理**　假如随机变量 $z_1$，$z_2$，…，$z_n$ 相互独立且服从标准正态分布，那么

$$z_1^2+z_2^2+\cdots+z_n^2=\sum_{i=1}^{n} z_i^2 \sim \chi^2(n)$$

**推理 1**　假设 $\{x_1, x_2, \cdots, x_n\}$ 是取自正态分布总体 $x_i \sim N(\mu, \sigma^2)$ 的样本，那么

$$\frac{\sum_{i=1}^{n}(x_i-\mu)^2}{\sigma^2} \sim \chi^2(n)$$

［证］　$\dfrac{x_i-\mu}{\sigma} \sim N(0, 1)$

$$\frac{\sum_{i=1}^{n}(x_i-\mu)^2}{\sigma^2}=\sum_{i=1}^{n}\left(\frac{x_i-\mu}{\sigma}\right)^2=\sum_{i=1}^{n} z_i^2 \sim \chi^2(n)$$。推理 1 证毕。

**推理 2** 假设 $\{x_1, x_2, \cdots, x_n\}$ 是取自正态分布总体 $x_i \sim N(\mu, \sigma^2)$ 的样本，那么

$$\frac{\sum_{i=1}^{n}(x_i-\bar{x})^2}{\sigma^2}=\frac{(n-1)s^2}{\sigma^2}\sim \chi^2(n-1)$$

式中，样本方差 $s^2=\frac{1}{n-1}\sum_{i=1}^{n}(x_i-\bar{x})^2$。

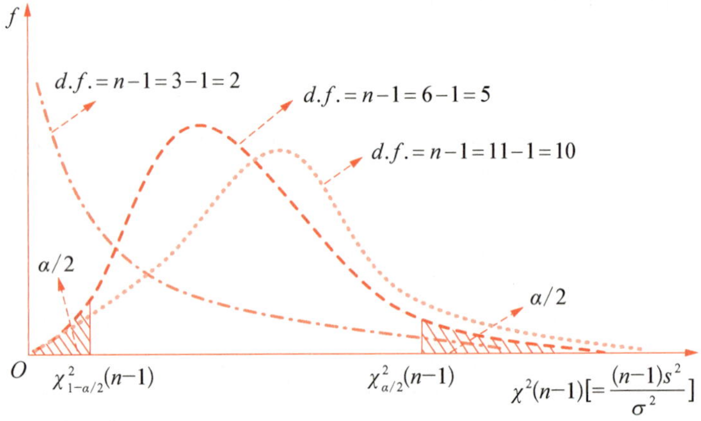


图 9-12 $\chi^2$ 分布对应的置信区间图

$$\chi^2_{1-\alpha/2}(n-1)\leqslant\frac{(n-1)s^2}{\sigma^2}\leqslant\chi^2_{\alpha/2}(n-1)$$

或者 $\frac{(n-1)s^2}{\chi^2_{\alpha/2}(n-1)}\leqslant\sigma^2\leqslant\frac{(n-1)s^2}{\chi^2_{1-\alpha/2}(n-1)}$（总体方差区间估计）

因为 $\chi^2$ 分布表是按照 $P\{\chi^2(n)>\chi^2_\alpha(n)\}=\alpha$ 制作的，$\chi^2$ 分布对应的置信区间图如图 9-12 所示，则

短竖线（右边竖线）右边面积 $=\alpha/2$

长竖线（左边竖线）右边面积 $=1-\alpha/2$

所以，

$$P\{\chi^2(n-1)>\chi^2_{\alpha/2}(n-1)\}=\alpha/2$$

$$P\{\chi^2(n-1)>\chi^2_{1-\alpha/2}(n-1)\}=1-\alpha/2$$

［证］ 推理 2

$$\begin{aligned}\sum_{i=1}^{n}(x_i-\mu)^2&=\sum_{i=1}^{n}[(x_i-\bar{x})+(\bar{x}-\mu)]^2\\&=\sum_{i=1}^{n}(x_i-\bar{x})^2+\sum_{i=1}^{n}(\bar{x}-\mu)^2+2\sum_{i=1}^{n}(x_i-\bar{x})(\bar{x}-\mu)\\&=\sum_{i=1}^{n}(x_i-\bar{x})^2+\sum_{i=1}^{n}(\bar{x}-\mu)^2+2(\bar{x}-\mu)\sum_{i=1}^{n}(x_i-\bar{x})\end{aligned}$$

因为 $\sum_{i=1}^{n}(x_i-\bar{x})=0$，所以，

$$\sum_{i=1}^{n}(x_i-\mu)^2=\sum_{i=1}^{n}(x_i-\bar{x})^2+n(\bar{x}-\mu)^2+2(\bar{x}-\mu)\cdot 0$$
$$=\sum_{i=1}^{n}(x_i-\bar{x})^2+n(\bar{x}-\mu)^2$$

上式两边同时除以 $\sigma^2$，得

$$\frac{\sum_{i=1}^{n}(x_i-\mu)^2}{\sigma^2}=\frac{\sum_{i=1}^{n}(x_i-\bar{x})^2}{\sigma^2}+\frac{n(\bar{x}-\mu)^2}{\sigma^2}$$
$$=\frac{\sum_{i=1}^{n}(x_i-\bar{x})^2}{\sigma^2}+\left(\frac{\bar{x}-\mu}{\sigma/\sqrt{n}}\right)^2$$

$$\frac{\sum_{i=1}^{n}(x_i-\bar{x})^2}{\sigma^2}=\frac{\sum_{i=1}^{n}(x_i-\mu)^2}{\sigma^2}-\left(\frac{\bar{x}-\mu}{\sigma/\sqrt{n}}\right)^2$$

$$\sum_{i=1}^{n}\left(\frac{x_i-\bar{x}}{\sigma}\right)^2=\sum_{i=1}^{n}\left(\frac{x_i-\mu}{\sigma}\right)^2-\left(\frac{\bar{x}-\mu}{\sigma/\sqrt{n}}\right)^2$$

根据推理 1,有

$$\frac{\sum_{i=1}^{n}(x_i-\mu)^2}{\sigma^2}\sim\chi^2(n)$$

依据中心极限定理,样本平均数 $\bar{x}$ 近似服从正态分布,即

$$\bar{x}\sim N\left(\mu,\frac{\sigma^2}{n}\right)$$

因而

$$\frac{\bar{x}-\mu}{\sigma/\sqrt{n}}\sim N(0,1)$$

根据定理 1,得

$$\left(\frac{\bar{x}-\mu}{\sigma/\sqrt{n}}\right)\sim\chi^2(1)$$

由于 $n$ 个随机变量 $\left(\frac{x_1-\bar{x}}{\sigma}\right)^2$、$\left(\frac{x_2-\bar{x}}{\sigma}\right)^2$、…、$\left(\frac{x_n-\bar{x}}{\sigma}\right)^2$ 与 $\bar{x}$ 相互独立,且服从 $\chi^2$ 分布的统计量具有可加性,因此

$$\sum_{i=1}^{n}\left(\frac{x_i-\bar{x}}{\sigma}\right)^2=\sum_{i=1}^{n}\left(\frac{x_i-\mu}{\sigma}\right)^2-\left(\frac{\bar{x}-\mu}{\sigma/\sqrt{n}}\right)^2$$

$$\sum_{i=1}^{n}\left(\frac{x_i-\mu}{\sigma}\right)^2 \sim \chi^2(n),\ \left(\frac{\bar{x}-\mu}{\sigma/\sqrt{n}}\right)^2 \sim \chi^2(1)$$

$$\sum_{i=1}^{n}\left(\frac{x_i-\bar{x}}{\sigma}\right)^2 \sim \chi^2(n-1)$$

$$\sum_{i=1}^{n}\left(\frac{x_i-\bar{x}}{\sigma}\right)^2=\frac{\sum_{i=1}^{n}(x_i-\bar{x})^2}{\sigma^2}=\frac{(n-1)\left[\sum_{i=1}^{n}(x_i-\bar{x})^2/(n-1)\right]}{\sigma^2}$$

$$=\frac{(n-1)s^2}{\sigma^2} \sim \chi^2(n-1)\text{。推理 2 得证。}$$

## 二、样本比率$\bar{p}$的抽样分布

假如在容量为 $N$ 的总体中，具有某种性质的个体数为 $M$，那么，在总体中具有此性质的个体数占总体数的比率为：

$$p=\frac{M}{N}$$

假如从容量为 $N$ 的总体中抽取容量为 $n$ 的样本，具有该种性质的个体数为 $m$，那么，在样本中具有此性质的个体数占样本容量的比率为：

$$\bar{p}=\frac{m}{n}$$

在重置抽样下，

若 $m=x_1+x_2+\cdots+x_n$ 为 $n$ 个伯努利变量之和，则

$$m \sim B(n,\ p)(m\text{ 服从二项分布}),m=0,\ 1,\ 2,\ \cdots,\ n$$

二项分布（binomial distribution），指的是重复 $n$ 次独立的伯努利试验（Bernoulli experiment），在 $n$ 次独立的是/非试验中，成功的次数的离散概率分布。

其中，每次试验的成功（注："成功"表示抽中具有某种性质的个体）概率都是 $p$，即事件发生与否（注：表示抽中具有某种性质的个体与否）的概率在每一次独立试验中都保持不变。

单次成功/失败试验又称为伯努利试验。实际上，当 $n=1$ 时，二项分布就是伯努利分布，二项分布是显著性差异的二项试验的基础。

试验中，事件发生的次数 $x$ 为一随机事件，它服从二项（次）分布。

当试验次数为 1 时，二项分布服从 0—1 分布。

$x$（抽中具有某性质的个体数）的概率分布为：

$$p(x=m)=\binom{n}{m}p^m(1-p)^{n-m}=C_n^m p^m(1-p)^{n-m}$$

$$=B(m;\ n,\ p),\ m=0,\ 1,\ 2,\ \cdots,\ n$$

由于 $\bar{p}$ 是 $m$ 的线性函数，因此，$\bar{p}$ 也是服从二项分布，有

$$p(\bar{p})=\binom{n}{n\bar{p}}p^{n\bar{p}}(1-p)^{n-n\bar{p}}=C_n^{n\bar{p}}p^{n\bar{p}}(1-p)^{n-n\bar{p}},\ \bar{p}=0,\ \frac{1}{n},\ \frac{2}{n},\ \cdots,\ 1$$

因为 $\bar{p}=\dfrac{m}{n}=\dfrac{1}{n}m$

$$
\begin{aligned}
m = & x_1[\text{在第 1 次试验中具有某种性质的个体被抽中(事件发生)}] \\
& + x_2[\text{在第 2 次试验中具有某种性质的个体被抽中(事件发生)}] \\
& \cdots \quad \cdots \quad \cdots \\
& + x_n[\text{在第 } n \text{ 次试验中具有某种性质的个体被抽中(事件发生)}]
\end{aligned}
$$

式中，$x_i=1$，表示在第 $i$ 次试验中具有某种性质的个体被抽中(事件发生)；$x_i=0$，表示在第 $i$ 次试验中具有某种性质的个体没有被抽中(事件没有发生)。

若事件出现/发生的次数记为 $x_i$，则 $x_i$ 仅取 0 或 1，因而，相应的概率分布为：

$$b_k = px_i = k = p^k(1-p)^{1-k},\ k=0,\ 1$$

$$
\begin{aligned}
E(m) &= E(x_1+x_2+\cdots+x_n) \\
&= E(x_1)+E(x_2)+\cdots+E(x_n) \\
&= \underbrace{[1\times p+0\times(1-p)]+[1\times p+0\times(1-p)]+\cdots+[1\times p+0\times(1-p)]}_{n\text{项}} \\
&= \underbrace{p+p+\cdots+p}_{n\text{项}} \\
&= np
\end{aligned}
$$

$$
\begin{aligned}
\mathrm{Var}(m) &= \mathrm{Var}(x_1+x_2+\cdots+x_n) \\
&= \mathrm{Var}(x_1)+\mathrm{Var}(x_2)+\cdots+\mathrm{Var}(x_n) \\
&= \sum_{i=1}^{2}(x_1^{(i)}-\bar{x}_1)^2p_1^{(i)}+\sum_{i=1}^{2}(x_2^{(i)}-\bar{x}_2)^2p_2^{(i)}+\cdots+\sum_{i=1}^{2}(x_n^{(i)}-\bar{x}_n)^2p_n^{(i)} \\
&= \underbrace{[(1-p)^2\times p+(0-p)^2\times(1-p)]+[(1-p)^2\times p+(0-p)^2\times(1-p)]+\cdots}_{n\text{项}} \\
&\quad +[(1-p)^2\times p+(0-p)^2\times(1-p)] \\
&= \underbrace{[(1-p)^2\times p+p^2\times(1-p)]+[(1-p)^2\times p+p^2\times(1-p)]+\cdots}_{n\text{项}} \\
&\quad +[(1-p)^2\times p+p^2\times(1-p)] \\
&= \underbrace{[p(1-p)+p(1-p)+\cdots p(1-p)]}_{n\text{项}} \\
&= np(1-p)
\end{aligned}
$$

因为这一分布的概率和二项式 $(p+q)^n$ 的展开式各项相同，所以称为二项分布。该分布属于离散型随机变量的分布，通常，采用以下计算形式求期望和方差：

$$\mu = E(x) = \sum xp(x) = \sum_{x=0}^{n} xC_n^x p^x q^{n-x} = np$$

$$\sigma^2 = \sum (x-\bar{x})^2 p(x) = \sum_{x=0}^{n}(x-\bar{x})^2 C_n^x p^x q^{n-x} = npq = np(1-p)$$

因而

$$E(\bar{p}) = \frac{1}{n}E(m) = \frac{1}{n}np = p$$

$$\mathrm{Var}(\bar{p}) = \frac{1}{n^2}\mathrm{Var}(m) = \frac{1}{n^2}np(1-p) = \frac{p(1-p)}{n}$$

## 第十节 盖洛普民意测验

### 一、乔治·盖洛普

乔治·盖洛普(George Gallup，1901—1984)，1901 年 11 月 18 日，出生于美国艾奥瓦州杰佛森镇贫穷农民家庭，1918 年，入读艾奥瓦大学，1923 年，获得学士学位；1925 年，获得硕士学位；1928 年，获得博士学位。数学家、抽样调查方法创始人。尽管他从事总统大选民意测验工作，但是，他从不参与投票，也不为任何党派候选人助选。1984 年 7 月 26 日，因心脏病突发在其瑞士的消夏别墅中溘然长逝。

### 二、盖洛普民意测验机构

1935 年，盖洛普民意测验机构由乔治·盖洛普创办而得名，总部位于普林斯顿，它是民意测验和商业调查/咨询公司，美国民意调查机构——美国舆论研究所进行的调查项目之一。

每年，举行 20～25 次民意测验，总统大选年略增加测验次数。调查内容包括社会、政治、经济等。

该机构用科学方法测量和分析选民、消费者和员工的意见、态度和行为，并据此为客户提供营销和管理咨询。在全球 25 个主要国家设有分公司，涵盖全世界 60%的人口和 70%的总产值。

中国盖洛普咨询有限公司是盖洛普公司与中方投资者在华合资企业，于 1993 年经中国中央政府批准成立，旨在为国内外客户提供高质量的商业和管理调查、研究、咨询和培训服务。公司共有 80 名学有专长和经验丰富的全职雇员和 3 000 余名兼职人员。总部设在北京，并在上海和广州设有办事处。中国盖洛普公司拥有全国 50 多个城市和部分农村地区的消费者抽样框，能精确进行各种全国或地区性消费者调查。中国盖洛普公司使用经过严格挑选和培训的督导和访员队伍自行搜集数据，并由其资深分析师根据盖洛普的研究方法和质量标准，对调查数据进行深层分析，继而为客户提供进行营销和管理决策的可靠依据和咨询建议。

### 三、盖洛普民意测验标准和方法

20 世纪 30 年代，盖洛普设计出盖洛普民意测验(Gallup poll)。测验标准包括：年龄、性别、教育程度、职业、经济收入、宗教信仰。

测验方法是抽样调查方法，在全国各州按比例选择测验对象，派调查员面访，然后，统计调查结果，分析并作出说明，提供给用户。在美国各州进行抽样问卷调查或者电话访谈，然后对所得材料进行统计分析。盖洛普民意测验是调查民众的看法、意见和心态的测试方法，几乎成为民意调查活动的代名词。它是一种观点的民意测验，常常被各大媒体用于代表民意的一种表现方式。

在 1936 年美国总统竞选民意测验中，乔治·盖洛普使用的配额抽样法(the quota method of sampling)，获得了巨大成功，从此开创了民意测验的先河。

配额抽样法，力求调查对象在州、市、镇、村的规模，以及年龄、性别、人种和社会阶层等方面,都能够准确地代表美国选区及其选民。

## 四、盖洛普民意测验机构的穿插抽样设计范例

### (一) 盖洛普民意测验抽样目的

取得居住在美国(50个州和哥伦比亚特区)的所有成年人(18岁及18岁以上者)对于一些社会问题的意见的抽样估计量,其中包括:军事基地的军人、医院患者、监狱的囚犯等机构暂住的人员。

### (二) 盖洛普民意测验抽样方法

#### 1. 分层

由调查地区构成的全国性概率抽样样本,分层两阶段抽样。按照地理位置、都市化程度和社区规模对全美各地区进行分层。

根据1980年人口普查资料,按照地区的人口规模和都市化程度进行分层,将全美各地区划分为七类:① 100万人及100万人以上人口的中心城市;② 25万人至100万人之间人口的中心城市;③ 5万人至25万人之间人口的中心城市;④ 人口规模低于以上三组,不过,其地理位置处在(人口普查局确认的)都市化地区;⑤ 人口在2 500人至49 999人之间的(人口密集地区和人口普查标识地区)城市和乡镇;⑥ 人口数在2 500人以下的(人口密集地点和人口普查标识地点)乡镇和村庄;⑦ 其他地区。

另外,盖洛普抽样将全美划分为:

新英格兰地区、大西洋中部地区、中东部地区、中西部地区、东南部地区、山区和太平洋沿海地区。

按照社区规模、都市化程度和地理区域逐次分层之后,全美被划分为人口规模相等的若干地区,并且将这些地区按照各自的地理位置呈螺旋状的带状排列,以便可以根据与人口规模等比例的原则,从此带状分布的地区中抽出调查地区。

#### 2. 抽取调查地区

以多阶段概率抽样方式,分阶段抽取地区样区。将抽中的调查地区进一步分成数个分区,然后,仍然按照各分区的人口规模,等比例地抽取分区样本。倘若缺少分区的人口资料,并且各分区的地理面积差异又不大时,亦可采取等概率方式抽取分区样本。

当进行入户调查时,若能取得分区中各街道的有关资料,则应按照与住宅数目等比例的抽样概率,抽取街道或街区样本。在那些缺少有关统计资料的分区中,可按照等概率的原则抽取街区或街段。

从调查地区中抽取家庭和个人。在城市以街区为单位,在乡村以乡(或者同等大小面积的地区)为单位,抽取入户调查点。

在进行全国性调查时,大约需要300个这样的调查点。在每一个由街区或街段构成的调查点上,都要根据该地区的地图,随机地确定出抽样的起点。调查员将从这一点开始,顺着一条事先定好的访问路线,挨家挨户地进行调查。直到面访的男性和女性的被调查者人数达到任务规定的数额时,这次入户调查方告结束。

#### 3. 调整调查点

盖洛普抽样依据美国人口普查局(US Census Bureau)最新公布的各地区人口结构抽样数据,定期地校正各地区抽样前分层的人口结构,使之与人口普查局的最新资料一致。

比如:根据人口普查局的抽样数据,对样本中的受教育程度、年龄、性别等人口结构

进行一些小的调整。

### (三) 调查方法: 派员入户调查

调查一般在周末或者周末的晚上进行。因为这些时间段成年人大多喜欢待在家里，正适合进行入户调查。

盖洛普抽样是一种以人们“出行规律”进行加权的抽样设计，它考虑人们外出的情况，具有比回访方式更高的效率。

由于种种原因，一些人平时很少待在家里，因此，采用这一方法有助于减少因缺少这类样本而引起的抽样误差。

## 五、盖洛普民意测验优点

采用穿插样本，可以进行任何特定的研究。

从一个完整的盖洛普抽样的抽样框中抽出的每一组调查点，都可以提供一个独立的、具有充分代表性的全国性样本。能够取得每一个独立子样的总体参数估计量和通过样本资料计算出估计量的标准误差，这是盖洛普抽样设计时的突出特点。

计算出由抽样资料取得的比率数据的估计量标准误差，有助于确定“典型的”盖洛普抽样误差置信区间。经过对大量估计量的数量分析，在 95%的置信水平下，由 1 500 个全国性标准样本资料得出的估计量的置信区间，大约为±3%。比率数据的抽样误差界限(比如: 对于某一观点或态度的比率，反映为 90%∶10%或者 80%∶20%)，一般可以比置信区间稍小一些。然而，当估计量是由部分样本资料取得时(例如，仅仅从男子样本中取得的数据)，抽样误差界限略大于置信区间才是合理的。

抽样误差置信区间是一个存在于抽样过程的随机变量，抽样设计效率要取决于分层技术、加权技术、调查登记和数据处理过程中的种种随机因素。此外，抽样误差置信区间并没有考虑非抽样误差和其他一些可能的偏误因素。因而，当试图减少偏误时，仅仅依靠置信区间是不够的，它不能反映调查研究中导致偏误的全部根源。

## 六、美国总统大选、民意调查、义乌“神秘大数据”

### (一) “胜者全得”

根据美国总统选举制度(American presidential election system)，总统由选举人团选举产生，并非由选民直接选举产生，获得半数以上选举人票者当选总统。在大选日投票时，不仅选民要在总统候选人当中选择，而且要选出代表 50 个州和华盛顿特区的 538 名选举人，以组成选举人团。绝大多数州和华盛顿特区均实行“胜者全得”(winner-take-all，又译作赢者通吃)规则，即把本州或特区的选举人票全部给予在本州或特区获得相对多数选民票的总统候选人。

### (二) 民调

民调又称民意调查、民意测验或舆论调查，它是一种了解公众对某些政治、经济、社会问题与政策的意见和态度，由专业民调公司、媒体或者政府单位进行的调查方法，其目的在于通过网路、电话、书面等媒介对大量样本的问卷调查抽样，以便在统计学上较为客观、精确地推论社会舆论或民意动向。

主要民调机构有盖洛普(Gallup)、克罗斯利(Crossley)、罗波尔(Roper) 、萨凡塔(Savanta ComRes，英国)以及舆观(YouGov)。

随着时代演进，生活形态转变，依靠拨打住宅电话的抽样方式涵盖率缩小且拒访率上升，导致民调较难接触到年轻族群。未来将会采用移动电话与社交媒体的多元调查方法，旨在涵盖更多民众，以提高民调的准确率。

### （三）义乌“神秘大数据”(Mysterious big data of Yiwu)

义乌市，隶属于浙江省金华市，古称“乌伤”。义乌国际商贸城被中国国家旅游局授予中国首个AAAA级购物旅游区。义乌是全球最大的小商品集散中心，被联合国、世界银行等国际权威机构确定为世界第一大市场。

2016年，美国第58届总统选举，希拉里在美国国内媒体和精英中呼声最高，向世界传递出的信号，希拉里一定获胜，成为美国首位女总统。美国民调结果，希拉里的胜选率72%，并且，各大媒体更是都押宝在希拉里身上，然而，在义乌国际商贸城，有关特朗普的竞选产品充斥着各个档口。义乌的“神秘大数据”显示，希拉里人气远不如特朗普。

从义乌发货的特朗普竞选产品，包括应援旗帜、帽子、T恤衫，其订单量远远超过希拉里，当时，义乌老板们就“逆天”预测，特朗普会担任美国第45任总统。

义乌几乎成了国际形势预测基地，甚至还出现了“义乌指数”。义乌老板和亚马逊卖家，预测结果要比民调准得多。民调可能会撒谎，媒体可能会撒谎，然而，义乌的商品订单却不会说谎，购买应援品却很诚实。

## 研讨问题九

9.1 非随机抽样调查与随机抽样调查有哪些异同点？

9.2 简述样本指标与总体指标的区别与联系。

9.3 代表性误差、极限误差、代表性平均误差三者的关系如何？

9.4 怎样事前控制随机抽样调查的代表性误差范围？

9.5 影响必要样本容量的因素有哪些？

9.6 抽样误差与一般的调查误差有什么不同？

9.7 为什么只有遵守随机原则才能保证抽样调查的科学性？

9.8 从定性和定量两方面阐述重置抽样的抽样误差为什么总是大于不重置抽样的抽样误差？

9.9 试述常用的集中抽样组织形式，并指出它们在应用时各有何特点？

9.10 什么是抽样框？其有什么作用？

9.11 某村种植水稻150公顷，在收割前随机抽查100平方米的水稻样本（不重置抽样），测得每平方米水稻的平均产量为0.5千克，标准差为0.05千克。试以95.45%的概率保证推断该村的水稻每公顷产量和总产量的范围。

9.12 某厂生产100万个零件，用纯随机抽样方式不重置抽取1 000个零件进行检验，测得废品为20件，如以0.997 3的概率保证，试对该厂这种零件的废品率作点估计和区间估计。

9.13 某大学对新入学新生的近视率进行抽样调查,规定允许误差不超过30%,概率为95%。并掌握了过去三年新生的近视率分别为89.15%,89.50%,90.10%,试根据以上资料确定这次调查至少要抽选多少学生进行调查。

9.14 某高校随机抽选千分之一的大学生进行抽样调查,测得他们的身高资料如表9-18所示。

表9-18 某高校随机抽选千分之一的大学生进行抽样调查测得身高资料

| 按身高分组/cm | 学生人数 |
|---|---|
| 150～<160 | 20 |
| 160～<170 | 60 |
| 170～180 | 16 |
| 180及以上 | 4 |

试以95.45%的概率保证估计:

(1) 该校全部大学生的平均身高的范围。

(2) 该校全部大学生身高在170 cm以上的人数范围。

9.15 试填写表9-19所缺的指标,并要求写出计算过程。

表9-19 类型抽样指标计算表

| 类型组 | 抽样数目 | 抽样平均数 | 变异系数/(%) | $p=0.9545$ | |
|---|---|---|---|---|---|
| | | | | 抽样平均数误差 | 全及平均数范围 |
| 甲 | 400 | 3 | | | |
| 乙 | 900 | 2 | | | |
| 丙 | 1 600 | 4 | | | |
| 合计 | | | | | |

9.16 某地有10 000户,按城市和农村户比例,用不重置抽样方法抽取1 000户,进行冰箱拥有量的调查,资料如表9-20所示。

表9-20 某地不重置抽样进行冰箱拥有量的调查资料表

| 家庭户分类 | 分类代码 | 抽样户数 | 冰箱拥有户比重/(%) |
|---|---|---|---|
| 城 市 | 1 | 300 | 80 |
| 农 村 | 2 | 700 | 15 |

试以80%的概率推断该地冰箱拥有户比重的范围。

9.17 设某味精厂昼夜连续生产,每分钟产量为100袋,现采用整群抽样来检验一昼夜生产的味精每袋的重量和包装的一等品率,每144分钟抽取1分钟生产的全部袋装味精进行检查,共抽检10分钟的袋装味精,结果如表9-21所示。

表 9-21 某味精厂整群抽样袋装味精抽检结果表

| 分钟编号 | 1 | 2 | 3 | 4 | 5 | 6 | 7 | 8 | 9 | 10 |
|---|---|---|---|---|---|---|---|---|---|---|
| 平均袋重($\bar{x}_i$)/g | 49.9 | 50.4 | 50.5 | 49.5 | 50.3 | 50.2 | 50.0 | 50.5 | 50.2 | 50.5 |
| 包装一等品率($p_i$)/(%) | 65 | 70 | 72 | 73 | 71 | 72 | 70 | 68 | 69 | 70 |

试以 $F(t)=95\%$ 的置信度推断该厂一昼夜生产的味精平均袋重的范围和包装一等品率的范围。

9.18 从 0, 1, 2, …, 9 中随机抽取一个数字，试求其概率分布表、数学期望和方差。

9.19 (1) 什么是二项分布？写出其定义，即写出随机变量 $x$ 的概率分布。

(2) 二项分布是从什么试验中推导出来的？

(3) 写出伯努利试验的定义，并举例。

(4) 写出二项分布的数学期望和方差。

9.20 已知某厂某产品的不合格率为 0.2，现从一批产品中随机抽取 6 件，试求下列事件的概率：

(1) 恰有 4 件不合格。

(2) 至多有 3 件不合格。

(3) 至少有 1 件不合格。

9.21 (1) 什么是两点分布？

(2) 当 $a=1$, $b=0$ 时，这个特殊的两点分布被称为什么分布？并写出这个特殊的两点分布表达式以及数学期望和方差。

9.22 某厂对库存某产品进行质量检验，检查结果，发现 2 000 件产品中，有 400 件不合格。试求该产品的不合格率和标准差。

9.23 (1) 试解释泊松分布。

(2) 写出随机变量 $x$ 服从泊松分布的概率分布(表达式)。

(3) 写出泊松分布的数学期望和方差。

9.24 (1) 什么是超几何分布？并写出定义(表达式)。

(2) 写出超几何分布的数学期望和方差。

(3) 在什么情况下，可以用二项分布作为超几何分布的近似值。

9.25 已知一批灯泡 50 只，其中 3 只是坏的，现从中随机不重复抽取 5 只，试求下列事件的概率：

(1) 5 只都是好的。

(2) 5 只中有 2 只是坏的。

9.26 (1) 什么是连续型随机变量？

(2) 连续型随机变量的概率分布的定义(表达式)。

9.27 (1) 列举各种类的连续型随机变量的概率分布。

(2) 正态分布理论由那些学者先后提出？

(3) 正态曲线的特点。

9.28 某年某省参加统计学自学考试的考生 10 000 名，得知总平均成绩为 56 分，标准差为 10 分。现从中随机抽取 1 名考生，试分别求其成绩在下述区间的概率：

(1) 40～50 分。

(2) 50～60 分。

(3) 60～70 分。

9.29 (1) 什么是极限定理？

(2) 什么是大数定理？

9.30 从一批棉花中抽取 50 根纤维进行检验，测得平均强力为 4 克，标准差为 1.8 克。试求该批棉花纤维的平均强力落在 2.7 克到 5.3 克之间的概率。

9.31 在例 28 中，若未知 10 000 名考生分数情况，现从中随机抽取 100 名考生，测得平均成绩为 57 分，标准差为 8 分，试求抽样极限误差小于 2 分的概率。

9.32 (1) 叙述棣莫弗-拉普拉斯中心极限定理。

(2) 写出其推论。

9.33 设某保险公司的老年人寿保险有 1 万人参加，每人每年交 400 元，若老人死亡，保险公司付给家属 20 000 元，设老人死亡率为 0.017，试求保险公司在这次保险中亏本的概率。

9.34 中心极限定理在抽样调查中的作用。

9.35 设某班组有 5 个工人，他们的单位工时工资分别为 6、8、10、12、14 元，现用简单随机重复抽样方式从 5 个工人中抽出 2 人。

(1) 试列出样本均值的抽样分布，分析样本均值的数值特征。

(2) 将各种不同的 $\bar{x}$ 和频数分布编成表，并绘制成总体 $x$ 的分布图和样本 $\bar{x}$ 的抽样分布图。

(3) 计算抽样分布的样本均值的数学期望。

(4) 总体的 $x$ 分布及计算，并计算总体均值和方差。

(5) 并回答样本均值小于 8 的频数，样本均值大于 12 的频数，样本均值在 8～12 之间的频数各为多少？

9.36 设某大学在学期初对男同学体重进行抽样调查，现从全校男同学中随机抽取 100 名。已知总体服从均值为 65 千克，标准差为 20 千克的正态分布。问所抽男大学生的平均体重大于 70 千克的概率为多少？在 60～70 千克之间的概率为多少？

9.37 仍采用习题 9.35 资料，设某班组有 5 个工人，他们的单位工时工资分别为 6、8、10、12、14 元，现用简单随机不重复抽样方式从 5 个工人中抽出 2 人，试列出样本均值的分布，并分析样本平均数的数值特征。

9.38 在习题 9.36 中，设该校共有 5 000 名男大学生，现以不重复抽样方法，随机抽取 100 名男同学。总体服从均值为 65 千克，标准差为 20 千克正态分布的条件不变。问所抽男大学生的平均体重在 60～70 千克之间的概率为多少？

9.39 某地区对上半年栽种的一批树苗进行了调查，假定已知树的成活率为 85%，如果检查一个 400 株树苗组成的随机样本，其中存活率在 80%～90%之间的概率为多少？

9.40 某城市发现城镇居民的月人均可支配收入服从标准差为 900 元的正态分布。现随机抽取 25 位城镇居民作为样本。请回答：

(1) 样本方差小于 64 万元的概率为多少?

(2) 样本方差大于 120 万元的概率为多少?

9.41 某市食品加工厂从长期实践中得知,其加工的 500 克的某袋装食品重量 ($x$) 是一个随机变量,服从方差为 5 的正态分布。为对加工的袋装食品质量进行监测,该厂质检部门经常要进行抽检,以分析每袋食品重量是否符合要求。现从某天加工的一批袋装食品中随机抽取 25 袋,测得其重量(单位:克)为:

| | | | | | | |
|---|---|---|---|---|---|---|
| 502 | 500 | 499 | 501 | 503 | 496 | 497 |
| 495 | 501 | 502 | 505 | 502 | 499 | 502 |
| 503 | 501 | 500 | 500 | 501 | 500 | 502 |
| 501 | 500 | 496 | 499 | 497 | 502 | 500 |

试以 95%的置信水平估计该天袋装食品平均重量的置信区间。

9.42 在习题 9.41 中,如果不知总体方差,试以 95%的置信水平估计该天袋装食品平均重量的置信区间。

9.43 某电视台要了解某市某次电视节目的收视率,随机抽取 300 户居民作为样本。调查结果,其中有 120 户居民收视该电视节目,试以 95.45%的置信水平推断该电视节目收视率的置信区间。

9.44 某企业共有职工 1 200 人,企业准备推行一项改革,在职工中征求意见,采取不重复抽样方法随机抽取 240 人调查,调查结果显示,有 180 人表示赞成该项改革,60 人表示反对。试以 95.45%的置信水平推断该企业赞成改革人数比例的置信区间。

9.45 某灯管厂从一批灯管中抽出 50 支进行耐用时间测试,计算出样本方差为 2 500,请回答:

(1) $\sigma^2$ 的 95%的置信区间;

(2) $\sigma$ 的 95%的置信区间;

(3) 该批灯管的耐用时间是否稳定?

(4) 以上构造置信区间时作了何种假设?

9.46 设一个盒子里装有编号为①②③的三个球,若按重复与不重复方式,考虑顺序与不考虑顺序方式从中随机抽出两个球,问有多少种组合形式?其样本可能数目各为多少?

9.47 某外贸公司出口 5 万包小包装名茶,与外商签订的合同规定每包茶叶的平均重量不能低于 150 克,现采用简单随机不重复方式抽取 2‰进行检验,检验结果如表 9-22 所示。

表 9-22 茶叶重量的计算表

| 每包茶叶重量/g | 包数 $f_i$ | 组中值 $x_i$ | $x_i f_i$ | $(x_i-\bar{x})$ | $(x_i-\bar{x})^2 f_i$ |
|---|---|---|---|---|---|
| 148 以下 | 10 | 147 | 1 470 | −3.9 | 152.10 |
| 148~<150 | 15 | 149 | 2 235 | −1.9 | 54.15 |

续　表

| 每包茶叶重量/g | 包数 $f_i$ | 组中值 $x_i$ | $x_i f_i$ | $(x_i-\bar{x})$ | $(x_i-\bar{x})^2 f_i$ |
|---|---|---|---|---|---|
| 150～<152 | 50 | 151 | 7 550 | 0.1 | 0.50 |
| 152～<154 | 20 | 153 | 3 060 | 2.1 | 88.20 |
| 154及以上 | 5 | 155 | 775 | 4.1 | 84.05 |
| 合　计 | 100 | | 15 090 | | 379.00 |

根据上述资料，在95.45%的概率保证程度下：

(1) 试估计该批茶叶的平均重量。

(2) 试推断该批茶叶是否符合合同规定的要求。

(3) 试推断该批茶叶总重量区间范围。

(4) 试推断抽样估计精确度。

9.48　在习题9.47中，按质量规定，凡重量达不到148克的茶叶包为不合格品，试以95.45%的概率保证程度估计该批茶叶的合格率区间范围。

9.49　在习题9.47中的外商在数月之后，再次向该外贸公司进口小包装名茶，仍执行原先每包茶叶的平均重量不能低于150克的合同。该次从5万包茶叶中随机抽取16包，测得每包重量分别为：151、150、149、154、152、148、151、151、150、153、150、151、150、149、150、150克。根据上述抽样资料，在95%的概率保证程度下，试推断该批茶叶是否符合合同规定的要求？与上次相比，质量是否稳定？

9.50　某县有粮食耕地6 500公顷，按平原、丘陵和山区地势面积等比例抽819平方米进行实割实测，计算结果如表9-23所示。

**表9-23　某县粮食耕地计算表**

| 按地势分　组 | 全部面积/公顷 | 抽样面积/$m^2$ | 抽样均值/$(kg/m^2)$ | 产量标准差/$(kg/m^2)$ | 样本中高产田的比重 |
|---|---|---|---|---|---|
| 符号 | $N_i$ | $n_i$ | $\bar{x}_i$ | $s_i$ | $p_i$ |
| 平原 | 4 000 | 504 | 0.70 | 0.15 | 0.8 |
| 丘陵 | 1 500 | 189 | 0.55 | 0.25 | 0.5 |
| 山区 | 1 000 | 126 | 0.40 | 0.23 | 0.3 |
| 合计 | 6 500 | 819 | | | |

注：1公顷=10 000 $m^2$

根据上述资料，在95.45%概率保证程度下：

(1) 试估计该县粮食平均每平方米产量的区间范围。

(2) 试推断该县粮食总产量的区间范围。

部分参考答案

# 第十章

# 相 关 分 析

## 第一节 相关分析概述

### 一、相关分析的概念

相关分析(correlation analysis)是研究一个变量与另一个变量或另一组变量之间的相关方向和相关密切程度的统计分析方法。

辩证唯物主义认为存在于自然界和社会的一切客观事物都是相互联系、相互制约和相互影响的,孤立地存在和运动是没有的,客观事物现象间的相互依存关系都可以通过一定的数量关系反映出来。通常,将所依据的变量称为自变量,或称外生变量,将发生相应变化的变量称为因变量,或称内生变量。

### 二、确定性关系和非确定性关系

就变量的依存关系而言,依存关系大致可以分为确定性关系和非确定性关系。

(1) 确定性关系。函数关系表现出来的是确定性关系。它是指变量之间存在严格确定的依存关系,其特点为:某一个或某几个现象的变动就会引起另一个现象确定的变动,它们之间的关系可以用数学函数式确切地表达出来。如:圆的面积公式 $S=\pi r^2$,$S$ 对于 $r$ 的依存关系是一一对应的函数关系。在函数关系中,影响变量因素是自变量,被影响变量因素是因变量。

(2) 非确定性关系。相关关系表现出来的是非确定性的关系。它是指现象之间客观存在的不严格确定的依存关系,其特点为:某一个或某几个现象的变动会引起另一个现象的变动,且后者的变动具有一定的随机性,但是它总是围绕其平均线进行有规律地上下波动。如:耕地的施肥量与亩产量之间存在着不确定的依存关系。在通常情况下,施肥量适当增加,亩产量会相应地提高,然而,由于耕地产量不仅受施肥量的影响,而且同时还受种子、土壤、降雨量等因素的影响,所以,即使对每亩耕地施等量的肥料,每亩耕地的产量也可能不尽相等。在相关分析中,影响变量因素和被影响变量因素不必区别自变量和因变量,它们呈对等关系。

(3) 确定性关系与非确定性关系的联系。这两者的联系,即为函数关系与相关关系的联系,其表现在:函数关系和相关关系的变量之间的依存关系并没有绝对的界限,一方面,呈相关关系的变量之间的确切的有规律的依存变化可能暂时还没有被认识掌握,或无法控制,一旦掌握其规律性或不考虑随机因素的干扰,相关关系就趋近于函数关系;另一方面，呈函数关系的变量由于受观测和实验出现的偏差的影响，其关系值就不可能绝对确定，这样，函数关系往往要通过相关关系加以表现。

### 三、相关分析的分类

相关分析按所依据的影响变量的性质不同，可分为可控相关分析和不可控相关分析。

(1) 可控相关分析。它是研究一个随机变量与另一个或一组非随机的可控变量之间的相关关系。如：温室培植的反季节性水果、蔬菜产量，受到施肥量、温度、湿度的影响，在此试验条件下，这些影响因素都成为非随机可控的变量，只有水果或蔬菜的产量是随机变量。

(2) 不可控相关分析。它是研究一个随机变量与另一个或一组随机变量之间的相关关系。如：冷饮厂商生产的冰激凌的产量，受到气温的影响。在消费市场上，气温是随机不可控的变量，冰激凌产销量是随机变量。

综上所述，作为相关分析研究对象的事物现象之间的依存关系，必须是具有内在联系的客观存在的关系，而不能是主观臆造的，或形式上偶然巧合的，或硬性拼凑的关系。统计科学中所研究的相关关系是建立在有关的科学理论上，通过实际观测和试验，获取可靠的数据，而且测算其相关事物现象的数量关系表现的基础上，并经过理论和实践的进一步检验后，才得出的事物现象之间的依存关系是呈现相关关系的科学结论。在通常情况下，经济统计所研究的相关分析一般是指可控相关分析。

## 第二节 相关关系的类别

### 一、因果关系和互为因果关系

依据变量间依存关系的性质，相关关系可以分为因果关系和互为因果关系。成因果关系的变量所依据的变量是因，被影响变量是果，两者不能相互转化。如：合理有效地施肥会促使粮食高产，施肥量是因，粮食产量是果，若它们反过来影响，即粮食产量影响施肥量，就不符合现实了。成互为因果关系的变量，由于研究的目的和出发点的改变，原来充当因的变量，后又可以改做果的变量，即因果变量相互影响，其变量的地位可以相互转化。如：纤维的拉伸倍数与强度相互影响，若以拉伸倍数为研究目的，则强度就是因；若以强度为研究目的，则拉伸倍数就是因。

### 二、单相关和复相关

依据相关涉及的变量个数，相关关系可以分为单相关和复相关。单相关，又称一元相关，它是指一个变量与另一个变量之间的简单依存关系，如：职工的生活水平与工资之间的关系。复相关，又称多元相关，它是指一个变量与另两个或两个以上变量之间的复杂依存关系，如：股票股利与上市公司的税后净盈余和同行业企业的市场占有率及收益率的相关关系。若在复相关中，仅依次研究一个变量与所依据的其中一个变量的相关关系，其余依据变量均固定，则多元相关就成为偏相关或净相关。

## 三、线性相关和非线性相关

依据变量间相关的形式，相关关系可以分为线性相关和非线性相关。线性相关又称直线相关，它是指一个变量变动，相应地另一个变量会发生大致相等的变动，这样两个变量在二维平面坐标系上构成的散点分布大致呈直线形，如：工龄与劳动生产率大致呈直线相关。非线性相关又称曲线相关，它是指一个变量变动，相应地另一个变量会发生不均等的变动，这样两个变量在二维平面坐标系上构成的散点分布近似成曲线形，如：从人的生命全过程来看，年龄与医疗费支出成非线性相关。

## 四、完全相关、不完全相关和不相关

依据变量间相关的程度，相关关系可以分为完全相关、不完全相关和不相关。完全相关是指一个变量变动会完全由另一个或一组变量变动所唯一准确决定的变量间的相关。由此可知，完全相关关系实际上为函数关系，显然，函数关系是相关关系的一个特例。不完全相关是指一个变量变动不仅取决于另一个或一组变量变动，而且还受随机因素干扰影响的变量间相关。不相关是指一个变量变动与另一个或一组变量变动相互独立。

## 五、正相关和负相关

依据变量间相关的方向，相关关系可分为正相关和负相关。正相关是指呈相关的变量的变动方向同向变化，即同时递增趋势或同时递减趋势发展变化，如：家庭消费支出随收入增加而增加。负相关是指呈相关的变量的变动方向异向变化，即一个变量递增趋势同时另一个变量递减趋势发展变化。如：商品流通费用率随着商品经营的规模增大而逐渐降低。

# 第三节　相关分析的方法

相关分析必须定性与定量相结合。按照认识的逻辑顺序，通常是先对事物现象作定性分析和判断，分析事物现象之间是否存在依存关系，判断存在依存关系的事物现象间相关关系属于何种类型。然而，定性分析往往不如定量分析客观准确，如果对确实存在相关关系的事物现象只停留在定性解释和研判的基础上，则必然会贻误对事物现象的实质性的深刻认识。定量分析可以准确地反映存在相关的变量之间的相关密切程度。

## 一、相关表

相关表是指由两个相关变量相对应的关系数值所编制成的反映现象之间的相关关系的数列表。

根据是否具有相关关系的原始资料分组，相关表可以分为简单相关表和分组相关表。

### （一）简单相关表

简单相关表是指具有相关关系的原始资料按所依据变量（自变量）的大小顺序平行排列的数列表。

［范例 10.1］　某农科院以 30 块试验田的单位产量与耕作深度的对应的资料按耕作深度的大小依次排列，如表 10-1 所示。

表 10-1　耕作深度与亩产简单相关表

| 序号 | 耕作深度/cm | 单位产量/百斤 | 序号 | 耕作深度/cm | 单位产量/百斤 |
|---|---|---|---|---|---|
| 1 | 7 | 5 | 16 | 11 | 11 |
| 2 | 7 | 7 | 17 | 11 | 13 |
| 3 | 7 | 9 | 18 | 13 | 9 |
| 4 | 9 | 7 | 19 | 13 | 9 |
| 5 | 9 | 9 | 20 | 13 | 11 |
| 6 | 9 | 9 | 21 | 13 | 11 |
| 7 | 9 | 11 | 22 | 13 | 11 |
| 8 | 9 | 11 | 23 | 13 | 13 |
| 9 | 11 | 7 | 24 | 13 | 13 |
| 10 | 11 | 7 | 25 | 13 | 13 |
| 11 | 11 | 9 | 26 | 13 | 15 |
| 12 | 11 | 9 | 27 | 15 | 13 |
| 13 | 11 | 9 | 28 | 15 | 13 |
| 14 | 11 | 11 | 29 | 15 | 15 |
| 15 | 11 | 11 | 30 | 17 | 15 |

如表 10-1 所示，即使是耕作深度相同的试验田，其亩产也可能不相同，但是从整个试验田亩产变动大趋势来看，亩产是倚着耕作深度的加深而总体上是向上递增的，两者存在明显的依存关系。

### (二) 分组相关表

分组相关表是指具有相关关系的原始资料按所依存变量(自变量)的大小依次分组并计算各组次数和各组因变量平均数，然后依序平行排列的数列表；或者对两个变量都进行分组，交叉排列，并列出两个变量相对应的各组共同次数，所形成的棋盘式表。

[范例 10.2]　某农科院以 30 块试验田的单位产量与耕作深度相对应的资料按耕作深度的大小依次分组排列，如表 10-2 所示。

表 10-2　耕作深度与单位产量分组相关表

| 按耕作深度分组/cm | 面积/公顷 | 单位产量/kg |
|---|---|---|
| 7 | 3 | 7.00 |
| 9 | 5 | 9.40 |
| 11 | 9 | 9.67 |
| 13 | 9 | 11.67 |
| 15 | 3 | 13.67 |
| 17 | 1 | 15.00 |
| 合　　计 | 30 | |

如表 10-2 所示，每个组的单位产量随着耕作深度的加深而逐渐提高，两者的依存关系十分显著。

［范例 10.3］　红星林场运材队 2020 年 9 月汽车运材成本和运量的资料，对两变量均进行分组，交叉排列，如表 10-3 所示。

表 10-3　运量与运材成本分组相关表

| 运材成本（y）/（元/$m^3$） | 木材运量（x）/$10^4$ $m^3$ | | | | | |
|---|---|---|---|---|---|---|
| | 1～<9 | 9～<17 | 17～<25 | 25～<33 | 33～<41 | 合　计 |
| 16～22 | 1 | 1 | | | | 2 |
| 10～16 | 4 | 2 | 3 | 1 | | 10 |
| 4～10 | | 2 | 2 | 1 | 1 | 6 |
| 合　计 | 5 | 5 | 5 | 2 | 1 | 18 |

该棋盘式排列表，大致可以看出，随着木材运量的增加，汽车运材成本会逐渐下降，表中表示次数的数字大致形成了一条负斜率的趋势直线。

## 二、相关图

相关图，又称散点图，它是指变量间的关系通过在坐标系中描绘各相对应关系数据所构成的散点，以直观地显示相关点的分布状况的图形。绘制散点图的直角坐标系，以横轴表示所依据的变量(自变量)，以纵轴表示将发生对应变化的变量(因变量)。通过对相关图观察，可以大致判断两个变量之间是否存在相关，以及相关的形态、方向和程度。

通常，有如下六种判别情形：

(1) 强正相关。当变量 $x$ 的数值逐渐增大时，变量 $y$ 的数值相应地也增大，相关点集中分布明显地形成正斜率的直线形状，说明这两个变量呈强正相关，如图 10-1 所示。

(2) 弱正相关。当变量 $x$ 的数值逐渐增大时，变量 $y$ 的数值相应地也增大，相关点松散分布，大致地形成正斜率的直线形状，说明这两个变量呈弱正相关，如图 10-2 所示。

图 10-1　强正相关图

图 10-2　弱正相关图

(3) 强负相关。当变量 $x$ 的数值逐渐增大时，变量 $y$ 的数值相应地变小，相关点集中分布，明显地形成负斜率的直线形状，说明这两个变量呈强负相关，如图 10-3 所示。

(4) 弱负相关。当变量 $x$ 的数值逐渐增大时，变量 $y$ 的数值相应地变小，相关点松散分布，大致地形成负斜率的直线形状，说明这两个变量呈弱负相关，如图 10-4 所示。

图 10-3 强负相关图

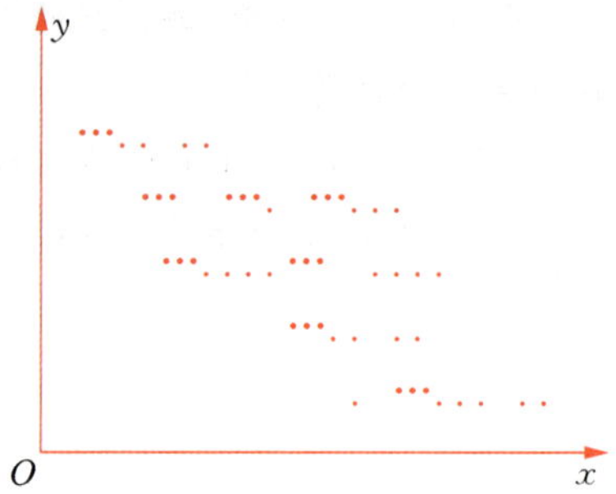

图 10-4 弱负相关图

(5) 非线性相关。它又称曲线相关。当变量 $x$ 的数值逐渐增大时,变量 $y$ 的数值相应地也增大,$x$ 的数值增到一定水平后,$y$ 的数值随着 $x$ 的继续增大而逐渐变小,相关点的分布形成曲线形状,说明这两个变量呈曲线相关,如图 10-5 所示。

(6) 不相关。当变量 $x$ 的数值逐渐增大或变小时,变量 $y$ 的数值不随之变动,变量 $x$ 和 $y$ 所构成的对应散点无规则地散落在平面坐标系中,说明这两个变量没有任何形态的相关关系,如图 10-6 所示。

图 10-5 非线性相关图

图 10-6 不相关图

[范例 10.4] 利用表 10-1 资料,描制相关图,如图 10-7 所示。

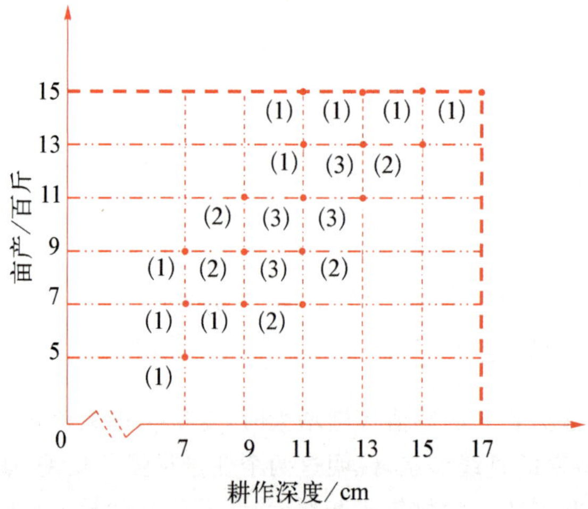

图 10-7 耕作深度与亩产相关图

图中，涂黑点处的•（1）（2）（3）分别表示1个点、2个点重合、3个点重合。

该相关图中的散点分布形成正斜率的直线形，由此可知，耕作深度与亩产量呈正强相关。

## 三、相关系数

1890年，英国著名遗传学者高尔登（Francis Galton）的学生卡尔·皮尔逊（Karl Pearson）（1857—1936）首创了“积矩相关系数”（product-moment coefficient of correlation）。

相关系数是测定变量之间线性相关程度和方向的指标。通常，以 $\rho$ 表示总体的相关系数，以 $r$ 表示样本的相关系数。

按照线性相关变量的个数和分析问题的角度不同，相关系数可以分为简单相关系数、偏相关系数和复相关系数。

以下仅介绍简单相关系数。

简单相关系数是测定两个变量之间线性相关程度和方向的指标。其公式为：

$$r=\frac{\sum(x-\bar{x})(y-\bar{y})}{\sqrt{\sum(x-\bar{x})^2}\sqrt{\sum(y-\bar{y})^2}}$$

简单相关系数公式是卡尔·皮尔逊的“积矩相关系数”的基本公式。公式分子和分母分别是一阶中心矩的乘积形式和二阶中心矩的形式。该公式又称积差法相关系数公式或动差乘积相关系数公式。

### （一）卡尔·皮尔逊“积矩相关系数”基本公式的推导

推导过程如下：

若 $(x_i, y_i)$ $(i=1, 2, \cdots, n)$ 表示 $n$ 组观察资料，该资料拟合的直线方程为 $\hat{y}_i=a+bx_i$，实际值 $(y_i)$ 与理论值 $(\hat{y}_i)$ 之间存在的偏差 $\delta_i$，如图10-8所示，则剩余离差：$\delta_i=y_i-\hat{y}_i=y_i-a-bx_i$。

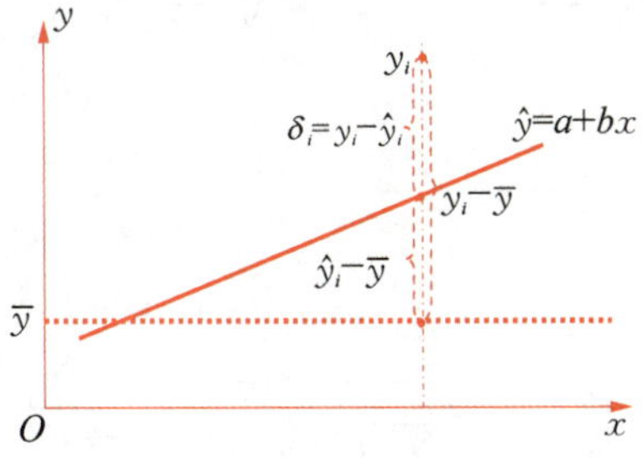


图10-8　观察值与理论值的偏差图

$n$ 个观察值所引起的误差的总和组成总离差 $(Q)$，则

$$Q=\sum_{i=1}^{n}\delta_i^2=\sum_{i=1}^{n}(y_i-a-bx_i)^2$$

而
$$a=\frac{\sum_{i=1}^{n}y_i}{n}-b\frac{\sum_{i=1}^{n}x_i}{n}=\bar{y}-b\bar{x}$$

所以 $Q=\sum_{i=1}^{n}(y_i-\bar{y}+b\bar{x}-bx_i)^2=\sum_{i=1}^{n}[(y_i-\bar{y})-b(x_i-\bar{x})]^2$

$$=\sum_{i=1}^{n}(y_i-\bar{y})^2-2b\sum_{i=1}^{n}(x_i-\bar{x})(y_i-\bar{y})+b^2\sum_{i=1}^{n}(x_i-\bar{x})^2$$

而 $$b=\frac{\sum_{i=1}^{n}(x_i-\bar{x})(y_i-\bar{y})}{\sum_{i=1}^{n}(x_i-\bar{x})^2}$$

用 $\sum_{i=1}^{n}(x_i-\bar{x})(y_i-\bar{y})=b\sum_{i=1}^{n}(x_i-\bar{x})^2$ 代入上式，得

$$Q=\sum_{i=1}^{n}(y_i-\bar{y})^2-b^2\sum_{i=1}^{n}(x_i-\bar{x})^2=\sum_{i=1}^{n}(y_i-\bar{y})^2\left[1-b^2\frac{\sum_{i=1}^{n}(x_i-\bar{x})^2}{\sum_{i=1}^{n}(y_i-\bar{y})^2}\right]$$

令 $r^2=b^2\dfrac{\sum_{i=1}^{n}(x_i-\bar{x})^2}{\sum_{i=1}^{n}(y_i-\bar{y})^2}$

则 $$r^2=\left[\frac{\sum_{i=1}^{n}(x_i-\bar{x})(y_i-\bar{y})}{\sum_{i=1}^{n}(x_i-\bar{x})^2}\right]^2\cdot\frac{\sum_{i=1}^{n}(x_i-\bar{x})^2}{\sum_{i=1}^{n}(y_i-\bar{y})^2}=\frac{\left[\sum_{i=1}^{n}(x_i-\bar{x})(y_i-\bar{y})\right]^2}{\sum_{i=1}^{n}(x_i-\bar{x})^2\sum_{i=1}^{n}(y_i-\bar{y})^2}$$

因而 $$r=\frac{\sum_{i=1}^{n}(x_i-\bar{x})(y_i-\bar{y})}{\sqrt{\sum_{i=1}^{n}(x_i-\bar{x})^2}\cdot\sqrt{\sum_{i=1}^{n}(y_i-\bar{y})^2}}$$

### （二）简单相关系数判断

因为 $Q=\sum_{i=1}^{n}(y_i-\bar{y})^2\geqslant 0$

所以 $Q=\sum_{i=1}^{n}(y_i-\bar{y})^2\left[1-b^2\dfrac{\sum_{i=1}^{n}(x_i-\bar{x})^2}{\sum_{i=1}^{n}(y_i-\bar{y})^2}\right]=\sum_{i=1}^{n}(y_i-\bar{y})^2(1-r^2)\geqslant 0$

而 $\sum_{i=1}^{n}(y_i-\bar{y})^2\geqslant 0$，则 $1-r^2\geqslant 0$，

$$r^2\leqslant 1,|r|\leqslant 1,\text{即 } r\in[-1,1]$$

（1）当 $|r|=1$ 时，$Q=0$，表明 $x$ 与 $y$ 完全相关，即两变量是函数关系。

（2）当 $r=0$ 时，$Q=\sum_{i=1}^{n}(y_i-\bar{y})^2$，表明 $y_i$（观察值）与 $\bar{y}$ 的总离差（$Q$）不随 $x$ 的变化而变化，即两变量完全不相关。

(3) 当 $r \in (-1, 0)$ 时，表明 $x$ 与 $y$ 负相关。

(4) 当 $r \in (0, 1)$ 时，表明 $x$ 与 $y$ 正相关。

判断相关程度时有一个临界标准，如表 10-4 所示。

表 10-4 相关程度判断标准

| 相关系数的取值范围 | 相关程度级别 |
|---|---|
| $\lvert r \rvert < 0.3$ | 微弱相关 |
| $0.3 \leqslant \lvert r \rvert < 0.5$ | 低度相关 |
| $0.5 \leqslant \lvert r \rvert < 0.8$ | 显著相关 |
| $0.8 \leqslant \lvert r \rvert < 1$ | 高度相关 |

值得注意的是：用积矩相关系数计算的 $r$ 为 0 或趋近于 0，只表明变量之间不存在线性相关，但是不能排除这两个变量存在非线性的曲线相关。相反，不相关的两个变量用积矩相关系数公式计算也许不为 0，有时甚至该指标值还可能非常接近 $\pm 1$，这只是一种虚假的伪相关（spurious correlation 或 pseudo correlation）。如：用捕鲸数量的多少和出生婴儿数字之间很可能算出很大的相关系数，然而所得的结论却是非常荒谬的。

不过，有一些貌似伪相关的其实是真相关的事例。比如：中科院紫金山天文台与武汉大学医学院专家针对 1955—2000 年武汉市交通事故与同期出现的 5 个太阳黑子活动周期进行了对比分析，研究表明，每逢太阳黑子爆发频繁时，武汉市交通事故便会频发。出现如此机缘巧合的原因：当太阳活动高峰期，太阳高能粒子流和电磁辐射致使地球磁场发生剧烈变化，进而引起大气环流和人体磁场异常，使得人体神经系统反应机能下降，从而导致驾驶出错率飙升，造成交通事故相对增多。

再如：1801 年英国著名天文学家威廉·赫歇尔（Sir William Herschel，1738—1822）指出：当太阳黑子较少时，地面上的雨量也少，粮食价格也随之而上涨。太阳黑子少，周期延长。太阳黑子活动周期通常为 11 年左右，然而，第 23 个太阳黑子周期从 1996 年开始，至今（2013 年）还未看到太阳黑子明显地成群地出现。太阳黑子偏少或会导致冷害（异常低温冰雪气候）。1954 年太阳黑子低谷年，全年太阳黑子相对数只有 4.4；1954 年 12 月 31 日至 1955 年 1 月 12 日，广州连续 13 天日平均气温只有 7.5℃，最低日平均气温只有 5.3℃，广东北部甚至出现 −7.3℃ 的极端低温；1954 年 12 月上旬至 1955 年 1 月中旬，全国 22 个省、市出现罕见的低温天气。1964 年也是太阳黑子低谷年，全年太阳黑子相对数只有 10.2；1964 年 2 月下旬，广州平均气温只有 8.5℃，比常年平均值低 5.8℃，而全国 19 个省、市气温显著偏低，并遭遇冰雪天气。1996 年又迎来太阳黑子低谷年，全年太阳黑子相对数只有 8.6；当年 2 月广州平均气温只有 12℃，比常年平均值低 2.3℃，也是全年最低气温的月份。此外，1933 年、1934 年、1944 年、1945 年、1976 年、1986 年等年份均出现类似的“冷害事件”。低温天气持续时间长、变化强度大、影响范围广的年份均是太阳黑子低谷年，由此可知，太阳黑子偏少和异常低温冰雪气候之间存在显著的正相关性。

所谓太阳黑子，它是指太阳光球层上出现的暗黑斑点，这是太阳活动最明显的标志。黑子多寡通常用太阳黑子相对数表示，相对数越大，表示太阳黑子越多。

由此可见，判别现象之间是否存在相关性，不能仅从相关系数定量分析，而必须先进行定性分析。

### （三）积矩相关系数基本公式的衍生形式

#### 1. 以协方差与标准差表示的形式

$$r=\frac{\sum_{i=1}^{n}(x_i-\bar{x})(y_i-\bar{y})}{\sqrt{\sum_{i=1}^{n}(x_i-\bar{x})^2}\cdot\sqrt{\sum_{i=1}^{n}(y_i-\bar{y})^2}}$$

$$=\frac{\sum_{i=1}^{n}(x_i-\bar{x})(y_i-\bar{y})/n}{\sqrt{\sum_{i=1}^{n}(x_i-\bar{x})^2/n}\cdot\sqrt{\sum_{i=1}^{n}(y_i-\bar{y})^2/n}}=\frac{\sigma_{xy}^2}{\sigma_x\sigma_y}$$

式中，$\sigma_{xy}^2$ 表示 $x$，$y$ 两个变量数列的协方差（Co-variance）。

相关系数 $r$ 的正负完全由协方差 $\sigma_{xy}^2$ 决定，而 $\sigma_{xy}^2$ 的正负又完全取决于 $\sum_{i=1}^{n}(x_i-\bar{x})(y_i-\bar{y})$，如图 10-9 所示。

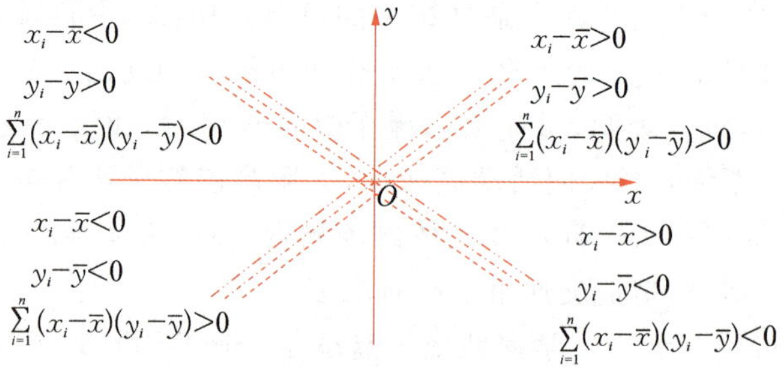


图 10-9　$x$ 和 $y$ 之间的相关散点图

由图 10-9 散点图可知：

（1）$\sum_{i=1}^{n}(x_i-\bar{x})(y_i-\bar{y})>0$，则 $x$ 和 $y$ 之间是正相关。

（2）$\sum_{i=1}^{n}(x_i-\bar{x})(y_i-\bar{y})<0$，则 $x$ 和 $y$ 之间是负相关。

（3）$\sum_{i=1}^{n}(x_i-\bar{x})(y_i-\bar{y})\rightarrow 0$，则 $x$ 和 $y$ 之间非线性相关。

由于相关系数 $r$ 受到 $x$ 的标准差、$y$ 的标准差和 $x$、$y$ 的协方差的影响，所以不能仅就协方差的大小来判别相关的强弱，于是，若将离差标准化，则离差由有名数变为无名数，这样得到的协方差可以直接用来比较判断不同现象的相关系数的大小。

$$r=\frac{\sum_{i=1}^{n}(x_i-\bar{x})(y_i-\bar{y})/n}{\sigma_x\sigma_y}=\frac{\sum_{i=1}^{n}\left(\frac{x_i-\bar{x}}{\sigma_x}\right)\left(\frac{y_i-\bar{y}}{\sigma_y}\right)}{n}$$

下面以离差标准化后的协方差公式形式来证明 $|r|\leqslant 1$。

［证］

$$2r=\frac{2\sum_{i=1}^{n}\left(\frac{x_i-x}{\sigma_x}\right)\left(\frac{y_i-y}{\sigma_y}\right)}{n}$$

$$=\frac{1}{n}\sum_{i=1}^{n}\left(\frac{x_i-\bar{x}}{\sigma_x}+\frac{y_i-\bar{y}}{\sigma_y}\right)^2-\frac{1}{n}\sum_{i=1}^{n}\left(\frac{x_i-\bar{x}}{\sigma_x}\right)^2-\frac{1}{n}\sum_{i=1}^{n}\left(\frac{y_i-\bar{y}}{\sigma_y}\right)^2$$

而

$$\frac{1}{n}\sum_{i=1}^{n}\left(\frac{x_i-\bar{x}}{\sigma_x}\right)^2=\frac{\sum_{i=1}^{n}(x_i-\bar{x})^2}{n}\cdot\frac{1}{\sigma_x^2}=\frac{\sigma_x^2}{\sigma_x^2}=1$$

$$\frac{1}{n}\sum_{i=1}^{n}\left(\frac{y_i-\bar{y}}{\sigma_y}\right)^2=\frac{\sum_{i=1}^{n}(y_i-\bar{y})^2}{n}\cdot\frac{1}{\sigma_y^2}=\frac{\sigma_y^2}{\sigma_y^2}=1$$

则

$$2r+2=\frac{1}{n}\sum_{i=1}^{n}\left(\frac{x_i-\bar{x}}{\sigma_x}+\frac{y_i-\bar{y}}{\sigma_y}\right)^2\geqslant 0$$

$$r\geqslant -1$$

又

$$-2r=\frac{-2}{n}\sum_{i=1}^{n}\left(\frac{x_i-\bar{x}}{\sigma_x}\right)\left(\frac{y_i-\bar{y}}{\sigma_y}\right)$$

$$=\frac{1}{n}\sum_{i=1}^{n}\left(\frac{x_i-\bar{x}}{\sigma_x}-\frac{y_i-\bar{y}}{\sigma_y}\right)^2-\frac{1}{n}\sum_{i=1}^{n}\left(\frac{x_i-\bar{x}}{\sigma_x}\right)^2-\frac{1}{n}\sum_{i=1}^{n}\left(\frac{y_i-\bar{y}}{\sigma_y}\right)^2$$

则

$$-2r+2=\frac{1}{n}\sum_{i=1}^{n}\left(\frac{x_i-\bar{x}}{\sigma_x}-\frac{y_i-\bar{y}}{\sigma_y}\right)^2\geqslant 0$$

$$r\leqslant 1$$

因此，

$$-1\leqslant r\leqslant 1$$

即

$$|r|\leqslant 1$$

2. 变量分组资料的加权形式

$$r=\frac{\sum_{i=1}^{n}(x-\bar{x})(y-\bar{y})f}{\sqrt{\sum_{i=1}^{n}(x-\bar{x})^2 f}\sqrt{\sum_{i=1}^{n}(y-\bar{y})^2 f}}$$

式中，$f$ 表示成对变量的相同数值（$x$，$y$）重复出现的次数。

3. 变量分组资料的简捷形式

$$r=\frac{\overline{xy}-\bar{x}\cdot\bar{y}}{\sqrt{\overline{x^2}-\bar{x}^2}\sqrt{\overline{y^2}-\bar{y}^2}}$$

未分组资料

$$r=\frac{n\sum_{i=1}^{n}xy-\left(\sum_{i=1}^{n}x\right)\left(\sum_{i=1}^{n}y\right)}{\sqrt{n\sum_{i=1}^{n}x^2-\left(\sum_{i=1}^{n}x\right)^2}\sqrt{n\sum_{i=1}^{n}y^2-\left(\sum_{i=1}^{n}y\right)^2}}$$

分组资料 $r=\dfrac{\left(\sum\limits_{i=1}^{n}f\right)\left(\sum\limits_{i=1}^{n}xyf\right)-\left(\sum\limits_{i=1}^{n}xf\right)\left(\sum\limits_{i=1}^{n}yf\right)}{\sqrt{\left(\sum\limits_{i=1}^{n}f\right)\left(\sum\limits_{i=1}^{n}x^2f\right)-\left(\sum\limits_{i=1}^{n}xf\right)^2}\sqrt{\left(\sum\limits_{i=1}^{n}f\right)\left(\sum\limits_{i=1}^{n}y^2f\right)-\left(\sum\limits_{i=1}^{n}yf\right)^2}}$

若设 $L_{xx}=\sum\limits_{i=1}^{n}(x-\bar{x})^2,\ L_{yy}=\sum\limits_{i=1}^{n}(y-\bar{y})^2$

$$L_{xy}=\sum_{i=1}^{n}(x-\bar{x})(y-\bar{y})$$

则 $$r=\frac{L_{xy}}{\sqrt{L_{xx}}\sqrt{L_{yy}}}$$

$$\begin{aligned}L_{xx}&=\sum_{i=1}^{n}(x-\bar{x})^2=\sum_{i=1}^{n}(x^2-2x\bar{x}+\bar{x}^2)=\sum_{i=1}^{n}x^2-\sum_{i=1}^{n}2x\bar{x}+\sum_{i=1}^{n}\bar{x}^2\\&=\sum_{i=1}^{n}x^2-2\bar{x}\sum_{i=1}^{n}x+n\bar{x}^2=\sum_{i=1}^{n}x^2-2\frac{\sum\limits_{i=1}^{n}x}{n}\sum_{i=1}^{n}x+n\left(\frac{\sum\limits_{i=1}^{n}x}{n}\right)^2\\&=\sum_{i=1}^{n}x^2-2\frac{\left(\sum\limits_{i=1}^{n}x\right)^2}{n}+\frac{\left(\sum\limits_{i=1}^{n}x\right)^2}{n}=\sum_{i=1}^{n}x^2-\frac{\left(\sum\limits_{i=1}^{n}x\right)^2}{n}\end{aligned}$$

同理 $$L_{yy}=\sum_{i=1}^{n}(y-\bar{y})^2=\sum_{i=1}^{n}y^2-\frac{\left(\sum\limits_{i=1}^{n}y\right)^2}{n}$$

$$\begin{aligned}L_{xy}&=\sum_{i=1}^{n}(x-\bar{x})(y-\bar{y})=\sum_{i=1}^{n}(xy-x\bar{y}-\bar{x}y+\bar{x}\cdot\bar{y})\\&=\sum_{i=1}^{n}xy-\frac{\left(\sum\limits_{i=1}^{n}x\right)\left(\sum\limits_{i=1}^{n}y\right)}{n}\end{aligned}$$

[范例 10.5] 从岭南学院 2021 级经济学专业 41 位同学中随机抽取了 10 位同学,收集到该样本的高等数学考试成绩与统计学考试成绩资料如表 10-5 所示,试计算着两门功课的相关系数。

表 10-5 岭南学院 2021 级经济学专业高等数学与统计学成绩表 单位:分

| 序号 | 1 | 2 | 3 | 4 | 5 | 6 | 7 | 8 | 9 | 10 |
|---|---|---|---|---|---|---|---|---|---|---|
| 高等数学成绩 | 60 | 63 | 70 | 74 | 78 | 84 | 84 | 90 | 95 | 98 |
| 统计学成绩 | 62 | 58 | 70 | 85 | 82 | 88 | 79 | 95 | 92 | 97 |

[解] 列表计算,如表 10-6 所示。

表 10-6　高等数学与统计学成绩相关系数计算表　　单位：分

| 序　号 | 高等数学（$x$）/分 | 统计学（$y$）/分 | $x^2$ | $y^2$ | $xy$ |
|---|---|---|---|---|---|
| 1 | 60 | 62 | 3 600 | 3 844 | 3 720 |
| 2 | 63 | 58 | 3 969 | 3 364 | 3 654 |
| 3 | 70 | 70 | 4 900 | 4 900 | 4 900 |
| 4 | 74 | 85 | 5 476 | 7 225 | 6 290 |
| 5 | 78 | 82 | 6 084 | 6 724 | 6 396 |
| 6 | 84 | 88 | 7 056 | 7 744 | 7 392 |
| 7 | 84 | 79 | 7 056 | 6 241 | 6 636 |
| 8 | 90 | 95 | 8 100 | 9 025 | 8 550 |
| 9 | 95 | 92 | 9 025 | 8 464 | 8 740 |
| 10 | 98 | 97 | 9 604 | 9 409 | 9 506 |
| 合　计 | 796 | 808 | 64 870 | 66 940 | 65 784 |

$$r=\frac{n\sum_{i=1}^{n}xy-\left(\sum_{i=1}^{n}x\right)\left(\sum_{i=1}^{n}y\right)}{\sqrt{n\sum_{i=1}^{n}x^2-\left(\sum_{i=1}^{n}x\right)^2}\sqrt{n\sum_{i=1}^{n}y^2-\left(\sum_{i=1}^{n}y\right)^2}}$$

$$=\frac{10\times 65\ 784-796\times 808}{\sqrt{10\times 64\ 870-796^2}\sqrt{10\times 66\ 940-808^2}}=0.929$$

相关系数为 0.929，表明高等数学考试成绩与统计学考试成绩之间存在显著正线性相关。

［范例 10.6］　利用表 10-3 资料，试计算汽车运材成本和运量的相关系数。

［解］　列表计算，如表 10-7 所示。

表 10-7　汽车运材成本和运量的相关系数计算表

| $x$ | $y$ | $f$ | $xf$ | $yf$ | $xy$ | $xyf$ | $x^2$ | $x^2f$ | $y^2$ | $y^2f$ |
|---|---|---|---|---|---|---|---|---|---|---|
| 5 | 13 | 4 | 20 | 52 | 65 | 260 | 25 | 100 | 169 | 676 |
| 5 | 19 | 1 | 5 | 19 | 95 | 95 | 25 | 25 | 361 | 361 |
| 13 | 7 | 2 | 26 | 14 | 91 | 182 | 169 | 338 | 49 | 98 |
| 13 | 13 | 2 | 26 | 26 | 169 | 338 | 169 | 338 | 169 | 338 |
| 13 | 19 | 1 | 13 | 19 | 247 | 247 | 169 | 169 | 361 | 361 |
| 21 | 7 | 2 | 42 | 14 | 147 | 294 | 441 | 882 | 49 | 98 |
| 21 | 13 | 3 | 63 | 39 | 273 | 819 | 441 | 1 323 | 169 | 507 |
| 29 | 7 | 1 | 29 | 7 | 203 | 203 | 841 | 841 | 49 | 49 |
| 29 | 13 | 1 | 29 | 13 | 377 | 377 | 841 | 841 | 169 | 169 |
| 37 | 7 | 1 | 37 | 7 | 259 | 259 | 1 369 | 1 369 | 49 | 49 |
| 合计 | | 18 | 290 | 210 | | 3 074 | | 6 226 | | 2 706 |

$$\bar{x}=\frac{\sum_{i=1}^{n}x_if_i}{\sum_{i=1}^{n}f_i}=\frac{290}{18}\approx 16.11,\ \bar{y}=\frac{\sum_{i=1}^{n}y_if_i}{\sum_{i=1}^{n}f_i}=\frac{210}{18}\approx 11.67$$

$$\overline{xy}=\frac{\sum_{i=1}^{n}x_iy_if_i}{\sum_{i=1}^{n}f_i}=\frac{3\ 074}{18}\approx 170.78$$

$$\overline{x^2}=\frac{\sum_{i=1}^{n}x_i^2f_i}{\sum_{i=1}^{n}f_i}=\frac{6\ 226}{18}\approx 345.89,\ \overline{y^2}=\frac{\sum_{i=1}^{n}y_i^2f_i}{\sum_{i=1}^{n}f_i}=\frac{2\ 706}{18}\approx 150.33$$

$$r=\frac{\overline{xy}-\bar{x}\cdot\bar{y}}{\sqrt{\overline{x^2}-\bar{x}^2}\sqrt{\overline{y^2}-\bar{y}^2}}=\frac{170.18-16.11\times 11.67}{\sqrt{345.84-(16.11)^2}\sqrt{150.33-(11.67)^2}}\approx -0.510\ 2$$

相关系数为$-0.510\ 2$,表明汽车运材成本和运量之间存在低度负线性相关。

### (四)简单相关系数的显著性检验

从全及总体中抽取样本来计算相关系数,由于同一总体中可以抽选多个样本,因此,就可以计算多个相关系数,样本相关系数是样本的随机变量。如果就某一次抽样得到的样本资料计算的相关系数用以推断总体的相关程度,这样未必一定可靠,为此就需要对样本相关系数($r$)给予假设检验。

#### 1. $u$ 检验法

当样本容量 $n>30$,即大样本时,样本相关系数 $r$ 就近似服从正态分布,经过对 $r$ 标准化变换后,则得到检验统计量:

$$u=\frac{r}{\sigma_r}$$

式中,$\sigma_r$ 表示样本相关系数 $r$ 的抽样平均误差,即样本相关系数与总体相关系数之间的平均偏差,其公式为:

$$\sigma_r=\frac{\sqrt{1-\rho^2}}{\sqrt{n-1}}$$

如果欲检验样本是否来自 $x$ 与 $y$ 无关系的总体,即总体相关系数 $\rho=0$,则

$$\sigma_r=\frac{1}{\sqrt{n-1}}$$

若总体相关系数 $\rho$ 未知,则可以利用样本相关系数 $r$ 代替,即

$$\sigma_r=\frac{\sqrt{1-r^2}}{\sqrt{n-m}}$$

式中,$n$ 表示样本单位数;$m$ 表示关系方程中参数的个数;$n-m$ 表示自由度。

若检验结果相关系数不显著,则可以增加样本容量,再次进行检验。

如：以 95％的概率置信度估计 $\rho$

$$r-1.96\sigma_r<\rho<r+1.96\sigma_r$$

2. $t$ 检验法

当样本容量 $n<30$，即小样本时，如果总体相关系数 $\rho=0$，则样本相关系数 $r$ 的抽样分布随着样本容量 $n$ 的增大而逐渐地趋近于自由度为 $n-m$ 的 $t$ 分布。若在简单线性相关条件下，即 $y=a+bx$，关系方程中仅有两个参数 $a$，$b$，则 $m=2$，即

检验统计量

$$t=\frac{r}{\sqrt{\frac{1-r^2}{n-2}}}\sim t(n-2)$$

式中，$\sqrt{\frac{1-r^2}{n-2}}=\sigma_r$，$n-2$ 表示自由度 $d_f$ 或 $d.f.$（degrees of freedom）。

下面以英汉对照的形式介绍假设检验步骤，以示了解此方面有关英文表述。

假设检验经典技术：

第一步，建立两个相反的假设

零假设（null hypothesis）

$$H_0: \rho=0$$

备择假设（alternative hypothesis）

$$H_1: \rho\neq 0$$

第二步，选择统计量

$$t=\frac{r}{\sqrt{\frac{1-r^2}{n-2}}}$$

第三步，导出决定规则

选择显著性水平，在双侧检验下，临界值为 $t_{\alpha/2}$。因而，决定规则必然是“假如 $-t_{\alpha/2}\leqslant t\leqslant t_{\alpha/2}$，接受 $H_0$”。双尾假设检验图，如图 10-10 所示。

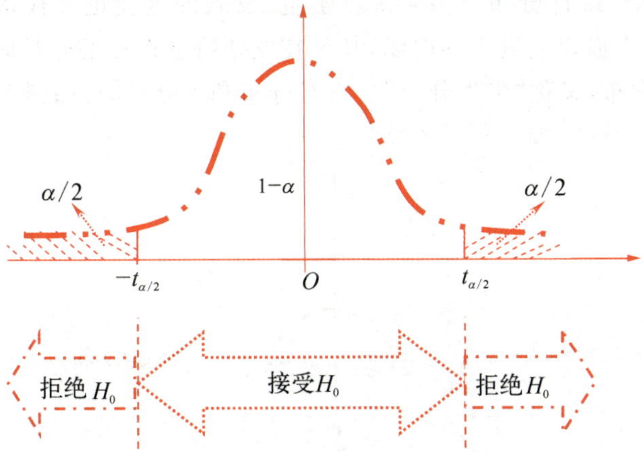


图 10-10　双尾假设检验图

$P$(rejecting $H_0 \mid H_0$ is true) $=\alpha=$ significance level of the hypothesis test $=\alpha$ risk

$P$(accepting $H_0 \mid H_0$ is true) $=1-\alpha=$ confidence level of the hypothesis

$P$(accepting $H_0 \mid H_0$ is false) $=\beta=\beta$ risk

$P$(rejecting $H_0 \mid H_0$ is true) $=1-\beta=$ power of the hypothesis test

式中，$\alpha$ 表示假设检验的显著性水平，也是犯第一类错误的小概率；$(1-\alpha)$ 表示假设检验的置信水平；$\beta$ 表示 $\beta$ 风险，也是犯第二类错误的小概率；$(1-\beta)$ 表示假设检验的功效或假设检验的势，如图 10-11 所示。

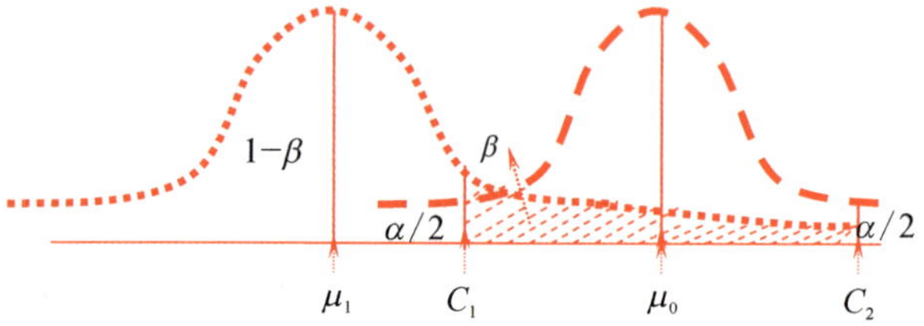


图 10-11 双尾假设检验中 $\beta$ 错误确定图

下面仅介绍在双尾检验中 $\beta$ 错误的计算。

$$H_0: \mu_1=\mu_0 \qquad H_1: \mu_1 \neq \mu_0$$

① 先求出临界值 $C_1$ 和 $C_2$

$$C_1=\mu_0-t_{\alpha/2}\cdot\frac{\sigma_0}{\sqrt{n}} \qquad C_2=\mu_0+t_{\alpha/2}\cdot\frac{\sigma_0}{\sqrt{n}}$$

② 在 $H_1$ 为真的情况下，假设 $\mu=\mu_1$，$\bar{X}$ 落到区间 $(C_1, C_2)$ 内的概率为 $\beta$，即

$$P(C_1<\bar{X}<C_2)=P\left[\frac{C_1-\mu_1}{\sigma_0/\sqrt{n}}<\frac{\bar{X}-\mu_1}{\sigma_0/\sqrt{n}}<\frac{C_2-\mu_1}{\sigma_0/\sqrt{n}}\right]=\beta$$

英格兰统计学家戈塞特(William Sealy Gosset，1876—1937)在 1908 年以笔名“学生(Student)”发表论文 *The Probable Error of a Mean*，提出了被后人称作“$t$ 分布”(“student's ”)的抽样统计分布。多年来，“学生”发表的这篇论文被认为是过于抽象的，当时仅有少数几个人懂得它真正的内涵，甚至在戈塞特逝世后的较长时间里，广大学者仍然没有读懂它。$t$ 分布，又称“学生分布”。正态分布和 $t$ 分布图，如图 10-12 所示。

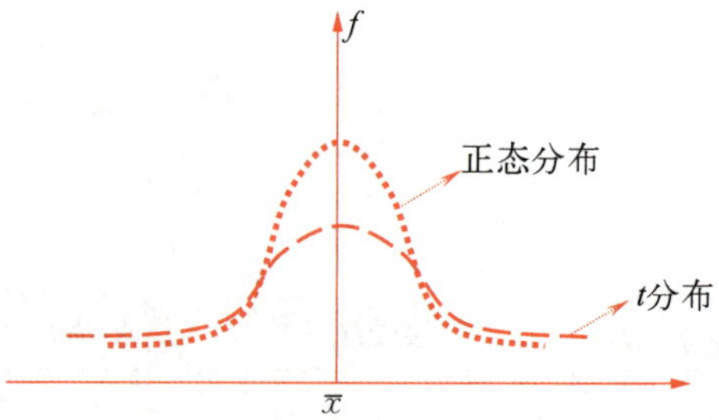


图 10-12 正态分布和 $t$ 分布图

当样本容量 $n$ 逐渐增大时，$t$ 分布便渐近于正态分布。

［范例 10.7］ 根据例 10.5 中所得结果，可知 10 名学生高等数学考试成绩与统计学考试成绩之间存在显著正线性相关，$r=0.929$，试问显著性水平 $\alpha$ 为 0.05 时，总体相关系数 $\rho$ 是否为零？

［解］ 第一步，建立两个相反的假设。

$$H_0: \rho=0 \qquad H_1: \rho \neq 0$$

第二步，选择统计量。

$$t=\frac{r}{\sqrt{\frac{1-r^2}{n-2}}}=\frac{0.929}{\sqrt{\frac{1-(0.929)^2}{10-2}}}=7.1$$

按自由度 $d_f=n-2=10-2=8$，显著性水平 $\alpha=0.05$，查 $t$ 分布表(双尾检验)得：

$$t_{\alpha/2}=t_{0.025}=2.306$$

第三步，导出决定规则。

由于 $t=7.1>t_{\alpha/2}=2.306$，因此，拒绝原假设 $H_0$，从而表明样本并非来自总体相关系数 $\rho=0$ 的总体，总体两变量 $X$ 与 $Y$ 确实存在线性相关，简单相关系数 $r$ 在统计上是显著的。

在线性相关条件下，若 $r$ 服从正态分布，则总体相关系数 $\rho$ 在 95% 的置信度下的估计值为：

$$r-1.96\sigma_r<\rho<r+1.96\sigma_r$$

式中，$\sigma_r=\frac{\sqrt{1-r^2}}{\sqrt{n-2}}$ 为样本相关系数 $r$ 的抽样平均误差。

查正态分布面积表

$$F(x)=95\%$$

$$z_{\alpha/2}=z_{0.05/2}=z_{0.025}=x=1.96$$

当样本容量 $n$ 很小时，$r$ 的误差分布不服从正态分布，可能会出现 $|r+2\sigma_r|>1$ 的不合理情况，在实际确定 $\rho$ 的估计区间时，将 $|r+2\sigma_r|$ 大于 1 的数取为 1。

3. $z$ 检验法

当在 $\rho\neq 0$ 的总体中随机抽样时，样本相关系数 $r$ 并不呈正态分布，若要测定相关系数与 $\rho\neq 0$ 的数值是否显著，或测定两个相关系数之间的差异是否显著，即从两个已知样本相关系数推断其总体相关系数是否相等的假设，费歇尔(Fisher)在 1921 年提出了如下方法：

$$H_0: \rho_1=\rho_2 \qquad H_1: \rho_1 \neq \rho_2$$

$$z_r=\frac{1}{2}\ln\frac{1+r}{1-r}$$

经过对 $r$ 变化，则 $z_r$ 就接近正态分布。

$z_r$ 的标准差为：$\sigma(z_r)=\frac{1}{\sqrt{n-m-1}}$

在简单直线方程式中只有两个参数，故 $m=2$，则 $\sigma(z_r)=\dfrac{1}{\sqrt{n-3}}$。

因此，此时可用正态分布方法进行检验。

[范例 10.8] 通用机械厂采用两种方法加工同一种机器零件，现从两种加工方法生产的零件中各抽取一个容量分别为 $n_1=28$ 和 $n_2=23$ 的样本，对每一个零件均测量其外径和内径，并计算样本零件外径和内径的相关系数，$r_1=0.6$，$r_2=0.4$，试问从相关系数看，在显著性水平为 5%时，两种加工方法是否有显著差异？

[解] $H_0: \rho_1=\rho_2 \qquad H_1: \rho_1 \neq \rho_2$

将相关系数 $r$ 变换成 $z$

$$z_1=\frac{1}{2}\ln\frac{1+r_1}{1-r_1}=\frac{1}{2}\ln\frac{1+0.6}{1-0.6}=0.693\,14$$

$$z_2=\frac{1}{2}\ln\frac{1+r_2}{1-r_2}=\frac{1}{2}\ln\frac{1+0.4}{1-0.4}=0.423\,64$$

$$\sigma(z)=\sigma(z_1-z_2)=\sqrt{\sigma_{z_1}^2+\sigma_{z_2}^2}=\sqrt{\frac{1}{n_1-3}+\frac{1}{n_2-3}}$$

$$=\sqrt{\frac{1}{28-3}+\frac{1}{23-3}}=0.3$$

选择统计量

$$z=\frac{z_1-z_2}{\sigma_z}=\frac{z_1-z_2}{\sigma(z_1-z_2)}=\frac{z_1-z_2}{\sqrt{\sigma_{z_1}^2+\sigma_{z_2}^2}}=\frac{z_1-z_2}{\sqrt{\dfrac{1}{n_1-3}+\dfrac{1}{n_2-3}}}\sim N(0,\ 1)$$

因为 $z$ 是正态变量，所以 $z_1-z_2$ 也是正态变量，其标准化数值仍是正态变量，则

$$z=\frac{0.693\,14-0.423\,64}{0.3}=0.898\,3$$

显著性水平为 5%，作双尾检验，

$$z_{\alpha/2}=z_{0.025}=1.96$$

由于 $-z_{\alpha/2}<z<z_{\alpha/2}$，因此，接受原假设 $\rho_1=\rho_2$，说明两种加工方法对于内外径的相关系数无显著影响。

[范例 10.9] 从全及总体中抽取样本容量 $n=20$，$r=0.910\,4$，试检验 $r$ 与 $\rho=0.967\,39$ 之间是否有显著差异 ($\alpha=0.1$)。

[解] $H_0: \rho=0.967\,39 \qquad H_1: \rho\neq 0.967\,39$

经过变换

$$z_r=\frac{1}{2}\ln\frac{1+r}{1-r}=\frac{1}{2}\ln\frac{1+0.910\,4}{1-0.910\,4}\approx 1.53$$

$$z_\rho=\frac{1}{2}\ln\frac{1+\rho}{1-\rho}=\frac{1}{2}\ln\frac{1+0.967\,39}{1-0.967\,39}\approx 2.05$$

应用正态分布 $z$ 检验

$$z=\frac{z_r-z_\rho}{1/\sqrt{n-3}}=\frac{1.53-2.05}{1/\sqrt{20-3}}\approx -2.144$$

显著性水平为0.1，作双尾检验，$z_{\alpha/2}=z_{0.05}=1.645$（查“正态分布分位数表”，$p=0.95$）

$z=-2.144\notin(-1.645,\ 1.645)$ 的接受域内，则应该拒绝 $H_0$，因此可以认为总体相关系数与0.967 39有显著差异。

# 第四节 等级相关

## 一、等级相关的概念

等级相关，又称顺位相关或秩相关，它是把数量标志或品质标志的具体表现按等级次序排列，再测定标志等级与标志等级数列间的相关程度的一种方法。

有时，构成统计数列的各项并不能用精确数值来表现其大小，而只能根据判断来排列等级，如：颜色的深浅、才智高低、事态的轻重、艺术水平等，都难以用数字确切计量，那么怎样才能反映这些现象之间关系的密切程度呢？可以采用非参数统计方法，根据人的主观判断，将这些变量排列出次序或等级。当然，若给予它们粗略的定量化处理，则可按其数值大小给予相应等级。

## 二、等级相关系数

等级相关分析也是一种线性相关分析。著名统计学家斯皮尔曼(C. Spearman)推导出了等级差数法，为此，利用该方法计算等级相关数列的相关指标就被命名为斯皮尔曼等级相关系数($r_s$)，其计算公式为：

$$r_s=1-\frac{6\sum_{i=1}^{n}D^2}{n(n^2-1)}$$

式中，$n$ 表示登记的项数或样本容量；$D$ 表示等级差，即 $D=x$ 等级 $-\,y$ 等级。

［证］ 设 $\{R_i\}$ 和 $\{S_i\}$ 分别为变量 $x$ 和 $y$ 的顺序登记数列 $(i=1,\ 2,\ \cdots,\ n)$，则

$$r_s=\frac{\sum_{i=1}^{n}(R_i-\overline{R})(S_i-\overline{S})}{\sqrt{\sum_{i=1}^{n}(R_i-\overline{R})^2}\sqrt{\sum_{i=1}^{n}(S_i-\overline{S})^2}}=\frac{\sum_{i=1}^{n}R_iS_i-\frac{\sum_{i=1}^{n}R_i\sum_{i=1}^{n}S_i}{n}}{\sqrt{\sum_{i=1}^{n}R_i^2-\frac{\left(\sum_{i=1}^{n}R_i\right)^2}{n}}\sqrt{\sum_{i=1}^{n}S_i^2-\frac{\left(\sum_{i=1}^{n}S_i\right)^2}{n}}}$$

$$=\frac{\sum_{i=1}^{n}R_iS_i-n\cdot\frac{\sum_{i=1}^{n}R_i}{n}\cdot\frac{\sum_{i=1}^{n}S_i}{n}}{\sqrt{\sum_{i=1}^{n}R_i^2-n\left(\frac{\sum_{i=1}^{n}R_i}{n}\right)^2}\sqrt{\sum_{i=1}^{n}S_i^2-n\left(\frac{\sum_{i=1}^{n}S_i}{n}\right)^2}}=\frac{\sum_{i=1}^{n}R_iS_i-n\cdot\overline{R}\cdot\overline{S}}{\sqrt{\sum_{i=1}^{n}R_i^2-n\overline{R}^2}\sqrt{\sum_{i=1}^{n}S_i^2-n\overline{S}^2}}$$

$$\overline{R}=\overline{S}=\frac{1}{n}(1+2+\cdots+n)=\frac{1}{2}(n+1)$$

$$\sum_{i=1}^{n}R_i^2=\sum_{i=1}^{n}S_i^2=1^2+2^2+\cdots+n^2=\frac{n(n+1)(2n+1)}{6}$$

若将每一对变量之间的等级差用 $D_i$ 表示，即

$$D_i=R_i-S_i$$

$$\sum_{i=1}^{n}D_i^2=\sum_{i=1}^{n}(R_i-S_i)^2=\sum_{i=1}^{n}R_i^2+\sum_{i=1}^{n}S_i^2-2\sum_{i=1}^{n}R_iS_i$$

$$\begin{aligned}\sum_{i=1}^{n}R_iS_i&=\frac{1}{2}\left(\sum_{i=1}^{n}R_i^2+\sum_{i=1}^{n}S_i^2-\sum_{i=1}^{n}{}^{2}D_i\right)\\&=\frac{1}{2}\left[\frac{1}{6}\cdot 2n(n+1)(2n+1)-\sum_{i=1}^{n}D_i^2\right]\\&=\frac{1}{6}n(n+1)(2n+1)-\frac{1}{2}\sum_{i=1}^{n}D_i^2\end{aligned}$$

$$\sum_{i=1}^{n}R_i^2-n\overline{R}^2=\sum_{i=1}^{n}S_i^2-n\overline{S}^2=\frac{1}{6}n(n+1)(2n+1)-n\left[\frac{1}{2}(n+1)\right]^2=\frac{n(n^2-1)}{12}$$

将其代入相关系数公式中，得

$$r_s=\frac{\frac{1}{6}n(n+1)(2n+1)-\frac{1}{2}\sum_{i=1}^{n}D_i^2-\frac{1}{4}n(n+1)^2}{\frac{1}{12}n(n^2-1)}=1-\frac{6\sum_{i=1}^{n}D_i^2}{n(n^2-1)}$$

如果 $x$ 数列和 $y$ 数列的等级完全一致，而且变动方向相同，则 $D_i=0\ (i=1,2,\cdots,n)$，$r_s=1$，表示变量 $x$ 和 $y$ 之间存在正的完全直接关系，如表 10-8 所示。

如果 $x$ 数列和 $y$ 数列的等级完全一致，但是变动方向相反，则 $D_i\neq 0\ (i=1,2,\cdots,n)$，$r_s=-1$，表示变量 $x$ 和 $y$ 之间存在负的完全直接关系，如表 10-9 所示。

**表 10-8 $x$ 和 $y$ 正完全直接关系计算表**

| $x_i$ | $R_i$ | $y_i$ | $S_i$ | $D_i$ | $D_i^2$ |
|---|---|---|---|---|---|
| $x_1$ | 1 | $y_1$ | 1 | 0 | 0 |
| $x_2$ | 2 | $y_2$ | 2 | 0 | 0 |
| $x_3$ | 3 | $y_3$ | 3 | 0 | 0 |
| $x_4$ | 4 | $y_4$ | 4 | 0 | 0 |
| $x_5$ | 5 | $y_5$ | 5 | 0 | 0 |
| 合计 | | | | | 0 |

**表 10-9 $x$ 和 $y$ 负完全直接关系计算表**

| $x_i$ | $R_i$ | $y_i$ | $S_i$ | $D_i$ | $D_i^2$ |
|---|---|---|---|---|---|
| $x_1$ | 1 | $y_1$ | 5 | −4 | 16 |
| $x_2$ | 2 | $y_2$ | 4 | −2 | 4 |
| $x_3$ | 3 | $y_3$ | 3 | 0 | 0 |
| $x_4$ | 4 | $y_4$ | 2 | 2 | 4 |
| $x_5$ | 5 | $y_5$ | 1 | 4 | 16 |
| 合计 | | | | | 40 |

$$r_s=1-\frac{6\times 0}{5(5^2-1)}=1,\quad r_s=1-\frac{6\times 40}{5(5^2-1)}=-1$$

［范例 10.10］　世界小姐选美小组决赛，结果如表 10-10 所示。

表 10-10　世界小姐选美小组决赛成绩表

| 选手序号 | 1 | 2 | 3 | 4 | 5 | 6 | 7 |
|---|---|---|---|---|---|---|---|
| 容颜成绩 | A | B | E | C | G | F | D |
| 智能分数 | 40 | 45 | 55 | 42 | 68 | 63 | 36 |

要求了解容颜与智能之间是否有关系。

［解］　列表计算，如表 10-11 所示。

表 10-11　世界小姐选美小组决赛等级相关计算表

| 选手序号 | 容颜 | | 智能 | | 等级差 ($D_i$) | $D_i^2$ |
|---|---|---|---|---|---|---|
| | 成绩 ($x_i$) | 等级 ($R_i$) | 分数 ($y_i$) | 等级 ($S_i$) | | |
| 1 | A | 7 | 40 | 2 | 5 | 25 |
| 2 | B | 6 | 45 | 4 | 2 | 4 |
| 3 | E | 3 | 55 | 5 | −2 | 4 |
| 4 | C | 5 | 42 | 3 | 2 | 4 |
| 5 | G | 1 | 68 | 7 | −6 | 36 |
| 6 | F | 2 | 63 | 6 | −4 | 16 |
| 7 | D | 4 | 36 | 1 | 3 | 9 |
| 合计 | | | | | 0 | 98 |

$$r_s = 1 - \frac{6\sum_{i=1}^{n} D_i^2}{n(n^2-1)} = 1 - \frac{6\times 98}{7(7^2-1)} = -0.75$$

检验 $r_s$ 的显著性：查《斯皮尔曼相关系数临界值表》，得 $r^*_{0.05,\,7} = 0.714$。因为 $|r_s| \geqslant 0.714$，所以，可以认为等级相关系数 $r_s$ 显著，说明容颜与智能之间在一定程度上有着互补性，二者存在较显著的负相关。

若智能分数有相同出现时，等级相关计算表如表 10-12。

表 10-12　若智能分数有相同出现时等级相关计算表

| 选手序号 | 1 | 2 | 3 | 4 | 5 | 6 | 7 |
|---|---|---|---|---|---|---|---|
| 智能分数 | 40 | 40 | 45 | 55 | 55 | 36 | 55 |
| 等　　级 | 2.5 | 2.5 | 4 | 6 | 6 | 1 | 6 |

第 6 号选手分数是 36 分，则他的等级是第 1 等级，第 1、2 号选手分数都是 40 分，则他们的等级都是 2.5，即第 $\left(\frac{2+3}{2}\right)$ 名，接下去的是第 3 号选手列第 4 等级，而第 4、5、7 号选手分数都是 55 分，则他们的等级都是 6，即第 $\left(\frac{5+6+7}{3}\right)$ 名。

# 第五节 自相关

## 一、自相关的概念

自相关又称序列自身相关，它是指一个变量随时间的推移而变化，其变量历史值影响着现在值，变量现在值又对未来值产生影响，即相邻期的变量值存在一定的依存关系。

分析一个变量（因变量）受另一个变量（自变量）影响，通常，这两个变量取值都是处于同一时期的，研究这两个变量间的依存关系是从现象的横断面（cross section）的角度进行静态相关分析；而分析一个变量在不同时期的取值之间的影响，通常，这同一个变量取值却是处于不同时期的，研究各个变量值的依存关系是从现象的纵截面（longitudinal section）的角度进行动态相关分析。

呈自相关的现象在社会经济活动中是普遍存在的，如：类似物体运动的惯性那样，过去的运动发展速度直接影响到现在甚至将来的发展水平。如，同一家燃气具公司的产品市场占有率，过去的占有率会直接影响到现在的产品占有率，还有可能影响到未来的产品占有率。

## 二、自相关的系数

自相关可以用来考察同一变量各时期值的性质，若变量序列各项值是纯随机的，则其相继数值之间的自相关系数会趋近于0；若变量序列各项值存在明显的季节波动或循环波动，则其相继数值之间的自相关系数不会趋于0。博克斯·詹金斯（Box. Jenkins）成功地应用了自相关系数创立了全新的预测模式。

自相关系数公式为：

$$r=\frac{\sum_{i=1}^{n}y_t y_{t-1}-\frac{1}{n}\left(\sum_{i=1}^{n}y_t\right)\left(\sum_{i=1}^{n}y_{t-1}\right)}{\sqrt{\sum_{i=1}^{n}y_{t-1}^2-\frac{\left(\sum_{i=1}^{n}y_{t-1}\right)^2}{n}}\sqrt{\sum_{i=1}^{n}y_t^2-\frac{\left(\sum_{i=1}^{n}y_t\right)^2}{n}}}$$

式中，$y_{t-1}$、$y_t$ 分别表示 $\{y_i\}$ 数列第 $t-1$ 期和第 $t$ 期数值。

［范例 10.11］ 2014—2020 年环球冰箱厂冰箱产量资料如表 10-13 所示，试计算自相关系数。

表 10-13 2014—2020 年环球冰箱厂冰箱产量自相关系数表 单位：万台

| 年份 | 本年产量（$y_t$） | 上年产量（$y_{t-1}$） | $y_t^2$ | $y_{t-1}^2$ | $y_t y_{t-1}$ |
|---|---|---|---|---|---|
| 2014 | 0.5 | | | | |
| 2015 | 0.4 | 0.5 | 0.16 | 0.25 | 0.20 |
| 2016 | 0.8 | 0.4 | 0.64 | 0.16 | 0.32 |

续 表

| 年 份 | 本年产量 ($y_t$) | 上年产量 ($y_{t-1}$) | $y_t^2$ | $y_{t-1}^2$ | $y_t y_{t-1}$ |
|---|---|---|---|---|---|
| 2017 | 1.0 | 0.8 | 1.00 | 0.64 | 0.80 |
| 2018 | 1.8 | 1.0 | 3.24 | 1.00 | 1.80 |
| 2019 | 2.5 | 1.8 | 6.25 | 3.24 | 4.50 |
| 2020 | 2.0 | 2.5 | 4.00 | 6.25 | 5.00 |
| 合计 | 9.0 | 7.0 | 15.29 | 11.54 | 12.62 |

[解] 因为本年的冰箱产销量直接受上年居民家庭冰箱拥有量的影响，所以，只选取上一年，即第 $t-1$ 年的产量 $y_{t-1}$ 作为自变量，则本年，即第 $t$ 年的产量 $y_t$ 作为因变量。

将表 10-13 中的资料绘制散点图(如图 10-13 所示)。散点分布大致呈斜率为正的直线状态。

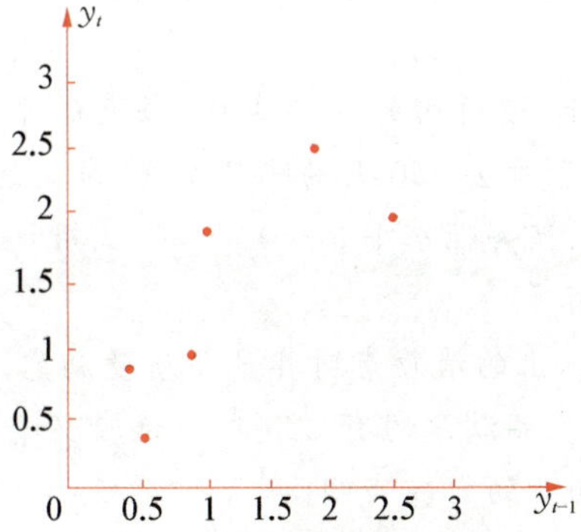


图 10-13 冰箱产量散点图

$$r=\frac{\sum_{i=1}^{n} y_t y_{t-1}-\frac{1}{n}\left(\sum_{i=1}^{n} y_t\right)\left(\sum_{i=1}^{n} y_{t-1}\right)}{\sqrt{\sum_{i=1}^{n} y_{t-1}^2-\frac{\left(\sum_{i=1}^{n} y_{t-1}\right)^2}{n}}\sqrt{\sum_{i=1}^{n} y_t^2-\frac{\left(\sum_{i=1}^{n} y_t\right)^2}{n}}}$$

$$=\frac{12.62-\frac{1}{6}\times 9.0\times 7.0}{\sqrt{11.54-\frac{7^2}{6}}\sqrt{15.29-\frac{9^2}{6}}}=0.862\ 7$$

检验 $r$ 的显著性：选取显著性水平 $\alpha=0.05$，直线形态的关系式有两个参数，因此 $m=2$，则自由度 $d_f=n-m=6-2=4$，查相关系数临界值表，$r_{0.05}(4)=0.811$。

由于 $r>r_{0.05}(4)$，所以在 $\alpha=0.05$ 的显著性水平上，检验通过。说明该冰箱厂本年产量 $y_t$ 与上年产量 $y_{t-1}$ 之间存在显著自相关。

# 研讨问题十

10.1 试比较积矩相关系数 $r$ 和可决系数 $r^2$。

10.2 为什么还要对相关系数 $r$ 进行假设检验?

10.3 某种品牌羽毛球杆的平均抗拉力强度应不低于 1 200 公斤,标准差为 230 公斤。一批产品在出厂时随机抽取 100 个样本,经检测平均拉力强度为 1 150 公斤。假设羽毛球杆的抗拉力强度服从正态分布,在显著性水平 $\alpha=0.01$ 下,试问:这批羽毛球杆球杆的平均抗拉力强度是否低于 1 200 公斤?

10.4 某厂采用自动包装机分装食品,假定每包食品的重量服从正态分布,每包标准重量为 1 000 克,某日随机抽查 9 包,测得样本平均重量为 986 克,样本标准差是 24 克。试问在 $\alpha=0.05$ 的显著性水平下,能否认为这一天自动包装机工作正常?

10.5 有一家商场准备转让,该商场的经理声称,每天的平均营业额至少为 850 元。现有一购买者,查看了过去 150 天的账目发现,每天的平均营业额仅为 800 元,标准差为 275 元。在显著性水平 $\alpha=0.05$ 下,试判断这家商场的经理是否高估了每天的平均营业额。

10.6 某企业声明有 30%以上的消费者对其产品质量满意。如果随机调查 600 名消费者,表示对该企业产品满意的有 220 人。试在显著性水平 $\alpha=0.05$ 下,检验调查结果是否支持企业的自我声明。

10.7 根据统计资料估计,某一贫困山区 8 岁以下的幼儿中,营养不良的幼儿所占比例不超过 20%,然而有一家少年福利机构认为这个比例不准确,真实比例要更高。现随机抽取 100 名 8 岁以下的幼儿,发现有 30 人营养不良,在显著性水平 $\alpha=0.05$ 下,试问这家儿童福利机构是否推翻了原来的估计?

10.8 在正常生产条件下,某种零部件的长度服从正态分布,标准差不得超过 0.13 厘米。现从一批准备出厂的零部件中随机抽取 20 件,测得标准差为 0.16 厘米。试问在 $\alpha=0.05$ 的显著性水平下,能否得出这批零部件不合格的结论?

10.9 某国总统选举中,有一位候选人几个月前的支持率是 60%。近期所做的一项调查,访问了 500 人,发现他的支持率变成了 55%。显著性水平取 0.05,试用 $p$-值方法,检验他的支持率是否下降了?

部分参考答案

# 第十一章
# 回归分析

## 第一节　回归分析概述

### 一、回归分析的概念

回归分析(regression analysis)是在一个变量与另一个变量或一组变量之间存在显著相关关系的前提下,依据其相关的类型,拟合恰当的趋势模型,以近似地模拟变量间平均变化趋势的统计分析方法。

"回归"一词可溯源于19世纪后半期英国遗传学家高尔登(Francis Galton)①对遗传问题所进行的研究(The statistical methods used in studying the relationship between two variables were first employed by Sir Francis Galton F.R.S. 1822—1911.)。在1877—1889年期间,高尔登得出了一个经典的数学公式,用此公式可较好地度量子女的身高与父母身高之间的关系。通过对遗传现象的大量观察和公式测算,假如父母的身高是在人类平均身高的水平上上下波动 $x$ cm,则其子女的身高就是在人类平均高度上下波动 $\frac{2}{3}x$ cm。他由此发现了一个规律:子女的平均高度有返归于人类总平均高度的倾向,这就是著名的"回归法则"。尽管"$\frac{2}{3}x$"这个数值当时并未被学术界作最后定论,但是,"回归(regression)"这一名词最初用于研究血缘关系,而今它已经成为统计上研究事物现象间相互关系的通用语。

2010年1月,姚明妻子"叶莉有喜啦!"的消息被媒体披露,线上线下的好事者纷纷猜测姚明、叶莉所生的孩子是否也会长成巨人。不过,中山大学孙逸仙纪念医院(Sun Yat-sen Memorial Hospital)儿科内分泌专科专家称:姚明的孩子未必如同父母一样"鹤立鸡群"。孩子的身高70%由遗传因素所决定,30%由营养、运动、睡眠、生活环境等因素决定。睡眠不足、偏食、肥胖、心情压抑等均会影响身体长高。可见,巨人未必都生"小巨

① 高尔登(Sir Francis Galton F.R.S.,1822—1911)就读于剑桥医科,英国绅士科学家。在遗传学研究之前,他探索了非洲大陆。《物种的起源》(1859年)的作者Charles Darwin是他的侄子。他指出:身高是遗传的,如果每代人的身高服从正态分布,那么一代人的身高与后一代人的身高之间会有什么关系呢?尔后,他发现了父母的身高与他们孩子的身高之间存在线性关系。若父母的身高很高,则孩子的身高一般会高于其平均水平,但会矮于他们的父母。Galton将其称为"回归律"。为了描述这一遗传规律,他建立了父母的身高为解释变量($x$)、孩子的身高为被解释变量($y$)的线性回归模型。

人”。医学上预测下一代成年后的身高公式：

儿子成年身高(cm)＝[父亲身高(cm)＋母亲身高(cm)]÷2＋6.5

女儿成年身高(cm)＝[父亲身高(cm)＋母亲身高(cm)]÷2－6.5

姚明身高2.27米，叶莉身高1.90米。根据以上公式计算，姚明的儿子身高约2.15米，而女儿则约为2.02米。其实该公式只是预测身高遗传趋势，实际身高可能与公式预测的身高相差±5厘米以上。姚明的父亲姚志源曾是上海篮球队中锋，身高2.08米，其母亲方凤娣曾是中国女篮队长，身高1.88米，当时被誉为“亚洲第一篮球伉俪”。1980年9月12日，方凤娣在上海第六人民医院产下“小巨人”姚明。根据以上公式，姚明的身高应该是2.05米。

## 二、回归分析主要解决的问题

### （一）确定变量间的回归关系

用一组存在相关变量的样本观察数据来确定这些变量间的回归关系。该关系是以回归方程的形式来描述的，这实际上是相关变量间不确定、不规则的数量关系的一般化和规则化。

回归关系，又称广义的相关关系，它是指变量之间存在的主从关系或因果关系。在回归方程中，解释变量 $x$，即原因因素，称为自变量，被解释变量 $y$，即结果因素，称为因变量。具有回归关系的变量的地位是不对等的，即要准确识别哪个变量是自变量，哪个变量是因变量，它们间不能易位。自变量 $x$ 是可控制的非随机变量，而因变量 $y$ 除受自变量 $x$ 影响外，同时还受到其他随机因素的干扰，因此 $y$ 是随机变量。

### （二）筛选自变量和检验回归系数的显著性

既要选用与因变量关系密切的变量作为回归模型的备选的自变量，又要对这些备选的自变量进一步筛选，最后，只将自变量之间关系不密切的变量引入回归模型中，而剔除自变量之间关系密切的变量，以避免回归模型中出现多重共线性。所谓多重共线性(multi-collinearity)，就是指在自变量中有两个或两个以上的自变量之间存在着完全线性或几乎完全线性的关系。

回归分析是考察变量间关系的性质，而具体回归分析的统计指标——回归系数，它是说明自变量与因变量之间的变动比例关系。对回归系数的显著性需要进行假设检验。

### （三）判断回归内插和外推的有效性

回归模型通常是根据呈回归关系的变量的一组有限的样本数据利用最小二乘法拟合的，在样本数据的取值全距范围内即条件区域内，回归模型所模拟的现象的走势轨迹是最优的，在平均意义上讲，该模型充分体现了回归变量间的数量变化规律性。若将该模型运用于条件区域之外，则会因回归变量间的数量变化形式的改变，而会使得原有回归模型模拟失效。由此可知，回归模型尤其是未引入随机扰动项(即未加上误差项)的回归模型，只是在条件区域内有效，仅适宜内插推算，而不适宜外推预测，即回归模型的推测只能在条件区域内进行。

如：工龄(年)与工人劳动生产率(件/日)的关系，随着工龄的增长，劳动生产率会相应地逐渐提高的趋势。当年龄接近50岁时，通常随着工龄的继续增长，则劳动生产率可能会呈抛物线型的下降。假如新工人平均25岁上岗，则工龄 $x$ 的条件区域为0～25年，

即 $x \in [0, 25]$。利用工龄 15～25 年的样本资料配合回归方程，可推测 0～25 年中任一工龄的劳动生产率。

再如：农作物随着施肥量的增加而逐渐会增产，施肥量 $x$ 和农作物产量 $y$ 大致可配合正相关的回归方程。若施肥量 $x$ 超过一定的限度，则产量 $y$ 反而会下降。

又如：树木适度密植会增产林木，若过度密植，则林木会减产。在计量经济学的理论基础上，适当超出变量间的数量变化的条件区域，通过对回归系数等一系列检验，在一定的概率保证程度下，可对仍持续未发生质的变化的变量的关系做近期预测。但是，通常情况下要对原模型进行修正，或重新配合新的模型。

将自变量的数值代入回归方程，可估计因变量的趋势值，趋势值又称估计值或理论值。由于自变量 $x$ 是非随机变量，因此，所建立的回归方程是不能互推，即只能由 $x$ 推算 $y$，而不能像纯数学方程式那样，由 $y$ 推算 $x$。因为这样推算没有体现统计学中的定性定量相结合地分析大量社会经济数量方面的特征，从定性的角度分析 $y$ 不是 $x$ 的因，因而 $x$ 也不是 $y$ 的果，因此，$y$ 推算 $x$，不能表明变量之间的因果对应关系。

## 三、回归方程的由来和类别

对呈相关关系的变量之间的数量变化，在二维平面或三维空间的坐标系中的散点分布进行识别，对应自变量 $x$ 的每一个值，因变量 $y$ 会有许多可能的取值，为了反映 $x$ 与 $y$ 之间的数量变化趋势，就取与某一 $x$ 对应的所有可能的 $y$ 值的均值 $E(y \mid x)$ 作为代表值或趋势值，从而可得到 $y$ 与 $x$ 回归关系式：

$$\hat{y} = f(x) = E(y \mid x)$$

此式说明 $y$ 与 $x$ 的对应关系是就平均的意义下说的（Write the regression equation as $E(y|x) = \alpha + \beta x$ to emphasize that the regression equation provides the mean value of $y$ for a given value of $x$.）。

在实际应用中，通常依据有关的专业理论知识和经验，或用观察数据作散点图，观察分布形状，确定变量之间变化的关系或类型。

按成回归关系的变量的多少，回归方程可以分为一元回归方程和多元回归方程；按成回归关系的变量是否线性，回归方程可以分为线性回归方程和非线性回归方程。

# 第二节　一元线性回归模型

## 一、一元线性回归模型的概念

一元线性回归模型，又称简单直线回归模型，它是指一个因变量只与一个自变量有依从关系，两变量间关系形态表现为直线趋势的模型。

## 二、一元线性总体回归模型

$$y_i = \alpha + \beta x_i + \varepsilon_i \quad (i = 1, 2, \cdots, n)$$

则，总体回归直线方程为：$\mu_{y|x} = \alpha + \beta x$

式中，$x_i$ 表示总体变量 $x$ 的第 $i$ 个观察值；$y_i$ 表示总体变量 $y$ 的第 $i$ 个观察值；$\varepsilon_i$ 表示总体第 $i$ 个随机项；$\mu_{y|x}$ 表示总体 $y_i$ 的条件平均数；$\alpha$、$\beta$ 表示总体回归参数。

$\alpha$、$\beta$ 的含义为：$\alpha$ 为因变量的初始值，当 $x=0$ 时，它是 $y$ 的期望值，即是回归直线在 $y$ 轴上的截距：$\beta$ 为总体 $y$ 对 $x$ 回归系数，它是度量当 $x$ 变动一个单位时所引起 $y$ 相应平均可能变化的单位量。当 $\beta>0$ 时，$x$ 与 $y$ 为正相关；当 $\beta<0$ 时，$x$ 与 $y$ 为负相关。

通常，$x$ 与 $y$ 的计量单位是不同的。

为了使利用样本推断总体成为可靠的估计，总体回归模型的建立必须基于如下基本假设：

(1) $x_i$ 是可控的非随机变量，当 $x$ 取某一个 $x_i$ 值时，相应 $y$ 有许多 $y_i$ 值与之对应，$y_i$ 是随机变量，这些 $y_i$ 构成一个在 $x_i$ 条件下的条件分布，并假设其服从正态分布，且 $E(\varepsilon_i)=0$(expected value of zero of $\varepsilon_i$)，则所有 $y_i$ 的条件分布的平均值位于给定 $x$ 值的回归线上，呈线性关系。线性回归模型图，如图 11-1 所示。

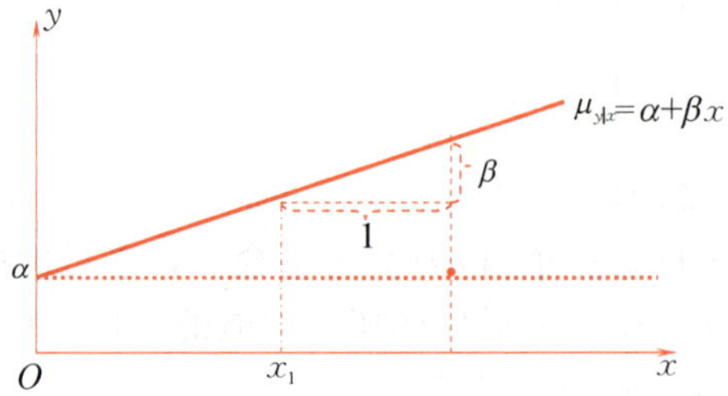


图 11-1 线性回归模型图

(2) 在任意 $x_i$ 值上，所有 $y_i$ 的条件分布的方差是相等的，即具有同方差性(The variance of $\varepsilon_i$, denoted by $\sigma^2_{\varepsilon_i}$, is the same for all values of $x_i$.)。回归模型假设图如图 11-2所示。

$$\mathrm{Var}(\varepsilon_i)=\sigma^2\ (i=1,\ 2,\ \cdots,\ n)$$

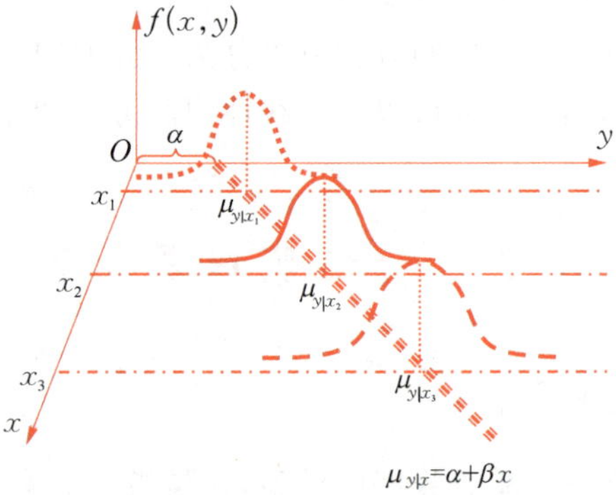


图 11-2 回归模型假设图

(3) 随机扰动项 $\varepsilon_i(=y_i-(\alpha+\beta x_i))$ 是相互独立的，不存在序列相关，即 $\mathrm{cov}(\varepsilon_i,\ \varepsilon_j)=0\ (i\neq j)$ (The values of $\varepsilon$ are independent.)。

(4) 对多元线性回归模型，各自变量是相互独立的，不存在多重共线性，即 $\mathrm{cov}(x_i,\ x_j)=0\ (i\neq j)$。

注：对每一个 $x$ 值，$y$ 分布有同样形状(The $y$ distributions have the same shape at each $x$ value)。

## 三、一元线性样本回归模型

$$y_i = a + bx_i + e_i \quad (i = 1, 2, \cdots, n)$$

则，样本回归直线为：$\hat{y} = a + bx$

式中，$x_i$ 表示样本变量 $x$ 的第 $i$ 个观察值；$y_i$ 表示样本变量 $y$ 的第 $i$ 个观察值；$e_i$ 表示样本第 $i$ 个随机项；$\hat{y}$ 表示样本对总体 $\mu_{y|x}$ 的估计值；$a$，$b$ 表示样本回归参数。

$a$，$b$ 的含义为：$a$ 为因变量的初始值，它是当 $x=0$ 时 $y$ 的平均可能取值，即为回归直线在 $y$ 轴的截距；$b$ 为样本 $y$ 对 $x$ 回归系数，它是直线的斜率，表示 $x$ 每变动一个单位所引起 $y$ 的平均变动数。当 $b > 0$ 时，$x$ 与 $y$ 为正相关；当 $b < 0$ 时，$x$ 与 $y$ 为负相关。

## 四、一元线性回归模型的参数的最小二乘估计

### (一) 最小二乘法的概念

实际上，总体 $x$ 和 $y$ 的真值是不可能进行全面观察获得的，因而只能从全及总体中抽取部分资料作为样本，通过样本来推断总体，因此，根据样本的观察值资料拟合的回归模型是对总体模型的估计。观察值与理论值的偏差图，如图 11-3 所示。

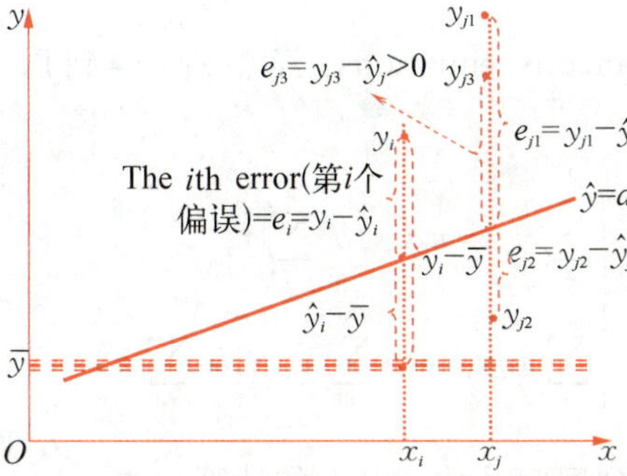


图 11-3　观察值与理论值的偏差图

$a$、$b$、$e_i$ 分别为 $\alpha$、$\beta$、$\varepsilon_i$ 的估计量，随着样本容量的增大，它们之间的差异会变小。

就样本回归线 $\hat{y} = a + bx$ 而言，每输入一个观察值 $x_i$，计算得到的回归值 $\hat{y}_i$ 往往不一定与实际观察值 $y_i$ 相等，很可能会存在一定的偏差，即：

$$e_i = y_i - \hat{y}_i$$

若要使样本回归线充分代表总体回归线，即 $a$、$b$、$e_i$ 成为 $\alpha$、$\beta$、$\varepsilon_i$ 的最优估计量，则各个相关点与样本回归线应当是最接近。换句话说，这样对散点趋势分布所拟合的回归线就会最优。显然，残差 $e_i$ 的平方和刻画了全部观察值(相关点)与回归值的偏离程度。无论 $e_i$ 是正偏离还是负偏离，反正都是描绘理论值与实际值的偏差。若要反映总偏差，不能将 $e_i$ 直接汇总，而首先应当把 $e_i$ 变成非负的形式。要么变成 $|e_i|$，要么变成 $e_i^2$。前者不易代数运算(not easy to algebra)，故通常采用后者。$\sum_{i=1}^{n} e_i^2 = \min$ (最小值)，就是最小二乘法的形式。

最小二乘法的依据是数学偏导数求极值的原理(calculus-based derivation of least squares formulas)。其拟合的最优趋势线必须满足以下两个条件:

(1) 实际观察值 $y_i$ 与回归方程推算的理论值 $\hat{y}_i$ 的离差之和为零,即 $\sum_{i=1}^{n}(y_i-\hat{y}_i)=0$。

(2) 实际观察值 $y_i$ 与回归方程推算的理论值 $\hat{y}_i$ 的离差平方和为最小,即 $\sum_{i=1}^{n}(y_i-\hat{y}_i)^2$ 达到最小值。

### (二) 最小二乘法估计参数的过程

$$\sum_{i=1}^{n}e_i^2=\sum_{i=1}^{n}(y_i-\hat{y}_i)^2=\sum_{i=1}^{n}(y_i-a-bx_i)^2$$

对该式求关于 $a$ 和 $b$ 的一阶偏导数(take the partial derivatives with respect to $a$ and $b$, set them equal to zero, and solve.):

$$\begin{cases}\dfrac{\partial\left(\sum\limits_{i=1}^{n}e_i^2\right)}{\partial a}=2\sum\limits_{i=1}^{n}(y_i-a-bx_i)(-1)=0\\ \dfrac{\partial\left(\sum\limits_{i=1}^{n}e_i^2\right)}{\partial b}=2\sum\limits_{i=1}^{n}(y_i-a-bx_i)(-x_i)=0\end{cases}$$

该联立方程式(simultaneous equations)经整理,得到以下规范方程组(normal equations):

$$\begin{cases}\sum\limits_{i=1}^{n}y_i=na+b\sum\limits_{i=1}^{n}x_i\\ \sum\limits_{i=1}^{n}x_iy_i=a\sum\limits_{i=1}^{n}x_i+b\sum\limits_{i=1}^{n}x_i^2\end{cases}$$

求解这个方程组可以得到回归系数 $a$ 和 $b$ 的计算公式:

$$\begin{cases}b=\dfrac{n\sum\limits_{i=1}^{n}x_iy_i-\sum\limits_{i=1}^{n}x_i\sum\limits_{i=1}^{n}y_i}{n\sum\limits_{i=1}^{n}x_i^2-\left(\sum\limits_{i=1}^{n}x_i\right)^2}\\ a=\dfrac{\sum\limits_{i=1}^{n}y_i}{n}-b\dfrac{\sum\limits_{i=1}^{n}x_i}{n}=\bar{y}-b\bar{x}\end{cases}$$

$a$、$b$ 分别是 $\alpha$、$\beta$ 的最小二乘估计值。由此可以得到样本回归模型:

$$y_i=a+bx_i+e_i$$

### (三) 回归系数计算公式的衍生形式

$$b=r\cdot\frac{\sigma_y}{\sigma_x}$$

［证］

$$r=\frac{n\sum_{i=1}^{n}xy-\sum_{i=1}^{n}x\sum_{i=1}^{n}y}{\sqrt{n\sum_{i=1}^{n}x^2-\left(\sum_{i=1}^{n}x\right)^2}\cdot\sqrt{n\sum_{i=1}^{n}y^2-\left(\sum_{i=1}^{n}y\right)^2}}$$

$$=\frac{n\sum_{i=1}^{n}xy-\sum_{i=1}^{n}x\sum_{i=1}^{n}y}{n\sum_{i=1}^{n}x^2-\left(\sum_{i=1}^{n}x\right)^2}\cdot\frac{\sqrt{n\sum_{i=1}^{n}x^2-\left(\sum_{i=1}^{n}x\right)^2}}{\sqrt{n\sum_{i=1}^{n}y^2-\left(\sum_{i=1}^{n}y\right)^2}}$$

$$=b\cdot\frac{n\cdot\sqrt{\frac{\sum_{i=1}^{n}x^2}{n}-\left(\frac{\sum_{i=1}^{n}x}{n}\right)^2}}{n\cdot\sqrt{\frac{\sum_{i=1}^{n}y^2}{n}-\left(\frac{\sum_{i=1}^{n}y}{n}\right)^2}}=b\cdot\frac{\sigma_x}{\sigma_y}$$

即

$$b=r\cdot\frac{\sigma_y}{\sigma_x}$$

［范例 11.1］　根据范例 10.5 的表 10-6 所给资料，试求该 10 名学生的统计学成绩与高等数学成绩的直线回归方程。

解法一：据例 10.5 的结论可知，高等数学成绩 $x$ 与统计学成绩 $y$ 之间存在显著正线性相关，故可以设所求的直线回归方程为：

$$\hat{y}=a+bx$$

$$b=\frac{n\sum_{i=1}^{n}x_iy_i-\sum_{i=1}^{n}x_i\sum_{i=1}^{n}y_i}{n\sum_{i=1}^{n}x_i^2-\left(\sum_{i=1}^{n}x_i\right)^2}=\frac{10\times 65\,784-796\times 808}{10\times 64\,870-796^2}\approx 0.973$$

$$a=\frac{\sum_{i=1}^{n}y_i}{n}-b\,\frac{\sum_{i=1}^{n}x_i}{n}=\frac{808}{10}-0.973\times\frac{796}{10}\approx 3.349$$

将 $a$、$b$ 的值代入所设的回归模型中，则得到所求的直线回归模型为：

$$\hat{y}=3.349+0.973x$$

解法二：$\sigma_x=\sqrt{\frac{\sum_{i=1}^{n}(x_i-\bar{x})^2}{n}}=\sqrt{\frac{\sum_{i=1}^{n}x_i^2}{n}-\left(\frac{\sum_{i=1}^{n}x_i}{n}\right)^2}=\sqrt{\frac{64\,870}{10}-\left(\frac{796}{10}\right)^2}$

$\approx 12.282$

$$\sigma_y=\sqrt{\frac{\sum_{i=1}^{n}(y_i-\bar{y})^2}{n}}=\sqrt{\frac{\sum_{i=1}^{n}y_i^2}{n}-\left(\frac{\sum_{i=1}^{n}y_i}{n}\right)^2}=\sqrt{\frac{66\,940}{10}-\left(\frac{808}{10}\right)^2}$$

$\approx 12.859$

$$r=0.929$$

$$b=r\cdot\frac{\sigma_y}{\sigma_x}=0.929\times\frac{12.859}{12.828}\approx 0.931\ 2$$

$$a=\frac{\sum_{i=1}^{n}y_i}{n}-b\frac{\sum_{i=1}^{n}x_i}{n}=\frac{808}{10}-0.931\ 2\times\frac{796}{10}\approx 6.673$$

$$\hat{y}=6.673+0.931\ 2x$$

由此可见，以上两种求回归系数的方法得到的 $b$ 不相同，原因何在？

# 第三节　回归分析中的显著性检验

## 一、回归系数的显著性检验

变量 $x$ 与 $y$ 之间存在线性关系的主要标志是 $y$ 会随着 $x$ 的变化而变化，而两变量是否会依存变化，这可以由回归系数 $\beta$ 来反映。

可以证得样本回归参数 $a$、$b$ 分别为总体回归参数 $\alpha$、$\beta$ 的线性无偏估计量。由此推知，样本回归系数 $b$ 是否与 0 有显著差异，也就说明了总体回归系数 $\beta$ 是否为 0。

若 $\beta=0$，则表明总体回归直线是一条水平线，$x$ 与 $y$ 之间无线性关系，这样就违背了一元线性回归模型的基本假设；若 $\beta\neq 0$，则表明总体回归直线不是一条水平线，$x$ 与 $y$ 之间有线性关系，这样就符合了一元线性回归模型的基本假设。

回归系数的检验步骤：

第一步，提出假设。

$$H_0: \beta=0,\ H_1: \beta\neq 0$$

零假设 $H_0$ 表明样本是从一个没有线性关系的总体中抽取的；备择假设 $H_1$ 表明样本是从一个有线性关系的总体中抽取的。

第二步，选择统计量。

$$t_b=\frac{b-\beta}{S_b}$$

式中，$t_b$ 表示回归系数 $b$ 的临界值。

上式是以总体回归系数 $\beta$ 为中心，$\beta=0$。

回归系数 $b$ 的标准差：

$$S_b=\frac{S_{y|x}}{\sqrt{\sum_{i=1}^{n}(x_i-\bar{x})^2}}$$

回归估计标准误差：

$$S_{y|x}=\sqrt{\frac{\sum_{i=1}^{n}(y_i-\bar{y})^2}{n-2}}=\sqrt{\frac{\sum_{i=1}^{n}y_i^2-a\sum_{i=1}^{n}y_i-b\sum_{i=1}^{n}x_iy_i}{n-2}}$$

由于回归直线是固定的，它具有两个约束条件：$\sum_{i=1}^{n} y_i = na + b\sum_{i=1}^{n} x_i$ 和 $\sum_{i=1}^{n} x_i y_i = a\sum_{i=1}^{n} x_i + b\sum_{i=1}^{n} x_i^2$，因此要减去两个自由度，计算 $S_{y|x}$ 的公式分母是 $d_f = n-2$。

为此，统计量 $t_b$ 可以改写为：

$$t_b = \frac{b}{\dfrac{S_{y|x}}{\sqrt{\sum_{i=1}^{n}(x_i - \bar{x})^2}}}$$

第三步，导出决定规则。

通常选择显著性水平 $\alpha = 0.05$。由于备择假设 $H_1: \beta \neq 0$，而 $\beta$ 可以大于 0，也可以小于 0，所以须采用双尾检验。查 $t$ 分布表，得到相应的临界值 $t_{\alpha/2}(n-2)$。

若 $|t_b| \leqslant t_{\alpha/2}(n-2)$，则经过从总体中抽样得到的样本回归系数 $b=0$ 的可能性大于 $\alpha\%(=5\%)$，此时应该接受原假设 $H_0$。

若 $|t_b| > t_{\alpha/2}(n-2)$，则样本回归系数 $b=0$ 的可能性小于 $\alpha(=5\%)$，此时应拒绝原假设 $H_0$，否定 $\beta=0$，从而得出变量 $x$ 与 $y$ 之间存在线性关系。

[范例 11.2] 根据范例 10.5 和范例 11.1 的资料及结论，试检验拟合的线性回归方程是否显著。

[解]

$$b = 0.973$$

$$S_{y|x} = \sqrt{\frac{\sum_{i=1}^{n} y_i^2 - a\sum_{i=1}^{n} y_i - b\sum_{i=1}^{n} x_i y_i}{n-2}} = \sqrt{\frac{66\,940 - 3.349 \times 808 - 0.973 \times 65\,784}{10-2}}$$

$\approx 5.317$

$$\sum_{i=1}^{n}(x_i - \bar{x})^2 = \sum_{i=1}^{n} x_i^2 - \frac{\left(\sum_{i=1}^{n} x_i\right)^2}{n} = 64\,870 - \frac{796^2}{10} = 1\,508.4$$

$d_f = n - 2 = 10 - 2 = 8$

由于 $n = 10 < 30$，所以对回归系数 $b$ 的假设检验应选择 $t$ 检验。

第一步，提出假设。

$$H_0: \beta = 0,\ H_1: \beta \neq 0$$

第二步，选择统计量。

$$t_b = \frac{b}{\dfrac{S_{y|x}}{\sqrt{\sum_{i=1}^{n}(x_i - \bar{x})^2}}} = \frac{0.973}{\dfrac{5.317}{\sqrt{1\,508.4}}} \approx 7.107$$

第三步，导出决定规则。

选择显著性水平 $\alpha = 0.05$，则查"$t$ 分布临界值表"可得

$$t_{\alpha/2}(n-2)=t_{0.05/2}(10-2)=t_{0.025}(8)=2.306$$

由于 $t_b > t_{\alpha/2}(n-2)$，表明回归系数 $b$ 的 $t$ 值大于 5% 显著性水平上的临界值，因而拒绝零假设 $H_0$。从样本资料检验到样本回归系数 $b$ 是显著的，从而推知，变量 $x$ 与 $y$ 之间存在线性关系，所以表明高等数学成绩与统计学成绩之间确实存在线性关系，高等数学成绩是影响统计学成绩的显著因素。

## 二、拟合优度的检验

拟合优度是指依据给定的样本各个观察值 $x$ 与相应观察值 $y$ 之间数量关系的变化趋势所拟合的回归直线的优良程度。

若各相关点紧密分布于回归直线周围，说明直线对这两变量的数量变化关系描述得愈好，即回归直线对样本数据点的拟合优度愈高。

拟合优度的检验有如下两种方法：

### （一）残差图法（residual plots method）

如果回归直线对相关点的分布趋势拟合优良，那么残差的绝对数值就比较小，所描绘的点会在 $e_i=0$ 的水平线的上下随机分布，$e_i \sim N(0, \sigma^2)$，如图 11-4 所示。

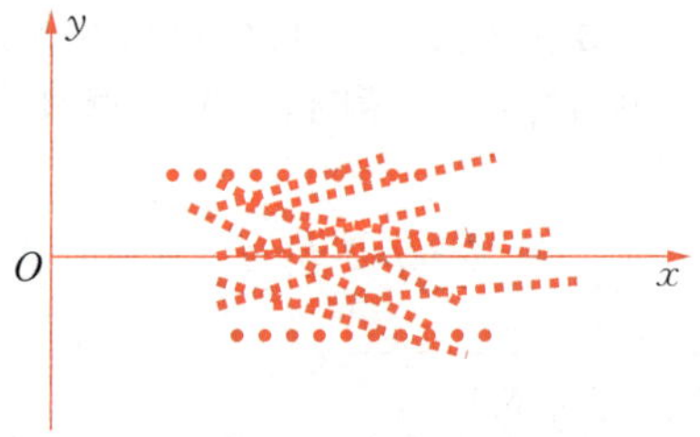


图 11-4　在 $e_i=0$ 的水平线的上下随机分布图

如果回归直线对相关点的分布走势拟合失真（或有一定偏差），那么残差的绝对数值就会比较大，所描绘的点不会在 $e_i=0$ 的水平线的上下随机分布，而会出现逐渐递增或逐渐递减的系统变动趋势，如图 11-5 和图 11-6 所示。

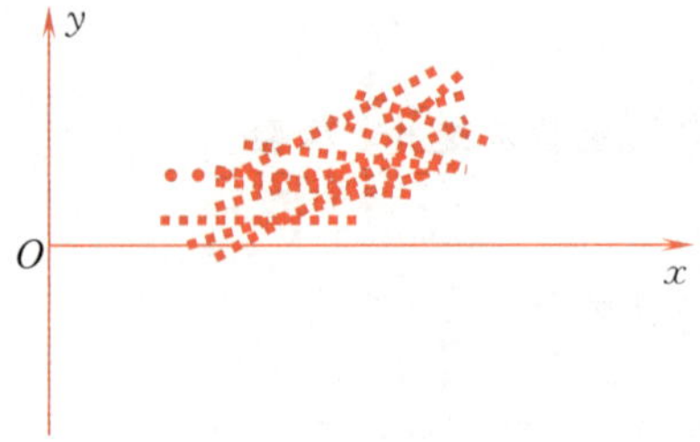


图 11-5　在 $e_i=0$ 的水平线的上下随机分布图

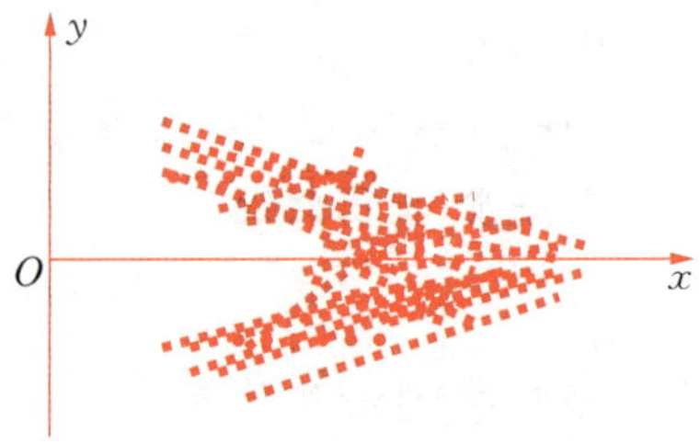


图 11-6　在 $e_i=0$ 的水平线的上下随机分布图

### （二）可决系数法

可决系数（coefficient of determination）是总离差平方和中有多大的比例可以用回归直线来解释，反映了回归方程对各实际样本观察值分布走势的拟合优度。回归分析中定义样本的可决系数为 $r^2$，其公式形式为：

$$r^2=\frac{\sum_{i=1}^{n}(\hat{y}_i-\bar{y})^2}{\sum_{i=1}^{n}(y_i-\bar{y})^2}$$

式中，子项(numerator)和母项(denominator)表示的含义见图 11-7。

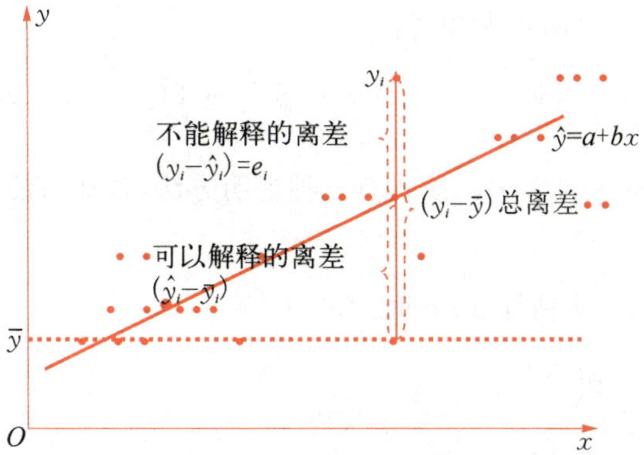


图 11-7　离差分解图

下面对可决系数公式进行推导。

从图 11-7 中可以看出相关点的离差有三种表现：

(1) 总离差(total sum of squares)。它是每个观察值 $y_i$ 与各观察值的均值 $\bar{y}$ 的离差，即 $y_i-\bar{y}$。

总离差平方和(total sum of squares)：

$$\mathrm{SST}=\sum_{i=1}^{n}(y_i-\bar{y})^2$$

总离差平方和反映了因变量 $y$ 的 $n$ 个观察值的离散程度。

(2) 回归离差，又称可用回归直线解释的离差(explained deviation)。它是每个回归值 $\hat{y}_i$ 与各观察值的均值 $\bar{y}$ 的离差，即 $\hat{y}_i-\bar{y}$。

可以解释的离差平方和(sum of squares due to regression)(SSR can be thought of as the explained portion of SST)：

$$\mathrm{SSR}=\sum_{i=1}^{n}(\hat{y}_i-\bar{y})^2$$

可以解释的离差平方和反映了在 $y$ 的总离差中因 $x$ 与 $y$ 之间的线性回归关系而引起的 $y$ 的变化部分。

(3) 剩余离差，又称不能用回归直线解释的离差(unexplained deviation)，或称随机(因素)离差、残差。它是每个观察值 $y_i$ 与相应的回归值 $\hat{y}_i$ 的离差，即 $y_i-\hat{y}_i$。

不能解释的离差平方和(sum of squares due to error)(SSE can be thought of as the unexplained portion of SST)：

$$\mathrm{SSE}=\sum_{i=1}^{n}(y_i-\hat{y}_i)^2$$

不能解释的离差平方和反映了除 $x$ 对 $y$ 的线性回归关系影响之外的其他随机因素对 $y$ 的总离差的影响部分。由于随机因素的干扰,往往理论值与实际值会不等,二者的差值即为随机离差。

图 11-7 中反映出:

总离差 $(y_i-\bar{y})$ = 回归离差 $(\hat{y}_i-\bar{y})$ + 剩余离差 $(y_i-\hat{y}_i)$ $(i=1, 2, \cdots, n)$

而剩余离差就是总离差减去回归离差后剩下的离差而得名。

对上式两边平方,再对两边求和,得

$$(y_i-\bar{y})^2=(\hat{y}_i-\bar{y})^2+(y_i-\hat{y}_i)^2+2(\hat{y}_i-\bar{y})(y_i-\hat{y}_i)$$

式中,$\sum_{i=1}^{n}(\hat{y}_i-\bar{y})\cdot(y_i-\hat{y}_i)=0$,该式有三种证明方法,各证法使用了不同的前提条件,以下给予分别介绍。

解法一:由最小二乘法估计 $a$、$b$ 时,有

因为 $$\frac{\partial\left(\sum_{i=1}^{n}e_i^2\right)}{\partial a}=-2\sum_{i=1}^{n}(y_i-a-bx_i)=0$$

所以 $$\sum_{i=1}^{n}(y_i-a-bx_i)=0$$

又因为 $$\frac{\partial\left(\sum_{i=1}^{n}e_i^2\right)}{\partial b}=-2\sum_{i=1}^{n}x_i(y_i-a-bx_i)=0$$

所以 $$\sum_{i=1}^{n}x_i(y_i-a-bx_i)=0$$

而 $$\hat{y}_i=a+bx_i$$

因此,
$$\begin{aligned}\sum_{i=1}^{n}(\hat{y}_i-\bar{y})(y_i-\hat{y}_i)&=\sum_{i=1}^{n}(a+bx_i-\bar{y})(y_i-a-bx_i)\\&=\sum_{i=1}^{n}[(a-\bar{y})+bx_i](y_i-a-bx_i)\\&=\sum_{i=1}^{n}(a-\bar{y})(y_i-a-bx_i)+\sum_{i=1}^{n}bx_i(y_i-a-bx_i)\\&=(a-\bar{y})\sum_{i=1}^{n}(y_i-a-bx_i)+b\sum_{i=1}^{n}x_i(y_i-a-bx_i)\\&=(a-\bar{y})\sum_{i=1}^{n}e_i+b\sum_{i=1}^{n}x_ie_i\\&=(a-\bar{y})n\cdot\left(\sum_{i=1}^{n}e_i/n\right)+bn\left(\sum_{i=1}^{n}x_ie_i/n\right)\\&=(a-\bar{y})nE(e_i)+bn\operatorname{cov}(x_i, e_i)\\&=(a-\bar{y})n\cdot 0+bn\cdot 0=0\end{aligned}$$

解法二:因为 $\hat{y}_i=a+bx_i$,$a=\bar{y}-b\bar{x}$,$b=\dfrac{\sum_{i=1}^{n}(x_i-\bar{x})(y_i-\bar{y})}{\sum_{i=1}^{n}(x_i-\bar{x})^2}$

所以 $\sum_{i=1}^{n}(\hat{y}_i-\bar{y})(y_i-\hat{y}_i)=\sum_{i=1}^{n}(a+bx_i-\bar{y})(y_i-a-bx_i)$

$$=\sum_{i=1}^{n}(y_i-\bar{y}+b\bar{x}-bx_i)(\bar{y}-b\bar{x}+bx_i-\bar{y})$$

$$=\sum_{i=1}^{n}[(y_i-\bar{y})-b(x_i-\bar{x})][b(x_i-\bar{x})]$$

$$=b\sum_{i=1}^{n}(x_i-\bar{x})(y_i-\bar{y})-b^2\sum_{i=1}^{n}(x_i-\bar{x})^2$$

$$=b\cdot b\sum_{i=1}^{n}(x_i-\bar{x})^2-b^2\sum_{i=1}^{n}(x_i-\bar{x})^2=0$$

解法三：因为　　$e_i=y_i-\hat{y}_i$　　而 $e_i\sim N(0,\sigma^2)$

所以　　$E(e_i)=\frac{1}{n}\sum_{i=1}^{n}e_i=0,\ \sum_{i=1}^{n}e_i=0$

而由最小二乘法估计参数时，有

$$\frac{\partial\left(\sum_{i=1}^{n}e_i^2\right)}{\partial b}=-2\sum_{i=1}^{n}x_i(y_i-a-bx_i)=0$$

因为　　$\sum_{i=1}^{n}x_i(y_i-a-bx_i)=0$

$$\sum_{i=1}^{n}x_i(y_i-\hat{y}_i)=0,\ \sum_{i=1}^{n}x_ie_i=0$$

因此，$\sum_{i=1}^{n}(\hat{y}_i-\bar{y})(y_i-\hat{y}_i)=\sum_{i=1}^{n}(\hat{y}_i-\bar{y})e_i=\sum_{i=1}^{n}(a+bx_i-\bar{y})e_i$

$$=a\sum_{i=1}^{n}e_i+b\sum_{i=1}^{n}x_ie_i-\bar{y}\sum_{i=1}^{n}e_i$$

$$=a\times 0+b\times 0-\bar{y}\times 0=0$$

由此可得　　$\sum_{i=1}^{n}(y_i-\bar{y})^2=\sum_{i=1}^{n}(\hat{y}_i-\bar{y})^2+\sum_{i=1}^{n}(y_i-\hat{y}_i)^2$

总离差平方和(SST)＝回归离差平方和(SSR)＋剩余离差平方和(SSE)

对上式两边同时除以 $\sum_{i=1}^{n}(y_i-\bar{y})^2$，得

$$1=\frac{\sum_{i=1}^{n}(\hat{y}_i-\bar{y})^2}{\sum_{i=1}^{n}(y_i-\bar{y})^2}+\frac{\sum_{i=1}^{n}(y_i-\hat{y}_i)^2}{\sum_{i=1}^{n}(y_i-\bar{y})^2},\ \frac{\sum_{i=1}^{n}(\hat{y}_i-\bar{y})^2}{\sum_{i=1}^{n}(y_i-\bar{y})^2}=1-\frac{\sum_{i=1}^{n}(y_i-\hat{y}_i)^2}{\sum_{i=1}^{n}(y_i-\bar{y})^2}$$

在回归分析中，通常自变量称作解释变量，因变量称作被解释变量，因变量变动可以由自变量来解释，假如可被解释所占的比例愈大，则可以认为拟合的回归方程愈优。可决系数就是被定义为计量回归方程可以解释程度的指标。

为此，有

$$r^2=\frac{\sum_{i=1}^{n}(\hat{y}_i-\bar{y})^2}{\sum_{i=1}^{n}(y_i-\bar{y})^2}=1-\frac{\sum_{i=1}^{n}(y_i-\hat{y}_i)^2}{\sum_{i=1}^{n}(y_i-\bar{y})^2}$$

或
$$r^2=\frac{\text{SSR}}{\text{SST}}=1-\frac{\text{SSE}}{\text{SST}}$$

若因变量 $y$ 的所有观察值 $y_i$ 都落在回归直线上，则剩余离差为 0，因而 $r^2=1$；

若自变量 $x$ 与因变量 $y$ 之间完全不存在线性相关，则 $x$ 完全不能解释 $y$ 的离差，从而有 $\sum_{i=1}^{n}e_i^2=\sum_{i=1}^{n}(y_i-\hat{y}_i)^2=\sum_{i=1}^{n}(y_i-\bar{y})^2$，因此 $r^2=0$。

由此可知，$r^2\in[0, 1]$。$r^2$ 愈接近于 1，表明各观察点愈接近回归直线，用 $x$ 的变化来解释 $y$ 的离差的部分就愈多，回归直线的拟合优度就愈高。因为 $r^2\leqslant r$，所以，在一定程度上说明可决系数比相关系数来反映回归线的拟合效果更为稳妥可靠。

通过可决系数开平方根可求相关系数，$r=\pm\sqrt{\frac{\sum_{i=1}^{n}(\hat{y}_i-\bar{y})^2}{\sum_{i=1}^{n}(y_i-\bar{y})^2}}$，$r$ 的正负号的选择应与回归系数 $b$ 的符号一致。

为了计算方便，可以将可决系数子项和母项展开，即

$$r^2=\frac{a\sum_{i=1}^{n}y_i+b\sum_{i=1}^{n}x_iy_i-n\bar{y}^2}{\sum_{i=1}^{n}y_i^2-n\bar{y}^2}$$

不过，在小样本的条件下，可决系数 $r^2$ 会夸大在 $y$ 的总离差中由于回归关系产生的离差所占的比例，为此，通常采用剩余离差和总离差分别除以相应的自由度的形式来给予修正，则修正可决系数 $\bar{r}^2$ 的公式为：

$$\bar{r}^2=1-\frac{\sum_{i=1}^{n}(y_i-\hat{y}_i)^2(n-2)^{-1}}{\sum_{i=1}^{n}(y_i-\bar{y})^2(n-1)^{-1}}=1-(1-r^2)\frac{n-1}{n-2}$$

式中，$n$ 表示样本容量，即 $x$ 和 $y$ 成对出现的数据的数目。

剩余平方和 $\sum_{i=1}^{n}(y_i-\hat{y}_i)^2=\sum_{i=1}^{n}(y_i-a-bx_i)^2$，其中待估参数 $a$、$b$ 是由正规方程组构成的两个约束条件联立解出的，因而失去了两个自由度，因此，SSE 的自由度 $d_f=n-2$。

回归平方和 $\sum_{i=1}^{n}(\hat{y}_i-\bar{y})^2$ 是对一个自变量的回归方程而言的，因而 SSR 的自由度 $d_f=1$。

因而总离差平方和 $\sum_{i=1}^{n}(y_i-\bar{y})^2$ 便消失了一个自由度，即

$$\begin{aligned}\text{SST 的自由度 } d_f&=\text{SSE 的自由度}(n-2)+\text{SSR 的自由度 } 1\\&=n-1\end{aligned}$$

［范例 11.3］ 根据范例 10.5 和范例 11.1 的资料及结论，试求高等数学成绩对统计学成绩回归的可决系数。

［解］

$$r^2=\frac{\sum_{i=1}^{n}(\hat{y}_i-\bar{y})^2}{\sum_{i=1}^{n}(y_i-\bar{y})^2}=\frac{a\sum_{i=1}^{n}y_i+b\sum_{i=1}^{n}x_iy_i-n\bar{y}^2}{\sum_{i=1}^{n}y_i^2-n\bar{y}^2}$$

$$=\frac{3.349\times 808+0.973\times 65\,784-10\left(\frac{808}{10}\right)^2}{66\,940-10\times\left(\frac{808}{10}\right)^2}\approx 0.863\,2$$

因此，可以说在统计学成绩离差中有 86.32％能够用高等数学成绩与统计学成绩之间的回归关系来解释。换而言之，还有 13.68％是由于同学学习努力等个体差异的随机因素影响的。

## 三、估计标准误差

估计标准误差，又称剩余标准差或回归标准差，它是指样本各数据点 $y$ 的观察值与相应回归直线的回归值的离差的平均数，说明了各观察值与估计值之间的平均离散程度，反映回归直线代表性高低的统计测度指标。其计算公式为：

$$S_y=\sqrt{\frac{\sum_{i=1}^{n}e_i^2}{n-2}}=\sqrt{\frac{\sum_{i=1}^{n}(y_i-\hat{y}_i)^2}{n-2}}$$

若估计标准误愈小，则样本变量 $y$ 的所有观察点愈接近回归直线，从而说明变量 $x$ 与 $y$ 之间的线性回归关系愈密切；若估计标准误愈大，则样本变量 $y$ 的所有观察点愈远离回归直线，从而说明变量 $x$ 与 $y$ 之间的线性回归关系愈不密切。

另外，估计标准误差还有如下的衍生形式：

（1）子项展开的未分组的形式。

$$S_y=\sqrt{\frac{\sum_{i=1}^{n}y_i^2-a\sum_{i=1}^{n}y_i-b\sum_{i=1}^{n}x_iy_i}{n-2}}$$

（2）子项展开的分组的形式。

$$S_y=\sqrt{\frac{\sum_{i=1}^{n}y_i^2f_i-a\sum_{i=1}^{n}y_if_i-b\sum_{i=1}^{n}x_iy_if_i}{\sum_{i=1}^{n}f_i-2}}$$

（3）总体资料估计总体回归模型的估计标准误差的形式。

$$S_y=\sqrt{\frac{\sum_{i=1}^{n}(y_i-\hat{y}_i)^2}{n}}$$

(4) 由可决系数导出的估计标准误差的形式。

$$S_y = \sigma_y \sqrt{1-\bar{r}^2}$$

式中，$\sigma_y$ 表示样本因变量 $y$ 的标准差，其计算公式为：

$$\sigma_y = \sqrt{\frac{\sum_{i=1}^{n}(y_i-\bar{y})^2}{n-1}}$$

因为修正可决系数为：

$$\bar{r}^2 = 1-\frac{\sum_{i=1}^{n}(y_i-\hat{y}_i)^2(n-2)^{-1}}{\sum_{i=1}^{n}(y_i-\bar{y})^2(n-1)^{-1}}$$

则
$$\bar{r}^2 = 1-\frac{S_y^2}{\sigma_y^2}$$

因此，
$$S_y = \sigma_y \sqrt{1-\bar{r}^2}$$

**[范例 11.4]** 根据范例 10.5 和范例 11.1 的资料及结论，试求 $y$ 对 $x$ 的最小二乘回归的估计标准误差。

**[解]**
$$S_y = \sqrt{\frac{\sum_{i=1}^{n}(y_i-\hat{y}_i)^2}{n-2}} = \sqrt{\frac{\sum_{i=1}^{n}y_i^2 - a\sum_{i=1}^{n}y_i - b\sum_{i=1}^{n}x_iy_i}{n-2}}$$

$$= \sqrt{\frac{66\,940-3.349\times 808-0.937\times 65\,784}{10-2}} \approx 18(\text{分})$$

这说明统计学成绩的实际值与估计值的平均误差为 18 分。$S_y$ 偏大的主要原因是样本容量大小。

## 四、回归方程的显著性检验

变量 $x$ 与 $y$ 之间是否存在线性关系，还可以以方差分析方法为基础进行 $F$ 检验，以检验线性回归方程的显著性。其步骤如下：

**第一步，建立假设**

$H_0: \rho^2 = 0$（表示总体无线性关系），$H_1: \rho^2 \neq 0$（表示总体有线性关系）

**第二步，选择统计量：**

$$F = \frac{SSR/1}{SSE/(n-2)} = \frac{MSR}{MSE}$$

$$F = \frac{\sum_{i=1}^{n}(\hat{y}_i-\bar{y})^2/1}{\sum_{i=1}^{n}(y_i-\hat{y}_i)^2/(n-2)} = \frac{\left(a\sum_{i=1}^{n}y_i + b\sum_{i=1}^{n}x_iy_i - n\bar{y}^2\right)\Big/1}{\left(\sum_{i=1}^{n}y_i^2 - a\sum_{i=1}^{n}y_i - b\sum_{i=1}^{n}x_iy_i\right)\Big/(n-2)}$$

利用样本观察值计算得到的 $F$ 值，还可以在表 11-1 中直接计算。

表 11-1　样本观察值 $F$ 值计算表

| 离差来源 | 平方和 | 自由度 | 均方和 | F 值 |
|---|---|---|---|---|
| 回归($x$ 因素) | SSR | 1 | $MSR=\frac{SSR}{1}$ | $F=\frac{MSR}{MSE}$ |
| 剩余(随机因素) | SSE | $n-2$ | $MSE=\frac{SSE}{n-2}$ | |
| 合　计 | SST | $n-1$ | | |

第三步,导出决定规则

依据给定的显著性水平 $\alpha$(通常 $\alpha=0.05$)和两个自由度 $d_{f_1}=1$, $d_{f_2}=n-2$,查 $F$ 分布表,得临界值 $F_\alpha(1, n-2)$。

若 $F>F_\alpha$,则拒绝 $H_0$,说明总体变量 $x$ 与 $y$ 存在线性关系,即回归方程显著。

若 $F<F_\alpha$,则不能拒绝 $H_0$,说明总体变量 $x$ 与 $y$ 不存在线性关系,即回归方程不显著。

[范例 11.5]　根据范例 10.5 和范例 11.1 的资料及结论,试检验范例 11.1 所拟合的回归方程的显著性。

第一步,建立假设

$$H_0: \rho^2=0,\ H_1: \rho^2\neq 0$$

第二步,选择统计量

$$F=\frac{\sum_{i=1}^{n}(\hat{y}_i-\bar{y})^2\Big/1}{\sum_{i=1}^{n}(y_i-\hat{y}_i)^2\Big/(n-2)}=\frac{\left(a\sum_{i=1}^{n}y_i+b\sum_{i=1}^{n}x_iy_i-n\bar{y}^2\right)\Big/1}{\left(\sum_{i=1}^{n}y_i^2-a\sum_{i=1}^{n}y_i-b\sum_{i=1}^{n}x_iy_i\right)\Big/(n-2)}$$

$$=\frac{\left[3.349\times 808+0.973\times 65\,784-10\left(\frac{808}{10}\right)^2\right]\Big/1}{(66\,940-3.349\times 808-0.973\times 65\,784)/(10-2)}\approx 50.49$$

第三步,导出决定规则

根据自由度 $d_{f_1}=1$, $d_{f_2}=n-2$,显著性水平 $\alpha=0.05$,查 $F$ 分布表,得到临界值 $F_\alpha=F_{0.05}=5.32$, $F=50.49>5.32=F_{0.05}$,拒绝 $H_0$。$F$ 检验表明高等数学成绩 $x$ 与统计学成绩 $y$ 之间存在显著线性关系。

值得注意的是:在两个变量的情况下,$t$ 检验与 $F$ 检验是等价的,当变量在两个以上时,$t$ 检验和 $F$ 检验的等价就不成立。$t$ 检验是检验回归系数的显著性,而 $F$ 检验是检验整个回归关系的显著性。

## 第四节　一元线性回归方程的预测

若样本回归方程 $\hat{y}=a+bx$ 经过检验为显著的,就可以用来进行预测。由于从全及总体中选取的样本不同,或者说多次重复试验的结果不同,依据最小二乘法所拟合的回归方程也就可能不同,这样就会得到一系列 $\hat{y}_0$,这些数值是服从总体回归方程 $\mu_{y|x}=\alpha+\beta x$ 中,$\mu_{y_0|x_0}=\alpha+\beta x_0$ 为中心, $\mathrm{Var}(y_0)=\sigma^2$ 为方差的正态分布,则:

$$E(y_0-\hat{y}_0)=0$$

$$\operatorname{Var}(y_0-\hat{y}_0)=\left[1+\frac{1}{n}+\frac{(x_0-\bar{x})^2}{\sum_{i=1}^{n}(x_i-\bar{x})^2}\right]\sigma^2$$

通常总体标准差 $\sigma$ 是未知的，因而可以用样本估计标准误差 $S_y$ 来替代。

自变量 $x$ 每取一值 $x_0$，由回归方程可相应得到估计值 $\hat{y}_0$，然而由于其他未考虑的因素及随机因素的影响，往往实际值 $y_0$ 与估计值 $\hat{y}_0$ 之间存在偏差，因此，对实际值 $y_0$ 进行预测时，就应当在一定的置信水平 $1-\alpha$ 下估计 $y_0$ 的置信区间，即：

$$P\left\{\left|\frac{y_0-\hat{y}_0}{\sigma\sqrt{1+\frac{1}{n}+\frac{(x_0-\bar{x})^2}{\sum_{i=1}^{n}(x_i-\bar{x})^2}}}\right|\leqslant z_{\alpha/2}\right\}=1-\alpha$$

(1) 当 $n>30$ 时，即为大样本，上式分母中的根式接近 1。由于 $\sigma$ 未知，可用 $S_y$ 作为 $\sigma$ 的估计值。依据正态分布原理，可得 $y_0$ 的预测区间：

如：

$$P\{\hat{y}_0-u_{\alpha/2}S_y\leqslant y_0\leqslant\hat{y}_0+u_{\alpha/2}S_y\}=1-\alpha$$

$$P\{\hat{y}_0-1\cdot S_y\leqslant y_0\leqslant\hat{y}_0+1\cdot S_y\}=62.87\%$$

$$P\{\hat{y}_0-2\cdot S_y\leqslant y_0\leqslant\hat{y}_0+2\cdot S_y\}=95.45\%$$

$$P\{\hat{y}_0-3\cdot S_y\leqslant y_0\leqslant\hat{y}_0+3\cdot S_y\}=99.73\%$$

(2) 当 $n<30$ 时，即为小样本，依据 $t$ 分布原理，可得 $y_0$ 的预测区间：

$$P\left\{\hat{y}_0-t_{\alpha/2}S_y\sqrt{1+\frac{1}{n}+\frac{(x_0-\bar{x})^2}{\sum_{i=1}^{n}(x_i-\bar{x})^2}}\leqslant y_0\leqslant\hat{y}_0+t_{\alpha/2}S_y\sqrt{1+\frac{1}{n}+\frac{(x_0-\bar{x})^2}{\sum_{i=1}^{n}(x_i-\bar{x})^2}}\right\}=1-\alpha$$

式中，$t_{\alpha/2}$ 可查 $t$ 分布表得到其临界值。

以上两种预测区间可用图 11-8、图 11-9 来反映。

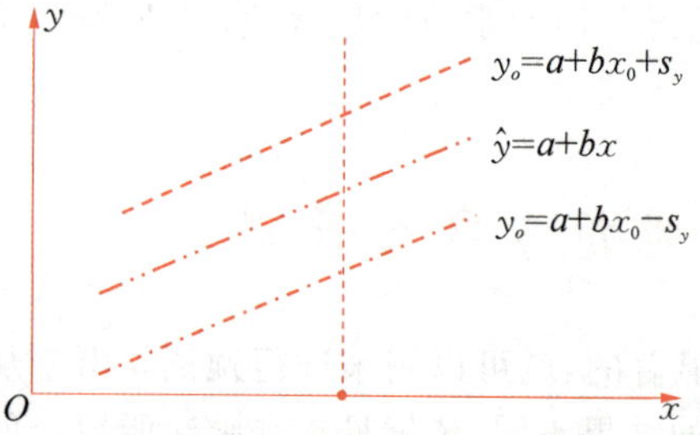


图 11-8 大样本预测区间(在 62.87%的置信水平下)

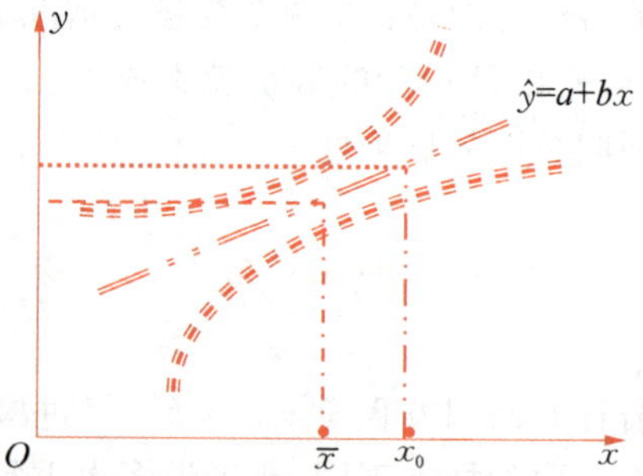


图 11-9 小样本预测区间

从图 11-9 可以看出，若 $x_0$ 的取值愈接近 $\bar{x}$，则预测区间愈窄，相应地，预测精度愈高，但把握程度就会降低；若 $x_0$ 的取值愈远离 $\bar{x}$，则预测区间愈宽，相应地，预测精度愈低，但把握程度会提高。

[范例 11.6]　道琼斯工业股价平均数和交通运输业股价平均数能够互证，由此进一步说明在国民经济中工业总产值与货运量存在密切的相关关系。表 11-2 是美国某地 2014—2021 年的货运量与工业总产值的统计资料，其散点图如图 11-10 所示。试观察两变量之间的回归关系类型后，配合回归方程，并以 $\alpha=0.05$ 的显著性水平预测 2022 年工业总产值为 250 亿美元时的货运量的置信区间。

[解]

表 11-2　2014—2021 年货运量与工业产值的回归统计表

| 年　份 | 工业总产值 $x_i$（10 亿美元） | 货运量（$y_i$）/亿吨 | $x_i^2$ | $y_i^2$ | $x_iy_i$ | $\hat{y}_i$ |
|---|---|---|---|---|---|---|
| 2014 | 10 | 1.2 | 100 | 1.44 | 12.0 | 1.237 0 |
| 2015 | 12 | 1.3 | 144 | 1.69 | 15.6 | 1.342 6 |
| 2016 | 14 | 1.6 | 196 | 2.56 | 22.4 | 1.448 2 |
| 2017 | 17 | 1.6 | 289 | 2.56 | 27.2 | 1.606 6 |
| 2018 | 19 | 1.8 | 361 | 3.24 | 34.2 | 1.712 2 |
| 2019 | 21 | 1.6 | 441 | 2.56 | 33.6 | 1.817 8 |
| 2020 | 20 | 1.7 | 400 | 2.89 | 34.0 | 1.765 0 |
| 2021 | 24 | 2.1 | 576 | 4.41 | 50.4 | 1.976 2 |
| 合　计 | 137 | 12.9 | 2 507 | 21.35 | 229.4 | 12.900 0 |

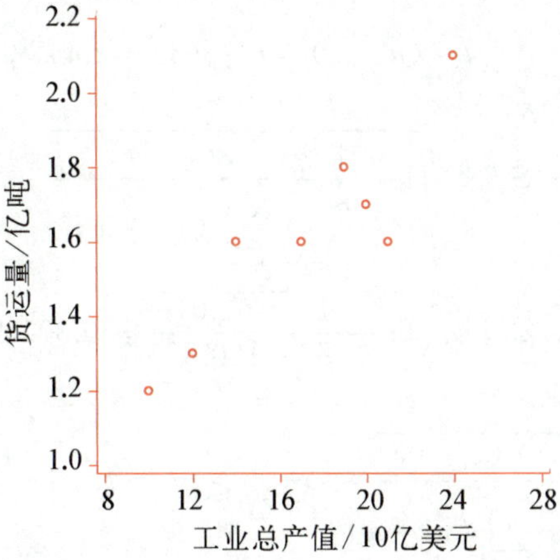


图 11-10　货运量与工业总产值散点图

根据变量 $x$ 和 $y$ 的观察值构成的相关点大致呈直线分布趋势，因此，可设趋势方程为：

$$\hat{y}=a+bx$$

$$b=\frac{n\sum_{i=1}^{n}x_iy_i-\sum_{i=1}^{n}x_i\sum_{i=1}^{n}y_i}{n\sum_{i=1}^{n}x_i^2-\left(\sum_{i=1}^{n}x_i\right)^2}=\frac{8\times 229.4-137\times 12.9}{8\times 2\,507-137^2}\approx 0.052\,8$$

$$a=\frac{\sum_{i=1}^{n}y_i}{n}-b\frac{\sum_{i=1}^{n}x_i}{n}=\frac{12.9}{8}-0.052\,8\times\frac{137}{8}\approx 0.709$$

$$\hat{y}=0.709+0.052\,8x$$

$$S_y=\sqrt{\frac{\sum_{i=1}^{n}(y_i-\hat{y}_i)^2}{n-2}}=\sqrt{\frac{\sum_{i=1}^{n}y_i^2-a\sum_{i=1}^{n}y_i-b\sum_{i=1}^{n}x_iy_i}{n-2}}$$

$$=\sqrt{\frac{21.35-0.709\times 12.9-0.052\,8\times 229.4}{8-2}}$$

$$\approx 0.123\,5$$

假设 2022 年工业总产值为 250 亿美元，即 $x_0=25$，则：

$$\hat{y}_0=0.709+0.052\,8\times 25=2.029$$

$$(x_0-\bar{x})^2=\left(25-\frac{137}{8}\right)^2\approx 62.016$$

$$\sum_{i=1}^{n}(x_i-\bar{x})^2=\sum_{i=1}^{n}x_i^2-\frac{\left(\sum_{i=1}^{n}x_i\right)^2}{n}=2\,507-\frac{137^2}{8}=160.875$$

因为 $n=8<30$，所以在小样本情况下，查 $t$ 分布表

$$t_{\alpha/2}(n-2)=t_{0.025}(6)=2.447$$

$$t_{0.025}(6)\times S_y\times\sqrt{1+\frac{1}{n}+\frac{(x_0-\bar{x})^2}{\sum_{i=1}^{n}(x_i-\bar{x})^2}}$$

$$=2.447\times 0.123\,5\times\sqrt{1+\frac{1}{8}+\frac{62.016}{160.875}}=0.371\,4$$

$$P\left\{\hat{y}_0-t_{\alpha/2}S_y\sqrt{1+\frac{1}{n}+\frac{(x_0-\bar{x})^2}{\sum_{i=1}^{n}(x_i-\bar{x})^2}}\leqslant y_0\leqslant\hat{y}_0+t_{\alpha/2}S_y\sqrt{1+\frac{1}{n}+\frac{(x_0-\bar{x})^2}{\sum_{i=1}^{n}(x_i-\bar{x})^2}}\right\}=1-\alpha$$

$$P\{2.029-0.371\,4\leqslant y_0\leqslant 2.029+0.371\,4\}=95\%$$

即 $$P\{1.657\,6\leqslant y_0\leqslant 2.400\,4\}=95\%$$

假如 2022 年工业总产值为 250 亿美元时，则有 95%的把握预计 2022 年的货运量在 1.657 6 亿～2.400 4 亿吨。

必须指出的是：$\hat{y}_0$ 作为估计值，既可对总体某值 $y_i=\alpha+\beta x_0+\varepsilon_0$ 进行估计，同时，也

可以对总体均值 $E(y_0)=\alpha+\beta x_0$ 进行估计，此时标准差为 $S_y \cdot \sqrt{\frac{1}{n}+\frac{(x_0-\bar{x})^2}{\sum_{i=1}^{n}(x_i-\bar{x})^2}}$。

## 第五节　一元非线性相关与回归

一元非线性相关，又称曲线相关，它是指变量 $y$ 与变量 $x$ 的对应观察值的散布点在坐标平面上的分布形状呈曲线的数量变化关系。

一元非线性回归方程是依据呈曲线相关的两变量的散点分布趋势所拟合的回归方程。

常见的一元非线性回归方程及变换后的方程形式：

(1) 双曲线回归方程：$\hat{y}=a+b\frac{1}{x}$。

令 $x'=\frac{1}{x}$，则该方程经过线性变换后，得：

$$\hat{y}=a+bx'$$

(2) 对数曲线回归方程：$\hat{y}=a+b\ln x$。

令 $x'=\ln x$，则该方程经过线性变换后，得：

$$\hat{y}=a+bx'$$

(3) 幂函数曲线回归方程：$\hat{y}=ax^b$。

对该方程两边同时取对数：

$$\ln\hat{y}=\ln a+b\ln x$$

令 $\hat{y}'=\ln\hat{y}$，$x'=\ln x$，$A=\ln a$

则该方程经过线性变换后，得：

$$\hat{y}'=A+bx'$$

(4) 指数曲线回归方程：$\hat{y}=ab^x$。

对该方程两边同时取对数：

$$\ln\hat{y}=\ln a+x\ln b$$

令 $\hat{y}'=\ln\hat{y}$，$A=\ln a$，$B=\ln b$

则该方程经过线性变换后，得：

$$\hat{y}'=A+Bx$$

(5) 高次曲线方程：$\hat{y}=b_0+b_1x+b_2x^2+b_3x^3+\cdots+b_nx^n$。

令 $x_1=x$，$x_2=x^2$，$x_3=x^3$，$\cdots$，$x_n=x^n$

则该方程经过线性变换后，得：

$$\hat{y}=b_0+b_1x_1+b_2x_2+b_3x_3+\cdots+b_nx_n$$

# 研讨问题十一

11.1 最小二乘法的基本要求是什么？

11.2 直线回归方程 $y=a+bx$ 中，参数 $a$ 和 $b$ 是怎样求得的？它们的几何意义和经济意义是什么？

11.3 估计标准差 $S_y$ 说明什么问题？如何计算？

11.4 试比较积矩相关系数 $r$ 和可决系数 $r^2$。

11.5 为什么还要对相关系数 $r$ 进行假设检验？

11.6 为什么要对回归方程假设检验？

11.7 从某一行业中随机抽取 12 家企业的有关生产费用和产品产量的资料，如表 11-3 所示。

表 11-3 12 个企业的产量与生产费用表

| 企业编号 | 产量 $(x)$/万件 | 生产费用 $(y)$/万元 | 企业编号 | 产量 $(x)$/万件 | 生产费用 $(y)$/万元 |
|---|---|---|---|---|---|
| 1 | 40 | 130 | 7 | 84 | 165 |
| 2 | 42 | 150 | 8 | 100 | 170 |
| 3 | 50 | 155 | 9 | 116 | 167 |
| 4 | 55 | 140 | 10 | 125 | 180 |
| 5 | 65 | 150 | 11 | 130 | 175 |
| 6 | 78 | 154 | 12 | 140 | 185 |

(1) 试绘制散点图。

(2) 试定性分析产量与生产费用是否存在相关关系？若存在相关关系，两变量是属于线性相关还是非线性相关？

(3) 若存在相关关系，试计算其相关系数。

(4) 试对产量与生产费用之间的相关系数进行显著性检验。

(5) 试拟合生产费用对产量的回归方程。

(6) 试计算可决系数，其结果反映了什么问题？

(7) 试计算生产费用对产量回归的估计标准误差。

(8) 试对生产费用与产品产量之间的线性关系的显著性进行检验。

(9) 试对回归系数的显著性进行检验。

(10) 取 $x_0=150$，建立生产费用 95%的预测区间。

11.8 40 家企业的职工人数和工业产值的分组资料，如表 11-4 所示。

**表 11-4 40 家企业的职工人数和工业产值分组表**

| 工业产值 ($y$) /百万元 | 职工人数 ($x$) /百人 | | | | | 合计 |
|---|---|---|---|---|---|---|
| | 1～3 | 3～5 | 5～7 | 7～9 | 9～11 | |
| 6～7 | | | | 1 | 6 | 7 |
| 5～6 | | | 2 | 4 | 4 | 10 |
| 4～5 | | 2 | 4 | 5 | | 11 |
| 3～4 | 2 | 1 | 4 | | | 7 |
| 2～3 | 1 | 2 | | | | 3 |
| 1～2 | 2 | | | | | 2 |
| 合　计 | 5 | 5 | 10 | 10 | 10 | 40 |

试计算相关系数。

11.9 (1) $\sigma_x^2=25$，$\sigma_y^2=36$，$r=0.9$，$a=2.8$。

(2) $\sum_{i=1}^{n}x=1\,890$，$\sum_{i=1}^{n}y=31.1$，$\sum_{i=1}^{n}x^2=5\,355$，$\sum_{i=1}^{n}y^2=174.5$，$\sum_{i=1}^{n}xy=9\,318$，$n=7$。

试分别确定(1)(2)两种资料的 $y$ 与 $x$ 的线性回归方程。

11.10 为了研究某类企业的生产量和单位成本之间的关系，现随机抽取 10 家企业，得数据如表 11-5 所示。

**表 11-5 10 家企业的生产量和单位成本情况**

| 编　号 | 1 | 2 | 3 | 4 | 5 | 6 | 7 | 8 | 9 | 10 |
|---|---|---|---|---|---|---|---|---|---|---|
| 产量/万件 | 2 | 3 | 4 | 4 | 5 | 6 | 6 | 7 | 8 | 9 |
| 单位成本/(元/件) | 52 | 54 | 52 | 48 | 48 | 46 | 45 | 44 | 40 | 38 |

(1) 拟合回归方程。

(2) 计算生产量和单位成本回归方程的判定系数，并解释其意义。

(3) 检验生产量和单位成本一元线性回归模型线性关系的显著性($\alpha=0.05$)。

(4) 检验生产量和单位成本回归方程中回归系数 $\beta_1$ 的显著性($\alpha=0.05$)。

(5) 在进行显著性检验时，应该注意那两点？

(6) 当产量为 10 万件时，计算单位成本的点预测值和区间预测。

(7) 给定的 $x_0$，如果 $x_0$ 在样本 ($x_1$，$x_2$，…，$x_n$) 的最小值至最大值之间取值，预测过程称为内插预测，否则，称为外推预测，为什么？

11.11 为了研究某商品的需求量、价格、消费者收入三者之间的关系，经调查得如表 11-6 所示资料。

表 11-6 某商品的需求量、价格及消费者收入资料

| 编 号 | 需求量/件 | 收入/元 | 价格/元 |
|---|---|---|---|
| 1 | 10 | 1 500 | 3 |
| 2 | 8 | 1 000 | 5 |
| 3 | 8 | 1 800 | 4 |
| 4 | 7 | 1 000 | 3 |
| 5 | 4 | 800 | 6 |
| 6 | 6 | 1 000 | 5 |
| 7 | 10 | 1 900 | 3 |
| 8 | 11 | 1 600 | 2 |
| 9 | 10 | 1 800 | 1 |
| 10 | 5 | 900 | 7 |

(1) 建立回归方程。

(2) 计算相关系数。

(3) 试利用复相关系数 $R$ 来衡量回归方程是否合适。

(4) 为什么复相关系数 $R$ 总是取正值?

(5) 随着自变量个数 $k$ 的增加,回归离差平方和残差平方和会如何变化?

(6) 试只进行需求量($y$)和收入($x_1$)之间的回归分析。价格因素($x_2$)未加入前和价格因素($x_2$)纳入后,净增加的回归离差平方和为多少?

(7) 什么叫价格($x_2$)效应?并解释和计算价格($x_2$)效应($R_{x_2|x_1}$)。

(8) 某个变量与因变量之间没有什么明显的关系,不过,将其纳入方程后,也能增加 $R^2$ 的值,因而,如何对 $R^2$ 的值加以修正?并计算此题修正后的 $\bar{R}^2$。

(9) 解释偏相关(或净相关)系数,计算 $y$ 与 $x_1$、$y$ 与 $x_2$ 及 $x_1$ 与 $x_2$ 之间的简单相关系数以及偏相关系数,并通过偏相关系数的大小判断哪些自变量对因变量的影响大。

部分参考答案

# 第十二章
# 国内生产总值核算及其修正

## 第一节 国内生产总值概述

### 一、国内生产总值的概念

1929—1933年，市场经济国家爆发了一场空前严重的经济危机，市场自动调节机制失灵。为了"医治"自发的市场经济所谓的"市场失败"，1936年，英国经济学家凯恩斯出版了《就业、利息和货币通论》著作，从而使西方经济学经历了一场"凯恩斯革命"。

为了适应国家干预经济的需要，必须对国民经济进行总量分析，20世纪40年代，衡量国民经济总量的指标国内生产总值就应运而生了。

国内生产总值(gross domestic product，GDP)，是指在一定时期内按市场价格计算的国家或地区所有常驻单位生产活动的最终成果。其中：生产是指所有的货物生产和无酬自我家庭服务以外的所有服务的生产；最终成果是指人们最终用于消费和使用的产品(货物或服务)总量；常住单位是指经济单位在国家经济领土上具有经济利益中心的经济单位。

经济领土是国家控制的地理领土构成，包括国家拥有或租借的国外地理边界内"飞地"，不包括外国拥有或租借本国地理边界内"飞地"。

本国拥有或租借他国的用于外事活动的土地或场所，比如：驻外使馆、领馆用地。外国拥有或租借本国的用于外事活动的土地或场所，比如：外国驻本国使领馆用地以及国际组织用地。

### 二、国民经济核算体系

从核算体系的角度上看：世界上曾形成过两大国民经济核算体系——物质产品平衡表体系和国民账户体系。

#### (一) 物质产品平衡表体系

物质产品平衡表体系(system of material products balances，MPS)主要适应于实行高度集中的计划经济的国家，苏联率先建立此体系，尔后，东欧等社会主义国家采用。

核算范围包括五大物质生产部门。

核算内容是物质产品的再生产过程。

核算方法主要是平衡法。

#### (二) 国民账户体系

国民账户体系(system of national accounts，SNA)主要适应于实行市场经济的国家，英国首创，发达资本主义国家纷纷采用。

核算范围囊括所有部门，包括物质生产部门和非物质生产部门；

核算内容是社会再生产全过程；

核算方法主要是复式记账法。

#### （三）物质产品平衡表体系和国民账户体系的区别

1. 在核算范围上

MPS 只限于物质产品核算，将非物质生产部门的服务活动排除在生产领域之外；SNA 则是整个国民经济。

2. 在核算内容上

MPS 主要反映物质产品的生产、交换和使用的实物运动；SNA 除实物运动外，还反映收入分配和金融交易等资金流量和资产负债存量。

3. 在核算方法上

MPS 主要是采用平衡法，侧重每张平衡表内部的平衡，平衡表之间联系不够紧密；SNA 主要采用复式记账法，通过账户体系把社会再生产每个环节、国民经济各部门紧密联系起来。

4. 在核心指标上

MPS 以国民收入为其核心指标之一；SNA 则以 GDP 为其核心指标之一。

## 第二节　国内生产总值的核算

### 一、国内生产总值核算方法

1993 年，联合国统计委员会通过了新修订的 SNA，作为世界各国统一的国民经济核算国际标准。

1985 年以前，我国以总产值、国民收入为核心指标，1995 开始，开始引入 GDP 指标，1993 年，正式建立了以 GDP 核算为中心的 SNA 体系，2003 年，采用《中国国民经济核算体系(2002)》后，GDP 成为我国国民经济核算的核心指标。

#### （一）生产法

生产法是从生产角度衡量核算期内常住单位新创造价值的方法，即从生产的全部货物和服务总产品的价值中，扣除生产过程中投入的中间产品的价值，其计算公式为：

增加值＝总产出－中间投入

#### （二）收入法

收入法，亦称分配法，它是从生产过程形成收入的角度，对常住单位的生产活动成果进行核算。国民经济各产业部门收入法增加值由劳动者报酬、生产税净额、固定资产折旧和营业盈余四个部分组成，其计算公式为：

增加值＝劳动者报酬＋生产税净额＋固定资产折旧＋营业盈余

#### （三）支出法

支出法是从最终使用的角度反映一个国家一定时期内生产活动最终成果的方法。

最终使用包括最终消费、资本形成总额及净出口(净流出),计算公式为:

国内生产总值=最终消费+资本形成总额+净出口(净流出)

目前,在我国,从生产法向收入法过度,且以收入法计算为准。

## 二、国内生产总值核算制度

### (一) 分级核算

目前,我国 GDP 核算所采取的分级核算制度,根据专业资料、部门资料、抽样调查资料、重点调查资料,国家计算全国 GDP;根据省专业资料、部门资料、抽样调查资料、重点调查资料,省计算省级的 GDP。

由于 GDP 核算部分存在从个体科学推算总体过程以及各省个体代表性等问题,因此,国家与各省合计存在一定的差异。

随着市场经济发展,我国 GDP 核算所采取的分级核算制度,存在很大的缺陷。跨地区经营的企业越来越多,尽管统计制度规定不允许重复统计,但是,由于种种原因,在异地开办的子公司所在地区统计了它的生产经营活动的同时,公司总部所在地区一般并不愿意或难于剔除该子公司的生产经营活动,因此,导致地区 GDP 的重复计算。

### (二) 分行业核算

GDP 核算采用分行业计算,最后加总为全行业 GDP。由于各行业基础数据来源不同,指标各异,因此,各行业 GDP 计算方法也不尽相同,另外,一些行业还分规上(规模以上)、规下。

### (三) 年度核算和季度核算

年度核算和季度核算的方法主要包括:汇总、科学推算方法:抽样间接推算,重点调查间接推算,相关指标间接推算等方法。

从核算时间上,GDP 核算可以分为年度核算和季度核算。从 1985 年开始,我国进行年度 GDP 核算;1992 年开始,进行季度 GDP 核算。

季度核算与年度核算基本概念相同,都是反映一定时期内常住单位生产活动的最终成果。

然而,季度与年度核算所依据的基础数据和核算方法不尽相同。季度核算资料比较少,数据不够精细;年度有各专业统计年报、各部门财务决算,资料比较齐全。季度核算推算成分相对较多。年度更多依据企业财务报表。

年度核算分常规年度核算和非常规年度核算。

年度核算分普查年度与非普查年度。普查年度核算为非常规年度核算;非普查年度核算为常规年度核算。2004 年,进行了第一次经济普查。非特殊情况逢 3、8 年份进行经济普查。

经济普查年度为 GDP 核算提供了比较全面、丰富的基础数据。包括第二、第三产业中的法人企业、单位的各类财务资料;清查中的个体经营户资料。GDP 计算,部分由非普查年度的间接推算为普查年度的直接计算。

年度 GDP 数据分初步核算数、初步核实数和最终核实数据。

年度 GDP 核算分三个步骤进行:初步核算、初步核实和最终核实。每个步骤所采用的基础资料有所不同。年度初步核算数在 12 个月进度统计资料的基础上计算;初步核实数在统计年报的基础上计算;最终核实数在统计年报、部门会计、财政决算资料的基础上计算。

在开展经济领域普查中,发现对 GDP 数据有较大影响的新的基础资料,或计算方法及分类标准发生变化时，也对 GDP 历史数据进行修订。在作上述调整时，既要修订 GDP 总量，也要相应修订增长速度。

季度 GDP 数据也分初步核算数、初步核实数和最终核实数据。

季度 GDP 核算也分三个步骤进行：初步核算数在主要进度统计资料的基础上计算。初步核实数根据年度国内生产总值初步核实数对全年各季度国内生产总值初步核算数进行基准化调整，形成各季度国内生产总值初步核实数。最终核实数根据年度国内生产总值最终核实数对全年各季度国内生产总值初步核实数进行基准化调整，形成各季度国内生产总值最终核实数。

年度初步核算、初步核实和最终核实 GDP 发布。初步核算数于次年 1 月 15 日后发布，并在《统计公报》《统计信息手册》及其他出版物上使用。初步核实数于次年 6 月份发布，并在《统计年鉴》上使用。最终核实数于隔年在《统计年鉴》及其他出版物上发布。

在开展经济领域普查，发现对 GDP 数据有较大影响的新的基础资料，或计算方法及分类标准发生变化时，也对 GDP 历史数据进行修订和发布。

季度 GDP 发布形式：

(1) 初步核算数在季度国民经济运行情况新闻发布会上公布。

(2) 初步核实数在年度国内生产总值初步核实数发布后 30 天内完成并以国家统计局公告形式发布。

(3) 最终核实数在年度国内生产总值最终核实数发布后 30 天内完成并以国家统计局公告形式发布。

## 三、国家和各省汇总数据之间的差异

在服务业领域，由于单位多，范围广，部分采用相关指标推算，这也造成了国家和各省汇总数据之间的差异。同时推算普遍采用的是速度推算法，基数不一致也造成国家和各省汇总数据之间的差异。

样本代表性，在价格方面使用国家在各省分配的样本，由于国家在各省分配不能很好反映地方情况也会产生推算结果与实际产生差距，造成国家和各省汇总数据之间的差异。

最终消费与消费品零售总额不同，全社会固定资产投资与资本形成不同，净流出与出口增长或进口增长不同。

## 四、国民经济核算综合平衡原则

国民经济核算综合平衡原则，又称钱伯海[①]定理或钱氏定理，是指生产范围划在那

① 钱伯海，1928 年生于江苏泰兴，1951 年毕业于复旦大学统计系，被王亚南校长聘任到厦门大学执教，是国内最早一批统计学博士生导师、文科资深教授；曾任厦门大学经济学院院长、计划统计系主任，国务院学位委员会第二、三届经济学科评议组成员，中国统计学会第一、二届副会长。1992 年 8 月，国务院批准的国民经济核算体系方案写入并运用了钱氏定理。钱教授对我国国民经济核算体系的设计和建立作出了奠基性贡献。钱教授"不唯书、不唯上"，践行调查探究，带领学生研究团队到同安县(现厦门市同安区)调查和试验性核算，并将验证成功的县级国民经济核算体系方案推广至全国。钱教授出版专著和全国统编教材 30 余部，发表论文一百多篇，累计 1 200 万字以上；论著中 3 项获国家级奖，13 项获部、省级奖；参与创建国民经济学、企业经济学、国民经济统计学、企业经济统计学四门新学科。借助自身学贯中西的国民经济核算体系集大成理论，钱教授开启了对马克思劳动价值论艰苦卓绝地探索，取得了开创性硕果，创建了完整的理论与方法体系，独著的《经济学新论》于 1999 年出版。钱教授惜时如金，"牛耕田会老，闲着也会老"常挂在嘴边。2004 年 1 月 19 日，著名经济学家、一代统计学泰斗钱伯海先生溘然长逝。

里，GDP 就算到那里，中间消耗和最终使用也算到那里，初次分配和再分配、原始收入和派生收入就在那里分界。

若来源方记了地下经济的生产，则使用方必须记地下经济的支出。借贷双方做到有收有支，收支相等；项目对应、不重不漏。

不过，由于地下经济活动十分隐蔽，倘若要在国民经济账户中直接记录地下经济生产、收入和支出的各个细科目几乎是办不到的，这样做缺乏操作性，因此，只能通过以上方法间接估算，大致估计出地下经济的规模值。若将地下经济规模值直接加到 GDP 中，便得到包括地下经济在内的全社会 GDP。

至于收入与支出差异法估算的地下经济的支出额，实际上要比地下经济实际支出值低的多，一般很少直接把它用来作为 GDP 的调整项。

非法生产和交易所获得收入同合法生产和交易所获得收入一样，都会增加生产者和交易者的金融资产。非法生产和交易的收入可能完全合法地花掉，相反，用于非法货物和服务上的支出却可能使用合法获得的资金。可见，用于购买非法生产的货物和服务的支出同用于购买合法生产的货物和服务的支出一样会减少购买者的金融资产。

不记录这些非法生产和交易，对于生产者来说，不能反映非法生产获得的收入所引起的金融资产的增加；对于购买者来说，则不能反映其购买非法生产的货物和服务的支出所引起的金融资产的减少，从而，势必会使非法生产者和交易者，非法生产的货物和服务的购买者，及其所对应的机构部门的金融账户和对外交易账户产生较大偏差。

地下经济严重破坏了社会资源合理配置原则，大量资源流入所谓高效率的地下经济中，从而导致正常经济低效率或负效率，直接危及国家经济安全、平稳、有序地运行。

地下经济的规模与高税率、合法部门的低增长、高失业率、通货膨胀有正相关关系。在一定程度上说，高税率会导致大量偷逃税行为，地下经济会变得更为猖獗，从而税收反而会更少。在地下经济日益猖獗的时期，不但要关注总供给与总需求的关系，而且还要注意判明地下经济与地上经济的关系，只有这样才能使我们避免在理论分析上误入歧途。

目前，虽然我国地下经济对 GDP 的相对比例有大幅下降，但是，其绝对数额即其规模仍然偏大，这不能不引起我国政府的高度警觉。

为了国家经济安全和政府有效地对宏观经济进行监管，使我国国民经济核算体系尽快与国际完全接轨，在理论上，率先论证地下经济纳入我国国民经济核算体系的可行性和必要性，这是很有裨益的。

进一步修正我国新国民经济核算体系，调整国内生产总值，确保国家经济安全。这一研究成果将为我国今后正式将地下经济活动纳入国民核算之中做好理论和方法铺垫，进而使我国国民核算与国际完全接轨。

毋庸置疑，地下经济与地上经济（即公开经济）在未来相当长时期内将会共存下去，这就要求我们始终清醒地正视这一事实。防微杜渐，保持高度警惕，做好与地下经济打一场持久战和歼灭战的思想和心理准备。

目前，在我国政府只统计公开经济不统计地下经济的形势下，每当我们在进行宏观经济和微观经济决策时，都要注意考虑地下经济这一关键因素对国民经济安全的影响。

只有依据正确的统计数据信息进行经济决策，才能使我国国民经济处在安全的警戒线内可持续地发展。

充分认识和有效监管地下经济，从而使国家经济运行安全有序。

# 研讨问题十二

12.1　2020 年，某地区生产总值各项数值如表 12-1 和表 12-2 所示。

表 12-1　2020 年某地区生产总值(生产法和收入法)　　单位：亿元

| | 第一产业 | 第二产业 | 第三产业 | 合　计 |
|---|---|---|---|---|
| 总产出 | 4 656.85 | 115 097.47 | 47 113.79 | 166 868.11 |
| 中间投入 | 1 809.59 | 87 396.50 | 20 594.10 | 109 800.19 |
| 增加值 | | | | |
| 劳动者报酬 | 2 795.58 | 12 927.24 | 11 517.01 | 27 239.83 |
| 生产税净额 | 1.63 | 4 512.18 | 4 474.87 | 8 988.68 |
| 固定资产折旧 | 50.05 | 3 331.72 | 4 153.92 | 7 535.69 |
| 营业盈余 | 0.00 | 6 929.83 | 6 373.89 | 13 303.72 |

表 12-2　2020 年某地区生产总值(支出法)　　单位：亿元

| GDP 支出法核算的各分项 | 最终消费 | 资本形成总额 | 货物和服务净流出 |
|---|---|---|---|
| 金　额 | 29 264.26 | 115 097.47 | 47 113.79 |

(1) 计算三个产业的增加值及其占 GDP 的比重。

(2) 写出生产法、收入法和支出法计算 GDP 公式，并利用这三种方法计算 GDP。

部分参考答案

附录

# 统计分布表

## 一、R.A. Fisher 随机数表

| | | | | |
|---|---|---|---|---|
| 03 47 48 73 86 | 36 96 47 36 61 | 46 93 63 71 62 | 33 26 16 80 45 | 60 11 14 10 95 |
| 97 74 24 67 62 | 42 81 14 57 20 | 42 53 32 37 32 | 27 07 36 07 51 | 24 51 79 89 73 |
| 16 76 62 27 66 | 56 50 26 71 07 | 32 90 79 78 53 | 13 55 38 58 59 | 88 97 51 14 10 |
| 12 56 85 99 26 | 96 96 68 27 31 | 05 03 72 93 15 | 57 12 10 14 21 | 88 26 49 81 76 |
| 55 59 56 35 64 | 38 54 82 46 22 | 31 62 43 09 90 | 06 18 44 32 53 | 23 83 01 30 30 |
| 16 22 77 94 39 | 49 54 43 54 82 | 17 37 93 23 78 | 87 35 20 96 43 | 34 26 34 91 64 |
| 84 42 17 53 31 | 57 24 55 06 88 | 77 04 74 47 67 | 21 76 33 50 25 | 83 92 12 06 76 |
| 63 01 63 78 59 | 16 95 55 67 19 | 98 10 50 71 75 | 12 96 73 58 07 | 44 39 52 38 79 |
| 33 22 12 34 29 | 78 64 56 07 82 | 52 42 07 44 38 | 15 51 00 13 42 | 99 66 02 |
| 57 60 86 32 44 | 09 47 27 96 54 | 49 17 46 09 62 | 90 52 84 77 27 | 08 02 73 43 28 |
| 18 18 07 92 45 | 44 17 16 58 09 | 79 83 86 19 62 | 06 76 50 03 10 | 55 23 41 05 05 |
| 26 62 38 97 75 | 84 16 07 44 99 | 83 11 46 32 24 | 20 14 85 88 45 | 10 93 72 88 71 |
| 23 42 40 64 74 | 82 97 77 77 81 | 07 45 32 14 08 | 32 98 94 07 72 | 93 85 79 10 75 |
| 52 36 28 19 95 | 50 92 26 11 97 | 00 56 76 31 33 | 80 22 02 53 53 | 86 60 42 04 53 |
| 37 85 94 35 12 | 83 39 50 08 30 | 42 34 07 96 88 | 54 42 06 87 93 | 35 85 29 84 39 |
| 70 29 17 12 13 | 40 33 20 33 23 | 13 89 51 03 74 | 17 76 37 13 04 | 07 74 21 19 30 |
| 56 62 18 37 35 | 96 83 50 87 75 | 97 12 25 93 47 | 70 33 24 03 54 | 97 77 46 44 80 |
| 99 49 57 22 77 | 88 42 95 45 72 | 16 64 36 16 00 | 04 43 18 66 79 | 94 77 24 21 90 |
| 16 08 15 04 72 | 33 27 14 34 09 | 45 59 34 68 49 | 12 72 07 34 45 | 99 27 72 95 14 |
| 31 16 93 32 43 | 50 27 89 87 19 | 20 15 37 00 49 | 52 85 66 60 44 | 38 68 88 11 80 |
| 68 34 30 13 70 | 55 74 30 77 40 | 44 22 78 87 23 | 04 33 46 09 52 | 68 07 97 06 57 |
| 74 57 25 65 76 | 59 29 97 68 60 | 71 91 38 67 54 | 13 58 18 24 76 | 15 54 55 95 52 |
| 27 42 37 86 53 | 48 55 90 65 72 | 96 57 69 36 10 | 96 46 92 42 45 | 97 60 49 04 91 |
| 00 39 68 29 61 | 66 37 32 20 30 | 77 84 57 03 29 | 10 45 65 04 26 | 11 04 96 67 24 |
| 29 94 98 94 24 | 48 49 69 10 82 | 53 75 91 93 30 | 34 25 20 57 27 | 40 48 73 51 92 |
| 16 90 32 66 59 | 83 62 64 11 12 | 67 19 00 71 74 | 60 47 21 29 68 | 02 02 37 03 31 |
| 11 27 94 75 06 | 06 09 19 74 66 | 02 94 37 34 02 | 76 70 90 30 86 | 38 45 94 30 38 |
| 35 24 10 16 20 | 33 32 51 26 38 | 79 78 45 04 91 | 16 92 53 56 16 | 02 75 50 95 98 |
| 33 23 16 86 38 | 42 38 97 01 50 | 87 75 66 81 41 | 40 01 74 91 62 | 43 51 34 08 32 |
| 31 96 25 91 47 | 96 44 33 49 13 | 34 86 82 53 91 | 00 52 43 48 85 | 27 55 26 89 62 |
| 86 67 40 67 14 | 64 05 71 95 86 | 11 05 65 09 68 | 76 83 20 37 90 | 57 16 00 11 66 |
| 14 90 34 45 11 | 75 73 88 05 90 | 52 27 41 14 86 | 22 98 12 22 08 | 07 52 74 95 80 |
| 68 05 51 18 00 | 33 96 02 75 19 | 07 60 62 93 55 | 59 33 82 43 90 | 49 37 38 44 59 |
| 20 46 78 73 90 | 97 51 40 14 02 | 04 02 33 31 08 | 39 54 16 49 36 | 47 95 95 13 30 |
| 64 19 58 97 79 | 15 03 15 93 20 | 01 90 10 75 06 | 40 78 78 89 62 | 02 67 74 17 33 |

| | | | | |
|---|---|---|---|---|
| 05 26 93 70 60 | 22 35 85 15 13 | 92 03 51 59 77 | 59 56 78 06 83 | 52 91 05 70 74 |
| 07 97 10 88 23 | 09 98 42 99 64 | 61 71 62 99 15 | 06 51 29 16 93 | 58 05 77 09 51 |
| 68 71 86 85 85 | 54 87 66 47 54 | 73 32 08 11 12 | 44 95 92 63 16 | 29 58 24 29 48 |
| 26 99 61 65 53 | 58 37 78 80 78 | 42 10 50 67 42 | 32 17 55 85 74 | 94 44 67 45 94 |
| 14 65 52 68 75 | 87 59 36 22 41 | 26 78 63 06 55 | 13 08 27 01 50 | 15 29 39 39 43 |
| 17 53 77 58 71 | 71 41 61 50 72 | 12 41 94 96 26 | 44 95 27 36 99 | 02 96 74 30 83 |
| 90 26 59 21 19 | 23 52 23 33 12 | 96 93 02 18 39 | 07 02 18 36 07 | 25 99 32 70 23 |
| 41 23 52 55 99 | 32 04 49 69 96 | 10 47 48 45 88 | 13 41 43 89 20 | 97 17 14 49 17 |
| 60 20 50 81 69 | 31 99 76 68 68 | 35 81 33 03 76 | 24 30 12 48 60 | 18 99 10 72 34 |
| 91 25 38 05 90 | 94 58 28 41 36 | 45 37 59 03 09 | 90 35 57 29 12 | 82 62 54 65 60 |
| 34 50 57 74 37 | 98 80 33 00 91 | 09 77 93 19 82 | 74 94 80 04 04 | 45 07 31 66 49 |
| 85 22 04 39 43 | 73 81 53 94 79 | 33 62 46 86 28 | 72 89 44 05 60 | 35 80 39 94 88 |
| 09 79 13 77 48 | 73 82 97 22 21 | 05 03 27 24 83 | 72 89 44 05 60 | 35 80 39 94 88 |
| 88 75 80 18 14 | 22 95 75 42 49 | 39 32 82 22 49 | 02 48 07 70 37 | 16 04 61 67 87 |
| 90 96 23 70 00 | 39 00 08 06 90 | 55 85 78 38 33 | 94 37 30 69 32 | 90 89 00 76 33 |
| 53 74 23 99 67 | 61 32 28 69 84 | 94 62 67 86 24 | 98 33 41 19 95 | 47 53 53 38 09 |
| 63 38 06 86 54 | 99 00 65 26 94 | 02 82 90 23 07 | 79 62 67 80 60 | 75 91 12 81 19 |
| 35 30 53 21 46 | 06 72 17 10 91 | 25 21 31 75 96 | 49 28 24 00 49 | 55 65 79 78 07 |
| 63 43 36 82 69 | 65 51 18 37 88 | 61 38 44 12 45 | 32 92 85 88 65 | 54 34 81 85 35 |
| 98 25 37 55 26 | 01 91 82 81 46 | 74 71 12 94 97 | 24 02 71 37 07 | 03 92 13 66 75 |
| 02 63 21 17 69 | 71 50 80 89 56 | 38 15 70 11 48 | 43 40 45 86 98 | 00 83 26 91 03 |
| 64 55 22 21 82 | 48 22 28 06 00 | 61 54 13 43 91 | 82 78 12 23 29 | 06 66 24 12 27 |
| 85 07 26 13 89 | 01 10 07 82 04 | 59 63 69 36 03 | 69 11 15 83 80 | 13 29 54 19 28 |
| 58 54 16 24 15 | 51 54 44 82 00 | 62 61 65 04 69 | 38 18 65 18 97 | 85 72 13 49 21 |
| 34 85 27 84 87 | 61 48 64 56 26 | 90 18 48 13 26 | 37 70 15 42 57 | 65 65 80 39 07 |
| 03 92 18 27 46 | 57 99 16 96 56 | 30 33 72 85 22 | 84 64 38 58 98 | 99 01 30 98 64 |
| 62 93 30 27 59 | 37 75 41 66 48 | 86 97 80 61 45 | 23 53 04 01 63 | 45 76 08 64 27 |
| 08 45 93 15 22 | 60 21 75 46 91 | 93 77 27 85 42 | 23 88 61 08 84 | 69 62 03 42 73 |
| 07 08 55 18 40 | 45 44 75 13 90 | 24 94 96 61 02 | 57 55 66 83 15 | 73 42 37 11 61 |
| 01 85 89 95 66 | 51 10 19 34 88 | 15 84 97 19 75 | 12 76 39 43 78 | 64 63 91 08 25 |
| 72 84 71 14 35 | 19 11 58 49 26 | 50 11 17 17 76 | 86 31 57 20 18 | 95 60 78 46 75 |
| 88 78 28 16 84 | 13 52 53 94 53 | 75 45 69 30 96 | 73 89 65 70 31 | 99 17 43 48 76 |
| 45 17 75 65 57 | 23 40 19 72 12 | 25 12 74 75 67 | 60 40 60 81 19 | 24 62 01 61 16 |
| 96 76 28 12 54 | 22 01 11 94 25 | 71 96 16 16 83 | 68 64 36 74 45 | 19 59 50 88 92 |
| 43 31 67 72 30 | 24 02 94 03 63 | 38 32 36 66 02 | 69 36 38 25 39 | 48 03 45 15 22 |
| 50 44 66 44 21 | 66 06 58 05 62 | 68 15 54 35 02 | 42 35 48 96 32 | 14 52 41 52 48 |
| 22 66 22 15 86 | 26 63 75 41 99 | 58 42 36 72 24 | 58 37 52 18 51 | 03 37 18 39 11 |
| 96 24 40 14 51 | 23 22 60 89 57 | 95 67 47 29 83 | 94 69 40 06 07 | 18 16 36 78 86 |
| 31 73 91 61 19 | 60 20 72 93 48 | 98 57 07 23 69 | 65 95 39 69 58 | 56 80 30 19 44 |
| 78 60 73 99 84 | 43 89 94 36 45 | 56 69 47 07 41 | 90 22 91 07 12 | 78 35 34 08 72 |
| 84 37 90 61 56 | 70 10 23 98 05 | 85 11 34 76 60 | 76 48 45 34 60 | 01 64 18 39 96 |
| 36 67 10 08 23 | 98 93 35 08 86 | 99 29 76 29 81 | 33 34 91 58 93 | 63 14 52 32 52 |
| 07 28 59 07 48 | 98 64 58 89 75 | 83 85 62 27 89 | 30 14 78 56 27 | 86 63 59 80 02 |
| 10 15 83 87 60 | 79 24 31 66 56 | 21 48 24 06 93 | 91 98 94 05 49 | 01 47 59 38 00 |
| 55 19 68 97 65 | 03 73 52 16 56 | 00 53 55 90 27 | 33 42 29 38 87 | 22 13 88 83 34 |

| | | | | |
|---|---|---|---|---|
| 53 81 29 13 39 | 35 01 20 71 34 | 62 33 74 82 14 | 53 73 19 09 03 | 56 54 29 56 93 |
| 51 86 32 68 92 | 33 93 74 66 99 | 40 14 71 94 58 | 45 94 19 38 81 | 14 44 99 81 07 |
| 35 91 70 29 13 | 80 03 54 07 27 | 96 94 78 32 66 | 50 95 52 74 33 | 13 80 55 62 54 |
| 37 71 67 95 13 | 20 02 44 95 94 | 64 85 04 05 72 | 01 32 90 76 14 | 53 89 74 60 41 |
| 93 66 13 83 27 | 92 79 64 64 72 | 28 54 96 53 84 | 48 14 52 98 94 | 56 07 93 89 30 |
| 02 96 08 45 65 | 13 05 00 41 84 | 93 07 54 72 59 | 21 45 57 09 77 | 19 48 56 27 44 |
| 49 83 43 48 35 | 82 88 33 69 96 | 72 36 04 19 76 | 47 45 15 18 60 | 82 11 08 95 97 |
| 84 60 71 62 46 | 40 80 81 30 37 | 34 39 23 05 38 | 25 15 35 71 30 | 88 12 57 21 77 |
| 18 17 30 88 71 | 44 91 14 88 47 | 89 23 30 63 15 | 56 34 20 47 89 | 99 82 93 24 93 |
| 79 69 10 61 78 | 71 32 76 95 62 | 87 00 22 58 40 | 92 54 01 75 25 | 43 11 71 99 31 |
| 75 93 36 57 83 | 56 20 14 82 11 | 74 21 97 90 65 | 96 42 68 63 86 | 74 54 13 26 94 |
| 38 30 92 29 03 | 06 28 81 39 38 | 62 26 06 84 63 | 61 29 08 93 67 | 04 32 92 08 09 |
| 51 29 50 10 34 | 31 57 75 95 80 | 51 97 02 74 77 | 76 15 48 49 44 | 18 55 64 77 09 |
| 21 31 38 86 24 | 37 79 81 53 74 | 73 24 16 10 33 | 52 83 90 94 76 | 70 47 14 54 36 |
| 29 01 23 87 88 | 58 02 39 37 67 | 42 10 14 20 92 | 16 55 23 42 45 | 54 96 09 11 06 |
| 95 33 95 22 00 | 18 74 72 00 18 | 38 79 58 69 32 | 81 76 80 26 92 | 82 80 84 25 39 |
| 90 84 60 79 80 | 24 36 59 87 38 | 82 07 53 89 35 | 96 35 23 79 18 | 05 98 90 07 35 |
| 46 40 62 93 82 | 54 97 20 56 95 | 15 74 80 08 32 | 16 46 70 50 80 | 67 72 16 42 79 |
| 20 31 89 03 43 | 38 46 82 68 72 | 32 14 82 99 70 | 80 60 47 18 97 | 63 49 30 21 30 |
| 71 59 73 05 50 | 08 22 23 71 77 | 91 01 93 20 49 | 82 96 59 26 94 | 66 39 67 98 60 |

## 二、标准正态分布表

$$\Phi(x)=\int_{-\infty}^{x}\frac{1}{\sqrt{2\pi}}\mathrm{e}^{-\frac{t^2}{2}}\,\mathrm{d}t$$

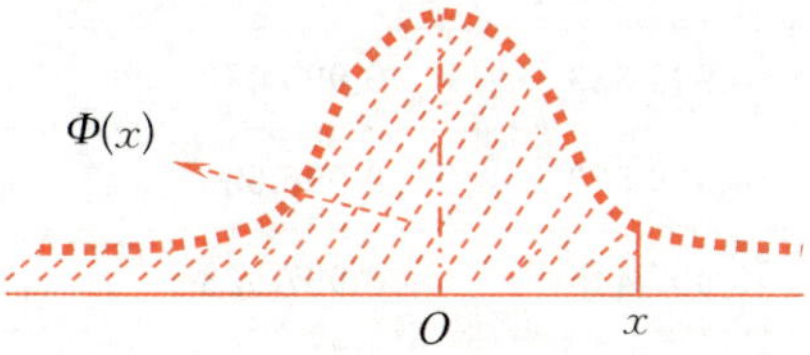


| $x$ | 0.00 | 0.01 | 0.02 | 0.03 | 0.04 |
|---|---|---|---|---|---|
| 0.0 | 0.500 000 | 0.503 989 | 0.507 978 | 0.511 966 | 0.515 953 |
| 0.1 | 0.539 828 | 0.543 795 | 0.547 758 | 0.551 717 | 0.555 670 |
| 0.2 | 0.579 260 | 0.583 166 | 0.587 064 | 0.590 954 | 0.594 835 |
| 0.3 | 0.617 911 | 0.621 720 | 0.625 516 | 0.629 300 | 0.633 072 |
| 0.4 | 0.655 422 | 0.659 097 | 0.662 757 | 0.666 402 | 0.670 031 |
| 0.5 | 0.691 462 | 0.694 974 | 0.698 468 | 0.701 944 | 0.705 401 |
| 0.6 | 0.725 747 | 0.729 069 | 0.732 371 | 0.735 653 | 0.738 914 |
| 0.7 | 0.758 036 | 0.761 148 | 0.764 238 | 0.767 305 | 0.770 350 |
| 0.8 | 0.788 145 | 0.791 030 | 0.793 892 | 0.796 731 | 0.799 546 |
| 0.9 | 0.815 940 | 0.818 589 | 0.821 214 | 0.823 814 | 0.826 391 |

续 表

| $x$ | 0.00 | 0.01 | 0.02 | 0.03 | 0.04 |
|---|---|---|---|---|---|
| 1.0 | 0.841 345 | 0.843 752 | 0.846 136 | 0.848 495 | 0.850 830 |
| 1.1 | 0.864 334 | 0.866 500 | 0.868 643 | 0.870 762 | 0.872 857 |
| 1.2 | 0.884 930 | 0.886 861 | 0.888 768 | 0.890 651 | 0.892 512 |
| 1.3 | 0.903 200 | 0.904 902 | 0.906 582 | 0.908 241 | 0.909 877 |
| 1.4 | 0.919 243 | 0.920 730 | 0.922 196 | 0.923 641 | 0.925 066 |
| 1.5 | 0.933 193 | 0.934 478 | 0.935 745 | 0.936 992 | 0.938 220 |
| 1.6 | 0.945 201 | 0.946 301 | 0.947 384 | 0.948 449 | 0.949 497 |
| 1.7 | 0.955 435 | 0.956 367 | 0.957 284 | 0.958 185 | 0.959 070 |
| 1.8 | 0.964 070 | 0.964 852 | 0.965 620 | 0.966 375 | 0.967 116 |
| 1.9 | 0.971 283 | 0.971 933 | 0.972 571 | 0.973 197 | 0.973 810 |
| 2.0 | 0.977 250 | 0.977 784 | 0.978 308 | 0.978 822 | 0.979 325 |
| 2.1 | 0.982 136 | 0.982 571 | 0.982 997 | 0.983 414 | 0.983 823 |
| 2.2 | 0.986 097 | 0.986 447 | 0.986 791 | 0.987 126 | 0.987 455 |
| 2.3 | 0.989 276 | 0.989 556 | 0.989 830 | 0.990 097 | 0.990 358 |
| 2.4 | 0.991 802 | 0.992 024 | 0.992 240 | 0.992 451 | 0.992 656 |
| 2.5 | 0.993 790 | 0.993 963 | 0.994 132 | 0.994 297 | 0.994 457 |
| 2.6 | 0.995 339 | 0.995 473 | 0.995 604 | 0.995 731 | 0.995 855 |
| 2.7 | 0.996 533 | 0.996 636 | 0.996 736 | 0.996 833 | 0.996 928 |
| 2.8 | 0.997 445 | 0.997 523 | 0.997 599 | 0.997 673 | 0.997 744 |
| 2.9 | 0.998 134 | 0.998 193 | 0.998 250 | 0.998 305 | 0.998 359 |
| 3.0 | 0.998 650 | 0.998 694 | 0.998 736 | 0.998 777 | 0.998 817 |
| 3.1 | 0.999 032 | 0.999 065 | 0.999 096 | 0.999 126 | 0.999 155 |
| 3.2 | 0.999 313 | 0.999 336 | 0.999 359 | 0.999 381 | 0.999 402 |
| 3.3 | 0.999 517 | 0.999 534 | 0.999 550 | 0.999 566 | 0.999 581 |
| 3.4 | 0.999 663 | 0.999 675 | 0.999 687 | 0.999 698 | 0.999 709 |
| 3.5 | 0.999 767 | 0.999 776 | 0.999 784 | 0.999 792 | 0.999 800 |
| 3.6 | 0.999 841 | 0.999 847 | 0.999 853 | 0.999 858 | 0.999 864 |
| 3.7 | 0.999 892 | 0.999 896 | 0.999 900 | 0.999 904 | 0.999 908 |
| 3.8 | 0.999 928 | 0.999 931 | 0.999 933 | 0.999 936 | 0.999 938 |
| 3.9 | 0.999 952 | 0.999 954 | 0.999 956 | 0.999 958 | 0.999 959 |
| 4.0 | 0.999 968 | 0.999 970 | 0.999 971 | 0.999 972 | 0.999 973 |

续 表

| $x$ | 0.00 | 0.01 | 0.02 | 0.03 | 0.04 |
|---|---|---|---|---|---|
| 4.1 | 0.999 979 | 0.999 980 | 0.999 981 | 0.999 982 | 0.999 983 |
| 4.2 | 0.999 987 | 0.999 987 | 0.999 988 | 0.999 988 | 0.999 989 |
| 4.3 | 0.999 991 | 0.999 992 | 0.999 992 | 0.999 930 | 0.999 993 |
| 4.4 | 0.999 995 | 0.999 995 | 0.999 995 | 0.999 995 | 0.999 996 |
| 4.5 | 0.999 997 | 0.999 997 | 0.999 997 | 0.999 997 | 0.999 997 |
| 4.6 | 0.999 998 | 0.999 998 | 0.999 998 | 0.999 998 | 0.999 998 |
| 4.7 | 0.999 999 | 0.999 999 | 0.999 999 | 0.999 999 | 0.999 999 |
| 4.8 | 0.999 999 | 0.999 999 | 0.999 999 | 0.999 999 | 0.999 999 |
| 4.9 | 1.000 000 | 1.000 000 | 1.000 000 | 1.000 000 | 1.000 000 |

| $x$ | 0.05 | 0.06 | 0.07 | 0.08 | 0.09 |
|---|---|---|---|---|---|
| 0.0 | 0.519 939 | 0.523 922 | 0.527 903 | 0.531 881 | 0.535 856 |
| 0.1 | 0.559 618 | 0.563 559 | 0.567 495 | 0.571 424 | 0.575 345 |
| 0.2 | 0.598 706 | 0.602 568 | 0.606 420 | 0.610 261 | 0.614 092 |
| 0.3 | 0.636 831 | 0.640 576 | 0.644 309 | 0.648 027 | 0.651 732 |
| 0.4 | 0.673 645 | 0.677 242 | 0.680 822 | 0.684 386 | 0.687 933 |
| 0.5 | 0.708 840 | 0.712 260 | 0.715 661 | 0.719 043 | 0.722 405 |
| 0.6 | 0.742 154 | 0.745 373 | 0.748 571 | 0.751 748 | 0.754 903 |
| 0.7 | 0.773 373 | 0.776 373 | 0.779 350 | 0.782 305 | 0.785 236 |
| 0.8 | 0.802 337 | 0.805 105 | 0.807 850 | 0.810 570 | 0.813 267 |
| 0.9 | 0.828 944 | 0.831 472 | 0.833 977 | 0.836 457 | 0.838 913 |
| 1.0 | 0.853 141 | 0.855 428 | 0.857 690 | 0.859 929 | 0.862 143 |
| 1.1 | 0.874 928 | 0.876 976 | 0.879 000 | 0.881 000 | 0.882 977 |
| 1.2 | 0.894 350 | 0.896 165 | 0.897 958 | 0.899 727 | 0.901 475 |
| 1.3 | 0.911 492 | 0.913 085 | 0.914 657 | 0.916 207 | 0.917 736 |
| 1.4 | 0.926 471 | 0.927 855 | 0.929 219 | 0.930 563 | 0.931 888 |
| 1.5 | 0.939 429 | 0.940 620 | 0.941 792 | 0.942 947 | 0.944 083 |
| 1.6 | 0.950 529 | 0.951 543 | 0.952 540 | 0.953 521 | 0.954 486 |
| 1.7 | 0.959 941 | 0.960 796 | 0.961 636 | 0.962 462 | 0.963 273 |
| 1.8 | 0.967 843 | 0.968 557 | 0.969 258 | 0.969 946 | 0.970 621 |
| 1.9 | 0.974 412 | 0.975 002 | 0.975 581 | 0.976 148 | 0.976 705 |
| 2.0 | 0.979 818 | 0.980 301 | 0.980 774 | 0.981 237 | 0.981 691 |

续　表

| $x$ | 0.05 | 0.06 | 0.07 | 0.08 | 0.09 |
|---|---|---|---|---|---|
| 2.1 | 0.984 222 | 0.984 614 | 0.984 997 | 0.985 371 | 0.985 738 |
| 2.2 | 0.987 776 | 0.988 089 | 0.988 396 | 0.988 696 | 0.988 989 |
| 2.3 | 0.990 613 | 0.990 863 | 0.991 106 | 0.991 344 | 0.991 576 |
| 2.4 | 0.992 857 | 0.993 053 | 0.993 244 | 0.993 431 | 0.993 613 |
| 2.5 | 0.994 614 | 0.994 766 | 0.994 915 | 0.995 060 | 0.995 201 |
| 2.6 | 0.995 975 | 0.996 093 | 0.996 207 | 0.996 319 | 0.996 427 |
| 2.7 | 0.997 020 | 0.997 110 | 0.997 197 | 0.997 282 | 0.997 365 |
| 2.8 | 0.997 814 | 0.997 882 | 0.997 948 | 0.998 012 | 0.998 074 |
| 2.9 | 0.998 411 | 0.998 462 | 0.998 511 | 0.998 559 | 0.998 605 |
| 3.0 | 0.998 856 | 0.998 893 | 0.998 930 | 0.998 965 | 0.998 999 |
| 3.1 | 0.999 184 | 0.999 211 | 0.999 238 | 0.999 264 | 0.999 289 |
| 3.2 | 0.999 423 | 0.999 443 | 0.999 462 | 0.999 481 | 0.999 499 |
| 3.3 | 0.999 596 | 0.999 610 | 0.999 624 | 0.999 638 | 0.999 651 |
| 3.4 | 0.999 720 | 0.999 730 | 0.999 740 | 0.999 749 | 0.999 758 |
| 3.5 | 0.999 807 | 0.999 815 | 0.999 822 | 0.999 828 | 0.999 885 |
| 3.6 | 0.999 869 | 0.999 874 | 0.999 879 | 0.999 883 | 0.999 880 |
| 3.7 | 0.999 912 | 0.999 915 | 0.999 918 | 0.999 922 | 0.999 926 |
| 3.8 | 0.999 941 | 0.999 943 | 0.999 946 | 0.999 948 | 0.999 950 |
| 3.9 | 0.999 961 | 0.999 963 | 0.999 964 | 0.999 966 | 0.999 967 |
| 4.0 | 0.999 974 | 0.999 975 | 0.999 976 | 0.999 977 | 0.999 978 |
| 4.1 | 0.999 983 | 0.999 984 | 0.999 985 | 0.999 985 | 0.999 986 |
| 4.2 | 0.999 989 | 0.999 990 | 0.999 990 | 0.999 991 | 0.999 991 |
| 4.3 | 0.999 993 | 0.999 993 | 0.999 994 | 0.999 994 | 0.999 994 |
| 4.4 | 0.999 996 | 0.999 996 | 1.000 000 | 0.999 996 | 0.999 996 |
| 4.5 | 0.999 997 | 0.999 997 | 0.999 998 | 0.999 998 | 0.999 998 |
| 4.6 | 0.999 998 | 0.999 998 | 0.999 998 | 0.999 999 | 0.999 999 |
| 4.7 | 0.999 999 | 0.999 999 | 0.999 999 | 0.999 999 | 0.999 999 |
| 4.8 | 0.999 999 | 0.999 999 | 0.999 999 | 0.999 999 | 0.999 999 |
| 4.9 | 1.000 000 | 1.000 000 | 1.000 000 | 1.000 000 | 1.000 000 |

注：本表对于 $x$ 给出正态分布函数 $\Phi(x)$ 的数值。
例：对于 $x=2.95$，$\Phi(x)=0.998\,411$。

## 三、正态分布分位数表

$$z_p: \int_{-\infty}^{x} \frac{1}{\sqrt{2\pi}} e^{-\frac{t^2}{2}} dt = p$$

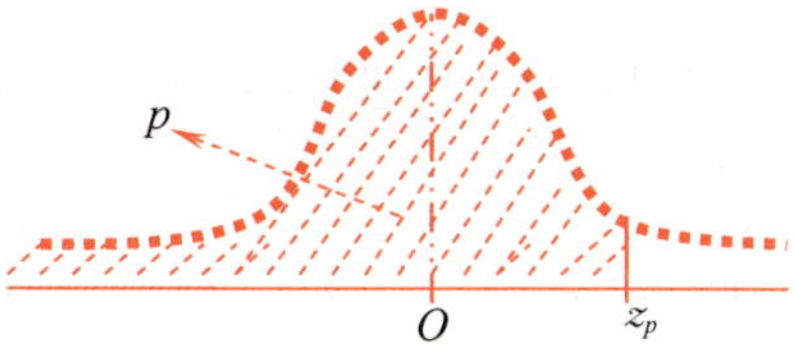


| $p$ | 0.000 | 0.001 | 0.002 | 0.003 | 0.004 |
|---|---|---|---|---|---|
| 0.50 | 0.000 000 000 | 0.002 507 | 0.005 013 | 0.007 520 | 0.010 027 |
| 0.51 | 0.025 068 908 | 0.027 576 | 0.030 084 | 0.032 592 | 0.035 100 |
| 0.52 | 0.050 153 583 | 0.052 664 | 0.055 174 | 0.057 684 | 0.060 195 |
| 0.53 | 0.075 269 862 | 0.077 784 | 0.080 298 | 0.082 813 | 0.085 329 |
| 0.54 | 0.100 433 721 | 0.102 953 | 0.105 474 | 0.107 995 | 0.110 516 |
| 0.55 | 0.125 661 347 | 0.128 188 | 0.130 716 | 0.133 245 | 0.135 774 |
| 0.56 | 0.150 969 215 | 0.153 505 | 0.156 042 | 0.158 580 | 0.161 119 |
| 0.57 | 0.176 374 165 | 0.178 921 | 0.181 468 | 0.184 017 | 0.186 567 |
| 0.58 | 0.201 893 479 | 0.204 452 | 0.207 013 | 0.209 574 | 0.212 137 |
| 0.59 | 0.227 544 977 | 0.230 118 | 0.232 693 | 0.235 269 | 0.237 847 |
| 0.60 | 0.253 347 103 | 0.255 936 | 0.258 527 | 0.261 120 | 0.263 714 |
| 0.61 | 0.279 319 034 | 0.281 926 | 0.284 536 | 0.287 147 | 0.289 760 |
| 0.62 | 0.305 480 788 | 0.308 108 | 0.310 738 | 0.313 369 | 0.316 003 |
| 0.63 | 0.331 853 346 | 0.334 503 | 0.337 155 | 0.339 809 | 0.342 466 |
| 0.64 | 0.358 458 793 | 0.361 133 | 0.363 810 | 0.366 489 | 0.369 171 |
| 0.65 | 0.385 320 466 | 0.388 022 | 0.390 726 | 0.393 433 | 0.396 142 |
| 0.66 | 0.412 463 129 | 0.415 194 | 0.417 928 | 0.420 665 | 0.423 405 |
| 0.67 | 0.439 913 166 | 0.442 676 | 0.445 443 | 0.448 212 | 0.450 985 |
| 0.68 | 0.467 698 799 | 0.470 497 | 0.473 299 | 0.476 104 | 0.478 914 |
| 0.69 | 0.495 850 347 | 0.498 687 | 0.501 527 | 0.504 372 | 0.507 221 |
| 0.70 | 0.524 400 513 | 0.527 279 | 0.530 161 | 0.533 049 | 0.535 940 |
| 0.71 | 0.553 384 720 | 0.556 308 | 0.559 237 | 0.562 170 | 0.565 108 |
| 0.72 | 0.582 841 507 | 0.585 815 | 0.588 793 | 0.591 777 | 0.594 766 |
| 0.73 | 0.612 812 991 | 0.615 840 | 0.618 873 | 0.621 912 | 0.624 956 |
| 0.74 | 0.643 345 405 | 0.646 431 | 0.649 524 | 0.652 622 | 0.655 727 |
| 0.75 | 0.674 489 750 | 0.677 640 | 0.680 797 | 0.683 961 | 0.687 131 |
| 0.76 | 0.706 302 563 | 0.709 523 | 0.712 751 | 0.715 986 | 0.719 229 |

续　表

| p | 0.000 | 0.001 | 0.002 | 0.003 | 0.004 |
|---|---|---|---|---|---|
| 0.77 | 0.738 846 849 | 0.742 144 | 0.745 450 | 0.748 763 | 0.752 085 |
| 0.78 | 0.772 193 214 | 0.775 575 | 0.778 966 | 0.782 365 | 0.785 774 |
| 0.79 | 0.806 421 247 | 0.809 896 | 0.813 380 | 0.816 875 | 0.820 379 |
| 0.8 | 0.841 621 234 | 0.845 199 | 0.848 787 | 0.852 386 | 0.855 996 |
| 0.81 | 0.877 896 295 | 0.881 587 | 0.885 290 | 0.889 006 | 0.892 733 |
| 0.82 | 0.915 365 088 | 0.919 183 | 0.923 014 | 0.926 859 | 0.930 717 |
| 0.83 | 0.954 165 253 | 0.958 124 | 0.962 099 | 0.966 088 | 0.970 093 |
| 0.84 | 0.994 457 883 | 0.998 576 | 1.002 712 | 1.006 864 | 1.011 034 |
| 0.85 | 1.036 433 389 | 1.040 732 | 1.045 050 | 1.049 387 | 1.053 744 |
| 0.86 | 1.080 319 341 | 1.084 823 | 1.089 349 | 1.093 897 | 1.098 468 |
| 0.87 | 1.126 391 129 | 1.131 131 | 1.135 896 | 1.140 687 | 1.145 505 |
| 0.88 | 1.174 986 792 | 1.180 001 | 1.185 044 | 1.190 118 | 1.195 223 |
| 0.89 | 1.226 528 120 | 1.231 864 | 1.237 235 | 1.242 641 | 1.248 085 |
| 0.90 | 1.281 551 566 | 1.287 271 | 1.293 032 | 1.298 837 | 1.304 685 |
| 0.91 | 1.340 755 034 | 1.346 939 | 1.353 174 | 1.359 463 | 1.365 806 |
| 0.92 | 1.405 071 560 | 1.411 830 | 1.418 654 | 1.425 544 | 1.432 503 |
| 0.93 | 1.475 791 028 | 1.483 280 | 1.490 853 | 1.498 513 | 1.506 262 |
| 0.94 | 1.554 773 595 | 1.563 224 | 1.571 787 | 1.580 467 | 1.589 268 |
| 0.95 | 1.644 853 627 | 1.654 628 | 1.664 563 | 1.674 665 | 1.684 941 |
| 0.96 | 1.750 686 071 | 1.762 410 | 1.774 382 | 1.786 613 | 1.799 118 |
| 0.97 | 1.880 793 608 | 1.895 698 | 1.911 036 | 1.926 837 | 1.943 134 |
| 0.98 | 2.053 748 911 | 2.074 855 | 2.096 927 | 2.120 072 | 2.144 411 |
| 0.99 | 2.326 347 874 | 2.365 618 | 2.408 916 | 2.457 263 | 2.512 144 |

| p | 0.005 | 0.006 | 0.007 | 0.008 | 0.009 |
|---|---|---|---|---|---|
| 0.50 | 0.012 533 | 0.015 040 | 0.017 547 | 0.020 054 | 0.022 562 |
| 0.51 | 0.037 608 | 0.040 117 | 0.042 626 | 0.045 135 | 0.047 644 |
| 0.52 | 0.062 707 | 0.065 219 | 0.067 731 | 0.070 243 | 0.072 756 |
| 0.53 | 0.087 845 | 0.090 361 | 0.092 879 | 0.095 396 | 0.097 915 |
| 0.54 | 0.113 039 | 0.115 562 | 0.118 085 | 0.120 610 | 0.123 135 |
| 0.55 | 0.138 304 | 0.140 835 | 0.143 367 | 0.145 900 | 0.148 434 |

续　表

| p | 0.005 | 0.006 | 0.007 | 0.008 | 0.009 |
|---|---|---|---|---|---|
| 0.56 | 0.163 658 | 0.166 199 | 0.168 741 | 0.171 285 | 0.173 829 |
| 0.57 | 0.189 118 | 0.191 671 | 0.194 225 | 0.196 780 | 0.199 336 |
| 0.58 | 0.214 702 | 0.217 267 | 0.219 835 | 0.222 403 | 0.224 973 |
| 0.59 | 0.240 426 | 0.243 007 | 0.245 590 | 0.248 174 | 0.250 760 |
| 0.60 | 0.266 311 | 0.268 909 | 0.271 508 | 0.274 110 | 0.276 714 |
| 0.61 | 0.292 375 | 0.294 992 | 0.297 611 | 0.300 232 | 0.302 855 |
| 0.62 | 0.318 639 | 0.321 278 | 0.323 918 | 0.326 561 | 0.329 206 |
| 0.63 | 0.345 126 | 0.347 787 | 0.350 451 | 0.353 118 | 0.355 787 |
| 0.64 | 0.371 856 | 0.374 543 | 0.377 234 | 0.379 926 | 0.382 622 |
| 0.65 | 0.398 855 | 0.401 571 | 0.404 289 | 0.407 011 | 0.409 735 |
| 0.66 | 0.426 148 | 0.428 895 | 0.431 644 | 0.434 397 | 0.437 154 |
| 0.67 | 0.453 762 | 0.456 542 | 0.459 326 | 0.462 113 | 0.464 904 |
| 0.68 | 0.481 727 | 0.484 544 | 0.487 365 | 0.490 189 | 0.493 018 |
| 0.69 | 0.510 073 | 0.512 930 | 0.515 792 | 0.518 657 | 0.521 527 |
| 0.70 | 0.538 836 | 0.541 737 | 0.544 642 | 0.547 551 | 0.550 466 |
| 0.71 | 0.568 051 | 0.570 999 | 0.573 952 | 0.576 910 | 0.579 873 |
| 0.72 | 0.597 760 | 0.600 760 | 0.603 765 | 0.606 775 | 0.609 791 |
| 0.73 | 0.628 006 | 0.631 062 | 0.634 124 | 0.637 192 | 0.640 266 |
| 0.74 | 0.658 838 | 0.661 955 | 0.665 079 | 0.668 209 | 0.671 346 |
| 0.75 | 0.690 309 | 0.693 493 | 0.696 685 | 0.699 884 | 0.703 089 |
| 0.76 | 0.722 479 | 0.725 737 | 0.729 003 | 0.732 276 | 0.735 558 |
| 0.77 | 0.755 415 | 0.758 754 | 0.762 101 | 0.765 456 | 0.768 820 |
| 0.78 | 0.789 192 | 0.792 619 | 0.796 055 | 0.799 501 | 0.802 956 |
| 0.79 | 0.823 894 | 0.827 418 | 0.830 953 | 0.834 499 | 0.838 055 |
| 0.80 | 0.859 617 | 0.863 250 | 0.866 894 | 0.870 550 | 0.874 217 |
| 0.81 | 0.896 473 | 0.900 226 | 0.903 991 | 0.907 770 | 0.911 561 |
| 0.82 | 0.934 589 | 0.938 476 | 0.942 376 | 0.946 291 | 0.950 221 |
| 0.83 | 0.974 114 | 0.978 150 | 0.982 203 | 0.986 271 | 0.990 356 |
| 0.84 | 1.015 222 | 1.019 428 | 1.023 651 | 1.027 893 | 1.032 154 |
| 0.85 | 1.058 122 | 1.062 519 | 1.066 938 | 1.071 377 | 1.075 837 |

续 表

| $p$ | 0.005 | 0.006 | 0.007 | 0.008 | 0.009 |
|---|---|---|---|---|---|
| 0.86 | 1.103 063 | 1.107 680 | 1.112 321 | 1.116 987 | 1.121 677 |
| 0.87 | 1.150 349 | 1.155 221 | 1.160 120 | 1.165 047 | 1.170 002 |
| 0.88 | 1.200 359 | 1.205 527 | 1.210 727 | 1.215 960 | 1.221 227 |
| 0.89 | 1.253 565 | 1.259 084 | 1.264 641 | 1.270 238 | 1.275 874 |
| 0.90 | 1.310 579 | 1.316 519 | 1.322 505 | 1.328 539 | 1.334 622 |
| 0.91 | 1.372 204 | 1.378 659 | 1.385 172 | 1.391 744 | 1.398 377 |
| 0.92 | 1.439 531 | 1.446 632 | 1.453 806 | 1.461 056 | 1.468 384 |
| 0.93 | 1.514 102 | 1.522 036 | 1.530 068 | 1.538 199 | 1.546 433 |
| 0.94 | 1.598 193 | 1.607 248 | 1.616 436 | 1.625 763 | 1.635 234 |
| 0.95 | 1.695 398 | 1.706 043 | 1.716 886 | 1.727 934 | 1.739 198 |
| 0.96 | 1.811 911 | 1.825 007 | 1.838 424 | 1.852 180 | 1.866 296 |
| 0.97 | 1.959 964 | 1.977 368 | 1.995 393 | 2.014 091 | 2.033 520 |
| 0.98 | 2.170 090 | 2.197 286 | 2.226 212 | 2.257 129 | 2.290 368 |
| 0.99 | 2.575 829 | 2.652 070 | 2.747 781 | 2.878 162 | 3.090 232 |

注：本表对于下侧概率给出正态分布的分位数 $z_p$。
例：对于 $p=0.90$，$z_p=1.281\ 552$。
当 $p<0.50$ 时，$z_p=-z_{1-p}$，例：$z_{0.4}=-z_{0.6}=-0.266\ 311$。
与双侧概率 $\alpha$ 相应的分位数为 $z_{1-\alpha/2}$。 例：对于 $\alpha=0.01$，$z_{1-\alpha/2}=z_{0.995}=2.575\ 829$。

## 四、二项分布临界值表

$\alpha=0.05$ 和 0.01 下，$P=Q=\dfrac{1}{2}$，$x$ 或 $n-x$（不论何者为大）的临界值。

| $n$ | 单侧检验 | | 双侧检验 | |
|---|---|---|---|---|
| | 0.05 | 0.01 | 0.05 | 0.01 |
| 5 | 5 | | | |
| 6 | 6 | | 6 | |
| 7 | 7 | 7 | 7 | |
| 8 | 7 | 8 | 8 | |
| 9 | 8 | 9 | 8 | 9 |
| 10 | 9 | 10 | 9 | 10 |
| 11 | 9 | 10 | 10 | 11 |
| 12 | 10 | 11 | 10 | 11 |

续　表

| n | 单侧检验 | | 双侧检验 | |
|---|---|---|---|---|
| | 0.05 | 0.01 | 0.05 | 0.01 |
| 13 | 10 | 12 | 11 | 12 |
| 14 | 11 | 12 | 12 | 13 |
| 15 | 12 | 13 | 12 | 13 |
| 16 | 12 | 14 | 13 | 14 |
| 17 | 13 | 14 | 13 | 15 |
| 18 | 13 | 15 | 14 | 15 |
| 19 | 14 | 15 | 15 | 16 |
| 20 | 15 | 16 | 15 | 17 |
| 21 | 15 | 17 | 16 | 17 |
| 22 | 16 | 17 | 17 | 18 |
| 23 | 16 | 18 | 17 | 19 |
| 24 | 17 | 19 | 18 | 19 |
| 25 | 18 | 19 | 18 | 20 |
| 26 | 18 | 20 | 19 | 20 |
| 27 | 19 | 20 | 20 | 21 |
| 28 | 19 | 21 | 20 | 22 |
| 29 | 20 | 22 | 21 | 22 |
| 30 | 20 | 22 | 21 | 23 |

## 五、$t$ 分布临界值表

| 单侧<br>双侧 | $\alpha = 0.10$<br>$\alpha = 0.20$ | 0.05<br>0.1 | 0.025<br>0.05 | 0.01<br>0.02 | 0.005<br>0.01 |
|---|---|---|---|---|---|
| $d.f. = 1$ | 3.078 | 6.314 | 12.706 | 31.821 | 63.657 |
| 2 | 1.886 | 2.920 | 4.303 | 6.965 | 9.925 |
| 3 | 1.638 | 2.353 | 3.182 | 4.541 | 5.841 |
| 4 | 1.533 | 2.132 | 2.776 | 3.747 | 4.604 |
| 5 | 1.476 | 2.015 | 2.571 | 3.365 | 4.032 |
| 6 | 1.440 | 1.943 | 2.447 | 3.143 | 3.707 |
| 7 | 1.415 | 1.895 | 2.365 | 2.998 | 3.499 |
| 8 | 1.397 | 1.860 | 2.306 | 2.896 | 3.355 |
| 9 | 1.383 | 1.833 | 2.262 | 2.821 | 3.250 |

续　表

| 单侧<br>双侧 | $\alpha=0.10$<br>$\alpha=0.20$ | 0.05<br>0.1 | 0.025<br>0.05 | 0.01<br>0.02 | 0.005<br>0.01 |
|---|---|---|---|---|---|
| 10 | 1.372 | 1.812 | 2.228 | 2.764 | 3.169 |
| 11 | 1.363 | 1.796 | 2.201 | 2.718 | 3.106 |
| 12 | 1.356 | 1.782 | 2.179 | 2.681 | 3.055 |
| 13 | 1.350 | 1.771 | 2.160 | 2.650 | 3.012 |
| 14 | 1.345 | 1.761 | 2.145 | 2.624 | 2.977 |
| 15 | 1.341 | 1.753 | 2.131 | 2.602 | 2.947 |
| 16 | 1.337 | 1.746 | 2.120 | 2.583 | 2.921 |
| 17 | 1.333 | 1.740 | 2.110 | 2.567 | 2.898 |
| 18 | 1.330 | 1.734 | 2.101 | 2.552 | 2.878 |
| 19 | 1.328 | 1.729 | 2.093 | 2.539 | 2.861 |
| 20 | 1.325 | 1.725 | 2.086 | 2.528 | 2.845 |
| 21 | 1.323 | 1.721 | 2.080 | 2.518 | 2.831 |
| 22 | 1.321 | 1.717 | 2.074 | 2.508 | 2.819 |
| 23 | 1.319 | 1.714 | 2.069 | 2.500 | 2.807 |
| 24 | 1.318 | 1.711 | 2.064 | 2.492 | 2.797 |
| 25 | 1.316 | 1.708 | 2.060 | 2.485 | 2.787 |
| 26 | 1.315 | 1.706 | 2.056 | 2.479 | 2.779 |
| 27 | 1.314 | 1.703 | 2.052 | 2.473 | 2.771 |
| 28 | 1.313 | 1.701 | 2.048 | 2.467 | 2.763 |
| 29 | 1.311 | 1.699 | 2.045 | 2.462 | 2.756 |
| 30 | 1.310 | 1.697 | 2.042 | 2.457 | 2.750 |
| 40 | 1.303 | 1.684 | 2.021 | 2.423 | 2.704 |
| 50 | 1.299 | 1.676 | 2.009 | 2.403 | 2.678 |
| 60 | 1.296 | 1.671 | 2.000 | 2.390 | 2.660 |
| 70 | 1.294 | 1.667 | 1.994 | 2.381 | 2.648 |
| 80 | 1.292 | 1.664 | 1.990 | 2.374 | 2.639 |
| 90 | 1.291 | 1.662 | 1.987 | 2.368 | 2.632 |
| 100 | 1.290 | 1.660 | 1.984 | 2.364 | 2.626 |
| 125 | 1.288 | 1.657 | 1.979 | 2.357 | 2.616 |
| 150 | 1.287 | 1.655 | 1.976 | 2.351 | 2.609 |
| 200 | 1.286 | 1.653 | 1.972 | 2.345 | 2.601 |
| $\infty$ | 1.282 | 1.645 | 1.960 | 2.326 | 2.576 |

## 六、$F$ 分布的临界值表($\alpha=0.05$)

| | $n_1=1$ | 2 | 3 | 4 | 5 | 6 | 8 | 10 | 15 |
|---|---|---|---|---|---|---|---|---|---|
| $n_2=1$ | 161.40 | 199.50 | 215.70 | 224.60 | 230.20 | 234.00 | 238.90 | 241.90 | 245.90 |
| 2 | 18.51 | 19.00 | 19.16 | 19.25 | 19.30 | 19.33 | 19.37 | 19.40 | 19.43 |
| 3 | 10.13 | 9.55 | 9.28 | 9.12 | 9.01 | 8.94 | 8.85 | 8.79 | 8.70 |
| 4 | 7.71 | 6.94 | 6.59 | 6.39 | 6.26 | 6.16 | 6.04 | 5.96 | 5.86 |
| 5 | 6.61 | 5.79 | 5.41 | 5.19 | 5.05 | 4.95 | 4.82 | 4.74 | 4.62 |
| 6 | 5.99 | 5.14 | 4.76 | 4.53 | 4.39 | 4.28 | 4.15 | 4.06 | 3.94 |
| 7 | 5.59 | 4.74 | 4.35 | 4.12 | 3.97 | 3.87 | 3.73 | 3.64 | 3.51 |
| 8 | 5.32 | 4.46 | 4.07 | 3.84 | 3.69 | 3.58 | 3.44 | 3.35 | 3.22 |
| 9 | 5.12 | 4.26 | 3.86 | 3.63 | 3.48 | 3.37 | 3.23 | 3.14 | 3.01 |
| 10 | 4.96 | 4.10 | 3.71 | 3.48 | 3.33 | 3.22 | 3.07 | 2.98 | 2.85 |
| 11 | 4.84 | 3.98 | 3.59 | 3.36 | 3.20 | 3.09 | 2.95 | 2.85 | 2.72 |
| 12 | 4.75 | 3.89 | 3.49 | 3.26 | 3.11 | 3.00 | 2.85 | 2.75 | 2.62 |
| 13 | 4.67 | 3.81 | 3.41 | 3.18 | 3.03 | 2.92 | 2.77 | 2.67 | 2.53 |
| 14 | 4.60 | 3.71 | 3.34 | 3.11 | 2.96 | 2.85 | 2.70 | 2.60 | 2.46 |
| 15 | 4.54 | 3.68 | 3.29 | 3.06 | 2.90 | 2.79 | 2.64 | 2.54 | 2.40 |
| 16 | 4.49 | 3.63 | 3.24 | 3.01 | 2.85 | 2.74 | 2.59 | 2.49 | 2.35 |
| 17 | 4.45 | 3.59 | 3.20 | 2.96 | 2.81 | 2.70 | 2.55 | 2.45 | 2.31 |
| 18 | 4.41 | 3.55 | 3.16 | 2.93 | 2.77 | 2.66 | 2.51 | 2.41 | 2.27 |
| 19 | 4.38 | 3.52 | 3.13 | 2.90 | 2.74 | 2.63 | 2.48 | 2.38 | 2.23 |
| 20 | 4.35 | 3.49 | 3.10 | 2.87 | 2.71 | 2.60 | 2.45 | 2.35 | 2.20 |
| 21 | 4.32 | 3.47 | 3.07 | 2.84 | 2.68 | 2.57 | 2.42 | 2.32 | 2.18 |
| 22 | 4.30 | 3.44 | 3.05 | 2.82 | 2.66 | 2.55 | 2.40 | 2.30 | 2.15 |
| 23 | 4.28 | 3.42 | 3.03 | 2.80 | 2.64 | 2.53 | 2.37 | 2.27 | 2.13 |
| 24 | 4.26 | 3.40 | 3.01 | 2.78 | 2.62 | 2.51 | 2.36 | 2.25 | 2.11 |
| 25 | 4.24 | 3.39 | 2.99 | 2.76 | 2.60 | 2.49 | 2.34 | 2.24 | 2.09 |
| 26 | 4.23 | 3.37 | 2.98 | 2.74 | 2.59 | 2.47 | 2.32 | 2.22 | 2.07 |
| 27 | 4.21 | 3.35 | 2.96 | 2.73 | 2.57 | 2.46 | 2.31 | 2.20 | 2.06 |
| 28 | 4.20 | 3.34 | 2.95 | 2.71 | 2.56 | 2.45 | 2.29 | 2.19 | 2.04 |
| 29 | 4.18 | 3.33 | 2.93 | 2.70 | 2.55 | 2.43 | 2.28 | 2.18 | 2.03 |
| 30 | 4.17 | 3.32 | 2.92 | 2.69 | 2.53 | 2.42 | 2.27 | 2.16 | 2.01 |
| 40 | 4.08 | 3.23 | 2.84 | 2.61 | 2.45 | 2.34 | 2.18 | 2.08 | 1.92 |
| 50 | 4.03 | 3.18 | 2.79 | 2.56 | 2.40 | 2.29 | 2.13 | 2.03 | 1.87 |

续 表

| | $n_1=1$ | 2 | 3 | 4 | 5 | 6 | 8 | 10 | 15 |
|---|---|---|---|---|---|---|---|---|---|
| 60 | 4.00 | 3.15 | 2.76 | 2.53 | 2.37 | 2.25 | 2.10 | 1.99 | 1.81 |
| 70 | 3.98 | 3.13 | 2.74 | 2.50 | 2.35 | 2.23 | 2.07 | 1.97 | 1.81 |
| 80 | 3.96 | 3.11 | 2.72 | 2.49 | 2.33 | 2.21 | 2.06 | 1.95 | 1.79 |
| 90 | 3.95 | 3.10 | 2.71 | 2.47 | 2.32 | 2.20 | 2.04 | 1.94 | 1.78 |
| 100 | 3.94 | 3.09 | 2.70 | 2.46 | 2.31 | 2.19 | 2.03 | 1.93 | 1.77 |
| 125 | 3.92 | 3.07 | 2.68 | 2.44 | 2.29 | 2.17 | 2.01 | 1.91 | 1.75 |
| 150 | 3.90 | 3.06 | 2.66 | 2.43 | 2.27 | 2.16 | 2.00 | 1.89 | 1.73 |
| 200 | 3.89 | 3.04 | 2.65 | 2.42 | 2.26 | 2.14 | 1.98 | 1.88 | 1.72 |
| ∞ | 3.84 | 3.00 | 2.60 | 2.37 | 2.21 | 2.10 | 1.94 | 1.83 | 1.67 |

## 七、*F* 分布的临界值表($\alpha=0.01$)

| | $n_1=1$ | 2 | 3 | 4 | 5 | 6 | 8 | 10 | 15 |
|---|---|---|---|---|---|---|---|---|---|
| $n_2=1$ | 4 052.00 | 4 999.00 | 5 403.00 | 5 625.00 | 5 764.00 | 5 859.00 | 5 981.00 | 6 065.00 | 6 157.00 |
| 2 | 98.50 | 99.00 | 99.17 | 99.25 | 99.30 | 99.33 | 99.37 | 99.40 | 99.43 |
| 3 | 34.12 | 30.82 | 29.46 | 28.71 | 28.24 | 27.91 | 27.49 | 27.23 | 26.87 |
| 4 | 21.20 | 18.00 | 16.69 | 15.98 | 15.52 | 15.21 | 14.80 | 14.55 | 14.20 |
| 5 | 16.26 | 13.27 | 12.06 | 11.39 | 10.97 | 10.67 | 10.29 | 10.05 | 9.72 |
| 6 | 13.75 | 10.92 | 9.78 | 9.15 | 8.75 | 8.47 | 8.10 | 7.87 | 7.56 |
| 7 | 12.25 | 9.55 | 8.45 | 7.85 | 7.46 | 7.19 | 6.84 | 6.62 | 6.31 |
| 8 | 11.26 | 8.65 | 7.59 | 7.01 | 6.63 | 6.37 | 6.03 | 5.81 | 5.52 |
| 9 | 10.56 | 8.02 | 6.99 | 6.42 | 6.06 | 5.80 | 5.47 | 5.26 | 4.96 |
| 10 | 10.04 | 7.56 | 6.55 | 5.99 | 5.64 | 5.39 | 5.06 | 4.85 | 4.56 |
| 11 | 9.65 | 7.21 | 6.22 | 5.67 | 5.32 | 5.07 | 4.74 | 4.54 | 4.25 |
| 12 | 9.33 | 6.93 | 5.95 | 5.41 | 5.06 | 4.82 | 4.50 | 4.30 | 4.01 |
| 13 | 9.07 | 6.70 | 5.74 | 5.21 | 4.86 | 4.62 | 4.30 | 4.10 | 3.82 |
| 14 | 8.86 | 6.51 | 5.56 | 5.04 | 4.69 | 4.46 | 4.14 | 3.94 | 3.66 |
| 15 | 8.86 | 6.36 | 5.42 | 4.89 | 4.56 | 4.32 | 4.00 | 3.80 | 3.52 |
| 16 | 8.53 | 6.23 | 5.29 | 4.77 | 4.44 | 4.20 | 3.89 | 3.69 | 3.41 |
| 17 | 8.40 | 6.11 | 5.19 | 4.67 | 4.34 | 4.10 | 3.79 | 3.59 | 3.31 |
| 18 | 8.29 | 6.01 | 5.09 | 4.58 | 4.25 | 4.01 | 3.71 | 3.51 | 3.23 |
| 19 | 8.18 | 5.93 | 5.01 | 4.50 | 4.17 | 3.94 | 3.63 | 3.43 | 3.15 |
| 20 | 8.10 | 5.85 | 4.94 | 4.43 | 4.10 | 3.87 | 3.56 | 3.37 | 3.09 |

续　表

| | $n_1=1$ | 2 | 3 | 4 | 5 | 6 | 8 | 10 | 15 |
|---|---|---|---|---|---|---|---|---|---|
| 21 | 8.02 | 5.78 | 4.87 | 4.37 | 4.04 | 3.81 | 3.51 | 3.31 | 3.03 |
| 22 | 7.95 | 5.72 | 4.82 | 4.31 | 3.99 | 3.76 | 3.45 | 3.26 | 2.98 |
| 23 | 7.88 | 5.66 | 4.76 | 4.26 | 3.94 | 3.71 | 3.41 | 3.21 | 2.93 |
| 24 | 7.82 | 5.61 | 4.72 | 4.22 | 3.90 | 3.67 | 3.36 | 3.17 | 2.89 |
| 25 | 7.77 | 5.57 | 4.68 | 4.18 | 3.85 | 3.63 | 3.32 | 3.13 | 2.85 |
| 26 | 7.72 | 5.53 | 4.64 | 4.14 | 3.82 | 3.59 | 3.29 | 3.09 | 2.81 |
| 27 | 7.68 | 5.49 | 4.60 | 4.11 | 3.78 | 3.56 | 3.26 | 3.06 | 2.78 |
| 28 | 7.64 | 5.45 | 4.57 | 4.07 | 3.75 | 3.53 | 3.23 | 3.03 | 2.75 |
| 29 | 7.60 | 5.42 | 4.54 | 4.04 | 3.73 | 3.50 | 3.20 | 3.00 | 2.73 |
| 30 | 7.56 | 5.39 | 4.51 | 4.02 | 3.70 | 3.47 | 3.17 | 2.98 | 2.70 |
| 40 | 7.31 | 5.18 | 4.31 | 3.83 | 3.51 | 3.29 | 2.99 | 2.80 | 2.52 |
| 50 | 7.17 | 5.06 | 4.20 | 3.72 | 3.41 | 3.19 | 2.89 | 2.70 | 2.42 |
| 60 | 7.08 | 4.98 | 4.13 | 3.65 | 3.34 | 3.12 | 2.82 | 2.63 | 2.35 |
| 70 | 7.01 | 4.92 | 4.07 | 3.60 | 3.29 | 3.07 | 2.78 | 2.59 | 2.31 |
| 80 | 6.96 | 4.88 | 4.04 | 3.56 | 3.26 | 3.04 | 2.74 | 2.55 | 2.27 |
| 90 | 6.93 | 4.85 | 4.01 | 3.53 | 3.23 | 3.01 | 2.72 | 2.52 | 2.42 |
| 100 | 6.90 | 4.82 | 3.98 | 3.51 | 3.21 | 2.99 | 2.69 | 2.50 | 2.22 |
| 125 | 6.84 | 4.78 | 3.94 | 3.47 | 3.17 | 2.95 | 2.66 | 2.47 | 2.19 |
| 150 | 6.81 | 4.75 | 3.91 | 3.45 | 3.14 | 2.92 | 2.63 | 2.44 | 2.16 |
| 200 | 6.76 | 4.71 | 3.88 | 3.41 | 3.11 | 2.89 | 2.60 | 2.41 | 2.13 |
| ∞ | 6.63 | 4.61 | 3.78 | 3.32 | 3.02 | 2.80 | 2.51 | 2.23 | 2.04 |

## 八、泊松分布表

$$P(X=x)=\frac{\lambda^x}{x!}e^{-\lambda}$$

| | $\lambda$ | | | | | | | |
|---|---|---|---|---|---|---|---|---|
| $x$ | 0.1 | 0.2 | 0.3 | 0.4 | 0.5 | 0.6 | 0.7 | 0.8 |
| 0 | 0.904 837 | 0.818 731 | 0.740 818 | 0.670 320 | 0.606 531 | 0.548 812 | 0.496 585 | 0.449 329 |
| 1 | 0.090 484 | 0.163 746 | 0.222 245 | 0.268 128 | 0.303 265 | 0.329 287 | 0.347 610 | 0.359 463 |
| 2 | 0.004 524 | 0.016 375 | 0.033 337 | 0.053 626 | 0.075 816 | 0.098 786 | 0.121 663 | 0.143 785 |
| 3 | 0.000 151 | 0.001 092 | 0.003 334 | 0.007 150 | 0.012 636 | 0.019 757 | 0.028 388 | 0.038 343 |
| 4 | 0.000 004 | 0.000 055 | 0.000 250 | 0.000 715 | 0.001 580 | 0.002 964 | 0.004 968 | 0.007 669 |

续 表

| | λ | | | | | | | |
|---|---|---|---|---|---|---|---|---|
| $x$ | 0.1 | 0.2 | 0.3 | 0.4 | 0.5 | 0.6 | 0.7 | 0.8 |
| 5 | | 0.000 002 | 0.000 015 | 0.000 057 | 0.000 158 | 0.000 356 | 0.000 696 | 0.001 227 |
| 6 | | | 0.000 001 | 0.000 004 | 0.000 013 | 0.000 036 | 0.000 081 | 0.000 164 |
| 7 | | | | | 0.000 001 | 0.000 003 | 0.000 008 | 0.000 019 |
| 8 | | | | | | | 0.000 001 | 0.000 002 |
| 9 | | | | | | | | |

| | λ | | | | | | | |
|---|---|---|---|---|---|---|---|---|
| $x$ | 0.9 | 1.0 | 1.5 | 2.0 | 2.5 | 3.0 | 3.5 | 4.0 |
| 0 | 0.406 570 | 0.367 879 | 0.223 130 | 0.135 335 | 0.082 085 | 0.049 787 | 0.030 197 | 0.018 316 |
| 1 | 0.365 913 | 0.367 879 | 0.334 695 | 0.270 671 | 0.205 212 | 0.149 361 | 0.105 691 | 0.073 263 |
| 2 | 0.164 661 | 0.183 940 | 0.251 021 | 0.270 671 | 0.256 516 | 0.224 042 | 0.184 959 | 0.146 525 |
| 3 | 0.049 398 | 0.061 313 | 0.125 511 | 0.180 447 | 0.213 763 | 0.224 042 | 0.215 785 | 0.195 367 |
| 4 | 0.011 115 | 0.015 328 | 0.047 067 | 0.090 224 | 0.133 602 | 0.168 031 | 0.188 812 | 0.195 367 |
| 5 | 0.002 001 | 0.003 066 | 0.014 120 | 0.036 089 | 0.066 801 | 0.100 819 | 0.132 169 | 0.156 293 |
| 6 | 0.000 300 | 0.000 511 | 0.003 530 | 0.012 030 | 0.027 834 | 0.050 409 | 0.077 098 | 0.104 196 |
| 7 | 0.000 039 | 0.000 073 | 0.000 756 | 0.003 437 | 0.009 941 | 0.021 604 | 0.038 549 | 0.059 540 |
| 8 | 0.000 004 | 0.000 009 | 0.000 142 | 0.000 859 | 0.003 106 | 0.008 102 | 0.016 865 | 0.029 770 |
| 9 | | 0.000 001 | 0.000 024 | 0.000 191 | 0.000 863 | 0.002 701 | 0.006 559 | 0.013 231 |
| 10 | | | 0.000 004 | 0.000 038 | 0.000 216 | 0.000 810 | 0.002 296 | 0.005 292 |
| 11 | | | | 0.000 007 | 0.000 049 | 0.000 221 | 0.000 730 | 0.001 925 |
| 12 | | | | 0.000 001 | 0.000 010 | 0.000 055 | 0.000 213 | 0.000 642 |
| 13 | | | | | 0.000 002 | 0.000 013 | 0.000 057 | 0.000 197 |
| 14 | | | | | | 0.000 003 | 0.000 014 | 0.000 056 |
| 15 | | | | | | 0.000 001 | 0.000 003 | 0.000 015 |
| 16 | | | | | | | 0.000 001 | 0.000 004 |
| 17 | | | | | | | | 0.000 001 |

| | λ | | | | | | |
|---|---|---|---|---|---|---|---|
| $x$ | 4.5 | 5.0 | 6.0 | 7.0 | 8.0 | 9.0 | 10.0 |
| 0 | 0.011 109 | 0.006 738 | 0.002 479 | 0.000 912 | 0.000 335 | 0.000 123 | 0.000 045 |
| 1 | 0.049 990 | 0.033 690 | 0.014 873 | 0.006 383 | 0.002 684 | 0.001 111 | 0.000 454 |

续 表

| x | λ | | | | | | |
|---|---|---|---|---|---|---|---|
| | 4.5 | 5.0 | 6.0 | 7.0 | 8.0 | 9.0 | 10.0 |
| 2 | 0.112 479 | 0.084 224 | 0.044 618 | 0.022 341 | 0.010 735 | 0.004 998 | 0.002 270 |
| 3 | 0.168 718 | 0.140 374 | 0.089 235 | 0.052 129 | 0.028 626 | 0.014 994 | 0.007 567 |
| 4 | 0.189 808 | 0.175 467 | 0.133 853 | 0.091 226 | 0.057 252 | 0.033 737 | 0.018 917 |
| 5 | 0.170 827 | 0.175 467 | 0.160 623 | 0.127 717 | 0.091 604 | 0.060 727 | 0.037 833 |
| 6 | 0.128 120 | 0.146 223 | 0.160 623 | 0.149 003 | 0.122 138 | 0.091 090 | 0.063 055 |
| 7 | 0.082 363 | 0.104 445 | 0.137 677 | 0.149 003 | 0.139 587 | 0.117 116 | 0.090 079 |
| 8 | 0.046 329 | 0.065 278 | 0.103 258 | 0.130 377 | 0.139 587 | 0.131 756 | 0.112 599 |
| 9 | 0.023 165 | 0.036 266 | 0.068 838 | 0.101 405 | 0.124 077 | 0.131 756 | 0.125 110 |
| 10 | 0.010 424 | 0.018 133 | 0.041 303 | 0.070 983 | 0.099 262 | 0.118 580 | 0.125 110 |
| 11 | 0.004 264 | 0.008 242 | 0.022 529 | 0.045 171 | 0.072 190 | 0.097 020 | 0.113 736 |
| 12 | 0.001 599 | 0.003 434 | 0.011 264 | 0.026 350 | 0.048 127 | 0.072 765 | 0.094 780 |
| 13 | 0.000 554 | 0.001 321 | 0.005 199 | 0.014 188 | 0.029 616 | 0.050 376 | 0.072 908 |
| 14 | 0.000 178 | 0.000 472 | 0.002 228 | 0.007 094 | 0.016 924 | 0.032 384 | 0.052 077 |
| 15 | 0.000 053 | 0.000 157 | 0.000 891 | 0.003 311 | 0.009 026 | 0.019 431 | 0.034 718 |
| 16 | 0.000 015 | 0.000 049 | 0.000 334 | 0.001 448 | 0.004 513 | 0.010 930 | 0.021 699 |
| 17 | 0.000 004 | 0.000 014 | 0.000 118 | 0.000 596 | 0.002 124 | 0.005 786 | 0.012 764 |
| 18 | 0.000 001 | 0.000 004 | 0.000 039 | 0.000 232 | 0.000 944 | 0.002 893 | 0.007 091 |
| 19 | | 0.000 001 | 0.000 012 | 0.000 085 | 0.000 397 | 0.001 370 | 0.003 732 |
| 20 | | | 0.000 004 | 0.000 030 | 0.000 159 | 0.000 617 | 0.001 866 |
| 21 | | | 0.000 001 | 0.000 010 | 0.000 061 | 0.000 264 | 0.000 889 |
| 22 | | | | 0.000 003 | 0.000 022 | 0.000 108 | 0.000 404 |
| 23 | | | | 0.000 001 | 0.000 008 | 0.000 042 | 0.000 176 |
| 24 | | | | | 0.000 003 | 0.000 016 | 0.000 073 |
| 25 | | | | | 0.000 001 | 0.000 006 | 0.000 029 |
| 26 | | | | | | 0.000 002 | 0.000 011 |
| 27 | | | | | | 0.000 001 | 0.000 004 |
| 28 | | | | | | | 0.000 001 |
| 29 | | | | | | | 0.000 001 |

## 九、标准正态分布概率度表

| $t$ | $F(t)$ | $t$ | $F(t)$ | $t$ | $F(t)$ | $t$ | $F(t)$ |
|---|---|---|---|---|---|---|---|
| 0.00 | 0.000 0 | 0.33 | 0.258 6 | 0.66 | 0.490 7 | 0.99 | 0.677 8 |
| 0.01 | 0.008 0 | 0.34 | 0.266 1 | 0.67 | 0.497 1 | 1.00 | 0.682 7 |
| 0.02 | 0.016 0 | 0.35 | 0.273 7 | 0.68 | 0.503 5 | 1.01 | 0.687 5 |
| 0.03 | 0.023 9 | 0.36 | 0.281 2 | 0.69 | 0.509 8 | 1.02 | 0.692 3 |
| 0.04 | 0.031 9 | 0.37 | 0.288 6 | 0.70 | 0.516 1 | 1.03 | 0.697 0 |
| 0.05 | 0.039 0 | 0.38 | 0.296 1 | 0.71 | 0.522 3 | 1.04 | 0.701 7 |
| 0.06 | 0.047 8 | 0.39 | 0.303 5 | 0.72 | 0.528 5 | 1.05 | 0.706 3 |
| 0.07 | 0.055 8 | 0.40 | 0.310 8 | 0.73 | 0.534 6 | 1.06 | 0.710 9 |
| 0.08 | 0.063 8 | 0.41 | 0.318 2 | 0.74 | 0.540 7 | 1.07 | 0.715 4 |
| 0.09 | 0.071 7 | 0.42 | 0.325 5 | 0.75 | 0.546 7 | 1.08 | 0.719 9 |
| 0.10 | 0.079 7 | 0.43 | 0.332 8 | 0.76 | 0.552 7 | 1.09 | 0.724 3 |
| 0.11 | 0.087 6 | 0.44 | 0.340 1 | 0.77 | 0.558 7 | 1.10 | 0.728 7 |
| 0.12 | 0.095 5 | 0.45 | 0.347 3 | 0.78 | 0.564 6 | 1.11 | 0.733 0 |
| 0.13 | 0.103 4 | 0.46 | 0.354 5 | 0.79 | 0.570 5 | 1.12 | 0.737 3 |
| 0.14 | 0.111 3 | 0.47 | 0.361 6 | 0.80 | 0.576 3 | 1.13 | 0.741 5 |
| 0.15 | 0.119 2 | 0.48 | 0.368 8 | 0.81 | 0.582 1 | 1.14 | 0.745 7 |
| 0.16 | 0.127 1 | 0.49 | 0.375 9 | 0.82 | 0.587 8 | 1.15 | 0.749 9 |
| 0.17 | 0.135 0 | 0.50 | 0.382 9 | 0.83 | 0.593 5 | 1.16 | 0.754 0 |
| 0.18 | 0.142 8 | 0.51 | 0.389 9 | 0.84 | 0.599 1 | 1.17 | 0.758 0 |
| 0.19 | 0.150 7 | 0.52 | 0.396 9 | 0.85 | 0.604 7 | 1.18 | 0.762 0 |
| 0.20 | 0.158 5 | 0.53 | 0.403 9 | 0.86 | 0.610 2 | 1.19 | 0.766 0 |
| 0.21 | 0.166 3 | 0.54 | 0.410 8 | 0.87 | 0.615 7 | 1.20 | 0.769 9 |
| 0.22 | 0.174 1 | 0.55 | 0.417 7 | 0.88 | 0.621 1 | 1.21 | 0.773 7 |
| 0.23 | 0.181 9 | 0.56 | 0.424 5 | 0.89 | 0.626 5 | 1.22 | 0.777 5 |
| 0.24 | 0.189 7 | 0.57 | 0.431 3 | 0.90 | 0.631 9 | 1.23 | 0.781 3 |
| 0.25 | 0.197 4 | 0.58 | 0.438 1 | 0.91 | 0.637 2 | 1.24 | 0.785 0 |
| 0.26 | 0.205 1 | 0.59 | 0.444 8 | 0.92 | 0.642 4 | 1.25 | 0.788 7 |
| 0.27 | 0.212 8 | 0.60 | 0.451 5 | 0.93 | 0.647 6 | 1.26 | 0.792 3 |
| 0.28 | 0.220 5 | 0.61 | 0.458 1 | 0.94 | 0.652 8 | 1.27 | 0.795 9 |
| 0.29 | 0.228 2 | 0.62 | 0.464 7 | 0.95 | 0.657 9 | 1.28 | 0.799 5 |
| 0.30 | 0.235 8 | 0.63 | 0.471 3 | 0.96 | 0.662 9 | 1.29 | 0.803 0 |

续　表

| $t$ | $F(t)$ | $t$ | $F(t)$ | $t$ | $F(t)$ | $t$ | $F(t)$ |
|---|---|---|---|---|---|---|---|
| 0.31 | 0.243 4 | 0.64 | 0.477 8 | 0.97 | 0.668 0 | 1.30 | 0.806 4 |
| 0.32 | 0.251 0 | 0.65 | 0.484 3 | 0.98 | 0.672 9 | 1.31 | 0.809 8 |
| 1.32 | 0.813 2 | 1.65 | 0.901 1 | 1.98 | 0.952 3 | 2.62 | 0.991 2 |
| 1.33 | 0.816 5 | 1.66 | 0.903 1 | 1.99 | 0.953 4 | 2.64 | 0.991 7 |
| 1.34 | 0.819 8 | 1.67 | 0.905 1 | 2.00 | 0.954 5 | 2.66 | 0.992 2 |
| 1.35 | 0.823 0 | 1.68 | 0.907 0 | 2.02 | 0.956 6 | 2.68 | 0.992 6 |
| 1.36 | 0.826 2 | 1.69 | 0.909 0 | 2.04 | 0.958 7 | 2.70 | 0.993 1 |
| 1.37 | 0.829 3 | 1.70 | 0.910 9 | 2.06 | 0.960 6 | 2.72 | 0.993 5 |
| 1.38 | 0.832 4 | 1.71 | 0.912 7 | 2.08 | 0.962 5 | 2.74 | 0.993 9 |
| 1.39 | 0.835 5 | 1.72 | 0.914 6 | 2.10 | 0.964 3 | 2.76 | 0.994 2 |
| 1.40 | 0.838 5 | 1.73 | 0.916 4 | 2.12 | 0.966 0 | 2.78 | 0.994 6 |
| 1.41 | 0.841 5 | 1.74 | 0.918 1 | 2.14 | 0.967 6 | 2.80 | 0.994 9 |
| 1.42 | 0.844 4 | 1.75 | 0.919 9 | 2.16 | 0.969 2 | 2.82 | 0.995 2 |
| 1.43 | 0.847 3 | 1.76 | 0.921 6 | 2.18 | 0.970 7 | 2.84 | 0.995 5 |
| 1.44 | 0.850 1 | 1.77 | 0.923 3 | 2.20 | 0.972 2 | 2.86 | 0.995 8 |
| 1.45 | 0.852 9 | 1.78 | 0.924 9 | 2.22 | 0.973 6 | 2.88 | 0.996 0 |
| 1.46 | 0.855 7 | 1.79 | 0.926 5 | 2.24 | 0.974 9 | 2.90 | 0.996 2 |
| 1.47 | 0.858 4 | 1.80 | 0.928 1 | 2.26 | 0.976 2 | 2.92 | 0.996 5 |
| 1.48 | 0.861 1 | 1.81 | 0.929 7 | 2.28 | 0.977 4 | 2.94 | 0.996 7 |
| 1.49 | 0.863 8 | 1.82 | 0.931 2 | 2.30 | 0.978 6 | 2.96 | 0.996 9 |
| 1.50 | 0.866 4 | 1.83 | 0.932 8 | 2.32 | 0.979 7 | 2.98 | 0.997 1 |
| 1.51 | 0.869 0 | 1.84 | 0.934 2 | 2.34 | 0.980 7 | 3.00 | 0.997 3 |
| 1.52 | 0.871 5 | 1.85 | 0.935 7 | 2.36 | 0.981 7 | 3.20 | 0.993 6 |
| 1.53 | 0.874 0 | 1.86 | 0.937 1 | 2.38 | 0.982 7 | 3.40 | 0.999 3 |
| 1.54 | 0.876 4 | 1.87 | 0.938 5 | 2.40 | 0.983 6 | 3.60 | 0.999 68 |
| 1.55 | 0.878 9 | 1.88 | 0.939 9 | 2.42 | 0.984 5 | 3.80 | 0.999 86 |
| 1.56 | 0.881 2 | 1.89 | 0.941 2 | 2.44 | 0.985 3 | 4.00 | 0.999 94 |
| 1.57 | 0.883 6 | 1.90 | 0.942 6 | 2.46 | 0.986 1 | 4.50 | 0.999 993 |
| 1.58 | 0.885 9 | 1.91 | 0.943 9 | 2.48 | 0.986 9 | 5.00 | 0.999 999 |
| 1.59 | 0.888 2 | 1.92 | 0.945 1 | 2.50 | 0.987 6 | | |
| 1.60 | 0.890 1 | 1.93 | 0.946 4 | 2.52 | 0.988 3 | | |

续 表

| $t$ | $F(t)$ | $t$ | $F(t)$ | $t$ | $F(t)$ | $t$ | $F(t)$ |
|---|---|---|---|---|---|---|---|
| 1.61 | 0.892 6 | 1.94 | 0.947 6 | 2.54 | 0.988 9 | | |
| 1.62 | 0.894 8 | 1.95 | 0.948 8 | 2.56 | 0.989 5 | | |
| 1.63 | 0.896 9 | 1.96 | 0.950 0 | 2.58 | 0.990 1 | | |
| 1.64 | 0.899 0 | 1.97 | 0.951 2 | 2.60 | 0.990 7 | | |

## 十、相关系数临界值表

| 自由度 $(n-m)$ | $\alpha=0.05$ | | | | $\alpha=0.01$ | | | |
|---|---|---|---|---|---|---|---|---|
| | 约束条件数 $(m)$ | | | | 约束条件数 $(m)$ | | | |
| | 2 | 3 | 4 | 5 | 2 | 3 | 4 | 5 |
| 1 | 0.997 | 0.999 | 0.999 | 0.999 | 1.000 | 1.000 | 1.000 | 1.000 |
| 2 | 0.950 | 0.975 | 0.983 | 0.987 | 0.990 | 0.995 | 0.997 | 0.998 |
| 3 | 0.878 | 0.930 | 0.950 | 0.961 | 0.959 | 0.976 | 0.983 | 0.987 |
| 4 | 0.811 | 0.881 | 0.912 | 0.930 | 0.917 | 0.949 | 0.962 | 0.970 |
| 5 | 0.754 | 0.836 | 0.874 | 0.898 | 0.874 | 0.917 | 0.937 | 0.949 |
| 6 | 0.707 | 0.795 | 0.839 | 0.867 | 0.834 | 0.886 | 0.911 | 0.927 |
| 7 | 0.666 | 0.758 | 0.807 | 0.838 | 0.798 | 0.855 | 0.885 | 0.904 |
| 8 | 0.632 | 0.762 | 0.777 | 0.811 | 0.765 | 0.827 | 0.860 | 0.882 |
| 9 | 0.602 | 0.697 | 0.750 | 0.786 | 0.735 | 0.800 | 0.836 | 0.861 |
| 10 | 0.576 | 0.671 | 0.726 | 0.763 | 0.708 | 0.776 | 0.814 | 0.840 |
| 11 | 0.553 | 0.648 | 0.703 | 0.741 | 0.684 | 0.753 | 0.793 | 0.821 |
| 12 | 0.532 | 0.627 | 0.683 | 0.722 | 0.661 | 0.732 | 0.773 | 0.802 |
| 13 | 0.514 | 0.608 | 0.664 | 0.703 | 0.641 | 0.712 | 0.755 | 0.785 |
| 14 | 0.497 | 0.590 | 0.646 | 0.686 | 0.632 | 0.694 | 0.737 | 0.768 |
| 15 | 0.482 | 0.574 | 0.630 | 0.670 | 0.606 | 0.677 | 0.721 | 0.752 |
| 16 | 0.468 | 0.559 | 0.615 | 0.655 | 0.590 | 0.662 | 0.706 | 0.738 |
| 17 | 0.456 | 0.545 | 0.601 | 0.641 | 0.575 | 0.647 | 0.691 | 0.724 |
| 18 | 0.444 | 0.532 | 0.587 | 0.628 | 0.561 | 0.633 | 0.678 | 0.710 |
| 19 | 0.433 | 0.520 | 0.575 | 0.615 | 0.549 | 0.620 | 0.665 | 0.698 |
| 20 | 0.423 | 0.509 | 0.563 | 0.604 | 0.537 | 0.608 | 0.652 | 0.685 |
| 21 | 0.413 | 0.498 | 0.552 | 0.592 | 0.526 | 0.596 | 0.641 | 0.674 |
| 22 | 0.404 | 0.488 | 0.542 | 0.582 | 0.515 | 0.585 | 0.630 | 0.663 |
| 23 | 0.396 | 0.479 | 0.532 | 0.572 | 0.505 | 0.574 | 0.619 | 0.652 |

续 表

| 自由度 $(n-m)$ | $\alpha=0.05$ 约束条件数 $(m)$ | | | | $\alpha=0.01$ 约束条件数 $(m)$ | | | |
|---|---|---|---|---|---|---|---|---|
| | 2 | 3 | 4 | 5 | 2 | 3 | 4 | 5 |
| 24 | 0.388 | 0.470 | 0.523 | 0.562 | 0.496 | 0.565 | 0.609 | 0.642 |
| 25 | 0.381 | 0.462 | 0.514 | 0.553 | 0.487 | 0.555 | 0.600 | 0.633 |
| 26 | 0.374 | 0.454 | 0.506 | 0.545 | 0.478 | 0.546 | 0.530 | 0.624 |
| 27 | 0.367 | 0.446 | 0.498 | 0.536 | 0.470 | 0.538 | 0.582 | 0.615 |
| 28 | 0.361 | 0.439 | 0.490 | 0.529 | 0.463 | 0.530 | 0.573 | 0.606 |
| 29 | 0.355 | 0.432 | 0.482 | 0.521 | 0.456 | 0.522 | 0.565 | 0.598 |
| 30 | 0.349 | 0.426 | 0.476 | 0.514 | 0.449 | 0.514 | 0.558 | 0.591 |
| 35 | 0.325 | 0.397 | 0.445 | 0.482 | 0.418 | 0.481 | 0.523 | 0.556 |
| 40 | 0.304 | 0.373 | 0.419 | 0.455 | 0.393 | 0.454 | 0.494 | 0.526 |
| 45 | 0.288 | 0.353 | 0.397 | 0.432 | 0.372 | 0.430 | 0.470 | 0.501 |
| 50 | 0.273 | 0.336 | 0.379 | 0.412 | 0.354 | 0.410 | 0.449 | 0.479 |
| 60 | 0.250 | 0.308 | 0.348 | 0.380 | 0.325 | 0.377 | 0.414 | 0.442 |
| 70 | 0.232 | 0.286 | 0.324 | 0.354 | 0.302 | 0.351 | 0.386 | 0.413 |
| 80 | 0.217 | 0.269 | 0.304 | 0.332 | 0.283 | 0.330 | 0.362 | 0.389 |
| 90 | 0.205 | 0.254 | 0.288 | 0.315 | 0.267 | 0.312 | 0.343 | 0.368 |
| 100 | 0.195 | 0.241 | 0.274 | 0.300 | 0.254 | 0.297 | 0.327 | 0.351 |
| 125 | 0.174 | 0.216 | 0.246 | 0.269 | 0.228 | 0.266 | 0.294 | 0.316 |
| 150 | 0.159 | 0.198 | 0.225 | 0.247 | 0.208 | 0.244 | 0.270 | 0.290 |
| 200 | 0.138 | 0.172 | 0.196 | 0.215 | 0.181 | 0.212 | 0.234 | 0.253 |
| 300 | 0.113 | 0.141 | 0.160 | 0.176 | 0.148 | 0.174 | 0.192 | 0.208 |
| 400 | 0.098 | 0.122 | 0.139 | 0.153 | 0.128 | 0.151 | 0.167 | 0.180 |
| 500 | 0.088 | 0.109 | 0.124 | 0.137 | 0.115 | 0.135 | 0.150 | 0.162 |
| 1 000 | 0.062 | 0.077 | 0.088 | 0.097 | 0.081 | 0.096 | 0.106 | 0.115 |

## 十一、斯皮尔曼秩相关系数临界值表

| $\alpha$ 单边 | 0.050 | 0.025 | 0.005 | $\alpha$ 单边 | 0.050 | 0.025 | 0.005 |
|---|---|---|---|---|---|---|---|
| $n=4$ | 1.000 | | | $n=18$ | 0.401 | 0.472 | 0.600 |
| 5 | 0.900 | 1.000 | | 19 | 0.391 | 0.460 | 0.584 |
| 6 | 0.829 | 0.886 | 1.000 | 20 | 0.380 | 0.447 | 0.570 |

续　表

| α 单边 | 0.050 | 0.025 | 0.005 | α 单边 | 0.050 | 0.025 | 0.005 |
|---|---|---|---|---|---|---|---|
| 7 | 0.714 | 0.786 | 0.929 | 21 | 0.370 | 0.435 | 0.556 |
| 8 | 0.643 | 0.738 | 0.881 | 22 | 0.361 | 0.425 | 0.544 |
| 9 | 0.600 | 0.700 | 0.833 | 23 | 0.353 | 0.415 | 0.532 |
| 10 | 0.564 | 0.648 | 0.794 | 24 | 0.344 | 0.406 | 0.521 |
| 11 | 0.536 | 0.618 | 0.755 | 25 | 0.337 | 0.398 | 0.511 |
| 12 | 0.503 | 0.587 | 0.727 | 26 | 0.331 | 0.390 | 0.501 |
| 13 | 0.484 | 0.560 | 0.703 | 27 | 0.324 | 0.382 | 0.491 |
| 14 | 0.464 | 0.538 | 0.679 | 28 | 0.317 | 0.375 | 0.483 |
| 15 | 0.446 | 0.521 | 0.654 | 29 | 0.312 | 0.368 | 0.475 |
| 16 | 0.429 | 0.503 | 0.635 | 30 | 0.306 | 0.362 | 0.467 |
| 17 | 0.414 | 0.485 | 0.615 | | | | |
| α 双边 | 0.10 | 0.05 | 0.01 | α 双边 | 0.10 | 0.05 | 0.01 |

## 十二、Wilcoxon 配对符秩检验 T 临界值表

| n | 单侧检验显著性水准 | | | n | 单侧检验显著性水准 | | |
|---|---|---|---|---|---|---|---|
| | 0.025 | 0.01 | 0.005 | | 0.025 | 0.01 | 0.005 |
| | 双侧检验显著性水准 | | | | 双侧检验显著性水准 | | |
| | 0.05 | 0.02 | 0.01 | | 0.05 | 0.02 | 0.01 |
| 6 | 0 | | | 16 | 30 | 24 | 20 |
| 7 | 2 | 0 | | 17 | 35 | 28 | 23 |
| 8 | 4 | 2 | 0 | 18 | 40 | 33 | 28 |
| 9 | 6 | 3 | 2 | 19 | 46 | 38 | 32 |
| 10 | 8 | 5 | 3 | 20 | 52 | 43 | 38 |
| 11 | 11 | 7 | 5 | 21 | 59 | 49 | 43 |
| 12 | 14 | 10 | 7 | 22 | 66 | 56 | 49 |
| 13 | 17 | 13 | 10 | 23 | 73 | 62 | 55 |
| 14 | 21 | 16 | 13 | 24 | 81 | 69 | 61 |
| 15 | 25 | 20 | 16 | 25 | 89 | 77 | 68 |

## 十三、$\chi^2$ 分布表

$$P\{\chi^2(n) > \chi^2_\alpha(n)\} = \alpha$$

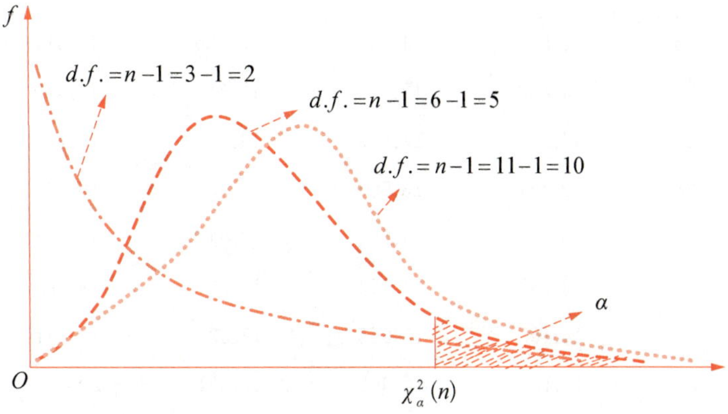


| $\alpha$ | 0.995 | 0.990 | 0.975 | 0.950 | 0.900 | 0.750 |
|---|---|---|---|---|---|---|
| 1 | | | 0.001 | 0.004 | 0.016 | 0.102 |
| 2 | 0.010 | 0.020 | 0.051 | 0.103 | 0.211 | 0.575 |
| 3 | 0.072 | 0.115 | 0.216 | 0.352 | 0.584 | 1.213 |
| 4 | 0.207 | 0.297 | 0.484 | 0.711 | 1.064 | 1.923 |
| 5 | 0.412 | 0.554 | 0.831 | 1.145 | 1.610 | 2.675 |
| 6 | 0.676 | 0.872 | 1.237 | 1.635 | 2.204 | 3.455 |
| 7 | 0.989 | 1.239 | 1.690 | 2.167 | 2.833 | 4.255 |
| 8 | 1.344 | 1.646 | 2.180 | 2.733 | 3.490 | 5.071 |
| 9 | 1.735 | 2.088 | 2.700 | 3.325 | 4.168 | 5.899 |
| 10 | 2.156 | 2.558 | 3.247 | 3.940 | 4.865 | 6.737 |
| 11 | 2.603 | 3.053 | 3.816 | 4.575 | 5.578 | 7.584 |
| 12 | 3.074 | 3.571 | 4.404 | 5.226 | 6.304 | 8.438 |
| 13 | 3.565 | 4.107 | 5.009 | 5.892 | 7.042 | 9.299 |
| 14 | 4.075 | 4.660 | 5.629 | 6.571 | 7.790 | 10.165 |
| 15 | 4.601 | 5.229 | 6.262 | 7.261 | 8.547 | 11.037 |
| 16 | 5.142 | 5.812 | 6.908 | 7.962 | 9.312 | 11.912 |
| 17 | 5.697 | 6.408 | 7.564 | 8.672 | 10.085 | 12.792 |
| 18 | 6.265 | 7.015 | 8.231 | 9.390 | 10.865 | 13.675 |
| 19 | 6.844 | 7.633 | 8.907 | 10.117 | 11.651 | 14.562 |
| 20 | 7.434 | 8.260 | 9.591 | 10.851 | 12.443 | 15.452 |
| 21 | 8.034 | 8.897 | 10.283 | 11.591 | 13.240 | 16.344 |
| 22 | 8.643 | 9.542 | 10.982 | 12.338 | 14.042 | 17.240 |
| 23 | 9.260 | 10.196 | 11.689 | 13.091 | 14.848 | 18.137 |
| 24 | 9.886 | 10.856 | 12.401 | 13.848 | 15.659 | 19.037 |

续　表

| α | 0.995 | 0.990 | 0.975 | 0.950 | 0.900 | 0.750 |
|---|---|---|---|---|---|---|
| 25 | 10.520 | 11.524 | 13.120 | 14.611 | 16.473 | 19.939 |
| 26 | 11.160 | 12.198 | 13.844 | 15.379 | 17.292 | 20.843 |
| 27 | 11.808 | 12.879 | 14.573 | 16.151 | 18.114 | 21.749 |
| 28 | 12.461 | 13.565 | 15.308 | 16.928 | 18.939 | 22.657 |
| 29 | 13.121 | 14.257 | 16.047 | 17.708 | 19.768 | 23.567 |
| 30 | 13.787 | 14.954 | 16.791 | 18.493 | 20.599 | 24.478 |
| 31 | 14.458 | 15.655 | 17.539 | 19.281 | 21.434 | 25.390 |
| 32 | 15.134 | 16.362 | 18.291 | 20.072 | 22.271 | 26.304 |
| 33 | 15.815 | 17.074 | 19.047 | 20.807 | 23.110 | 27.219 |
| 34 | 16.501 | 17.789 | 19.806 | 21.664 | 23.952 | 28.136 |
| 35 | 17.192 | 18.509 | 20.569 | 22.465 | 24.797 | 29.054 |
| 36 | 17.887 | 19.233 | 21.336 | 23.269 | 25.613 | 29.973 |
| 37 | 18.586 | 19.960 | 22.106 | 24.075 | 26.492 | 30.893 |
| 38 | 19.289 | 20.691 | 22.878 | 24.884 | 27.343 | 31.815 |
| 39 | 19.996 | 21.426 | 23.654 | 25.695 | 28.196 | 32.737 |
| 40 | 20.707 | 22.164 | 24.433 | 26.509 | 29.051 | 33.660 |
| 41 | 21.421 | 22.906 | 25.215 | 27.326 | 29.907 | 34.585 |
| 42 | 22.138 | 23.650 | 25.999 | 28.144 | 30.765 | 35.510 |
| 43 | 22.859 | 24.398 | 26.785 | 28.965 | 31.625 | 36.430 |
| 44 | 23.584 | 25.143 | 27.575 | 29.787 | 32.487 | 37.363 |
| 45 | 24.311 | 25.901 | 28.366 | 30.612 | 33.350 | 38.291 |

| α | 0.250 | 0.100 | 0.050 | 0.025 | 0.010 | 0.005 |
|---|---|---|---|---|---|---|
| 1 | 1.323 | 2.706 | 3.841 | 5.024 | 6.635 | 7.879 |
| 2 | 2.773 | 4.605 | 5.991 | 7.378 | 9.210 | 10.597 |
| 3 | 4.108 | 6.251 | 7.815 | 9.348 | 11.345 | 12.838 |
| 4 | 5.385 | 7.779 | 9.488 | 11.143 | 13.277 | 14.860 |
| 5 | 6.626 | 9.236 | 11.071 | 12.833 | 15.086 | 16.750 |
| 6 | 7.841 | 10.645 | 12.592 | 14.449 | 16.812 | 18.548 |
| 7 | 9.037 | 12.017 | 14.067 | 16.013 | 18.475 | 20.278 |
| 8 | 10.219 | 13.362 | 15.507 | 17.535 | 20.090 | 21.955 |
| 9 | 11.389 | 14.684 | 16.919 | 19.023 | 21.666 | 23.589 |
| 10 | 12.549 | 15.987 | 18.307 | 20.483 | 23.209 | 25.188 |
| 11 | 13.701 | 17.275 | 19.675 | 21.920 | 24.725 | 26.757 |

续　表

| α | 0.250 | 0.100 | 0.050 | 0.025 | 0.010 | 0.005 |
|---|---|---|---|---|---|---|
| 12 | 14.845 | 18.549 | 21.026 | 23.337 | 26.217 | 28.299 |
| 13 | 15.984 | 19.812 | 22.362 | 24.736 | 27.688 | 29.819 |
| 14 | 17.117 | 21.064 | 23.685 | 26.119 | 29.141 | 31.319 |
| 15 | 18.245 | 22.307 | 24.996 | 27.488 | 30.578 | 32.801 |
| 16 | 19.369 | 23.542 | 26.296 | 28.845 | 32.000 | 34.267 |
| 17 | 20.489 | 24.769 | 27.587 | 30.191 | 33.409 | 35.718 |
| 18 | 21.605 | 25.989 | 28.869 | 31.526 | 34.805 | 37.156 |
| 19 | 22.718 | 27.204 | 30.144 | 32.852 | 36.191 | 38.582 |
| 20 | 23.828 | 28.412 | 31.410 | 34.170 | 37.566 | 39.997 |
| 21 | 24.935 | 29.615 | 32.671 | 35.479 | 38.932 | 41.401 |
| 22 | 26.039 | 30.813 | 33.924 | 36.781 | 40.289 | 42.796 |
| 23 | 27.141 | 32.007 | 35.172 | 38.076 | 41.638 | 44.181 |
| 24 | 28.241 | 33.196 | 36.415 | 39.364 | 42.980 | 45.559 |
| 25 | 29.339 | 34.382 | 37.652 | 40.646 | 44.314 | 46.928 |
| 26 | 30.435 | 35.563 | 38.885 | 41.923 | 45.642 | 48.290 |
| 27 | 31.528 | 36.741 | 40.113 | 43.194 | 46.963 | 49.645 |
| 28 | 32.620 | 37.916 | 41.337 | 44.461 | 48.278 | 50.993 |
| 29 | 33.711 | 39.087 | 42.557 | 45.722 | 49.588 | 52.336 |
| 30 | 34.800 | 40.256 | 43.773 | 46.979 | 50.892 | 53.672 |
| 31 | 35.887 | 41.422 | 44.985 | 48.232 | 52.191 | 55.003 |
| 32 | 36.973 | 42.585 | 46.194 | 49.480 | 53.486 | 56.328 |
| 33 | 38.053 | 43.745 | 47.400 | 50.725 | 54.776 | 57.648 |
| 34 | 39.141 | 44.903 | 48.602 | 51.966 | 56.061 | 58.964 |
| 35 | 40.223 | 46.059 | 49.802 | 53.203 | 57.342 | 60.275 |
| 36 | 41.304 | 47.212 | 50.998 | 54.437 | 58.619 | 61.581 |
| 37 | 42.383 | 48.363 | 52.192 | 55.668 | 59.892 | 62.883 |
| 38 | 43.462 | 49.513 | 53.384 | 56.896 | 61.162 | 64.181 |
| 39 | 44.539 | 50.660 | 54.572 | 58.120 | 62.428 | 65.476 |
| 40 | 45.616 | 51.805 | 55.758 | 59.342 | 63.691 | 66.766 |
| 41 | 46.692 | 52.949 | 53.942 | 60.561 | 64.950 | 68.053 |
| 42 | 47.766 | 54.090 | 58.124 | 61.777 | 66.206 | 69.336 |
| 43 | 48.840 | 55.230 | 59.304 | 62.990 | 67.459 | 70.606 |
| 44 | 49.913 | 56.369 | 60.481 | 64.201 | 68.710 | 71.893 |
| 45 | 50.985 | 57.505 | 61.656 | 65.410 | 69.957 | 73.166 |

# 参考文献

[1] 钱伯海，黄良文.统计学[M].成都：四川人民出版社，1992.
[2] 黄良文.社会经济统计学原理[M].北京：中国统计出版社，1996.
[3] 谢启楠，曾声文.统计学原理[M].广州：暨南大学出版社，1994.
[4] 袁卫，等.统计学[M].北京：中国统计出版社，1997.
[5] 王寿安.统计学[M].北京：中国统计出版社，1994.
[6] 郑德如.统计学[M].上海：立信会计出版社，1994.
[7] 陈允明.国民经济统计概论[M].北京：中国人民大学出版社，1995.
[8] 胡孝绳.统计学[M].新加坡：木屋学社，1976.
[9] 韩嘉骏.价格指数理论与实践[M].北京：中国发展出版社，1992.
[10] 科夫斯.指数理论与经济现实[M].北京：中国统计出版社，1990.
[11] 科克伦.抽样技术[M].北京：中国统计出版社，1985.
[12] 陈仁恩，林嗣明.社会经济统计学原理习题汇编[M].北京：中国统计出版社，1986.
[13] 盛骤，谢式千，潘承毅.概率论与数理统计[M].4 版. 北京：高等教育出版社，2011.
[14] ANDERSON，SWEENEY，WILLIAMS. Statistics for Business and Economics [M]. 11th ed. 北京：机械工业出版社，2011.
[15] KOHLER. Statistics for Business and Economics[M]. 2th ed. New York：Harper Collins College Publishers，1994.
[16] BODIE，KANE，MARCUS. Investments [M]. 2th ed. New York：McGraw Hill，2011.

# 教师教学资源服务指南

**教师**可扫描下方二维码，关注微信公众号“高教财经教学研究”，免费申请课件和样书、下载试卷、观看师资培训课程和直播录像等。

## 课件申请

点击导航栏中的“教学服务”，点击子菜单中的“课件申请”，填写相关信息即可免费申请课件。

## 样书申请

点击导航栏中的“教学服务”，点击子菜单中的“免费样书”，填写相关信息即可免费申请样书。

## 试卷下载

点击导航栏中的“教学服务”，点击子菜单中的“免费试卷”，填写相关信息即可免费下载试卷，试卷涵盖基础会计学、中级财务会计、审计学、税法等多门课程。

## 教师培训

点击导航栏中的“教师培训”，点击子菜单中的“培训课程”，即可选择相应课程进行学习：

①点击“培训专栏”可以观看教师培训课程，由名师分享财会类课程的教学重点、难点及经验。

②点击“直播回放”可以回看“名师谈教学与科研直播讲堂”的直播录像。

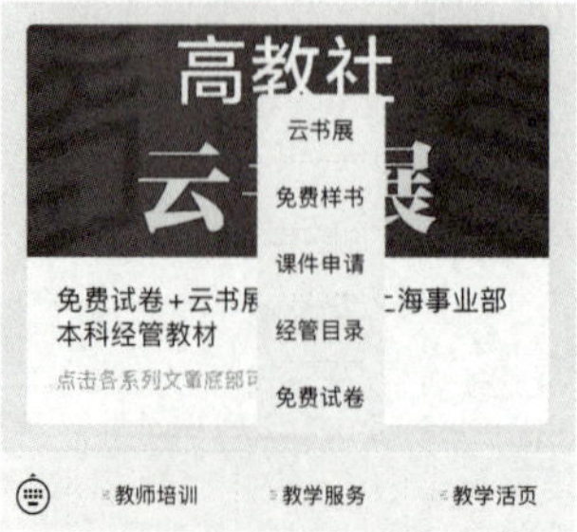


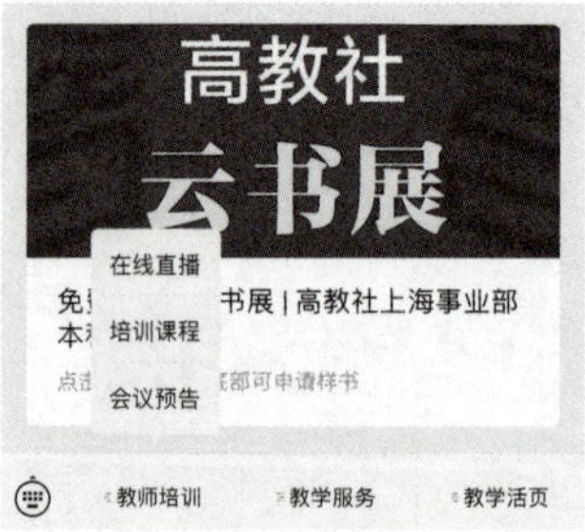